suhrkamp taschenbuch 4086

W0176392

Mit seinem autobiographischen Roman *Eine Geschichte von Liebe und Finsternis* entführte uns Amos Oz in das Jerusalem der 40er Jahre. Jetzt antwortet Sari Nusseibeh mit der Chronik eines Lebens in Palästina: *Es war einmal ein Land.* Der palästinensische Hochschullehrer und PLO-Diplomat, der im arabischen Teil Jerusalems aufwuchs, keine fünfzig Meter entfernt von Amos Oz, ist ein Pendler zwischen den verfeindeten Seiten. In seiner Autobiographie erzählt er seine eigene Geschichte und die seines Volkes – und entwirft die Vision eines Landes, in dem Muslime, Juden und Christen harmonisch zusammenleben.

»Ein feinsinniges, trauriges und humorvolles Erinnerungsbuch, das neues Licht auf die Tragödie des Israel-Palästina-Konflikts wirft, zugleich ein lebendiges Bild der palästinensischen Gesellschaft.«

*Amos Oz*

Sari Nusseibeh, geboren 1949, ist seit 1995 Präsident der Al-Quds-Universität, der einzigen arabischen Universität in Jerusalem, an der er auch Philosophie lehrt. Von 2001 bis 2002 war er Statthalter der PLO in Jerusalem. Er lebt mit seiner Familie in Jerusalem. 2003 wurde er mit dem Lew-Kopelew-Preis für Frieden und Menschenrechte ausgezeichnet. 2010 erhält Sari Nusseibeh, zusammen mit Amos Oz, den Siegfried Unseld Preis.

Anthony David ist Autor des Buches *The Patron: A Life of Salman Schocken, 1877-1959* und Herausgeber der Briefe und Tagebücher von Gershom Scholem.

# Sari Nusseibeh

*Mit Anthony David*

# Es war einmal ein Land

*Ein Leben in Palästina*

Aus dem Englischen von
Gabriele Gockel, Katharina Förs
und Thomas Wollermann
Kollektiv Druck-Reif

Suhrkamp

Titel der Originalausgabe:
*Once Upon a Country: A Palestinian Life*
Das Original wurde für die deutsche Ausgabe
vom Autor bearbeitet.
Umschlagfotos: Getty Images / Sari Nusseibeh

*Für meinen Vater*

suhrkamp taschenbuch 4086
Erste Auflage 2009
© der deutschen Ausgabe:
Verlag Antje Kunstmann GmbH, München 2008
© der Originalausgabe: Sari Nusseibeh 2007
Published by arrangement with Farrar, Straus and Giroux, LLC, New York
Lizenzausgabe mit freundlicher Genehmigung der
Antje Kunstmann GmbH, München
Suhrkamp Taschenbuch Verlag
Alle Rechte vorbehalten, insbesondere das
der Übersetzung, des öffentlichen Vortrags sowie der Übertragung
durch Rundfunk und Fernsehen, auch einzelner Teile.
Kein Teil des Werkes darf in irgendeiner Form
(durch Fotografie, Mikrofilm oder andere Verfahren)
ohne schriftliche Genehmigung des Verlages reproduziert
oder unter Verwendung elektronischer Systeme
verarbeitet, vervielfältigt oder verbreitet werden.
Druck: CPI – Ebner & Spiegel, Ulm
Umschlag: Göllner, Michels, Zegarzewski
Printed in Germany
ISBN 978-3-518-46086-3

3  4  5  6  7  8 – 15  14  13  12  11  10

# Es war einmal ein Land

# Ein Märchen

Vor vierzig Jahren eroberte die israelische Armee den Ostteil Jerusalems, der Stadt, in der meine Familie seit den Tagen des Kalifen Omar gelebt hatte. Kurze Zeit später verliebte ich mich in Lucy. Alle, nicht zuletzt wir selbst, fanden damals, dass wir überhaupt nicht zueinander passten. Wir studierten beide in Oxford – mehr hatten wir, zumindest oberflächlich betrachtet, nicht gemeinsam. Lucy war die Tochter John Langshaw Austins, eines der einflussreichsten zeitgenössischen Philosophen, und ich, neunzehn Jahre alt, war der Sohn eines Mannes, der seit zwanzig Jahren Funktionen in jenem unter jordanischer Verwaltung stehenden Teil Palästinas bekleidet hatte, welcher soeben innerhalb von sechs Tagen von der Landkarte gefegt worden war. Man erwartete, dass Lucy einen britischen Intellektuellen heiraten und selbst eine glänzende akademische Laufbahn absolvieren würde. Ich dagegen hatte meine Heimat verloren, und die alte Führungselite, der mein Vater angehörte, war in eine Krise gestürzt worden, von der sie sich nie wieder erholen sollte. Die Kinder der Privilegierten und Gebildeten, darunter auch meine fünf Geschwister, verließen in Scharen das Land.

Wahrscheinlich hätte die Liebe zwischen Lucy und mir weniger Missfallen erregt, wenn ich mich entschlossen hätte, im Exil zu bleiben. Aber ich wollte zurückkehren, und zwar mit ihr. Doch wie sollte ich die Tochter eines berühmten Oxforder Gelehrten darum bitten, mir in die kriegsgebeutelte, zur Festung ausgebaute, verarmte und besetzte Stadt Jerusalem zu folgen? Wie sollte ich ihr erklären, dass ich entschlossen war, mein Schicksal an einen Ort zu binden, der einem Pulverfass glich und gerade zwei Kriege hinter sich hatte, während sämtliche arabischen Führer bereits nach dem nächsten riefen? Allein der Versuch schien völlig absurd, und so schrieb ich stattdessen ein Märchen. Bei solch wichtigen Fragen nahm ich immer automatisch Zuflucht zur Dichtung. Damals stand ich ganz im Bann von Lewis Carrolls *Alice im Wunderland*, woran sich bis heute nicht viel geändert hat, denn für mich zeigt das Buch, dass eine Kindergeschichte mehr sagen kann als ein Dutzend philosophischer Abhandlungen.

Märchen wurden mir, dem Kind einer zeitlos magischen Landschaft, sozusagen in die Wiege gelegt. Als meine arabischen Vorfahren vor dreizehn Jahrhunderten nach Jerusalem kamen, hatte die Zeit – und natürlich die alten jüdischen Propheten, die in den Gassen Jerusalems gewandelt waren – der Stadt bereits eine heilige Aura verliehen, die den aus der Wüste kommenden Neuling mit tiefer Ehrfurcht erfüllte. So stark war diese Ehrfurcht, dass ich sie noch tausenddreihundert Jahre später, wenn ich als Kind zum Laden an der Ecke ging, bis in die Fingerspitzen spürte. Manchmal, wenn ich die Kamele meines Onkels zwischen den Ruinen des Suk Al-Khawajat, des Suks der Goldschmiede, weiden sah, der den Nusseibehs seit undenklichen Zeiten gehörte, fühlte ich mich selbst wie eine Gestalt aus einem uralten Märchen. Ähnlich empfand ich, wenn ich einen anderen Onkel, den Türhüter der Grabeskirche, dabei beobachtete, wie er einen riesigen Schlüssel hervorzog und damit eine Tür aufschloss, die so dick war, dass sie ohne Weiteres einem Rammbock standhalten konnte. Dabei musste ich immer an die Geschichte von Petrus und dem Perlentor denken, die ich von meinen christlichen Freunden kannte. In einer Stadt, in deren engen und verwinkelten Gassen sich kein Panzer hätte bewegen können, vermittelte eine solch dicke Eichentür durchaus noch den Eindruck von Unbezwingbarkeit.

Nachdem Kalif Omar Jerusalem dem byzantinischen Reich weggeschnappt hatte, machte er den Ahnherrn meiner Familie zum Hohen Richter von Jerusalem. Seitdem haben die Mitglieder meiner Familie der Heiligen Stadt als Richter, Lehrer, Sufigelehrte, Politiker und Türhüter der Grabeskirche gedient.

Vor diesem Hintergrund begann mein Märchen mit einem ebenso ehrlichen wie schlichten Satz: »Ach, wie sehne ich mich nach dem Heiligen Land!« Die Geschichte handelt von einem Engel, der ein englisches Mädchen namens Louise auf einem fliegenden Esel nach Jerusalem mitnimmt. Als Vorbild diente mir Mohammeds Nachtreise nach Jerusalem, die Lieblingsgeschichte meiner Kindheit. Eines Nachts bestieg der Prophet ein geflügeltes Ross namens Al-Burak – »der Blitz« – und unternahm die magische Reise, aus der im Lauf der Zeit die zahlreichen Geschichten von fliegenden Teppichen schöpfen sollten.

Ziel dieser Nachtreise war der Ort, an dem einst der Tempel Salomons gestanden hatte und an dem nach jüdischer Überlieferung Abraham Gott seinen Sohn Isaak opfern wollte. Genauer gesagt, landete Mohammed mit seinem Ross auf dem Felsen, auf dem der Überlieferung zufolge Adam geschaffen wurde und wo er nach seiner Vertreibung aus dem Paradies zum ersten Mal den Fuß auf die Erde setzte. (Es heißt, wer genau hinsieht, könne seine Fußabdrücke erkennen.) Von diesem Felsen stieg der Prophet dann in den Himmel auf, wo er Anweisungen für die abrahamitische Botschaft des Islam, das heißt, den Glauben an den einen Gott, erhielt.

In der Geschichte, die ich für Lucy schrieb, wird Louise von dem turbantragenden Engel auf dem Zauberesel in Jerusalem abgesetzt. Dort trifft sie eine Reihe von Gestalten, darunter einen Mr. Seems, der nicht das ist, was er zu sein scheint. Vor der Grabeskirche begegnet sie auch einem Wächter. Seit den Kreuzzügen steht er schlafend da, so unbeweglich wie der Blechmann im *Zauberer von Oz*, und mit ebenso traurigem Gesicht, denn es ist schon tausend Jahre her, dass er geschworen hat, sich erst wieder von der Stelle zu rühren, wenn Frieden herrscht im Heiligen Land.

Aber solange ich in Oxford war, brachte ich die Geschichte

nicht zu Ende. Louise gelangte zwar nach Jerusalem, aber dann wusste ich nicht mehr weiter. Sollte sie helfen, den Kreuzritter vor der Grabeskirche aufzuwecken? Würde sie dazu beitragen, dem Heiligen Land Frieden zu bringen? Ich wusste einfach nicht, wie es weitergehen sollte.

Und so blieb die Geschichte länger als fünfunddreißig Jahre in der Schublade, ohne Titel und unvollendet, und der Ritter schlief weiter. Dringendere Angelegenheiten – meine Arbeit an der Universität, die Familie, drei Jahrzehnte Krieg und Unruhen – kamen dazwischen. Erst als ich mich letztes Jahr auf einen Studienaufenthalt am Radcliffe Institute in Harvard vorbereitete, fiel sie mir wieder in die Hände. Ich las sie probeweise meiner zwölfjährigen Tochter Nuzha vor, die zu dieser Zeit mit Grippe im Bett lag. Und siehe da, sie fand den Beifall der eifrigen und kritischen Leserin, die selbst gerne Geschichten schrieb. Also packte ich das Manuskript zu den anderen Sachen, die ich mit nach Amerika nehmen wollte. Und während all die berühmten Mathematiker, Historiker und Biologen des Instituts lehrten und forschten, arbeitete ich dort an meinem Märchen.

Natürlich ging es mir nicht mehr darum, Lucy zu überreden, mit mir nach Jerusalem durchzubrennen. Inzwischen bewegten mich ganz andere Motive. Lucy und ich hatten Kinder, die mittlerweile selbst vor der Entscheidung standen, ob sie in einem Land bleiben sollten, das jetzt noch stärker von Tragik und Hass gezeichnet war als nach dem Sechstagekrieg. Konnte ich es verantworten, meinen Kindern das Leben in Palästina als Abenteuer auszumalen, wie ich es damals bei Lucy getan hatte? Ganz bestimmt würden sie darauf niemals so reagieren wie Louise in meiner Geschichte. (»Nein, wie aufregend … Denk nur!«, sagte sie und schlug die Hände zusammen, als wollte sie beten.) Die einzige Möglichkeit, meine Kinder für eine Zukunft in Palästina zu gewinnen, bestand darin, ihnen eine Aussicht auf die Lösung des Konflikts mit Israel zu bieten. Also musste ich endlich den schlafenden Ritter vor der Grabeskirche aufwecken.

Nach einigen Wochen angestrengter Arbeit hatte ich die Geschichte um ein paar neue Figuren und mystisch-sufistische Rätsel erweitert. Aber noch immer wusste ich nicht, wie ich den schlafenden Ritter wecken sollte. Kein Wunder, nach jahrzehntelangen erfolglosen Bemühungen schien es aussichtsloser denn je, den israelisch-palästinensischen Konflikt durch irgendeine Zauberformel aus der Welt zu schaffen. Der einstige Suk der Goldschmiede, den ich in meiner Kindheit so geliebt hatte, war inzwischen in der Hand einer messianisch-jüdischen Sekte, die in den Ruinen eine florierende Siedlung errichtet hatte – ein geschickt platzierter Dolch im Herzen des muslimischen Viertels. Schwerer wog jedoch, dass das Land von bewaffneten Konflikten zerrüttet war. Nach etlichen Selbstmordattentaten in israelischen Städten hatte die israelische Armee das Westjordanland erneut besetzt. Das Oslo-Abkommen war gescheitert, und was Arafats Regierung noch an Autorität in den besetzten Gebieten besaß, wurde von islamistischen Kräften unterhöhlt. Unterdessen nutzten die Israelis die Terroranschläge als Vorwand zur Errichtung eines sechs bis sieben Meter hohen »Sicherheitszauns«, der sich wie eine Giftschlange durch das Westjordanland windet. Jedesmal, wenn ich nach Jerusalem flog, um an einer Konferenz der Al-Quds-Universität teilzunehmen, folgten mir auf Schritt und Tritt zwei Leibwächter, sodass ich mir immer vorkam wie der Landvermesser K. in Kafkas *Schloss*. Hier, fernab vom friedlichen Neuengland, erinnerten sie mich ständig daran, wie tief und fest der Ritter meiner Geschichte noch schlief.

Des Rätsels Lösung kam mir im Flugzeug, das mich nach der Beerdigung von Präsident Arafat nach Boston zurückbrachte.

Ein paar Tage zuvor, als ich in meiner Dozentenwohnung am Skidmore College gerade die Vorlesung für den nächsten Tag vorbereitete, hatte ich eine dringende Botschaft aus Jerusalem erhalten. Präsident Arafat, geschwächt und isoliert in seinem zerstörten, von israelischen Panzern umstellten Amtssitz, war einer rätselhaften Krankheit erlegen, an der er schon seit Jahren gelitten hatte. Bereits als ich ihm vor meinem Sabbatjahr das letzte Mal begegnet war, hatte er ausgezehrt und gebrechlich gewirkt. Nun aber hatte sich sein Zustand derart verschlimmert, dass man ihn nach Paris geflogen hatte, wo er wenige Tage später starb. Der Alte Mann, wie ihn die Palästinenser nannten, war nicht mehr. Ich brach noch am gleichen Abend meinen Aufenthalt im schönen Saratoga Springs ab und nahm das nächste Flugzeug nach Jerusalem.

Wie kaum anders zu erwarten, löste Arafats Tod wilde Spekulationen aus. Einige hatten sofort den sagenumwobenen israelischen Geheimdienst Schin Beit im Verdacht, Arafat vergiftet zu haben; andere munkelten über Aids, wieder andere erhoben Vorwürfe gegen rivalisierende palästinensische Splittergruppen oder gegen die PLO selbst. Manche Israelis meinten, endlich habe die göttliche Gerechtigkeit gesiegt, und stimmten Jubelgesänge an. »Die böse Hexe des Ostens ist tot«, erklärte ein prominenter Rabbi aus Brooklyn. Aber alle waren sich einig, dass mit Arafats Tod die Karten neu gemischt waren. In einer so tief in der Vergangenheit wurzelnden Welt wie der unseren wird die Wahrheit unweigerlich von einer dicken Legendenschicht überlagert

Bei meiner Ankunft auf dem Ben-Gurion-Flughafen am folgenden Morgen erwarteten mich bereits meine beiden Leibwächter, und wir fuhren gleich nach Ramallah. Arafats Leichnam sollte drei Stunden später per Hubschrauber aus Kairo eintreffen.

Da wir damit rechneten, dass die Straße nach Ramallah verstopft sein würde, wählten wir einen Umweg und näherten uns der Stadt von Westen. Die israelische Armee, die ausländische Würdenträger und auch ein paar israelische Sympathisanten erwartete, ließ uns die Straßensperren ohne größere Behinderung passieren, sodass wir nach einer Stunde die Büros der »Volkskampagne für Frieden und Demokratie« (arabisches Akronym: HASHD) erreichten.

Hier war ein bunt gemischter Haufen junger Palästinenserführer, die fast alle schon israelische Gefängnisse von innen gesehen hatten, mit der Herstellung schwarzer Flaggen und Spruchbänder beschäftigt, auf denen zu lesen stand: »Die Volkskampagne trauert um Arafat«. Bei der Beisetzung sollten auch fünfzigtausend Flugblätter mit einem Aufruf zur Gewaltfreiheit und der Forderung nach einer Zwei-Staaten-Lösung mit Israel verteilt werden.

Von dort ging es weiter zur Mukata, Arafats zerstörtem Hauptquartier und Amtssitz am Stadtrand. Meine Kollegen hatten eine Sondererlaubnis für mich erwirkt, den VIP-Eingang zu benutzen, doch als wir ankamen, fanden wir das große eiserne Tor verschlossen vor. Palästinensische Sicherheitskräfte hielten mehrere Hundert Menschen zurück, die lautstark Einlass begehrten. Meine Leibwächter bahnten mir einen Weg durch die Menge. »Der Präsident der Al-Quds-Universität!«, riefen sie den Sicherheitskräften zu. Auf einmal öffnete sich wie auf Kommando ein schmaler Spalt im Tor, eine Gruppe palästinensischer Sicherheitsleute schlängelte sich heraus, hob mich hoch und zog mich hinein. Unmittelbar hinter mir schlug das Tor wieder zu. Das Hämmern und Rufen der Menge dröhnte in meinen Ohren. Ich zog mein Kettchen mit den blauen Sorgenperlen aus der Tasche und ließ es durch die Finger gleiten.

Nachdem ich so in die Anlage gelangt war, ging ich hinauf in die Büros der PLO. Dort entdeckte ich etliche bekannte Gesichter, darunter hochrangige PLO-Führer wie Premierminister Abu Ala sowie eine Reihe einflussreicher Persönlichkeiten aus dem Gazastreifen, die ich aufgrund der israelischen Reisebeschränkungen seit Jahren nicht gesehen hatte.

Alle warteten auf den Hubschrauber mit Arafats Leichnam. Als er endlich am Horizont auftauchte, hatten bereits Hunderte das Tor gestürmt und waren über die Mauern geklettert. Alles war voller Menschen – mitten unter ihnen sogar ein friedliches Grüppchen der Mun-Sekte aus Maryland.

Ich verließ die miteinander flüsternden Würdenträger und ging nach unten in den überfüllten Hof. Das gesamte Gelände, etwa so groß wie vier Fußballfelder, war schwarz vor Menschen.

Junge Arafat-Anhänger waren auf Schutthaufen geklettert und reckten die Hälse. Es herrschte eine seltsam erwartungsvolle, fast ausgelassene Stimmung. Die feierliche Rezitation des Koran wurde von der laut skandierenden Menge übertönt.

Dann schwebte der Hubschrauber eine ganze Weile über der Anlage, weil er wegen der vielen Menschen nicht landen konnte. Die Menge stürmte vorwärts, manche auf den Schultern von anderen, und jeder versuchte, so nahe wie möglich an den landenden Hubschrauber heranzukommen. Die Emotionen kochten hoch, vereinzelte Rufe wurden zu Sprechchören, es war wie in einer Sportarena: »Mit unserem Blut, mit unserer Seele gehören wir dir!« Liebevoll nannten sie Arafat »Abu Ammar«, »Vater von Ammar«. Die Menschen schienen nicht glauben zu wollen, dass ihr Führer tot war. Vielleicht hofften sie, es sei wieder nur eines seiner abenteuerlichen Kunststückchen, so wie damals, als er eine Bruchlandung in der Sahara mit nur ein paar Kratzern überlebt hatte. Mancher dachte wohl, der Alte Mann könne sogar dem Tod ein Schnippchen schlagen.

Die Menge schob sich immer weiter vor, die Sprechchöre wurden lauter, ebenso das Knattern der in die Luft abgegebenen Schüsse und die laut rezitierten Koranverse. Vor mir fiel ein Mann in Ohnmacht; ich erkannte ihn als Mitglied des Zentralkomitees der Fatah, der Fraktion Arafats innerhalb der PLO. Die dicht gedrängte Menge hatte ihm einfach die Luft abgedrückt. Andere wurden von herabfallenden Kugeln getroffen und stürzten zu Boden.

Schließlich gelang es dem Hubschrauber zu landen. Aus der Ferne beobachtete ich, wie die Menge Arafats Sarg aus der Ladebucht riss. Von Hunderten Händen getragen, wurde er mal in die eine, dann wieder in die andere Richtung gezerrt. Alle wollten ihn berühren wie eine wundertätige Reliquie.

Ich wurde gegen eine Wand gedrückt, und mein allgemeines Unbehagen wurde durch die leeren Patronenhülsen, die auf mich herabregneten, und den unter dem Gewicht der Zuschauer von den Balkonen rieselnden Putz nicht gerade gemildert. Da ich Angst hatte, unter dem Gebäude begraben zu werden, und außerdem genug gesehen hatte, beschloss ich, die Beerdigung nicht abzuwarten. Ich hatte meine Pflicht getan und dem Toten die letzte Ehre erwiesen.

Unauffällig machte ich mich davon und ließ mich von den Leibwächtern zu Freunden nach Ramallah fahren, wo ich mir den Rest der Zeremonie im Fernsehen anschaute.

Auf dem Rückflug nach Boston wanderten meine Gedanken immer wieder von meiner Lektüre, der großartigen Autobiografie von Amos Oz mit dem Titel *Eine Geschichte von Liebe und Finsternis*, zu Arafats Vermächtnis und der Zukunft Palästinas. Und ich begann zu überlegen, wie ich mein Märchen zu Ende führen konnte.

Wie würde es weitergehen?, so fragte ich mich irgendwo hoch über dem Mittelmeer. Vierzig Jahre lang hatte Arafat geschickt mit den verschiedenen Gruppierungen, Interessen und Ideologien jongliert. Nun machten sich viele Palästinenserführer, mit denen ich in Ramallah gesprochen hatte, große Sorgen. Würden die Kinder jetzt, da der Vater tot war, übereinander herfallen? Würden die Hamas und andere islamistische Extremisten das Vakuum füllen? Würde unsere Nation auseinanderbrechen? Nur in einem war ich mir sicher: Palästina würde sich nicht in ein waffenstarrendes Chaos verwandeln wie der Irak nach dem Sturz Saddam Husseins. Arafat war kein verrückter arabischer Despot gewesen, er hatte sich nie als gottgleicher Pharao aufgespielt. Er hatte eine zersplitterte Nation geeinigt, aber sie war nicht seine Schöpfung.

Ich wandte mich wieder dem Buch zu. Mehr als einmal war ich Amos Oz auf Friedenskundgebungen, bei Demonstrationen und bei Diskussionen zwischen palästinensischen und israelischen Intellektuellen begegnet. Ich bewunderte die sprachliche Schönheit seiner Autobiografie, besonders ergreifend aber fand ich die Beschreibung seiner Kindheit in den Fünfzigerjahren.

Amos Oz wurde geboren, als Hitler Polen überfiel, und er war

neun Jahre alt, als 1948 der erste Israelisch-Arabische Krieg ausbrach. Seine Schilderungen einer Parallelwelt auf der anderen
Seite des Konflikts war für mich eine Art Offenbarung.

Als kleiner Junge saß Amos Oz auf dem Fußboden der kleinen, dunklen Wohnung seiner Eltern und ersann komplizierte
Militärstrategien zur Verteidigung des jüdischen Volkes. Seine
kindliche Fantasie war erfüllt vom Dröhnen der Kampfjets und
kühnen Vorstößen über feindliche Linien, doch er wusste nichts
von den uralten, mit Kopfstein gepflasterten Gassen der Altstadt
oder vom Haram el-Scharif, dem »Edlen Heiligtum«, wo Mohammed mit Al-Burak gelandet war. (Juden und Christen nennen
diesen Ort Tempelberg.) Auch hatte er keine Ahnung, wie sehr
meine Mutter unter dem Unrecht litt, das ihr eben jene zionistische Bewegung angetan hatte, der Amos Oz sein Leben verdankte. Araber kamen in seiner Geschichte kaum vor, die Welt
meiner Kindheit war ihm völlig unbekannt. Russische und osteu-
ropäische Literatur, ja, dazu jüdische Gelehrte und Historiker,
Nietzsche, Marx und Freud, all das kannte er – aber nicht die
dunklen Gestalten jenseits des Stacheldrahts in der geteilten
Stadt. Was die Juden am meisten beschäftigte, war der Gedanke
an die Vernichtungslager der Nazis, denen sie mit knapper Not
entronnen waren.

Ich war keine fünfzig Meter von Amos Oz entfernt auf der anderen Seite jenes befestigten Niemandslands aufgewachsen, das
infolge des ersten Israelisch-Arabischen Krieges entstanden war.

Dass die Araber in den Kindheitserfahrungen von Amos Oz
praktisch nicht vorkamen, veranlasste mich, darüber nachzudenken, wie ich selbst groß geworden war. Was hatten meine Eltern
von seiner Welt gewusst? Hatten sie von den Vernichtungslagern
gehört? Waren nicht beide Konfliktparteien so auf ihre je eigene
Tragödie fixiert, dass sie einfach vergaßen oder nicht hören wollten, was die andere Seite zu erzählen hatte? Ist diese Unfähigkeit,
sich das Leben der »anderen« vorzustellen, nicht der Kern des israelisch-palästinensischen Konflikts?

Ich legte das Buch beiseite und ließ meinen Gedanken freien Lauf. Sie wanderten zu meiner Kindheit und meinen fünfundzwanzig Jahren in der Politik, ich dachte an all das Blutvergießen, das der sinnlose Hass erzeugt hatte, und schließlich an den Kreuzritter, den ich vor mehr als fünfunddreißig Jahren vor der Grabeskirche verlassen hatte, weil mir nicht einfallen wollte, wie ich ihn erlösen sollte. Auf einmal stand das, worauf ich damals nicht gekommen war, klar und deutlich vor mir.

Ich holte meinen Laptop hervor und begann zu tippen. Nun hatte meine Geschichte vier Hauptfiguren: Abdul, den Sohn des Türhüters, der den Schlüssel zur Grabeskirche verwahrt; Louise, das kleine englische Mädchen; Amos, einen jüdischen Jungen; und einen Zauberer, der nahe dem Ecce-Homo-Bogen in der ehemaligen Wohnung eines sehr weisen Sufigelehrten wohnt.

Der Schlüssel zur Erweckung des Ritters liegt im süßen Duft des Geißblatts. Eine Wahrsagerin führt Louise erst zu Abdul, dann zu Amos. Die drei gehen zum Ecce-Homo-Bogen und befragen den Zauberer, der ihnen das Geheimnis enthüllt. Die drei müssen gemeinsam den Boden bestellen, bis die Blüten des Geißblatts erscheinen und sich ihr befreiender Duft über die Stadt ausbreitet.

## KAPITEL I

# Der Schlüssel

Als ich ein Kind war, erzählte mir mein Vater, wir Nusseibeh entstammten einem alten Geschlecht von Dieben. Alle Fami-
liendynastien, erklärte er mir halb im Ernst und halb im Spaß,
seien auf Raub gegründet. Ich glaube, er wollte sich damit über
den Stolz vieler Araber auf ihre Wurzeln lustig machen. Deshalb
ermahnte er mich immer wieder, in der Gegenwart zu leben.
Zwar habe ich nie genau herausgefunden, wer denn diese Räuber
gewesen sein sollen, doch habe ich genügend Grabsteine gesehen, in deren halb verwitterte Kalkschicht die Namen einer tausenddreihundert Jahre alten Ahnenreihe gemeißelt waren, deren
Spur sich im Wüstensand Arabiens verlor.

Die Geschichte meiner Familie in Jerusalem beginnt mit Mohammeds Nachtreise. Kurz nach dieser legendären Pilgerfahrt zog
der Prophet mit wenigen Getreuen von Mekka nach Medina. Am
Rand dieser Wüstenstadt hatte Mohammed seine ersten Gefolgsleute gefunden: vierzehn Stammesführer, die ihm und dem Islam
Gefolgschaft schworen.

Angesichts des heute vorherrschenden Bilds von der Rolle der
Frau im Islam mag es überraschen, dass vier dieser Stammesfüh-
rer Frauen waren, eine davon Nusaybah, vom Kriegerstamm der
Chasradsch. Nach der Rückkehr des Propheten von seiner Nacht-
reise richteten er und seine Gefolgsleute, auch Nusaybah und ihr
Clan, ihre Gebete gen Jerusalem.

Nusaybah, die Ahnherrin meiner Familie, war eine tapfere
Kämpferin, die den Propheten auf dem Rücken ihres Pferdes mit
Leib und Leben geschickt verteidigte. Selbst als in einer Schlacht

zwei ihrer Söhne fielen und sie ein Bein verlor, gab sie nicht auf. Die islamischen Chronisten berichten, Mohammed sei von ihrer Tapferkeit so beeindruckt gewesen, dass er ihr und all ihren Nachkommen einen Platz im Paradies versprach.

Zu den Lieblingsgeschichten meiner Kindheit gehört der Einzug des Kalifen Omar in Jerusalem im Jahr 638 n. Chr. Zu diesem Zeitpunkt waren Mohammed und der erste Kalif (was so viel wie »Nachfolger des Propheten« bedeutet), Abu Bakr, bereits gestorben. Omar der Gerechte war der zweite Kalif.

Der spannendste Teil der Geschichte war für mich die Eroberung der Stadt. Wie alle kleinen Jungen lauschte ich gerne Erzählungen von Reitern auf edlen Pferden, die sich mit blankem Säbel ihren Weg durch glücklose Feinde bahnen. Doch Omars Einnahme von Jerusalem verlief völlig anders.

Für den Muslim Omar war Jerusalem eine ganz besondere Stadt. Hierhin hatte das Wunder seinen Lehrmeister, den Propheten, in der Nachtreise geführt, hier hatte er mit Abraham, Moses und Jesus neben dem Himmelfahrtsfelsen gebetet. Eine solche Stadt konnte man nicht mit dem Schwert erobern. Gewalt und Blutvergießen, die ihm anderswo zum Sieg verholfen hatten, sollten Jerusalem nicht beschmutzen.

Als die Jerusalemer nach den Kapitulationsbedingungen fragten, verlangte Omar, Sophronius, der Patriarch von Jerusalem, solle ihm bis vor die Tore der Stadt entgegenkommen. Auf Omars Befehl stellten derweil die muslimischen Truppen, welche die Stadt eingeschlossen hatten, ihre Kämpfe ein.

Zum festgesetzten Zeitpunkt trat Sophronius, angetan mit seinem goldenen Amtsgewand, vor die Tore der Stadt. Er erwartete, einem fürstlich gekleideten Eroberer gegenüberzutreten. So war er überrascht, nur einen einfach gekleideten Mann mit einem Kamel anzutreffen, auf dem sein Diener saß. Der bescheiden gekleidete Befehlshaber der muslimischen Armee versprach Sophronius, die Einwohner, ihr Eigentum und die heiligen Stätten Jerusalems zu verschonen. Bewegt von dieser Bürgschaft, übergab der Patriarch Omar die Schlüssel zu den Toren der Stadt und zur Grabeskirche.

Daraufhin begleitete Sophronius Omar zur heiligsten Kirche der Christenheit, einem wahrhaft göttlichen Ort. Hier lag Adam, der erste Mensch, begraben. Das leere Grab von Christus befand sich an dieser Stelle, und Helena, die Mutter Konstantins des Großen, hatte hier das echte Kreuz und die Dornenkrone entdeckt.

Der Überlieferung nach verließ Omar die Kirche, als die Zeit für das muslimische Gebet nahte, weil er keine Tradition begründen wollte: Er fürchtete, spätere muslimische Herrscher könnten sonst versucht sein, die Kirche in eine Moschee umzuwandeln. Also suchte sich der Kalif außerhalb der Kirche einen Platz für sein Gebet.

Unter den Männern, die Omar nach Jerusalem begleitet hatten, war auch der Bruder von Nusaybah, Ubadah ibn al-Samit. Omar setzte ihn als ersten muslimischen Hohen Richter ein, bevor er die Stadt verließ, und übergab ihm den Schlüssel der Grabeskirche. (Als Kind besuchte ich gerne das Grab von Ubadah an der Südseite der Mauer, die den Tempelberg umschließt.)

Die Söhne Ubadahs waren die ersten Nusaybah (heute Nusseibeh geschrieben), die in Jerusalem zur Welt kamen. Mit der Zeit erwarb die Familie Reichtum und große Ländereien. Jahrhunderte flossen ununterscheidbar ineinander, und über lange Strecken besteht die Geschichte meiner Familie fast nur aus einer Liste von Namen und Titeln, die sich alle den Kategorien Richter, Korangelehrte, Sufis oder Grundbesitzer zuordnen lassen.

Das politische Schicksal der Familie war stets mit dem der jeweiligen Machthaber Jerusalems verknüpft. Doch ob sie nun in Gunst oder Ungnade stand, stets hat meine Familie den Schlüssel treu und sicher aufbewahrt. Da die Grabeskirche einen Zankapfel zwischen Christen und Muslimen darstellte, war der Besitz des Schlüssels eine höchst delikate diplomatische Angelegenheit. Und jahrhundertelang erfüllte meine Familie ihre Pflichten, indem eines ihrer Mitglieder die Tür für die Christen öffnete und sie, wenn sie die Kirche am Abend wieder verließen, bis zum nächsten Morgen verschloss.

## KAPITEL 2

# Die panarabische Nation

❖

Doch ich will nicht den Eindruck erwecken, unser ganzes Leben sei durch die Vergangenheit bestimmt – das Gegenteil ist der Fall. Ich wurde von einem aufgeschlossenen, der Zukunft zugewandten Mann erzogen, der die moderne arabische Dichtung ebenso schätzte wie die alte. Bei allem Stolz auf die Taten unserer Urahnin lebte mein Vater im Hier und Heute.

Ende des 19. Jahrhunderts regte sich in den vornehmen Kreisen der Jerusalemer Gesellschaft erstmals Interesse für die Moderne. Die Zeiten änderten sich, nicht zuletzt, weil aus dem osmanischen Reich inzwischen »der kranke Mann am Bosporus« geworden war. Wie bei jedem despotischen System führten die ersten Anzeichen von Schwäche zu Erschütterungen im gesamten Reich. In den Städten verlangte man die in Europa üblichen Rechte und Freiheiten. 1909 besetzten die Jungtürken (das sogenannte »Komitee für Einheit und Fortschritt«), die sich am italienischen Risorgimento orientierten, die Hohe Pforte in Konstantinopel, entmachteten den Sultan und errichteten eine neue Regierung. Die Jungtürken wollten das Reich aus seiner Lethargie reißen, sie versprachen Fortschritt, Rechtsstaatlichkeit und die Förderung der Industrie.

Gerade in Palästina, wo sich europäische Einflüsse schon früher bemerkbar gemacht hatten, war der Freiheitsdrang besonders groß. Als die Generation meines Großvaters in den Achtzigerjahren des 19. Jahrhunderts die Bühne betrat, hatte der Kampf um Palästina bereits begonnen.

Ironischerweise wurde dieser Wandel gerade durch die jahrtausendealte Geschichte des Heiligen Landes gefördert. In Jerusalem hatte Zar Alexander II. für die Unterbringung der zahlreichen russischen Pilger eine russische Kolonie erbaut. (Die Israelis benutzen sie heute als Gefängnis.) Um nicht zurückzustehen, ließ der deutsche Kaiser auf dem Berg Zion eine Benediktinerabtei errichten. Protestantische Kirchen gründeten hastig Schulen und Krankenhäuser. Die Katholiken setzten den ersten lateinischen Patriarchen seit der Zeit der Kreuzzüge ein, und Baron Edmond de Rothschild ließ Windmühlen für eine Siedlung jüdischer Bauern errichten.

Durch diese Bau- und Missionierungswut wurde die politische Reformbewegung unter den arabischen Einwohnern Jerusalems indirekt gestärkt. Viele der Reformer kamen in den Schulen der Europäer mit modernen Ideen in Kontakt. Die Studenten der arabischen Universität, später auch die meiner von den Anglikanern geleiteten Alma Mater St. George's, begannen den Panarabismus zu entdecken. An der Spitze dieser Bewegung standen arabische Christen in Beirut und Damaskus und Persönlichkeiten wie Abduh und Afghani in Kairo. Diese Intellektuellen, zumeist hervorragende Dichter und Denker, betrachteten die alten lokalen Loyalitäten gegenüber den Clans, Stämmen und Sekten als Überbleibsel eines hemmenden Feudalismus, der die wissenschaftliche und kulturelle Entwicklung der Araber verhindert hatte.

Die Hauptantriebskraft des jüdischen Nationalismus in Palästina war der Zionismus. Die Juden waren schon immer ein lebendiger Bestandteil des islamischen Jerusalem gewesen. (Mein Vetter Saki entdeckte bei der Durchforstung von Dokumenten, die über Jahrhunderte in einer alten Synagoge in Ägypten gelegen hatten, Briefe, in denen der Kalif Omar dafür gerühmt wurde, dass er den Juden die Rückkehr in die Stadt erlaubte, die ihnen Römer und Christen über Jahrhunderte verwehrt hatten.) Gegen Ende des 19. Jahrhunderts waren die meisten Juden in der Stadt entweder Orthodoxe osteuropäischer Abstammung oder Arabisch sprechende Juden, die seit Jahrhunderten mit den Arabern zusammengelebt hatten und sich als Teil der arabischen Kultur und des arabischen Lebens fühlten.

Ganz andere Wurzeln hatte die Bewegung des Zionismus. Theodor Herzl, ein Wiener Journalist, der sich auch an Theaterstücken versuchte, war assimilierter Jude und stammte aus Ungarn. Zu der Zeit, als er *Der Judenstaat* schrieb, kannte er Palästina nur aus Büchern. Seine Zukunftsvision war ein Staat für jene Juden, die sich nicht in die europäische Gesellschaft integrieren wollten oder konnten. Die Araber, so seine Überzeugung, hätten von ihnen nichts zu befürchten. »Die Juden haben keine Streitmacht hinter sich«, schrieb er, »noch sind sie von kriegerischer Natur.«

Die Araber aber teilten diese Überzeugung nicht. Zehn Jahre nach Erscheinen von Herzls *Judenstaat* veröffentlichte der palästinensische Journalist Nadschib Nassar sein aufrüttelndes Buch *Der Zionismus: Seine Geschichte, seine Ziele, seine Bedeutung.* Die Furcht vor einer »Invasion« der europäischen Juden verbreitete sich. Der Bürgermeister von Jerusalem, Sia al-Khalidi, war so aufgeschreckt, dass er sich an seinen Freund Zadok Kahn, den Oberrabbiner von Frankreich, wandte. »Wer könnte die Rechte der Juden in Palästina bestreiten?«, schrieb er. »Gott weiß, dass es historisch gesehen euer Land ist.« Dennoch schließe die »bittere Macht der Realität« eine Wiederansiedlung der Juden aus, da das Land bereits dicht von Arabern besiedelt sei. »Im Namen Gottes«, schloss er, »lasst Palästina in Frieden.«[1]

## KAPITEL 3

# VERSPRECHUNGEN, NICHTS ALS VERSPRECHUNGEN

DER ERSTE WELTKRIEG brachte das Ende des tausenddreihundert Jahre alten politischen Systems der Kalifate und leitete eine Epoche großer Hoffnung für die arabischen Nationalisten ein. So gesehen fiel die Geburt meines Vaters im Jahr 1913 in eine verheißungsvolle Zeit. Auf einem Kinderfoto sieht man ihn in der Kleidung und Haltung eines jungen Adligen. Er war noch zu jung, um begreifen zu können, dass die arabische Bewegung, der er sein Leben verschreiben sollte, bereits im Keim erstickt werden würde.

Mit Ausbruch des Krieges im Jahr 1914 ging die relativ liberale Vorkriegsepoche zu Ende. Die Türken begingen den Fehler, sich den Mittelmächten anzuschließen, und der von den Türken für Palästina eingesetzte Gouverneur Dschamal Pascha, der den nicht sehr rühmlichen Beinamen »der Schlächter« trug, herrschte über Palästina, als wäre es sein persönliches Lehen. Er duldete keinen Widerspruch, und als sich mit dem Fortgang des Krieges die Araber gegen die Herrschaft Konstantinopels empörten, unterzeichnete der unerbittliche Türke so ungerührt Todesurteile, wie Polizisten späterer Generationen Strafzettel für falsches Parken ausstellten. Wasser und Lebensmittel waren knapp, dann kam eine Heuschreckenplage. Schon 1916 hofften die meisten Araber heimlich auf einen Sieg der Alliierten. Die panarabischen Intellektuellen setzten ihre Hoffnungen auf die Engländer und Franzosen.

Das erste Versprechen eines freien arabischen Palästina fiel im wahrsten Sinne des Wortes vom Himmel, und zwar in Form von Flugblättern, die aus britischen Flugzeugen abgeworfen wurden.

Ihre Botschaft lautete: »Helft uns bei der Befreiung aller Araber vom türkischen Joch, damit das arabische Königreich wieder das werden kann, was es zur Zeit Eurer Väter war.«[1]

Während die Engländer den Arabern derartige Versprechungen machten, arbeiteten sie mit den Franzosen ganz andere Pläne aus. Im Sykes-Picot-Abkommen teilten beide Länder bereits die Kriegsbeute und ihre Einflusssphären auf. Und Lord Arthur James Balfour, der britische Außenminister, schrieb unterdessen an den Zionistenführer Chaim Weizmann und warb um Unterstützung für »die Errichtung einer nationalen Heimstätte für das jüdische Volk in Palästina«. Einen ähnlichen Brief richtete er an Walter Rothschild, dessen Familie die Gründung eines jüdischen Staates befürwortete, und sicherte ihm die Unterstützung seiner Regierung für dieses Vorhaben zu, allerdings unter dem Vorbehalt, dass durch die Errichtung eines solchen Staates »nichts geschehen soll, was die bürgerlichen und religiösen Rechte der bestehenden nicht jüdischen Gemeinschaften in Palästina ... in Frage stellen könnte«. Das war aus vielerlei Gründen ein merkwürdiges Versprechen, nicht zuletzt, weil die stolzen Bürger eines zukünftigen »Arabischen Königreichs«, von denen das britische Flugblatt gesprochen hatte, nun auf bloße Mitglieder »nicht jüdischer Gemeinschaften« reduziert wurden. Merkwürdig war es auch deshalb, weil die Türken immer noch die Herrschaft über Palästina ausübten. Und nicht zuletzt wurde diese großzügige Zusage von einem Mann erteilt, der sich 1905 vehement für die Beschränkung der Einwanderung osteuropäischer Juden nach England eingesetzt hatte.

1917 ergab sich Dschamal Pascha den von Osten her anrückenden englischen Truppen unter General Edmund Allenby. Es hätte eine Szene aus einem Brecht-Stück sein können: Mitten in der Nacht machten sich die Türken still und leise davon und hinterließen dem Bürgermeister die Kapitulationserklärung. Der riss ein Bettlaken entzwei, band eine Hälfte an einen Besenstiel und lief damit die Jaffa-Straße hinunter, bis er auf den ersten britischen Soldaten traf.

Zum ersten Mal seit der Vertreibung der Franken durch Saladin erlebte Jerusalem den Einzug einer Armee aus Westeuropa. General Allenby versäumte es nicht, bei seiner Siegesansprache unter dem Jaffa-Tor auf dieses historische Faktum hinzuweisen. Die arabischen Zuhörer jubelten ihm trotzdem zu. Auf diesen Moment hatten die Panarabisten lange gewartet: Die Türken waren weg, nun wollten sie ihre Träume verwirklichen.

Keiner der Araber, die sich damals am Jaffa-Tor versammelten, konnte wissen, dass Allenbys Einzug einen ersten Schritt zum Verlust Jerusalems bedeutete. Mit erstaunlicher Offenheit legte Lord Balfour vor Politikern in London dar, was die Araber von dem Abkommen zu erwarten hatten:

> In Palästina sollten wir auch nicht der Form halber die Vorstellungen der derzeitigen Einwohner erfragen ... Der Zionismus, mag er nun seine Berechtigung haben oder nicht, gut oder schlecht sein, beruht auf uralten Traditionen, aktuellen Erfordernissen und Hoffnungen auf die Zukunft, die allesamt viel schwerer wiegen als die Wünsche und Meinungen der siebenhunderttausend Araber, die jetzt auf jenem geschichtsträchtigen Boden leben.[2]

Es versteht sich von selbst, dass er dies nicht vor Arabern sagte. Die offizielle und von den Zionisten pflichtbewusst wiederholte Version lautete stets, die Rechte der Araber würden gewahrt. Bei jeder sich bietenden Gelegenheit versprach Chaim Weizmann hoch und heilig, die Zionisten würden die Rechte und das Eigentum der Araber respektieren.

Anfangs schienen die arabischen Ängste tatsächlich überzogen. Nach dem Krieg wurde Faisal Hussein König des Irak, sein Bruder Abdallah König von Transjordanien. Palästina war zwar nicht in arabischer Hand, aber auch nicht zu einem jüdischen Staat geworden. Die Briten brachten Jerusalem eine Reihe von Verbesserungen. Sie stellten das unter König Herodes tausendneunhundert Jahre zuvor begonnene Kanalisationssystem fertig und machten mit den Restbeständen von Giftgas aus dem Ersten Weltkrieg der Heuschreckenplage ein Ende. Vor allem aber führten sie eine effektive Verwaltung ein und brachten den Einwohnern damit etwas, was für sie vollkommen neu war: Gesetz, Ordnung und ein Gefühl von Gerechtigkeit.

Unter dem britischen Mandat erlebten vor allem die freien Berufe, die Händler und das Beamtentum einen Aufschwung. Die Angehörigen der arabischen Mittelschicht bauten sich Häuser in Katamon, Talbieh und Bakaa, während sich die Jaffa-Straße zu einer belebten Einkaufsmeile mit Banken und Läden meist arabischer Christen entwickelte. So optimistisch war die allgemeine Stimmung, dass Musaa Kazim al-Husseini, der Präsident des Arabisches Hochkomitees, 1921 das palästinensische Volk aufforderte, »seine Hoffnungen auf die Regierung Großbritanniens zu setzen, die für ihren Gerechtigkeitssinn, ihre Sorge um das Wohlergehen der Bevölkerung und die Wahrung ihrer Rechte bekannt ist, und sich mit ihren legitimen Forderungen einverstanden zu erklären«.[3]

Am Beispiel der Erziehung meines Vaters lässt sich nachvollziehen, welcher Geist unter den Kindern der Jerusalemer Oberschicht herrschte. Mit Ausnahme der allgemeinen Ablehnung der Balfour-Erklärung fügte sich die Jerusalemer Elite in die von den Engländern importierte Gesellschaftsordnung, als wäre sie für sie maßgeschneidert. Die Männer führten das gesellschaftliche Leben von Gentlemen, und insgeheim zogen die englischen Offiziere sie den ins Land strömenden russisch-jüdischen Parvenus vor.

Mein Vater verbrachte seine Kindheit in einer wunderbar facettenreichen Welt. An der Spitze der Gesellschaftspyramide stand der britische Gouverneur, der auf einem weißen Ross einherritt. Er residierte in einem Gebäude auf dem »Hügel des Bösen Rats«, wo zur Zeit Jesu der Hohepriester seinen Amtssitz gehabt hatte. Als Nächstes kamen die in edle Gewänder gehüllten Würdenträger der verschiedenen Religionen, angeführt von Hadsch Amin al-Husseini, dem Großmufti von Jerusalem und wichtigsten mus-

limischen Führer der Stadt, sowie verschiedene christliche Erz-
bischöfe und Bischöfe. Dann waren da Familien wie die unsere,
die auf eine glorreiche, wenn auch bisweilen nur in ihrer Fantasie
vorhandene Vergangenheit zurückblickten und deren Kinder ge-
plättete Sakkos zu Hosen mit Bügelfalten trugen und typischer-
weise einen Band moderner arabischer Gedichte oder *Robinson
Crusoe* unter den Arm geklemmt hatten. Ihre Helden waren nicht
Cowboys und Indianer, sondern islamische Krieger und fränki-
sche Kreuzritter. Unterhalb dieser Schicht der Honoratioren gab
es eine wachsende Zahl Angehöriger stadttypischer Berufe wie
Verwaltungsangestellte, Lehrer oder Kaufleute. Die Basis der Pyramide bildete die Klasse der hart arbeitenden, stolzen Bauern
oder Fellachen in ihren bunten, traditionellen Gewändern. Beduinen in wallenden Dschellabas führten ihre Kamele durch die
Straßen, in denen es damals noch kaum Autos gab. (Mein Großvater soll den ersten Buick nach Palästina importiert haben, wie
mein Cousin Saki mir erzählt hat.)

So verlebte mein Vater eine Kindheit wie aus einem viktorianischen Roman. Wie groß die traditionelle Toleranz in Religions-
angelegenheiten damals war, zeigt sich daran, dass die muslimische Oberschicht ihre Kinder sämtlich auf christliche Schulen
schickte. Das Arab College, das mein Vater besuchte und an dem
er später unterrichtete, war damals eine der besten Ausbildungs-
stätten in der arabischen Welt. Unter dem britischen Mandat
wurde es von Ahmad Sameh al-Chalidi geleitet. Auch Khalil al-
Sakakini, ein von meinem Vater sehr geschätzter Dichter, gehörte dem erlauchten Lehrkörper an. Hier erhielt mein Vater eine
durch und durch europäische Erziehung. Er war ein ausgezeichneter Tennisspieler, und wenn er die englischen Offiziere nicht gerade in ihrer Lieblingsdisziplin schlug, übte er Klavier.

Viel stärker noch als ihre Eltern wurden mein Vater und seine
Studienkollegen am Arab College aber auch vom arabischen Nationalismus geprägt.

Mit dem Untergang des Osmanischen Reiches wurde der

Panarabismus rasch zur Leitidee der jungen Generation. Mit den Türken hatte man sich ohnehin nie identifiziert und seine Hoffnungen insgeheim auf den »arabischen Geist« gesetzt, der nun, befreit vom osmanischen Joch, der glorreichen arabischen Kultur zu neuer Blüte verhelfen sollte. Für die aus Christen und Muslimen bestehende Studentenschaft, deren gemeinsamer Hintergrund Schichtzugehörigkeit, Ausbildung und Sprache waren, wurde die Religion mehr oder weniger zur Privatangelegenheit. Sprache, nicht Religion war das kreative Element der jungen Dichter und Intellektuellen. Mein Vater und seine Freunde verbrüderten sich lieber mit Gleichgesinnten in Beirut und Alexandria, als dem verstaubten System in Jerusalem anzuhängen, in dem ererbte Privilegien, gesellschaftliche Stellung, Familiennamen und Statussymbole so bedeutend waren.

Die Zeit war ohne Zweifel geprägt von der Hoffnung auf einen Wandel. Doch bereits in der Jugend meines Vaters ereignete sich ein Vorfall, der all die Katastrophen ankündigte, die sich bis zu seinem Tod ereignen sollten. Als Sechzehnjähriger erlebte er, wie die Klagemauer (wir nennen sie nach dem Ross des Propheten Al-Burak), die für die Juden seit dreitausend Jahren von spiritueller Bedeutung ist, zu einem nationalistischen Symbol erhoben wurde, was unter den Muslimen eine heftige Gegenreaktion auslöste. Quasi über Nacht verwandelte sich der Islam, den mein Vater als vom Geist der Humanität erfüllte Religion erfahren hatte, in eine todbringende Waffe, mit der man auf seine Gegner eindrosch. Schlimmer noch: Die geistlichen Führer der Stadt hetzten einen mörderischen Mob auf wehrlose Männer, Frauen und Kinder und zerstörten damit auch die leuchtende panarabische Vision einer freien, toleranten und offenen Gesellschaft, der mein Vater anhing. Erstaunlich, wie um heilige Stätten, die unseren Sinn für das tiefe Mysterium des Lebens öffnen, banale Massenschlägereien entbrennen können. Erklären könnte das wohl höchstens ein Metaphysiker oder ein Psychotherapeut – ich jedenfalls versuche es erst gar nicht.

Im Jahr 1929 kam es zu antijüdischen Ausschreitungen, nachdem einige Hundert junge Anhänger Ze'ev Jabotinskys (der bei Juden den Beinamen »unser Duce« trug), zur Al-Burak marschiert waren, um dort lauthals »Die Mauer gehört uns!« zu skandieren. Unter wehenden Fahnen sangen die Anhänger Jabotinskys die Hatikva, die jüdische Nationalhymne.

> Solange noch im Herzen drinnen,
> Eine jüdische Seele wohnt.
> Und nach Osten hin, vorwärts,
> Das Auge nach Zion schaut.
> Solange ist unsere Hoffnung nicht verloren,
> die uns zweitausend Jahre verband:
> Zu sein ein freies Volk, in unserem Land,
> im Lande Zion und in Jirushalajim!

Ein englischer Journalist, der damals in Jerusalem lebte, beschrieb die Szene so: »Die jungen Helden, die vor Kurzem vorüberzogen, wurden von einem massiven Polizeiaufgebot geschützt. Berittene Polizisten vorneweg und zum Schluss, je eine Reihe Polizisten zu Fuß links und rechts. Somit waren die besten Voraussetzungen für einen schweren Zusammenstoß dreier Parteien geschaffen. Was für ein Beispiel grenzenloser Dummheit!«[4]

Unter den Muslimen verbreitete sich das Gerücht, die Juden wollten den Tempelberg, auf dem einst der Salomontempel gestanden hatte, unter ihre Kontrolle bringen. Der Mufti heizte die Stimmung weiter an. Am nächsten Tag stürmten Muslime mit dem Ruf »Islamia!« das Gelände vor der Klagemauer und zerrissen jüdische Gebetsbücher. Ein jüdischer Junge wurde nach einem Streit bei einem Fußballspiel erstochen.

In Hebron wurden vierundsechzig Juden ermordet, sämtlich Angehörige einer alteingesessenen religiösen Gemeinschaft, die immer in Frieden mit ihren Nachbarn gelebt und mit dem weltlichen Nationalismus der russischen Zionisten nichts zu tun hatte.

Doch die aufgebrachte Menge, angestachelt durch einen wahnhaften, primitiven Nationalismus, unterschied nicht mehr zwischen Juden und Zionisten. Die Welt bestand nur noch aus Schwarz und Weiß: Sie gegen uns. Ein Verhängnis und ein Vorbote.

Die Engländer reagierten auf den »Al-Burak-Aufstand«, so benannt nach seinem Ausgangspunkt, der Klagemauer, indem sie mehr Soldaten ins Land schickten. Und sie taten noch etwas, was in der Zukunft endlos wiederholt werden sollte: Sie entsandten ahnungslose »Experten«, die eine Lösung finden sollten.

Die durch die Balfour-Erklärung und die harte Reaktion auf die Unruhen ausgelöste antibritische Stimmung hinderte meinen Großvater nicht daran, aus Trotz und Stolz meinen Vater zum Jurastudium nach Cambridge zu schicken.

Kurz nach seinem Abschluss und seiner Rückkehr nach Palästina im Jahr 1936 lernte mein Vater meine Mutter auf dem Landsitz ihres Vaters in Wadi Hnein (heute die israelische Stadt Nes Ziona) kennen. Der Vater war ein wohlhabender, politisch aktiver Grundbesitzer, dessen Haus Politikern und Literaten offen stand. Sein Landsitz in Wadi Hnein lag inmitten von Orangenhainen, die sich bis nach Gaza erstreckten. Der palastartige Bau verfügte über einen Swimmingpool und genügend Gästezimmer und Personal, um auch für den Besuch eines Effendis, ja sogar eines Prinzen, Königs oder Premierministers, gerüstet zu sein. Ein häufiger Gast war König Abdallah. Mein Vater verkehrte dort, vorgeblich, um sich mit dem illustren politischen Milieu vertraut zu machen, doch sein Hauptinteresse galt der schönen jungen Frau, von der ihm sein Cousin erzählt hatte.

Wie mir berichtet wurde, war es bei meinen Eltern Liebe auf den ersten Blick, was so gar nicht der muslimischen Tradition entsprach. Doch bei all den gesellschaftlichen und sogar verwandtschaftlichen Beziehungen zwischen den beiden Familien (meine Großmutter mütterlicherseits war ebenfalls eine Nusseibeh) hätte es genauso gut eine arrangierte Ehe sein können. Den beiden in Wohlstand und Sicherheit aufgewachsenen Kindern schien ein angenehmes, glückliches Leben beschieden. Die ganze Welt stand ihnen offen.

Nachdem sich meine Eltern kennengelernt hatten, kehrte mein Vater nach Jerusalem zurück und eröffnete dort eine Kanzlei. Anscheinend hatte er aus England auch ausgesprochen viktorianische Vorstellungen mitgebracht, denn er wollte sich erst einmal beruflich etablieren, ehe er eine Familie gründete. Seine Herkunft und Ausbildung, seine gepuderte Perücke und seine schwarze Anwaltsrobe sicherten ihm einen raschen Aufstieg auf der Karriereleiter. Er hatte keinerlei Zweifel daran, dass er und meine Mutter bald würden heiraten können.

Doch das Unheil wollte es anders. Bald schon musste mein Vater die von ihm so geschätzten englischen Gesetze zur Verteidigung von Mandanten nutzen, die alles in ihrer Macht Stehende unternahmen, um die Engländer aus dem Heiligen Land zu vertreiben. Wenn mein Vater in den Monaten vor Ausbruch der Rebellion nicht gerade als Verteidiger von Mandanten im Gerichtssaal stand, die mit den strengen englischen Sicherheitsgesetzen in Konflikt geraten waren, unterrichtete er am Arab College. Zu seinen Kollegen gehörte auch der Christ Khalil al-Sakakini, einer der herausragendsten Vertreter der arabischen Erweckungsbewegung. Der äußerst kultivierte und von tiefem Stolz auf sein arabisches Erbe erfüllte Mann hatte sein Haus in dem wohlhabenden Jerusalemer Viertel Talbieh zu einem Treffpunkt für Dichter und Intellektuelle gemacht. Dort traf sich ein Zirkel von Literaten, die sich »Partei der Vagabunden« (Hisb al sa'aleek) nannten. Al-Sakakini verlieh dem Panarabismus auch in seinen wunderbaren Versen Ausdruck. (Mein Vater schätzte seine Dichtkunst sehr und zitierte in meiner Jugend häufig seine Verse, insbesondere ein Gedicht, das den entschlossenen Widerstand des Einzelnen gegen die Welt preist.)

In seiner Freizeit spielte mein Vater Tennis, und über die Jahre sammelte er so viele Pokale, dass sie mehrere Regalbretter füllten. Außerdem unternahm er lange Ausritte mit Thomas Hodgkins, einem in Jerusalem stationierten englischen Offizier, der insgeheim dem Marxismus anhing und mit den Arabern sympathisierte. Manchmal waren sie tagelang in der Wüste unterwegs.

Doch dies wurde schließlich zu gefährlich. 1935 entluden sich die jahrelang aufgestauten politischen Spannungen, die sich durch die massenhafte Einwanderung jüdischer Flüchtlinge aus dem faschistischen Europa verschärft hatten. Anders als 1929 war es diesmal nicht der Mufti, der die Bevölkerung aufhetzte, sondern ein einfacher muslimischer Geistlicher namens Scheich Isaddin al-Kassam. Er fand seine Anhänger hauptsächlich unter den Bauern, die ihre Existenzgrundlage verloren, als die Zionisten begannen, nicht bewirtschaftete Güter aufzukaufen.

Scheich Isaddin al-Kassam (sein Name lebt in der Bezeichnung der primitiven Hamas-Raketen fort) begann einen Guerillakrieg. Er und seine Anhänger hielten sich in Höhlen versteckt, die sie nur verließen, um nächtens Briten und Juden zu überfallen. Doch wie bei vielen auf ihn folgenden Palästinenserführern war Kassams strategische Weitsicht weitaus weniger ausgeprägt als sein nationalistischer Eifer. Eine seiner legendären Aktionen bestand darin, mit bloß zwei Dutzend Männern und ein paar veralteten Gewehren aus dem Ersten Weltkrieg die Royal Navy in Haifa anzugreifen. Er und seine Männer waren im Handumdrehen besiegt. Solche Ereignisse trugen dazu bei, dass das »Märtyrertum« – das stets primitive Instinkte anspricht – nach und nach ein fester Bestandteil des Palästinakonflikts wurde.

Obwohl der Aufstand des Scheichs wie nach dem Drehbuch einer Schmierenkomödie abgelaufen war, hatte der einfache Dorfgeistliche Kräfte entfesselt, die weder die Briten noch der Großmufti verstanden. Während die englischen Offiziere Kassam in gewohnter Überheblichkeit als Spinner abtaten, kam dem Mufti der Aufstand des Scheichs ungelegen, weil er sich gerade zu dieser Zeit den Briten als Führer Palästinas anzudienen versuchte.

Doch der Großmufti fürchtete noch etwas anderes. Die grob gewebte Kaffijah des palästinensischen Bauern auf dem Lande drohte den Fes der städtischen Führungsschicht abzulösen – ein Beispiel für den klassischen Konflikt zwischen der fanatischen Hingabe des einfachen Mannes an seine Sache und der diplomatischen Doppelzüngigkeit des klugen, auf seinen Vorteil bedachten Politikers. Doch beide Methoden sollten sich als gleichermaßen erfolglos erweisen.

Im folgenden Jahr versuchten sich die arabischen Führungsschichten an einer Rebellion. Der sogenannte Arabische Aufstand, der 1936 ausbrach, begann als kleine Schlägerei in Jaffa und wuchs sich zum Banditenunwesen aus. Araber hielten Autos an, raubten die europäischen Insassen aus und töteten zwei Juden. Es kam zu Repressalien und Gegenrepressalien; die Gewalt drohte außer Kontrolle zu geraten.

Dass dies zunächst nicht geschah, verdankt sich der Tatsache, dass die arabische Elite des Landes die Sache schließlich in die Hand nahm und ihre Protestkampagne mit der Galanterie europäisch erzogener Gentlemen durchführte. Das sechsköpfige Arabische Hochkomitee unter der Leitung des Großmuftis von Jerusalem vereinte politische und gesellschaftliche Führer des ganzen Landes. Nationalistische Vereine und Gruppierungen brachten Zeitungen heraus und forderten auf Plakaten einen Stopp der jüdischen Immigration und ein frei gewähltes Parlament. Dieses am irakischen und transjordanischen Beispiel orientierte Parlament sollte nach dem Mehrheitsprinzip arbeiten und sich mit den Briten abstimmen, aber nicht von einer Politik beherrscht sein, die hauptsächlich auf eine Aushöhlung des Panarabismus abzielte. Die Zionisten, die für sich in Anspruch nahmen, die westlichen Werte zu vertreten, waren logischerweise gegen freie Wahlen, in denen sie hoffnungslos überstimmt worden wären. Sie kämpften erbittert und mit Erfolg gegen alle Bemühungen, die zutiefst undemokratische Balfour-Deklaration abzuschwächen.

Eine königliche Delegation nach der anderen reiste durch das Land. Alle trugen den gewichtigen Gesichtsausdruck wohlmeinender Berufspolitiker zur Schau und gaben sich die größte Mühe, nicht einen Gedanken daran zu verschwenden, dass sich die nationalen Ansprüche der Araber nie mit der Balfour-Deklaration würden vereinbaren lassen, an der die Briten unbeirrt festhielten. Die nüchternen demografischen Fakten rissen zwischen Juden und Arabern eine unüberbrückbare Kluft auf.

Um den Briten zu zeigen, wie ernst sie es meinten, organisierten die arabischen Führer Streiks und Demonstrationen. Im Jahr 1937 reagierten die Engländer mit einem Teilungsplan, der eigentlich darauf hinauslaufen sollte, die Macht zu gleichen Teilen unter Juden, Muslimen und Christen aufzuteilen. Die Araber lehnten den Plan kategorisch ab. Die Situation war festgefahren, und die Engländer hielten noch mehr Konferenzen ab, verfassten noch mehr Papiere und entwarfen noch mehr Pläne. Das Einzige, was ihnen nicht in den Sinn kam, war, die Balfour-Deklaration aufzugeben.

Die bislang weitgehend friedliche arabische Protestbewegung eskalierte, und es kam zu einem dreijährigen Guerillakrieg. Er begann im Norden des Landes, als Araber eines Sonntags nach dem Kirchgang Lewis Andrews ermordeten, den stellvertretenden britischen Bezirkskommissar von Galiläa. Die Engländer reagierten mit übertriebener Härte, indem sie das Arabische Hochkomitee auflösten, das sie für die Tat moralisch verantwortlich machten. Die wichtigsten Mitglieder des Komitess wurden des Landes verwiesen, ihr Besitz konfisziert. Der Großmufti flüchtete als Frau verkleidet aus Jerusalem.

Zu den vertriebenen Komiteemitgliedern gehörte auch der Vater meiner Mutter. Eines Tages erschienen britische Soldaten vor seiner Villa und verhafteten ihn. Unter Anwendung der neuen Sicherheitsgesetze konfiszierte die britische Mandatsverwaltung seine Ländereien und verbannte ihn ohne Prozess auf die Seychellen. Meine Großmutter und alle Kinder, auch meine Mutter, zogen in ein kleines Haus in Ramle, das zur Begräbnisstätte eines Patriarchen der Familie gehörte, eines Sufimystikers, der im

15. Jahrhundert dort gelebt hatte. Als Kind hatte meine Mutter stets begeistert zugesehen, wie sich alljährlich anlässlich eines religiösen Fests Mitglieder von Sufiorden in dem Haus versammelten, bevor sie gemeinsam durch die Straßen der Stadt zogen. Nun war es ihr Heim geworden.

Die Briten begingen mit der Verhaftung meines Großvaters und seiner Amtsbrüder einen großen Fehler. Diese hatten die politische Führung gebildet, sie waren keine Terroristen, sehr wahrscheinlich hatten die meisten von ihnen noch nie in ihrem Leben eine Waffe benutzt. Die Beseitigung der weltlich ausgerichteten Führungsschicht, wie sie mein Großvater und seine Freunde repräsentierten, machte erst den Weg für eine Guerilla frei, in der die militanten Gefolgsleute Scheich Kassams den Ton angaben.

Erst nachdem die Briten zwanzigtausend Soldaten ins Land geschickt hatten, gaben die arabischen Führer den Boykott schließlich auf. Doch das Land war ein für alle Mal verwandelt. Nach 1936 konnte niemand mehr leugnen, dass das inzwischen so genannte »arabische Problem« fortbestehen würde, das im Kern ein nationales und kein wirtschaftliches war. Ein von Hunderten einflussreichen arabischen Mandatsträgern und Richtern unterzeichnetes und an die britische Mandatsverwaltung gerichtetes Memorandum bezeichnete die Politik der Briten als »widerwärtig« und drohte ihnen mit der »Rache des allmächtigen Gottes«.[5]

## KAPITEL 4

# Das Herodestor-Komitee

❖

Meine Eltern heirateten im Jahr 1943, und da mein Vater eine Stelle als wandernder Amtsrichter bekleidete, zogen sie erst von Jerusalem nach Jaffa, dann nach Tiberias und schließlich nach Ramallah. Nach fünf Jahren bekam mein Vater endlich eine feste Stelle in Jerusalem. Mit inzwischen zwei Mädchen und einem Jungen zogen meine Eltern in ein Haus gegenüber dem American Colony Hotel. Gerade schien wieder Normalität einzukehren, als neues Unheil heraufzog. Ich, das vierte Kind, kam kurz nach jener Tragödie zur Welt, welche die Palästinenser die Nakba, die »Katastrophe«, nennen.

Das Jahr, in dem ich gezeugt wurde, 1948, brachte das Ende des palästinensischen Traums. Im gleichen Jahr kämpfte mein Vater, schwer am Bein verwundet, in einem Beiruter Krankenhaus um sein Leben. Meine Mutter hauste währenddessen in einer überfüllten Wohnung in Damaskus, wo sie mich auch zur Welt brachte, und ihre Familie wurde zusammen mit siebenhunderttausend Palästinensern aus ihrer Heimat vertrieben. Eine seit Urzeiten praktizierte Lebensweise fand auf brutale Weise ihr Ende.

Als Junge hörte ich unzählige Geschichten über meinen Vater als »Verteidiger von Jerusalem« im Krieg von 1947/1948. Doch erst nach seinem Tod im Jahr 1986 stieß ich auf seinen 1949 verfassten unveröffentlichten Bericht, in dem er ausführlich auf seine Beteiligung an den Ereignissen eingeht. Er hatte diese sechzigtausend Worte umfassende persönliche Schilderung des Kampfs um Jerusalem und Palästina in Kairo geschrieben, wo er sich von seiner schweren Verwundung erholte. Beim Lesen malte ich mir aus, wie er vor der Schreibmaschine gesessen hatte. Wahrscheinlich versuchte er, sich vom Verlust des Beins abzulenken, den ihm die Stern-Bande zugefügt hatte – so nannten die Briten nach ihrem Anführer die Untergrundorganisation Lechi, die »Kämpfer für die Freiheit Israels«. Und sicher hatte er auch den Gedanken daran verdrängt, dass es in der Familie bald ein weiteres hungriges Maul zu stopfen galt. Doch am schwierigsten fand ich es, mir meinen Vater, für mich ein Musterbeispiel bürgerlicher Respektabilität – Richter, Gouverneur und Botschafter –, als Kämpfer in Jerusalem vorzustellen, der tagsüber eine gepuderte Perücke und eine Robe trug, um des Nachts als Waffenschmuggler durch die Straßen zu schleichen.

Während des Krieges erlaubten die Briten meinem Großvater endlich die Rückkehr aus dem Exil auf den Seychellen – allerdings nicht nach Palästina. Sie schickten ihn nach Ägypten. Erst gegen Ende des Krieges, nach acht Jahren Verbannung, erhielt er die Erlaubnis, zu seiner Familie zurückzukehren, die unter beengten Verhältnissen in Ramle lebte. Eine Rückkehr nach Wadi Hnein war nicht möglich, die Engländer hatten den Landsitz bis auf die Grundmauern niedergebrannt. Nachdem mein Großvater so seinen Besitz und seine Ländereien verloren hatte, betrieb er tagsüber einen kleinen Laden und verbrachte seine Abende mit Lesen, Beten und dem Absingen mystischer Sufilieder. Jedoch war seine Gesundheit angegriffen, und so starb er im Jahr 1946 im Alter von nur 48 Jahren an einem Herzinfarkt. Er wurde in Ramle in der Grabstätte eines weisen Sufimeisters beigesetzt.

Zu dieser Zeit schlitterte das Land immer tiefer in den Bürgerkrieg. Die Briten verhängten wieder drakonische Strafen, um die inzwischen täglich verübten Terroranschläge einzudämmen. Schon der Besitz von Waffen oder Munition galt als Kapitalverbrechen. Wie im Jahr 1936 hatte mein Vater wieder alle Hände voll damit zu tun, arabische Nationalisten vor Gericht zu verteidigen.

In Jerusalem brodelten die politischen Spannungen dicht unter der Oberfläche. Mein Vater suchte damals öfter seinen Freund

Rauf in dessen Büro hinter dem King David Hotel auf, um mit ihm Kaffee zu trinken. Dabei entgingen meinem Vater die finsteren Drohungen nicht, die Rauf und ein jüdischer Amtskollege unterschwellig austauschten. Beruflich gesehen respektierten sie einander, doch ihr ausgeprägter Nationalismus hatte zur Folge, dass sie einander mit einer Mischung aus freundlichen Floskeln und Drohungen begegneten. »Was war das bloß für ein Wahnsinn?«, fragt mein Vater in seinen Memoiren. Sie arbeiteten weiter als Kollegen zusammen, um am Abend ihre Kräfte in den Dienst ihres jeweiligen Lagers zu stellen und sich auf einen Krieg vorzubereiten, den alle für unvermeidlich hielten.

Ein Wendepunkt war laut den Memoiren meines Vaters der 29. November 1947, der Tag, an dem die Vollversammlung der Vereinten Nationen der Teilung Palästinas zustimmte. Den Briten, die so hartnäckig dem »Blitzkrieg« der Nazis widerstanden hatten, reichte es: Die Terroranschläge und die Kosten der Befriedung Palästinas bewogen sie zum Abzug.

Im Jahr zuvor hatte der organisierte, systematische Terror massiv zugenommen. Aus leicht nachvollziehbaren Gründen ging er anfangs zum größten Teil von jüdischen Untergrundorganisationen aus. Die Araber hatten sich vom Aufstand der Jahre 1936 bis 1939 nie richtig erholt. Ihre Führung war gespalten, die meisten der alten Guerillakämpfer waren entweder gefallen oder saßen noch im Gefängnis. Außerdem hatten die Araber keinen wirklichen Grund, die Briten anzugreifen. Die Zeit schien für sie zu arbeiten, da die Briten die jüdische Zuwanderung aus Europa drosselten – und ohne einen starken Zustrom von Immigranten würde es auch keinen jüdischen Staat geben.

Für die Juden dagegen bildete die Einwanderungsfrage die Hauptantriebsfeder der Terroranschläge. Verzweiflung, Ideologie und politisches Kalkül bildeten ein explosives Gemisch, und für die Zionisten war der Terror ein Druckmittel, das die britische Regierung dazu bewegen sollte, alle Überlebenden des Holocaust ins Land zu lassen.

Mein Vater schildert viele der Anschläge, die die Briten schließlich zum Aufgeben bewogen. Ein großer Teil wurde von der Stern-Bande ausgeführt, der aktivsten jüdischen Terrororganisation. Den Gründer dieser Gruppierung, Abraham Stern, beschreibt mein Vater als »sehr sympathisch, still und fleißig«. Mitglieder seiner Organisation entführten beispielsweise zwei britische Soldaten, exekutierten sie und hängten ihre mit Sprengfallen versehenen Leichen in einem Eukalyptushain an einem Baum auf. »Als der Bergungstrupp kam und sie herabnehmen wollte, explodierte eine an den Leichen befestigte Bombe.« In einem Lager in Tel Aviv wurden britische Soldaten im Schlaf überfallen und mit Maschinengewehren getötet.

Zu den Anschlägen, die mein Vater sehr ausführlich beschreibt, zählt das Bombenattentat auf das King David Hotel im Juli 1946, in dessen einem Seitenflügel die Zentrale der britischen Kolonialverwaltung untergebracht war. Bei der Explosion kamen über hundert Beamte und Offiziere ums Leben. Unter den Toten befand sich auch ein enger Freund meines Vaters, ein britischer Offizier, den er freundschaftlich »Blenks« nannte.

Die Briten hatten einen schweren Stand. Die Immigration auf die Opfer des Nationalsozialismus zu beschränken, war politisch schwer zu vermitteln. Schließlich gab es Stimmen wie etwa Arthur Koestler in seinem Bestseller *Diebe in der Nacht* – »ein sehr gut geschriebenes Buch«, urteilte mein Vater –, die die Stern-Bande und die Irgun, ebenfalls eine militante Zionistengruppe, glorifizierten wie Untergrundkämpfer gegen das Naziregime. Die Briten hatten endgültig genug und legten einen weiteren Teilungsplan vor, der allerdings von Arabern wie Juden gleichermaßen abgelehnt wurde. Terroranschläge und britische Vergeltungsmaßnahmen wechselten einander ab, bis London entschied, das Problem den neu geschaffenen Vereinten Nationen zu übergeben, die einen eigenen Teilungsplan erarbeiteten. Ihm zufolge sollten die Juden, die nur ein Drittel der Bevölkerung stellten und denen bloß sechs Prozent des Landes gehörten, mehr als die Hälfte des Gebiets erhalten, darunter den fruchtbaren Küstenstreifen, Teile Galiläas und die gesamte Negev-Wüste, wohingegen das alte biblisch-jüdische Kernland mit seiner Felslandschaft ironischerweise für die Araber vorgesehen war.

Selbst wenn man die offensichtliche Ungerechtigkeit, Land aufzuteilen, ohne seine Bewohner nach ihrer Meinung zu fragen – denn selbstverständlich sollten die Araber nicht über die Sache abstimmen können –, beiseite lässt, verlangte der Plan zu viel guten Willen und Fantasie, als dass irgendjemand in Palästina, ob Jude oder Araber, an ihn hätte glauben können. Vorgesehen war eine »Wirtschaftsunion« zwischen den beiden neu zu schaffenden Staaten – ein geradezu lächerliches Ansinnen, wenn man bedenkt, das man seit 1936 nicht mehr von einer gemeinsamen Wirtschaft sprechen konnte. Die Spaltung von Wirtschaft und Verwaltung hatte sich längst im alltäglichen Leben verfestigt, beide Konfliktparteien nutzten die Wirtschaft als Waffe, wo immer sie die Gegenseite treffen konnten.

Der Plan der Vereinten Nationen garantierte auch die Rechte der Araber im jüdischen Teil. Doch die Araber hätten dort die Hälfte der Bevölkerung gestellt, und das bei einer weitaus höheren Geburtenrate. Wie sollte ein jüdischer Staat existieren können, in den quasi eine fünfte Kolonne eingebaut war? Judah Magnes, der in Amerika geborene Präsident der Hebräischen Universität, sah voraus, dass die Teilung zwangsläufig zum Krieg führen würde. Selbst wenn es den Juden gelang, die »Araber zu verdreschen«, wie er sich ausdrückte – und er hatte keinen Zweifel daran, dass sie dazu in der Lage waren –, so würde doch die Irredenta zweier verfeindeter Ministaaten unvermeidlich einen Krieg nach dem anderen provozieren.[1]

Die Mitgliedsstaaten der Vereinten Nationen billigten den hauptsächlich von Stalin und Truman unterstützten Plan. Die Briten enthielten sich, um ihr reines Gewissen zu bewahren, waren aber gleichwohl erleichtert, als sie sich mit dem 15. Mai 1948 der undankbaren Aufgabe entledigt sahen, zwei verfeindete Bevölkerungsgruppen in die Schranken weisen zu müssen.

Die zionistische Führung in Palästina stimmte dem Plan zu. Auf heftigen Widerstand stieß er bei den Anhängern Jabotinskys, die ihn als Verrat am zionistischen Traum der Kontrolle über ganz Palästina, einschließlich des Jordan-Ostufers, betrachteten. Unterdessen versicherte Ben Gurion, der den Plan in der Öffentlichkeit guthieß, seinen Anhängern, die tatsächlichen Grenzen Israels würden später durch die israelische Armee festgelegt.

Wie vorauszusehen lehnten die arabischen Staatsführer in Kairo, Damaskus und Bagdad den Teilungsplan kategorisch ab. In rasch aufeinanderfolgenden martialischen Erklärungen drohten sie mit einer militärischen Antwort. Etliche Politiker ließen sich unter dem Druck des Muftis Hadsch Amin Husseini zu einer regelrechten Kriegserklärung hinreißen und versprachen, die zionistischen Eindringlinge aus Israel zu vertreiben. Allerdings war dieser »einhellige arabische Widerstand« alles andere als »einhellig«. Syrien und Jordanien planten vielmehr, sich selbst ein Stück der palästinensischen Beute einzuverleiben. Abdallah ibn Hussain, mittlerweile als Hussain I. König von Transjordanien, soll in einer Geheimabsprache mit Ben Gurion, an der auch Golda Meir entscheidenden Anteil hatte, das Westjordanland als Teil Jordaniens zugesichert worden sein.

Die Araber in Palästina waren sich weitaus einiger. »Warum sollten wir für das bezahlen, was die Europäer den Juden angetan haben?«, lautete die vorherrschende Meinung. Auch mein Vater lehnte den Plan ab, allerdings aus einem anderen Grund. Bei der Teilung ging es nicht nur darum, mit den Vereinten Nationen um ein Stück Land zu schachern, auf dem Spiel stand auch sein mehr als ein Jahrtausend altes kulturelles Erbe.

Den größten Teil der Memoiren meines Vaters nimmt die Zeit des Interregnums zwischen der Entscheidung der Vereinten Nationen im Dezember 1947 und dem tatsächlichen Ende des britischen Mandats im Mai des darauffolgenden Jahres in Anspruch. Als die Vereinten Nationen den Teilungsplan billigten, feierten die Juden einen ganzen Tag, während die lokalen arabischen Führer einen landesweiten dreitägigen Proteststreik ausriefen. Am ersten Tag dieses Streiks hörte mein Vater zu Hause von seinem jüngeren Bruder, dass eine Demonstration auf der Mamilla-Straße stattfinden sollte, also in dem lebhaften Geschäftsviertel, in dem auch die Kanzlei meines Vaters lag. Als die beiden sich der Demonstration anschließen wollten, sahen sie statt eines Massenprotests »fünfzig armselige Gestalten«, die mit den Händen in den Hosentaschen unschlüssig herumstanden. Sie hatten weder Anführer, noch waren sie irgendwie organisiert.

Vater ging also ins Büro – und erlebte, wie ein solch anfänglich unentschlossener Protest in ein Chaos münden kann. Es begann damit, dass die »armseligen Gestalten« den einzigen Juden verprügelten, der ihnen über den Weg lief, einen Journalisten der englischsprachigen *Palestine Post*. Dann wandte sich der Unmut gegen das Geschäftsviertel. »Unterschiedslos wurden arabische und jüdische Läden geplündert«, aus Geschäften und Wohnhäusern alles weggekarrt, was nicht niet- und nagelfest war, bis hin zu Türen, Fensterrahmen und Toiletten. »Nichts blieb verschont.« Verschlossene Ladentüren wurden mit Sprengstoff geöffnet, das Geschäftszentrum versank in »Staub, Lärm und Chaos«.

Die britische Polizei, die seit zwanzig Jahren Gesetz und Ordnung aufrechterhalten hatte, sah tatenlos zu. Der Kampf tobte nun zwischen den Arabern und den Juden, und die Briten waren nicht bereit, den Schiedsrichter zu spielen. Sie verteidigten sich, wenn sie selbst angegriffen wurden, ansonsten »gaben sie den Ring frei und richteten sich in der Rolle des Zuschauers ein«.

Während die Araber so desorganisiert waren, dass sie den Mob nicht einmal davon abhalten konnten, arabische Läden zu plündern, verfügten die Juden über einen gut funktionierenden, regierungsähnlichen Apparat. Judah Magnes hatte nicht ganz unrecht gehabt, als er meinte, die Zionisten würden die Araber »verdreschen«. Es war in keinem Moment ein fairer Kampf und konnte es auch nicht sein. Die Juden bildeten eine durchorganisierte Gemeinschaft mit einer bewundernswert disziplinierten

Führung, die genau wusste, was sie wollte, und dies systematisch in die Tat umzusetzen verstand. Sie verfügten über staatsähnliche Institutionen, beispielsweise ein hebräisches Schulsystem, einschließlich einer Universität auf dem Skopusberg in Jerusalem. Sie hatten ihre eigenen Buslinien, ihre eigene Gesundheitsversorgung und, was für diesen ersten Israelisch-Arabischen Krieg natürlich noch bedeutsamer war, eine schlagkräftige Untergrundarmee.

In seinen Memoiren vergleicht mein Vater die strategischen und militärischen Kräfteverhältnisse der damaligen Zeit. Seine arabischen Brüder gingen mit großen Illusionen und übertriebenem Stolz in die Auseinandersetzung. »Die Palästinenser … hatten keine Schattenregierung zur Übernahme der Verantwortung bereitstehen, sie hatten keine Führer, keine Waffen, keine Streitkräfte.« Es galt, Hunderte Dörfer und Städte zu verteidigen, aber man hatte keine Leute dafür. Noch schlimmer war, dass noch nicht einmal eine klare Vorstellung darüber vorhanden war, worum es in dem Kampf eigentlich ging. In den früheren Rebellionen gegen die türkische Herrschaft hatten Gebietsansprüche keine Rolle gespielt. Die Türken hatten niemals Dörfer erobert, um die Bewohner zu vertreiben und sie durch Siedler zu ersetzen. Doch mit den Zionisten musste man nun um jeden Quadratmeter Boden ringen.

Die einzigen kampfbereiten Kräfte waren die von den Briten ausgebildete und ausgerüstete Arabische Legion und die ALA (Arab Liberation Army; Arabische Befreiungsarmee). An der Spitze der Arabischen Legion stand John Bagot Glubb, von den Arabern auch Glubb Pascha genannt, ein exzentrischer Engländer, der fließend die arabischen Dialekte der Beduinen beherrschte. Ein erfahrener Offizier wie Glubb wusste natürlich, dass die Juden ganz Palästina im Handumdrehen unter ihre Kontrolle bringen konnten, sobald ihnen die Engländer nicht mehr im Weg standen.[2] Doch die Befehle aus London verboten ihm, vor dem 15. Mai in Palästina einzugreifen, und auch dann durfte er nur die laut Teilungsplan arabischen Gebiete besetzen.

Vor dem 15. Mai schien allein die Arabische Befreiungsarmee in der Lage, den Juden Widerstand zu leisten. Sie bestand aus zweitausendachthundert zumeist syrischen und irakischen Freiwilligen. Da sie miserabel geführt war, richtete sie allerdings kaum etwas aus.

Die arabischen Führungen in Kairo, Damaskus und Bagdad hielten die Juden für keine ernsthaften Gegner und stritten sich schon vorab, wem das Verdienst des glorreichen Sieges zufallen sollte. Sie übergingen die lokalen Palästinenserführer, darunter vor allem den Cousin des Großmuftis, Abdel Kader el-Husseini, und legten das Kommando in die Hände des Syrers Fausi al-Kawedschi und des irakischen Generals Ismail Safwat.

Beide waren »katastrophale Fehlbesetzungen«, befand mein Vater. »Kawedschi und Safwat setzten nie einen Fuß in das Land, dem sie mit ihren Militäroperationen zu Hilfe kommen sollten. Nicht selten wusste man gar nicht, wo sie überhaupt steckten ... Delegationen der Nationalkomitees verschiedener arabischer Gebiete klapperten dann sämtliche Hauptstädte der arabischen Staaten ab, um sie zu suchen. Kamen sie in Damaskus an, sagte man ihnen, die Pascha-Generäle seien nach Kairo abgereist, und so ging es endlos im Kreis herum.«

Wenn ortsansässige Palästinenser General Safwat warnten, ihre Städte würden bald fallen, falls sie keine Unterstützung durch die Arabische Befreiungsarmee bekämen, wiegelte er nur ab. »Jaffa soll ruhig fallen«, meinte er zu einem Freund meines Vaters. »Haifa soll ruhig fallen«, fügte er hinzu. Und da er schon einmal dabei war, machte er gleich weiter: »Akko, Safed, Jerusalem, Nazareth sollen ruhig fallen, alle diese Städte haben keinerlei strategische Bedeutung, außerdem können wir sie jederzeit zurückerobern.«

Die jüdische Führung hingegen wusste genau, was sie wollte. Sie hatte einen Plan und die erforderliche Disziplin, ihn auch umzusetzen. Zusammengenommen verfügten ihre verschiedenen militärischen Gruppierungen wie die Haganah und die Irgun über dreißigtausend gut ausgebildete Männer, die bei Angriffen koordiniert zusammenarbeiteten. Es war eine Armee von spartanischem Geist, gestählt durch die Schrecken in Europa. Zudem war sie weitaus besser ausgerüstet als die Araber; sie verfügte über ein umfangreiches Arsenal von Waffen, die aus Europa ins Land geschmuggelt oder während des Krieges den Briten gestohlen worden waren. In kleinen Werkstätten wurden gepanzerte Fahrzeuge, Mörser und Granaten hergestellt.

Der jüdische Plan verfolgte eher offensive als defensive Ziele. Die Grundidee war, die Grenzen auszuweiten und die arabische Bevölkerung auszudünnen, indem man den Kampf weit über die Linien des von den Vereinten Nationen beschlossenen Teilungsplans hinaus ausdehnte. Die Juden versuchten, vor dem 15. Mai so viel Land wie möglich zu besetzen und vollendete Tatsachen zu schaffen, bevor die transjordanische Armee eintraf.

Laut Teilungsplan sollte Jerusalem weder Teil des arabischen noch des jüdischen Staates werden, sondern einen internationalen Status erhalten. Schon vor dem 15. Mai hatten die Briten Jerusalem in Sicherheitszonen eingeteilt. Auf diese Weise hatte man versucht, die verfeindeten Parteien in ihren jeweiligen Stadtbezirken zu halten.

Zusammen mit ganz Palästina taumelte das kosmopolitische Jerusalem in den Bürgerkrieg. Dem Bericht meines Vaters zufolge versank das Leben in einen Albtraum von Irrwitz und Chaos. Professoren, Ärzte und Ladenbesitzer beider Seiten bemannten Stellungen und schossen auf Leute, die sie zu anderen Zeiten als Gäste in ihrem Haus empfangen hätten. Die Regeln der Zivilisation waren außer Kraft gesetzt, zwei zuvor friedliebende Völker dachten nur noch an Kampf.

Im Bericht meines Vaters beginnt die Schlacht um Jerusalem am Damaskustor, nur fünfzehn Minuten Fußweg von seinem Haus entfernt. Ende 1947, wenige Tage nach dem Votum der Vereinten Nationen, fuhren drei jüdische Untergrundkämpfer als Araber verkleidet mit einem Taxi zum Damaskustor und deponierten zwei als Teerfässer getarnte Bomben zwischen den Marktständen. Gerade als sie wieder wegfuhren, kam Hassan, der Bruder meines Vaters, aus der Altstadt. Als er auf das Damaskustor zutrat, hörte er einen schwachen, dumpfen Knall, der wie eine Fehlzündung klang. Gleich darauf sah er einen zerfetzten, blutigen Körperteil an der Stadtmauer kleben. Er hatte Glück gehabt, die mächtigen, von Suleiman dem Prächtigen errichteten Mauern verhinderten, dass Menschen hinter dem Tor verletzt wurden. Die Leute vor dem Tor aber waren schutzlos gegen die Splitter der selbst gebauten Bombe.

Einige Tage darauf wurde mein Onkel Hassan direkt Ziel eines Anschlags. Er hatte Al-Kasr geerbt, die mächtige alte Festung vor den Toren der Altstadt, die schon seit Langem im Besitz unserer Familie war. Erst kurz zuvor hatte er Renovierungsarbeiten durchführen und das Haus mit Abwasserrohren, fließend kaltem und warmem Wasser, einer Heizung und dergleichen modernem Komfort ausstatten lassen – alles seiner neuen Braut zuliebe. Eines Nachts hörte mein Vater eine laute Explosion. Er zog sich an und stürzte aus dem Haus, um nachzuschauen, was geschehen war. Wenige Minuten später tauchte sein Cousin auf und begrüßte ihn mit der rätselhaften Bemerkung: »Ein langes Leben sei dir vergönnt.« Dies ließ nichts Gutes ahnen.

»Wer ist getötet worden?«, fragte mein Vater.

»Niemand, aber sie haben das Schloss deines Bruders in die Luft gejagt.«

»Was ist mit meinem Bruder?«

»Zum Glück ist ihm nichts passiert. Er ist bei der Familie seiner Frau in der Altstadt.« Er verdankte sein Leben einem jüdischen Nachbarn, der ihn vor dem Anschlag gewarnt hatte. Am nächsten Morgen rechtfertigte die jüdische Untergrundbewegung in der *Palestine Post* den Anschlag als notwendige Operation zur Vernichtung von »Heckenschützennestern«.

Kurz danach schickte mein Vater seine Frau und die Kinder vorsichtshalber in den Libanon und mietete für sie eine schöne Villa im Libanongebirge.

Während dieser ganzen Zeit vertrat mein Vater vor Gericht arabische Nationalisten, die von den Briten zum Tod durch den Strang verurteilt worden waren, und kämpfte gleichzeitig gegen die Belagerung der Altstadt. Im Frühjahr 1948 setzte eine Explosion nach der anderen den Granitblöcken des Herodestors zu. Viele Familien der Mittelschicht verließen wegen der dauernden Detonationen die Stadt, bis sich die Lage beruhigt hatte.

Mein Vater und einige andere Persönlichkeiten erkannten, dass die Altstadt nur zu halten war, wenn man eine effektive Verteidigung aufbaute. Es war Zeit, die Sache selbst in die Hand zu nehmen und ein Verteidigungskomitee zu gründen. Vater nannte es »Herodestor-Komitee«. »Wir waren etwa dreißig Männer, alle in Sorge um ihr Heim und ihre Familie, und wir hatten alle Angst.«

In Vaters Manuskript sind als Mitglieder Angehörige angesehener Familien erwähnt – die Husseini, die el-Chalidi, die Darwisch und die Dadschani waren vertreten. Die meisten der Verteidiger kamen jedoch aus dem Volk – es war eher der Chauffeur, der sich engagierte, als der Pascha auf der Rückbank. Um es mit den Worten meines Vaters auszudrücken, es waren »ebenso heldenhafte wie törichte, kurz: ganz normale« Männer, die nur über ein paar alte Waffen verfügten.

Das Herodestor-Komitee musste es mit der Haganah aufnehmen, die riesige Mengen Waffen aus Osteuropa ins Land schmuggelte. Man brauchte also Gewehre. Mein Vater und seine Freunde versuchten es zunächst einmal wie ganz normale Leute, die irgendein Projekt finanzieren wollen: Sie misteten ihre Kleiderschränke aus und veranstalteten eine Tombola mit gebrauchten Kleidern. Etwa zweihundert Leute erschienen, und es kam gerade einmal genug Geld zusammen, um ein Gewehr und ein paar Schuss Munition zu kaufen. »Verglichen mit den schwindelerregend hohen Summen, die den Juden dem Hörensagen nach allein aus New York zuflossen«, schreibt mein Vater, »war es eine armselige und geradezu lächerliche Veranstaltung, bestens geeignet, selbst die größten Optimisten zu entmutigen.«

Das erste Treffen fand unweit des Herodestors statt, doch als Handgranaten über die Mauer flogen, entschloss man sich, fortan im Haus von Scherif Sbuh zu tagen, einem pensionierten Schulinspektor, den mein Vater für die herausragendste Persönlichkeit des Herodestor-Komitees hielt.

Sbuh, aus Nablus gebürtig, der sich sein Wissen zum größten Teil als Autodidakt angeeignet hatte, sprach im breiten Dialekt seiner Heimatstadt. Durch Fleiß und Anstrengung hatte er es trotz seiner bescheidenen dörflichen Herkunft bis an die Spitze des Bildungsministeriums gebracht. Nach der Schilderung meines Vaters war er eine »schlanke Gestalt von ein Meter neunzig und wirkte mit seinem elastischen Gang und den O-Beinen wie ein Cowboy im Anzug. Seine Augen blinzelten kurzsichtig durch eine Nickelbrille, und auf seinem wettergegerbten Gesicht lag ein breites, entschlossenes Grinsen. Seine Worte untermalte er mit seinen schlanken, beredten Händen und verlieh ihnen damit Nachdruck.«

Die Tatsache, dass ein pensionierter Schulinspektor mit Dauerschnupfen und einem Faible für Zahlen die herausragendste Persönlichkeit des Herodestor-Komitees war, sagt einiges über diese Gruppe aus. Ihre Mitglieder legten keine Bomben und planten keine Überfälle. Die Gruppierung war defensiver Natur und beschäftigte sich hauptsächlich damit, Waffen aufzutreiben.

Dies war auch die Aufgabe meines Vaters. Einmal kam er abends nach Hause und fand den Maulbeerbaum vor seinem Haus mit einer abenteuerlichen Sammlung von Pistolen, Patronengurten und Gewehren behängt. Das Arabische Hochkomitee in Kairo hatte sie geschickt.

Wüstensand und Sonne hatten die meisten dieser Waffen unbrauchbar gemacht. Ersatzteile gab es keine, für die wenigen funktionsfähigen Waffen fehlte es an Munition. Um dieses Problem zu lösen, wandte sich das Komitee an Rauf Darwisch, den Vater in seinen Memoiren als »die beste Verkörperung Falstaffs, die mir je begegnet ist« beschreibt. »Er war von stattlicher Figur, mit rotem Gesicht und flinker Zunge, und wenn es eine Wette galt, konnte er eine Viertelliterflasche Whisky an die Lippen setzen und in einem Zug bis zum letzten Tropfen leeren.«

Darwisch war beim Herodestor-Komitee für die nächtliche Nachschubversorgung zuständig. Er reinigte die vom Sand klemmenden Waffen und wühlte »wie ein Händler auf einem Basar« in seiner Sammlung fingerförmiger Patronen, um den wartenden Wachhabenden die richtige Sorte im passenden Kaliber auszuhändigen.

Ihren Höhepunkt erreichte die Geschichte meines Vaters sechs Wochen vor dem Auslaufen des britischen Mandats. Die Lage in Jerusalem wurde immer verzweifelter. »Während der angespannten Endphase des Mandats glich Jerusalem einem alten Wasserschlauch, der, kaum dass man eine undichte Stelle gestopft hat, sofort an zwei neuen Stellen platzt. So flickte jedermann Tag und Nacht vor sich hin.« Vater kam häufig mit Abdel Kader el-Husseini zusammen, um mit ihm die Sicherheitslage zu besprechen und zu beratschlagen, wie man die Altstadt vor der Eroberung bewahren konnte.

Abdel Kader el-Husseini hatte einen hohen Regierungsposten aufgegeben und sich in die Berge zurückgezogen, um von dort aus die britische Teilungspolitik zu bekämpfen. Sein Hauptquartier befand sich in dem Dorf Birseit nördlich von Ramallah. Er kam nur sehr selten und unter Beachtung strengster Geheimhaltungsmaßnahmen nach Jerusalem, da die Briten ein Kopfgeld auf ihn ausgesetzt hatten.

Abdel Kader, mein Vater und die anderen Komiteemitglieder kamen überein, dass Abdel Kaders Leute zur Rettung Jerusalems Al-Qastal, eine alte Kreuzritterburg, zurückgewinnen mussten, die die Juden in einem Überraschungsangriff in ihre Gewalt gebracht hatten. Durch ihre Lage auf einem Berggipfel besaß Al-Qastal große strategische Bedeutung. Hier waren die meisten jüdischen Konvois, die zwischen Tel Aviv und Jerusalem verkehrten und den westlichen Teil der Stadt versorgten, unter arabisches Feuer geraten.

Abdel Kader eilte in Begleitung meines Vaters sofort nach Damaskus, um Ismail Safwat, den Kommandeur der Arabischen Befreiungsarmee, um Unterstützung zu bitten. Im Verlauf des Gesprächs äußerte Safwat in einem Tonfall, den mein Vater als bewusst beleidigend beschreibt: »Wie ich höre, Abdel Kader, haben die Juden Al-Qastal besetzt. Willst du die Festung selbst zurückerobern, oder soll ich der Befreiungsarmee befehlen, das für dich zu erledigen?«

Abdel Kader erklärte, seine Männer seien nur mit einem Sammelsurium uralter italienischer Gewehre ausgerüstet, mit denen sich die Burg unmöglich zurückerobern ließe.

»Wir haben leider keine Armee für dich«, erklärte Safwat kategorisch und nippte an seinem Tee.

»Gut, dann werde ich uns Al-Qastal zurückholen«, erwiderte Abdel Kader, »aber offen gestanden zweifle ich daran, dass du Palästina wirklich retten willst.« Damit verließ er zusammen mit meinem Vater den Raum. »Ich habe keinerlei Hoffnung mehr«, sagte Abdel Kader zu meinem Vater. »Entweder, wir verstecken uns im Irak, oder wir gehen zurück und sterben vor Al-Qastal.« Sie kehrten zurück und kämpften.

Auf dem Rückweg von Damaskus nach Jerusalem machte Vater einen kleinen Umweg und besuchte meine Mutter in Beirut. Es sollte das letzte Mal sein, dass sie ihren Mann unversehrt sah. Das Ergebnis ihres leidenschaftlichen Wiedersehens war ihr viertes Kind: ich. Abdel Kader setzte unterdessen seinen Weg nach Al-Qastal fort.

Als mein Vater am nächsten Tag nach Hause kam, eilte er sofort zu den improvisierten Büros des Herodestor-Komitees. Dort erfuhr er, dass der Kampf um Al-Qastal unter Führung von Abdel Kader bereits begonnen hatte. Vater wollte den Entscheidungskampf aus nächster Nähe beobachten. Wie es für ihn typisch war, brach er aber erst auf, nachdem er seine Arbeit im Büro erledigt hatte.

Die Mittagszeit war schon vorüber, als er und sein jüngerer

Bruder Ahmad Jerusalem in einem Auto verließen. Es dauerte nicht lange, bis ein Heckenschütze sie zwang, den Wagen stehen zu lassen und den Weg zu Fuß fortzusetzen. Als sie einen Hügel unweit des Kampfplatzes erreichten, dämmerte es bereits.

Von hier aus beobachteten sie den Angriff der Araber: »Die Männer in unserem Sektor setzten sich in Bewegung, behutsam darauf bedacht, sich hinter dem Berggrat zu halten. Kugeln schwirrten durch die Luft ... Einer der Kämpfer«, so mein Vater, »hüpfte vorwärts wie eine Heuschrecke. Er ließ alle Vorsicht außer Acht, sprang einfach voran und kniete sich ab und zu hin, um zu zielen und zu feuern.«

Am dritten Tag der Schlacht erlebte mein Vater den Sieg: Abdel Kader und seine Kämpfer hatten den strategisch bedeutsamen Hügel zurückerobert und damit Safwat beschämt. Als erstes Zeichen, dass dieser Sieg lediglich der Vorbote einer Katastrophe war, erfuhr mein Vater, dass Ein Kerem, ein Dorf unweit Jerusalems, angegriffen worden war. Dabei waren viele Dorfbewohner verletzt worden und ohne medizinische Hilfe.

Mein Vater entschied sich sogleich, über Ein Kerem nach Jerusalem zurückzukehren. Sein Bruder Ahmad, von Beruf Arzt, erklärte sich bereit zu helfen. Beide blieben über Nacht im Franziskanerkloster des Ortes. Während Ahmad die Verwundeten versorgte, machte mein Vater eine Runde durch den Ort, um sich zu erkundigen, was die Einwohner brauchten. In einem Café traf er überraschend auf eine Gruppe arabischer Kämpfer, die er zuvor bei Al-Qastal gesehen hatte. Von ihnen erfuhr er die traurige Nachricht: Abdel Kader war erschossen worden.

Er hatte sich noch nicht vom Schock über den Tod seines Freundes erholt, als ihn bereits die nächste schlimme Neuigkeit erreichte. Ein weiteres Dorf, Deir Jassin, stand jetzt unter Beschuss. Mein Vater kehrte sofort zum Hauptquartier des Herodestor-Komitees zurück, um die zunehmende Verschlechterung der Lage zu besprechen. Der Kampf um Jerusalem hatte eine schlimme Wendung genommen.

Am Tag, nachdem die Araber Al-Quastal zurückerobert hatten, glaubten die jüdischen Kämpfer etwas tun zu müssen, um ihre Moral zu heben. Hundertzweiunddreißig Männer der Stern-Bande und der Irgun, unterstützt von der Haganah und unter Führung der zukünftigen Premierminister Jizchak Schamir und Menachem Begin, drangen in das Dorf ein und schlachteten mehr als zweihundertfünfzig Bewohner ab.

In dieser Nacht brach mein Vater vor Erschöpfung in seinem Büro zusammen. Die sich überschlagenden Ereignisse – das fruchtlose Treffen in Damaskus, der Angriff auf Ein Kerem, der Tod Abdel Kaders und nun das Blutbad von Deir Jassin – waren über seine Kräfte gegangen.

Doch die Probleme, mit denen das Herodestor-Komitee zu kämpfen hatte, nahmen rasch noch weiter zu. Je näher der 15. Mai rückte, desto härter wurden die Kämpfe, desto verzweifelter die Lage. Mein Vater wusste, dass es das Komitee bald mit zwölftausend gut ausgebildeten jüdischen Kämpfern zu tun bekommen würde, die vor den Stadttoren nur auf das Auslaufen des britischen Mandats warteten. Wenn es ihm nicht gelang, Hilfe von der Arabischen Legion in Amman zu bekommen, würde die Stadt fallen. Ihre letzte Hoffnung war König Abdallah.

Auf seiner Reise zum König stattete mein Vater Glubb Pascha einen Besuch ab, der jedoch unmissverständlich klarstellte, dass die Arabische Legion allenfalls als britische Einheit und zur Unterstützung britischer Politik aktiv werden würde.

Im Anschluss an dieses Treffen fuhr mein Vater in den Palast, küsste den Rubinring Seiner Majestät und erklärte, wie dringend Jerusalem die Hilfe der Arabischen Legion erwarte. »Jerusalem wurde einst während der Kreuzzüge geplündert«, erklärte er, »und nach den Vorgängen in Deir Jassin zu schließen, wird es der Stadt nicht besser ergehen, wenn den Juden die Erstürmung gelingt.« Mein Vater bat den König inständig, der Arabischen Legion grünes Licht für die Verteidigung des Gebietes zu geben, das dem arabischen Staat zugefallen war. »Ansonsten werden die

Juden innerhalb weniger Stunden ganz Palästina besetzen, ohne sich um die Grenzziehungen der Vereinten Nationen zu scheren.« Seine Majestät versicherte ihm, er werde niemals zulassen, dass die Heilige Stadt von den neuen Kreuzrittern erobert würde.

Am 13. Mai kaufte mein Vater Munition und sah sich neue Waffen sowjetischer Herkunft an, die auf dem Schwarzmarkt angeboten wurden. Am nächsten Tag befahl Abdallah seine Soldaten nach Jericho, wo sie sich für den Marsch nach Jerusalem bereithalten sollten.

Am 15. Mai endete das britische Mandat über Palästina, und der in Russland geborene David Ben Gurion verkündete, die zweitausend Jahre andauernde »Fremdherrschaft« über Palästina sei nun ein für alle Mal zu Ende. Jüdische Streitkräfte übernahmen unmittelbar darauf die Kontrolle über die arabischen Teile von Talbieh, die Deutsche Kolonie und Bakaa. Außerdem erfolgten Angriffe auf das Jaffa-Tor, das Neue Tor und das Zionstor. Vier Tage lang hielten die bunt zusammengewürfelten arabischen Truppen stand. Arabische Sender schickten Hilfsappelle über den Äther, aber es kamen nur ein paar Freiwillige aus einem Dorf nahe Haifa nach Ramallah geeilt, um »die Grabeskirche und den Felsendom vor zionistischer Entweihung« zu bewahren, wie es ein Kollege meines Vaters, ein christlicher Arzt, ausdrückte.[3] Vater erklärte der zusammengewürfelten Truppe Freiwilliger, die nur mit primitiven Waffen ausgerüstet waren und weder über eine Ausbildung noch eine militärische Führung verfügten: »Wir marschieren mit euch und werden die Frontlinie bilden.« Vier von fünf waren unbewaffnet, einer trug ein Gewehr von den Engländern.

Da die Munition bedenklich knapp wurde, wollte mein Vater den Oberbefehlshaber in Ramallah aufsuchen, traf ihn aber nicht an. Anschließend besuchte mein Vater zusammen mit vier anderen Männern die verlassene jüdische Siedlung Nabi Jakub, deren Verteidiger in die Hadassah-Klinik auf dem Berg Zion geflohen waren. Araber aus der Gegend plünderten den Ort und karrten alles fort, was nicht niet- und nagelfest war.

Auf der Autofahrt zurück nach Jerusalem wurde mein Vater in den Oberschenkel geschossen. Die Kugel kam aus der Polizeikaserne auf dem Skopusberg und traf die Hauptschlagader oberhalb des Knies. Er wurde so rasch wie möglich ins Regierungskrankenhaus nach Nablus gebracht, aber aufgrund des starken Blutverlusts setzte Wundbrand ein. Die Ärzte amputierten das Bein ohne Narkose und setzten damit seinem geliebten Tennisspiel ein jähes Ende.

## KAPITEL 5

# DER PFEFFERBAUM

❖

ICH KANN MIR VORSTELLEN, wie mein Vater, die Schreibmaschine auf seinem bandagierten Beinstumpf, nach den Gründen für jene Katastrophe suchte, die zur »Vertreibung und Enteignung fast einer Million palästinensischer Araber« führte, wie er es formulierte. Als ich seine ergreifende Schilderung der durch den Krieg hervorgebrachten Flüchtlingsgeneration las – er nannte sie »unerwünschte Ausgestoßene, jämmerliche Gestalten, die heimat- und arbeitslos umherwanderten und vorwiegend von Almosen aus dem Westen lebten« –, begriff ich, welche Gefühle ihn zu seinem Jahrzehnte währenden unermüdlichen Einsatz für die Verteidigung ihrer Rechte bewegt hatten.

Die Schuld verteilte sich auf viele Köpfe, angefangen bei den Zionisten, auf deren Konto die Vertreibungen gingen, und den arabischen Führern (den »grinsenden Affen«, wie er sie nannte), die keinen Finger gerührt hatten, um sie davon abzuhalten. Und mein Vater warf sich selbst vor, dass er sich nie ernsthaft bemüht hatte, seinen Feind zu verstehen.

Mein Fehler waren mein maßloser Dünkel und meine Arroganz, und zwar als ganz normaler Durchschnittsmensch. Ich unterschätzte die Stärke meines Feindes und überschätzte die meines eigenen Volkes … Ich orientierte mich zu sehr an den vergangenen Ruhmestaten meines Volkes und verschloss bewusst die Augen vor seinen gegenwärtigen Schwächen.

Doch dank seiner privilegierten Herkunft, seiner uralten arabischen Wurzeln in Jerusalem sowie seines Selbstbewusstseins als Cambridge-Dozent besaß mein Vater genügend innere Ressourcen, um Katastrophen beiseitezuschieben, aufzuspringen und weiterzumachen – eine Begabung, die er »Kismet« nannte, worunter er nicht die schicksalsgläubige Unterwerfung unter den »Willen Allahs« verstand, sondern eine Haltung, die er gern mit einem seiner englischen Lieblingsmottos umschrieb: »Geschehen ist geschehen.« Kismet verlieh ihm die Fähigkeit, nach einer Niederlage rasch wieder auf die Beine zu kommen, den Schlägen auszuweichen und Würde und Selbstvertrauen zu wahren, während andere ihre Verluste betrauerten und über ihr Schicksal klagten. Vater verstand es meisterhaft, aus Stroh Gold zu spinnen.

Verglichen mit den Hunderttausenden staatenloser Flüchtlinge, die in Lagern lebten, erlitt meine engere Familie im Krieg nur geringe materielle Verluste. Die Araber hatten die Kontrolle über Ostjerusalem behalten, wo sich der Großteil des Familienbesitzes befand. Allerdings verlor Vater ein paar Immobilien im von Israel besetzten Westteil der Stadt sowie ein Grundstück bei Lydda, auf dem sich heute der Internationale Flughafen Ben Gurion befindet.

Auf der Seite meiner Mutter konnte man schon eher von einem Flüchtlingsschicksal sprechen. Bereits 1948 hatte ihre Familie ihre Besitztümer an die Briten abtreten müssen und war verarmt. Nach den Schüssen auf meinen Vater ließ meine schwangere Mutter meine älteren Geschwister in der Obhut von Verwandten und ging ins Krankenhaus von Nablus, um sich um ihren Mann zu kümmern. Dann kehrte sie nach Ramle zurück, wo sie ihrer verwitweten Mutter beistand.

Im Juni tauchte die israelische Armee auf. Jizchak Rabin, damals Befehlshaber der Haganah, beschreibt in seinen Memoiren unverhohlen die Ereignisse, die der Vertreibung vorausgingen. Als sich seine Streitkräfte die Kontrolle über das Gebiet gesichert hatten, fragte er Ben Gurion, was mit der Bevölkerung geschehen solle. Der ehemalige Ministerpräsident, der schon zehn Jahre zuvor die Vertreibung für notwendig erklärt hatte, machte mit der Hand eine wegwerfende Geste, als wollte er sagen: »Schmeißt sie hinaus!« Die Vertreibung galt unter zionistischen Politikern als populäre Maßnahme. Chaim Weizmann, der bis dahin wohl an die tausend Mal geschworen hatte, die Rechte der Araber zu respektieren, nannte deren Massenexodus aus den Küstengebieten jetzt freudetaumelnd eine »wunderbare Sache, die die Aufgabe Israels vereinfacht«.[1]

Einige der enteigneten Araber wurden auf Lastwagen oder in Bussen abtransportiert. Die meisten aber, so auch meine Familie, mussten zu Fuß hinter die Demarkationslinie in das unter jordanischer Verwaltung stehende Ostjerusalem oder ins Westjordanland marschieren. Meine Mutter, meine Großmutter und der Rest der Familie ließen Jahrhunderte alte Erinnerungen zurück. Sie fürchteten, das Grab meines Großvaters in der Grabkammer des Sufimeisters nie mehr wiederzusehen.

Die glühend heiße Sommersonne forderte unterwegs zahlreiche Todesopfer, während meine Familie den Fußmarsch gen Osten einigermaßen gut überstand. Mutter gelang es, sich zu meinen älteren Geschwistern Munira, Saedah und Saki durchzuschlagen, die sie inzwischen in Damaskus zurückgelassen hatte. Zunächst ging meine Großmutter mit ihr, zog dann aber mit ihren Kindern nach Kairo. Es entbehrt nicht einer gewissen Ironie, dass sie gerade in der Stadt, in der ihr verstorbener Ehemann im Exil gelebt hatte, ein Leben als Flüchtling begann. Auf keinen Fall hätte sie sich zurück nach Ramle gewagt. Die israelischen Todesschussbefehle hielten die als »Infiltratoren« bezeichneten Menschen davon ab, in das Land ihrer Vorväter zurückzukehren.

Nach seiner Genesung in einem Beiruter Krankenhaus machte sich Vater auf den Weg in das geteilte Land, wo er gebeten wurde, sich an der neuen palästinensischen Regierung zu beteiligen, die in Gaza unter Führung des Großmufti gebildet werden sollte. Kurz nach ihrer Gründung zog diese »Regierung« jedoch nach

Kairo und mit ihr auch mein Vater. In einer armseligen Geste zur Beschwichtigung nationaler palästinensischer Gefühle bot die 1945 gebildete Liga Arabischer Staaten dieser »Regierung« ein paar schäbige Büros mit kaputten Möbeln in ihrer Zentrale an. Hier verbrachte Vater die nächsten beiden Jahre – unter elenden Bedingungen und fast ohne Geld; sein Groll auf die fiktive gesamtpalästinensische »Regierung«, der er angehörte, wuchs ebenso wie der Abscheu gegen die verlogenen arabischen Politiker, die sie eingesetzt hatten. Schon bald erkannte er, dass ihr Konstrukt das heuchlerische Produkt interner Streitigkeiten unter den arabischen Ländern war.

Inzwischen lebte meine schwangere Mutter mit ihren drei Kindern, meiner Großmutter und sämtlichen Geschwistern in beengten Verhältnissen in Damaskus. Wie das Schicksal es wollte, kam ich während eines Kälteeinbruchs zur Welt. Es herrschten Rekordtemperaturen, und Damaskus lag unter einer dicken Schneedecke. Offenbar weinte ich vom Augenblick meiner Geburt an ohne Unterlass. Ich hatte noch keinen Namen, und so ließen sich die Witzbolde in der Familie eine provisorische Lösung einfallen. Die russisch anmutende Szenerie draußen und die Bücher *Schuld und Sühne*, *Der Idiot* und *Aufzeichnungen aus dem Kellerloch*, die gerade in der Familie von einem zum anderen weitergereicht wurden, brachten sie auf die Idee, mich vorläufig »Dostojewski« zu nennen. Und so geschah es auch: Wenige kostbare Tage lang – das heißt, bis mein Vater davon erfuhr – trug ich den Namen des düsteren philosophischen Romanciers aus Russland.

Schließlich kam das Telegramm aus Kairo. »Mabruk« (Glückwünsche), begann es, »zur Geburt Saris.« Vater hatte diesen Namen sowohl wegen seiner sprachlichen Verbindung zu Mohammeds Nachtreise gewählt als auch im Gedenken an den verstorbenen Sohn Khalil al-Sakakinis, des bekannten Literaten und Lehrers an dem inzwischen geschlossenen Arab College. Ich selbst würde gerne glauben, dass Vater bei der Namensgebung al-Sakakinis Gedicht über die Rebellion des Individuums im Kopf hatte.

Bald darauf beschloss Vater, dem Affentheater in Kairo ein Ende zu setzen. Bei Abwägung der beiden Möglichkeiten, für eine machtlose Exilregierung zu arbeiten oder wieder als normaler Bürger zu Hause in Jerusalem zu leben, entschied er sich für letztere. Er war keineswegs der Einzige, der eine starke Abneigung gegen die arabische Politik hegte. Junge ägyptische Offiziere unter Führung Gamal Abdel Nassers, erbost über die offensichtliche Gleichgültigkeit König Faruks gegenüber der arabischen Sache, schmiedeten bereits ein Komplott zum Sturz der Monarchie. Und in Palästinenserkreisen planten junge Aktivisten und Studenten unter dem Einfluss Jassir Arafats, sich des Muftis und des alten Feudalregimes zu entledigen.

Als meine Eltern 1951 in den von Jordanien verwalteten Teil Jerusalems zurückkehrten, war von der lebhaften kosmopolitischen Atmosphäre der einst unter britischer Herrschaft stehenden Stadt nichts mehr zu spüren. Es gab keine englischen oder arabischen Aristokraten mehr, keine sorglos flanierenden Parvenus, keine mittelständischen Kaufleute und keine Halbwelt, die die Soldaten bediente. Vorbei war die Zeit der Bohemiens, Bediensteten und britischen Beamten, und vorbei war es auch mit der anregenden Mischung verschiedenster Kulturen – den Bischöfen, muslimischen Geistlichen und schwarzbärtigen Rabbis, die dieselben Straßen bevölkerten. Übrig geblieben war nur eine triste Provinzstadt, durch deren Mitte sich ein Stacheldrahtzaun wand und deren politisches Leben zum großen Teil in die Wüstenhauptstadt Amman abgewandert war.

Da es das britische Gerichtssystem nicht mehr gab, das zumindest den Anschein echter Rechtsprechung vermittelt hatte, beschloss Vater, eine eigene Anwaltskanzlei zu eröffnen, und schon bald leistete er für die United Relief and Works Agency (UNRWA; Hilfswerk der Vereinten Nationen für Palästinaflüchtlinge) Flüchtlingen Rechtsbeistand.

Auf politischer Ebene gab es für Vater nur zwei Optionen: Entweder er akzeptierte die Vorherrschaft Jordaniens, oder er zog sich vollständig aus der Politik zurück. In jenem Jahr berief König Abdallah die »Jericho-Konferenz« ein, bei der palästinensische Honoratioren und Führungspersönlichkeiten dem König ihre Loyalität bezeugten und ihre Einwilligung in eine Union von Gebieten diesseits und jenseits des Jordan erklärten. In dem Wunsch, seine Herrschaft über das Westjordanland weiter zu festigen, trat der König an meinen Vater – einen echten Kriegshelden – mit einem Angebot heran, das dieser nicht ablehnen konnte: Er wollte ihn zum Verteidigungsminister machen. Vater, der an der Jericho-Konferenz nicht teilgenommen hatte, trat den Posten in der Annahme an, die Union sei nur eine Übergangslösung bis zur unmittelbar bevorstehenden Wiederherstellung der palästinensischen Rechte. Kurz darauf wurde Vater als Vertreter Jerusalems in das jordanische Parlament gewählt, womit seine fünfzehnjährige Laufbahn als engagierter Politiker begann.

Dies betone ich, weil es bedeutete, dass ich ihn in meiner Kindheit kaum zu Gesicht bekam. Trotz seiner metallenen Beinprothese eilte er von einem Treffen zum nächsten – ob nun in Jerusalem, Ramallah, Amman oder an noch entfernteren Orten. Und an den Abenden, die er zu Hause verbrachte, hockte er mit seinen Brüdern, Freunden und Kollegen zusammen und führte hitzige politische Debatten.

Vater tauchte ganz und gar in die jordanische Politik ein. Er war es, der den neunzehnjährigen König Hussein 1954 bei seiner Rückkehr von der Königlichen Militärakademie in Sandhurst begrüßte. Drei Jahre zuvor war dessen Großvater König Abdallah nach dem Freitagsgebet auf den Stufen des Felsendoms ermordet worden. An jenem Tag hatte der junge Prinz, bekleidet mit einem Orden, den Abdallah ihm geschenkt hatte, stolz neben seinem Großvater gestanden. Der Mörder hatte beide töten wollen, doch den Prinzen, nun König und zweiundvierzigster Nachkomme des Propheten Mohammed, rettete eben jener Orden, den sein Großvater ihm an die Uniform geheftet hatte. Da er damals erst fünfzehn Jahre alt war, führte ein Regent das Land, bis er sein Studium in Sandhurst beendet hatte, wo er von seinen englischen Lehrern mit »Mr. King Hussein Sir« angesprochen wurde.

Obwohl Vater mit der Politik Husseins zu großen Teilen nicht einverstanden war, hegte er stets eine väterliche Zuneigung zu dem neuen König, der zwanzig Jahre jünger war als er. Allerdings fühlte sich Vater in erster Linie weder dem König noch sich selbst verpflichtet, sondern seinen Prinzipien – eine sichere Gewähr für eine wechselvolle Laufbahn.

Ich wuchs in einem Haus in der Nablus-Straße in Jerusalem auf, nicht weit von der Stelle, wo einst das »Schloss« meines Onkels gestanden hatte. Mit seinen persischen Teppichen, den goldgeprägten akademischen Urkunden an der Wand, Kristallkaraffen für Dessertweine und Liköre und Dutzenden auf Hochglanz polierter Tennispokale glich unser Haus einem Relikt der alten Welt. Auf der anderen Straßenseite befand sich das American Colony Hotel, einst der Palast eines türkischen Paschas und seiner drei Frauen. Daneben lag ein kleiner Privatfriedhof mit den Gräbern der Familie Husseini.

Die ersten Erinnerungen an meinen Vater sind die an einen distanzierten Mann, der meine Brüder und mich an muslimischen Feiertagen gelegentlich mit zur Grabeskirche nahm. Als ein Nusseibeh fühlte er sich zu einem toleranten Ökumenismus verpflichtet. Er sorgte dafür, dass wir während des Ramadan alle fasteten, und jeden Freitag begab er sich pünktlich zum Gebet in die Al-Aksa-Moschee. An christlichen Feiertagen stattete er kirchlichen Würdenträgern Besuche ab, wie sie umgekehrt auch an muslimischen Festtagen zu uns kamen. Einmal im Jahr gingen Mitglieder unseres weit verzweigten Clans zur Grabeskirche und umrundeten mit den in Roben gewandeten und mit goldenen Kreuzen behängten hohen Geistlichen sieben Mal das Heiligtum. Von allen religiösen Zeremonien gefiel diese meinen Brüdern und mir am besten, weil die christlichen Mädchen bei weitem die schönsten in der ganzen Stadt waren.

Doch während die religiösen Riten im öffentlichen Leben meines Vaters eine herausragende Rolle spielten, vertrat er privat die Ansicht, der Glaube müsse dem Menschen dienen und nicht umgekehrt. »Die Religion«, so schrieb er, »sollte, da sie im Wesentlichen universell und eins ist, dazu dienen, die Welt zu einen anstatt sie zu spalten.«

Mutter führte den Haushalt und zog die Kinder auf. Sie war die ideale Ergänzung zu einem Mann, der nicht die geringste Ahnung hatte, wie man mit Kindern umging. Ein Kind in den Armen zu halten, war für meinen Vater wie das Tragen einer Waffe: Er überließ es lieber Experten. Mutter hingegen besaß eine natürliche Begabung für diese Dinge, und in dem von ihr gestalteten Zuhause herrschte stets eine so liebevolle Atmosphäre, dass Rivalitäten und Neid zwischen den Geschwistern gar nicht erst aufkamen.

Meine Vermutung war, dass Mutters Gespür für die Kunst der Kindererziehung von der Neigung ihres Vaters zum Sufismus herrührte. Dennoch war der Islam, den sie uns vermittelte, eine Religion, in der es kaum Wunder gab – Mohammeds nächtlicher Ritt auf seinem magischen Ross war eins der wenigen, an die ich mich erinnern kann –, dafür aber eine Fülle in Stein gemeißelter humanistischer Werte. In ihren Augen lehrte der Islam Würde, Ehrlichkeit, Selbstwertschätzung, Bescheidenheit, Freundlichkeit und natürlich Liebe. Unendliche Liebe. Außerdem betrachtete sie den Islam als eine anpassungsfähige Religion, die mit der Zeit ging. Am Ende des Ramadan, am ersten Tag des Eid al-Fitr, erlaubte sie meinem Vater und meinen Onkeln, Bier und Whisky hervorzuholen. Und in ihrer Version des Islam standen die Glaubensrichtungen gleichberechtigt nebeneinander. Obwohl eine fromme Muslimin, hatte meine Mutter kein Problem damit, uns zu erklären, dass die Via Dolorosa der Leidensweg Christi sei, oder Weihnachten mit einem Weihnachtsmann und einem prächtig geschmückten Baum zu feiern.

Für Jerusalemer Familien wie die unsere bedeutete der Islam daher nichts anderes als der Katholizismus oder der anglikanische Glaube für unsere christlichen Freunde oder, wie ich später erfahren sollte, das Judentum für Amos Oz, der nur ein paar Hundert Meter entfernt gleich jenseits des Niemandslands lebte. Wir hatten unsere Riten und Feste, und die Religion verlieh dem Leben ein wenig Würze, aber darüber hinaus hatte sie kaum Einfluss, und auf keinen Fall reglementierte sie unsere Erziehung. Jenen Fanatikern mit dem irren Blick, wie sie sich heute als Sprecher des Islam hinstellen, begegnete ich nur in den alten, abgedroschenen Geschichten von Scheich Kassam oder in der Sammlung von Horrorromanen aus viktorianischer Zeit, die sich in der Bibliothek von St. George befand.

Erwähnen sollte ich auch den geradezu heiligen Respekt meiner Mutter vor den Waschfrauen, Fahrern, Köchen und Hausierern, die in unserem Hause ein und aus gingen. In einer klassenbewussten Gesellschaft, in der sich diejenigen, die Rang und Macht besaßen, gern über die weniger Begüterten als Herren aufspielten, standen wir an der Spitze der Pyramide, und doch sah ich nie, dass meine Mutter einem Bettler weniger Achtung entgegengebracht hätte als jemandem aus ihrer eigenen Schicht, gelegentlich war es sogar beträchtlich mehr.

Im Rückblick auf meine Kindheit kann ich sagen, dass Mutters Toleranz nur eine Grenze hatte – und auch die war, wie ich noch zeigen werde, nicht unverrückbar. Sie machte keinen Hehl aus ihrer Abneigung gegenüber Juden. Aber wenn sie über die »Juden« sprach, meinte sie nicht die Juden in New York oder Argentinien, auch nicht die Schneider, Gemüsehändler oder Leiter des Edison-Kinos im Westjerusalem der Zeit vor 1947, das sie sehr gemocht hatte. Sie meinte die Zionisten, die Pläne schmiedeten, ihr Land einzunehmen, die ihrem Mann das Bein weggeschossen hatten und die sie für den frühen Tod ihres Vaters verantwortlich machte, für ihre Entwurzelung, für die Plünderung ihrer Heimat in der Küstenebene und für das Exil ihrer Mutter. Sogar das Grab ihres geliebten Vaters lag jetzt in unzugänglichem Feindesland und war, ihren Informationen nach, von landhungrigen Kibbuzniks untergepflügt worden.

Ich sage, dass diese Abneigung nicht unverrückbar war, weil ihr Mitgefühl sie bisweilen überwand. Einmal brach meine Schwester Saedah – sie war damals dreizehn – in unkontrollierbares Weinen aus. Sie hatte aus der Schule eine Ausgabe des Tagebuchs der Anne Frank mitgebracht und weinte und weinte, weil sie sich mit dem jüdischen Kind identifizierte, das sich in einem Verschlag versteckt und schreckliche Angst hatte, von den Mördern ihres Volkes entdeckt zu werden. Für die Tochter einer Mutter, die so viel von den Zionisten hatte erleiden müssen, war diese Identifikation paradox. Doch ohne ein Wort zu sagen, wischte meine Mutter sanft Saedahs Tränen und heimlich auch ihre eigenen fort.

Meine erste politische Erinnerung ist die an Geschrei. Wir schrieben das Jahr 1956, und eine neue Runde von Kämpfen hatte begonnen. Es war mein erster Krieg.

Die Politik bildete das eigentliche Gravitationszentrum des Familienlebens. Selbst nach fast einem halben Jahrhundert denke ich noch mit Schrecken an die endlosen abendlichen Debatten zwischen meinem Vater und seinen Brüdern über König Abdallah, Ben Gurion, Präsident Eisenhower, das sowjetische Politbüro oder General Nasser. Zu Beginn des Sinaikriegs war ich sieben. Ich entsinne mich des von dichtem Rauch erfüllten Wohnzimmers, in dem ein Onkel, der sonst der Inbegriff zurückhaltender Kultiviertheit war, mit vor Entrüstung hochrotem Gesicht so erregt herumbrüllte, dass Speicheltröpfchen aus seinem Mund flogen wie Sprühregen. Mein frühreifer Bruder Saki mit seinen zehn Jahren verfolgte die Debatten neugierig und mit großen Augen und saugte jedes Wort auf, als wäre sein Gehirn eine komplizierte Rechenmaschine.

Mutter verwandelte sich beim Thema Politik wie Dr. Jekyll in Mr. Hyde von einem Muster an Liebe in ein unbeugsames Opfer. Sie sprach über die idyllische Unberührtheit ihres magischen Traumlandes. Wenn sie mir von den Orangen ihrer Heimat erzählte, malte ich mir die süßesten Früchte auf Erden aus, reifend in einer Plantage, die sich bis hin zu den sanften Wellen des Mittelmeers erstreckte. Dieses Meer hatte ich wegen des Niemandslands zwar nie gesehen, doch in meiner Vorstellung war es das schönste auf unserem Planeten. Aber dann war da die Invasion der Fremden gewesen, der Kampf gegen die Briten, die Verwüstungen durch die Zionisten und die erzwungene Flucht zu Fuß.

Ich mochte die ausufernden politischen Debatten nicht und zog mich, wann immer es ging, in mein Zimmer zurück. Vielleicht war ich geistig noch nicht wach genug, um all den Argumenten und Gegenargumenten, den dialektischen Wendungen und Sprüngen, den mitreißenden Monologen und hitzigen Auseinandersetzungen folgen zu können. Wahrscheinlich lag es an meiner Oberflächlichkeit, dass ich lieber mit Streichhölzern Soldaten spielte. Mein Bruder Saki hingegen konnte von Politik nicht genug bekommen.

Schon in jungen Jahren hatte ich oft das Gefühl, mich nicht zurechtzufinden. Wann genau das anfing, weiß ich nicht, aber soweit ich mich erinnere, hat mich die Welt, in der ich lebte, seit jeher verwirrt. Man sollte meinen, mit einer tausenddreihundertjährigen Geschichte im Rücken hätte ich gewusst, wer ich sei. Dem war nicht so. Von dem Augenblick an, da ich mir der Welt bewusst wurde, war alles ein Rätsel, mal dunkel und voller böser Omen, mal strahlend hell wie ein Sufilied. Doch wie hätte es auch anders sein können an einem Ort, wo ein Stacheldrahtzaun, der einen wahrlich ernüchternden Anblick bot, neben dem mythenumwobenen Berg Salomons, Omars und Mohammeds stand, oder wo das Grab Christi gegenüber einer Bushaltestelle lag? Meine Kindheit in Jerusalem glich ein wenig einem Märchen, in das Detroit und moderne Armeen Einzug gehalten hatten, das jedoch nichts von seiner Magie eingebüßt hatte, sondern wegen der Gefahren nur umso geheimnisvoller erschien.

Aus dem großen Fenster meines Kinderzimmers blickte ich auf einen Todesstreifen hinunter, der die Juden von den Arabern trennte. Es war ein idealer Beobachtungsposten, von dem aus ich die andere Seite ausspionieren konnte. Auf der Straße unten war es schwierig, einen Blick auf Feindesland zu erhaschen, weil die Jordanier eine hohe Mauer errichtet hatten. Mein Cousin Saki (aus irgendeinem Grund hatten mein Vater und mein Onkel denselben Namen für ihre Söhne gewählt) erzählte mir, israelische Heckenschützen hätten willkürlich auf Menschen geschossen, wie auf Plastikenten an einem Schießstand, und die Jordanier hätten die Betonmauer gebaut, um diesem makabren Spiel ein Ende zu setzen.

Unser Haus grenzte also unmittelbar an jenen öden, von den Vereinten Nationen und Sicherheitsunterhändlern ziemlich unbeholfen als »Niemandsland« bezeichneten Streifen, der unseren Teil Ostjerusalems von Mea Schearim, dem von den Haredim (wörtlich »die von Ehrfurcht Ergriffenen«) bewohnten Stadtteil, trennte. Zwischen unserer Gartenmauer und dem Staat Israel befanden sich ein verlassenes, halb zerstörtes und zerschossenes Betongebäude, ein UN-Beobachtungsposten, der zugleich Grenzstation war, sowie verstreut herumliegende Steine und zwischen den Landminen wachsende Disteln. Außerdem gab es einen Weinstock, der die vielen Kämpfe überlebt hatte. Im Frühjahr starrte ich stundenlang auf die jungen Blätter, und im Herbst sah ich zu, wie die saftigen Trauben reiften.

Die Mauer am Ende unseres Gartens markierte für mich den Beginn eines verbotenen Territoriums. Gerade deshalb faszinierte sie mich, ebenso wie die Männer mit den langen Weisheitsbärten, deren schwarze Kaftane und baumelnde Schläfenlocken ich von meinem Fenster aus sehen konnte.

Es verging kaum ein Tag, an dem ich nicht auf die Straßen jenseits des Niemandslands spähte. Manchmal gewahrte ich seltsam aussehende Busse und Fahrzeuge, die sich durch die engen Straßen wanden. Manchmal tauchte hinter einer Ecke eine Traube schwarz gekleideter Männer auf und ging ein kurzes Stück durch eine enge Gasse, um dann um eine andere Ecke wieder zu verschwinden. Manchmal blickten die bärtigen Gestalten zu mir hoch.

Es beflügelte meine Fantasie, auf die andere Seite zu jenen Menschen zu blicken, die all die teuflischen Taten begangen hatten, von denen ich immer wieder hörte. Was aber wusste ich eigentlich von dieser »anderen Seite«? Menschen, die vor dem Krieg in der Stadt gelebt hatten, erzählten mir von eleganten Läden in der Jaffa-Straße, von den Wildwestfilmen mit Gary Cooper im Edison-Kino, von den herrschaftlichen Häusern in den alten Vierteln und vom Mittelmeer, das man von den Bergen im Westen sehen könne. (Hinter unserem Teil Jerusalems lagen nur Staub und Wüste.) Was wusste ich von den Menschen? Es mussten durch und durch böse Geschöpfe sein, die so kurzen Prozess mit den Arabern gemacht hatten.

Zweifellos beeinflusst von den unzähligen Abenteuerbüchern, die ich verschlang, stellte ich mir vor, eins dieser langbärtigen Phantome würde im Stamm des großen Pfefferbaums direkt vor unserer Tür hausen. Ich musste unbedingt auf der Hut sein! So dachte ich also jeden Morgen, wenn ich auf dem Weg zur Schule an dem Baum vorbeigehuscht war, dass ich der schwarzen Klaue wieder einmal ein Schnippchen geschlagen hatte, die aus dem Stamm nach mir greifen und mich auf Feindesland zerren wollte.

Ich besuchte die Grundschule St. George, und sobald der Unterricht vorbei war, streunte ich in den umliegenden Straßen herum. Da der gefürchtete Schurke im Pfefferbaum mich nicht hatte schnappen können, wuchs mein Selbstvertrauen. Die Welt erschien mir allmählich sicher genug, um mich hinauszuwagen und eine Landschaft zu erkunden, die märchenhafter war als die von Sindbad dem Seefahrer und der schönen Scheherazade.

Damals gab es noch kein Fernsehen, sondern nur ein paar Radiomeldungen aus arabischen Hauptstädten und hebräischsprachige israelische Sender. Aber es wäre uns nie in den Sinn gekommen, Letztere einzuschalten. Der Klang der hebräischen Sprache war ebenso tabu wie das Wort »Israel« – wir nannten es stattdessen »das zionistische Gebilde« oder einfach »der Feind«.

Mein Cousin Saki wohnte in derselben Straße wie wir und war einer meiner Spielkameraden. Wir hielten uns gern in den verlassenen jordanischen Bunkern auf, und eines unserer gemeinsamen Rituale bestand darin, am 25. Dezember zum Mandelbaumtor zu gehen, dem Checkpoint Charlie von Jerusalem, der nur an diesem Tag im Jahr geöffnet wurde, damit Pilger von der anderen Seite an den Gottesdiensten in der Grabeskirche teilnehmen konnten. Für uns war es unglaublich spannend, das sonst hermetisch verriegelte Tor offen stehen zu sehen.

Ein Schauder des Geheimnisses lief mir auch über den Rücken, wenn wir plötzlich in eine Sackgasse gerieten. Oft ging ich allein oder mit Saki zu dem mit Granatsplittern gespickten Damaskustor und von dort aus durch das Labyrinth der Straßen und Gassen bis hin zum Jaffa-Tor, das nach dem Krieg versiegelt worden war. Und dann fragte ich mich, ob es nirgendwo- oder überallhin führte. Vielleicht beides.

Bei anderen Ausflügen zog es mich in das Straßengewirr der Altstadt, in dem es nur so wimmelte von blasierten Ladenbesitzern mit ihren goldenen Taschenuhren, alten Frauen, die mit Geschirr hausieren gingen, und betenden Männern in Räumen, die nach Schweiß rochen. Mit ein wenig Glück bekam ich sogar ein paar tanzende Derwische zu Gesicht. Aus den Cafés drang das blubbernde Geräusch von Wasserpfeifen. Ich konnte stundenlang über die Friedhöfe vor dem Löwentor streifen oder durch die heiligen Stätten auf dem Tempelberg, dem »Edlen Heiligtum«. Wenn ich dann an der anderen Seite wieder hinunterspazierte, gelangte ich in das dichte, weit verzweigte Straßennetz des marokkanischen Viertels, dessen Geschichte siebenhundert Jahre bis zur Herrschaft der Ajjubiden und Mameluken zurückreicht. 1193 hatte Saladins Sohn hier eine Moschee errichten lassen, bei deren Anblick mich jedes Mal ein Schauer durchfuhr, weil dies die Stelle war, an der der Prophet sein wundersames Ross angebunden hatte, bevor er in den Himmel aufstieg.

Ein Gang durch die Stadt kam einer Reise durch die Familien-

geschichte gleich. Da war der Suk der Goldschmiede, eine La-
denstraße, die seit dem großen Erdbeben von 1927 in Ruinen lag
und jetzt als Weideplatz für die Esel und ein Kamel eines Onkels
von mir diente. Und dann natürlich die Grabeskirche. Im Besitz
des Schlüssels für die Eingangstür zu sein, sah Vater als Erbe seiner Ahnen, während er für andere aus dem Clan die Kontrolle
über eine der größten Quellen von Legenden und Heiligkeit der
Welt bedeutete. Unsere Aufgabe bestand darin, zu verhindern,
dass die heilige Stätte in die falschen Hände fiel. War es nicht deshalb zu den Kreuzzügen gekommen, weil Streit über die Kirche
herrschte? War der Krimkrieg nicht aufgrund eines Konflikts zwischen Franzosen und Russen um die Geburtskirche in Bethlehem
begonnen worden? Unter unserer Aufsicht würde etwas Derartiges nicht passieren!

In meiner Kindheit erschien mir die Kirche inmitten der engen,
überwölbten Straßen unendlich geheimnisvoll. Ich weiß noch,
dass ich hörte, darin befinde sich das kosmische Zentrum der
Welt. Als die Griechen vor einer halben Ewigkeit ihre Religion
wechselten, wanderte das Zentrum der Welt von Delphi zu einer
Stelle in der Mitte der Grabeskirche (sie ist durch eine große Urne
gekennzeichnet). Mein Lieblingsort aber war eine Spalte im Berg
Golgatha, durch die Christus nach seiner Kreuzigung in die Hölle
eingetreten sein soll. Aus den lodernden Flammen des Hades er-
löste er die Gerechten.

Nach seiner Tätigkeit als jordanischer Verteidigungsminister,
Bildungsminister, Vizepremier und Entwicklungsminister ging
Vater 1963 auf das Angebot des Königs ein, das Amt des Gouver-
neurs der Region Jerusalem anzutreten, die sich damals bis nach
Jericho erstreckte. Es war der einflussreichste Posten im West-
jordanland.

Zu dieser Zeit herrschte in Jerusalem fast wieder ein Leben
wie vor 1948. Nach dem Wegfall der zionistischen Bedrohung
hielten Jahrhunderte alte Gewohnheiten erneut Einzug, und die
Adelsfamilien mit ihrer langen Geschichte lebten wieder auf. Die

Husseini, die Naschaschibi, die islamischen Wissenschaftler und die christlichen Bischöfe gaben jetzt in der Stadt den Ton an. Und wie schon mehrfach im Lauf der Geschichte übernahm Jerusalem die Rolle der Welthauptstadt der religiösen Pilgerfahrt. Groß- und Kleinbürgertum und die Kaufleute bauten, kauften und sprachen von einer besseren Zukunft. Jerusalem erlebte einen sprunghaften Wirtschaftsaufschwung, und die Saudis gaben in den Sommerferien das viele Geld, das sie aus dem Öl gewannen, in Jerusalem aus. Meine Onkel väterlicherseits wollten an dem Aufschwung teilhaben, und obwohl sie ständig von Tradition redeten, rissen sie das prächtigste Haus meines Großvaters ab, um Platz für ein Fünf-Sterne-Hotel mit einhundert Zimmern zu schaffen. Praktisch über Nacht trat an die Stelle des im eleganten osmanischen Stil erbauten Hauses ein nüchterner Steinklotz.

Mein Vater spielte beim wirtschaftlichen und kulturellen Wiederaufbau der Stadt eine große Rolle. Seine Arbeitsweise erinnerte an die besten Seiten des britischen Mandats: Er hielt sein Amt korruptionsfrei und stellte es auf den Boden von Recht und Gesetz. Eigentum war gegen jede Form von unangemessener Einmischung geschützt, Taschendiebe waren rar und religiöser Fanatismus unbekannt. Und mein Vater tat sein Bestes, um im Westjordanland wieder eine arabische Armee aufzustellen, indem er eine Nationalgarde nach dem Vorbild der Schweizer Miliz schuf. Außerdem führte er an den Schulen Khakiuniformen und militärische Übungen ein.

Mit dem zunehmenden politischen Einfluss meines Vaters (sein Bruder Hasem war inzwischen Außenminister) häuften sich auch die Abendgesellschaften meiner Eltern, die jedes Mal damit endeten, dass sich alle in den Salon zurückzogen, um über Politik zu diskutieren.

Was Religion und Mythos betraf, war Jerusalem Vorposten und Zentrum zugleich, doch politisch gesehen war es friedliche, hinterwäldlerische Provinz geblieben. Die Umwälzungen in anderen Weltregionen sickerten nur über Zeitungen, den Radiosender

BBC oder, wie in unserem Fall, den abendlichen Familiensalon zu uns durch. Diese Salons schienen einem russischen Roman zu entstammen, in dem sich die Abendgäste auf dem abgelegenen Landsitz eines Fürsten in hitzigen Debatten über den Fall der Bastille ereifern, ohne dabei auch nur im Geringsten zu ahnen, dass diese Katastrophe fernab von ihnen am Ende ihre eigene Welt zum Einsturz bringen wird.

Die 1960er-Jahre boten mehr als genug Gesprächsstoff: Chruschtschow und Kennedy beispielsweise, die Berliner Mauer und die Kubakrise, Lee Harvey Oswald und die Guerillakämpfer, denen es hin und wieder gelang, über die Grenze nach Israel zu gelangen. Die mitreißenden Rundfunkansprachen General Nassers eigneten sich immer gut als Thema für ein Gespräch nach dem Abendessen. Nasser war durch einen Putsch gegen die abgetakelte ägyptische Monarchie an die Macht gekommen und hatte die alten Herren des Landes mit großer Theatralik hinweggefegt. Viele Nichtaraber waren aus dem Land geflohen, und die Russen modernisierten die Armee für den bevorstehenden Kampf. Mit gezücktem Schwert versprach der Befreier Ägyptens, die zionistischen Kreuzzügler zu schlagen und so die Würde der Araber wiederherzustellen.

Mutter lauschte den Reden Nassers mit demselben Genuss wie ihren Lieblingsplatten der Sängerin Umm Kulthum. Wie die meisten Flüchtlinge beharrte sie darauf, dass Gerechtigkeit hergestellt werden müsse. War sie nicht ihrer Heimat, ihres Erbteils, ihrer Orangenhaine beraubt worden? Befand sich das Grab ihres Vaters nicht im Hinterhof eines Fremden, ohne Pflege, vergessen oder gar in die Luft gesprengt? War nicht die ganze Welt einhellig der Meinung, dass uns schweres Unrecht widerfahren war?

Mein Vater hegte indessen erhebliche Zweifel, was den ägyptischen Präsidenten betraf. Ich erinnere mich noch an sein blasses, verzerrtes Gesicht – als hätte er etwas Ekelerregendes gegessen –, sobald der Name Nasser fiel. Er hielt nichts von dessen arabischem Sozialismus und verabscheute seine demagogischen Reden. Vaters moralischer Auffassung nach hatte sich Nasser mit der Vertreibung einer traditionellen und alteingesessenen Gemeinschaft wie der der Griechen in die chauvinistische Gesellschaft eines Ben Gurion begeben.

Auch mit dem Heranwachsen verlor sich meine Abneigung gegen diese endlosen abendlichen Debatten nicht, und ich flüchtete mich nach wie vor in meine Fantasiewelt. Mein Eintritt in die Highschool von St. George fiel genau mit Vaters Antritt des Gouverneursamts von Jerusalem zusammen. Während meiner ganzen Highschool-Zeit stand ich im Schatten der unerschütterlichen Selbstgewissheit meines Vaters.

Da ich inzwischen zu alt für Streichholzspiele war, fing ich an, mich mit Büchern zu beschäftigen, von denen es in unserem Haus unzählige gab, angefangen mit Vaters Bibliothek und Mutters vielsprachiger Sammlung moderner europäischer Romane. Meine Lektüre umfasste die gesamte Skala von arabischen bis hin zu westlichen Klassikern, aber das soll nicht heißen, dass sich meine Lesegewohnheiten auch nur annähernd mit denen von Amos Oz vergleichen ließen. Am liebsten las ich Krimis und Comics, in denen Lichtgestalten wie Donald Duck und Onkel Dagobert die Hauptrolle spielten.

Bald legte sich Vater eine neue Freizeitbeschäftigung zu, die uns einander näherbrachte. Er kaufte einen Bauernhof im Jordantal. Unsere Erlebnisse dort – wir zogen Tomaten und Bananen und hielten Hühner – gehören zu meinen liebsten Familienerinnerungen. Wenn ich heute an jene Zeit zurückdenke, glaube ich fest, dass meinen Vater das alte römische Ideal des vornehmen Gutsbesitzer-Bauern zu diesem Schritt bewogen hatte, weil er stets ein Tweedjacket und ein Seidentuch trug, wenn wir uns mit dem neuen Ford Automatik auf den Weg zu dem Gut machten. Der Wagen passte kaum durch die Tore in der Mauer Suleimans des Prächtigen, eignete sich aber hervorragend, um über die alte Römerstraße in die ausgetrockneten Wadis der judäischen Wüste zu gondeln. In der Regel waren wir als Einzige mit einem Privatwagen auf dieser Straße unterwegs, auf der sonst vorwiegend Militärjeeps und, weitaus häufiger, die Ziegen der Beduinen und hin und wieder ein Kamel anzutreffen waren.

Manchmal fuhr ich mit dem Fahrrad, während die anderen den Ford nahmen. Dann radelte ich den tiefsten Graben der Welt hinunter bis zum Jordan und über die Brücke. Am Ufer des Toten Meers erforschte ich osmanische Ruinen, Klöster und einsame Schluchten. Bewaffnet mit langen Seilen und Fackeln wagte ich mich mit meinen Freunden manchmal in tiefe Tunnel und Höhlen, und wir stellten uns vor, wir würden verborgene Geheimnisse entdecken, zum Beispiel ein weiteres Bündel alter Schriftrollen, die tief in der Erde vergraben waren.

Was unsere Schulbildung betraf, so waren meine Eltern ökumenisch eingestellt. Meine Schwestern besuchten eine französische, von Nonnen geführte Schule und dann das unter deutscher Leitung stehende Mädchen-College Schmidt. Mein älterer Bruder Saki und ich gingen in die anglikanische Schule St. George in unserer Straße. Aufgrund meines kurzen Schulwegs musste ich auf ein Privileg verzichten, das mein Vorgänger hatte genießen können: Der Sohn des vorigen Gouverneurs war in einem schwarzen Cadillac zur Schule gefahren worden.

St. George mit seinen Gärten voller blühender Büsche, die den Geruch von Jasmin und Geißblatt verströmten, hatte für mich einen Hauch von Paradies. Von außen sieht es aus wie jedes andere neugotische öffentliche Gebäude, das auf dem Höhepunkt des viktorianischen Zeitalters entstand – ein Zeugnis für den wunderbaren Eklektizismus Jerusalems in jenen Tagen. Obwohl eine mittelalterliche Stadt, besaß Jerusalem keine gotischen Gebäude, weil die Kreuzzügler verjagt worden waren, bevor jenes Zeitalter begann. Um die Architektur des christlichen Mittelalters zu sehen, musste man daher die modernste Schule der Stadt aufsuchen.

Hier legte man zwar großen Wert auf den klassischen Bildungskanon, doch zugleich herrschte ein Respekt für kulturelle Unterschiede, den man zeitwidrig als postmodern bezeichnen könnte. Für eine christliche Einrichtung mit teils christlicher und teils muslimischer Schüler- und Lehrerschaft war Toleranz allerdings auch ein Muss. Während meiner ganzen Schulzeit begegnete mir nicht der geringste Hinweis auf ethnischen oder religiösen Chauvinismus. Der Religionsunterricht beschränkte sich auf eine wöchentliche Predigt des englischen Rektors in der anglikanischen Kathedrale, der die Schule angegliedert war. Der Lehrplan war anspruchsvoll, das Lehrpersonal engagiert und die Erwartungen an uns hoch. Man vermittelte uns ein Selbstbild als zukünftige Elite des Landes.

Zum Leidwesen meiner Eltern hatte ich jedoch die Tendenz, während des Unterrichts zu träumen. Jedenfalls zeigte ich kein großes Interesse an Physik, Chemie, Mathematik oder Erdkunde und hegte auch nicht die Absicht, Ingenieur zu werden – eine damals, zur Entstehungszeit des Assuan-Staudamms, beliebte Berufswahl. Mein liebster Zeitvertreib war es, die Schule zu schwänzen, um durch die Altstadt zu streunen, deren alte Gassen voller Leben mir faszinierender erschienen als alles, was ich den Schulbüchern entnehmen konnte. Auch spielte ich gern mit Tauben, und einmal hielt ich sogar vierzig Stück in unserem Garten, die ich alle exakt beschreiben konnte. Oft begrüßten mich die Vögel, wenn ich von der Schule kam, und hockten sich auf meine Schultern oder meinen Kopf wie in einer Szene aus dem Leben des heiligen Franziskus – was auch ganz passend war für einen Jungen, der keinerlei kriegerische Neigungen besaß. Mein Vater mochte einst Verteidigungsminister gewesen sein, aber ich war kein Kämpfertyp. Aufgrund der Tatsache, dass ich beharrlich einen weiten Bogen um den politischen Salon der Familie machte, schien auch eine politische Laufbahn ausgeschlossen.

Die einzigen Fächer, die mir gefielen, waren englische Literatur und arabische Geschichte, die von arabischen Nationalisten gelehrt wurde. Sie gestalteten ihren Unterricht sehr emotional und fantasievoll – bei ihnen hatten selbst die Erzählungen von Jesus und Maria einen Beiklang von panarabischem Nationalismus.

Jesus war ein Mensch und Maria eine gute Mutter, die ihren Sohn, einen waschechten palästinensischen Revolutionär, zu einem Propheten der Menschlichkeit ohne Fehl und Tadel erzog. Aus der Sicht meiner Lehrer waren die zwölf Apostel palästinensisch-arabische Nationalisten *avant la lettre*, ja, Vorläufer des Zentralkomitees des palästinensischen Revolutionsrats.

Die Lehrer für englische Literatur waren Expatriierte und Abenteurer, die aus unterschiedlichen Gründen in Palästina gestrandet waren. Wenn ich nach der Schule durch die Altstadt schlenderte, fühlte ich mich wie der rauflustige, rebellische Prinz Heinz aus Shakespeares *Heinrich IV.*, der eher in den Pubs von London zu Hause ist als am Hof seines Vaters. Der von einem christlichen Araber abgehaltene Unterricht in arabischer Literatur bot mir eine ganz andere Art von Charakteren, mit denen ich mich identifizieren konnte. Omar der Gerechte war für mich ein ungeschlachter Riese, der trotz des weitläufigen Reichs, über das er herrschte, bescheiden unter einem Baum in der freien Natur schlief. Und die verzehrende Liebe zwischen dem dunkelhäutigen Kais und der aristokratischen Laila, eine Erzählung, die zu Stammesfehden geführt hatte, gewann während meiner nachmittäglichen Wanderungen im Nu die Oberhand über Prinz Heinz. Als wir in der Schule zur modernen Literatur kamen, entdeckte ich Adonis und seine fliegenden Wortteppiche, wunderbare Klänge, die auf der Zunge zu tanzen schienen. Der syrische Schiit Ali Ahmad Said Asbar floh wegen seiner politischen Ansichten nach Beirut und nahm zu Ehren des griechischen Gottes der Schönheit und des Verlangens den Namen Adonis an. Bis heute habe ich noch in den Ohren, wie unser Lehrer »die Sprache der Sünde« rezitierte:

Ich verbrenne mein Erbteil, sage, dass meine Erde
Jungfräulich, dass in meiner Jugend keine Gräber ...
Nach mir kein Fall, kein Paradies
Und tilge die Sprache der Sünde.[2]

Wie jedes große Ereignis jener Zeit gelangte die Revolte der Sech-
zigerjahre nur über lange Umwege in unseren Teil Jerusalems, sodass davon nicht mehr viel übrig war, als sie uns erreichte. Es gab
weder arabische Hippies noch Drogen, und der ethische Grundsatz, die Älteren zu respektieren, blieb so unverrückbar wie eh
und je. Und natürlich fanden auch keine Antikriegsdemonstratio-
nen statt – ganz im Gegenteil. Wenn es so etwas wie oppositio-
nellen Aufruhr gab, dann wegen der passiven Haltung des Königs
gegenüber dem »zionistischen Feind«. Aber auch diese Unmuts-
äußerungen waren keineswegs originär, sondern eine Nachah-
mung der panarabistischen Bewegung in Beirut. Dort schüttelten
arabische Studenten zumindest den Staub der Vergangenheit ab
und befreiten sich in einem Zug von den theokratischen Fesseln
und der kolonialen Unterdrückung. In Beirut brach eine neue Nation hervor, und die Avantgarde belebte die Kräfte der Vergangenheit wieder, indem sie kühn in die Zukunft marschierte. So
jedenfalls sahen wir es.

Diese Zeit des Sturm und Drang vertiefte meine ambivalente
Haltung zur Politik. Einerseits trat an die Stelle meines früheren
Rituals, durchs Fenster die Ultraorthodoxen zu beobachten, eine
neue Lieblingsbeschäftigung: Ich übernahm die Begeisterung
meines Bruders für Elvis. Da ich jedoch der Sohn des Gouverneurs war, konnte ich andererseits die Politik nicht völlig ignorieren. Allerdings befand ich mich immer noch in einem solchen Zustand der Verwirrung und Lähmung, dass ich die Ereignisse nur
als passiver Zuschauer aus sicherer Entfernung verfolgte, während sich meine Schulkameraden hinter das politische Programm
des arabischen Nationalismus stellten, wie er aus den Kaffeehäu-
sern Beiruts drang oder aus Nassers orakelhaften Rundfunkansprachen. Dass die Visionen der Beiruter Anarchisten und Nassers
arabischer Sozialismus einander diametral entgegengesetzte Ideologien waren, schien niemanden zu stören. Die Studenten wollten
Reformen, notfalls auch auf Kosten der Logik.

Das Westjordanland und unser Teil Jerusalems gehörten zu

Jordanien, und König Hussein gab klar und deutlich zu verstehen, dass er keine rebellischen Äußerungen dulden werde. Das aber erhöhte nur das Ansehen jener Studenten, die in der spielerisch subversiven Atmosphäre geheimer Zirkel flüsternd politische Parolen austauschten. Sogar ein paar wenige Demonstrationen fanden statt. Ich ging ein oder zwei Mal mit, hörte dann jedoch aus Vernunftgründen damit auf, nachdem einer meiner Cousins von einem Gummigeschoss ins Bein getroffen worden war.

Wie viele autoritäre Gesellschaften, die dringend der Reform bedürfen, bot das Regime ein Ventil für die Unzufriedenen. In unserem Fall waren es die bösen Zionisten jenseits des Niemandslands. König Hussein gestaltete die Beziehungen zu seinen ehemaligen israelischen Partnern nach dem Motto »Leben und leben lassen«. Er zog sie sogar vielen anderen Nachbarstaaten vor, denen er ständig Expansionspläne unterstellte. Zweifellos traute er Mosche Dajan mehr als Jassir Arafat, dessen Pläne eine unmittelbare Bedrohung für die haschemitische Monarchie darstellten.

Doch eine neue Front gegen Israel gewann Zulauf, und der König konnte es sich nicht leisten, die Proteste zu unterdrücken. Im Jahr 1964 kam in Jerusalem der erste Palästinensische Nationalkongress zusammen, legte die Struktur der Palästinensischen Befreiungsarmee fest und entwarf die Palästinensische Nationalcharta, in der es hieß, der Zionismus sei »rassistischer und fanatischer Natur; seine Ziele sind aggressiv, expansionistisch und kolonialistisch; seine Methoden sind faschistisch«. Die einzige Lösung sei die völlige Befreiung Palästinas durch eine bewaffnete Revolution.

Ich war fünfzehn, als der Kongress einberufen wurde, aber ich hatte mich so in den Gassen der Altstadt verloren und war so mit meinen Fantasien beschäftigt, dass ich über die ganze Sache hinwegging und darin nur eine weitere Zusammenkunft lautstarker Aristokraten in einer Hotellobby sah, wie sie auch in unserem Wohnzimmer stattfanden, seit ich denken konnte.

Mit sechzehn wurde ich mir allmählich meiner selbst bewusst, wenn auch zunächst nur vage.

Sehr genau erinnere ich mich jedoch an die Abende in jener Zeit, an denen ich mit einem Schulfreund namens Baschir spazieren ging. Wir schlenderten gern die kaum hundert Meter lange Strecke zwischen meinem und seinem Haus hin und her, bis einer von uns müde wurde oder es spät war. Baschir war Christ und ich Muslim, aber darüber machten wir uns nie Gedanken, weil Glaubensfragen uns nicht bedeutend genug erschienen, um darüber zu sprechen. Wir hatten Wichtigeres im Sinn, nämlich die unzähligen Paradoxien der Existenz. Was machte ich hier? Wer war ich eigentlich? Was war, wenn es überhaupt keinen Gott gab? Bei dieser Frage lief uns ein Schauer über den Rücken.

Eines Tages beschlossen wir, mit unseren Fragen in die Bibliothek des British Council zu gehen. Beim Durchstöbern der Regale stießen wir auf ein Buch von Bertrand Russell. Bis dahin war ich der Philosophie nur in Form der Gedanken begegnet, die Lewis Carroll in sein Buch *Alice im Wunderland* eingestreut hat. Bei Russell aber war die Philosophie nicht in ein Kindermärchen eingebettet, sondern lag klar und offen zutage. Man kann sagen, dass diese Lektüre mich mit einem Ruck aus meiner intellektuellen Lähmung riss, indem sie mir eine Kostprobe dessen gab, was rigoroses Denken bedeutet.

## KAPITEL 6

# DER WEINSTOCK

❖

EIN THEMA, AUF DAS BASCHIR UND ICH bei unseren philosophischen Spaziergängen nie zu sprechen kamen, war die festge-
fügte Ordnung nach 1948. Niemand, und ich am allerwenigsten,
sah voraus, dass die Welt, in der wir lebten, dazu verdammt war,
von neuen Katastrophen hinweggefegt zu werden. Unsere Blind-
heit war unserer Jugend geschuldet – und der absoluten Sicherheit unserer kultivierten Elternhäuser.

Wenn ich heute auf unser Leben in Jerusalem am Vorabend des
Sechstagekriegs von 1967 zurückblicke, scheint mir, dass für uns damals nichts realer war als unsere changierende Scheinwelt. Manchmal stattete uns der König mit seinem Gefolge einen Besuch ab, stets
in Begleitung farbenprächtig gekleideter beduinischer Leibwächter.
Die Adelsfamilien überboten einander nach wie vor mit Geschichten
über uralte Vorfahren – es war wirklich erstaunlich, wie viele »direkte« Abkömmlinge des Propheten in diesen Tagen in Jerusalem
lebten. Das Niemandsland schien so unveränderlich wie die Wüste
hinter uns. Die Katastrophe von 1948 erinnerte uns zwar daran, dass
schwere Umbrüche möglich waren, aber niemand rechnete damit,
dass etwas Ähnliches noch einmal geschehen könnte. Auch wurde
kaum je über die Möglichkeit geredet, die »andere Seite« zurückzu-
fordern; irredentistische Bestrebungen gab es in Kairo, Damaskus
und Bagdad, nicht jedoch in Jerusalem. Vater, der gern Volksweis-
heiten von sich gab, meinte manchmal, man solle »keine schlafenden
Hunde wecken«. Und ich hatte die Angst vor einem Ungeheuer im
Pfefferbaum längst überwunden. Das Niemandsland war mir so
selbstverständlich geworden wie Vaters Metallbein.

1965 trat Vater sein Amt als jordanischer Botschafter in London an. Angesichts seines nicht unproblematischen Verhältnisses zum Monarchen konnte niemand sagen, wie lange er diesen Posten bekleiden würde. Meine eigene Zukunft hingegen war klar vorgezeichnet. Für meine Eltern war es selbstverständlich, dass ich nach dem Abschluss in St. George in die Fußstapfen meines älteren Bruders treten und eine auf das Studium vorbereitende Schule in England besuchen würde. Es war vorgesehen, dass ich, wie vor mir Saki, zwei Jahre in Rugby verbrachte und mich dann entweder in Cambridge oder in Oxford einschrieb.

Der erste Teil des Plans verlief reibungslos. Ich reiste mit dem Schiff nach Venedig und fuhr dann mit dem Zug durch Italien und Frankreich bis zum Kanal. Als Teenager, der sein ganzes Leben nicht aus der trockenen Berglandschaft des Nahen Ostens herausgekommen war, sah ich meiner Ankunft in der Victoria Station mit Spannung entgegen.

Aber die Begeisterung über eine scheinbar grenzenlose individuelle Freiheit zerschellte bald an der Wirklichkeit einer Eliteschule, die ihr Ziel darin sah, englische Herzöge und Prinzen auf ihr Leben vorzubereiten, jedoch keinesfalls dunkelhäutige Araber. Wie auf Eton und Harrow lastete auch auf Rugby das schwere Gewicht der Tradition. Die Anzüge und Krawatten, die Wappen, die Zeremonien, die Anmaßung der Oberschicht, die Arroganz und der Snobismus – all das war mehr, als ich verkraften konnte. Im Vergleich hierzu war St. George eine bescheidene Bildungsanstalt ohne jeden Anspruch gewesen. Ich wollte nur eins: wieder in meine Jeans schlüpfen und die Welt erforschen. Stattdessen war ich hier gefesselt durch die erstickende Tradition maßgeschneiderter Jacketts und Mützen und den disziplinierten Manierismus einer Klasse und einer Nation, denen ich nicht angehörte.

»Aber wie soll ich mich verhalten, wenn ich neben Ihrer Majestät sitze?«, fragte ich einmal den unnahbaren Direktor von Rugby, als er vor einem Abendessen zu Ehren der Königin mit ein paar ausgewählten Schülern zusammensaß. »Du solltest dich benehmen, wie man es normalerweise auch tut«, fuhr mich der Direktor an. Es war ein subtiler, aber unmissverständlicher Vorwurf, weil ich das Auftreten eines jungen englischen Gentleman nicht beherrschte. Ich biss die Zähne zusammen und gab mein Bestes. Der Direktor platzierte mich in größtmöglichem Abstand zu Ihrer Königlichen Hoheit.

Ich hätte Rugby lieber heute als morgen verlassen, doch davon wollten meine Eltern nichts wissen. Sie nahmen an, ich würde mich an all diese Dinge gewöhnen und zu dem jungen Gentleman zurechtgestutzt werden, den sie sich für die Zukunft wünschten. Aber sie ahnten damals noch nicht, wie ähnlich ich meinem Vater geworden war. Nachdem ich einmal den Entschluss gefasst hatte, mich davonzumachen, konnte mich nichts mehr aufhalten. Und da meine wiederholten Bitten keine Beachtung fanden, brannte ich einfach durch. Ich packte meine Koffer und fuhr nach London. Eine Tante, die eine Wohnung bei Kensington hatte, war so freundlich, mir vorübergehend Unterschlupf zu gewähren.

Das war im Herbst 1966, und die ausufernden Ambitionen meines Vaters drückten bereits auf die Finanzen der Familie. Das magere Budget der jordanischen Botschaft deckte im teuren London nicht annähernd die Kosten. Um über die Runden zu kommen, hatte Vater bereits einen seiner Gutshöfe im Jordantal verkaufen müssen. Als er schließlich kurz vor dem finanziellen Ruin stand, gab er auf, packte seine Sachen und kehrte nach Jerusalem zurück. Wie sich herausstellte, war es eine glückliche Entscheidung. Wäre er im Juni 1967 nicht in Jerusalem gewesen, wären wir womöglich alle zu heimatlosen Flüchtlingen geworden.

Dank der Beziehungen meines Vaters erhielt ich auch ohne Rugby für Herbst 1968 einen Platz in Oxford. Meine Ausbildung wurde just zu dem Zeitpunkt in sichere Bahnen gelenkt, als alle Gewissheiten der Vergangenheit – meine Familie, mein Zuhause, meine Stadt – ins Wanken gerieten. Im Mai 1967 fühlte sich Nasser stark genug, ein paar Risiken einzugehen. Er schloss die Straße von Tiran für sämtliche israelischen Schiffe sowie für alle, die den israelischen Hafen Eilat am Roten Meer ansteuerten. Für die große arabische Nation war die Zeit gekommen, ihre Rechte geltend zu machen, und Nasser glaubte sich legitimiert, Feinden den Verkehr auf seinen Gewässern zu verbieten. Israel betrachtete die Blockierung des Handelswegs nach Eilat als Kriegsakt.

Was jedoch niemand wusste – niemand außer dem israelischen Militär –, war, dass Nasser keineswegs die Absicht verfolgte, Israel anzugreifen. Er war nicht auf einen Krieg aus – die Truppen, die er in den Sinai entsandte, wären überhaupt nicht in der Lage gewesen, den »zionistischen Feind« zu schlagen, und seine kriegslüsterne Rhetorik war kaum mehr als eine Pose. »Er selbst wusste es, und wir wussten es auch«, sagte Jizchak Rabin in einem Interview mit *Le Monde* im Jahre 1968.[1]

Während fast überall in der westlichen Welt Studenten in der Antikriegsbewegung aktiv wurden, verführten Nassers hypnotisierende Rundfunkansprachen junge Araber wie mich zur Kriegstreiberei.

Arabische Studenten aus ganz England versammelten sich täglich in der Cafeteria eines Gebäudes, das dem ägyptischen Informationsbüro gehörte und praktischerweise gleich gegenüber dem Haus meiner Tante lag, und begannen, für den bevorstehenden Konflikt zu mobilisieren. Wir gingen alle davon aus, dass schon bald das demütigende Debakel von 1948 gerächt und unser verletzter arabischer Stolz wiederhergestellt würde. Schließlich waren wir mit dem Gedanken aufgewachsen, dass ein Krieg unvermeidlich war. Wie eine religiöse Sekte, die die Wiederkehr Christi erwartet, lebten wir in der Gewissheit, dass der Krieg kommen würde, nur der Zeitpunkt war unbekannt. Mit Nasser als unserem Anführer und der Sowjetunion im Rücken würde der Krieg ein Spaziergang werden. Wir würden mit einem erbärmlichen, schlecht gerüsteten, gespaltenen und zahlenmäßig unterlegenen Feind endgültig aufräumen, einem Feind, der es nicht einmal verdiente, als Nation bezeichnet zu werden, sondern nur ein Gebilde war, ein Etwas, ein gesichtsloser Stachel im Fleisch.

In London trieben sich alle möglichen politischen Gruppen herum. (Jahre später sollte mich der Film *Das Leben des Brian* an die Aufgeregtheit und die absurden Begebenheiten jener Tage erinnern.) Dank zweier älterer Freunde – der eine war Trotzkist, der andere Maoist – wurde ich auf das Café Troubadour in South Kensington aufmerksam. Mit seiner rauchgeschwängerten Atmosphäre, seinem avantgardistischen Besitzer und der ohrenbetäubenden Musik (Bob Dylan vor allem) war das Troubadour die ideale Kulisse für die Zusammenkünfte junger revolutionärer Geister. Außer Trotzkisten und Maoisten trafen sich dort auch sonstige Kommunisten, eine bunte Mischung aus Hippies und Anarchisten jeglicher Couleur.

Anfangs wusste ich nicht, welcher Gruppierung ich mich anschließen sollte, bis am Ende das Los auf die Anarchisten fiel. Die anderen erinnerten mich an meine Eltern und ihre Abendgäste: zu intellektuell und zu überheblich für meinen Geschmack. An den Anarchisten gefiel mit die strikte Ablehnung von Institutionen, mehr noch aber ihre Farben: Schwarz und Rot. Mit dem Anarchistenabzeichen, meiner zerfetzten Jeans, meinen ungeschnittenen, wirren Haaren und einem provokativ wirkenden Bart latschte ich im anarchistischen Kontingent mit, wenn die Genossen Fahnen schwingend gegen das System, die institutionelle Gewalt, Schurkenstaaten und einmal sogar gegen das unwirtliche Londoner Wetter protestierten.

Im ägyptischen Informationsbüro herrschte eine weitaus ernstere Stimmung angesichts der Kriegstrommeln, die von Tag zu Tag lauter wurden. Von nationalen Gefühlen durchdrungene Studenten suchten nach Möglichkeiten, sich am Krieg gegen Israel zu beteiligen. Überall im Gebäude fanden Zusammenkünfte statt. Es wurden Stellungnahmen verfasst, Komitees gebildet, Rundfunksendungen genauestens verfolgt. Man hatte das Gefühl, sich in einem »War-Room« zu befinden.

Als der Juni nahte und der bewaffnete Konflikt zunehmend unvermeidlich schien, wuchs die Teilnehmerzahl bei den Demonstrationen; sie wurden immer trivialer und arteten mehr und mehr in rüde Boxkämpfe aus. An der berühmten »Speakers Corner« im Hyde Park kam es zu heftigen Auseinandersetzungen zwischen jungen Arabern und Juden. Die beiden verfeindeten Parteien, jeweils in den gleichen abgetragenen Jeans, tauschten harsche Beleidigungen aus. Mein Bruder Saki, der gerade erst aus Cambridge gekommen war, erwies sich als gewandter Redner und verteidigte vehement die Rechte der Palästinenser. Aber die Menge schätzte den Feinsinn eines geschulten Geistes kaum, und die meisten Debatten endeten in einem lauten Schlagabtausch. Wir beschimpften uns gegenseitig als Faschisten. Manchmal wurde aus dem Wortgefecht ein handgreiflicher Streit, und einmal stürzte sich ein wütender Anhänger der israelischen Seite mit blanken Fäusten auf mich. Ich stand wie gelähmt da und hätte eine ordentliche Tracht Prügel bezogen, hätte nicht ein palästinensischer Studienkollege, der neben mir stand, den Angreifer weggestoßen. (Dreißig Jahre später war er Rektor der naturwissenschaftlichen Fakultät der Al-Quds-Universität.) An jenem Abend mussten wir ihn ins Krankenhaus bringen, wo er genäht wurde, weil jemand ihm vor lauter Wut in die Wange gebissen hatte.

Einmal verstieg sich einer unserer jüdischen Gegenspieler bei einer Demonstration zu einer außergewöhnlichen Behauptung. Wir Palästinenser, so meinte er, seinen Schirm drohend gegen uns gerichtet, seien die wahren Eindringlinge. Wir gehörten gar nicht nach Palästina. Als die ersten Zionisten mit der Schaufel in der Hand gekommen seien, sei das Land menschenleer, kahl und unfruchtbar gewesen, nicht einmal Schakale hätten hier überlebt. »Meine Familie war schon lange vor der normannischen Eroberung in Jerusalem«, schrie ich zurück. »Warum habt ihr den Teilungsplan nicht angenommen, statt uns anzugreifen?«, brüllte mich ein weiterer Demonstrant an. Der andere nickte zustimmend. »Antworte ihm!«, hörte ich jemanden murmeln. Aber ich war zu perplex, um auch nur ein Wort herauszubringen. Als ich später wieder im Café saß, dachte ich über den Vorfall nach. Noch nie zuvor war ich direkt mit dieser alten Kamelle konfrontiert worden, wir Araber seien nur zufällig in Palästina und besäßen daher weder eine echte Bindung an das Land noch einen Anspruch darauf. Wie konnte ein gebildeter Mensch, der der junge Mann mit dem Regenschirm zweifellos war, das Offensichtliche leugnen? Wie konnte er mit einem Schwenk seines Regenschirms meine eintausenddreihundertjährige Familiengeschichte einfach hinwegfegen?

Als im Lauf des Sommers die Kriegstrommeln noch lauter wurden, war in London eine immer feindlichere Atmosphäre zu spüren. Die öffentliche Meinung richtete sich zunehmend gegen uns, und diejenigen, die aufseiten Israels standen, gewannen die PR-Schlacht. Eines Tages erhielt unsere angeschlagene Gruppe einen Besuch, der sich mir unauslöschlich einprägte. Bei dem wöchentlichen Spektakel im Hyde Park trat ein gut gekleideter Mann auf meinen Bruder zu und lud ihn zu einem Vortrag vor einem der Sache der Palästinenser wohlwollend gegenüberstehenden englischen Publikum ein – ein sensationelles Angebot. Endlich, so dachten wir, konnten wir anständigen Leuten unsere Argumente nahebringen.

Als mein Bruder nach der Veranstaltung in unser Café kam, wirkte er niedergeschlagen.

»Was ist los?«, fragten wir ihn und fürchteten schon, er sei in eine zionistische Falle gelockt worden.

»Ihr werdet es nicht glauben«, begann er mit einem Ausdruck zwischen Lachen und Weinen. »Die Leute, die mich eingeladen haben, sind Nazis. Faschistenschweine.« Der leidenschaftliche Glaube an unsere Sache wurde durch dieses Ereignis zwar nicht erschüttert, dennoch war es erschreckend, zu entdecken, dass unsere einzigen englischen »Verbündeten« braun gefärbt waren.

Allerdings hatten die theatralischen Auseinandersetzungen der 1960er-Jahre auch etwas Gutes, nämlich, dass ich mich zum ersten Mal politisch engagierte, auch wenn dieser Schritt eher unbewusst erfolgte. Mir gefielen die Leidenschaft und Einsatzbereit-schaft auf beiden Seiten. Seltsamerweise kam ich gar nicht auf den Gedanken, das ganze Gerede vom Krieg mit realer physischer Ge-walt in Beziehung zu setzen. Vom Militär wusste ich lediglich, dass man dort pfadfinderähnliche Übungen machte, wie wir sie auch in St. George absolvieren mussten. Ich verspürte keinen Hass, sondern empfand nur die Aufregung des Augenblicks – wie bei einem Fußballspiel.

In dieser rauschhaften Zeit, die schließlich in die Katastrophe mündete, wurde ich für Arafats Fatah rekrutiert. (Rückwärts ge-lesen ist Fatah das arabische Akronym für »Palästinensische na-tionale Befreiungsbewegung«.) Damals wusste ich darüber nur, dass es sich um eine Untergrundorganisation handelte, die sich zum Ziel gesetzt hatte, das palästinensische Volk in die Freiheit zu führen. Mein Auftrag bestand lediglich darin, Geld zu sammeln. Mit dem offiziellen Quittungsbuch in der Hand, in dem jede Seite das Emblem der Fatah trug, fühlte ich mich als Teil eines umfas-senden Grollens, das aus den Tiefen der palästinensischen Seele stieg.

Bevor Arafats Fatah alles veränderte, unterschied sich die PLO kaum von der gesamtpalästinensischen Regierung in Gaza. Diese war eine Gründung arabischer Staaten, die von den Leuten an der Spitze erwarteten, dass sie nach ihrer Pfeife tanzten. Die meisten hochrangigen PLO-Führer waren Intellektuelle aus der Ober-schicht, die in Jordanien lebten.

Mit Arafats Organisation aber verhielt es sich anders. Meine erste Bekanntschaft mit ihrer Ideologie machte ich in einer schlecht gedruckten Zeitschrift, die *Filastinua (Unser Palästina)* hieß. Von der ersten Seite an wurde klargestellt, dass die Mitglie-der der Fatah nicht gewillt waren, sich sklavisch den Interessen der arabischen Diktatoren zu beugen. Die Fatah erklärte dem palästinensischen Volk, dass es sich nicht auf die Vereinten Na-tionen oder die arabischen Staaten verlassen könne. »Hat auch nur einer ihrer Sprüche euer Elend gemildert? Ihr lebt nach wie vor in alle Winde verstreut, ehrlos und ohne persönliche oder kollektive Identität.«[2] Die Fatah wollte das palästinensische Volk wachrütteln und ihm zu der dringend benötigten Selbstachtung und politischen Mündigkeit verhelfen. Ihr erstes Ziel war »Rache an den Schlächtern von Deir Jassin«.[3]

Und so setzte die Fatah, während die anderen weiterdiskutierten, zu ihren ersten kühnen Guerillaoperationen in Israel an. Im Westjordanland zirkulierten bereits entsprechende Pamphlete, Flugblätter und verschiedene andere Publikationen.

Ich war ein erbärmlicher Spendensammler und bekam bis zum Beginn des Sechstagekriegs nur ein paar Pfund zusammen. Kaum war der erste Schuss gefallen, verloren Saki und ich jeden Kontakt zu unserer Familie. Die Telefonleitungen waren unterbrochen, und unsere Telegramme kamen nicht durch.

Aus den Nachrichten erfuhr man nicht viel. Am 5. Juni wussten wir lediglich, dass größere Kämpfe ausgebrochen waren. Gerüchten zufolge marschierten siegreiche arabische Armeen gerade ungehindert in Tel Aviv ein, nachdem die israelischen Soldaten – feige Parvenus, die nun endlich das Glück verlassen hatte – hektisch den Rückzug angetreten hatten. Eine ungekannte Euphorie erfasste uns, die wir in der Cafeteria des ägyptischen Informationsbüros zusammensaßen. Wir wollten alle in die siegreiche arabische Armee unter Befehl des neuen Saladin eintreten. Einmal lief ich mit ein paar Freunden zur ägyptischen Botschaft, aber sie war geschlossen. Ohne uns davon abschrecken zu lassen, gingen wir weiter zur sowjetischen Vertretung: Vielleicht konnten uns die Russen gebrauchen. Kaum hatten wir den Eingang erreicht, wurden wir von den hünenhaften slawischen Wächtern auch schon wieder verjagt.

Die BBC-Nachrichten berichteten ganz anderes. Die Kampfflugzeuge der ägyptischen Luftwaffe hätten nicht einmal vom Boden abgehoben, sondern seien durch einen israelischen Präventivschlag zerstört worden. Für meinen Bruder und mich besonders beängstigend war jedoch ein Bericht der BBC, demzufolge Israel die Grenze nach Jordanien überschritten hatte und im West-jordanland Hunderttausende Araber vor den eindringenden Truppen flohen. Natürlich wollten wir unbedingt wissen, was mit unserer Familie geschehen war. Aber die Telefon- und Telegrafenleitungen waren gekappt, sodass wir nicht mit ihnen in Kontakt treten konnten.

Am Tag drei wussten wir alle, dass sich der glorreiche Krieg zu einem schmachvollen Debakel entwickelte. Das ägyptische Panzergeschwader aus sowjetischen T-34 und T-10M war für die amerikanischen Shermans leichte Beute, die gesamte ägyptische Armee marode, ein lahmer, hilfloser Haufen. König Hussein hatte den Krieg nicht gewollt, und wenn es nach ihm gegangen wäre, wäre das Niemandsland, das Jerusalem teilte, für alle Zeiten bestehen geblieben. Aber als prophylaktische Maßnahme gegen den unvermeidlichen Vorwurf der anderen arabischen Staaten, er kooperiere mit dem Feind, glaubte er, Widerstand demonstrieren zu müssen, wenn auch nur halbherzig.

Doch ob es sich nur um einen symbolischen Akt handelte oder nicht, die von jordanischen Soldaten abgefeuerten Schüsse bedeuteten einen Bruch der stillschweigenden Vereinbarung des Königs mit Israel. Die Israelis ergriffen die Gelegenheit, der jordanischen Armee schwere Verluste zuzufügen und sich das Westjordanland und den Gazastreifen samt ihrer fast eine Million zählenden palästinensischen Bevölkerung einzuverleiben. 1948 hatten mein Vater und seine Freunde die Altstadt mit allen ihnen zur Verfügung stehenden Mitteln verteidigt. Diesmal rührte niemand auch nur einen Finger. Die Israelis sprengten ein Loch in das Neue Tor in Ostjerusalem, durch das Truppen über den Stadtteil herfielen. Die Soldaten sangen an der Klagemauer die »Hatikva«, während ein Rabbi, der sie begleitete, das Achtzehngebet sprach: »Gelobt seist du, Ewiger, der du Zion tröstest und Jerusalem erbaust.«

Die ganze arabische Welt reagierte wie gelähmt mit Schweigen. Nach 1948 hatten Revolutionen die alten Führer hinweggefegt, weil sie als rückständig und korrupt galten. Diesmal aber traf der Vorwurf die Revolutionäre selbst – wen also sollte man zur Verantwortung ziehen? Wenn das mächtige Ägypten mit seinem charismatischen Staatsführer, seinen sowjetischen Waffen und seiner riesigen Armee bereits kampflos zu schlagen war, gab es dann überhaupt noch eine Macht auf Erden, die die Würde der Araber wiederherstellen konnte? Wie bankrott die arabische Politik war, zeigte eine Welle mystischer Erscheinungen in Ägypten: In einer seltsam anmutenden ökumenischen Stimmung berichteten muslimische Bauern, sie hätten die Jungfrau Maria gesehen. Außerdem gebar die Niederlage die absurdesten Gerüchte über die Eroberer. So lautete etwa eine These, die Juden in Palästina seien nichts anderes als große, blonde, blauäugige Deutsche oder Wikinger. Übermenschliche wagnerianische Helden, nicht Semiten wie wir, hätten uns geschlagen.

Saki und ich hatten immer noch nichts von unserer Familie gehört. Wir saßen Nägel kauend in der Cafeteria des ägyptischen Informationsbüros wie Fans, die angsterfüllt zusehen müssen, wie ihr Lieblingsboxer, gleich vom allerersten Schwinger getroffen, ohnmächtig auf die Matte kracht.

Erst mehrere Tage nach dem Krieg erfuhren wir endlich, dass unsere Eltern in Sicherheit waren. Da unser Haus und das meines Großvaters, das nun meinen Cousins gehörte, an der Grenze stand, hatte die ganze Verwandtschaft beschlossen, in den ersten beiden Kriegstagen im Keller einer verrammelten arabischen Schule ganz in der Nähe auszuharren. Unser leeres Haus war für die israelischen Soldaten eine offene Einladung zur Plünderung. Tatsächlich ließen sie das Silber und das Kristall der Familie mitgehen, außerdem die Tennispokale meines Vaters und seine von den Briten verliehenen goldenen Orden, darunter Her Majesty's Knighthood of the Malta Order of St. John's Hospital. Wenigstens hatten sie nicht seine gepuderte Perücke mitgenommen, die ein wichtiges Familienerbstück war. Dokumente, Briefe und Fotos lagen in einer Ecke auf einem Haufen, die Betten waren benutzt und von dem Vorrat an schottischem Whisky nur noch leere Flaschen übrig. Ein Offizier hatte den Schlüssel zu unserem Volvo gefunden und war damit auf und davon. (Wenige Tage später wurde der Wagen mit gefülltem Tank und der Entschuldigung eines israelischen Militärbeamten zurückgebracht.)

Mein Bruder und ich waren zwar erleichtert, dass unseren Eltern nichts passiert war, aber allmählich machten wir uns Sorgen um unser eigenes Schicksal. Wir fürchteten, die Israelis könnten unsere Rückkehr verhindern, wie sie es bei den Flüchtlingen im Jahre 1948 getan hatten. Je länger wir in England blieben, desto größer war die Gefahr, unser Land nicht mehr betreten zu dürfen.

Mein älterer Bruder wollte nach seinem Abschluss in Cambridge möglichst rasch weiterkommen und entschloss sich daher zu einer heimlichen Rückkehr. Er flog nach Jordanien und schlug sich dort bis zum Jordan durch. Zu dieser Zeit waren die Grenzen noch nicht hermetisch abgeriegelt, und Palästinenser, die in Jordanien gestrandet waren, gelangten mit Hilfe von Schleppern ins Westjordanland. Es war eine riskante Angelegenheit, denn hatte man einmal den Fluss überquert, konnte es passieren, dass israelische Soldaten das Feuer eröffneten. Außerdem mussten sichere Lagerplätze auf der anderen Seite gefunden werden. Aber mein Bruder ließ sich davon nicht abschrecken, gelangte zusammen mit einer kleinen Gruppe anderer ohne Zwischenfälle hinüber und fuhr per Anhalter nach Jerusalem.

Eine Woche in der Stadt genügte, um ihn davon zu überzeugen, dass es im israelisch besetzten Jerusalem keine Zukunft für ihn gab. So suchte er sich in den Golfstaaten Arbeit und kehrte nie mehr an seinen Geburtsort zurück. Ich trödelte noch ein paar Wochen in London herum, bis ich schließlich eine Rückkehr ernsthaft in Erwägung zog. Aber ich wählte einen anderen Weg. Warum nicht direkt nach Tel Aviv fliegen?, überlegte ich. Warum nicht die Israelis herausfordern, um zu sehen, ob sie es zulassen würden? Also bat ich Teddy Hodgkins, den Bruder des marxistischen Freundes meines Vaters aus der Zeit des britischen Mandats, der für die Londoner *Times* arbeitete, mir bei der Veröffentlichung eines offenen Briefs an die israelische Regierung behilflich zu sein, in dem ich verlangte, nicht meines Erbteils beraubt zu werden und in die Heimat zurückkehren zu dürfen.

Kaum war der Brief erschienen, erhielt ich eine offizielle Einladung der israelischen Botschaft in London zu einem persönlichen Gespräch. Viele meiner Freunde aus dem Troubadour waren der festen Überzeugung, ich würde die Einladung in Stücke reißen, da kein Araber, der einigermaßen Selbstachtung besaß, je auch nur einen Fuß in eine israelische Botschaft setzen, geschweige denn die Zionisten um einen Gefallen bitten würde. Ich aber ging auf der Stelle hin. Nach wenigen Tagen stempelte ein Botschaftsangehöriger ein Visum in meinen Passierschein, ein Reisedokument, das ich als staatenloser Jerusalemer bis zum heutigen Tage benutze.

Im August stieg ich in eine Maschine der El-Al nach Tel Aviv. Das unheimliche Gefühl, das mich beim Einsteigen in das Flugzeug mit den riesigen hebräischen Buchstaben überkam, die dem Feind als wichtigstes Symbol für Staatlichkeit und Macht dienten, lässt sich kaum beschreiben. Mein Sitzplatz in der brechend vollen Maschine befand sich zwischen einer Gruppe von Israelis auf dem Weg nach Hause und sympathisierenden Juden und Nichtjuden auf dem Weg in einen Staat, der plötzlich einen geradezu mythischen Status genoss. Das Erlebnis, in einer Maschine des Feindes unter Israelis zu sitzen und von, ehrlich gesagt, umwerfend drallen israelischen Stewardessen bedient zu werden, sollte meine Haltung zum palästinensisch-israelischen Konflikt bleibend prägen.

Seltsamer wurde mir zumute, als wir über die Mittelmeerküste flogen. Von meinem Fensterplatz blickte ich auf die Orangenhaine, die in großen geometrischen Mustern angelegt waren. Waren dies die berühmten Orangen, von denen Mutter immer erzählt hatte?

In dem Gedränge und Geschubse am Taxistand vor dem Flug-hafen in Lod, wie Lydda auf Israelisch heißt, entdeckte ich ledig-lich eine Handvoll jener schwarzbärtigen weisen Hexer, denen ich seit meiner Kindheit nachspioniert hatte. Und die übrigen Israelis waren nicht annähernd von so kräftiger und wagnerianischer Sta-tur, wie man mir weisgemacht hatte. Am meisten erschütterten mich ihre einfache Kleidung und ihre rüpelhafte Gestik, die an Standbetreiber auf dem Altstadtbasar erinnerten. Wie hatte ein so schlecht gekleidetes Volk mit so rüden Umgangsformen, das nicht einmal in der Lage war, beim Warten am Taxistand eine Schlange zu bilden, die vielen arabischen Armeen in derselben Zahl von Tagen schlagen können, die Gott zur Erschaffung des Kosmos gebraucht hatte? Ja, ihr proletarisches Erscheinungsbild hob meine Stimmung durchaus. Wie ich bereits vermutete, seit ich über feindliche Radiosender die Beatles gehört hatte, waren die Israelis genauso normale Menschen wie wir.

Ich fand rasch einen israelischen Taxifahrer, der Arabisch konnte und Fahrten nach Jerusalem anbot. Auf dem ersten Streckenabschnitt brachte ich vor Staunen fast kein Wort heraus. Es war wie eine Reise durch einen Traum. Auf der schlechten Straße voller Schlaglöcher, die sich in vielen Kurven von Tel Aviv nach Jerusalem wand, gen Osten zu fahren, fand ich ziemlich unheimlich. Natürlich erkannte ich die Landschaft nicht, die sich draußen entfaltete, aber dafür bekam ich angesichts einiger Straßenschilder Herzklopfen. Als wir durch das für mich geradezu mythische Ramle fuhren, blickte ich gespannt hinaus und hielt – natürlich ganz und gar vergeblich – Ausschau nach Großvaters Grab.

An der Straße nach Jerusalem entdeckte ich kaum Spuren ara-bischer Kultur. Die Fahrt hätte ebenso gut durch Südkalifornien gehen können: keine arabischen Dörfer, keine Esel, keine Kamele, keine Araber. Reingefegt. Einer der ersten Anhaltspunkte für un-sere tausenddreihundertjährige Anwesenheit in diesem Land war eine Steinhausruine mit osmanischen Ornamenten bei einer steilen Steigung auf dem Weg in die judäischen Berge. Als wir uns Jerusalem näherten, sah ich ein Hinweisschild in englischer Sprache nach Al-Qastal, dem Schauplatz der berühmten Schlacht.

Als es zu dämmern begann und wir uns kurz vor dem arabischen Dorf Abu Gosch befanden, schlug der Fahrer vor, dort haltzumachen, um einen Kaffee zu trinken oder einen Imbiss einzunehmen. Nach meinem Aufenthalt in England endlich einmal wieder türkischen Kaffee zu schlürfen, war ein echter Genuss für mich. Und die Raststation öffnete mir die Augen dafür, dass 1948 nicht alle Palästinenser aus ihrer Heimat vertrieben worden waren. Viele waren geblieben. Darüber hinaus entdeckte ich, dass ich mit dem Besitzer des Restaurants, einem Mitglied des Abu-Gosch-Clans, sogar entfernt verwandt war.

Bei der Weiterfahrt verlor ich mich erneut in meinen Gedanken. Als ich meine Heimkehr plante, hatte ich nicht damit gerechnet, dass ich mich im jüdischen Staat unter den Arabern zu Hause fühlen würde.

Der Höhepunkt der Reise war die Fahrt durch das einstige Niemandsland. Ich fand es wunderbar zu sehen, dass der Stacheldraht und die Todesschusszonen, mit denen ich aufgewachsen war, nicht mehr existierten. Erst da begann ich zu ahnen, dass der Krieg der Teilung meines Landes ein Ende gesetzt hatte. Die Niederlage hatte mir mein Heimatland zurückgegeben.

In meiner Kindheit hatte ich keinen Augenblick daran gezweifelt, dass dieses Land in Jerusalem begann und im Westen bis Jaffa reichte. Amman und die Wüstengebiete im Osten waren mir immer fremd gewesen. Nie hatte ich mich dem jordanischen Staat zugehörig gefühlt, und dass das Niemandsland jetzt an das östliche Ufer des Jordan verschoben war, störte mich nicht im Geringsten.

Ich brauche wohl nicht zu erwähnen, dass mein Optimismus vollkommen fehl am Platze war. Da es in dem Taxi keine Kristallkugel gab, konnte ich die bevorstehenden Jahre der Besatzung, die Tausende Leichen, die sechs Meter hohe Betonmauer oder die elektrischen Zäune, die mein Land in einen Käfig verwandelt haben, nicht vorausahnen. In einer Hinsicht allerdings lag ich mit meiner Naivität nicht ganz falsch. Damals wie heute glaubte ich, dass palästinensische Araber und Juden natürliche Verbündete sind, nicht Gegner. 1967 gab es für mich keinen Grund, warum ich nicht in demselben demokratischen, säkularen Staat leben sollte wie die Leute, die sich am Taxistand vorgedrängelt hatten. Vielmehr hatte ich das Gefühl, dass mein Schicksal mit dem ihren viel eher verbunden war als mit dem der selbstgefälligen Typen an der Schule in Rugby.

Meine Eltern waren zu Hause, als das Taxi vor dem Haus vorfuhr. Wir feierten unser Wiedersehen, als hätten wir uns nach einem Erdbeben gesund und unversehrt gefunden. Fast das Erste, was meine Mutter äußerte, war ihre Abneigung gegen die neue Militärherrschaft. Die Plünderung unseres Hauses durch die Soldaten hatte sie in ihren schlimmsten Vorurteilen gegen »diese unzivilisierte Diebesbande«, wie sie sich ausdrückte, noch bestätigt. Vater hingegen sah alles etwas gelassener. Der Krieg hatte sein Misstrauen gegenüber den arabischen Führern bestätigt, die ihre Länder immer wieder für ihre tölpelhafte Demagogie hatten bluten lassen. Vater redete nicht viel, aber ich spürte intuitiv, dass seine Gedanken fieberhaft um Fragen der Politik kreisten.

Rasch wurde ich darüber informiert, was seit dem Krieg geschehen war. Vater hatte zwar seit seinem Weggang von London kein offizielles Amt mehr bekleidet, war aber immer noch mitten im Geschehen. Bei den politischen Umbrüchen im Lauf der Jahrhunderte hatte meine Familie immer auf ihre althergebrachte Rolle als Wächter über heilige – christliche wie muslimische – Stätten zurückgegriffen. Mein Vater folgte dieser alten Tradition, indem er mit religiösen und politischen Führern aus allen Teilen des Westjordanlands den Hohen Islamischen Rat gründete. Sein wichtigster Partner war dabei der neue Mufti von Jerusalem, Scheich Saadedin al-Alami, der dessen Vorsitzender wurde. Der Mufti schätzte den politischen Sachverstand meines Vaters in allen Fragen, die auf der Tagesordnung standen, und immer, wenn er Rat brauchte, warf er seinen wallenden Mantel über und begab sich vom Haram, dem Heiligtum, in unser Viertel. Und mein Vater war stets bereit, dem heiligen Mann nach bestem Wissen und Gewissen behilflich zu sein.

Vater stellte sich den Rat als ein repräsentatives Gremium vor, das dem Volk unter der neuen Besatzung eine Stimme verleihen könnte. Insbesondere beschäftigte ihn die Erhaltung der religiösen Stätten in der Altstadt.

Inzwischen hatte Israel mit atemberaubender Geschwindigkeit alle notwendigen Schritte unternommen, um die ganze Stadt seinem eisernen Griff zu unterwerfen. Die neuen Herren schlossen die arabische Gemeindeverwaltung und jagten den Bürgermeister von Ostjerusalem, Rauhi el-Khatib, hinüber nach Jordanien. Die Kontrolle über den öffentlichen Dienst ging also vollständig an die israelische Gemeindeverwaltung in Westjerusalem über. Ein paar Wochen nach dem Krieg stimmte die Knesset für die Annexion unseres Teils von Jerusalem. Damit bekamen wir nicht nur eine neue Regierung, die uns besteuerte und kontrollierte, sondern sahen uns auch einem Staat mit einer militärischen und zivilen Verwaltung gegenüber, der beinahe biblische Ansprüche auf unser Land erhob.

Es war bereits Abend geworden, und nach dem Essen stürzten sich meine Eltern in ihre gewohnten Salongespräche mit Freunden und Familienangehörigen. Es war genau wie 1948, als die Flüchtlinge glaubten, ihre Rückkehr sei nur eine Sache von Tagen. Auch jetzt gingen alle, die im Wohnzimmer saßen, davon aus, dass Israel bald zum Rückzug gezwungen werde, obwohl vieles für das Gegenteil sprach, so etwa die umfassende Konfiszierung von Land, der Abriss von Häusern sowie die Errichtung von Neubauten, die auf langfristige Pläne schließen ließen. Wie konnte man jetzt zulassen, dass sich die »Diebe von 1948« das Westjordanland einverleibten? Genauso unvorstellbar war, dass die Welt angesichts des »unverfrorenen illegalen Vorgehens« Israels schwieg. Als Beispiele für die verbrecherischen Absichten

Israels wurden die mutwillige Zerstörung des marokkanischen Viertels, die Konfiszierung von Eigentum sowie die Tatsache angeführt, dass palästinensische Führer vertrieben oder unter Hausarrest gestellt wurden. Ich hörte zu, ohne ein Wort dazu zu sagen.

»Nichts von alledem wird jemals vor einem internationalen Gerichtshof Bestand haben«, meinte mein Vater, nachdem er seine Zusammenfassung der Entwicklungen beendet hatte, und rieb mit der Handfläche an seiner Prothese. Sein Vertrauen in die erhabene und unparteiische Justitia – man könnte auch sagen, sein Vertrauen in die allgemeine Menschlichkeit, verkörpert durch einen internationalen Gerichtshof oder die Vereinten Nationen, wo die Ungerechtigkeiten, die in der Welt begangen wurden, stets wieder korrigiert werden konnten – war so unerschütterlich wie eh und je. Sein Glaube an die Vormachtstellung und Beständigkeit des Gesetzes geriet nie ins Wanken, obwohl er täglich mit ansehen musste, wie Rechtsgrundsätze mit brutaler Gewalt missachtet wurden.

Am nächsten Morgen brach ich zu der verblüffendsten Reise meines Lebens auf. Ich sprang über die Gartenmauer meines Elternhauses und wagte mich ins Niemandsland.

Zunächst unternahm ich nur ein paar zögernde Schritte auf dem felsigen, distelbewachsenen, gefährlichen Boden, den Blick auf den Weinstock gerichtet, der an einer zerfallenden Ruine emporwuchs. Dieser Weinstock war für mich stets der unumstrittene König des Niemandslands gewesen. Jedes Frühjahr regenerierte er sich vor meinen Augen und verwelkte im Herbst wieder, fern jeder Menschenhand.

Mit vor Erregung pochendem Herzen pflückte ich von einem Zweig alle Trauben ab und steckte, nachdem ich den Staub weggeblasen hatte, eine verschrumpelte, rosinenartige Frucht in den Mund. Aber sie schmeckte nicht sonnensüß, wie ich es mir immer vorgestellt hatte. Sie war so bitter, dass ich sie ausspuckte.

Ich kämpfte mich weiter, in Richtung der früher verbotenen Straßen von Mea Schearim. Mit jedem zögerlichen Schritt versuchte ich mich an die neue Wirklichkeit zu gewöhnen. Einmal blickte ich zurück zu unserem Garten, wo ich jahraus, jahrein gestanden und nach Westen gestarrt hatte.

Nach wenigen Minuten erreichte ich die enge Straße, die von frommen Juden in tintenschwarzen Mänteln bevölkert war. Hier hatte in meiner Kindheit meine Vorstellung von Israel geendet, aber es war gleichzeitig ein Teil jener Stadt, die meine Eltern vor 1948 so gut gekannt hatten. Eine Gruppe aufgescheuchter Kinder rannte um eine Ecke. Während ich mich umdrehte und lange auf unser Haus sah, versuchte ich mir vorzustellen, was den Menschen in Mea Schearim in all den Jahren durch den Kopf gegangen war. Was hatten sie gedacht, wenn ein arabischer Junge von dem Garten eines roten Backsteinhauses zu ihnen hinübersah? Bestimmt war ich der böse Kobold in ihrem Pfefferbaum gewesen.

In jenem Sommer verschreckte mein Verhalten die Freunde und Bekannten meiner Eltern genauso wie die Kinder von Mea Schearim. Ich, ein in Oxford eingeschriebener Nusseibeh und obendrein der Sohn des ehemaligen Gouverneurs – der in ihren Augen in einem Blazer mit auf der Brust eingesticktem Rugby-Wappen einherstolzieren sollte –, glich mit meinen langen Haaren und Sandalen den europäischen Hippies, die damals im Nahen Osten herumzogen.

Den Rest des Sommers über unternahm ich immer wieder Spaziergänge, um zu erkunden, wie sich die Stadt verändert hatte. Meine Ausflüge führten mich nach Talbieh, Bakaa und Katamon, ehemals arabische Viertel in Westjerusalem, die inzwischen von Juden bevölkert waren. Hier herrschte blühendes Leben. Die wohlhabenden Bewohner waren ganz anders als die Menschen, die ich am Flughafen gesehen hatte. Sie gingen unbekümmert ihren Geschäften nach, ohne sich Gedanken darüber zu machen und wahrscheinlich ohne überhaupt zu wissen, dass sie in den Häusern anderer lebten. Soll ich ihnen deswegen einen Vorwurf machen?, fragte ich mich. Ich wusste es nicht. Ich weiß es immer noch nicht.

Solche Fragen beschäftigten mich jedoch nicht, wenn ich in das ehemalige marokkanische Viertel ging, dessen Zerstörung mich sprachlos und wütend machte. Als Kind hatte ich die verwinkelten, labyrinthartigen orientalischen Straßen besonders geliebt. Jetzt war davon nichts mehr übrig. Im Krieg waren innerhalb von wenigen Tagen die Pioniere, die Abbruchtrupps und die Bulldozer angerückt. Den unglücklichen Bewohnern hatte man zwei Stunden Zeit gegeben, um das Feld zu räumen, und dann war das ganze Viertel einschließlich zweier Moscheen aus dem 12. Jahrhundert dem Erdboden gleichgemacht worden, um vor der Klagemauer einen Platz anzulegen. Ich fand es ungeheuerlich, für etwas, das einem gesichtslosen sowjetischen Aufmarschplatz glich, eine ganze Gemeinde zu zerstören und ihre Vergangenheit auszulöschen.

In den Abendsalons meiner Eltern kamen mit schöner Regelmäßigkeit dieselben Themen auf wie immer, wenn Palästinenser über Politik debattierten. Um sich zu trösten, malten die Leute sich aus, dass sich der alte Status quo auf wundersame Weise wiederherstellen würde. Schon beim geringsten Anlass wurde die Vermutung geäußert, die jordanische Armee werde den Fluss überqueren und einmarschieren. Es kursierten Geschichten über bewaffnete Fatah-Zellen, die insgeheim in verschiedenen Teilen der besetzten Gebiete operierten. »Wer sind diese Leute?«, fragte mein Onkel, doch mein Vater hatte darauf keine Antwort. Ich wusste es, aber ich schwieg. Mehr zu wissen als die Getreuen im Salon war für mich eine völlig neue Erfahrung.

Das Haus war stets voller Leute, die Vater um Rat baten. Man sprach von einem Generalboykott – einer Rückkehr zu den glorreichen Tagen von 1936. »Sollen wir mitmachen?«, fragten die Leute meinen Vater. Er selbst vollführte einen Balanceakt. Sein Instinkt riet ihm, Israel die Hand entgegenzustrecken – nicht als Unterwürfiger, der sich den neuen Herrschern beugte, sondern als stolzer panarabischer Nationalist, dem klar war, dass wir unsere Schwäche nur überwinden konnten, wenn wir dem Feind aufrecht entgegentraten. Gegenüber den Israelis, mit denen er zu tun hatte – und das waren nicht wenige –, war er freundlich und höflich, ohne jeden Hass und ohne Hintergedanken. Zugleich aber unterstützte er sehr ernsthaft den Boykott israelischer Gerichte in Ostjerusalem. Felsenfest blieb er dabei, dubiose juristische Vorgehensweisen abzulehnen.

Ich habe einigen Zusammenkünften meines Vaters mit israelischen Vertretern beigewohnt und war erstaunt über seine Haltung – als hätte er den Krieg gewonnen, nicht sie. Als stolzer Araber, der an die unermessliche Überlegenheit seines Erbes glaubte, machte er seine Gäste mit seiner provozierenden Kultiviertheit wütend und, so vermute ich, beeindruckte sie zugleich.

## KAPITEL 7

# BILDERSTÜRMEREI

❖

IM HERBST MACHTE ICH MICH AUF nach Oxford. Ich wollte
unbedingt Philosophie studieren, aber mein Vater stöhnte nur auf,
als ich ihm meinen Wunsch mitteilte. Schließlich einigten wir uns
auf einen passenden Studiengang für »Gentlemen«, die eine Karriere im öffentlichen Leben anstreben: Ich würde eine Kombination aus Philosophie, Politik und Wirtschaft belegen. Unter den
Absolventen des Christ Church College, in dem ich mich einschrieb, finden sich die Namen von Königen, Premierministern
und Erzbischöfen sowie solcher Lichtgestalten wie John Locke
und Lewis Carroll.

Als ich erstmals die Schwelle des College überschritt, muss ich
wohl einen befremdlichen Anblick geboten haben. Ich stach aus
der Menge heraus, aber nicht in erster Linie wegen meiner langen
Haare und des dichten Bartes oder wegen meiner Protestpose gegen das Establishment, die ich mir im Café Troubadour angeeignet hatte – damals gab es in Oxford noch eine beachtliche Zahl
von Marxisten und Kommunisten –, sondern wegen meiner arabisch dunklen Haut. Außer mir gab es in den unteren Semestern
nur einen einzigen Studenten aus Palästina, Ahmad Khalidi, Angehöriger einer der erlauchtesten Gelehrtenfamilien Jerusalems,
Enkel des Direktors des Arab College und Sohn von Walid Khalidi, dem berühmten Professor an der American University in
Beirut.

Ahmad und ich verbrachten viel Zeit miteinander. Von einem
nationalistischen Intellektuellen erzogen, gab er mir einen Schnell-
kurs in palästinensischer Politik. Unter anderem erfuhr ich, wer

hinter der verwirrenden Vielfalt revolutionärer Akronyme stand, wie zum Beispiel der ALF (Arab Liberation Front; Arabische Befreiungsfront), der PLF (Palestine Liberation Front; Palästinensische Befreiungsfront), der PFLP (Palestinian Front for the Liberation of Palestine; Palästinensische Front zur Befreiung Palästinas) und der PDFLP (Popular Democratic Front for the Liberation of Palestine; Demokratische Volksfront zur Befreiung Palästinas). Ahmad selbst bevorzugte eine Splittergruppe der PFLP, die unter der Führung des sagenumwobenen Ahmad Dschibril stand. Offenbar hatten Monty Python uns vor Augen, als sie in *Das Leben des Brian* vorführten, wie die »Judäische Volksfront«, die »Volksfront von Judäa« und die »Populäre Front« miteinander um Anhänger konkurrieren.

Es war eine aufregende Zeit für Studenten. Das Jahr 1968 brachte den Höhepunkt der Studentenbewegung und des Hippiezeitalters, und überall auf der Welt orientierten sich junge Aktivisten an revolutionären Führern wie Fidel Castro und Mao Tse-tung. In Paris mischte der »rote Danny« Cohn-Bendit das elitäre französische Establishment auf, und in Jassir Arafat hatten auch wir einen Unruhestifter, den wir uns zum Vorbild nehmen konnten.

Arafat war die geheimnisvolle Gestalt hinter den vagen Gerüchten, die zu Hause über Guerillaangriffe gegen Israelis kursierten. Ich wusste über ihn und seine Fatah-Bewegung immer noch kaum mehr als das, was ich in *Filastinua (Unser Palästina)* gelesen hatte. Im März berichtete das Radio über eine größere Schlacht, die sich seine Kämpfer mit der israelischen Armee lieferten. Mich fesselte vor allem die Tatsache, dass die Auseinandersetzungen in Karame stattfanden, wo ich als Junge auf dem Hof meiner Familie Traktor gefahren war.

Die Schlacht von Karame wurde zum Blutbad, bei dem Dutzende palästinensischer Aufständischer ihr Leben ließen. Trotzdem verkündete die Fatah, als sich die israelischen Truppen jenseits des Jordan zurückgezogen hatten, den Sieg. Die Israelis hatten ihr einen gehörigen Schlag versetzt, und viele unserer

Kämpfer waren gefallen, doch die Bewegung lebte weiter. Die Schlacht von Karame ging als »Stalingrad der Palästinenser« in unsere Mythologie ein, und nicht nur Araber waren beeindruckt von dem heroischen Kampf. Von Lady Fisher, der Gattin des Erzbischofs von Canterbury, ist das Zitat überliefert, die Araber hätten »sicher nur getan, was tapfere Männer immer tun, wenn ihr Land unter der Knute eines Eroberers steht«.[1] Langsam, aber sicher gewannen wir ein paar angesehene Verbündete.

In Oxford trat die palästinensische Politik für mich bald in dem Maße in den Hintergrund, in dem sich mein Sozialleben entwickelte. Ich bekam Kontakt zu Studenten unterschiedlicher Herkunft und mit unterschiedlichen Interessen. Einer von ihnen war ein Amerikaner namens Jay aus einem höheren Semester, der mit Vorliebe in seinem Mercedes-Cabrio von Pub zu Pub fuhr. Manchmal gingen wir zusammen auf Partys, und wenn das Wetter es erlaubte, rasten wir mit offenem Verdeck über Land. Politik und Guerillakrieg waren weit weg.

Es mag sich seltsam anhören, aber mein Interesse an Politik erwachte erst wieder, nachdem ich ein paar israelische Studenten kennengelernt hatte, die sich in Oxford auf ihren Abschluss vorbereiteten. Obgleich wir formal gesehen Feinde waren, hatten wir viel gemeinsam, nicht zuletzt die Tatsache, dass wir leidenschaftlich gern Hummus aßen. Mein bevorzugter Sparringspartner war Avishai Margalit, ein Philosophiestudent, der bei dem großartigen Isaiah Berlin am Queen's College studierte. Wir trafen uns oft vormittags in einer von der Kirche betriebenen Teestube an der St. Aldates Street, gegenüber von Sir Christopher Wrens eindrucksvollem Tom Tower. Es war angenehm, mit Avishai über Politik zu diskutieren, denn wir hatten beide genügend Abstand von den Ereignissen in der Heimat, um über die großmäuligen Sieger (auf seiner Seite) und die ewig Lamentierenden (auf meiner) zu spotten.

Die Spritztouren im Mercedes und mein eigener politischer

Salon in einer Teestube stärkten mein Selbstvertrauen, was auch bitter nötig war. Manchmal kam es mir sogar so vor, als verspürte ich endlich ein wenig von Vaters Rückgrat und seiner unerschütterlichen Charakterstärke. Außerdem gelang es mir inzwischen, meine politischen Überzeugungen auf eine solidere Basis zu stellen als zur Zeit der emotional aufgeladenen Zusammenkünfte im Café Troubadour. Ein ernsthaftes, tieferes Eindringen in die Philosophie allerdings erwies sich leider als schrecklich mühsam.

Die Schwierigkeiten begannen mit meinen ersten Tutorien. Das Schicksal wollte es, dass ich zum Einstieg Bertrand Russells *Probleme der Philosophie* lesen sollte. Eine Woche später zog mir mein Tutor den Boden unter den Füßen weg und brachte mein scheinbar unerschütterliches Gebäude aus Gedanken und Fakten zum Einstürzen. Ich saß in dem Lederstuhl in seinem Büro und hatte mich mit meiner am gesunden Menschenverstand orientierten Erkenntnistheorie schon ziemlich weit vorgewagt, als er alles zunichte machte, was ich gesagt hatte. Auch die Gegenargumente, die ich vorzubringen versuchte, wischte er vom Tisch, und zwar so gekonnt, dass es ganz mühelos wirkte. Sahne in eine Tasse Tee zu rühren, hätte ihn mehr Schweiß gekostet.

In der darauffolgenden Woche wiederholte sich die Szene. Nachdem ich ein weiteres Mal zutiefst gedemütigt aus seinem Büro geschlichen war, musste ich zugeben, dass von all der Sicherheit, die ich mir in den vergangenen zwei Jahren erarbeitet zu haben glaubte, nichts mehr übrig war. Ich tappte wieder im Dunkeln, ein nur allzu bekannter Zustand für mich, den auch die Tatsache nicht besser machte, dass von meinem Arabismus nur ein Scherbenhaufen geblieben war. Mein Geisteszustand entsprach jetzt meiner Frisur: ein wirres Durcheinander verfilzter Knoten.

Trotzdem ging ich weiterhin zu meinem Tutor, und mit Fortschreiten des Semesters begann ich zu ahnen, dass seine harten Angriffe nicht annähernd so unbarmherzig gemeint waren, wie ich zunächst vermutet hatte. Vielmehr arbeitete mein Lehrer nach der sokratischen Methode, entzog einem also jeglichen (scheinbar) sicheren Halt und erschütterte alle heiligen, für unantastbar angesehenen Orthodoxien und Mythen. Und er ging noch weiter, als bloß meine Auffassungen zu attackieren; als sehr viel niederschmetternder empfand ich die Art und Weise, in der er mich zwang, die Voraussetzungen, von denen ich selbstverständlich ausging, zu hinterfragen und, falls sie sich als unzureichend erwiesen, aufzugeben. Ich musste sofort an die Geschichte von Mohammeds triumphaler Rückkehr nach Mekka denken. Nur mit seinem Kamelstock bewaffnet, betrat er die Kaaba und beförderte die heidnischen Götter ohne viel Federlesens ins Jenseits.

Zunächst widmete ich mich in erster Linie den Meistern der europäischen Aufklärung, doch schon bald zog mich die Sprachphilosophie Ludwig Wittgensteins und John Austins in ihren Bann. Ersterer hatte in Cambridge studiert, Letzterer in Oxford.

John Austin war zwar einige Jahre zuvor verstorben, doch sein legendärer Intellekt und Scharfsinn lebten in den Gängen und Innenhöfen Oxfords fort. (Sein Buch *Zur Theorie der Sprechakte* hatte eine ganze Generation von Philosophen für die »gewöhnliche Sprache« begeistert.) Wittgenstein war ebenfalls kurz zuvor verstorben, und sein Geist war noch ebenso frisch und lebendig wie der Austins. Der österreichische Sohn eines Großindustriellen mit jüdisch-katholischen Wurzeln hatte auf jegliche Sicherheit verzichtet, sein Vermögen verschenkt und war in die Welt hinausgezogen, im Vertrauen allein auf die Kraft seines Geistes. Eine Zeit lang hatte er sich in einem Bauerndorf in den Alpen als Schullehrer verdingt. Er blieb immer einer, der von außen auf die Dinge blickte – auf die Sprache, die Gesellschaft, sein Inneres. In gewisser Weise hatte er in sich selbst einen existenziellen Beobachtungsposten gefunden, von dem aus er sich das Leben anschaute.

Im Sommer 1968 kehrte ich nach Hause zurück. Angesichts der neuen geistigen Horizonte, die mir im Büro meines Tutors auf schmerzhafte Weise eröffnet worden waren, empfand ich es als seltsam, in eine Familie, eine Nation zurückzukehren, die sich in den alten, tief ausgefahrenen Gleisen bewegten. Meine Familie mit all ihren Titeln und Auszeichnungen erinnerte mich an Adelige aus Sowjetrussland im Exil. Sogar Vaters Landgut – ein über achtzig Hektar großes Anwesen im Jordantal – war von den israelischen Machthabern konfisziert worden. Der aus Medina stammende Clan, dessen Name an vergangene ruhmreiche Zeiten gemahnte, war nur noch ein kleiner Haufen ehemaliger Staatsdiener, deren Kinder alle bereits ausgewandert waren oder im Begriff standen, das Land zu verlassen.

Der palästinensische Teil Jerusalems lag wie in Agonie und war seiner selbst genauso unsicher wie ich. Weder befand er sich wie das Westjordanland im Griff der israelischen Armee, noch war er frei wie das übrige Israel. Ein absurder Prozess hatte eingesetzt: Akademiker waren zum Boykott übergegangen. So hatten zum Beispiel arabische Anwälte ihre Tätigkeit eingestellt, weil sie nicht innerhalb des israelischen Rechtssystems arbeiten wollten. Die arabische Stadtverwaltung existierte nicht mehr, das gesamte gesellschaftliche und wirtschaftliche Gefüge befand sich in Auflösung. Begonnen hatte das Chaos damit, dass die israelische Währung, Nummernschilder, Transportsysteme, Rechtsnormen, Gebrauchsgüter und Gewohnheiten schnell in das Alltagsleben Einzug gehalten hatten.

Zum Zeitpunkt meiner Rückkehr suchte mein Vater intensiv nach Wegen, der Katastrophe, die die letzte Niederlage für uns bedeutete, etwas entgegenzusetzen. Er hatte nie daran geglaubt, dass man 1948 ungeschehen machen könnte, und konzentrierte sich deshalb auf die gegenwärtige Lebenswirklichkeit unter der Besatzung. Er fand es gut, dass die Resolution 242 des UN-Sicherheitsrats zum israelischen Rückzug aus den eroberten Gebieten aufrief, und war der Meinung, die UN habe sich unzweideutig geäußert: Israel müsse sich hinter das Niemandsland zurückziehen. Natürlich hatten demagogische Palästinenserführer die Resolution verurteilt, kaum dass sie öffentlich geworden war. Die offizielle Haltung der Israelis wiederum spricht aus Ben Gurions verächtlichem Bonmot zur UM (hebräisches Akronym für UN): »UM-Schmum«.

Die unermüdlichen diplomatischen Aktivitäten meines Vaters führten einen steten Strom ausländischer Würdenträger, Premierminister und Journalisten in unser Haus. Einmal versuchte er vergeblich, König Hussein von Jordanien für Verhandlungen mit Israel zu gewinnen. Dem König fehlte der Mut dazu, denn er fühlte sich von den aufkommenden palästinensisch-nationalistischen Kräften in seinem Königreich bedroht und wollte nicht wie sein Großvater mit einer Kugel im Leib enden. Mein Vater mühte sich trotzdem weiter. Schließlich kam es zu einer Reihe von Geheimtreffen zwischen König Hussein, Mosche Dajan und Golda Meir, die jedoch an der Jerusalem-Frage scheiterten. Der König war bereit, den Siegern das gesamte Gebiet um die Klagemauer zu überlassen, wenn sie im Gegenzug die übrige Altstadt und das Westjordanland zurückgaben. Die Israelis zeigten kein Interesse.

Doch dies hielt Mosche Dajan und Bürgermeister Teddy Kollek nicht davon ab, in unser Haus zu kommen. Kollek stattete meinem Vater gern an islamischen Feiertagen einen Besuch ab, und ich habe noch vor Augen, wie die beiden einander gegenübersaßen und Havannas rauchten.

»Anwar, wir werden demnächst Neuerungen im arabischen Schulsystem einführen«, sagte Kollek und stieß langsam eine Rauchwolke aus. »Könntest du nicht dafür sorgen, dass sich die wichtigen Leute in den einzelnen arabischen Schulbehörden daran beteiligen? Ist doch schließlich nur in eurem Interesse.«

»Tolle Idee«, antwortete mein Vater ernst, während er Asche in den Aschenbecher schnippte. »Aber sag mir doch erst mal, wann diese Neuerungen in Kraft treten sollen?«

Kollek, der es nicht gewohnt war, dass Araber positiv auf seine Vorstöße reagierten, beugte sich vor und sagte aufgeregt: »Na, sobald das Schuljahr beginnt.«

Mein Vater gab vor, ganz arglos die Monate zu zählen. Dann schüttelte er den Kopf und machte ein verwirrtes Gesicht. »Aber das ist ja erst in fünf Monaten. Dann bist du doch gar nicht mehr da.«

Kurz nach meiner Rückkehr aus Oxford sah ich zu meiner Überraschung israelische Journalisten Schlange stehen, um mit meinem Vater zu sprechen – sowohl vor unserem Haus als auch vor seinem Anwaltsbüro nahe des Damaskustors. Ich war erst eine Woche wieder in der Stadt, als Danny Rubinstein, Journalist bei der hebräischen Tageszeitung *Ha'aretz*, zu einem Interview kam. Danny war nicht viel älter als ich, sprach jedoch fließend Arabisch, während ich des Hebräischen nicht mächtig war. Nach dem Interview unterhielten wir uns. Ich erzählte von Oxford und dass ich mich mit israelischen Studenten angefreundet hatte. Das muss ihn beeindruckt haben, denn er fragte mich später, ob ich mir die Knesset anschauen wolle. Als ich ihm erklärte, dass ich schon mehrmals daran vorbeigegangen sei, meinte er: »Nein, ich meine von innen.« »Nimmst du mich auf den Arm?«, fragte ich ihn.

Doch das war nicht der Fall.

Bis zu meinem Besuch dort hatte ich verschiedene Bilder der Knesset vor Augen gehabt. So war mir beispielsweise zu Ohren gekommen, dass auf einer riesigen, von der Decke hängenden Fahne der Euphrat und der Nil abgebildet seien, Symbol des ungezügelten Appetits der Zionisten, ihr Staatsgebiet über die Vorstädte Kairos hinaus bis nach Bagdad auszudehnen.

Wenige Tage später hatte Danny alles in die Wege geleitet, und ich erhielt Gelegenheit, von der oberen Galerie aus nächster Nähe einen Blick auf die israelische Regierung zu werfen. Die Flagge war nirgends zu entdecken, doch unten auf den Regierungsbänken sah ich Mosche Dajans Augenklappe und Golda Meirs zu einem straffen Knoten frisiertes Haar.

Mit diesem Erlebnis erwachte in mir der heftige Wunsch, zu verstehen, was Israel antrieb, was dem Land seine dynamische Energie verlieh. Schon bald sollte ich Gelegenheit dazu bekommen.

Eines Tages standen plötzlich Vertreter des Islamischen Hohen Rates vor der Tür, um meinem Vater mitzuteilen, dass die Israelis in der Nähe der Al-Aksa-Moschee mit archäologischen Grabungen beginnen würden. Es stehe zu befürchten, dass die neuen Machthaber auf der Suche nach Salomons verschollenem Tempel unter dem Haram herumwühlen würden. Die Herren vom Hohen Islamischen Rat wollten sich versichern, dass mein Vater sie dabei unterstützen würde, den Felsendom vor Schändung zu bewahren.

Mein Vater und die übrigen Mitglieder des Rates nahmen mich mit zur Ausgrabungsstätte. Unser Weg dorthin führte durch die Altstadt. Als Mear Ben-Dov, der Leiter des Archäologenteams, uns skeptisch in einiger Entfernung stehen sah, rief er uns in perfektem Arabisch zu: »Wollen Sie sehen, was wir gefunden haben?« Er winkte uns herbei und zeigte uns einen Haufen aus der Zeit der Umajaden-Herrschaft stammender islamischer Artefakte.

Die islamischen Gelehrten in unserer Gruppe tauschten betretene Blicke und wussten nicht, was sie sagen sollten. Schließlich fragte mein Vater, wer die Grabungen durchführe.

»Studenten aus aller Welt.«

»Würden Sie auch einen muslimischen Volontär nehmen?«

»Natürlich«, lautete die Antwort.

Mein Vater ließ die verwirrten Geistlichen stehen und trat mit hoch erhobenem Kopf auf den Archäologen zu. »Komm«, sagte er zu mir und schnippte mit den Fingern. Der Volontär war ich.

Es war nicht das erste Mal, dass ich diese als Kismet bezeichnete Haltung bei meinem Vater bemerkte, aber nie zuvor hatte ich eine derartige Entschlossenheit erlebt, über Vorurteile naserümpfend hinwegzugehen, umso mehr, wenn es um Wissen ging. Natürlich war in seinen Augen die Zerstörung des marokkanischen Viertels ein Akt kriminellen Machtmissbrauchs, doch die Schuld daran gab er den Politikern, nicht den Archäologen. Von der Wissenschaft hatten die Araber nichts zu befürchten, erst recht nicht von jener Wissenschaft, die sich mit der Ausgrabung uralter Gebeine und Münzen unseres Volkes befasste.

Am folgenden Tag rückte ich in meinen üblichen Sandalen, ärmellosem T-Shirt und Jeans an und machte mich daran, die arabische Schrift auf alten Münzen zu entziffern. In unserem Teil der Stadt löste mein Tun eine kleine Kontroverse aus. Die Leute waren nicht gerade begeistert, dass der Sohn des ehemaligen Gouverneurs mit den verdammten Zionisten zusammen unter dem Felsendom herumbuddelte. Selbst mein Cousin Saki war verärgert.

Von meinem Vater ermutigt und finanziell unterstützt, schrieb ich mich in diesem Sommer 1968 auch in einer Sprachenschule ein und begann, Hebräisch zu lernen. Der nächste, noch wichtigere Schritt war, dass ich ehrenamtlich in einem Kibbuz arbeitete.

Zu dieser Zeit waren die Kibbuzniks die Lieblinge der europäischen Linken, und Freiwillige aus vielen Ländern, von Schweden bis zur Schweiz, strömten in die Kibbuzim, um sozialistische Ideale und, nicht weniger wichtig, freie Liebe zu erfahren. Für die Araber hingegen waren die Kibbuzniks die Stoßtrupps des israelischen Systems, gnadenlose spartanische Bauernsoldaten, die in jeder Schlacht an vorderster Front kämpften. Ich aber wollte mir selbst ein Bild davon machen, wo die Schwerter Zions geschmiedet wurden.

Mein Vater leitete alles in die Wege. Er kontaktierte einen Bekannten im Kibbuz Hazorea in Galiläa, der der Ha-schomer Ha-tsaír angehörte, der »Jungen Garde« der linksgerichteten »Mapam«. Dieser Freund besprach die Frage meines Besuchs beim Abendessen mit seinen Genossen. Dann wurde per Abstimmung beschlossen, mich einzuladen.

Der Kibbuz Hazorea war eine Gründung sozialistischer Jugendlicher, die aus Nazideutschland geflohen waren. Nachdem sie unter Hitler der Schule verwiesen worden und nach Palästina emigriert waren, hatten sie ein landwirtschaftliches Kollektiv aufgebaut. (Hazorea bedeutet »der Sämann«.) Schon eine Stunde nach meiner Ankunft wusste ich alles darüber, unter anderem, dass ihr Land nur ein Sumpf im Besitz abwesender Feudalherren gewesen war, bevor sie sich mit ihren primitiven Pflügen und ihrer ungeheuren Energie hier niedergelassen hatten. Sie zeigten mir Schwarz-Weiß-Fotos aus der Pionierzeit. Die triste Ödnis auf den Aufnahmen stand in krassem Gegensatz zu den bewaldeten Hügeln, der üppigen Pflanzenwelt und den vielen Blumen vor den Fenstern. Die weißen Zelte, in denen sie anfangs gelebt hatten, erinnerten mich an die Illustrationen in einem Buch über Prärieindianer, das ich in meiner Kindheit gelesen hatte.

Schon allein dadurch bekam ich gleich am ersten Tag im »Feindesland« einen guten Eindruck von dem Format der Menschen, die hier lebten. Zwischen den einfachen weißen Häuschen stand das Wilfrid Israel Museum, benannt nach einem deutsch-jüdischen Kunstsammler, der während seiner Indienreisen in den 1920er-Jahren in Ghandis engstes Umfeld gelangte und 1943 bei dem Versuch starb, deutsche Juden zu retten. Israel hatte seine Kunstsammlung testamentarisch dem Kibbuz vermacht. Ich war begeistert von den im Museum ausgestellten alten Töpferwaren, Göttinnen und orientalischen Kunstwerken.

Ungefähr einen Monat lang wohnte ich bei einem netten alten Paar. Abends nach dem Essen erzählten mir die beiden aus ihrem Leben. Sie hörten gern Umm Kulthum oder andere große ägyptische Sänger im arabischsprachigen Rundfunk. Ich erfuhr auch von ihren Ängsten, wenn Nasser im Radio Polterreden hielt und drohte, Israel zu vernichten.

Manchmal verbrachte ich einen Abend mit Israelis in meinem Alter und versuchte, so gut es ging, zu verstehen, was sie sagten. Mein Hebräisch war nach wie vor rudimentär. An dem Wenigen, was ich mir zusammenreimen konnte, beeindruckte mich besonders ihr Idealismus. Sie glaubten allen Ernstes daran, dass der Kibbuz einen neuen, moralischen Menschen formte. Ihr Projekt war nicht nur ein politisches, sondern auch humanistischer Natur: Alle Menschen, Männer wie Frauen, sollten ein Leben in Freiheit und Gleichheit führen können, ohne kapitalistische Habgier, und der Wohlstand sollte entsprechend den Bedürfnissen verteilt werden.

Als ich den Kibbuz nach einem Monat verließ, war ich verunsicherter denn je. Der Kibbuz war ein Mikrokosmos der besten Qualitäten dieser Nation, die ihre Wurzeln tief in ein Land getrieben hatte, das, wie man mich gelehrt hatte, mir gehörte. Die meisten Kibbuzniks waren vorbildliche Humanisten und Sozialisten, und als solche musste ich sie einfach bewundern. Gleichzeitig waren sie Elitesoldaten, ausgebildet, gegen mein Volk und mich zu kämpfen. Außerdem hatten die Kibbuzniks keine Vorstellung von dem hohen Preis, den wir Araber für ihre Freiheit bezahlt hatten. Ich nahm aus dieser Erfahrung einen ähnlichen Eindruck mit wie Jahrzehnte später aus der Lektüre von Amos Oz' Büchern: nämlich, dass wir zumindest bis 1967 in den Köpfen dieser großartigen Menschen kaum existiert haben. Grund dafür war nicht etwa Böswilligkeit, sondern wir waren einfach physisch nicht Bestandteil ihrer Welt, da die meisten Araber zwanzig Jahre zuvor davongejagt worden waren. Moralisch gesehen war es ein Fall von »aus den Augen, aus dem Sinn«. Ihre humanistischen Ideale waren nie mit unserer Existenz konfrontiert worden.

Für den Rest des Sommers war ich mit einem Urlaubsflirt beschäftigt und verbrachte viele Abende mit Mitgliedern der Ortsgruppe der linksrevolutionären Matzpen (Hebräisch für Kompass) in einem Café in Westjerusalem.

Im folgenden Studienjahr (1969/70) trat Lucy in mein Leben. Ich hatte bereits von ihr gehört – wie jeder Philosophiestudent in Oxford. Sie stand auf dem Campus in dem Ruf, ein Freigeist und Renaissancemensch zu sein: eine brillante Altphilologin, Flötistin und Mitglied des berühmten Chors von Oxford, der Schola Cantorum. Zu allem Überfluss war sie Tochter des großen Philosophen John Austin. Und eine überwältigende Schönheit.

Als ich ihr zum ersten Mal begegnete, war ich sofort hingerissen. Ich hatte zusammen mit Ahmad eine Party in meinem Zimmer im Christ Church College gegeben, und sie schaute mit ein paar Freunden von Ahmad kurz vorbei. Aber erst in diesem Sommer lernte ich sie besser kennen – und zwar nicht in Oxford, sondern in Jerusalem. Sie half bei Ausgrabungen in Gaza, und der Zufall wollte es, dass sie (durch einen gemeinsamen Freund aus Oxford) eines Tages zum Mittagessen zu meinen Eltern kam! Von da an fühlte ich mich jedes Mal mehr von ihr angezogen, wenn ich sie in Oxford sah. Einmal trug sie enge Hosen und eine schicke Jacke, dann wieder einen sexy Rock und hohe schwarze Stiefel; einmal traf ich sie im Pub, dann wieder im Seminarraum. Ich musste sie einfach näher kennenlernen.

So kam es dann auch, und zwar unter den unwahrscheinlichsten Umständen. Ich verließ gerade einen Waschsalon, als sie hereinkam. Während wir warteten, bis ihre Maschine fertig war, hatten wir Zeit für ein erstes Gespräch. Anschließend lud ich sie ein, bei mir ein paar Platten zu hören. Irgendwann zwischen Händels »Halleluja-Chor« und Jimi Hendrix' »Purple Haze« wussten wir beide, dass es uns erwischt hatte.

Nachdem dies soweit klar war, sahen wir einander beinahe täglich. Wir gingen ins Kino und machten lange Wanderungen in der Umgebung, bei denen wir picknickten oder in altmodische englische Pubs einkehrten; wir zelteten und unternahmen Bootsfahrten; und im Trout Inn, einem äußerst charmanten, am Flussufer gelegenen Pub, erzählten wir einander unser Leben. (Man sagte, der Autor von *Alice im Wunderland* habe sich von dem Pub inspirieren lassen.) Ich wurde glühender Anhänger der Schola Cantorum und besuchte mit fast religiösem Eifer all ihre Konzerte in den verschiedenen Kirchen von Oxford. Kurz vor den Semesterferien fuhren wir in Lucys Hillman spontan nach Scarborough, das durch Simon und Garfunkel berühmt geworden war. Da das Studienjahr fast vorbei war, ging ich davon aus, dass ich Lucy nun monatelang nicht zu Gesicht bekommen würde. Dann sah ich sie eines Tages zufällig auf der Straße. Ich saß auf dem Beifahrersitz von Jays Cabrio und rief ihr zu. Sie winkte, wir sollten anhalten, und erzählte mir dann ganz aufgeregt, dass sie im Sommer mit der Schola Cantorum nach Israel auf Tournee gehen würde. »Du siehst, das Schicksal will es, dass wir uns in Jerusalem treffen«, sagte sie mit typisch englischem Unterstatement. So glücklich und sprachlos war ich seit meiner Reise durch das Niemandsland nicht mehr gewesen.

Man schrieb den Sommer 1969, und Israel hielt das Westjordanland nun seit zwei Jahren besetzt. Während die Oberschicht, Intellektuelle und Panarabisten immer noch verzweifelt die Hände rangen, wurde die übrige Bevölkerung mit der Besetzung ganz gut fertig. Es strömten wieder Touristen nach Jerusalem, darunter viele Amerikaner, denen die Dollars locker saßen. Die Läden waren voll, und die Leute hatten mehr Geld zum Ausgeben als je zuvor. Neue Bauvorhaben wurden eingeleitet, nur nicht bei dem Fünf-Sterne-Hotel meines Onkels, das immer noch ein klotziges Ding aus nacktem Beton und rostenden Bewehrungen war.

Die große Neuigkeit im Familienkreis war, dass mein Cousin Salim verhaftet worden war, weil er in einer Bushaltestelle eine Bombe – einen Blindgänger – deponiert hatte. Salim war mit seiner verwitweten Mutter in der Altstadt in ärmlichen Verhältnissen aufgewachsen. Wie so viele machte die Armut auch ihn zur leichten Beute einer Ideologie, die schnelle revolutionäre Lösungen versprach. Unmittelbar nach dem Sechstagekrieg war er der PFLP beigetreten und in den Hügeln bei Hebron zum Aktivisten ausgebildet worden. Er war erst siebzehn, als der Befehl der Führung kam, die glücklicherweise fehlgeschlagene »Operation« auszuführen, die ihm nun eine lebenslange Gefängnisstrafe einbringen würde.

Ansonsten drehten sich die Gespräche um das Übliche. Niemand äußerte sich zum Thema Frieden mit Israel, und eigentlich wurden nur die Verlautbarungen der arabischen Staaten auf der Konferenz in Khartum im August 1967 wiedergekäut. (Als würden sie Aladins Wunderlampe reiben, wiederholten die arabischen Politiker immer nur ihr »nein, nein und wieder nein«, als könnten sie so auf magische Weise die demütigende Niederlage ungeschehen machen: Nein zum Frieden mit Israel. Nein zur Anerkennung

Israels. Nein zu Verhandlungen mit Israel.) Die Gespräche drehten sich ständig um eine Erneuerung des Waffenstillstandsabkommens, das zwischen 1949 und dem Ausbruch des Juni-Krieges geherrscht hatte. Sie wollten die Mauer zurück.

Der Name Arafat fiel inzwischen unter Garantie an jedem Abend, während König Hussein kaum je erwähnt wurde. Ich musste sehr lachen, als ein Onkel mir eines Abends die Kopie eines Briefes zeigte, den ein verstorbener Großonkel offenbar dreißig Jahre zuvor an seine jüdische Geliebte geschrieben hatte. Der Großonkel versprach ihr, sie könne im Suk der Goldschmiede wohnen, unserem alten Familienbesitz, der bei dem Erdbeben 1927 zerstört worden war. Mit diesem Versprechen wollte der Großonkel offenbar seine Liebe zum Ausdruck bringen. Weniger witzig ist, auf welche Weise mein Onkel an den Brief gekommen war. Offenbar hatten die israelischen Verwandten der Frau ihn ausgegraben und erhoben jetzt Besitzansprüche auf das Haus.

Seit dem Wegfall der alten Grenzen brauchte man nur in ein Auto oder einen Bus der staatlichen Gesellschaft Egged zu steigen, um einen Ausflug an die Strände Tel Avivs zu machen. In diesem Sommer unternahm ich erstmals mit beiden Eltern eine Reise in Israel. Wir fuhren im Volvo nach Wadi Hnein nahe der israelischen Stadt Lod. Als wir dort ankamen, wo meine Mutter ihre Kindheit verbracht hatte, schluchzte sie auf, denn von dem Anwesen stand nur noch der knorrige Baum, an dem sie als Kind geschaukelt hatte. Seine traurigen Äste waren von einer dicken Schmutzschicht bedeckt. Vom Haus war nicht einmal der Schutt der gesprengten Mauern übrig geblieben. Auch der berühmte Orangenhain war weit und breit nicht zu entdecken. Überraschenderweise hatte das Grab meines Großvaters in Ramle zwischen all den Trümmern überdauert. Es war, als hätte der Geist des Sufimeisters, der Seite an Seite mit ihm in der gleichen Höhle ruhte, es auf geheimnisvolle Weise beschützt.

Der Sommer brachte zwei gleichermaßen aufregende, aber nicht miteinander in Verbindung stehende Vorfälle, deren erster sich leicht zur Katastrophe hätte auswachsen können. An einem strahlend sonnigen Tag steckte ein australischer christlicher Fundamentalist namens Michael Rohan die Al-Aksa-Moschee in Brand. Die städtische Feuerwehr brauchte eine halbe Ewigkeit, um zu der Moschee vorzudringen, also versuchten Hunderte Freiwilliger das Feuer zu löschen. Auch mein Vater, meine Mutter und ich waren unter ihnen. Eine wütende Menge intonierte im Chor: »Nieder mit Israel!« Während ich einen Eimer Wasser in den drittheiligsten Schrein des Islam trug, sah ich, wie ein anderer Araber, dem das Blut aus der Nase und über das Gesicht lief, den israelischen Soldaten Drohgebärden zeigte. »Wer ist das?«, fragte ich einen Freund. »Was, das weißt du nicht? Das ist Faisal Husseini.«

Faisal war zehn Jahre älter als ich und bewegte sich in ganz anderen Kreisen. Von meinem Vater erfuhr ich, dass er als Röntgenassistent arbeitete. Aus seiner blutigen Nase wiederum schloss ich, dass ihm ein gerüttelt Maß an Militanz im Blut lag, ererbt von seinem Vater, dem großen Abdel Kader el-Husseini.

Der von dem Wahnsinnigen gelegte Brand zerstörte eine tausendjährige Kanzel aus Holz und Elfenbein, die Saladin aus Aleppo geschickt hatte. Im Gerichtsverfahren rechtfertigte Rohan die Brandstiftung damit, Gott habe ihn gesandt. Vom Gericht für wahnsinnig erklärt, wurde der »Gesandte Gottes« bis zu seiner Ausweisung in eine israelische psychiatrische Klinik gebracht, die auf den Ruinen des ehemaligen Dorfes Deir Jassin gebaut worden war.

Das andere große Ereignis war mein Wiedersehen mit Lucy. Dieses Mal war es an mir, ihr meine Stadt und mein Land zu zeigen. Meine Eltern ahnten noch nicht, dass ich unsterblich in sie verliebt war. Für sie war sie nur die Tochter von Walid Khalidis Freund, dem berühmten Philosophen aus Oxford.

Zu Beginn meines letzten Studienjahres in Oxford, im Herbst 1970, war ich noch unsicher, wie es nach meinem Abschluss weitergehen sollte. In England herrschte damals eine Atmosphäre, die sich nur als eine ungewöhnliche Mischung aus Aufbruchsstimmung und Niedergang beschreiben lässt. Es gab die Beatles und die Stones, MG-Cabriolets und die Romane von Graham Greene, den *Rosaroten Panther* und James Bond. 1969 sendete der BBC die erste Folge von *Monty Python's Flying Circus*. Aber Großbritannien war auch ein sterbendes Empire. Jedes Jahr wurden neue Länder unabhängig, während England von Streiks lahmgelegt wurde. Zur Studienzeit meines Vaters in den 1930er-Jahren stand den Studenten die ganze Welt offen. Es gab noch ein Empire, das aufrechterhalten werden musste. Inzwischen war es schon ein Glücksfall, wenn ein Student einen Job in den neuen Backsteinuniversitäten in Leeds oder Birmingham ergatterte.

Lucy und ich liebten uns jeden Tag mehr und begannen schließlich von Heirat zu sprechen. Einer Laune folgend – ich glaube, wir diskutierten gerade über Hegel – beschlossen wir zwei Wochen vor Kursbeginn, in den Schwarzwald zu fahren und in Heidelberg auf dem Philosophenweg zu wandeln.

Ich kaufte für hundert Pfund ein altes MG-Cabriolet, mit dem wir trotz der eindringlichen Warnungen eines Mechanikers, der Wagen würde es nicht einmal bis vor die Stadt schaffen, durch ganz Europa fuhren. Mehr noch, wir jagten das Auto sogar Alpenpässe hinauf, wo eisige Luft durch das fadenscheinige Vinyldach hereindrang. In den Bergen beschlossen wir schließlich, unsere Heiratspläne publik zu machen.

Die Liebe veränderte alles. Nicht nur das Herzklopfen überraschte mich, sondern auch Lucy selbst – das, wofür sie stand, und das, was sie ablehnte. Um ein abgedroschenes Klischee zu bemühen: Sie war mir Seelenverwandte und Komplizin zugleich.

Lucy zu lieben bedeutete, kopfüber in familiäre und kulturelle Tabus hineinzurauschen, die einzig den Zweck haben, Mischehen zu verhindern. Meine Familie war weit weg, und so konnten wir sie über unsere Pläne vorerst im Dunkeln lassen. Mit Lucys Mutter war das anders. Mrs. Austin, selbst eine Vollblutphilosophin, unterrichtete am St. Hilda's College und war viel zu scharfsichtig, um nicht etwas mitzubekommen. (Einmal besuchte ich mit Lucy einen Vortrag ihrer Mutter zum Thema »Wissen, was man denkt« bei der Aristotelian Society.) Um ihre Mutter auf unsere bevorstehende Heirat vorzubereiten, schlug Lucy vor, uns in einer philosophischen Diskussion gegeneinander antreten zu lassen. Für mich war das, ehrlich gesagt, eine schreckliche Vorstellung, und ich suchte verzweifelt nach Möglichkeiten, mich davor zu drücken. Wollte Lucy wirklich, dass ihre Mutter mich schätzen lernte, oder war das eine Art Lackmustest, ob ich in eine Familie von Philosophen passte? Zitternd vor Angst stimmte ich dieser philosophischen Begegnung schließlich nolens volens zu.

Das Haus ihrer Mutter stand inmitten eines großen Parks und unweit eines Teiches, der ein Paradies für Wildvögel war, in einem Dorf namens Old Marston. Lucy saß, ein Buch vor der Nase, lächelnd in einer Ecke, während ich mein Bestes tat, die familiäre Musterung zu bestehen. Ob nun kraft Überzeugung oder aufgrund der unnachgiebigen Entschlossenheit ihrer Tochter, jedenfalls errangen wir schließlich die Zustimmung ihrer Mutter.

In den Weihnachtsferien kam ich eines Tages in den Pub, in dem sich J.R.R. Tolkien und C.S. Lewis einst jeden Mittwoch getroffen hatten, um über ihre Bücher zu sprechen. Hier kam mir plötzlich der Gedanke, ein Märchen zu schreiben. Sicher war dabei nur eines: Es würde nicht sein wie *Der Hobbit*, eine Geschichte von Gut und Böse im christlichen Geist. In meiner Geschichte sollte es um Liebe gehen: um meine Liebe zu Jerusalem und um meine Hoffnung, dass Lucy und ich unsere Kinder an einem Ort großziehen könnten, an dem Juden und Araber gleichberechtigt lebten. Das Verfassen des Märchens bereitete mir eine so rauschhafte Freude, dass ich gar nicht mehr aufhören konnte – jedenfalls so lange, bis ich mich am Ende verfranste und nicht mehr wusste, wie ich den Ritter vor der Grabeskirche erwecken sollte.

Als das Studium wieder begonnen hatte, kam Lucy eines Morgens überraschend in der Teestube vorbei und ertappte mich und

Avishai dabei, wie wir auf Servietten kritzelnd mögliche Lösungen des israelisch-palästinensischen Konflikts entwarfen. Was Avishai nicht ahnen konnte, war, dass ich ihn ausquetschte, um mein Märchen zu einem eleganten Abschluss bringen zu können.

Während meiner drei Universitätsjahre las ich vornehmlich Werke aus philosophischen Bereichen, die als Spezialgebiet Oxfords gelten: Logik, »Kontinentalphilosophie« und Sprachphilosophie. Meiner Motivation tat es ausgesprochen gut, dass ich mit der Tochter eines der größten Philosophen dieser Generation verlobt war. Dank Lucy blieb ich stets am Ball.

Ich bewunderte die europäische Zivilisation und begann daher, als sich die Abschlussprüfungen näherten, über eine Möglichkeit nachzudenken, europäische Kultur und Denken mit der Größe meines eigenen Erbes zusammenzubringen. Gab es womöglich im Islam einen verschütteten Schatz, der mit den verblüffenden intellektuellen Leistungen eines Leibniz, Locke, Spinoza oder Descartes, um nur einige zu nennen, vergleichbar wäre?

Eine andere Frage, die mich seit der Highschool nicht losließ, betraf die Wurzeln der islamischen Zivilisation. Wie hatte eine bescheidene, von einem ungebildeten Mann aus dem Volk – Mohammed – begründete Religion die Hochkultur Bagdads im Sturm erobern können? Das Christentum hatte erst nach tausendzweihundert Jahren einen Thomas von Aquin vorweisen können, während der Islam bereits in den ersten zweihundert Jahren nach Mohammeds Tod eine ganze Schar vergleichbar großer Geister hervorbrachte. Bereits im 9. Jahrhundert diskutierten muslimische Intellektuelle die jeweiligen Verdienste Platos und Aristoteles' auf Arabisch.

Ich begann mit dem Gedanken zu spielen, islamische Philosophie zu studieren. Einziges Hindernis war, dass es in Oxford zwar nur so wimmelte von Gelehrten und Experten, die sich mit Wittgenstein und Austin sowie mit allen anderen Aspekten der Philosophie auskannten, nicht jedoch mit dem Islam.

Eines Tages machte ich eine Entdeckung. Durch einen guten Freund lernte ich einen Studenten namens Fritz Zimmermann kennen. Spezialgebiet des Deutschen war der kulturelle Transfer altgriechischer und altsyrischer Gedanken und Texte ins Arabische. Schon bei unserem ersten Gespräch vertraute ich Fritz einige meiner Fragen an, woraufhin er mich sofort einlud, ihn zu einem Seminar in London zu begleiten. Das Seminar fand im Warburg Institute statt, das aus der Bibliothek des genialen, deutsch-jüdischen Exzentrikers Aby Warburg hervorgegangen war. Warburg hatte die Bibliothek in Hamburg mit der finanziellen Unterstützung seines reichen Bruders gegründet, der auch dafür sorgte, dass die Bücher nach London verschifft wurden, ehe die Nazis ihrer habhaft werden konnten. Alle zwei Wochen besuchte Fritz dort ein Seminar, das von dem ägyptischen Philosophen und Wissenschaftshistoriker Professor Abdulhamid Sabra geleitet wurde.

Im Zug nach London erzählte mir Fritz Näheres über das Warburg Institute. Den Gründer Aby Warburg beschrieb er mir als typischen jüdischen Kosmopoliten. Die Bibliothek Warburg war vor allem aus dem Gedanken heraus entstanden, dass verschiedene, meist versteckte und unsichtbare kulturelle Wurzeln die moderne Zivilisation bis heute mit den mittelalterlichen und antiken europäischen Kulturen sowie mit den noch älteren Kulturen des Nahen Ostens und des Mittelmeerraums verbinden. Die Warburg Institute Library stand für diese ungebrochene esoterische Tradition – ein faszinierender Gedanke.

Als Fritz und ich im Institut eintrafen, saßen fünf oder sechs Personen in einem Zimmer zusammen und diskutierten über ein Manuskript, auf das eine Gruppe ägyptischer Archäologen in den frühen 1950er-Jahren in einer jemenitischen Moschee gestoßen war. Eigentlich handelte es sich um einen ganzen Fundus alter Texte meist theologischer Natur, aber mit hinreichend philosophischen Inhalten vermischt, dass sie den philosophischen Aufschwung des islamischen Goldenen Zeitalters erklären konnten.

Die Entdeckung nahm mich ganz gefangen. Von Kindesbeinen an hatte ich viel über die Blütezeit des intellektuellen Lebens im Bagdad des 11. Jahrhunderts gehört, aber wie alle Geschichten über das Goldene Zeitalter war auch diese Version reich an Glorifizierungen und arm an konkreten Einzelheiten. Mangels erhaltener Dokumente waren selbst die ernst zu nehmenden und anspruchsvollen historischen Darstellungen nicht viel mehr als intelligente Mutmaßungen. Die Entdeckung dieser alten Schriften öffnete nun ein Fenster in jene Zeit, und ich bekam Lust, mich in die Sache zu vertiefen.

Professor Sabra erschien mir als scharfsinniger, äußerst belesener Gelehrter. Er hatte bei Sir Karl Popper (wie Wittgenstein und Warburg ein deutschsprachiger Jude) studiert und dessen besonderen methodologischen Ansatz eines logischen Positivismus übernommen. Deutlich wurde dies in Sabras akribischer Suche nach Bedeutungen und Beziehungen in und zwischen den Worten und Zeilen des Textes, die in mir alle sofort eine Saite zum Klingen brachten. Ich beschloss, ihn zu bitten, mich auf meinem weiteren Studienweg zu begleiten.

Nach der Sitzung stellte ich mich vor und sagte ihm, dass ich sein Seminar gern regelmäßig besuchen würde. Er willigte ein. Im Zug zurück nach Oxford glaubte ich, meine Zukunft klar vor mir zu sehen. Lucy hatte noch ein Jahr bis zum Abschluss vor sich. Ich würde in London bei dem Ägypter studieren, und Lucy könnte mich am Wochenende besuchen.

Und wirklich, ich machte meinen Abschluss, zog nach London zu meiner Tante und schrieb mich im Warburg Institute ein.

Das Warburg Institute war der University of London angegliedert, die mir auf Anhieb gefiel, nicht zuletzt wegen ihres radikalen Erbes. Die Universität war geprägt vom Geist Jeremy Benthams, der die aristokratische und klerikale Voreingenommenheit Oxfords und Cambridges verabscheut und die Überzeugung vertreten hatte, Wissen müsse allen offen stehen. Außerdem gefielen mir einige altenglische Verschrobenheiten wie zum Beispiel die Tatsache, dass Benthams präparierter Leichnam in einem Holzschaukasten verstaut worden war und bei offiziellen Anlässen in Festtagskleidung gesteckt und herumgefahren wurde.

Die Arbeit in der Bibliothek entsprach voll und ganz meinen Neigungen. Die Anordnung der Bücher dort spiegelte Aby Warburgs grundsätzliche Haltung wider, dass mythische, künstlerische und intellektuelle Muster der Antike in verwandelter Form in der modernen Welt fortdauern. Ich, der ich in Jerusalem aufgewachsen war, hatte immer gewusst, dass das Automobilzeitalter die uralten Gesetzmäßigkeiten des Lebens nicht ausgelöscht hatte.

Einen Text zu lesen und ihn zu verstehen sind zwei paar Stiefel. Noch schwieriger ist es, ihn im Geiste Warburgs in den Kontext dessen zu setzen, was ihm vorausging und was aus ihm folgt. Das Lesen der Texte war der einfachste Teil der Übung: Sie waren in klassischem Arabisch verfasst. Die darin vorgebrachten Argumentationen allerdings fand ich so verblüffend, als hätte eine andere Art des Denkens meine Muttersprache in völlig unverständlicher Weise vereinnahmt. Trotzdem begab ich mich auf die Reise in diese seltsame Literatur, angetrieben von der Hoffnung, vielleicht den Aufstieg und Fall des Goldenen Zeitalters des Islam verstehen zu können, wenn ich nur die Rätsel löste, die diesen Schriften innewohnten. Irgendwo zwischen diesen kryptischen Texten verbarg sich vielleicht ein Bindeglied zwischen dem Islam des Mittelalters und der modernen westlichen Welt. War ein solches Bindeglied womöglich der Schlüssel zu einer neuen arabischen Renaissance, und nicht Politik und bewaffneter Aufstand?

Mit den Jahren wurden mir diese Schriften immer vertrauter, und das nicht nur, weil ich die Kunst erlernte, eine fremde Denkungsart zu entschlüsseln. Ich ahnte, dass diese antiken arabischen und persischen Theologen und Philosophen Antworten auf genau dieselben Fragen gesucht hatten, die mich quälten, seit ich zum ersten Mal Bertrand Russell gelesen hatte. So wurde ich zum

Partisanen im Kampf aufeinanderprallender Philosophien, im Streit zwischen Atheisten, Mystikern, Agnostikern und Glaubensfanatikern. Und es konnte passieren, dass ich im Laufe eines einzigen Nachmittags zuerst mit den Freidenkern sympathisierte und gleich darauf zu den Theologen überlief. Das Hin und Her war eine erheiternde, wenn auch schwindelerregende Lektion und zeigte mir, wie unmöglich es war, endgültige Antworten auf zeitlose Fragen zu finden.

## KAPITEL 8

# SONNENBLUME

WÄHREND ICH MICH WEITER in die islamische Philosophie vertiefte und Lucy ihren Abschluss in Altphilologie machte, taten wir jenen Schritt, den viele Leute mit Skepsis betrachteten. Wir gaben offiziell unsere Verlobung bekannt.

Lucys Mutter war schon informiert, als ich mich auf den Weg nach Jerusalem machte, um meinen Eltern die Neuigkeit zu eröffnen. Mein Vater hielt sich ganz heraus. Er zog es vor, meine Debatte mit Mutter aus sicherer Entfernung zu verfolgen, denn er wählte die Kämpfe, an denen er sich beteiligte, mit Bedacht aus. Zudem war ihm klar, dass meine Mutter keine Chance hatte, und so zog er es vor, den Mund zu halten. Der Widerstand meiner Mutter war von Anfang an ziemlich schwach, und ich hatte den Eindruck, dass sie meine Argumente – dass Liebe mehr zähle als Tradition oder Herkunft – eher um der Konvention willen abwehrte denn aus Überzeugung. Sie musste einfach erst ein wenig in Opposition gehen, ehe sie Lucy liebevoll aufnahm, was sie schon bald tat. Und mein Vater ebenso.

Während arrangierte Ehen auf dem Land nach wie vor die Regel waren, wurde in einer Stadt wie Jerusalem eine Liebesheirat akzeptiert, sofern die Partner denselben religiösen und sozialen Hintergrund hatten. Selbst meine aufgeklärten Eltern hielten es für das Beste, wenn Lucy zum Islam konvertierte. Sollte ich zurückkehren und in Palästina leben wollen, argumentierten sie, würde dieser Schritt unser Leben wesentlich erleichtern.

Lucy willigte ein. Ihre Eltern waren Atheisten, und die Kirche als solche spielte in ihrem Leben keine Rolle, außer im Bereich der

Musik. So stellte sich für sie nicht das Problem, erst aus einer anderen Glaubensgemeinschaft austreten zu müssen. Hilfreich war auch die Tatsache, dass die Konversion zum Islam sehr einfach und schmerzlos zu bewerkstelligen war: Lucy musste lediglich erklären, dass Mohammed der Prophet war – wie ja übrigens auch Jesus – und dass es keinen Gott außer Gott gebe, was nach Lucys Ansicht ein logischer Gemeinplatz war. Wenn Gott wirklich existierte, argumentierte sie, wie konnte es dann einen anderen geben? (Jahre später sollte der berühmte Logiker W. V. O. Quine aus Harvard Lucy scherzhaft bestätigen, dass ihre Argumentation absolut schlüssig gewesen war.)

Eine viel größere Hürde sah mein Vater auf finanzieller Ebene. Als verheirateter Mann war ich erwachsen. Und als Erwachsener musste ich auf eigenen Beinen stehen und für mich sorgen können. Dem pflichtete ich natürlich bei, denn ich hätte nicht im Traum daran gedacht, meine Eltern um Unterstützung zu bitten. Dergleichen gilt in unserer Kultur als beschämend und demütigend. Mein Vater erinnerte mich daran, dass es mir an Fertigkeiten fehlte, mit denen ich Geld verdienen konnte. Wenn ich eine Familie gründen wollte, würde ich mir einen Beruf suchen müssen. Es war an der Zeit, mir ernsthaft zu überlegen, was aus meinem Leben werden sollte.

Mein Bruder Saki und meinen beiden Schwestern Munira und Saedah hatten alle drei im Scheichtum Abu Dhabi ein gutes Auskommen gefunden. Die Ehemänner meiner Schwestern waren in der Baubranche tätig, und mein Bruder wurde mit der Zeit zum Vertrauten des Scheichs. In der Golfregion wurden in diesen Jahren des Wohlstands Vermögen gemacht, und meine Geschwister profitierten von dieser Situation. »Komm nach Abu Dhabi!«, sagten sie alle immer wieder. »Hier kriegst du ein fettes Gehalt, eine nagelneue Wohnung und einen großen amerikanischen Schlitten.«

Es war ein verlockendes Angebot. Das Leben in London mit wenig Geld, ohne einen Ratgeber und mit einem schrottreifen

MG konnte so nicht weitergehen. Mit einem Job in der Ölindustrie konnte ich unter Beweis stellen, dass ich in der Lage war, eine Familie zu ernähren. Und ich wusste so wenig vom Geschäftsleben und der Welt da draußen, dass ich mir einredete, ich könnte ein Jahr bei meinen Geschwistern verbringen und anschließend mit einer Million Dollar auf der Bank wieder gehen.

Lucy und ich beschlossen, dass ich allein nach Abu Dhabi gehen und sie nach der Hochzeit nachkommen würde. Also packte ich meine Siebensachen, flog nach Abu Dhabi und quartierte mich bei meinem Bruder ein, von dessen Wohnung aus man über den Golf blickte. Saki besorgte mir eine Arbeit in der PR-Abteilung einer Ölfirma.

Unmittelbar nach meiner Ankunft dort, im Oktober 1973, brach der Jom-Kippur-Krieg aus, der in der arabischen Welt als Ramadankrieg bezeichnet wird. Ich erinnere mich noch gut an die prickelnde Atmosphäre in den Palästinenservierteln, wenn in den Medien über die heroischen Vorstöße der Syrer und Ägypter berichtet wurde. Tosender Beifall brach aus, als Anwar Sadats Armeen die scheinbar unüberwindliche Bar-Lev-Linie durchbrachen. Zunächst sah es aus wie eine Umkehrung des Kriegs von 1967: Dieses Mal führte unsere Seite den Überraschungsangriff, und wir waren es, die vorrückten.

Niemand schenkte General Ariel Scharons außergewöhnlichem Gegenangriff, der die gesamte Dritte Armee Ägyptens abschnitt, viel Beachtung, ebenso wenig wie der Tatsache, dass erst ein arabisches Ölembargo gegen die Länder, die aufseiten Israels standen, die Amerikaner dazu bewegen konnte, dem Vorrücken der Israelis Einhalt zu gebieten. Psychologisch gesehen spielte das alles keine Rolle. Der Krieg hatte wie die Schlacht von Karame fast kosmische Dimensionen. Die Araber hatten endlich gezeigt, dass auch die Israelis sterblich waren. Wir siegten, indem wir nicht unterlagen.

Unsere Hochzeit fand im Sommer darauf im Haus meiner Eltern statt. Der liebenswürdige Mufti von Jerusalem, Scheich Saadedin al-Alami, mit dem mein Vater befreundet war, führte die Zeremonie durch.

Verwandte und Freunde ohne Zahl drängten sich in unserem Garten. Die Tradition verlangte als ersten Punkt der Tagesordnung, dass Lucy von einem Paten in den Glauben aufgenommen wurde. Diese Aufgabe übernahm Scheich al-Alami. Als Nächstes kam die Konversion, zweifellos ein äußerlicher Akt. Ja, sagte sie mit ungerührter Miene, es gibt keinen Gott außer Gott. Unmittelbar vor der Eheschließung bat der Mufti sie, ihren Text zu wiederholen. Fünf Minuten später war alles vorüber. Lucys Mutter und Bruder, die zusammen mit meinen Eltern in der ersten Reihe standen, blickten belustigt drein.

Ein weiterer vorbereitender Akt war der Vertrag, der gewährleisten sollte, dass Lucy im Scheidungsfall finanziell abgesichert war. Der Tradition folgend unterschreibt der Bräutigam, dass seine Braut im Falle der Scheidung sein Haus, seine Ziegenherde, ein Auto, einen Olivenhain oder sonstige Güter erhält – eine Art islamischer Versicherungspolice.

Also standen wir beide vor dem Mufti und gaben bekannt, welche Sicherheitsleistung wir vereinbart hatten: eine frisch geschnittene Sonnenblume. Die Augen des Muftis weiteten sich ungläubig. Dergleichen hatte er noch nie gehört, und er bat uns, das zu wiederholen. »Ich verspreche Lucy eine frisch geschnittene Sonnenblume«, erklärte ich noch einmal, diesmal so laut, dass es auch unsere Gäste hören konnten. Unter meinen Freunden, die bereits erwartet hatten, dass ich irgendwelche Faxen machen würde, wurde Kichern laut.

Nach der Zeremonie fuhren Lucy und ich in ein kirchlich geführtes Hotel in einem Nachbarort, das einst als Pilgerunterkunft gedient hatte. Das Hotel stand auf einem üppig mit Zypressen bewaldeten Hügel in der ländlichen Umgebung Jerusalems, die noch nicht vom Krebsgeschwür israelischer Siedlungen mit ihren Umgehungsstraßen, Stromleitungen, schießwütigen Soldaten und Sicherheitsbarrieren befallen war. Wir trafen genau in jenem besonderen Augenblick ein, als die Strahlen der untergehenden Sonne Hügel, Felsen und Bäume in goldenes Licht tauchten. Unter den Bäumen wurden uns ein einfaches Mahl und eine Flasche palästinensischen Weins aus der Gegend serviert. Wir hätten nicht glücklicher sein können.

Nach einer Woche Urlaub in Beirut brachen Lucy und ich, diesmal gemeinsam, nach Abu Dhabi auf.

Wie sich später herausstellte, sollte meine Tätigkeit bei der Ölfirma die erste und einzige sein, die ich je in der sogenannten »realen Welt« ausübte. Der Krieg von 1973 war für das Ölgeschäft gut gewesen. Als Folge des Ölembargos flossen Petrodollars in großen Mengen in die Golfstaaten, und profitgierige westliche Firmen standen Schlange, um Verträge mit den Regierungen Öl produzierender Länder abzuschließen. Da ich fließend Englisch sprach, wurde ich bei den Verhandlungen hinzugezogen.

Abu Dhabi war weder Oxford noch Jerusalem, doch Lucy und ich machten das Beste daraus. Sie arbeitete als Kolumnistin für eine lokale englischsprachige Zeitung und rief eine Radiosendung mit klassischer Musik ins Leben. Es war amüsant, Bachs Weihnachtskantaten über Rundfunkwellen des Scheichtums zu hören. Unser Einkommen erlaubte es uns, ein nagelneues Auto anzuschaffen, eine ansehnliche Wohnung zu mieten und uns in Gesellschaft Gin trinkender Expatriierter und ausländischer Diplomaten zu bewegen. All das bedeutete nicht – so sagten wir uns jedenfalls –, dass wir den bürgerlichen Annehmlichkeiten erlegen waren. Wir fanden trotzdem noch Zeit genug für Ausflüge in die Gartenstadt Al-Ain und lebten dabei so anspruchslos wie eh und je. Silvester 1974 feierten wir das neue Jahr auf einer Abu Dhabi vorgelagerten Insel, wo wir inmitten antiker Ruinen zelteten.

Zwar war meine Arbeit damals durchaus interessant, doch es zeigte sich, dass ich nicht zum Geschäftsmann geboren war. Meine Pläne, schnell eine Million zu machen, scheiterten an den ehernen Gesetzen von Wirtschaft und Logik. Jemand wie ich, der kaum materielle Ambitionen hatte und dem es im finanziellen Bereich völlig an Scharfsinn fehlte, kann und darf einfach nicht über Nacht Millionär werden. Zu meiner Verteidigung muss ich jedoch sagen, dass ich mir meines mangelnden Interesses am Geschäftsleben recht bald bewusst wurde und merkte, dass ich schnellstmöglich eine berufliche Alternative finden musste.

An einem besonders einsamen Tag voller Zukunftsfragen – es war mein fünfundzwanzigster Geburtstag – beschloss ich, mir ein Geschenk zu machen. Ich befand mich an einer wichtigen Schnittstelle: Ich war ein Vierteljahrhundert alt, verheiratet und zumindest auf dem Papier geachteter Angestellter einer Ölfirma. Aber ich hatte Angst, in der Geschäftswelt mein innerstes Selbst einzubüßen. Am ehesten, so sagte ich mir, würde ich wohl wieder zu mir finden, wenn ich ein paar Tage Urlaub nahm, mich verkroch, das Telefon ausstöpselte und viele Stunden mit stillem Nachdenken verbrachte – so wie Al-Ghazali in seinem Zimmer unweit des sagenumwobenen Felsendoms.

Abgesehen von kurzen Unterbrechungen zum Essen und Schlafen, las ich in einem Zug alle sieben Bände der *Chroniken von Narnia* von C. S. Lewis. Gekommen war ich darauf, weil ich schon in Oxford Dinge über Lewis gehört hatte, die mich faszinierten. C. S. Lewis hatte seine Märchen auf der Grundlage spontaner Visionen erdacht, die er mehr als treffend »geistige Bilder« nannte: Das erste war ein »Faun mit Regenschirm«, das zweite eine »Königin auf einem Schlitten« und das dritte ein »prächtiger Löwe«. Wieder einmal leisteten Märchen mir einen guten Dienst, denn mitten in der Lektüre von *Der König von Narnia* kam mir der Gedanke, in Harvard bei dem ägyptischen Professor zu promovieren.

Lucy, die wusste, dass ich mich geradezu danach sehnte, meine in London begonnenen Studien fortzusetzen, unterstützte mich sofort. Außerdem glaubten wir, dass ich mit einem Doktortitel wahrscheinlich eine Dozentenstelle an einer Universität in Palästina finden würde, was uns sowohl von der Tätigkeit als auch vom Ort her mehr entsprach als die Geschäftswelt am Golf. Als ich Kontakt zu Professor Sabra aufnahm und mich bewarb, wurde mir nicht nur ein Studienplatz, sondern auch ein Stipendium angeboten. Ab Herbst 1974 würde ich also in Harvard sein. Ich kündigte bei meiner Firma, und wir verbrachten den Sommer in Jerusalem.

Kurz nach unserer Ankunft daheim besuchte ich meinen Cousin Salim im Gefängnis. Ironischerweise erschütterte wenige Tage später eine Nachricht des palästinensischen Senders »Stimme des Sturms« in Damaskus die Welt, es habe einen Guerillaangriff auf ein »strategisches zionistisches Bollwerk« gegeben.

Offenbar war in den Studios von Israel Radio eine Bombe explodiert. In dem Rundfunkbericht aus Damaskus klang es, als wäre der Angriff für den Feind ein schwerer Schlag gewesen, ein erster Schritt zur Übernahme der Knesset. Die Demokratische Volksfront für die Befreiung Palästinas (Popular Democratic Front for the Liberation of Palestine; PDFLP) erklärte sich für den »heroischen und kühnen Schlag« verantwortlich, der ohne verdeckte Infiltration, eine brillante Strategie sowie eine Kühnheit, die eines James Bond würdig war, nicht denkbar gewesen wäre. Die Guerillakämpfer hatten das Kommunikationszentrum des Feindes auf dem russischen Gelände getroffen, denn von dem ehemaligen russischen Kloster aus sendeten die Israelis ihre Propaganda in die Welt. (Der Sender hatte mir vor dem Krieg auch zu meiner ersten Begegnung mit dem Rock'n'Roll verholfen.) Jetzt waren sie von den Helden der PDFLP zum Schweigen gebracht worden.

Die Studios lagen gegenüber dem Zentralgefängnis, in dem politische Gefangene einsaßen (in späteren Jahren sollte ich das Gebäude gut kennenlernen), und nicht weit von meinem Elternhaus entfernt. Ein Freund, den ich noch aus dem Café Troubadour kannte, ein Zyniker, rief mich an und lud mich zu einem Spaziergang zum Ground Zero ein.

Wir brauchten nur fünfzehn Minuten dorthin. Als wir uns dem

Epizentrum der Explosion näherten, brach mein Freund in schallendes Hohngelächter aus. Er deutete auf ein kleines Häufchen gelangweilt herumstehender Soldaten. Daneben befand sich eine Kreidemarkierung auf dem Asphalt. Ich musste zweimal hinsehen, bis ich endlich den winzigen Riss im Pflaster bemerkte, mindestens dreißig Meter entfernt von dem Kommunikationszentrum, das kein imposanter Monolith der *Schönen Neuen Welt* war, sondern ein elegantes Gebäude im arabischen Stil aus der Zeit der Jahrhundertwende.

Als ich am Abend nach dem Essen im Salon meiner Eltern von dem »Angriff« erzählte, schüttelte mein Vater bloß den Kopf. Ein schwaches Lächeln glitt über sein Gesicht. Die Züge meiner Mutter aber verhärteten sich, als wollte sie zum Ausdruck bringen, dass wir uns über keinen Versuch, unsere Rechte zurückzuerlangen, und sei er noch so aussichtslos, lustig machen sollten. Meine Mutter war inzwischen auf der Basisebene politisch viel stärker engagiert als mein Vater. Sie hatte ein Komitee zur Verteidigung von Gefangenen ins Leben gerufen, organisierte Demonstrationen und wurde selbst immer wieder verhaftet. Mehr als ein Mal trug sie bei Auseinandersetzungen mit Gummiknüppel schwingenden Polizisten auf der Straße blaue Flecken davon. Ihre Augen, dunkel wie ihr Haar, begannen zu funkeln, wenn sie darauf pochte, Israel könne nur durch Einsatz von Gewalt zum Nachgeben gebracht werden.

Dann kam das Gespräch auf die PLO. In Oxford hatte ich den Kontakt zu Arafats Fatah verloren. Ich wusste natürlich, dass das palästinensische Stalingrad, die Schlacht von Karame, Arafat 1969 geholfen hatte, die Kontrolle über die PLO zu gewinnen. Von da an war Arafat Vorsitzender des Exekutivkomitees der PLO, das aus den Anführern verschiedener palästinensischer Splittergruppen bestand, die Arafats Autorität alle mehr oder weniger anerkannten.

Mein Vater wollte meine Meinung zur PLO und ihrem von

Arafat bei jeder sich bietenden Gelegenheit verkündeten Anspruch hören, die Interessen des palästinensischen Volkes zu vertreten. Zur Überraschung meines Vaters waren damals die arabischen Staaten bereit, Arafats Worte nachzubeten. Bei einem Treffen in Algier im November 1973, nur einen Monat nach dem Krieg von 1973, krönten die arabischen Staatsoberhäupter die PLO zur »einzigen legitimen Vertretung des palästinensischen Volkes«.

Ich begrüßte die Erklärung und erklärte meinem Vater, warum. Wer sonst sollte für unsere Interessen eintreten? In den besetzten Gebieten hatten wir keine Führung, keine Anwaltskammer, keine verbindliche Strategie, keine Bürgerrechtsbewegung. Nichts von alledem. Wissen die arabischen Staaten, was wir brauchen? Weiß es Jordanien? Wen kümmert es überhaupt, was mit uns passiert?

Mein Vater schüttelte missbilligend den Kopf. Er war immer noch panarabischer Nationalist und glaubte als solcher nicht an eine eigenständige palästinensische Politik. Die palästinensischen Araber hatten das Problem mit den Juden nicht geschaffen, und es war auch nicht ihre Sache, es zu lösen. Jedenfalls wollte er mit den taktischen Winkelzügen der PLO nichts zu tun haben und traute den schlecht rasierten »Revolutionären« auch nicht zu, mit den Israelis eine Lösung des Konflikts auszuhandeln. Wie könne, so meinte er, eine im Dunkeln agierende Organisation, die sich ständig woanders verschanzte, alle Palästinenser vertreten? Zumal sie sich auch noch weigere, Kontakte zwischen Arabern und Israelis zuzulassen. In ihrem Vokabular habe ja noch nicht einmal das Wort Israel Platz.

Zum Teil lag mein Vater damit richtig. Es sollte Jahre dauern, bis die PLO-Führer entdeckten, dass sie sich völkerrechtliche Instrumente wie die UN-Resolution 242 zunutze machen konnten. Bis dahin aber waren, wie wir sehen werden, große Teile unserer besten Landstriche bereits verloren.

## KAPITEL 9

# MONTICELLO

❖

Es war ein berauschendes Gefühl, als ich im September 1974 am Logan Airport erstmals einen Fuß auf amerikanischen Boden setzte. Mit Ausnahme von Jay, dem Playboy in Oxford, hatte ich nie Freunde aus Amerika gehabt, und psychologisch war ich beeinträchtigt von den antiamerikanischen Vorurteilen, die in linksgerichteten europäischen und arabischen Gruppen vorherrschten. Trotzdem hatte der alte amerikanische Abenteuer- und Pioniergeist insgeheim stets anziehend auf mich gewirkt.

Wir lebten uns schnell ein. Nachdem wir uns eine Wohnung gesucht hatten, kauften wir ein paar gebrauchte Möbel und einen VW-Käfer und schlossen erste Freundschaften. Allerdings sollte ich bald feststellen, dass es mit dem sorglosen, freien Leben der ersten Studienjahre vorbei war.

Es machte Spaß zu beobachten, was in Amerika, dieser lebenssprühenden und gleichzeitig wackeligen Demokratie, vor sich ging. Soeben war Nixon zurückgetreten. Der Vietnamkrieg war vorüber, doch die Bilder heimkehrender Kriegsgefangener erinnerten die Amerikaner immer wieder schmerzhaft daran, dass sie den Krieg verloren hatten. Erschwerend kamen Inflation, Kriminalität und die Heraufsetzung des Ölpreises durch die OPEC-Länder hinzu. Bestimmt tausend Mal bekam ich Witzeleien zu hören wie: »Ihr Araber habt uns in der Hand.«

Lucy und ich entdeckten sofort das in unmittelbarer Nähe des Harvard Square gelegene Café Algiers, wo Studenten sich durch die Nächte rauchten und dem Lokal die subversive Atmosphäre eines Cafés am linken Seineufer verliehen. Im Algiers und anderen Cafés, gelegentlich auch in Literatur- oder Philosophiesemi-naren, diskutierten die Studenten über den »Niedergang« und die »Krise« der amerikanischen Demokratie, als wären die Sechziger-jahre nicht längst vorbei. Ich fand es amüsant, die künftigen Füh-rungskräfte dieser riesigen Imperialmacht über den Verfall eines herrschenden Systems sprechen zu hören, von dem sie selbst ein Teil waren und dem zu dienen oder das entscheidend mitzuge-stalten ihr Schicksal sein würde. Oxford stand für das von Müßig-gang, Literatur und Konversation geprägte Leben in einem ster-benden Kolonialreich. In Harvard hingegen war der akademische Ehrgeiz spürbar, den ein kraftstrotzendes amerikanisches Impe-rium herausforderte, das auf den Sachverstand seiner besten und intelligentesten Leute angewiesen war.

Immer wenn Lucy und ich Entspannung vom anstrengenden Leben in Cambridge brauchten, bot unser Käfer uns Gelegenheit, der Aufgeregtheit und dem Trubel des modernen Amerika zu ent-fliehen. Es genügte, nachmittags ins nahe gelegene Concord zu fahren und, Thoreaus *Walden* und *Über die Pflicht zum Ungehor-sam gegen den Staat* in der Tasche, zum Walden Pond zu pilgern.

In Amerika fühlte ich mich zu Hause, während ich mich in meiner Kindheit nie wirklich als Bürger des haschemitischen Kö-nigreichs Jordanien gefühlt hatte. Meine vage Ahnung, der ara-bischen Nation anzugehören, war eher einer Idealvorstellung ge-schuldet. Das einzige wirklich existierende Land mit echter Flagge, das für die bürgerlichen Werte, mit denen ich aufgewach-sen war, als Beispiel taugte, war England gewesen. Doch das Le-ben in England hatte mich auch gelehrt, dass ich die Sprache noch so gut beherrschen und mit einer noch so waschechten Angel-sächsin verheiratet sein konnte und trotzdem niemals Teil der englischen Gesellschaft werden würde. England war klein und dicht besiedelt, und sein soziales System blieb Außenseitern letzt-lich verschlossen.

Ich merkte schnell, dass in den USA ein anderer Wind wehte. Zwar vermisste ich die Exzentrik Europas – in Harvard präsi-

dierte kein präparierter Jeremy Bentham über universitären Zeremonien –, aber ich spürte auch keine unsichtbaren Hindernisse,
über die ich hätte stolpern können und die mich in die Schranken
wiesen. In Amerika herrschte Ellenbogenfreiheit, und es gab
mehr Chancen, als man nutzen konnte.

Ein »geistiges Bild« – um mit C. S. Lewis zu sprechen –, das il-
lustriert, warum das Land so befreiend auf mich wirkte, liefert ein
Ereignis im Blue Parrot Restaurant, wo ich in Teilzeit als Tellerwäscher arbeitete. Eines Tages nahm mich der in Polen geborene
Koch beiseite. Er hatte wohl gesehen, wie ich von den kalten
Pommes frites naschte, und nahm an, ich sei pleite. »Keine Sorge«, sagte er und legte mir den Arm um die Schulter. »Klar, momentan bist du nur Tellerwäscher. Aber schau mich an! Ich habe
auch als Tellerwäscher angefangen, und jetzt bin ich Küchenchef!
Und irgendwann mache ich mein eigenes Lokal auf. Das schaffst
du auch!«

Ein anderes Bild stammt von einer Reise entlang des Shenan-
doah-Trail. Kurz nach unserer Ankunft beschlossen Lucy und ich,
zelten zu gehen und einen Abstecher zu Thomas Jeffersons Landsitz Monticello zu machen. Ich hatte oft genug mit den Fingern
über das Monticello auf der Rückseite des Fünfcentstücks gestri-
chen, um zu wissen, wie es sich anfühlt, aber es nun real und mit
eigenen Augen zu sehen, war ein umwerfendes Erlebnis. Beim ersten Anblick erinnerte es mich an das Landgut eines englischen
Gentleman. Der Stil, den Jefferson dafür gewählt hatte, war unter
den Aristokraten des 18. Jahrhunderts der letzte Schrei gewesen.
Ich hatte in England zwar Dutzende ähnlicher Gebäude gesehen,
doch hinter diesem Anwesen stand derselbe, voller Widersprüche
steckende Mann wie hinter der Revolution gegen England und
dessen aristokratisches Privilegiensystem.

Während ich durch die Räume ging, sann ich darüber nach,
wie dieser Sklaven haltende, Tabak anbauende Vertreter der amerikanischen Oberschicht seine Revolution geplante hatte. Vor
meinem geistigen Auge sah ich vor mir, wie er in seiner Biblio-

thek, einen Band Thomas Paine auf dem Schoß, ein Komplott schmiedete, um das System umzustürzen, dessen Regeln und Gesetze eher imperialen Interessen dienten als den Bedürfnissen der Menschen. Mein Großvater hatte sich in den 1930er-Jahren aus den gleichen Gründen gegen die Briten gewandt, auch wenn er und seine Freunde vom Arabischen Hochkomitee weder eine Verfassung entwarfen noch eine Universität gründeten.

Von Monticello aus machten Lucy und ich uns auf den Weg zu den Original-Backsteinbauten der University of Virginia, und dort sinnierte ich über die Tatsache, dass der Verfasser der Unabhängigkeitserklärung auch eine Universität gegründet hatte, die er »akademisches Dorf« nannte. Besonders erstaunlich fand ich an Jefferson – verglichen, sagen wir, mit Robbespierre oder auch jedem arabischen Revolutionsführer –, wie systematisch er dem Konzept der Freiheit Leben einhauchte, indem er freie Institutionen schuf. Ebenso eindrucksvoll fand ich Jeffersons Philosophie der staatlichen Bildung: »Es ist sicherer, wenn das gesamte Volk hinreichend aufgeklärt ist, als wenn wenige über sehr viel Wissen verfügen und die Masse in Unwissenheit lebt.« Dies war eine Erkenntnis, die ich ein paar Jahre später in die Praxis umzusetzen versuchte.

Lucy und ich blieben vier Jahre in Amerika. Im letzten Jahr unseres Aufenthalts kam unser erster Sohn, Dschamal, zur Welt. Neben der Kindererziehung, der Arbeit an meiner Dissertation in meinem Büro im Quincy House, dem Tellerwaschen im Blue Parrot und meinem neuen Teilzeitjob als Wachmann auf dem Campus blieb mir für soziale Kontakte nicht viel Zeit. Trotzdem lernte ich ein paar andere Araber kennen, und gelegentlich versammelten wir uns im verrauchten Café Algiers, um bei türkischem Kaffee und Käsekuchen über Politik zu diskutieren. Die Gesprächsthemen reichten von Befreiungsbewegungen in der »Dritten Welt« bis zu Jean Genets Bericht über seine homoerotischen Ausflüge in die verkommenen Flüchtlingslager Jordaniens und des Libanon.

Es ist wenig überraschend, dass ich auch mit Israelis zu tun hatte, darunter kein Geringerer als Avishai Margalit von der philosophischen Fakultät; außerdem mit Gedaliahu oder »Guy« Stroumsa, einem in Frankreich als Sohn von Holocaust-Überlebenden geborenen Israeli. Wir lernten uns kennen, als man uns beide einlud, vor amerikanischen Studenten über die politische Lage im Nahen Osten zu referieren. Dabei stellte sich heraus, dass es in unseren Ansichten mehr Übereinstimmungen gab als zwischen uns und den Meinungsäußerungen der studentischen Zuhörerschaft.

Während unserer vier Jahre in Amerika besuchten Lucy und ich Jerusalem nur ein einziges Mal, und zwar nach Dschamals Geburt. Damals war die Reise einfach zu teuer für uns. Schon für ein zehnminütiges Telefongespräch musste ich stundenlang im Blue Parrot Teller spülen.

So gut es ging, hielt ich mich über die Ereignisse in der Heimat auf dem Laufenden, indem ich gelegentlich Vorträge besuchte. Als Walid Khalidi, der Freund meines Vaters, dessen Sohn dabei gewesen war, als ich Lucy kennenlernte, der Universität einen Besuch abstattete, saß ich natürlich unter seinen Zuhörern. Professor Khalidi, ein ungeheuer geistreicher und charmanter Mann mit messerscharfem Verstand, hatte gerade erst einen umstrittenen und beispiellosen Artikel mit dem Titel »Thinking the Unthinkable« (Das Undenkbare denken) veröffentlicht, in dem er ganz offen für zwei Staaten plädierte: einen jüdischen und einen palästinensischen. Bei dem Vortrag führte er seinen Standpunkt genauer aus. Für mich war eine Zwei-Staaten-Lösung noch unvorstellbar, und in der anschließenden Diskussion legte ich die in PLO-Kreisen übliche Vision eines einzigen, säkularen, demokratischen jüdisch-arabischen Staates dar. War es nicht genau das, was fortschrittliche Kräfte in Südafrika forderten? Warum sollte Israel mit weniger abgespeist werden?

Darüber hinaus blieb ich auch über die amerikanischen Medien mit dem Nahen Osten in Kontakt. Zur damaligen Zeit war Palästina durchaus ein Thema, auch wenn unser Land meist in wenig schmeichelhaftem Licht erschien. In den 1970er-Jahren gewann der palästinensische internationale Terrorismus an Stoßkraft. Mir persönlich widerstrebte immer schon jede Art von Gewalt. Andererseits ließ sich auch nicht leugnen, dass die Welt erst dann von unserer Misere Notiz nahm, als Flugpassagiere der Ersten Klasse zu fürchten begannen, sie könnten statt in Tokio in Beirut landen. Der Terrorismus rückte Palästina ins allgemeine Bewusstsein, und plötzlich diskutierten Politiker in Washington wie in Moskau über das Thema.

Für die PLO und die israelische Regierung begann ein lang andauernder Grabenkrieg, und keine Seite war bereit, den Konflikt vor dem öffentlichen Forum des internationalen Rechts und der internationalen Justiz auszutragen. Die Israelis kämpften mit Morden und Überfallkommandos im Libanon gegen die PLO. An der Propagandafront konnte ihre Lobby eine Reihe von Erfolgen verzeichnen, insbesondere in den Vereinigten Staaten. Unterstützt wurde ihre Sache auch durch das Erscheinen des Buches *The Arab Mind* von dem israelisch-amerikanischen Autor Raphael Patai im Jahre 1976. (Im Jahr darauf erschien der Folgeband *The Jewish Mind*.) In dem Werk finden sich so geniale Einsichten wie: »Die meisten Menschen im Westen haben einfach keine Ahnung, welch abgrundtiefer, finsterer Hass, insbesondere auf alles Westliche, den Araber auf dem Weg in die Moderne gepackt hat.« Ferner heißt es dort, arabische Männer seien voller sexueller Komplexe. (Jahre später nahm Seymour Hersh auf dieses Buch Bezug, um die Folterungen von Abu Ghraib zu erklären.)[1]

Angesichts solcher Umstände waren die Erfolge der PLO umso eindrucksvoller. Sie verfügte über militärische Stützpunkte im Südlibanon, in Teilen Beiruts und in Tripolis, die, verglichen mit den israelischen Streitkräften, jedoch vernachlässigbar waren. Die wahren Erfolge der PLO lagen auf diplomatischem, nicht auf militärischem Gebiet. 1974 luden die Vereinten Nationen Jassir Arafat ein. Ich erinnere mich gut an die berühmten Bilder, auf denen Arafat mit seinem zerzausten Bart in zerknittertem Drillich und mit leerem Pistolenhalfter aufs Podium stolzierte. »Ich komme mit einem Olivenzweig und mit der Waffe eines Freiheitskämpfers«, verkündete er der Welt. »Lasst nicht zu, dass mir der Olivenzweig aus der Hand fällt.«[2] Er erntete stehende Ovationen.

1975 verlieh die Generalversammlung der Vereinten Nationen der PLO Beobachterstatus bei ihren Zusammenkünften und anderen internationalen, unter der Schirmherrschaft der UNO abgehaltenen Konferenzen. Prompt eröffnete die »PLO-Gesandtschaft« ein Büro mitten in Manhattan, und die PLO eignete sich rasch die Sprache der Diplomatie und des Kompromisses an, wenn auch zunächst nur in leisen Tönen und meist, um Einspruch zu erheben.

Ich war in Amerika, um zu promovieren, und nachdem ich zwei Jahre lang Seminare besucht hatte, musste ich mich auf ein Thema für meine Dissertation festlegen. Ich spielte mit dem Gedanken, über den Philosophen Abu Nasr al-Farabi (ca. 870–950) zu schreiben, vor allem, da ich mich auf Professor Mahdis Anregung hin in Leo Strauss' brillanten Kommentar vertieft hatte: »Man kann sagen, dass Al-Farabis Plato schließlich den Philosophen auf dem Thron, der in der tugendhaften Stadt offen das Zepter führt, durch das geheime Königtum des Philosophen ersetzt, der – ein vollkommener Mensch eben deswegen, weil er ein Suchender ist – ein Privatleben als Mitglied einer unvollkommenen Gesellschaft führt, die er innerhalb der Grenzen des Möglichen humaner zu gestalten versucht.«[3]

Obgleich Al-Farabis weise Worte in meinem ganzen weiteren Leben eine Art Fixpunkt darstellen sollten – insbesondere der Passus über das stille Bemühen um die Humanisierung einer »unvollkommenen Gesellschaft« im Rahmen der eigenen Möglichkeiten –, entschied ich mich letztendlich für Avicenna (Kurzform für Abu Ali Aa Hosain Ibn Abdallah Ibn Sina), der im Jahre 980 als Sohn eines staatlichen Würdenträgers bei Buchara in Zentralasien geboren wurde.

Mit dreizehn Jahren ging Avicenna von zu Hause fort, um Medizin zu studieren, und näherte sich mit der Zeit dem griechischen Denken an. Er wurde Universalgelehrter und schrieb wichtige Werke zur Logik, Astronomie, Medizin, Philologie und Zoologie, verfasste Gedichte und eine allegorische Autobiografie mit dem Titel *Der Lebendige, Sohn des Wachenden* (»Hayy ibn Yaqzan«). (Lucy und ich benannten unseren zweiten Sohn nach Absal, einer Figur in dieser Fabel, die das Streben der Seele nach Wissen symbolisiert.)

Monatelang arbeitete ich an meiner Dissertation wie ein Künstler, der den Marmor mit einem Meißel bearbeitet. Wenn man mit dem Herzen bei der Arbeit ist, nimmt sie einen so gefangen, dass sich die Grenzen zwischen dem Autor und seinem Werkstück auflösen. Genau so empfand ich. Ich schrieb mit geradezu manischer Besessenheit, manchmal achtzehn Stunden am Tag. Vieles davon ersann ich bei meiner neuen Arbeit als Wachmann auf dem Universitätsgelände. Während der Nachtschicht versenkte ich mich in innere Debatten mit meinem mittelalterlichen Philosophen, und zweifellos profitierten zahllose Diebe davon, dass ich völlig mit den unergründlichen Problemen der Erkenntnis, der Individualität, des Seins und der Wahrheit beschäftigt war.

Die Tatsache, dass dieser Denker des Frühmittelalters aus einer vor Jahrhunderten untergegangenen Kultur so kraftvoll und direkt an meine eigene Erfahrung rührte, gab mir zu denken. Vielleicht ließen sich die geistigen Größen der Aufklärung, deren Werke mich in Oxford dazu angeregt hatten, erstmals meine arabischen Wurzeln zu erforschen, besser verstehen, wenn man die arabische Tradition beleuchtete, die so weiten Teilen der westlichen Philosophie zugrunde liegt. Jenseits von Patais *The Arab Mind* gab es vielleicht eine verborgene Symbiose zwischen den beiden Kulturen, die so voneinander abzuweichen schienen und so oft in Streit miteinander lagen.

## KAPITEL 10

# Das Lemon Tree Café

1977 – in meinem letzten Jahr in Harvard, während ich fieberhaft an meiner Dissertation arbeitete – geschah etwas Erstaunliches. Anwar Sadat, der die Juden einmal als »Verschwörer« bezeichnet hatte, umarmte Menachem Begin, den revisionistischen Falken, der das King David Hotel in die Luft gesprengt hatte. Noch erstaunlicher waren für mich die Worte Sadats vor der Knesset. Es gebe »eine psychologische Barriere zwischen uns. Eine Barriere des Misstrauens. Eine Barriere der Verweigerung. Eine Barriere der Angst und Enttäuschung. Eine Barriere der Wahnvorstellung, die jedes Tun und jede Entscheidung beeinflusst.« Diese psychologische Barriere, so schätze er, mache »siebzig Prozent des Problems« aus. Ich verfolgte diesen historischen Augenblick im Fernsehen, als ich Onkel Hasem besuchte, der damals Jordaniens Botschafter bei den Vereinten Nationen in New York war.

Als nach einem Jahr meine Dissertation fertig war, stand ich vor einer schwierigen Entscheidung. Ich war fast dreißig und seit zwölf Jahren nicht mehr in Jerusalem gewesen. Jetzt wollte ich zurückkehren. Mit anderen Worten, ich verspürte das Bedürfnis, in meinem eigenen Land zu leben – genauso, wie etwa ein Amerikaner dies möchte. Ich wollte mich in vertrauter Umgebung bewegen, die einheimischen Vögel beobachten und meinen Sohn in einem arabischen Umfeld großziehen.

Dies war einer der Gründe, warum Lucy und ich bereitwillig ein Angebot der Universität im westjordanischen Birseit annahmen. Wir sollten als Dozenten in einem Kulturstudiengang in der Tradition des Great-Books-Programms unterrichten. Da ich im

Hinblick auf den palästinensisch-israelischen Konflikt optimistisch war – ich glaubte, dass ein allmählicher, organischer Prozess letztlich zu einem einzigen arabisch-jüdischen Staat führen würde –, griff ich außerdem einen Vorschlag meines Freundes Guy Stroumsa auf, der zur selben Zeit wie ich nach Jerusalem zurückgekehrt war, und bot an der Hebräischen Universität ein Seminar über islamische Philosophie an.

Nachdem ich über mehrsprachige Denker wie Avicenna gearbeitet hatte, über Menschen also, die sich überall in der Welt mühelos zurechtfanden und Wissen aufnahmen, wo immer sie konnten, gefiel mir die Aussicht, in ein Land voller Widersprüche zurückzukehren. Ich stellte mir ein Israel-Palästina (»Palest-El«, wie ich es scherzhaft nannte) mit seiner muslimischen, jüdischen und christlichen Bevölkerung, mit seinem inspirierenden Aufeinanderprallen von Gegensätzen als den idealen Ort vor, um mich an jener Art offenem Diskurs zu beteiligen, wie er in der Vergangenheit immer wieder zu einer Kulturrenaissance geführt hatte. Und als Dozent sowohl an einer arabischen als auch an einer jüdischen Universität konnte ich die selbstgefälligen Gewissheiten meiner Studenten erschüttern, so, wie es auch mir einst widerfahren war. Eingeweiht in die Geheimnisse der Selbstreflexion, des existenzialistischen Eigenwillens und der Selbsterschaffung würden meine Studenten dann vielleicht dazu beitragen, den jüdisch-arabischen Staat meiner Träume zu errichten.

»Das glaubst du doch wohl selber nicht«, sagte Mutter, als ich ihr von meiner Vision erzählte. Ihre Chesterfield wippte leicht auf dem Rand des Kristallaschenbechers.

Lucy und ich flogen schon im Spätsommer nach Jerusalem, weil wir uns Zeit nehmen wollten, uns an die neue Umgebung zu gewöhnen. Während wir nach einer eigenen Wohnung suchten, lebten wir bei meinen Eltern. Vater, inzwischen fünfundsechzig, war so viel unterwegs wie eh und je, reiste weit und viel und sagte seine Meinung. Sein Haus war eine beliebte Anlaufstelle für israelische und ausländische Politiker, die wissen wollten, wie die Palästinenser dachten. Die Vereinbarungen von Camp David rückten ihn schließlich wieder direkt ins Rampenlicht. Im September 1978 verbrachten Carter, Begin und Sadat dreizehn Tage in den Laubwäldern von Maryland und einigten sich auf die Rückgabe des Sinai an Ägypten und einen Friedensvertrag zwischen Israel und dem führenden arabischen Staat. Was dies für uns bedeutete, blieb allerdings unklar.

Die von Carter, Begin und Sadat ausgearbeiteten Vereinbarungen weckten die Erwartung, ernsthafte Gespräche zwischen Israelis und Palästinensern stünden unmittelbar bevor, und die Leute nahmen an, Vater würde dabei eine Schlüsselrolle spielen. Es ging das Gerücht um, Schimon Peres habe ihm ein Schreiben für König Hussein zur »jordanischen Option« überreicht, nach der Jordanien und das Westjordanland zu einer Föderation vereint werden sollten.

Mein Vater dementierte dies, und selbst wenn Peres ihm ein solches Dokument ausgehändigt hätte, hätte er es wahrscheinlich nicht weitergegeben. Wie bereits erwähnt, war Vater ein eingefleischter Panarabist, der standhaft die Linie der arabischen Staaten vertrat. Die Araber hatten die PLO zur »einzigen legitimen Vertretung des palästinensischen Volkes« erklärt, und mein Vater hatte dem widerwillig beigepflichtet.

Was die Aussicht auf Autonomie für die Palästinenser im Westjordanland und im Gazastreifen unter den Bedingungen von Camp David betraf, waren während der abendlichen Salons weitaus größere Befürchtungen spürbar. Die meisten arabischen Kommentatoren fielen über Sadat her, weil er uns verraten und verkauft habe und uns nun mit leeren Versprechungen von »Autonomie« und Lokalwahlen zum Narren halte, anstatt uns echte Unabhängigkeit zuzugestehen. Die Töne, die aus Israel zu hören waren, verstärkten nur diesen Eindruck. Als ein Journalist Begin fragte, ob er bereit sei, über die Zukunft der besetzten Gebiete zu verhandeln, antwortete er ungehalten: »Was für besetzte Gebiete?

Wenn Sie Judäa, Samaria und den Gazastreifen meinen, so handelt es sich um befreite Gebiete. Sie sind ein Teil, ein integraler Bestandteil des Landes Israel.«[1]

Im Familiensalon der Nusseibehs herrschte Einigkeit darüber, dass das Gerede über Autonomie und Truppenabzug schrecklich wenig besagte. Das Abkommen erwähnte an keiner Stelle einen vollständigen Abzug der Israelis oder mögliche Sanktionen, falls sie sich nicht daran hielten. Sadat hatte zwar den Abzug von der Sinai-Halbinsel erreicht, eine Autonomie für die Palästinenser jedoch nur unter der Herrschaft Israels. Der Rest blieb dem Zufall überlassen. Die Truppen sollten »in bestimmte Sicherheitszonen verlegt« werden. Wo befanden sich diese Zonen? Konnten die Israelis darüber nach Lust und Laune entscheiden? Vorgesehen war, dass erst nach einer Übergangzeit von fünf Jahren über die Frage der Grenzen und den endgültigen Status gesprochen wurde. Wer garantierte, dass die Israelis diese Zeit nicht nutzten, um im Land Realitäten zu schaffen, die nicht mehr rückgängig zu machen waren? Und die wichtigste Frage: Was sollte mit Ostjerusalem geschehen?

Vater lehnte den Plan als entwürdigend und zu vage ab. In einem Artikel, der auf der ersten Seite der Tageszeitung *Al-Quds* erschien, schrieb er im Geiste Woodrow Wilsons, es sei das Grundrecht eines jeden Volkes, frei seine Souveränität auszuüben, und ein Aspekt dieser Souveränität sei die vollständige Kontrolle über sein Land. Die von Israel angebotene Autonomie gehe rücksichtslos über diese Rechte hinweg. (Mosche Dajan räumte dies ein, als er feststellte: »Würden die Ägypter die wahren Absichten Israels in dieser Sache erkennen, würden sie den Friedensvertrag nicht unterzeichen«.[2])

Mutter hatte nur Verachtung für die israelischen Pläne und Versprechungen übrig. Sie hatte schon zu viele Politiker erlebt – Juden wie Araber – und war verständlicherweise zu der Erkenntnis gelangt, dass jeder anständige Mensch die meisten von ihnen mied wie die Pest.

Bald zogen Lucy, Dschamal und ich in eine Wohnung, die einem Onkel von mir gehörte und gleich um die Ecke lag. Dort brachte Lucy unseren zweiten Sohn, Absal, zur Welt. Ein Zeichen dafür, was für einen eigenwilligen Jungen wir bekommen hatten, wurde uns gleich nach seiner Geburt präsentiert. Glücklich lächelnd, weil die Entbindung gut verlaufen war, hielt unser Arzt, ein netter Mann und alter Freund der Familie, Absal an den Beinen in die Höhe. Unser Junge honorierte die gute Arbeit des Arztes, indem er ihm direkt ins Gesicht pinkelte. Absal war offenbar dazu bestimmt, ein aufmüpfiges Kind zu werden.

Kurze Zeit später zogen wir in die Altstadt mit ihren verwinkelten Straßen und Gassen. Gerne hätten wir eine Wohnung in der Nähe jener Stelle gemietet, wo Mohammed seinen legendären Al-Burak angebunden hatte, wäre der Ort nicht in einen Aufmarschplatz verwandelt worden. Die zweitbeste Wahl brachte uns an den Schnittpunkt zweier religiöser Traditionen. Unser neues Zuhause, das einst einem Sufiweisen gehört hatte, befand sich in der Via Dolorosa, keine hundert Meter von der Burg Antonia entfernt, wo Jesus vor Pontius Pilatus geführt worden war. Auf der anderen Seite war es nicht weit zum Ecce-Homo-Bogen, der zweiten Station des Kreuzwegs, wo Pilatus, auf den aus der Burg kommenden Jesus deutend, der tobenden Menge zurief: »Seht, da ist der Mensch!« (*Ecce Homo* ist zufällig auch mein Lieblingsbuch von Nietzsche.)

Das Haus, in dem wir jetzt wohnten, gehörte zum muslimischen Viertel, in dem seit Jahrhunderten Pilger aus Buchara, der Heimatstadt Avicennas, untergebracht wurden, wenn sie nach Jerusalem kamen, um am Haram zu beten, wo der Felsendom steht. Das leere Zimmer des Sufi, ein Anbau an unserer Wohnung, befindet sich über einem von den Römern erbauten Torbogen.

Von seinem Platz tief unten in einer Kiste mit alten Papieren hatte mein unvollendetes Märchen irgendwie seinen Zauber wirken lassen, denn Lucy und Jerusalem passten wunderbar zusammen. (Der magische Esel in meiner Geschichte brachte sie auf den

Zentimeter genau an den Ort, an dem wir jetzt wohnten.) Lucy, die zum ersten Mal einen dauerhaften Wohnsitz bezog, war bezaubert von dem orientalischen Charme des Viertels. Auf leeren Grundstücken grasten immer noch Kamele, die Bauern waren gekleidet wie seit Jahrhunderten, und die alten Steingebäude riefen ferne Epochen in Erinnerung. Unser großes Wohnzimmer, ein hoher Raum, der einst als islamischer Gerichtssaal gedient hatte, war mit einer verzierten Holzdecke versehen. Gleich hinter dem Hof auf der Rückseite unseres Hauses stand ein mittelalterliches Minarett und nicht weit davon entfernt eins der Tore des Tempelbergs. Wenn wir in diesem Hof saßen, konnten wir über ein Labyrinth von Kuppeldächern zum Berg Gethsemane im Osten und dem Berg des Bösen Rates im Westen schauen. Der Überlieferung zufolge erblickte Kalif Omar hier zum ersten Mal die Heilige Stadt. Abends kletterten Lucy und ich gern auf das Dach, um einen Anblick zu genießen, der nicht weniger großartig war: den des Tempelbergs mit dem majestätischen Felsendom.

Unser dritter Sohn wurde in diesem Haus geboren. Angesichts des Ortes, an dem wir jetzt lebten, überrascht es wohl kaum, dass wir ihm den Namen Al-Burak gaben – nach dem legendären Ross Mohammeds.

Jerusalem übte aber auch auf mich seinen altgewohnten Zauber aus. Manchmal entführt einen schon etwas so Banales wie ein Spaziergang durch die Straßen in eine andere Welt. Plätze, die ich als Junge wohl tausend Mal aufgesucht hatte, bekamen plötzlich wieder eine frische Tönung und Färbung. Ich liebte den Geruch von Kardamom, Salbei und Thymian im Suk und den Anblick alter Männer, die in den traditionellen Cafés, die aus der Zeit der Kreuzzüge zu stammen schienen, den Rauch von den glühenden Kohlestücken ihrer blubbernden Wasserpfeifen einsogen. Hier wurden Gerüchte gekocht und verbreitet. Hin und wieder wehte Lucy und mich ein unbestimmt lockender Hauch des alten Jerusalem der Oudspieler und kreisenden Derwische an.

Fast unmittelbar nach unserem Umzug beschlossen wir, in einem verlassenen Gebäude nebenan, das meinem Onkel gehörte, ein Café mit Kunstgalerie zu eröffnen. Wir tauften es Lemon Tree Café, nach dem Baum, der im Innenhof wuchs.

Dabei schwebten uns europäische Vorbilder vor. Es sollte ein Café mit einer Art Jugendherberge werden, eine Begegnungsstätte für Rucksacktouristen und die junge palästinensische Intelligenzia. Wir hofften, dass der freie Geist und die Offenheit der Europäer auf unsere Jugend abfärben und Israelis und Europäer einander kennenlernen würden.

Das arabische »Bir seit« bedeutet Olivenölbehälter oder -brunnen, ein nachvollziehbarer Name für das griechisch-orthodoxe Dorf Birseit (ein paar Kilometer von Jerusalem entfernt im Westjordanland), lebten seine Bewohner doch Jahrtausende lang vom Olivenanbau.

Die Universität wurde 1972 in Betrieb genommen. Musa Nasir, ihr Begründer, hatte eine ähnliche Karriere hinter sich wie mein Vater: Er war in der Zeit der Briten Gouverneur gewesen und hatte unter der jordanischen Verwaltung als Außenminister gedient. Als Nasir starb, kehrte sein Sohn Hanna, von Beruf Physiker und Absolvent der Purdue University, aus den Vereinigten Staaten zurück und wurde Präsident der Hochschule. Als solcher stellte er ein engagiertes Lehrpersonal zusammen, das sich intensiv der Lehre und damit der Entwicklung und Zukunft des palästinensischen Volkes verschrieb. Seine Vision, die viele Dozenten teilten, war eine palästinensische Version der American University of Beirut.

Präsident Nasir war ein engagierter und liberaler Mensch, der vor seinen Mitarbeitern und Studenten jede Woche über Demokratie und Dialog referierte sowie über die Bedeutung, die der Schutz der Meinungsfreiheit habe, auch wenn man den geäußerten Standpunkt noch so sehr ablehne. Jedoch brachte ihn seine Vorstellung von der Wiedergeburt eines freien palästinensischen Volkes auf Kollisionskurs mit dem Militärgouverneur – was nicht weiter überraschte angesichts der Haltung eines der israelischen Chefberater für das arabische Bildungssystem, der mit den Worten zitiert wurde: »Es ist gut für uns, wenn die Araber Holzhauer und Wasserträger sind.« 1973 – ein Jahr nach ihrer Eröffnung – wurde die Universität von Birseit erstmals geschlossen. Im Jahr darauf verwiesen die Israelis Dr. Nasir des Landes. Da man annahm, dass sein Exil nicht von Dauer sein würde (tatsächlich blieb er zwanzig Jahre in der Verbannung), wurde sein Posten nicht neu besetzt, und der Vizepräsident, Gabi Baramki, übernahm interimsmäßig die Leitung der Universität.

Meistens fuhren Lucy und ich am Morgen gemeinsam nach Birseit, und zwischen den Unterrichtsstunden unternahmen wir häufig Spaziergänge durch die faszinierende Landschaft. Wir sogen den Duft der blühenden Pflanzen ein, genossen das Gefühl, auf dem Lehmboden einsamer Wadis zu gehen, und den Anblick alter Männer, die mit Maultieren die Felder pflügten. Wohlklingend wie Sirenengesang machte uns die alte Kirchenglocke des Dorfs darauf aufmerksam, wann es Zeit war, in den Seminarraum zurückzukehren.

Einen weiteren Begleiter bei Spaziergängen hatte ich in Baschir, dem Freund meiner Kindheit, mit dem ich einst durch Jerusalem gestreift war und über Russell diskutiert hatte. Er war inzwischen Professor für Chemie. Wir knüpften an unsere damalige Gewohnheit peripatetischer Reflexionen über die unlösbaren Rätsel der Metaphysik an. Die Fragen waren über all die Jahre dieselben geblieben, nur unser Vokabular hatte sich verändert.

Es gab einige Dozenten an der Universität, die später eine wichtige Rolle in unserem Land spielten. Am bekanntesten ist wohl Hanan Ashrawi, eine Christin, die an der Thomas Jefferson's University in Virginia über mittelalterliche Literatur promoviert hatte. Andere Kollegen sollten später auf politischer Ebene mit mir zusammenarbeiten. Während der Intifada Ende der 1980er-Jahre wurden zwei von ihnen, Samir Schehadeh und Izzat Ghazzawi, bei Verhören durch Israelis gefoltert, die ihnen

Informationen über meine heimlichen Aktivitäten abpressen wollten.

Eine der ungewöhnlichsten Persönlichkeiten (mit der mich später ein unheilvolles Schicksal verband) war ein protestantischer Missionar und Archäologe aus den Vereinigten Staaten, Dr. Albert Glock. Er war in einem strengen deutsch-amerikanischen Elternhaus im mittleren Westen und unter dem Einfluss einer fundamentalistischen Sekte aufgewachsen, die behauptete, die Bibel sei bis zum letzten Punkt und Komma das unfehlbare Wort Gottes. In Birseit verwandelte er sich vom religiösen Kreuzritter in einen palästinensischen Nationalisten.

Lange vor uns Palästinensern war Dr. Glock klar geworden, dass die Israelis die Alte Geschichte benutzten, um ihre moralischen Ansprüche auf die besetzten Gebiete zu untermauern, und so machte er es sich zur Aufgabe, die archäologischen Zeugnisse aus der arabischen Vergangenheit zu retten, bevor israelische Generäle sie auf der Suche nach den eigenen Wurzeln beseitigten. Dabei dachte er an Mosche Dajan, der mit der Leidenschaft eines Käptn Ahab Unmengen Land umgegraben hatte, um Spuren alter jüdischer Siedlungen zu finden. Der Militärgouverneur hatte es ihm gleichgetan. Der großspurige Riesenkerl von einem Mann hatte sich einfach über das internationale Verbot, in den besetzten Gebieten Ausgrabungen durchzuführen, hinweggesetzt.

Als mich ein israelischer Zeitungsreporter 1979 nach meinen Erfahrungen an der Hebräischen Universität fragte, bekannte ich, dass ich als Akademiker die dort herrschenden erstklassigen Bedingungen denen von Birseit vorzog.

Aber dabei beließ ich es nicht. Ich legte meine Theorie dar, dass es den Palästinensern guttue, mit den Israelis zu leben, zu denken und sogar zu streiten. Dies hatte mit meiner hoffnungsfrohen Prognose eines zukünftigen »Palest-El« zu tun. Das Leben unter dem Militärregime sei kein Honigschlecken, betonte ich mit einem Glucksen, aber es sei auch nicht so schlimm, wie es aus der

Ferne erscheine. »In den USA oder in England erweckt jede neue Verhaftungswelle, jeder Stein, der geworfen wird, den Eindruck, das Westjordanland stünde vor einer Explosion. Zweifellos haben wir Probleme, zum Teil auch sehr schwerwiegende. Im Allgemeinen ist jedoch überall Optimismus zu spüren.«

Dann legte ich dar, warum ich mich entschieden hatte, meine akademische Laufbahn im Westjordanland zu verfolgen statt an einer amerikanischen oder europäischen Universität, was vielleicht plausibler gewesen wäre. Wenn das Westjordanland wieder an Jordanien fiele, erklärte ich dem Reporter, »würde ich keinen Tag länger hierbleiben. Das Gleiche gilt für den Fall, dass die Palästinenser ihren eigenen Staat bekommen. Aber solange wir unter Besatzung stehen, bleibe ich.«

»Damit«, so resümierte mein Gegenüber, erweise ich mich »als echter Sohn« meines Vaters. Entsprechend lautete der Titel seines Artikels »Der Sohn Anwar Nusseibehs«.

Ebenfalls im Sinne meines Vaters war es, dass ich in Birseit alles tat, um Lehre und Politik auseinanderzuhalten. In der Politik sei ein ungebildeter Geist wie ein »Elefant im Porzellanladen«, pflegte er gern zu sagen. Doch die Studenten davon zu überzeugen, dass sie zunächst eine solide Ausbildung brauchten, bevor sie sich mit der Revolution beschäftigten, erwies sich als keine leichte Übung. Insgesamt waren sie politisch aktiver als der Lehrkörper, obwohl auch viele Professoren der einen oder anderen Fraktion zuneigten. Von den politisch Aktiven unter den Dozenten hatten sich die meisten einer der linksgerichteten Gruppen wie etwa der PFLP oder einer der marxistischen Splittergruppen angeschlossen. Arafats Fatah-Bewegung war klein und ineffektiv und galt im Allgemeinen als zu konservativ.

Bei den Studenten war die Situation genau umgekehrt. Am stärksten vertreten war hier die Fatah, da sie die mittellosen Studenten aus den Flüchtlingslagern und ländlichen Regionen anzog. Die zweitgrößte Gruppe bildeten die immer stärker in Erscheinung tretenden Islamisten, und weit abgeschlagen auf dem dritten Platz lagen die Linken und Kommunisten, deren Anhänger meist aus relativ wohlhabenden Familien stammten. Je privilegierter die Familie, desto weiter links die politische Position.

Üblicherweise warben die einzelnen Gruppierungen, ähnlich wie die Studentenverbindungen in den Vereinigten Staaten, um neue Mitglieder. Doch wenn sie an meine Tür klopften, hielt ich sie höflich hin und sagte ihnen, dass ich erst Zeit zum Überlegen brauche. Ich hoffte, sie würden den Wink verstehen und die Sache fallen lassen. Menschlich kam ich am besten mit den Linken zurecht, während ich politisch immer noch zur Fatah tendierte, wie bereits in meiner Londoner Zeit. Instinktiv wollte ich aber so lange wie möglich meine Unabhängigkeit bewahren.

Ich konzentrierte mich vor allem auf die Lehre. Neben den Seminaren über kulturelle Themen arbeitete ich auch mit anderen Kollegen und Lucy zusammen, um das Kursangebot in Philosophie zu erweitern, bis wir ein kleines Programm zusammengestellt hatten. Einer meiner ersten Beiträge hierzu war eine dringend notwendige Einführung in die Logik.

Birseit war nicht Oxford, und die meisten meiner Studenten hatten nicht wie ich das Privileg genossen, eine Schule schwänzen oder ein Vorbereitungsstudium abbrechen zu können. Bis auf eine Handvoll Studenten, die in den wohlhabenden Familien Jerusalems oder Bethlehems aufgewachsen waren, stammten die meisten aus Arbeiterfamilien, dem Landarbeitermilieu oder den Flüchtlingslagern. Ich war entschlossen, sie im Unterricht alle bis zum Kern der Dinge zu führen und nicht nur die Oberfläche streifen zu lassen, wie es meiner Erfahrung nach in den meisten politischen Debatten geschah. Außerdem brauchten sie mich nicht für ihre revolutionäre Politik – davon fanden sie genug in ihren Clubs und Gruppen.

Anfangs wussten die Studenten nicht recht, was sie von mir halten sollten. Ich stand vor den Kursteilnehmern wie all ihre anderen Lehrer, nur ohne die übliche Krawatte und mit ungekämmtem Haar. Oft hatte ich zwei verschiedene Socken an, was jeder sehen konnte, weil ich Sandalen trug. Auch das widersprach dem Bild eines seriösen Dozenten und führte dazu, dass ich den Kommunisten zugeordnet wurde, da die kommunistischen Dozenten als Einzige auch so schlampig herumliefen. Noch verwirrender war für die Studenten das Klima intellektueller Irritation, das ich – bewusst oder unbewusst – schürte.

Freilich versuchte ich im Philosophieunterricht zu erreichen, dass sich meine Studenten intensiv in die Probleme der Logik einarbeiteten, und in den kulturwissenschaftlichen Veranstaltungen ließ ich sie den vorgeschriebenen Literaturkanon vom *Gilgameschepos* bis Albert Camus lesen. Doch anstatt über die Bedeutung der Texte zu referieren, probierte ich es mit der Methode meines Universitätslehrers in Oxford, eindeutige Antworten und unhinterfragte Fakten zu vermeiden. Sie müssen mich für genauso orientierungslos gehalten haben, wie sie selbst es waren. »Warum glauben Sie, dass das, was ich gerade gesagt habe, stimmt?«, stutzte ich einmal einen Studenten zurecht, der sich bei meinen Ausführungen Notizen machte. »Woher wissen Sie, dass es aufschreibenswert ist?«

Vom ersten Tag an saßen die Studenten meist verunsichert vor mir, und diejenigen, die sich einfach nur den Stoff für ihr Examen aneignen wollten, machten einen weiten Bogen um meine Seminare. Doch selbst bei denen, die blieben, hatte ich gegen die Folgen eines dürftigen palästinensischen Bildungssystems zu kämpfen, das vor allem darauf ausgerichtet war, Informationen wiedergeben zu können, als sprächen die nackten Tatsachen quasi für sich und reichten aus, um einen Standpunkt zu beweisen. Studenten, die eine solche Schule durchlaufen hatten, waren allenfalls in der Lage, vergangene Ereignisse zu analysieren. Die Entwicklung möglicher Zukunftsszenarien war Neuland für sie, und die Infragestellung festgefügter Überzeugungen – und sei es auch nur, um sie einer sorgfältigen Prüfung zu unterziehen – grenzte bereits an Häresie. Sowohl hinsichtlich der Religion als auch in Fragen der Politik konnten die Studenten lediglich anerkannte Lehren aufnehmen, wiedergeben, nach ihnen leben und sie verteidigen. Es waren entweder Hitzköpfe oder resignierte Menschen, die unsere Hochschulen verließen, gelassen und ausgeglichen waren sie nie. Und wie ich später unzählige Male bei politischen Demonstrationen feststellte, neigten viele dazu, sich in Dinge hineinzusteigern und zu explodieren.

In den ersten Monaten hätte ich nicht glücklicher sein können. Lucy und ich organisierten Konzerte und Diskussionen im Lemon Tree Café, dem einzigen Ort der Stadt, wenn nicht gar im ganzen Land, an dem sich palästinensische und israelische Intellektuelle ungestört begegnen konnten. Das Café zog Schriftsteller, Musiker, europäische Rucksacktouristen und leider auch hin und wieder Drogendealer an.

Einer der Höhepunkte dieser Zeit war ein Ausflug zur israelischen Stadt Arad in den Wüstenbergen mit Blick auf das Tote Meer. Lucy und ich besuchten dort zum ersten Mal den Romancier Amos Oz. Nach dem Motto »Den Feind (und zukünftigen Landsmann) kennenlernen« hatte ich seit 1967 israelische Romane und Gedichte geradezu verschlungen. Von Amos las ich alles, dessen ich habhaft werden konnte, zum Teil wegen seiner Genialität, zum Teil deshalb, weil meine israelischen Freunde ihn stets sehr respektvoll einen integren Menschen und »das Gewissen des israelischen Volkes« nannten. Daher rief ich ihn an, und ohne Zögern lud er uns zu sich in sein bescheidenes, anspruchsloses Haus in der Wüste ein.

Nach einem Jahr aber begann meine optimistische Annahme, ein »Palest-El« würde sich quasi auf natürliche Weise entwickeln, zu bröckeln. Es wurde unmissverständlich klar, dass die israelische Besetzung systematisch und gezielt jede natürliche, friedliche Entwicklung untergrub.

Für mich bedeutete dies eine entscheidende Veränderung, die mit einer demütigeren Haltung einherging. Wahrscheinlich das

Wichtigste, was ich in diesem ersten Jahr nach meiner Rückkehr lernte, war ein tiefer Respekt vor den Gefühlen und Traditionen meines Volkes, das ich nach so vielen Jahren im Ausland kaum kannte. Wenn auch bedauerlicherweise sehr verspätet, wurde auch ich von der enormen Bewunderung meiner Eltern für den »Mann auf der Straße« erfasst.

In mancher Hinsicht wusste ich über Palästina weniger als mein Kollege Dr. Glock. Sicher, ich hätte ohne Weiteres einen Wälzer über das Seelenleben der Jerusalemer Aristokratie schreiben können, der dicker war als meine Dissertation. Was jedoch das Wissen über das traditionelle Dorfleben betraf, war mir Dr. Glock weit überlegen.

Ich knüpfte rasch enge Kontakte und Freundschaften mit einigen Studenten, die für mich eine Art Fenster zum Leben jenseits der engen Grenzen des urbanen Jerusalem waren. Sowohl in den Debatten in den Cafés als auch bei ihnen zu Hause im Dorf – Lucy und ich wurden häufig zum Essen eingeladen – bekam ich einen Eindruck von den auf dem Land verbreiteten Traditionen, der Weisheit und ursprünglichen, unverfälschten Freundlichkeit. Gastfreundlich, voller Würde, mit grenzenlosem Respekt für ihre Besucher und liebevoller Zuneigung zu ihnen, bildeten die Dorfbewohner einen starken Kontrast zum bürgerlichen Milieu der Stadt mit ihren Politikern und Geschäftsleuten und der gerade entstehenden Intellektuellen- und Akademikerschicht. Aus diesen Dörfern sowie aus den Flüchtlingslagern sollten jene jungen Männer und Frauen kommen, die Panzern und Uzis trotzten und schließlich verwundet, getötet, ins Gefängnis gesteckt und gefoltert wurden. Von diesen Menschen konnte ich genauso viel lernen, wie ich ihnen beizubringen versuchte.

Eine meiner wichtigsten Lektionen über die palästinensischen Dorfbewohner war ein Ereignis, das mich mit Scham erfüllte. Als ich eines Morgens, wie immer ein wenig zu spät, die Haare zerzaust und mit unterschiedlichen Socken, nach Birseit fuhr, lief mir plötzlich eine ältere Frau in der bäuerlichen Kleidung der Gegend vors Auto, weil sie den Bus erwischen wollte, der gerade auf der anderen Straßenseite hielt. Ich fuhr nicht sehr schnell, und obwohl ich sofort auf die Bremse trat, streifte ich sie, und sie fiel mit einem dumpfen Aufschlag zu Boden.

Als ich ausstieg, um zu sehen, was ihr zugestoßen war, stand sie zum Glück schon wieder auf. Ich fragte sie, ob sie verletzt sei und ich sie ins Krankenhaus bringen solle. »Es geht mir gut«, sagte sie immer wieder, während sie sich von mir entfernte. Sie wollte unbedingt den Bus erreichen und lief rasch über die Straße. Es gelang mir gerade noch, ihr meine Karte zuzustecken, bevor sie verschwand.

Da ich nichts mehr von ihr hörte, vergaß ich den Vorfall bald wieder.

Als mein Vater drei Monate später von einer Auslandsreise zurückkehrte, rief er mich an und bat um ein Treffen. Das Erste, womit er herausplatzte, waren – grob übersetzt – die Worte: »Was zum Teufel hast du da angerichtet?«

Ich stotterte irgendetwas, denn ich wusste nicht, wovon er sprach. »Was war mit dieser alten Frau?«, wollte er wissen. Jemand aus ihrer Familie hatte Kontakt zu ihm aufgenommen.

Endlich dämmerte mir, was er meinte, und ich erklärte ihm, dass ich nicht schuld sei an dem Unfall, dass die Frau keine Verletzungen davongetragen und ich ihr alle Informationen gegeben hätte, damit sie sich bei mir melden konnte. Vater hörte zu, nickte, als verstünde er, und sagte schließlich – wieder sinngemäß übersetzt: »Dieses Mal hast du es wirklich versaut.«

Ich stand sprachlos da. Vater zu enttäuschen war stets meine größte Angst gewesen.

»Du hast das Wichtigste versäumt«, fuhr er fort. »Da du dich nicht entschuldigt hast, hast du die Ehre ihrer und unserer Familie verletzt.«

Im traditionellen palästinensischen Denken existiert das Individuum eigentlich gar nicht als solches. Wenn man etwas stiehlt oder auch nur des Diebstahls bezichtigt wird, macht sich der ganze Stamm schuldig. Er ist für den Einzelnen verantwortlich. Die Familie des Bestohlenen beziehungsweise sein Stamm hat das Recht auf Rache gegen jedes Familien- oder Stammesmitglied des Täters. Verhindert werden Rache und Blutvergießen durch eine Art Konfliktlösung: Die beiden Seiten beraumen eine Sulha an, eine Art Stammestribunal. Innerhalb von drei Tagen suchen Vermittler die Familie der betroffenen Partei auf, um ein Treffen zu vereinbaren.

Wenn jemand überfahren und getötet wird, muss der Fahrer des Wagens (oder jemand in seinem Namen), egal, ob er schuldig ist oder nicht, mit seiner Familie zur Familie des Opfers gehen, um sich zu entschuldigen und eine Entschädigung anzubieten. Dann sagt vielleicht der Vater des Opfers: »Wir möchten fünfzig Millionen Dollar, auch wenn das Leben meines Sohnes nicht mit Geld aufzuwiegen ist.« Sobald die Familie des Fahrers die Bedingungen akzeptiert, beginnt der Vater des Opfers, mit der Summe herunterzugehen. »Um Allahs willen bin ich bereit, einen Nachlass von zehn Millionen zu gewähren«; »um Mohammeds willen weitere zehn« und so weiter, bis zu einer vernünftigen Entschädigungshöhe, ja manchmal sogar, bis gar nichts mehr übrig bleibt. Bei der Sulha geht es weniger um Geld als um Ehre.

In meinem Fall fuhren wir mit einem Konvoi von hundert Familienmitgliedern zum Dorf der alten Frau, dessen Bewohner sich vollzählig zu der Zeremonie versammelt hatten. Höchst feierlich sprachen wir unsere Entschuldigung aus und boten eine Entschädigung an. Genau wie Vater vorausgesagt hatte, nahm die andere Familie unsere Entschuldigung an und schlug die Entschädigung aus. Wir hatten unserer Pflicht genüge getan, und sie erwiesen uns ihren Respekt, indem sie sich weigerten, etwas anzunehmen.

Viele Jahre später erzählte ich diese Geschichte bei einem Vortrag vor israelischem Publikum. Es spielt keine Rolle, ob Sie vorsätzlich die palästinensische Flüchtlingstragödie verursacht haben, erklärte ich, die Tragödie ist da, auch wenn sie nur indirekt eine Folge Ihres Vorgehens ist. Unserem traditionellen Verständnis nach müssen Sie dazu stehen. Sie müssen kommen und sich entschuldigen. Nur auf diese Weise werden die Palästinenser spüren, dass ihre Würde anerkannt wird, und in der Lage sein zu vergeben. Wenn Sie hingegen jede Verantwortung von sich weisen, was im Übrigen historisch betrachtet absurd, ja geradezu verrückt ist, sorgen Sie damit für ewige Feindschaft – und ein niemals endendes Bedürfnis nach Rache.

Diese Lektion in Sachen Respekt gegenüber den Gefühlen meines eigenen Volkes führte auch dazu, dass ich das, was direkt hinter meinem Haus in der Jerusalemer Altstadt vor sich ging, besser verstand. Wenn ich die sogenannten »Normalbürger« beobachtete und ihnen lauschte, merkte ich, dass die Menschen unter der Oberfläche zunehmend verzweifelten. Die Besatzung schnürte ihnen die Luft ab.

Meiner Familie hatte unser Umzug in die Altstadt stets missfallen. Wäre ich Junggeselle gewesen, hätten sie ihn als schrullige Anhänglichkeit an die Umgebung meiner Kindheit verbucht. Aber meine blonde englische Frau und meine Söhne in diese unsichere Gegend zu verschleppen war in ihren Augen schier verrückt.

Das jüdische Viertel erlebte natürlich einen enormen Aufschwung. Über die Jahre war es flächenmäßig stark gewachsen und ging inzwischen weit über seine historischen Grenzen hinaus. Mehr als sechstausend Araber waren aus ihren Häusern vertrieben worden, und nach israelischem Gesetz konnten sie nicht zurückkehren. Es war eine dauerhafte Beschädigung einer ansonsten großartigen Institution, dass der Oberste Gerichtshof 1974 das Gesetz, wonach Araber nicht in dem Viertel wohnen durften, für rechtmäßig erklärte.

Im Gegensatz dazu war im arabischen Teil der Stadt ein verblüffender Niedergang der sozialen Strukturen zu beobachten. Die Drogendealer in unmittelbarer Nähe des Lemon Tree Café waren ein Anzeichen dafür, dass im Leben der Stadt ein sozialer Fäulnisprozess eingesetzt hatte und sie ihrer alten Kraft beraubte. In dem Jerusalem meiner Kindheit hatte es weder eine Drogenszene noch die damit einhergehende Kriminalität gegeben. Und auch nicht die Ratten, die sich jetzt in umgekippten städtischen Mülltonnen tummelten, die so gut wie nie geleert wurden.

Die gezielte Vernachlässigung war nicht auf die Altstadt beschränkt. Auch außerhalb der Stadtmauern mehrten sich die Zeichen des Niedergangs. Das Hotel meines Onkels im Herzen Ostjerusalems war immer noch ein Schandfleck aus Beton, hauptsächlich, weil die israelische Kommunalbehörde seine Fertigstellung durch bürokratische Hindernisse immer weiter hinauszögerte.

Als sich die Araber bei Bürgermeister Teddy Kollek beklagten, gab er den Vorwurf zurück und machte vor allem sie selbst für den Ruin der Stadt verantwortlich. Und damit hatte er nicht einmal ganz unrecht. Schon bald stellte ich fest, dass die Anführer der Palästinenser kaum etwas unternahmen, um ihre Rechte in der Altstadt zu verteidigen oder etwas zu deren Entwicklung beizutragen. Durch den Boykott der Kommunalwahlen gaben sie die stärkste demokratische Waffe aus der Hand, die ihnen zur Verfügung stand, um die wirtschaftliche und soziale Entwicklung voranzutreiben.

Doch das änderte nichts daran, dass Kolleks Vorwurf nur von den eigenen Fehlern ablenken sollte. Es bedurfte keiner Machiavelli'schen Geistesgaben, um die politische Dimension der Tatsache zu erkennen, dass der fein gewobene Gobelin der Stadt brüchig wurde. Von der Zeit Omars bis zum Herodestor-Komitee war die Altstadt für Palästinenser stets ein natürliches politisches und kulturelles Zentrum gewesen, wie sich aus unserer Literatur, unseren Symbolen, unserer Sprache und der Architektur der Stadt ablesen lässt. Zusammen mit dem Klima, den zyklisch wiederkehrenden Höhen und Tiefen und den Sandhügeln hat sie uns als Volk geformt.

Den ersten Hinweis darauf, dass hinter dem Niedergang eine gezielte Politik der Israelis stand, erhielt ich in den Cafés, die ich in dieser Zeit frequentierte. 1967 war man den israelischen Soldaten, die durch die Straßen patrouillierten, mit wohlwollender oder gar freundlicher Gleichgültigkeit begegnet. Jetzt hingegen verachteten die alten, Pfeife paffenden Männer die jüdischen Besatzer noch mehr als einst die Jordanier. Es war, als würde das einfache Volk, das zuvor im Zweifel zugunsten der Israelis entschieden hatte, jetzt andere Schlüsse ziehen: Die Israelis führten in ihren Augen nichts Gutes im Schilde.

Diese allgemeine Feindseligkeit hatte viele Ursachen, darunter auch so simple Dinge wie die umgekippten Mülltonnen oder die ewigen Probleme mit den Passierscheinen. Eine größere Rolle spielte die Politik der Errichtung jüdischer Viertel um die Altstadt, die diese von ihrem Umland abschnitten. Das einst nahtlose Gewebe von Stadt und umliegenden Dörfern wurde zerteilt und zerstückelt.

Nach 1967 benutzte Israel eine Landverordnung aus der britischen Mandatszeit, um landwirtschaftliche Flächen um Ostjerusalem zu enteignen. Mit den neuen, erweiterten Grenzen wurden eine Reihe von Planungs- und Aufteilungsgesetzen erlassen, deren Ziel es war, so viele Israelis wie möglich in Ostjerusalem anzusiedeln. Die Entstehung von Ramat Eschkol (1968), Ramot (1968), Osttalpiot (1970), Neve Jaakov (1972) und Gilo (1973) veränderte die Demografie der Stadt.

Zusammen mit der Tatsache, dass es Arabern nahezu unmöglich gemacht wurde, eine Baugenehmigung zu erhalten, führte mich dies zu dem Schluss, dass die Israelis planten, das arabische Jerusalem langfristig zu einem Ghetto innerhalb einer großen jüdischen Stadt herabzuwürdigen. Indem unser Teil der Stadt mit israelischen Institutionen – insbesondere dem Innen- und Polizeiministerium – durchsetzt wurde, sollte der palästinensische Nationalismus unterdrückt und die Bevölkerung gefügig gemacht werden. Gleichzeitig wurden palästinensische Institutionen und damit die finanziellen, sozialen und politischen Eliten, die sie leiteten, dauerhaft vertrieben, zum Teil durch diktatorische Erlasse wie etwa die Absetzung des Stadtrats im Jahre 1967, zum Teil in Form gezielter Vernachlässigung. Ich hatte den Eindruck, einem schleichenden Mord beizuwohnen, der Zerstörung einer Stadt, die die Seele meiner Familie und meines Volkes war.

Zwischen der Ersten Welt auf dem Campus der großen Hebräischen Universität und der Dritten Welt in Birseit hin und her zu pendeln, wurde für mich mehr und mehr zu einem schwierigen Balanceakt. Als ich noch glaubte, Letztere werde durch einen natürlichen Prozess auf das Niveau der Ersteren gehoben werden, war er mir leichtgefallen. Doch sobald ich erkannt hatte, dass es dazu niemals kommen würde, fiel mir der ständige Wechsel schwer. Meine Bedenken wurden schließlich so groß, dass ich meine Stelle an der Hebräischen Universität aufgab.

Der Tropfen, der das Fass zum Überlaufen brachte, war ein Vorfall an einer Kontrollstelle, als ein achtzehnjähriger Soldat seinen Gewehrlauf durch das offene Autofenster schob und meinen Personalausweis verlangte. Dieser Soldat könnte einer meiner Studenten sein, dachte ich. Und ich stellte mir vor, wie ein hochintelligenter junger Mann heute in einem Seminar angeregt über die intellektuelle Kraft und Anmut der islamischen Philosophie debattierte und am nächsten Tag seinen Dienst bei der Armee in den besetzten Gebieten leistete, wo er meine Landsleute – oder mich – wie Tiere behandelte. Diesen Widerspruch konnte ich nicht ertragen.

## KAPITEL 11

# Der Salon

❖

So merkwürdig es klingen mag, erst 1980, im Alter von ein-
unddreißig Jahren, wurde mir klar, dass meine Märchenkinder-
welt in Trümmern lag und die Stadt, die ich von klein auf geliebt
hatte, nicht mehr existierte. Vielleicht lag der Grund für meine
späte Erkenntnis in meiner natürlichen Abneigung gegen die Politik, gepaart mit meiner privilegierten sozialen Stellung, die
mich – ein bisschen wie den jungen Buddha – von der Welt der
Gewalt abgeschirmt hatte, in die ich zurückgekehrt war.

Es gibt Augenblicke im Leben, wo Frustration und Zorn die
Oberhand gewinnen. Ich hatte stets versucht, hinter einer Solda-
tenuniform den Menschen zu sehen, einen Menschen, wie ich
selbst einer war. Doch als sich an jenem Tag der Gewehrlauf
durch mein Wagenfenster schob, sah ich nur einen ungehobelten
Soldaten, der mir, einem Araber unter Besatzung, auf seiner Seite
der Kontrollstation gegenüberstand.

Mit dem Entschluss, nicht mehr an der Hebräischen Universität zu lehren, gestand ich mir zudem ein, dass ich mit meinen
bisherigen Vorstellungen völlig falschgelegen hatte. Die Entwicklung sich selbst zu überlassen, führte zum Gegenteil von Gerechtigkeit und Gleichheit. Weit entfernt davon, die beiden Seiten einander näherzubringen, machte die Besatzung die Palästinenser
dauerhaft zu einer unterprivilegierten Arbeiterklasse, die durch einen langen Vorschriftenkatalog ihres Landes, ihrer Ressourcen
und ihrer Grundrechte beraubt wurde.

Es war ein seltsamer Prozess, der sich vor meinen Augen abspielte. Auf der einen Seite wurde das Land geeint, so wie ich es

erwartet hatte. Nach der Eroberung des Westjordanlands sah der Plan der Israelis vor, die neuen Gebiete in die israelische Wirtschaft zu integrieren, und tatsächlich war nach wenigen Jahren der Besetzung die Hälfte aller Palästinenser bei Israelis beschäftigt. Sie konnten relativ ungehindert die ehemalige Grüne Linie überschreiten, und an den Wochenenden stürmten ganze Horden von Israelis die arabischen Dörfer, um Hummus und frisches Gemüse zu kaufen. Die beiden Völker schienen sich zu mischen.

Gleichzeitig aber entstand ein neues, unsichtbares Niemandsland, und zwar auf ideologischer und psychologischer Ebene. Die Israelis erwarteten, dass die Palästinenser, hatten sie erst einmal den Gehaltsscheck in der Tasche, den Unsinn mit der nationalen Identität vergaßen. Die Juden, die von den aus Kiew kommenden Schiffen stiegen, leugneten in der Regel nicht, dass in ihrem Israel Araber lebten. Wir waren eben nur kein Volk mit denselben nationalen Rechten auf Land und Unabhängigkeit, wie sie die Juden für sich selbst beanspruchten. Um es mit den unvergesslichen Worten Golda Meirs zu sagen: »Es war ja nicht so, dass es in Palästina ein palästinensisches Volk gegeben hätte, das sich als solches verstand, und wir wären gekommen, hätten es vertrieben und ihm das Land weggenommen. So ein Volk existierte einfach nicht.«[1]

Vielleicht hilft dies, vieles von dem zu verstehen, was die Israelis uns antaten und warum sie beispielsweise in Ostjerusalem Siedlungen bauten, ohne uns auch nur zu fragen. Der in Wien geborene Bürgermeister von Jerusalem, Teddy Kollek, war kein schlechter Mensch. Nach dem, was ich seinen Plaudereien mit Vater entnehmen konnte, war er ein anständiger, Zigarre rauchender Kerl mit Sinn für Humor und ohne einen Hauch jener maßlosen Arroganz, die so viele Israelis, vom General bis zum Verkehrspolizisten, an den Tag legten. Dennoch trat er durch sein Vorgehen unsere Geschichte in einer Weise mit Füßen, wie es sich nicht einmal die Türken je erlaubt hatten. Als er bei seiner Regierung um die Errichtung von Ramot Eschkol, Neve Jaakov und Gilo warb, hatte er nicht im Sinn, unsere nationalen Rechte zu verletzen. Er bezog sie nur einfach nicht in seine Pläne mit ein. Die Schaffung jüdischer Viertel in Ostjerusalem stellte in seinen Augen nicht nur eine Angelegenheit von höchster nationaler Bedeutung dar, sondern auch ein Wohnungsbauprogramm, das einer bunt gemischten Ansammlung einzelner Araber, die es durch einen historischen Zufall in die Stadt Davids verschlagen hatte, Stellen verschaffte. Indem er diesen Arabern Arbeit und ein Einkommen gab, tat er ihnen einen Gefallen, so dachte Kollek. Es war die Chance ihres Lebens, in einer rasch wachsenden modernen Metropole zu wohnen, und er verstand nicht, warum wir deswegen so viel Ärger machten.

Was der Bürgermeister hingegen nicht zu würdigen wusste, war, dass die Arbeiter, Händler und Bauern, die seiner Ansicht nach von seinen Plänen profitierten, eine kollektive Identität besaßen, die nicht weniger menschlich war und nicht weniger Anerkennung verdiente – und deren Missachtung nicht weniger Zorn hervorrief – als Kolleks eigene jüdisch-israelische Identität.

Während meiner Seminare und in den Cafés der Altstadt wurde ich mir eines Umstands bewusst, den man als schlimmen Fall nationaler Schizophrenie bezeichnen könnte. Während die Integration Israels und Palästinas auf der Ebene von Wirtschaft und Verwaltung rasch voranschritt und den Eindruck vermittelte, alles liefe bestens, förderte sie auf einer tieferen Ebene immer deutlicher eine separatistische, nationalistische palästinensische Identität. Die Araber begannen sich auf selbstbewusste Weise als Palästinenser zu fühlen. Je mehr der arabische »Körper« in das israelische System eingebettet wurde, desto mehr rang die palästinensische »Seele« darum, dieses System zu transzendieren.

Als ich eines Tages wieder einmal über all diese Veränderungen und dialektischen Widersprüche nachsann, traf mich ein Gedanke wie ein Blitz aus heiterem Himmel: Die Lösung unseres Konflikts mit Israel bestand weder in einem Mehr an wirtschaftlicher Integration noch in einer besseren Schul- und Berufsbildung, weder darin, dass uns die Gouverneure freundlicher gegenübertraten, noch in einer humaneren Form der Folter. Und auch nicht darin, dass aus schlechten Israelis bessere wurden. Sie bestand schlicht und einfach darin, dass die Besatzung ein Ende nahm, und zwar punktum.

1980 war es zwei Jahre her, dass ich nach Jerusalem zurückgekehrt war. In Birseit vertrieb ich mir die Zeit zwischen den Seminarstunden immer noch damit, durch die umgebende Landschaft zu streifen und mich meinen Träumen hinzugeben, mich an den hitzigen Debatten der Studenten in der Mensa zu beteiligen oder mich in eins der Cafés im Dorf zu setzen. Ansonsten hockte ich in meinem Büro und korrigierte Seminararbeiten oder schrieb Artikel über die Philosophen des arabischen Goldenen Zeitalters.

Unterdessen riss der Strom von Politikern und Philosophen, die in meinem Elternhaus ein und aus gingen, nicht ab. Die Autonomiegespräche führten zu nichts und sollten es wahrscheinlich auch nicht. (Begin sagte vor der Knesset: »Nicht im Traum denken wir daran, die Gebiete der PLO zu übergeben … abgesehen von der Waffen-SS die niederträchtigste Mörderbande.«[2]) Weit davon entfernt, die Kontrolle über Ostjerusalem aus der Hand zu geben, setzten die Israelis vielmehr alles daran, sie auszuweiten, und zwar auf allen Ebenen.

In jenem Sommer wurde bei meinem Vater Schilddrüsenkrebs diagnostiziert. Er aber legte angesichts der schleichend fortschreitenden Krankheit einen stoischen Gleichmut an den Tag und warf sich in unzählige politische Schlachten, um die Rechte der Palästinenser zu verteidigen, so gut er konnte. Das Hauptthema in den abendlichen Familiensalons waren die Attentate auf Bürgermeister im Westjordanland, für die sich mein Vater, wenn auch vielleicht aus irrationalen Gründen, zum Teil verantwortlich fühlte. Bereits 1967 hatte er israelische Politiker gedrängt, Kommunalwahlen zuzulassen, doch erst 1976 konnte sich Mosche Dajan zu diesem Schritt durchringen.

Es ist schwer zu sagen, was die Israelis erwartet hatten, jedenfalls machten in allen wichtigen Städten des Westjordanlands nationalistische Bürgermeisterkandidaten das Rennen. Bis auf zwei waren alle direkt oder indirekt mit der einen oder anderen Fraktion der PLO verbunden. Einige dieser neuen Bürgermeister bildeten zusammen mit anderen der PLO nahestehenden Persönlichkeiten das sogenannte Nationale Führungskomitee.

Dies entbehrte nicht einer gewissen Ironie, da sich die Fatah immer noch in erster Linie als geheime Militärorganisation verstand und als solche nicht sofort die politische Chance nutzte, die sich durch die Wahlen bot. Und so war die kommunistische Partei – traditionell keine bewaffnete Organisation – im Nationalen Führungskomitee in der Übermacht.

Kaum dass sich dieses Gremium gegründet hatte, versuchten die Israelis, es zu vernichten. 1979 brachten die Behörden den beliebten Bürgermeister von Nablus wegen »Unterstützung des Terrorismus« hinter Schloss und Riegel. Im Mai 1980 wurde der Bürgermeister von Hebron, ebenfalls ein gemäßigter Mann, verhaftet und abgeschoben. Wenige Monate später machte die Militärverordnung Nr. 830 der Demokratie in den palästinensischen Gemeinden endgültig den Garaus, indem sie die Kommunalwahlen wieder abschaffte. Sieben Mitglieder des Nationalen Führungskomitees, darunter zwei Bürgermeister, wurden verhaftet und ins Gefängnis gesteckt.

Allerdings konnten sie von Glück sagen, hinter Gittern zu sitzen, denn draußen versuchten Mitglieder einer jüdisch-messianischen Untergrundbewegung mit Verbindungen zur Siedlerbewegung Gusch Emunim (»Block der Gläubigen«), die Führungsleute, die noch in Freiheit waren, aus dem Weg zu schaffen. Gerade wieder aus dem Gefängnis entlassen, wurden dem Bürgermeister von Nablus bei einem Bombenattentat beide Beine abgerissen, und sein Kollege aus Ramallah verlor seinen linken Fuß.

Die gewaltsame Entmachtung des Nationalen Führungskomitees setzte tiefgreifende Veränderungen im politischen Leben Palästinas in Gang, auch wenn die Israelis es noch nicht merkten.

Die alte Elite der Honoratioren und Würdenträger sowie die traditionellen Stammes- und Clanführer befanden sich auf dem Rückzug, und an ihre Stelle traten überall im Westjordanland und im Gazastreifen von jungen Aktivisten organisierte militärische und zivile Netzwerke.

Ein weiteres Thema der endlosen Salondebatten war die Siedlerbewegung, die jede Hoffnung auf einen Rückzug der Israelis zunichte zu machen drohte. Die Arbeitspartei ließ nach dem Jom-Kippur-Krieg (für die Palästinenser der »Ramadankrieg«) die ersten Siedlungen bauen, um einem weiteren Überraschungsangriff zu begegnen. Hatte Kollek die Siedlungen in Ostjerusalem gefördert, war es nun Schimon Peres, der die Schirmherrschaft über die westjordanische Siedlung Beit El übernahm, die auf dem enteigneten Land des Dorfes Beitin errichtet wurde. Das Rad begann sich zu drehen.

Den Bau der größten Siedlungsblöcke aber veranlasste der Likud im Schatten von Camp David. Premierminister Begin betrachtete die eroberten Gebiete als integralen Bestandteil Israels, weil sie das von Gott gegebene Heilige Land, die Geburtsstätte des jüdischen Volkes, seien. Er war durchaus bereit, den dort lebenden Arabern eine begrenzte Autonomie zuzubilligen, jedoch keine nationalen Rechte. Diese nämlich beinhalten die Kontrolle über das Land, und er war entschlossen, uns gerade diese Kontrolle zu verweigern.

Überall schossen Siedlungen wie Pilze aus dem Boden. Die Entstehung von Schilo, Neve Zuf, Mitzpeh Jericho, Schawei Schomron, Dotan, Tekoa und einer Reihe anderer folgte im Wesentlichen immer derselben Dramaturgie: Eines Morgens tauchte auf einem Hügel ein Wohnwagen auf. Ihm folgten zwei oder drei, und bevor man sich's versah, war der ganze Hang von diesen Fahrzeugen bedeckt, als hätte eine Zellteilung stattgefunden.

In meiner Kindheit und Jugendzeit war Jerusalem das Nervenzentrum des politischen und kulturellen Lebens der Palästinenser gewesen, und die hitzigen Debatten im Salon meines Vaters hatten einen Eindruck von dem vermittelt, was im Land geschah. Als die Besetzung immer tiefere Wurzeln schlug, wurde die traditionelle Führungsrolle der Jerusalemer Elite zunehmend bedeutungslos, bis kaum mehr als ein hohler Anspruch davon übrig war. Die politischen Schlachten verlagerten sich in die Städte und Dörfer des Westjordanlands und des Gazastreifens, die jetzt mit Entscheidungen der Besatzungsbehörden konfrontiert waren. Alles, was mit der Besatzung in Zusammenhang stand, brachte einen stetigen Strom neuer Klagen, neuer Geschichten, neuer Helden, neuer Anführer, neuer Erfahrungen – kurz, eine neue Realität – hervor.

Von diesen weit verstreuten Schlachtfeldern kamen nach und nach immer mehr Studenten nach Birseit. Ihre Zahl ging jetzt nicht mehr in die Hunderte, sondern in die Tausende, und das beschauliche Dorf war dem sprunghaften Wachstum nicht mehr gewachsen. 1980 lagerte die Universität die ersten Einrichtungen in moderne Gebäude auf einem nahe gelegenen Campus aus, der, finanziert von reichen Palästinensern am Golf, an einem Hang lag. Die Erweiterung aber brachte wiederum mehr Studenten, das wissenschaftliche Niveau sank, und es stellte sich zunehmend die Notwendigkeit, Englisch als Hauptunterrichtssprache durch Arabisch zu ersetzen.

Immer noch lernte ich mehr, als ich vermitteln konnte. An den meisten Nachmittagen verlegte ich mein Sprechzimmer – oder besser gesagt, meinen »Salon« – in ein Hummus-Restaurant im Dorf, wo meine Studenten und ich zusammensaßen, redeten und kettenrauchten. (Ich gewöhnte mir damals an, »Omar« zu rauchen, die billigste Marke, die zu haben war, und die einzige Zigarettensorte, die unseren politischen Gefangenen in Israel zur Verfügung stand.) Es mag eigenartig klingen, aber sobald ich meine Studenten näher kennenlernte, fühlte ich mich intellektuell mehr angeregt als in Oxford oder Harvard. Sie lehrten mich, was die Besatzung für mein Volk bedeutete, und nur dank ihnen begann ich, mir Gedanken über die strategischen und geistigen Fähigkeiten zu machen, die sie brauchten, um einen ausgesprochen cleveren Feind zu überlisten.

Diese Salon- und Seminargespräche entwuchsen der Alltagswirklichkeit meiner Studenten, die in verwahrlosten Lagern und Dörfern lebten, und wurden dann durch den Lektürekanon befruchtet. Im Westen ist eine liberale Ausbildung an der Universität oft kaum mehr als ein Übergangsritus oder ein Zeichen guter Erziehung, etwa so wie das Benutzen der richtigen Gabel für den Salat. Für uns hingegen ist sie lebenswichtig, eine Prophylaxe gegen das Hinunterschlucken des Grolls, gegen das Entweder-oder von Resignation und Terror.

Auch die Einstellung zur Wissenschaft ist bei uns eine andere als im Westen, wo ein guter Student angehalten wird, einen Berg Stoff durchzuackern, bevor er sich an ein Thema herantraut. Studenten hingegen, die gerade eine Haftstrafe in einem israelischen Gefängnis verbüßt hatten, fanden, dass sie über ihre Erfahrungen hinaus keine andere Autorität brauchten. Sie mussten nicht erst lesen, was der Tod, was Rechte, was Freiheit und Identität bedeuteten und wo die Schwierigkeit lag, eine Entscheidung zu treffen. In jedem Dorf, in jedem Lager, in jeder Stadt machte fast jeder Palästinenser Erfahrungen, die ebenso tiefgehend waren wie die im Kanon thematisierten.

Wenn wir zum Beispiel im Seminar über *Hamlet* sprachen, brachte oft ein Student eine profunde Einsicht zur Sprache. Entweder war er erst kurz zuvor aus dem Gefängnis entlassen worden, oder er kam aus einem Lager oder Dorf und hatte dort schlimme Erfahrungen mit dem Militär gemacht. Sein von diesem Hintergrund beeinflusster Kommentar rückte das Verhalten des Prinzen in ein völlig anderes Licht.

Zu unserer Lektüre gehörte auch der Bericht des griechischen Historikers Thukydides über eine Auseinandersetzung zwischen den Athenern und den Bewohnern der Insel Melos während des Peloponnesischen Kriegs. Wir diskutierten über die jeweiligen Vorzüge einer Seemacht mit aggressivem Expansionsdrang und einer Gruppe von Inselbewohnern, die nur ihren Frieden wollten. Letztere als die schwächere Partei hatten ihre Position mit moralischen Argumenten, mit dem göttlichen Recht und Ähnlichem verteidigt, worauf die Athener erwidert hatten, die friedlichen Inselbewohner müssten sich endlich der Tatsache stellen, dass in der Geschichte nur das Gesetz der Macht gelte und der Stärkere über den Schwächeren herrsche.

In Harvard wäre Thukydides' Bericht Gegenstand einer geistreichen akademischen Debatte ohne wirkliche Relevanz außerhalb der Universität gewesen. Meine Studenten aber setzten Israel mit Athen gleich und Melos mit ihrem Dorf oder Lager. Für sie waren die israelischen Offiziere, die kamen, um mit ihren Dorfältesten zu sprechen, die zynischen Oberherren aus Athen, die aus einer Machtposition heraus Diktate erließen.

An diesem Punkt gewannen unsere Debatten an Zugkraft: Wenn die Macht bestimmte, was Recht und was Unrecht war, wovon die Athener/Israelis offenbar ausgingen, war es dann nicht naheliegend, auf den bewaffneten Widerstand zurückzugreifen, anstatt nutzlose moralische Argumente vorzubringen, die von den Herren nur belächelt wurden? Wenn das Völkerrecht nur ein Mittel zur Beschwichtigung ist und die reale Welt auf dem Schlachtfeld entsteht, wie die Herren meinten, sollten wir sie dann nicht mit ihren eigenen Mitteln, also auch mit Gewalt, bekämpfen?

Um meinen Studenten eine andere Perspektive zu vermitteln, die eher meiner eigenen Position entsprach, lud ich einmal Mubarak Awad ein, einen palästinensischen Christen und Pazifisten, der Gandhis Theorie vom zivilen Ungehorsam vertrat. Ich kannte ihn seit meiner Schulzeit in St. George, er war in der Klasse meines Bruders Saki gewesen. Mubarak hatte größte Mühe, meine Studenten von Gandhis gewaltlosem Widerstand zu überzeugen. Sie konnten sich nicht vorstellen, dass es möglich sein sollte, israelische Panzer mit weißen Fahnen und Steuerboykotten zurück über die grüne Grenze zu jagen. Wie sollten friedliche Demonstrationen den Palästinensern die Israelis vom Leibe halten? Wie sollten sie Verhaftungen ohne Gerichtsverfahren, die Beschlagnahmung von Land, den Abriss von Häusern, Durchsuchungen ohne Durchsuchungsbefehle verhindern?

Beliebter war da schon *Die Verdammten dieser Erde*, ein Essay des Psychologen Franz Fanon über den Algerienkrieg. Auch hier identifizierten sich die Studenten mit den Algeriern in ihrem Kampf gegen die französische Armee und die Siedler, zu deren Schutz sie entsandt worden war. Moralische Argumente hatten die Athener nicht davon abgehalten, die Inselbewohner niederzumetzeln. Das algerische Volk hingegen hatte die Siedler heldenhaft geschlagen und seine Unabhängigkeit erlangt. Für meine Studenten lag die Botschaft auf der Hand.

Ferner las ich mit ihnen das *Gilgameschepos*, eine alte akkadische Legende über Unsterblichkeit und die Götter, von der sich einzelne Episoden, zum Beispiel über die Flut, später in der Bibel wiederfinden. Eine erregte Debatte entzündete sich an der Frage, ob die authentischen religiösen Texte wirklich von Gott stammten, von dessen Existenz einige meiner Studenten inzwischen alles andere als überzeugt waren. Diese theologische Frage, die in Harvard, wenn sie dort überhaupt diskutiert worden wäre, weniger Dringlichkeit besessen hätte als das Ergebnis eines Basketballspiels, war in meinem Seminar von ungeheurer Bedeutung. Viele derjenigen, die noch an einen Sieg der Gerechtigkeit über die Besatzer und damit des Rechts über die Macht glaubten, stützten ihre Hoffnungen auf Gott – eine quietistische Position, die vom islamischen Teil der Studentenschaft vertreten wurde. So merkwürdig es klingen mag, aber diese Gruppe, die schließlich in der Hamas aufging, war ursprünglich gegen eine revolverheldenhafte Gewaltromantik im Stile Fanons. In ihrem religiös geprägten Denken war Rettung nur durch eine Rückkehr zu einer reinen islamischen Lebensweise denkbar. Menschen, die später Selbstmordattentate als sicheren Weg ins Paradies priesen, waren Anfang der 1980er-Jahre noch strikte Pazifisten.

Diejenigen, die von den Argumenten der Athener – beziehungsweise Fanons – überzeugt waren, erhoben heftigen Einspruch und behaupteten, Gott spiele überhaupt keine Rolle und der Monotheismus sei nur ein Märchen. Diesem Lager gehörten Marxisten aller Schattierungen an. Für sie war Gott entweder eine Illusion oder, wenn er denn existierte, die Wurzel all unserer Probleme und keineswegs deren Lösung.

Solche freigeistigen Unterrichtsgespräche erregten den Zorn der religiösen Eiferer, die damals noch in der Minderheit waren. »Was denken Sie über den Propheten?«, rief einer der tugendhaften Studenten mit bebendem Bart, als wir uns in einem Gespräch über den mittelalterlichen Philosophen Abu Nasr al-Farabi befanden. »War er nicht das Gefäß des wahren und vollkommenen Wissens und brauchte kein Griechisch und keinen Aristoteles?«

»Nun«, begann ich, während ich im Seminarraum auf und ab ging und darüber nachsann, wie ich sie ein bisschen aufrütteln könnte, um sie zum kritischen Denken anzuregen, »ihr dürft nicht vergessen, dass Mohammed weder lesen noch schreiben konnte und nur ein Bote war. Al-Farabi lehrt uns, dass derjenige, der mit dem Verstand die Wahrheit sucht, diese in einem viel tieferen Sinne besitzen wird als derjenige, der nur ihr Gefäß ist.« Die spirituell angehauchten Eiferer schnappten nach Luft. »Wer seinen Verstand benutzt«, fuhr ich fort, »ist für al-Farabi wie für seinen Lehrer Plato der klügste Herrscher.«

»Klüger als der Prophet?«, fragten gleich vier Studenten im Chor.

»Ihr habt es erfasst!«, erwiderte einer aus den Reihen der Marxisten.

»Genau!«, sagte ich und schritt, eine unangezündete Omar in einer Hand, weiter auf und ab. »Nehmt nur einmal ein Beispiel aus dem praktischen Leben. Wer Englisch kann, versteht Milton besser als jemand, der es nicht kann. Wer sich mit dem Bankwesen auskennt, wird eine Bank besser leiten als jemand, der nicht einmal Zahlen lesen kann. Und kommt nicht jemand, der Auto fahren kann, besser von Ramallah nach Bethlehem als ein Eseltreiber?«

Ich war zu weit gegangen. Die religiösen Studenten – sie hockten mit zusammengepressten Lippen in der letzten Reihe zusammen – kochten. Da sie dazu neigten, philosophische Argumente zu personalisieren, glaubten sie, ich – ein Gebildeter, der ein Bankkonto besaß und jeden Tag mit dem Auto zur Arbeit fuhr – hätte behauptet, besser zu sein als der Prophet.

Und vielen erschien mein Verhalten derart allen Traditionen zuwiderzulaufen, dass sie mich für areligiös hielten. Verkehrte ich etwa nicht mit Marxisten und Ungläubigen aus der PLO? Vertrat ich nicht liberale Ansichten? Und dann die Sandalen, die englische Ehefrau, die langen Haare und der fehlende Bart. Sie zählten alles zusammen und kamen zu dem Ergebnis, dass sie mein Todfeind war.

Schließlich gingen ein paar von ihnen zu meinem Vater, um sich über mich zu beschweren. »Raus!«, donnerte er, als sie mich als Gotteslästerer bezeichneten. Doch der neue Mufti von Jerusalem, an den sie sich daraufhin wandten, gab ihnen Recht und holte bei seiner nächsten Freitagspredigt in der Al-Aksa-Moschee gegen mich aus. Meine jungen Inquisitoren waren so außer sich, dass sie ein Flugblatt mit der Überschrift »Birseit hat einen neuen Propheten« in dicken, schwarzen Lettern herausbrachten. In dem Text wurde ich der Häresie bezichtigt, weil ich mich für besser als Mohammed halte. Das als Drohung gedachte Flugblatt amüsierte mich jedoch nur. Mir gefiel die Bezeichnung »Prophet«, und so rahmte ich es ein und hängte es in meinem Büro neben ein Foto des Felsendoms.

## KAPITEL 12

# MILITÄRVERORDNUNG 854

*Es kommt immer eine Zeit, in der man zwischen
dem Zuschauen und der Tat zu wählen hat. Das heißt:
ein Mensch werden.*
Albert Camus, *Der Mythos von Sisyphos*[1]

WIE VATERS LENDEN JEMAND WIE ICH entspringen konnte,
wird mir immer ein Rätsel bleiben. Schon in meiner Kindheit zog
ich es vor, Situationen zu analysieren, anstatt die Ärmel hoch-
zukrempeln und mir die Hände schmutzig zu machen. Der Gedanke, mich in einer Bibliothek tagelang zwischen Bücherbergen
zu vergraben oder, eine Omar nach der anderen rauchend, über
einen Stapel Notizen gebeugt in einem Café zu sitzen, war für
mich immer weitaus verlockender, als mich am Gerangel um Positionen und Macht zu beteiligen. Es gab genügend philosophische Rätsel, die ich lösen wollte und die, das muss ich hinzufügen,
mit Befreiung nichts zu tun hatten.

Meinen Zugang zur Politik fand ich eines Tages in der Pause
zwischen zwei Seminaren (schlechtes Wetter zwang mich, auf
meinen gewohnten Spaziergang über die Felder zu verzichten).
Baschir, mein Freund aus Kindertagen, stieß mit einem schelmi-
schen Grinsen die Tür zu meinem Büro auf und trat ein, gefolgt
von mehreren meiner Kollegen. Eine von ihnen war Hanan Ashrawi, die ebenfalls lächelte. Meine Kollegen führten etwas im
Schilde, so viel war klar.

Da mein Büro, das etwa die Größe einer Besenkammer hatte,
nicht genügend Sitzplätze für alle bot, verzichteten sie auf die Ein-

haltung der palästinensischen Tradition, zur Einstimmung erst einmal Kaffee zu trinken und zu rauchen, und kamen sofort zur Sache. Baschir als ihr Sprecher sagte, ich könne nicht »einfach so rumsitzen«, als wäre alles in Ordnung. »Du musst mitmachen. Wir brauchen dich.«

Es ging um einen Konflikt, der sich zwischen der Verwaltung und Mitgliedern der Fakultät zusammenbraute. Zur damaligen Zeit war unser Gehalt nicht nur lächerlich gering, es kam noch nicht einmal pünktlich. Doch das Geld war nicht das einzige ausgesprochen ärgerliche Problem. Weder waren wir über die Universität krankenversichert, noch hatten wir ein Mitspracherecht in den leitenden Gremien. Die Mitglieder der Fakultät wollten einen Betriebsrat, der ihre Interessen vertrat, und die Menschen, die sich in meinem Büro drängten, hielten mich für den Richtigen, um selbigen zu aufzubauen.

1977 hatte ein Freund von mir versucht, in Birseit einen Betriebsrat für die Dozenten zu gründen, und war daraufhin sofort entlassen worden. Um künftige Unruhen von vornherein auszuschließen, griff die Verwaltung sodann zu einer List und ergänzte ihre Satzung um eine Reihe von Regeln für einen Verband des Lehr- und Forschungspersonals, die uns eine repräsentative Struktur gaben, behielt sich aber die letztendliche Entscheidungsbefugnis vor. Jetzt, fünf Jahre später, erklärte mir die Delegation in meinem Büro, dass sich die wichtigsten politischen Gruppen auf dem Campus – die PFLP, die Kommunisten und die Fatah – darauf geeinigt hätten, eine unabhängige Person zu bestimmen, die dieses Gremium übernehmen und von innen versuchen sollte, der Verwaltung Zugeständnisse abzutrotzen. Da ich einer der wenigen Mitarbeiter an der Fakultät war, die keiner Gruppe angehörten, hatte sie der Auswahlprozess schließlich vor meine Tür geführt.

»Warum eigentlich nicht?«, gab ich zur Antwort, ohne lange nachzudenken. Doch kaum waren mir die Worte entschlüpft, war ich über mich selbst erstaunt. Und wie sich herausstellte, sollte mich mein gedankenloses »Warum nicht?« schon bald mitten in die politischen Kämpfe des Landes katapultieren.

Bereits nach einer Woche sah ich mich mit dem Titel »Präsident des Verbandes der Fakultätsmitglieder in Forschung und Lehre« versehen, aber auch mit einem Dutzend Aufgaben, die es zu bewältigen galt. Als Erstes brauchten wir eine Art Büro. Als ich ohne Umschweife bei der Verwaltung um einen Raum bat, erhielt ich, wie vorauszusehen, einen abschlägigen Bescheid. Daraufhin griff die Studentenvereinigung, deren Federführung Studenten von mir übernommen hatten, auf eine direktere Methode zurück: Wir besetzten einen leeren Raum, hängten ein Schild an die Tür und zogen ein. Bis die Verwaltung davon erfuhr, hatten wir uns bereits ziemlich häuslich eingerichtet, und die Tatsache, dass alle politischen Gruppierungen mich unterstützten, ganz zu schweigen von den vor der Tür postierten kräftigen jungen Fatah-Aktivisten, verhinderte unseren Hinauswurf.

Die Verwaltung war vollkommen verblüfft. Mit einem einzigen, in der Entschiedenheit einem Karateschlag gleichenden Akt hatten wir alle bisherigen Bemühungen, eine gewerkschaftliche Organisierung an der Universität zu verhindern, zunichte gemacht. Unser Verband legte außerdem den Grundstein für eine offene Zivilgesellschaft, die nicht nur für die Bürokraten an der Universität eine Bedrohung darstellte. Die häufig turbulenten Treffen, bei denen gewählte Vertreter aus Studentenschaft und Gremien des Verbandes ihre Politik und Strategien diskutierten – und dabei manchmal auf Stühle stiegen und lautes Geschrei von sich gaben –, brachten frischen Wind in eine Gesellschaft, die lange Zeit von Honoratioren geprägt worden war.

Umstände und Ereignisse haben ihre eigene Logik, und jetzt ergab sich eins aus dem anderen. An der Al-Najah-Universität in Nablus führte ein Mathematiker und Anhänger der Fatah eine Kampagne für die Gründung einer Gewerkschaft an. Schon bald sprachen wir über Möglichkeiten der Zusammenarbeit. Würde es den Einfluss unserer jeweiligen Vereinigungen nicht entscheidend stärken, wenn wir eine einzige, landesweite Organisation bildeten? Wir alle konnten von gewerkschaftlichen Aktionen an anderen Hochschulen profitieren. Und überhaupt – warum sollte die Bewegung auf Universitäten beschränkt bleiben? Man konnte doch auch Lehrkräfte aus der Berufsbildung mit einbeziehen. Und was war mit den Schüler- und Studentenvertretungen, wie es sie an den meisten Schulen und Universitäten bereits gab? In diesen Vereinigungen spiegelten sich die verschiedenen politischen Richtungen im Land: Die einen sympathisierten mit der Fatah, andere mit den Kommunisten, der PDFLP und so weiter. Vielleicht konnten wir ja diese Vereinigungen als Verbündete gewinnen.

Anfangs dachten wir nicht daran, mit der PLO-Führung Kontakt aufzunehmen, und ohne die Hybris der israelischen Behörden wäre es wohl auch nicht dazu gekommen. Nicht irgendeine Verschwörung war es, die aus der Gewerkschaft, mit der wir pünktliche Lohnzahlungen erreichen wollten, eine starke landesweite Kraft gegen die Besatzung entstehen ließ, sondern das israelische Militär.

Die Israelis verfügten über verschiedene Repressionsmittel, um die Menschen ruhig zu halten. Das Spektrum umfasste Schließungen, behördlich angeordnete Haft, Hausarrest, Folter sowie, wenn alle anderen Maßnahmen versagten, die Ausweisung. Was Sibirien für die Sowjetunion war, waren für unsere Besatzer Jordanien und der Libanon.

Das größte Widerstandszentrum gegen den Verlust unseres Landes war Birseit. Anfang der 1980er-Jahre war es tatsächlich eine »Brutstätte des palästinensischen Nationalismus«, wie die Israelis es nannten. Doch im Westjordanland und im Gazastreifen entstanden ständig neue Schulen und Universitäten, die mehr internationale Aufmerksamkeit auf sich zogen und auch Lehrpersonal aus anderen Ländern anlockten. Damit verbunden war wiederum eine Zunahme des lästigen nationalistischen Aktivismus.

All diese Entwicklungen versetzten die an ungehinderte Macht-
ausübung gewöhnten Militär- und Besatzungsbehörden in Unruhe.

Schließlich dachte sich das Militär etwas aus, das es sicher für
eine elegante Lösung hielt. Sehr bald nach Beginn der Besatzung
unterstellte Israel das Westjordanland und den Gazastreifen der
Kontrolle des israelischen Verteidigungsministers, der wiederum
einen Militärgouverneur ernannte und ihn mit allen Machtbefug-
nissen ausstattete. Um den internationalen Konventionen Genüge
zu tun, regierte der Gouverneur theoretisch in Übereinstimmung
mit dem existierenden Recht, im Falle des Westjordanlands also
nach jordanischem Recht. In Wirklichkeit jedoch wollte er die israelische Expansionspolitik durchsetzen und benutzte dazu Militärverordnungen, die von seinen Vorgesetzten im Verteidigungsministerium abgesegnet werden mussten.

Jetzt suchte der Militärgouverneur nach einer Möglichkeit, die
Universitäten und Schulen zu reglementieren. Unter jordanischer
Verwaltung hatte es schon deswegen keine Gesetze für Universitäten im Westjordanland gegeben, weil dort vor 1967 gar keine
Hochschulen existierten. Nun aber, im Jahre 1980, wurden mit
der Militärverordnung 854 die jordanischen Regelungen für staatliche Kindergärten und Grundschulen auf die Universitäten übertragen. Diese kreative Anwendung des alten Rechts garantierte
den israelischen Behörden nahezu absolute Macht über die Aus-
wahl des Lehrpersonals, die Aufnahme von Studenten und die
Lehrpläne. Die Armee war somit berechtigt, Studenten vor der
Zulassung und Lehrkräfte vor ihrer Einstellung auf Herz und
Nieren zu prüfen, und jedes Seminar sowie jedes im Unterricht
verwendete Buch musste vom Militärgouverneur genehmigt
werden.

In einem Zusatz zur Militärverordnung 854 wurde bestimmt,
dass alle ausländischen Professoren – ob palästinensische Expatriierte oder Lehrkräfte aus anderen Ländern – erneut Arbeitsge-
nehmigungen beantragen sowie eine Loyalitätszusage unterzeich-

nen mussten, in der es insbesondere hieß, dass sie sich weder am Widerstand gegen die Militärregierung beteiligen noch Beziehungen zu einer von den Israelis als »feindlich« definierten Organisation unterhalten würden, namentlich der PLO.

An dieser Stelle soll nicht unerwähnt bleiben, dass die Regierung unter der Bezeichnung »ausländisch« all jene subsummierte, die sich zum Zeitpunkt der israelischen Machtübernahme nicht im Westjordanland aufgehalten hatten, selbst wenn sie dort geboren und aufgewachsen und im Juni 1967 nur verreist gewesen waren.

Mit diesem Schachzug – Hunderten von Professoren, die an Universitäten des Westjordanlands lehrten, drohte die Deportation, wenn sie politisch aktiv wurden – versuchte man unsere akademische Freiheit zu unterminieren und zu verhindern, dass sich eine echte Zivilgesellschaft etablierte. Unser Verband beschloss daraufhin, das ganze Land in einer Bewegung zu mobilisieren, die später als »Mini-Intifada« bezeichnet wurde und eine Art Generalprobe für die Proteste darstellte, die sich 1988 explosionsartig Luft machten.

Die Israelis drohten an, alle Universitäten zu schließen, falls wir uns weigerten, uns an die neue Rechtsordnung zu halten. Die Verwaltung in Birseit, die kein Risiko eingehen wollte, versprach, für die Befolgung der neuen Regeln zu sorgen. Viele Mitglieder des Lehrkörpers, insbesondere die bei eventuell auftretenden Schwierigkeiten am ehesten von Ausweisung bedrohten Ausländer und Expatriierten, hielten erst einmal den Atem an, weil sie nicht wussten, was sie tun sollten. Ganze Karrieren standen auf dem Spiel. Das verstärkte den Druck auf uns Verbandsmitglieder, da es in unserer Hand lag zu entscheiden, ob mit den Besatzern ein Kompromiss geschlossen werden sollte, wir uns also fügen würden, oder ob wir den Kampf aufnehmen sollten, den wir, wie alle glaubten, ohnehin verlieren würden.

In unserem Verband und den verschiedenen Studentenvereinigungen wurde darüber diskutiert, abgestimmt und beschlossen, auf die Israelis zu pfeifen und im ganzen Westjordanland und im Gazastreifen Anhänger zu rekrutieren. Auf dem Spiel stand nicht nur die akademische Freiheit, sondern unsere Zivilgesellschaft sowie unsere politische Zukunft als Nation. Wir zeigten den Besatzern kollektiv den Stinkefinger.

Die Israelis wiederholten ihre Drohung, die Universität zu schließen, aber wir blieben bei unserer Haltung. Und als sich die Verwaltung einschaltete, bekam sie dieselbe Antwort von uns wie die Israelis: Vergesst es! Wir riefen weder zu Gewalt auf, noch warfen wir Steine. Wir ignorierten schlicht und einfach den Befehl, und zum allgemeinen – und auch zu meinem – Erstaunen unternahmen die Israelis nichts. Vermutlich scheuten sie vor dem Schritt zurück, ganze Universitäten zu schließen, und abgesehen davon konnten sie nicht viel tun.

Es war wie Zauberei: Einer disziplinierten, in ihrem Ziel einigen Organisation gelang es, einem mächtigen Staat mit einem skrupellosen, zu allem entschlossenen Sicherheitsapparat seine Grenzen zu zeigen. Um Unterstützung für unsere Position zu gewinnen, veröffentlichten wir in den Zeitungen Studien über die Reichweite und Folgen, verteilten Flugblätter und organisierten Vorträge vor dem Stadtrat und in Universitäten. Wir stellten Notpläne auf, um den Vorlesungsbetrieb auch dann aufrechtzuerhalten, wenn die Israelis ihre Drohung wahr machten und die Universitäten schlossen.

Auch in ländlichen Gebieten warben wir um Rückhalt in der Bevölkerung: Führende Mitglieder unseres Verbandes schwärmten in alle Himmelsrichtungen aus, um Dorfbewohnern und Gemeindeältesten die Bedeutung der Verordnung zu erläutern und zu erklären, warum es notwendig war, sich dagegen zu wehren. Als wir dann zusätzlich Pressekonferenzen abhielten, nahm allmählich auch die ausländische und israelische Presse von uns Notiz. Eine Reihe von israelischen Akademikern erschienen auf dem Campus, um ihre Solidarität zum Ausdruck zu bringen.

Ich empfand es als aufschlussreichen Einblick in die psychische

Struktur der Israelis, dass die Reaktion erst bei den ersten Anzeichen von Gewalt kam. Eines Tages marschierte ein Offizier in Zivil auf den Campus, ging direkt ins Verwaltungsgebäude und verlangte von der Universität eine Namensliste aller studentischen Aktivisten. Kaum war der Vorfall durchgesickert, begannen sich die Studenten um das Verwaltungsgebäude zu versammeln. Fast die gesamte Studentenschaft forderte den Offizier mit Sprechchören zum Gehen auf. Als er schließlich eine schmale Treppe herunterkam, wurde er von einem Studenten geschubst und fiel zu Boden. Wir stürmten los, um dafür zu sorgen, dass er den Campus verlassen konnte, ohne in Stücke gerissen zu werden. Er blieb unversehrt, doch es war nun einmal passiert.

Am folgenden Tag ordnete die Armee an, den Campus für drei Monate zu schließen. Siebzig Dozenten von verschiedenen Universitäten im Westjordanland wurden auf der Stelle abgeholt und des Landes verwiesen.

Zu diesem Zeitpunkt war unsere Basisorganisation bereits so stark, dass die Israelis mit der Schließung nur eine Ausweitung des Konflikts auf Städte und Dörfer im ganzen Westjordanland erreichten. Sobald die Studenten in ihre Dörfer zurückkehrten, kam es zu Auseinandersetzungen mit Soldaten. Die *Washington Post* titelte auf der ersten Seite: »Neun Personen bei Protesten im Westjordanland von israelischen Soldaten verletzt«. Unter den Verletzten befand sich auch die vierzehnjährige Tochter des damaligen Universitätspräsidenten Gabi Baramki.

Sobald die Universität ihre Pforten wieder öffnete, ging der Kampf gegen die Militärverordnung 854 weiter. Wir weigerten uns nach wie vor, sie zu akzeptieren, und wieder unternahmen die Israelis nichts.

Für mich war dies ein außergewöhnlicher Augenblick. Seit fünfunddreißig Jahren war jeder Schuss, den wir gegen die Besatzer abgegeben hatten, mit zehnfacher Wucht auf uns zurückgeprallt: Noch mehr Land wurde beschlagnahmt, noch mehr Menschen vertrieben, noch ein Stück unserer Zukunft zertrampelt. Es war ein aussichtsloser Kampf, denn sie hatten eine Strategie, wir nur unsere Gefühle. Jetzt entdeckten wir zum ersten Mal unsere Stärke. Im Repertoire der Israelis fand sich nämlich kein Mittel zur Niederschlagung einer voller Überzeugung geführten gewaltfreien Kampagne zivilen Ungehorsams.

In diesem Moment der Euphorie erreichte uns aus dem PLO-Hauptquartier in Amman eine verblüffende Nachricht: Wir sollten uns dem israelischen Diktat beugen. Die siebzig des Landes verwiesenen Dozenten befanden sich nun in Amman, und viele von ihnen hatten von der PLO verlangt, uns zum Einlenken aufzufordern. Sofort schlossen sich die verschiedenen Universitätsverwaltungen an, allen voran Birseit: Die PLO sollte ein bisschen Mut zeigen und uns in die Schranken weisen.

Wir hielten in Birseit eine Krisensitzung ab, an der Vertreter unseres Verbands und der Studentenvereinigungen aus allen Teilen des Westjordanlands und des Gazastreifens teilnahmen. Die Alternativen, die bei diesem turbulenten Treffen diskutiert wurden, waren paradox, aber klar: Entweder wir beugten uns der PLO gegen ihre eigenen Interessen, oder wir blieben bei unserer Weigerung. Wir entschieden uns, die Flinte noch nicht ins Korn zu werfen. Mir wurde bei der Konferenz die undankbare Aufgabe übertragen, den PLO-Führern in Amman den nationalen Konsens in dieser Frage beizubringen – ein demokratisch zustande gekommenes Votum, wie es die Palästinenser in den besetzten Gebieten noch nie erlebt hatten.

Damit begann für mich eine Serie von Reisen ins PLO-Hauptquartier in Amman. Mit der PLO in Kontakt zu stehen, galt damals als Straftat und wurde mit drastischen Gefängnisstrafen geahndet. Daher musste schriftliches Material vorsichtshalber heimlich nach Jordanien geschleust werden. Es wurde in Plastik verpackt und heruntergeschluckt, sodass es unbemerkt in den Gedärmen des Boten die Brücke passierte. Insgesamt unternahm ich fünf Reisen in die jordanische Hauptstadt, und jedes Mal schwammen solche Kapseln in meinen Eingeweiden.

Das erste Treffen endete mit einer Katastrophe. In Amman angekommen, wurde ich von Hamadeh el-Fara'neh empfangen, einem freundlichen Kerl, der in der für Bildung zuständigen Abteilung der PLO arbeitete. Hamadeh gehörte der PDFLP an, der marxistischen Splittergruppe der PLO. Ich hatte sofort den Eindruck, dass er auf meiner Seite stand, und so nahm ich fälschlicherweise an, dass ich nicht auf Widerstand stoßen würde.

Hamadeh führte mich zunächst zu verschiedenen, im Vorfeld arrangierten Treffen, unter anderem auch mit den ausgewiesenen Professoren. Es brachte mich in Verlegenheit, das Wort an sie zu richten, denn natürlich litt ich mit ihnen, doch schließlich kämpften wir ja genau um jene Institutionen, aus denen man sie zwangsweise entfernt hatte.

Warum man mich aber wirklich nach Amman bestellt hatte, erkannte ich schon bald nach meiner Ankunft im Hause Hamadehs. Als wir schon ein paar Stunden bei Kaffee und Zigaretten zusammengesessen hatten, hörten wir draußen einen Wagen vorfahren, und ein Mann in einem teuer aussehenden Anzug – wahrscheinlich von Armani – entstieg einer auf Hochglanz polierten Mercedes-Limousine. Es war der Sonderbeauftragte des Exekutivkomitees der PLO in Amman. Und nicht nur das: Er war auch Befehlshaber einer PLO-Armee, ein ungeschlacht wirkender Kerl und daran gewöhnt, dass man ihm mit Furcht und Hochachtung entgegentrat.

Kaum hatte er Hamadehs Wohnzimmer betreten, begann er in amtlichem, herablassendem Ton auf uns einzureden. »Im Namen des Exekutivkomitees der PLO erteile ich Ihnen den Befehl, die Erklärung, keinerlei Kontakt zur PLO zu unterhalten, sowie die die Universitäten betreffende Militärverordnung zu unterzeichnen.« Nachdem er seine Botschaft losgeworden war, blickte er auf die offenen Schnürsenkel meiner Turnschuhe und rollte mit den Augen.

Sein überheblicher Ton löste in mir eine reflexartige Reaktion aus. Ich straffte die Schultern und erwiderte: »Und ich bin vom

Dachverband der Universitätsmitarbeiter und den Studentenvereinigungen in den besetzten Gebieten angewiesen worden, Ihnen
und dem Exekutivkomitee die Botschaft zu übermitteln: Nein,
wir werden nicht unterzeichnen.«

Dieses »Nein« aus dem Munde eines Professors, der nicht einmal in der Lage zu sein schien, seine Schuhe ordentlich zu binden,
traf ihn wie ein Schlag. Er hatte keine Widerworte erwartet, sondern Gehorsam, und so wiederholte er einfach, was man ihm auf-
getragen hatte. Ich tat dasselbe.

»Es ist nicht statthaft für Sie, nicht gewillt zu sein, uns zu ge-
horchen.« Ich war drauf und dran, seine verheerende Grammatik
zu korrigieren, doch er sprach bereits weiter. »Ich habe hier einen
Brief von Arafat für Sie mit dem Befehl zu unterschreiben«, blaffte
der Berufsrevolutionär in seinem maßgeschneiderten Anzug.

»Lassen Sie mal sehen«, verlangte ich.

»Wie bitte, Sie glauben mir nicht?«

»Nein, nein, so ist es nicht«, log ich, um ihn zu besänftigen.
»Ich möchte bloß mal die Unterschrift des Vorsitzenden sehen.«

Er zog einen Brief aus seiner Mappe und reichte ihn mir. Beim
Überfliegen stellte ich fest, dass Arafat darin lediglich die große
Bedeutung der höheren Bildung für Palästina hervorhob und die
Befürchtung äußerte, ausländische Professoren könnten aus dem
besetzten Palästina ausgewiesen werden.

»In diesem Brief steht nichts davon, dass wir die Verordnung
unterschreiben sollen«, sagte ich und gab ihm das Schreiben zurück. »Auch ich mache mir Sorgen wegen der Professoren aus
dem Ausland. Das tun wir doch alle, oder?«

Der Funktionär trat nervös von einem Fuß auf den anderen
und sagte mit zorngerötetem Gesicht, so habe noch niemand mit
ihm zu sprechen gewagt. Dabei starrte er mich an, als könnte er
mich auf diese Weise dazu bewegen, mich der PLO-Linie zu unterwerfen. Nach einem Augenblick peinlichen Schweigens drehte
er sich auf dem Absatz um und verließ den Raum.

Am nächsten Tag rief mich der Chef des jordanischen Geheim-

dienstes in meinem Hotel an und bat mich, in seinem Büro vor-
zusprechen. Als ich dort eintraf, erwartete mich hinter dem
Schreibtisch eine weitere riesenhafte, finstere, unfreundliche Gestalt, die wie eine Kopie des Funktionärs vom Vortag wirkte, nur
dass dieser Mensch hier einen billigeren Anzug trug. Neben ihm
saß ein Amerikaner, offensichtlich ein Agent des CIA. Der jordanische Geheimdienstmann entrang seinen breiten Kiefern eine Begrüßung und erklärte dann im selben Ton wie der PLO-Mann vom
Vortag, es sei das Beste für uns, die Verpflichtungserklärung zu unterschreiben. Ich trug erneut die Position unserer Gruppe vor.

Meine erste Berührung mit dem Schattenreich der Geheimdienste war nicht besonders aufbauend. Nicht einmal in meinen wildes-
ten Träumen wäre ich darauf gekommen, dass Israel, Amerika,
Jordanien und die PLO ein gemeinsames Interesse daran haben
könnten, dass palästinensische Professoren sich von der PLO distanzierten.

Meine nächsten Reisen über die Grenze, jedes Mal mit neuen
Kapseln im Bauch, verliefen stets nach dem gleichen Muster. Die
PLO stellte Forderungen, und ich weigerte mich, ihnen nachzu-
kommen. Ich kam erst weiter, nachdem ich Abu Dschihad kennengelernt hatte.

Abu Dschihad war der Deckname für Chalid al-Wasir, Arafats
stellvertretenden Kommandeur. Aufgrund seiner Intelligenz und
seiner brillanten strategischen Fähigkeiten war er bei den Israelis
verhasst und gefürchtet. Schon ein Gespräch mit ihm über das
Wetter hätte uns in einen israelischen Gulag bringen können. Wie
meine Mutter war Abu Dschihad 1948 aus seinem Heimatort
Ramle vertrieben worden. Er schloss in Gaza die Schule ab und
studierte anschließend in Alexandria Bauingenieurwesen. In Kuwait begegnete er schließlich Arafat.

Abu Dschihad war der Einzige aus der Führungsriege der
PLO, der darauf setzte, in den besetzten Gebieten funktionierende politische Strukturen zu schaffen. Während sich die ande-

ren um diplomatische Beziehungen bemühten, Entführungen planten oder im Libanon Waffenlager anlegten, arbeitete Abu Dschihad an einer nationalen Bildungspolitik für die besetzten Gebiete, damit sich die Palästinenser gegen die Israelis behaupten konnten.

Wir begegneten uns bei einem Treffen mit der PLO in Amman, das eine weitere fruchtlose Runde von Forderungen und Weigerungen zu werden drohte. Schließlich zog ich eines unserer Flugblätter heraus und hielt es ihnen entgegen. Ganz unten war zu lesen: »Die PLO ist die einzige legitime Vertretung des palästinensischen Volkes.«

»Was bedeutet ›Vertretung‹ in diesem Falle?«, fragte ich sie, als hätte ich es mit Studienanfängern zu tun. »Bedeutet es, dass die PLO tut, was sie will, oder dass sie tut, was das palästinensische Volk will?« Ich las aus den Gesichtern, dass sie mir nicht folgen konnten, also wurde ich noch deutlicher. Als Anführer unseres Verbandes seien wir Vertreter derjenigen, die uns gewählt hätten. Sobald wir uns bereit erklärten, die Militärverordnung zu unterzeichnen, würden sie andere wählen, die dazu nicht bereit wären.

Ich befand mich in Begleitung zweier Genossen, und unser Dreierteam muss auf Abu Dschihad einen seltsamen Eindruck gemacht haben. Selbstbewusst erklärten wir, dass es nicht zur Schließung von Institutionen führen würde, wenn wir uns gegen die Israelis behaupteten. Die Israelis blufften nur, und wir seien stark genug, nicht darauf hereinzufallen. Wenn wir hingegen nachgaben, könnten wir die Universitäten auch gleich schließen, weil sie dann keine Zentren kritischen und humanistischen Denkens mehr seien.

Ich sah deutlich, wie es in Abu Dschihads Kopf arbeitete, während er die verschiedenen Möglichkeiten abwog wie ein Gewürzhändler seine Waren. Keiner sagte ein Wort, und ich wurde langsam nervös, weil ich wusste, dass wir uns seiner Entscheidung notgedrungen würden fügen müssen. Doch dann schlug er mit der Faust auf den Tisch und forderte uns auf, mit unserer guten

Arbeit fortzufahren. Offenbar hinterließ ich keinen schlechten Eindruck bei ihm, denn von da an standen wir in engem Kontakt, bis er 1988 von israelischen Kommandos ermordet wurde.

Wir hatten also Abu Dschihad für uns gewonnen, doch auf der anderen Seite hatte ich mir bei meinen Ausflügen über den Jordan auch eine Menge Feinde geschaffen. Als ich bei meiner letzten Reise – in euphorischer Stimmung, da ich ja die PLO auf meine Seite gebracht hatte – die Grenze passieren wollte, schleuderte mir ein Grenzhüter meinen Pass ins Gesicht, nachdem er meinen Namen gelesen hatte. Er deutete mit dem Zeigefinger in Richtung Westjordanland und befahl mir, mich nie wieder in Jordanien blicken zu lassen.

Wir hatten die PLO überzeugt, indem wir Abu Dschihad überzeugt hatten, der wiederum Arafat dafür gewonnen hatte, uns zu unterstützen. Diese Tatsache lehrte mich etwas über die PLO: Ein bisschen entschiedener Druck, und die obersten Chargen schlossen sich unserer Position an. Aber sie hatten auch kaum Alternativen. Da sie in Amman oder Beirut saßen, standen ihnen keinerlei physische Mittel zur Verfügung, um Daumenschrauben anzusetzen. Diese faktische Realität – die PLO draußen, wir drinnen – setzte einen Veränderungsprozess in der Beziehung zwischen dem Volk und seinen Führern in Gang. Man könnte sagen, dass die israelischen Grenzanlagen zur Entstehung einer Gewaltenteilung beitrugen, die einem demokratischen Geist Raum gab.

Aber natürlich waren damit unsere Probleme mit den Israelis nicht gelöst. Sie drohten weiter, die Universitäten zu schließen, und wir ignorierten sie wie gehabt. Unsere Stärke wuchs zum rechten Zeitpunkt, und ebenso die Unterstützung, die wir fanden. Wir erreichten nicht nur, dass die UNO in einer Sonderresolution Israel dazu aufrief, die Militärverordnung 854 fallen zu lassen, nein, es gelang uns außerdem, die Unterstützung der Internationalen Juristenkommission zu gewinnen. Auch viele israelische Akademiker hielten zu uns, und schließlich gab Israel klein bei.

Wir konnten den Triumph nicht auskosten, denn kaum hatten die Besatzungsbehörden in puncto Militärverordnung 854 nachgegeben, verkündeten sie eine neue. Die »Dorfliga«, die mit der Militärverordnung 752 ins Leben gerufen wurde, war eine Kopfgeburt des neuen Herrn über das Westjordanland, Ariel Scharon.

Scharon erschien auf der Bildfläche, nachdem der Likud-Block die Parlamentswahlen 1981 mit größerer Mehrheit als erwartet gewonnen hatte. Als wäre er vom Himmel erwählt, interpretierte Begin den Wahlsieg als Mandat, im Westjordanland und im Gazastreifen eine noch aggressivere Politik zu verfolgen. Um diese in die Tat umzusetzen, übergab er Scharon das Verteidigungsministerium.

Unter Palästinensern war Scharon vor allem wegen seiner Beteiligung an dem Massaker bekannt, das 1953 in dem Dorf Kibja im Westjordanland verübt worden war: Als Befehlshaber der berüchtigten »Einheit 101«, deren Mission es war, Vergeltung für arabische Angriffe zu üben, war er mitten in der Nacht mit seinen Leuten in Kibja aufgetaucht und hatte bis zum Morgen den Ort in Schutt und Asche gelegt. Die Häuser waren in die Luft gesprengt worden, und neunundsechzig Araber, zwei Drittel davon Frauen und Kinder, waren ums Leben gekommen. Ein UN-Kommandeur berichtete, dass »Bomben durch die Fenster in die Hütten geworfen wurden, in denen die Flüchtlinge schliefen, und als sie fliehen wollten, wurden sie mit Hand- und Schnellfeuerwaffen angegriffen«.[2]

Scharon, der stets ein Mann der Visionen gewesen war, machte sich daran, Begins mythopolitischen Traum an Ort und Stelle in Fakten umzusetzen. Zu diesem Zweck ersetzte er zunächst den bisherigen Militärgouverneur Benjamin Ben-Elieser durch Menachem Milson, einen Orientalisten, der wie Begin das messianische Ideal eines Groß-Israel vor Augen hatte. Scharon und Milson machten sich sofort ans Werk. Eine ihrer ersten Aktionen war die Ächtung des Nationalen Führungskomitees und die Absetzung aller Bürgermeister, die von den Wahlen von 1976 noch übrig geblieben waren. Um die abgesetzten Bürgermeister durch eine neue, ihren Vorstellungen genehmere Zivilverwaltung ablösen zu können, brachten sie die Dorfligen ins Spiel.

Die Dorfligen sind ein schönes Beispiel für das Motto *divide et impera*. Scharon und Milson gingen richtigerweise davon aus, dass zwei Drittel der Palästinenser auf dem Land oder in Lagern lebten und nur ein Drittel in den Städten, wo die säkulare palästinensische Führung beheimatet war. Selbst die Bürgermeister, die sich zum Nationalen Führungskomitee zusammengeschlossen hatten, gehörten der gebildeten, städtischen Elite der Araber an, die auf dem Land kaum Rückhalt hatte. Die Fellachen verfügten weder über die Zeit, sich mit dem säkular-nationalistischen Denken zu befassen, das aus Städten und Universitäten sickerte, noch hatten sie Interesse daran. Scharon hoffte, lokale Führer zu finden – notfalls auch zu kaufen oder zu zwingen –, die die traditionell eingestellten Massen für sie gewinnen würden. Da diese eher religiös gesinnten Menschen, so die Überlegung, die Ereignisse auf nationaler Ebene nicht überblickten, würden sie sich damit zufriedengeben, in jenen auseinandergerissenen Teilen des Westjordanlands leben zu dürfen, die ihnen die Israelis überließen. Der »Autonomie« nach Likud-Art lag die Vorstellung zugrunde, dass der überwiegende Teil der Araber nationale Bestrebungen bereitwillig gegen das Recht eintauschen würde, zu beten und für eine Baufirma Zement zu mischen, damit die nächste jüdische Siedlung gebaut werden konnte.

Scharon warf das gesamte Gewicht der Armee und des israelischen Geheimdienstes Schin Beit in die Waagschale, um den Dorfligen den Start zu erleichtern. Milson begann damit, jene lokalen Führer, die einer Zusammenarbeit zustimmten, zu unterstützen. Manche der von ihm ausgewählten Galionsfiguren hatten einen zwielichtigen Hintergrund. Einer der fügsamen lokalen Führer, die von Scharon und Milson protegiert wurden, war Scheich Ahmad Jassin, ein an allen vier Extremitäten gelähmter Geistlicher im Gazastreifen. Um die PLO zu schwächen, hatte die israelische Regierung ihn bereits 1978 unterstützt und ihm gestattet, eine Zeitung sowie eine Hilfsorganisation zu gründen, die er Islamic Association nannte. Jetzt flossen dieser Organisation über das Dorfliga-Programm Gelder für neue Moscheen, Schulen, Krankenhäuser und andere medizinische Einrichtungen zu. Außerdem erlaubten die Israelis dem Scheich, von arabischen Regierungen, die Arafat feindlich gegenüberstanden, Summen in Höhe von zig Millionen Dollar entgegenzunehmen.

Inzwischen trieben Premierminister Begin und Verteidigungsminister Scharon die Errichtung neuer Siedlungen voran. Um möglichst viele jüdische Bürger zu gewinnen, warben sie unter Israelis, die keine ideologischen Bindungen zu Gusch Emunim, der zionistischen Erneuerungsbewegung, hatten. Die Regierung bot ihnen Hypotheken zu niedrigen Zinsen und andere ökonomische Anreize, die für nicht religiöse Juden attraktiv waren.

In der Siedlung Beit El, die bei meiner Ankunft im Jahre 1978 noch eine kahle Bergkuppe gewesen war, herrschte jetzt geschäftiges Treiben: Busse, Schulen, Geschäfte – und all das in Sichtweite des erbärmlichen Flüchtlingslagers Dschalasun. In Ostjerusalem erschlossen Begin und Scharon die neue Siedlung Pisgat Ze'ev, benannt nach Begins Mentor Ze'ev Jabotinsky, dem geistigen Anführer der fahnenschwenkenden Jugendlichen, die 1929 die Ausschreitungen an der Klagemauer ausgelöst hatten.

Um mehr Siedler anzulocken und zu schützen, mussten weitere Straßen, Strom- und Wasserleitungen gebaut, mehr Soldaten eingesetzt und auch neue Vorschriften erlassen werden – bis schließlich das Leben der Palästinenser bis ins kleinste Detail reglementiert war. (Die Militärverordnung Nr. 1015 gestattete die Pflanzung von Obstbäumen oder mehr als zwanzig Tomatensetzlingen nur mit Zustimmung des Militärgouverneurs und zu den von ihm gestellten Bedingungen.)

Als denjenigen, die für die akademische Freiheit gerungen hatten, fiel uns Universitätsangehörigen ganz natürlich die Führungsrolle im Kampf gegen die Dorfligen zu. Wir verfügten bereits über eine gut funktionierende Organisation, ein effizientes Kommunikationsmedium und eine Strategie der Gewaltlosigkeit. Im Widerstand gegen Scharon und die Verordnung 752 stellte die Jugendbewegung einen entscheidenden Faktor dar.

Die Schabiba, Jugendorganisation der Fatah, entstand aus der Studentenbewegung und erwies sich bald als stärkste Kraft in den besetzten Gebieten. Einer ihrer Gründer war Samir Sbeihat. Samir hatte eine fünfjährige Gefängnisstrafe verbüßt, ehe er in mein Logik-Seminar kam; er konnte nie still sitzen, unterbrach mich ständig, weigerte sich, irgendetwas unbesehen zu glauben, selbst wenn es von W. V. O. Quine stammte, und war überhaupt genau die Art Student, die ich gern im Seminar sah. Mit seiner Gefängnisstrafe als Referenz stieg er im Studentenrat weit auf. Doch seine Ambitionen gingen weit über Birseit hinaus und waren zweifellos ein Nebeneffekt der Tatsache, dass er neun Monate lang mit Marwan Barghouti die Zelle geteilt hatte, einer ebenfalls charismatischen Persönlichkeit, die später zum mächtigsten Palästinenserführer seiner Generation werden sollte. Samir Sbeihat wollte alle Fatah-Studenten im Westjordanland und im Gazastreifen in einer Organisation zusammenführen.

In unseren langen Gesprächen im Hummus-Restaurant des Dorfes kristallisierte sich schon bald ein Grundkonzept heraus sowie eine Linie für unser Vorgehen. Noch wichtiger war, dass die Schabiba, einmal zum Leben erwacht, den Widerstand gegen die Dorfliga anführte.

Samir und seine aktiven Mitstudenten wandten dieselben Strategien an wie zuvor: Zunächst sollte an der Universität eine Konfrontation mit Soldaten provoziert werden. Sobald, wie zu erwarten, die Schließung der Universität folgte, würden die Studenten ausschwärmen, um Menschen in Stadt und Land für einen weitergehenden Schlag zu mobilisieren. Besonders erfolgreich waren sie dort, wo die Dorfliga gescheitert war, nämlich in den Städten, Dörfern und Flüchtlingslagern, aus denen sie stammten. Damit widerlegten sie die Theorie Scharons und Milsons, in den weniger national gesinnten ländlichen Gebieten gäbe es weniger Widerstand gegen die israelischen Expansionspläne. Wie sich herausstellte, waren die Menschen auf dem Land noch unbestechlicher und dachten nationalistischer als die gebildeten Kreise in der Stadt, die Israel zu umgehen versucht hatte. Außerdem befürchteten die Israelis, diese aufkeimende Basisbewegung könnte unsere Strategie »radikaler Gewaltlosigkeit« übernehmen und damit ihre Pläne durchkreuzen.

Die Israelis fanden schnell heraus, dass der Kern ihrer Probleme in Birseit lag, und taten alles Erdenkliche, um uns zu stoppen. Es kam zu Schließungen, Straßensperren und gelegentlichen Gewaltausbrüchen. Sobald sich Armeepatrouillen auf dem Campus blicken ließen, flogen Steine. Als die Soldaten anstelle von Tränengas echte Munition einsetzten, kam der erste Student zu Tode. Die Universität wurde für sechs Monate geschlossen.

Nichts davon hatte Erfolg, und die Militärverordnung 752 ging schließlich den Weg ihres Vorgängers mit der Nummer 854. Die Dorfliga fand keinen Rückhalt in der Bevölkerung.

## KAPITEL 13

# DAS VERHÖRZIMMER

❖

WEGEN DER VIELEN STUNDEN, in denen ich Omars paffend mit Studenten die Feinheiten einzelner Strategien diskutierte, war ich auf dem ganzen Campus bekannt. Man glaubte wohl, ich widmete mich in meiner Freizeit zu Hause der Lektüre des mittelalterlichen Philosophen Al-Farabi, um dann eine neue politische Kriegslist zu entwickeln. Ich versicherte ihnen, das israelisch-palästinensische sei nicht das einzige Rätsel, das mich beschäftigte. Wenn ich abends die Kinder ins Bett gebracht hatte, nahm ich mir zum Training meiner Vorstellungskraft allerdings lieber Fragen und Paradoxa vor, die eher philosophischer Natur waren.

Indem ich in meinem Büro in der Universität logische Probleme zu lösen versuchte, hielt ich meinen Geist für die weitaus gefährlicheren Aufgaben fit, die sich in unserem Kampf gegen die Israelis stellten. Mein Instinkt sagte mir, dass es bei dem Konflikt im Kern um etwas anderes ging, als es den Anschein hatte. Die Tatsache, dass »radikale Gewaltlosigkeit« selbst Scharon zu bremsen in der Lage war, bewies doch, dass wir es nicht mit faschistischen Gangstern südamerikanischer Prägung zu tun hatten, sondern mit einer Demokratie, die stolz darauf war, der Gemeinschaft der westlichen Staaten anzugehören. Zivilisierte, intelligente Aktionen haben Erfolg, weil die im Allgemeinen ebenfalls zivilisierten und intelligenten Israelis zögern, Gewaltlosigkeit mit Todesschwadronen zu beantworten. Da sie einer strengen Rechtsordnung unterstehen, werden die Israelis das Feuer nur eröffnen, wenn sie glauben, ungestraft davonzukommen. Meistens jedenfalls.

Mit der Zeit erkannte ich, dass sich der Charakter unseres Konflikts nicht erfassen ließ, wenn man an der Oberfläche blieb oder führende Politiker beim Wort nahm. Bei der Verbandsarbeit hatte ich aus nächster Nähe mitbekommen, dass politische Führer zwar feierlich auf Bibel, Koran und Verfassung schwören mögen, ihre scheinbar hochheiligen Positionen jedoch sofort fallen lassen, wenn sie den Eindruck gewinnen, ihre eigentlichen Interessen seien in Gefahr. Sie stecken die Fronten ab, stoßen ins Horn, verkünden mit der Hand auf dem Herzen ihre Grundsätze – und tun genau das Gegenteil, wenn die Umstände es erfordern. Mit anderen Worten, das beide Seiten betreffende Grundproblem war der Mangel an Aufrichtigkeit.

Und an diesem Punkt setzte meine Leidenschaft für knifflige Fragen an. Wie sah die Wahrheit aus, die Palästinenser wie Israelis gleichermaßen zu vertuschen versuchten? Welche wirklichen Anliegen steckten hinter unseren scheinbaren Interessen?

Als Vorsitzender eines hoch politisierten, landesweiten Verbandes mit einer Unzahl hitziger Studenten im Rücken gab ich ständig politische Einschätzungen ab und brachte Flugblätter heraus. Noch wichtiger war, dass ich Menschen aller sozialen Schichten und aus allen Teilen Palästinas kannte. Mit der Zeit wurde mir schließlich bewusst, dass die meisten Palästinenser sich ungeachtet der Lippenbekenntnisse, in denen sie den multinationalen, säkularen Staat anstelle Israels beschworen, einen unabhängigen Palästinenserstaat wünschten. Walid Khalidi hatte in seiner Schrift »Thinking the Unthinkable« vollkommen richtig gelegen. Als Demokrat hatte ich keine andere Wahl, als meinen alten Traum von einem »Palest-El« aufzugeben und mich stattdessen für einen »unabhängigen Palästinenserstaat unter Führung der PLO mit Jerusalem als Hauptstadt« einzusetzen.

Aus diesen Erwägungen heraus schloss ich, dass in Wahrheit der Kern des israelisch-arabischen Konflikts weder im Terrorismus noch in den Siedlungen, ja nicht einmal im Zionismus lag. Nein, es ging darum, dass die Palästinenser die Kontrolle über die

1967 von Israel eroberten Gebiete haben wollten und die Israelis nicht bereit waren, sie aufzugeben. Kaum jemand hätte dies offen zugegeben, da die Auseinandersetzung damit auf beiden Seiten zu inneren Konflikten geführt hätte.

Als ich begriffen hatte, in welche Richtung wir als Nation steuerten, begann ich die Ohren zu spitzen. Niemand mag es, wenn seine Leitworte in Frage gestellt werden, und Anführer religiöser oder revolutionärer Bewegungen schon gar nicht. Die Palästinenserführer legten dem Volk ihre Ziele nicht offen dar, weil die Zwei-Staaten-Lösung für eine ideologiegeprägte Generation ein Schlag ins Gesicht gewesen wäre. Denn der alte Traum von einem einzigen säkularen, demokratischen Staat negierte das zionistische Projekt eines jüdischen Staates und war ein Versuch, die Niederlage von 1948 rückgängig zu machen, wohingegen die Vision von einem palästinensischen Staat neben Israel beinhaltete, das Kriegsbeil zu begraben und mit dem Zionismus Frieden zu schließen.

Ich merkte, dass die PLO-Führer weiterhin ihre grauenerregende Rhetorik vom Stapel ließen und ihre Tapferkeit in Szene setzten. »Niemals werden wir mit dem zionistischen Gebilde Kompromisse schließen«, lautete der Standardsatz vor der Öffentlichkeit. »Wir werden kämpfen bis zum letzten Mann.« Hinter den Kulissen waren dieselben trotzigen Führer sehr viel flexibler, als irgendjemand sich hätte vorstellen können. Sicher, viele zogen immer noch den Einsatz von Waffen Gesprächen vor. Aber die Leute an der Spitze, angefangen bei Arafat und Abu Dschihad, gingen die Befreiung der palästinensischen Nation von der Besatzung pragmatisch an.

Die israelischen Politiker agierten besonders hinterlistig, wenn auch nicht in der von antisemitischen Schreiberlingen behaupteten Weise. Sie traten noch verlogener auf als unsere Führer – wozu schon einiges gehörte –, denn sie hatten sich moralisch gesehen in eine schlechte Position manövriert. Sie weigerten sich zuzugeben, dass es in dem Konflikt vor allem um Land ging, das

sie 1967 erobert hatten; die von ihnen als Judäa und Samaria bezeichneten Gebiete zu annektieren wagten sie nur deshalb nicht,
weil klar war, dass sie nirgendwo auf der Welt Rückhalt finden
würden. Dass das Völkerrecht die Enteignung im Krieg eroberter
Gebiete untersagte, stellte dabei für sie noch das geringste Problem dar. Aber einem Volk achtundsiebzig Prozent seines Landes
zu nehmen, einen Großteil davon ins Exil zu treiben und dem
Rest ein paar Jahre später auch noch die armseligen Überreste zu
entreißen, widersprach jedem Gefühl für Gerechtigkeit. »Wie
lange ist die Welt noch bereit, bei diesem Spektakel mutwilliger
Grausamkeit tatenlos zuzusehen?«, schrieb Bertrand Russell
wenige Stunden vor seinem Tod im Jahr 1970 über das Verhalten
der Israelis gegenüber den Palästinensern. Dass solche Ansichten
unter denkenden Menschen die Oberhand gewannen, war das
Letzte, was Israel wollte.

Also war Gewalt der Schlüssel. Sie wurde zum taktischen Mittel der Israelis, um eine gewalttätige Reaktion zu provozieren, die
dann als Entschuldigung für weitere Gewalt diente, die sie ihrem
politischen Ziel näherbrachte. Die israelischen Führer wollten den
Eindruck erwecken, sie führten einen Kampf auf Leben und Tod
gegen eine Bande skrupelloser Terroristen (Begins »niederträchtigste Mörderbande in der Geschichte«), die es auf die einem Völkermord gleichkommende Zerstörung des jüdischen Staates abgesehen hätten. »Terror« war der Grund für die Besetzung der
Gebiete, und Terror war der Grund für die Errichtung von Siedlungen »zu Verteidigungszwecken«. Ein Regierungsbeamter gestand 1982 einem Journalisten der *Ha'aretz*, die Abwendung der
Palästinenser vom Terror sei eine »Katastrophe«. Israel sähe es lieber, wenn sie »zu ihren früheren terroristischen Taten zurückkehren, in aller Welt Bomben legen, jede Menge Flugzeuge entführen
und viele Israelis töten würden«.[1]

Indem man die Aufmerksamkeit hauptsächlich auf die Guerilla
lenkte, konnte man vertuschen, dass die Entwicklung einer funktionsfähigen Regierung im Westjordanland mit voller Absicht ver-

hindert wurde. Der Krieg gegen die »Ungeheuer« von der PLO rechtfertigte einen permanenten Ausnahmezustand, und jegliche zivile Opposition in den besetzten Gebieten wurde als weiterer Bestandteil des internationalen terroristischen Vernichtungskriegs gegen den jüdischen Staat dargestellt.

Aufgrund dieser Analyse wurde mir klar, warum sich ein Mann wie Abu Dschihad viel leichter für Dialog und Gewaltlosigkeit gewinnen ließ als israelische Politiker, die ständig von Demokratie sprachen und gleichzeitig ein ganzes Volk mit Waffengewalt unterdrückten. Die PLO hatte in einem gewaltlosen Kampf weit mehr zu gewinnen als die Israelis, für die der Dialog die Notwendigkeit mit sich gebracht hätte, das nicht zu Rechtfertigende zu rechtfertigen und sich möglicherweise ganz aus den besetzten Gebieten zurückzuziehen.

Meine Analyse bot außerdem eine Erklärung für die bisweilen überwältigende Versuchung, die Palästinenser zu Gewaltakten zu verführen. Oft schien es, als bekämpfte das israelische Militär den Terror nur, um ihn zu schüren, denn Israels wahre Feinde waren Gemäßigte wie Mubarak Awad. (Der lästige Pazifist wurde Mitte der Achtzigerjahre des Landes verwiesen, und zwar weil er angeblich Gewaltlosigkeit als Deckmantel für den »bewaffneten Befreiungskampf« benutzte, was einigermaßen absurd war.) Gemäßigten die Schuld für die Taten von Extremisten in die Schuhe zu schieben, wurde zur Strategie. Auf diese Weise wurden die Gemäßigten geschwächt, die Extremisten hingegen blieben unangetastet – konnte ja sein, dass man sie in Zukunft noch einmal brauchte, um den nachwachsenden Pazifisten den Garaus zu machen.

Ich hatte das Gefühl, das schwierigste Rätsel in unserem Konflikt mit Israel gelöst zu haben, und schon sehr bald sah ich empört und fasziniert mit an, wie die israelische Regierung das ideale Testfeld schuf, um meine Hypothesen unter Beweis zu stellen. Im Sommer 1982 überzeugte General Scharon Ministerpräsident Begin, im Südlibanon militärisch zu intervenieren. Die »Operation Frieden für Galiläa« begann am 6. Juni 1982, auf den Tag genau fünfzehn Jahre, nachdem Israel den Jerusalemer Stadtteil French Hill und Ramallah im Westjordanland erobert hatte.

Es war absurd, gerade zu diesem Zeitpunkt einen Krieg gegen den »Terrorismus« zu beginnen, da in den vergangenen zwölf Monaten keine einzige Kugel über die libanesische Grenze nach Israel abgefeuert worden war. Der *casus belli* lag jedoch gar nicht im Libanon, sondern in London, wo der israelische Botschafter nur knapp einen Mordversuch überlebt hatte. Israel machte die PLO für den Anschlag verantwortlich, die den Vorwurf jedoch weit von sich wies. Der eigentliche Katalysator für die Invasion war allerdings an der diplomatischen Front und im Konflikt im Westjordanland zu finden.

In den Monaten vor der Invasion war ich zunehmend optimistisch geworden, dass die PLO zur Vernunft kommen würde. 1981 hatten im Südlibanon Kampfhandlungen zwischen Israel und Fatah-Kämpfern stattgefunden, und Präsident Reagan hatte einen Gesandten geschickt, der einen Waffenstillstand aushandeln sollte. Nachdem beide Seiten auf seine Bedingungen eingegangen waren, herrschte an der nordisraelischen Grenze endlich Ruhe. Es gab etliche hochrangige Funktionäre innerhalb der PLO, die weit über einen Waffenstillstand hinausgehen und ihre Taktik ganz von Militärschlägen auf die Diplomatie verlagern wollten. Insbesondere Abu Dschihad stellte seine militaristischen Prahlereien von der bewaffneten Befreiung ein und sprach von Frieden. Selbst Arafat schien mit einem neuen, moderaten Kurs einverstanden. In dem verzweifelten Versuch, die Anerkennung der USA zu gewinnen, verkündete er seine Bereitschaft, den Kampf mit friedlicheren Mitteln fortzusetzen – allerdings nicht um jeden Preis. »Wir sind keine Indianer«, erklärte er einem amerikanischen Journalisten.[2]

Der Druck auf Israel, in einen direkten Dialog mit der PLO einzutreten, verstärkte sich. Dass die Befreiungsorganisation bereit war, sich an den Verhandlungstisch zu setzen, konnten Begin und Verteidigungsminister Scharon jedoch nicht ohne Weiteres gutheißen. Noch schlimmer war für die israelische Regierung, dass unsere im Westjordanland angewandte Strategie des zivilen Ungehorsams und der Gewaltlosigkeit an Zugkraft gewonnen und die Universität von Birseit um 1968 zum palästinensischen Berkeley gemacht hatte. Die Studentenbewegung weitete sich auf andere Universitäten aus.

Hier sollte ich noch anfügen, dass sich mein Optimismus angesichts der erstarkenden islamistischen Bewegung mit wachsender Besorgnis mischte. Zwar hatten weder die Militärverordnung 854 noch die Dorfligen die beabsichtigte Wirkung erzielt, doch es gelang den Besatzern, die Islamisten durch die indirekte Unterstützung ihres schwer behinderten Gurus Ahmad Jassin zu fördern. Jassin tat anfangs genau das, was die israelischen Spitzen erwarteten: Er und seine Islamisten verfolgten nicht religiöse Nationalisten, die nicht »rein« waren und daher der »Rechtleitung« eher im Wege standen. Mit der Zeit nahm ihr Zorn auf die Säkularisten immer mehr zu, und in den Augen der bärtigen Studenten, die meine Vorlesungen besuchten, funkelte rechtschaffener Ärger – oder mörderischer Hass.

Der ideologische Wettkampf zwischen der PLO und den Islamisten hatte begonnen. An den Universitäten in Gaza, Nablus und Birseit wuchsen sich verbale Auseinandersetzungen zu Handgreiflichkeiten aus.

In dieser Situation – die nationalistische Bewegung im Westjordanland tendierte immer mehr dazu, den Freiheitskampf mit gewaltlosen Mitteln fortzuführen, die Islamisten opponierten dagegen – startete General Scharon seine Invasion. Er verkaufte seinen Krieg als notwendigen Schritt zur Sicherung der Grenze gegen terroristische Anschläge, in Wirklichkeit aber, so zeigte sich bald, war dieser Krieg Teil einer viel umfassenderen Strategie mit dem Ziel, all unsere Hoffnung auf Unabhängigkeit zu zerstören.

Der Krieg war längst vor dem Mordanschlag auf den israelischen Botschafter in London geplant gewesen: In Nordisrael hatte man schon Monate zuvor militärische Befestigungen errichtet, und ein paar Wochen vor der Invasion entstand, offenbar weil man damit rechnete, dass der Krieg im Libanon Gewalt nach sich ziehen würde, kraft »Militärverordnung 1143« in Nablus ein neues Gefängnis, das Al-Fara. Um diese Einrichtung schneller zu füllen, erlaubte die »Verordnung zur Bewachung der Siedlungen« Bürgerwehrgruppen, die auch außerhalb der jüdischen Siedlungen agierten, »jeden zu verhaften, der sich verdächtig macht«.

Die erste Kriegsphase verlief schnell und geradezu reibungslos, und wieder konnte die arabische Welt nur hilflos die Hände ringen. Für die Palästinenser war es ernüchternd, mit anzusehen, wie die israelische Kriegsmaschinerie vierhunderttausend Libanesen und Palästinenser aus ihren Häusern in Dörfern und Flüchtlingslagern vertrieb und die Kampfflugzeuge Teile Beiruts in Schutt und Asche legten. Trotzige Verlautbarungen der PLO aus den Kellern zerbombter Häuser konnten niemanden täuschen. Die Bewegung versank im Chaos.

Unter dem Vorwand des Krieges setzte Scharon eine Reihe von Militärverordnungen durch, die eine Verschärfung der Besatzung bedeuteten. Einige dieser Maßnahmen dienten der Wiederbelebung der kaum noch funktionsfähigen Dorfligen, die der für seine Zähigkeit berüchtigte Scharon nicht untergehen lassen wollte. So wurde die Zivilverwaltung im Westjordanland angewiesen, willfährige Lokalpolitiker finanziell massiv zu unterstützen. Noch höhere Summen flossen in die Kassen von Scheich Jassins »Wohltätigkeitsorganisation« in Gaza – und zwar gerade zu dem Zeitpunkt, als die geistigen Brüder des Scheichs im Iran nach Wegen suchten, ihren Einfluss auf den Libanon und das besetzte Palästina auszudehnen.

Im Juli verbot eine neue Militärverordnung den Palästinensern, auf ihrem eigenen, enteigneten Grund und Boden zu leben. »Wer ohne Erlaubnis Staatseigentum besetzt, wird strafrechtlich verfolgt.« Im September verlieh Verordnung 1020 Militärkommandeuren das Recht, bestimmte Areale zum militärischen Sperrgebiet zu erklären. Ab Oktober war es kraft der »Verordnung über Provokation und feindliche Propaganda« illegal, »eine feindliche Organisation durch das Tragen einer Fahne oder das Anhören nationalistischer Lieder zu unterstützen«. Jeder, der sich in Hörweite eines auf Radio Damaskus eingestellten Rundfunkempfängers aufhielt, konnte hinter Schloss und Riegel gebracht werden.

Im Sommer 1982 hatten wir mit unseren zwei Kindern alle Hände voll zu tun, und das dritte war unterwegs. Das Lemon Tree Café lief ziemlich gut, wenn man bedenkt, dass es mit der Altstadt immer weiter bergab ging. Normalerweise war es rappelvoll, und die abendlichen Diskussionen erinnerten mich oft an das Café Troubadour. Es kam nicht selten vor, dass ein arabischer Student kopfschüttelnd das Café verließ, weil sein blasiertes nationalistisches Credo durch die Begegnung mit einem israelischen Humanisten auf ganzer Linie in Frage gestellt worden war.

An dem Tag, als der Krieg ausbrach, besuchten Lucy und ich mit den Kindern Guy Stroumsa, unseren Freund aus Harvard-Zeiten. »Was wird wohl bei diesem Krieg herauskommen«, fragte ich ihn, »außer ein paar Tausend Toten?« Guy war genauso sprachlos wie ich. Keiner von uns beiden besaß genügend prophetische Gaben, um vorhersehen zu können, dass dieser Krieg böse Geister wie die Hisbollah, die Hamas und eine zwanzigjährige israelische Besetzung des Südlibanon hervorbringen würde.

In Wirklichkeit war das Abenteuer für Begin und Scharon ein Schuss, der nach hinten losging. Am Tag, als die Invasion begann, verwandelte sich das zur Verteidigung unserer Rechte gegründete »Solidaritätskomitee für die Universität Birseit« auf wundersame Weise in das »Komitee gegen den Krieg im Libanon«. An der ersten Demonstration des Komitees nahmen einige Tausend Menschen teil. Als dann »Peace Now«, bis dahin ein kleines Grüppchen von Linken unter der Führung von Leuten wie Amos Oz und meinem Oxforder Freund Avishai Margalit, dem Beispiel des Komitees folgte, kam es schon wenige Tage später zu einer Massendemonstration, die zehn Mal so groß war.

Dann, Mitte September, fanden die Massaker in den Flüchtlingslagern Sabra und Schatila statt. Scharons Armee sperrte alle Straßen, die zu und aus den Lagern führten, während die mit Israel zusammenarbeitenden libanesischen Falange-Milizen Hunderten von alten Männern, Frauen und Kindern die Kehlen durchschnitten. Das Morden spielte sich in unmittelbarer Nähe des Nationalstadions von Beirut ab, der zweitbeliebtesten Freizeiteinrichtung nach dem Strand.

Die Gräueltaten ließen die Zahl der israelischen Kriegsgegner massiv ansteigen – kurz darauf drängten sich vierhunderttausend Menschen auf einem Platz in Tel Aviv und forderten in Sprechchören den Rücktritt Begins und Scharons sowie die Einrichtung einer unparteiischen Untersuchungskommission. Wichtiger für die Region war jedoch die Tatsache, dass Scharons brutale Invasion »Peace Now« zu einer Massenbewegung machte.

Die Besatzer hatten bald eine Menge neuer Häftlinge für Al-Fara. Die Fernsehbilder von brennenden Mietshäusern in Beirut konterkarierten unsere Versuche, für die Taktik der »radikalen Gewaltlosigkeit« zu werben. Überall in der Region kam es zu Aufständen. Steine flogen, brennende Autoreifen blockierten Straßen, auf Wänden erschienen nationalistische Parolen, und natürlich tauchten plötzlich überall palästinensische Fahnen auf.

Die Armee griff mit tödlicher Gewalt durch. Nachdem eines Morgens bei einer Auseinandersetzung zwei islamische Studenten zu Tode gekommen waren, schlossen Soldaten die Universität von Birseit auf unbestimmte Zeit. Die Wut über die Schüsse verwandelte sich in glühenden Zorn. Dazu trug auch bei, dass Bürgerwehrleute aus den Siedlungen mit Maschinengewehren auf eine Gruppe Schüler der Islamischen Hochschule von Hebron schossen, wobei drei der Schüler starben und achtundzwanzig verletzt wurden. Zusammen mit den Massenverhaftungen von

Aktivisten und der allgemeinen Repression sorgte dieser Vorfall für eine Radikalisierung der studentischen Führung. Bestärkt durch das Beispiel Iran, konnte Scheich Jassin besonders im Gazastreifen immer mehr Anhänger gewinnen. Jassin, der still und leise am Aufbau seiner Organisation arbeitete, enthielt sich nach wie vor jeder Äußerung, die auf Widerstand gegen Israel hätte hindeuten können.

Für Fatah-Aktivisten wurde die Zeit im Gefängnis zu einem Initiationsritus. Gegen Ende des Krieges war fast jeder Mann unter dreißig entweder selbst schon im Gefängnis gewesen oder hatte Freunde oder Familienmitglieder, die dieses Schicksal erlitten hatten. Manchmal entstand mit dem ersten Gefängnisaufenthalt ein Drehtüreffekt, in anderen Fällen kamen die Verhafteten gar nicht mehr oder erst nach langer Zeit frei. Einige meiner Studenten verschwanden jahrelang ohne Gerichtsurteil in dieser ausgedehnten Strafkolonie. Einfach so. Wie vom Erdboden verschluckt.

Aufgrund der langen Schließungen der Universität waren wir Dozenten gezwungen zu improvisieren. Lucy und ich veranstalteten Kurse, wo immer es möglich war: daheim, in Restaurants, im Lemon Tree und im Büro meines Vaters.

Angesichts der Verhaftungswellen kam es in meinen improvisierten Unterrichtsstunden über politische Ethik oder den Literaturkanon unvermeidlich zu langen Diskussionen über die Erfahrungen meiner Studenten. Dabei lernte ich, das Gefängnis als Beispiel für eine paradoxe Parallelwelt zu betrachten: Dieses System, das auf Unterdrückung gründete, lieferte vielleicht den besten Beweis dafür, dass Gewaltlosigkeit das einzige wirksame Mittel gegen die Gefängniswärter unserer Nation war.

Angesichts der damaligen Situation war es wenig überraschend, dass meine Studenten von sadistischen Quälereien erzählten, die an Solschenizyns *Archipel Gulag* oder die Märchen der Brüder Grimm erinnerten: von Elektroschocks an den Genitalien, Prügeln mit Schlagstöcken, von aggressiven Hunden, die auf die

Gefangenen losgelassen wurden, und von dem, was die Israelis »Schütteln« nennen: Der Gefangene wird über lange Zeitspannen vom Verhörenden unter Mitwirkung eines Arztes am Kragen gepackt und so heftig hin und her geschüttelt, dass er irgendwann das Bewusstsein verliert. In der Folge kommt es häufig zu Hirnblutungen.

Es war nicht immer leicht abzuschätzen, wie viel von diesen Berichten der Wahrheit entsprach. Den mir am nächsten stehenden Studenten allerdings glaubte ich jedes Wort. Sie erzählten von Läusen, Ratten und verdorbenem Essen, von Exkrementen, die an die Wände geschmiert waren, von eiskalten Duschen und mit Erbrochenem gefüllten Kapuzen, die man ihnen über den Kopf zog und am Hals zusammenband. Die Schilderungen derjenigen, die man gezwungen hatte, sich nackt auszuziehen, ließen mich an die Besessenheit denken, mit der Raphael Patai in *The Arab Mind* über die arabische männliche Sexualität schreibt. Die haarsträubendste Geschichte war die eines Studenten, der tagelang in einen zugenagelten Sarg gesperrt wurde.

Doch die Details der einen oder anderen Foltertechnik spielten für mich eine untergeordnete Rolle. Es war mehr die psychologische Dynamik der Verhöre, die mein Interesse weckte.

Diese Dorfjungs, die vor ihrer Verhaftung von Kant oder Sartre nicht die geringste Ahnung hatten, zeigten ein tiefes Verständnis von Freiheit, wenn sie das Verhörzimmer wieder verließen. So paradox es klingen mag – sie verließen den israelischen Gulag in emotionaler, intellektueller und spiritueller Hinsicht freier, als sie ihn betreten hatten.

Meines Wissens erzielte der israelische Sicherheitsapparat all seiner ausgeklügelten Brutalität zum Trotz selten die gewünschten Resultate. Die Ausbeute an Informationen war mager, doch der unbeabsichtigte Nebeneffekt war, dass diese Studenten menschlich reiften, ein Ergebnis, das ich mit unterschiedlichem Erfolg auch in meinen Seminaren angestrebt hatte. Die jungen Männer stärkten ihre Willenskraft, indem sie den Verhörenden trotzten. So waren die Rollen jetzt endgültig vertauscht: Ich lernte von ihnen, nicht sie von mir.

Ich stelle mir einen Achtzehnjährigen aus einem Flüchtlingslager vor, der dem Verhörenden gegenübersitzt. Der Gefangene hat seit Tagen nicht geschlafen; er hat Hunger und friert, ist allein und voller Angst, hat keinen Anwalt und kein Rechtssystem hinter sich und niemanden, der für ihn eintritt. Keiner weiß genau, wo er sich befindet oder warum er verhaftet worden ist. Eltern und Freunde sind Lichtjahre entfernt. Und der Verhörende, doppelt so alt wie er und dazu ausgebildet, den Willen derer zu brechen, die sich in seiner Gewalt befinden, macht sich an die Arbeit. Er will Informationen und versucht auf unterschiedliche Art herauszufinden, wo die Schwachpunkte des Gefangenen liegen. Seine logische Vorgehensweise ist effektiver als die mittelalterliche Folterbank: Sie hämmert auf den Geist des Gefangenen ein.

Aber der junge Mensch weigert sich, dem Willen seines Gegenübers nachzugeben. Indem er seinen naturgegebenen biologischen Überlebensinstinkt besiegt, wird er sich seiner Freiheit bewusst – weil er nicht mehr Sklave seiner psychischen Bedürfnisse ist. Irgendwie findet er die innere Stärke, Nein zu sagen. Sein Körper will Essen und Wärme und Schlaf; er will bei seiner Familie und seinen Freunden sein; er will leben. Und trotzdem weigert er sich.

## KAPITEL 14

# Mord in der Via Dolorosa

❖

Immer wenn ich über solche Berichte meiner Studenten nach-dachte, kam mir die Existenzphilosophie in den Sinn, deren Kern-satz lautet, dass der Mensch seine Existenz selbst entwirft und sich selbst erschafft.

In Oxford war ich auf den Rousseau'schen Grundsatz gesto-ßen, dass jeder Mensch schon aufgrund seines bloßen Daseins frei sei. Aber das war nur eine formale Freiheit, ein theoretisches Pos-tulat, wonach die Freiheit ein natürlicher Zustand ist und bewusst geopfert wird, um den Gefahren der Natur und durch andere Menschen zu entgehen. Es war ein bürgerlicher Mythos, der im-pliziert, dass die Menschen ihre angeborene Freiheit aufgeben und sich zu einer Gesellschaft formieren, um dafür Eigentum und Si-cherheit zu erhalten. Das, was ich von meinen Schülern erfuhr, stand in krassem Gegensatz dazu: Gerade Menschen, die jeglicher äußeren Freiheit beraubt werden, erlangen die wahre Freiheit. Das entsprach weitaus mehr der Philosophie Sartres oder Camus' als der eines John Locke und auch meines ausgestopften Freundes in London, Jeremy Bentham.

Dementsprechend konstatierte ich in einer Vorlesung an der Universität in Pavia kurz nach Ausbruch der Intifada:

Der Mensch entwickelt schnell ein Bewusstsein von der Not-wendigkeit der Rebellion, der Abwehr und der Weigerung, sei-nen Willen dem des Verhörenden zu unterwerfen … Die Iden-tität eines Menschen beruht darauf, dass er die existenzielle Entscheidung getroffen hat, Herr über sich selbst zu sein, und sein Handeln danach ausrichtet. Eine Person gründet sich auf ihre in Freiheit vollzogene Handlungen, und die persönliche Identität beruht auf der Freiheit ... Wir schaffen unseren Charakter selbst; die Existenz geht dem Charakter voraus.

Ich hatte begriffen, dass im Verhörzimmer ein Kampf des Willens stattfand und wir über unsere Peiniger triumphieren würden, wenn die Palästinenser als Nation nicht zuließen, dass ihr Wille gebrochen wurde. Wenn wir uns entschieden, die innere Souveränität zu wahren, würden wir uns gegen das Diktat der Militärregierung behaupten können.

Angesichts der wiederholten Schließungen und der damit verbundenen Schwierigkeiten, auf dem Campus Seminare abzuhalten, verlegten diejenigen von uns, die in Israels »ewiger und ungeteilter Hauptstadt« lebten, ihre Kurse, aber auch ihre politischen Aktivitäten zunehmend in Restaurants, Cafés und Privatwohnungen. Einmal richtete ich mein Büro vorübergehend in der Anwaltskanzlei meines Vaters in der Salaheddin-Straße ein, unterrichtete dort, empfing Besucher, hielt Versammlungen ab und sann über meine Rätsel nach.

Es gab Tage, an denen ich stundenlang durch die Stadt streifte, in meinem Lieblingscafé – dem »Weinstock« – Wasserpfeife rauchte und den Einheimischen, den Händlern, Akademikern, Künstlern und Tagelöhnern zuhörte. Besonders intensiven Kontakt unterhielt ich zu ein paar Taxifahrern, die mich über alles auf dem Laufenden hielten, was den Mann auf der Straße beschäftigte.

Als ich bereits tief in den Widerstand der Basis im Westjordanland involviert war, begann ich mich etwas intensiver damit zu beschäftigen, wie sich israelisches Recht und das Vorgehen der Siedler auf das Alltagsleben der kleinen Leute, insbesondere im Umkreis von Jerusalem, auswirkten. Diese Auswirkungen wurden mir wieder und wieder vor Augen geführt, wenn ich während der Universitätsschließungen aufs Land fuhr und Studenten und

Freunde besuchte. In meinem roten 1977er-Peugeot mit dem gelben Jerusalemer Kennzeichen und mit meinem harmlosen Auftreten eines Geistesmenschen wurde ich an den Kontrollstellen, die entlang der neuen, eigens für die Siedlungen gebauten Schnellstraßen errichtet worden waren, meist durchgewinkt. Die Stadt Ma'aleh Adumim war entstanden, nachdem die Regierung das Weideland der Dschahalin-Beduinen demonstrativ als Schießübungsplatz für die Armee annektiert hatte. Die ersten Bulldozer rollten 1982 an. (Es war ein üblicher Trick, ein ganzes Gebiet zunächst zur militärischen Sperrzone zu erklären, die Einwohner zu vertreiben und später dort eine Siedlung hochzuziehen.) Bei der Einweihung einer neuen Siedlung im Oktober 1982 erklärte Begins Energieminister Mordechai Zippori die Logik des Siedlungsbaus: Er sei »das Rückgrat der zionistischen Bewegung im Westjordanland« und »das einzige Mittel, jede Friedensinitiative zu Fall zu bringen, die darauf abzielt, Judäa und Samaria unter fremde Herrschaft zu bringen«.[1]

Als im Februar 1983 der Bericht der Kahan-Kommission erschien, in dem Scharon indirekt für die Massaker im Libanon verantwortlich gemacht wurde, traten er und Begin zurück. Jizchak Schamir, ein schlauer, streitlustiger Veteran der jüdisch-terroristischen Untergrundbewegung, übernahm das Amt des Ministerpräsidenten bis zu den Neuwahlen. Mein Vater hatte den an einen Kobold erinnernden Mann schon 1947 in Aktion erlebt. Er besaß nicht die hypnotisierende Ausstrahlung auf die Massen wie Begin, und es gelang ihm nicht, genügend Stimmen auf sich zu vereinigen, um eine Regierung zusammenzustellen. So bildeten 1984 Likud und Arbeitspartei eine seltsame Koalition unter dem Namen »Regierung der Nationalen Einheit«. Man vereinbarte einen turnusmäßigen Wechsel an der Spitze, wobei zunächst Peres Premierminister wurde, Schamir stellvertretender Premierminister und Jizchak Rabin Verteidigungsminister.

Die neue Zusammensetzung der Regierung war ein Signal für die Öffentlichkeit im In- und Ausland, dass sich etwas ändern würde. Tatsächlich aber verschlimmerten sich die Bedingungen im Westjordanland. Die Bevölkerung beider Seiten gewöhnte sich zunehmend an ein hohes Gewaltniveau.

Eine radikalere Generation von Siedlern, die in dem Glauben aufgewachsen war, die Heimat ihrer Vorfahren seien Judäa und Samaria, trat immer unverfrorener auf. Wenige Tage nach dem Rücktritt Begins warf einer seiner Anhänger eine Handgranate in einen Demonstrationszug von Peace Now, die einen Friedensaktivisten tötete und mehrere verletzte.

Die sogenannte Bus-300-Affäre zeigte ebenfalls das Ausmaß der Brutalisierung des Konflikts. Im Frühjahr 1984 verhafteten Agenten des Schin Beit zwei Palästinenser, die einen Bus entführt hatten. Die Agenten verschleppten die beiden auf Befehl des Geheimdienstchefs irgendwo ins Gelände und prügelten nach Art südamerikanischer Todesschwadronen auf sie ein, bis sie starben.

Auch auf palästinensischer Seite kam es vermehrt zu Gewalt. In unserer Anfangszeit in Birseit hatte dort ein geradezu idyllischer Zustand geherrscht; die Menschen waren von einer beinahe naiven Freundlichkeit gewesen. In der traditionellen Religion und nach den Stammesgesetzen war Aggression ein tadelnswerter Akt, und die althergebrachten Gewohnheiten hatten für eine einfache, friedliche Lebensweise gesorgt. Von Morden aus religiösen Gründen hatte man kaum je gehört, und Gewaltverbrechen waren äußerst selten gewesen. Jetzt aber breitete sich – wie in den 1970er-Jahren in der Jerusalemer Altstadt – in den Dörfern und Städten des Westjordanlands Gewalt aus, und die traditionellen Autoritäten waren nicht in der Lage, sie einzudämmen.

Mit dem wachsenden Unmut unter den Palästinensern nahmen auch anarchische Tendenzen und Gesetzlosigkeit zu, und keine der politischen Gruppierungen war in der Lage, Autorität und Ordnung auf breiter Ebene herzustellen. 1983 suchte der Terror, wie man ihn vom Libanon kannte, Israel in Gestalt eines Bombenattentats auf einen Bus heim. Die Zahl der israelischen Opfer von Terrorakten stieg zwischen 1982 und 1985 auf das Siebenfache – von zwei auf vierzehn. (Als ich eine Erklärung unterzeichnete, in der der Mord an einem Juden verurteilt wurde, sagten die Israelis, es handle sich um einen Propagandatrick der PLO. »Kann eine Kakerlake überhaupt eine Stellungnahme schreiben?«, fragte der Militärchef, als er davon erfuhr. »Nur nach genauen telefonischen Anweisungen von Arafat, dem Magier des Terrors«, erwiderte der Geheimdienstspezialist für arabische Angelegenheiten, was zweifellos ein Scherz sein sollte.)[2]

Ein Faktor bei der Zunahme der Gewalt war das Erstarken der islamistischen Bewegung, das vor allem auf den Erfolg der Hisbollah und anderer fanatischer Gruppen im Libanon zurückzuführen war. Die Wohltätigkeitsorganisation Scheich Jassins war inzwischen voll und ganz in der Muslimischen Bruderschaft aufgegangen, einer lokalen Untergruppe der ägyptischen Geheimgesellschaft, die für den Mord an Sadat im Jahre 1981 verantwortlich war. Aber Rabin und seine Kollegen vom Schin Beit sahen die islamistischen Gruppen weiterhin als Gegenpart zu den säkularen Nationalisten.[3] So unglaublich es heute klingen mag, aber sie meinten immer noch, den Islam für den Kampf gegen den palästinensischen Nationalismus instrumentalisieren zu können, so als wären die Anführer der Bruderschaft, die die Steinigung von Frauen und das Abhacken von Gliedmaßen befürworteten, mit den lammfrommen ultraorthodoxen Juden vergleichbar, die ich einst von meinem Fenster aus erspäht hatte. Mit reichlich Geld in den Kassen und mehr oder weniger uneingeschränkter Handlungsfreiheit begannen der Scheich und seine Lakaien die säkularen nationalistischen Gruppen zu bedrohen. Sie hofften, in Palästina die Vorherrschaft zu erringen, so wie im Libanon die Hisbollah die PLO ersetzt hatte, nachdem die Israelis Arafats Organisation aus dem Land getrieben hatten. (Rabin sollte diese Liebelei später als »fatalen Irrtum« bezeichnen.)[4]

1984 stellte ich bei einigen meiner Studenten eine Veränderung fest. In einen Hexenkessel gerührt, verwandelten die vielen Demütigungen, die sie in ihrem jungen Leben bereits erfahren hat-

ten, Jungen und gelegentlich auch Mädchen vom Land in unerbittliche Eiferer und Feinde jener Freiheit, die ich sie lehrte. Es war
genau das Gegenteil von dem, was sich bei den Verhören im Gefängnis abspielte: An die Stelle des Prozesses der Selbstbefreiung
und Identifizierung mit den edelsten Früchten, die der menschliche Geist hervorgebracht hatte, trat ein ideologisch rauschhafter
Zustand, der meine Studenten in ein enges und starres Denkge-
bäude einschloss. Ich fürchtete, die Bruderschaft könnte die Massen für sich gewinnen, weil sie weitaus besser organisiert war als
die Fatah, von der Militärregierung unterstützt wurde und eifrig
bemüht war, ein soziales Netz für jene zu schaffen, deren Leben
durch die Besatzung zerstört worden war.

Ich hegte keinerlei Zweifel daran, dass die Palästinenser ihren eigenen, unabhängigen Staat wollten, doch war mir auch klar, dass
dies in der doppelzüngigen Welt der Politik nur wenige auszusprechen wagten. Zwei amerikanisch-jüdische Visionäre aber ließen mir schon bald keine andere Wahl mehr, als Nägel mit Köpfen zu machen, wie Vater zu sagen pflegte: Professor Herbert
Kelman, ein Psychologe aus Harvard, und seine Frau Rose. Lange
vor den meisten anderen erkannten die beiden, dass sich Palästinenser und Israelis am Ende würden zusammensetzen und miteinander verhandeln müssen. Und da niemand sonst den Dialog
förderte, beschlossen sie, einen Anfang zu machen. Sie organisierten gemeinsame Treffen und brachten langsam und ohne großes Aufsehen Personen des öffentlichen Lebens von palästinensischer und israelischer Seite zusammen.

Eines Tages rief mich Herbert an und lud mich zu einem dieser Gespräche in Harvard ein. Als Vertreter der israelischen Seite,
so erklärte er mir, kämen linke, aber eisern zionistische Mitglieder
der Knesset wie Jossi Sarid. Von unserer Seite nahm der Freund
meines Vaters, Walid Khalidi, teil, was mich angesichts der Ansichten, die er seit Langem vertrat, nicht weiter überraschte. Viel
erstaunlicher – wenn auch durchaus stimmig im Hinblick auf

mein Rätselraten – fand ich, dass auch die Namen prominenter PLO-Vertreter auf der Gästeliste standen: Abu Dschihad und Arafat, die sich schon mehr als ein Mal mit Kelman getroffen hatten, hatten ihr Kommen zugesagt.

Ich war bereit hinzufahren, aber als Vorsitzender des Verbandes schien es mir unmöglich. Bis zu diesem Zeitpunkt hatten die Palästinenser lediglich offizielle Treffen mit antizionistischen Israelis wie dem großen chassidischen Weisen, Lehrer und Anführer einer ultraorthodoxen religiösen Sekte, Joel Teitelbaum, abgehalten. Alles andere galt als illegitim. Einmal hatte Vater den israelischen Präsidenten Herzog zum Mittagessen in unser Winterhaus in Jericho eingeladen und den Wunsch geäußert, ich solle dazustoßen. Wegen meiner Position im Verband hatte ich abgelehnt. Bei dem Treffen in Harvard aber handelte es sich nicht um ein Essen unter Freunden, sondern es war der erste Schritt zu einem wirklichen Dialog, und ich wusste, dass ich hinfahren musste. Andererseits würde mich mein Verband lynchen, wenn ich dort als sein Repräsentant auftrat. So blieben mir nur zwei Möglichkeiten: Entweder ich lehnte die Einladung ab und setzte meine Arbeit im Verband fort, oder ich gab den Posten auf. Das Dilemma, in dem ich mich befand, war jedoch kein existenzielles, das mich innerlich zerrissen hätte. Ich reichte meinen Abschied vom Verband ein und machte mich nach Cambridge auf.

Die Begegnung mit Sarid und seinen israelischen Kollegen – wir stimmten in fast allen Punkten überein – war weitaus angenehmer als der Aufruhr, der mich bei meiner Rückkehr zu Hause erwartete. Aufgrund meiner Teilnahme an dem Treffen hatten auf dem Campus etliche Leute ihre Meinung über mich geändert. Nach Ansicht auch enger Freunde und Kollegen war ich kein unabhängiger Störenfried mit seltsamen Ansichten mehr, sondern hatte mich auf Gedeih und Verderb den »Rechten« im Umkreis der offiziellen Fatah-Führung ausgeliefert, und zwar speziell Arafat selbst, von dem immer mehr Leute glaubten, er betreibe einen »Ausverkauf« Palästinas, um sich bei den Amerikanern einzuschmeicheln. Die hitzigsten ideologischen Debatten führte ich in Birseit mit meinen besten Studenten, die wie alle richtigen Studenten auf der Welt jeden bourgeoisen Kompromiss verabscheuten.

Einer von ihnen, einer der führenden Köpfe in der PFLP, sagte mir in einem anonymen Flugblatt den Kampf an. Als Herausgeber stand unter dem Text nur der Name seiner Gruppe, aber ich wusste, dass er es geschrieben hatte, weil ich genügend Seminararbeiten von ihm gelesen hatte und seinen Stil sofort erkannte. Als ich die Hetzschrift in der Hand hielt, lächelte ich vor Stolz über seine treffenden Metaphern und seine sorgfältig durchdachte Polemik, die ohne allzu viel Pathos auskam. Ich sah sein konzentriertes Gesicht vor mir, während er schrieb – die hochgezogenen Augenbrauen und die Falten auf der Stirn. Ein weiteres aufrührerisches Flugblatt, das ebenso anonym und nur von einer Gruppe signiert auf dem Campus kursierte, hatte ein neuer Student von mir namens Marwan Barghouti verfasst.

Inzwischen beherrschte auch ich die Kunst der Flugblattrhetorik, und so setzte ich mich an die Schreibmaschine und erläuterte meinen neuen Kurs des Dialogs. Dann unterzeichnete ich mit meinem Namen und brachte das Blatt in Umlauf. Geraume Zeit später erinnerte mich Marwan daran – er krümmte sich dabei vor Lachen –, dass es in der ganzen palästinensischen Geschichte bis dahin noch kein Flugblatt gegeben habe, das statt von einer Gruppe vom Autor unterzeichnet worden sei, so, als wäre ich selbst eine Gruppe. Damals hatte ich mich tatsächlich auch so gefühlt.

Ich hatte Marwan in meinem Kurs über politische Theorie kennengelernt. Er war fünfundzwanzig und gerade aus einem israelischen Gefängnis entlassen worden, wo er sieben Jahre inhaftiert gewesen war. Auf den ersten Blick unterschied sich seine Geschichte kaum von tausend anderen. Seine Vorfahren waren Fellachen gewesen, die jahrhundertelang in Dörfern um Birseit gelebt hatten. Da seine Eltern im Krieg von 1948 vertrieben worden waren, besuchte Marwan eine Flüchtlingsschule der Vereinten

Nationen, und dort schloss er sich der PLO an. Man hatte ihn eingesperrt, weil er Steine auf Soldaten geworfen hatte, und neun
Monate lang hatte er sich eine Zelle mit Samir Sbeihat geteilt. Die
beiden führten nun gemeinsam die Jugendbewegung der Fatah.

Aber Marwan war etwas Besonderes. Der kleinwüchsige, un-
tersetzte junge Mann erschien wie aus dem steinigen Boden seines Geburtsortes gewachsen, besaß einen Hang zur Polemik und
eine rasche Auffassungsgabe. Aufgrund seines unerschütterlichen
Selbstvertrauens war er der geborene Anführer. Und wenn seine
Gedanken im Seminar bei der Lektüre John Lockes abschweiften,
dann wegen seiner hochfliegenden nationalistischen Ambitionen.

Was mich jedoch am meisten an ihm faszinierte, war die Art
und Weise, wie er über seine israelischen Wärter sprach. Er hatte
im Gefängnis Hebräisch gelernt und bei den verschiedenen Verhören enorm an Selbstachtung gewonnen, weil er sich nicht dem
Willen des Feindes gebeugt hatte. Zudem hatte er gelernt, die
Israelis nicht zu hassen, sondern hinter den Uniformen die Menschen zu sehen. Und wie es schien, war es ihnen genauso er-
gangen.

Bekanntermaßen spielt uns die Geschichte gerne Streiche, und so
spricht auch Hegel in seiner Geschichtsphilosophie von der List
der Vernunft. Militärregierungen sind besonders misstrauisch,
was das historische Gesetz unerwarteter Folgen betrifft. In unserem Fall war den Israelis jedes Mittel recht, um die nationalistische Bewegung im Westjordanland zu unterdrücken, doch damit
erreichten sie nur, dass in einer Art Bumerangeffekt die politischen Aktivisten zunehmend gerade dort auftraten, wo die Israelis vor allem ihre Herrschaft zementieren wollten: in Jerusalem. Je
stärker der Druck auf das Westjordanland, desto mehr kehrte Jerusalem zu seinem Status vor 1948 als Zentrum einer arabischen
politischen Bewegung zurück. Und in Jerusalem konnte die Regierung uns nicht so leicht in einen Kerker werfen oder in einen
Sarg einnageln, ohne dass es zu einem Aufschrei der Europäer

und Amerikaner und inzwischen auch von unseren Freunden bei Peace Now gekommen wäre, deren Anführer zum großen Teil ebenfalls in Jerusalem lebten oder arbeiteten.

Der Kalte Krieg legte einen Schimmer von Geheimnis und Gefahr über die Stadt, die an sich schon die Atmosphäre eines Spionageromans verströmte. Agenten verschiedener Geheimdienste und Diplomaten aus dem Westen und dem Sowjetblock kamen hier zu Treffen wie aus einem Mantel-und-Degen-Roman zusammen. Mit etwas Glück konnte man im American Colony Hotel gegenüber meinem Elternhaus Männer mit dunkler Brille in der Ecke stehen sehen oder den allgegenwärtigen Mossad-Agenten beobachten, der einem arabischen, als Kellner arbeitenden Kollaborateur etwas zuflüsterte.

Zeuge eines Mordes wurde ich erstmals im tiefsten Winter des Jahres 1983, etwa zu jener Zeit, als ich auch anfing, Sorgenperlen mit mir herumzutragen. Der Mord fand unmittelbar vor meiner Haustür unter dem Ecce-Homo-Bogen statt.

Die Probleme im Lemon Tree Café nahmen zu. So paradox es klingen mag: Je mehr ich mit Israelis zu tun hatte, desto größer wurden die Schwierigkeiten sowohl in der Pension als auch im Café selbst – etwa als Schin-Beit-Agenten eine unserer attraktiven skandinavischen Kellnerinnen als Informantin anwerben wollten. Ein anderes Mal zitierte mich ein Sicherheitsbeamter zum Hauptquartier der Polizei auf dem russischen Gelände und schüchterte mich mit der Drohung ein, falls ich nicht »zur Mitarbeit bereit« sei, würden sie »zufällig« Drogen im Lemon Tree finden und mich als Chef eines Drogenrings anklagen.

Der Mord ereignete sich an einem kalten, regnerischen Abend. Auf dem Heimweg zu unserer Wohnung in der Via Dolorosa schaute ich wie gewöhnlich auf einen Sprung im Café vorbei und trank einen doppelten Espresso. Es war schon spät und nicht mehr viel los. An einem Tisch mir gegenüber saß ein Pärchen aus Europa und unterhielt sich ganz ruhig, offenbar unberührt von den Spannungen in der Stadt. Der Mann, ein Deutscher mit der

Statur eines Riesen, war ein paar Tage zuvor in unsere Pension gekommen, hatte jedoch ein Zimmer in einer anderen Herberge nehmen müssen, weil bei uns alles belegt war. Jetzt saß er mit einer dunkelhäutigen Frau, offenbar seiner Freundin, im Café.

Die beiden brachen kurz vor mir auf, und als ich auf dem Heimweg an ihnen vorbeiging, schlenderten sie langsam Arm in Arm dahin und küssten sich.

Fünf Minuten später war ich oben in unserer Wohnung und hatte vor, mir noch die Abendnachrichten anzuschauen. Das Zimmer hatte zwei große Fenster zur Via Dolorosa, eine alte, autofreie und an diesem bitterkalten Abend auch menschenleere Pflasterstraße.

Ich wollte gerade den Fernseher einschalten, als ich einen dumpfen Ton hörte, dem ein lauter Aufschlag folgte. Lucy hatte soeben die Kinder zu Bett gebracht und stürzte herein. »Was war das?«, fragte sie. Wir traten beide ans Fenster. In diesem Augenblick hörten wir in der nächtlichen Stille schnelle, sich entfernende Schritte aus einer Gasse, die von der Via Dolorosa abzweigte. Als ich den Kopf aus dem Fenster steckte, sah ich den Deutschen mit dem Gesicht nach unten auf der Treppe des katholischen Klosters auf der anderen Straßenseite liegen. Ein dicker Blutstrom sickerte langsam aus seinem Hals.

»Da ist jemand erschossen worden«, sagte ich entsetzt und wandte mich zu Lucy um.

»Ich rufe die Polizei«, erwiderte sie. »Geh du hinunter.«

Binnen Sekunden stand ich bei dem sterbenden deutschen Rucksacktouristen, ohne zu wissen, was ich tun sollte. In diesem Moment rief jemand und lief auf uns zu. Es war ein einzelner Polizist. Ein Araber.

»Was sollen wir machen?«, fragte ich ihn, als er außer Atem neben mir stand. Der Polizeibeamte fühlte dem Mann den Puls und versicherte mir, dass er noch lebe. »Helfen Sie mir, ihn ins Krankenhaus zu bringen«, sagte er und deutete in Richtung des Österreichischen Hospizes am Ende der Straße.

Der Mann wog wohl so viel wie wir beide zusammen, und so trugen wir ihn halb, halb zogen wir ihn mehrere Häuserblocks weit zum Krankenhaus und schließlich drei Stockwerke hinauf in die Notaufnahme. Als wir dort eintrafen, war er in unseren Armen verblutet.

Ein Roman schildert nur selten das Leben, wie es tatsächlich ist, aber in diesem Fall war es anders. Die Ereignisse um den Tod des Deutschen irritierten mich. Als ich später in Einzelhaft saß, kam mir in den Sinn, einen politischen Krimi zu schreiben. Der Entwurf des ersten Kapitels trug den Titel »Mord in der Via Dolorosa«.

Das Rätselraten über den Mord begann damit, dass am nächsten Morgen ein israelischer Ermittlungsbeamter zu mir kam, um meine Stellungnahme zu Protokoll zu nehmen. In lässiger Haltung machte er sich ein paar Notizen, als hätte er nicht das geringste Interesse an der Aufklärung des Falls, und wünschte mir dann einen guten Tag. Ich fragte ihn, was er von der Sache hielt.

»Ach, das war wahrscheinlich ein arabischer Terrorist«, meinte er in einem Ton, als spräche er über das Fußballspiel der letzten Woche.

»Er war in Begleitung eines Mädchens«, erklärte ich ihm. »Was ist mit ihr?«

Sie sei die Freundin des Opfers, erklärte mir der Polizeibeamte mit gleichgültiger Stimme. Nach dem Schuss habe sie, zu Tode erschrocken, verzweifelt um Hilfe geschrien, aber es sei niemand gekommen.

»Das habe ich nicht gehört«, erklärte ich ihm, verwundert darüber, dass sie in einer so schwerwiegenden Angelegenheit gelogen hatte. Von meiner Wohnung aus hörte ich sogar das Scharren einer Ratte in den umgekippten Mülleimern der Gasse. Das Mädchen hatte keineswegs geschrien, sondern sich im Gegenteil still wie ein Mäuschen davongestohlen. »Sie hat nicht geschrien!«

»Doch«, beharrte der Beamte mit derselben tonlosen Stimme

wie vorher. »Sie hat uns erzählt, dass sie überall an die Türen ge-klopft hat, aber niemand hat geöffnet. Am Ende ist sie dann zum Polizeirevier am Jaffa-Tor gelaufen und hat uns informiert.«

»Aber das Jaffa-Tor liegt in der entgegengesetzten Richtung der Schritte, die ich gehört habe.«

Mein Gesprächspartner machte sich keine Notizen mehr und zeigte deutliches Desinteresse, die Unterhaltung fortzusetzen. Während er seine Sachen einpackte, meinte er noch kühl, die Frau sei so durcheinander gewesen, dass sie den nächsten Flug zurück nach Deutschland genommen habe.

Irgendetwas war hier faul. Am folgenden Tag hieß es in einem kurzen Zeitungsartikel, ein deutscher Tourist sei in den Gassen der Altstadt erschossen worden, und die Polizei verdächtige ara-bische Terroristen der Tat.

Das nahm ich ihnen nicht ab. Ein Mord, insbesondere an ei-nem Touristen aus dem Westen, hätte normalerweise den gesam-ten israelischen Polizeiapparat auf den Plan gebracht. Warum diese Gleichgültigkeit? Warum hatte die Polizei die Freundin schon wenige Stunden nach dem Verbrechen abreisen lassen? Wer war diese »Freundin« überhaupt? Später erfuhr ich von einem Geldwechsler in der Salaheddin-Straße interessante Einzelheiten. Sein Cousin war Manager in einem Hotel, und er erzählte mir, die junge Frau habe sich in diesem Hotel aufgehalten, als der Mord passierte. Auf die Frage des Managers, was sie in das Land führe, hatte sie erwidert, sie wolle nach Eilat, um ihren Freund zu su-chen. Interessant war dabei vor allem, dass sie zwar einen deut-schen Pass besaß, aber Arabisch wie eine Einheimische be-herrschte. Als der misstrauische Manager – viele Israelis konnten Arabisch – sie darauf ansprach, erklärte sie ihm, sie arbeite für eine deutsche Beraterfirma in Saudi-Arabien.

Allmählich vervollständigte sich das Bild, und ich wurde ner-vös. Natürlich war für mich die Geschichte von den arabischen »Terroristen« völlig unglaubwürdig. Aber hieß das auch, dass die Israelis ihre Hände im Spiel hatten? War es Zufall, dass das Opfer fünfzehn Minuten vor seinem Tod in meinem Café gesessen hatte? Oder dass der Schuss vor meiner Haustür gefallen, die »Freundin« verschwunden war? Sollte dies eine weitere Warnung sein wie die Anspielung auf die Drogen vonseiten des Schin Beit?

Womöglich waren das alles paranoide Grübeleien. Doch eins stand außer Zweifel: Die dunkle Welt, in der ich jetzt lebte, war nicht mehr jenes unschuldige Jerusalem, das ich als Kind gekannt hatte.

## KAPITEL 15

# FAISAL HUSSEINI

DER MORD WAR DER TROPFEN, der das Fass zum Überlaufen brachte. Der rasche Niedergang der Stadt, das ungelöste Geheimnis hinter der Ermordung des Deutschen und die Drohung, Drogen im Café zu verstecken, all das machte uns das Leben schwer. Man sollte im Leben nur die wichtigsten Schlachten schlagen, und das Café weiter zu betreiben erschien uns ebenso wenig als solche wie unser riskantes Experiment, in der zerfallenden Stadt zu leben. 1984 zogen Lucy und ich aus und schlossen das Lemon Tree.

Unsere neue Wohnung befand sich in Abu Dis, einem Bergdorf direkt hinter dem Ölberg und ganz in der Nähe von El-Azarjeh – der arabische Name für die biblische Stadt Bethanien, wo einst Maria, Martha und Lazarus gelebt hatten (in dem arabischen Wort klingt noch der Name Lazarus an). Wir hatten gar nicht das Gefühl, die Altstadt wirklich verlassen zu haben, denn vom Balkon unserer neuen Wohnung aus konnten wir in der Ferne den Felsendom in seiner ganzen Pracht leuchten sehen.

Dass wir nun außerhalb der Stadtmauern wohnten, änderte in politischer und sozialer Hinsicht nichts. Das Zentrum unseres Lebens war jetzt Ostjerusalem, das Birseit als Mittelpunkt der nationalistischen Bewegung abgelöst hatte. So wie die Stelle der Aristokraten der Alten Welt das Nationale Führungskomitee getreten war, das wiederum Anfang der 1980er-Jahre dem von Studenten und Verbandsaktivisten organisierten Netz von Basisgruppen gewichen war, entstand jetzt auch ein neues Machtzentrum, und zwar in Gestalt der Arab Studies Society, deren Sitz später als Orient-Haus bekannt werden sollte. Die zentrale Figur in diesem neuen Machtzentrum war Faisal Husseini. In Fragen der Analyse und Strategie waren wir uns nicht immer einig, aber die Meinungsverschiedenheiten hinderten mich nicht daran, in Faisal nicht nur einen Mitstreiter oder Mitverschwörer zu sehen, sondern auch eine Art älteren Bruder. Und Faisal nannte mich liebevoll den »Philosophen der Revolution«.

Faisal konnte auf eine Familiengeschichte zurückblicken, die weitaus eindrucksvoller war als meine. Seine Wurzeln reichten zurück bis in das Mekka Mohammeds, und überdies war sein Clan in krassem Gegensatz zu meinem sagenhaft reich und verfügte über Landbesitz und riesige Unternehmen überall in der arabischen Welt.

Vor allem aber konnte kein Nusseibeh auf dem Gebiet der politischen Legende mit Faisal mithalten. Er war der Großneffe des bekannten Großmuftis von Jerusalem und ein entfernter Cousin Jassir Arafats. Vor allem aber war er der Sohn des legendären Abdul Kader al-Husseini, jenes militärischen Helden, der eng mit Vater und dem Herodestor-Komitee zusammengearbeitet hatte, bis er bei der Belagerung von Al-Qastal umkam. Damals erwartete man, dass der achtjährige Faisal einmal in die Fußstapfen seines Vaters treten würde.

Nach einer Ausbildung in Guerillalagern der Fatah kehrte Faisal im Anschluss an den Sechstagekrieg nach Ostjerusalem zurück. Wie mein älterer Bruder watete er durch den Jordan und trotzte den schießwütigen Soldaten. Sobald sich in Israel die Nachricht verbreitete, dass er sich in Jerusalem aufhielt, machte sich Panik breit. »Es war, als wäre der Sohn Ho Chi Minhs nach New York City gezogen«, sagte ein Israeli.

Auch Arafat war durch den Fluss gewatet, und in der Zeit, da er einen Militärkader in der Stadt aufbaute, versteckte er sich häufig in Faisals Wohnung. Er schenkte ihm eine Schusswaffe, die Faisal jedoch nie benutzte. Kurz nach meiner ersten Begegnung mit ihm, beim Brand der Al-Aksa-Moschee, wurde er festgenommen. Man fand die Waffe, und er wurde des Landes verwiesen.

Ende der 1970er-Jahre erlaubten ihm die Israelis, nach Jerusalem zurückzukehren, und da er nicht erneut ins Exil geschickt werden wollte, bemühte er sich, unauffällig zu bleiben, nahm Gelegenheitsarbeiten an und ging Schwierigkeiten aus dem Weg. Damals wusste niemand, dass er intensiv die politische Landschaft sondierte, um eine geeignete Möglichkeit zu finden, seine Kraft und seinen Verstand einzusetzen. Schließlich begriff er etwas, worüber sich nur der unermüdliche Dr. Glock – der immer noch voller Leidenschaft auf den Spuren unserer Vergangenheit wandelte und dabei mit seinen gelben israelischen Nummernschildern durch die Kontrollstellen zischte – Gedanken machte: dass nämlich das kulturelle Gedächtnis eine wichtige Front in unserem Kampf um Unabhängigkeit darstellte.

Die Arab Studies Society, die Faisal im Hotel seiner Familie, dem Orient-Haus, unterbrachte, erschien zum Zeitpunkt ihrer Gründung dem Schin Beit wahrscheinlich als das harmlose Hobby des erfolglosen Sprösslings einer einflussreichen Märtyrergestalt. Ich kann mir sogar vorstellen, dass sie den armen Kerl, der den Erwartungen seiner Familie so gar nicht entsprach, bedauerten. Dabei ahnten sie jedoch nicht, wie viel vom Blut seines Vaters in seinen Adern floss. Seine Feinde mussten bald feststellen, dass sie es mit einem furchterregenden Gegner zu tun hatten. Auf die Besatzer, die alles daransetzten, jede Opposition als ihrem Wesen nach terroristisch und blutrünstig darzustellen, wirkte er ausgesprochen intelligent, urban und zurückhaltend. Keine Waffen, kein Dreitagebart, keine revolutionäre Arroganz. Und er sprach Hebräisch.

Fatah-Aktivisten in den besetzten Gebieten entdeckten lange vor dem Schin Beit, aus welchem Holz Faisal geschnitzt war. Sie betrachteten ihn ganz selbstverständlich als ihren Anführer. Um welches Thema es auch ging – die Siedlungen, Verhaftungen, Hausabrisse oder die jüngste Inhaftierung ohne Anklage –, stets stellte er unsere Sichtweise in klaren, überzeugenden Worten dar. Aber er redete nicht nur. Nach einer Pressekonferenz, bei der er die jüngsten Ausschreitungen verurteilt hatte, konnte man ihn Arm in Arm mit dem Mann sehen, dessen Haus abgerissen werden sollte oder dessen Sohn gerade erst getötet worden war, oder mit einer Frau, deren Mann inhaftiert worden war. Er gewann die Herzen der Jerusalemer, indem er stets ein Ohr für ihre Nöte hatte. Für Schamir, Scharon und ihresgleichen, die kein Interesse an einem Dialog hatten, war er der gefährlichste Feind überhaupt.

Faisal und ich arbeiteten kurz nach meiner Rückkehr von dem Treffen in Harvard erstmals zusammen. Linke Mitglieder der Knesset, allen voran der legendäre Schulamit Aloni und Jossi Sarid, wollten damals im American Colony Hotel für jeden zugängliche Podiumsgespräche mit Persönlichkeiten des öffentlichen Lebens von palästinensischer Seite abhalten, und ich willigte sofort ein. Mit Zustimmung der PLO nahm auch Faisal an der Veranstaltungsreihe teil.

Angesichts dieser ersten öffentlichen Begegnung zwischen Fatah-Leuten und zionistischen Mitgliedern der Knesset verfassten Faisal und ich eine Stellungnahme, in der wir unsere Loyalität gegenüber der PLO erklärten und einen unabhängigen palästinensischen Staat befürworteten. Sie erschien auf der ersten Seite der Tageszeitung *Al-Fajr*, die der Fatah nahestand.

Das Treffen im American Colony Hotel war in vielerlei Hinsicht ein Durchbruch, in erster Linie jedoch, weil das heuchlerische Schweigen zum Thema Dialog erstmals durchbrochen wurde: Die Öffentlichkeit erfuhr nun, dass die Fatah an Gesprächen mit den Zionisten interessiert war. Und die Anwesenheit der Israelis zeigte jedem Palästinenser, dass zumindest einige Zionisten bereit waren, öffentlich die PLO und ihre Forderung nach einem palästinensischen Staat anzuerkennen.

Darüber hinaus schuf das Treffen die Grundlage für gemeinsame israelisch-palästinensische Komitees und Proteste, in deren Mittelpunkt bald Faisal und die Arab Studies Society standen. So planten wir beispielsweise einen Protestmarsch entlang des ehemaligen Niemandslands zur Erinnerung an den 6. Juni, den Tag, an dem die Besetzung begann. Hunderte von israelischen Friedensaktivisten und Palästinensern trugen schwarze Fahnen und reihten sich entlang der ehemaligen Grenze auf, um für eine offene Stadt unter gemeinsamer palästinensich-jüdischer Oberhoheit zu demonstrieren.

Für viele meiner studentischen Freunde war das Tragen einer schwarzen Fahne weit entfernt von den Aktionen, die sie bei den Fatah-Gruppen zu bewundern gelernt hatten. Sie bevorzugten immer noch waghalsigere Unternehmen wie Steine auf Panzer zu werfen oder Sprüche auf Wände zu malen. Doch langsam begannen sie sich für den Dialog zu erwärmen. Als ich einmal gemeinsam mit Israelis an einer Sitzblockade am Damaskustor teilnahm, schauten ein paar meiner Studenten vorbei. Einer von ihnen, ein erfahrener Steinewerfer, betrachtete mich resigniert, wie ich da schweißgebadet von der Hitze auf der Treppe vor dem Tor saß und ein Spruchband in arabischer, hebräischer und englischer Sprache hochhielt. »Das habt ihr also aus uns gemacht?«, sagte er. Wir lächelten einander an. Ich reichte ihm ein Flugblatt, und er nahm es.

KAPITEL 16

# ANNEKTIERT UNS!

1986 WAR ES IN ERSTER LINIE DIE SIEDLERBEWEGUNG, die in den besetzten Gebieten an der Gewaltspirale drehte. Im Jahre 1983 hatte General Rafael Eitan, damals Israels hochrangigster Offizier, Pläne für hundert neue Siedlungen zwischen Jerusalem und Nablus entwickeln lassen. »Wenn wir das Land erst besiedelt haben«, so seine Prognose, »werden die Araber nur noch herumkrabbeln können wie Kakerlaken in einem Einmachglas«[1] – ein Vergleich, der den israelischen Militärbehörden offenbar Vergnügen bereitete. Drei Jahre später schossen dann überall Siedlungen wie Pilze aus dem Boden. Festungsgleiche Städte wie Halmisch (erbaut auf dem Boden des Al-Babi Saleh, eines Waldes, der für seinen dichten Baumbestand berühmt war und erstaunlicherweise die Jahre der osmanischen Herrschaft überlebt hatte) legten sich um das Westjordanland wie eine Halskette – oder eine Schlinge. Sechzigtausend israelische Siedler lebten nun in den besetzten Gebieten. Auf Hügelkuppen errichtete Siedlungen mit Swimmingpools und Sprinkleranlagen wurden zu einem alltäglichen Anblick – und das in Sichtweite staubgeplagter Dörfer, deren Einwohner anderthalb Kilometer zurücklegen mussten, um einen Eimer Wasser zu holen. Eine der Siedlungen im Jordantal konnte sich deshalb ausdehnen, weil die Regierung eine der nach dem Krieg von 1967 konfiszierten Ländereien meines Vaters dafür zur Verfügung stellte.

In Ostjerusalem war die Lage noch dramatischer. Als ich 1978 in die Altstadt zurückgekehrt war, hatten die von der Arbeitspartei gestellten Regierungen moderne Wohnanlagen für ungefähr

228

dreißigtausend israelische Siedler erbaut. Inzwischen betrug ihre Zahl hunderttausend und stieg weiterhin rasch an.[2] Es war wie ein Sinnbild für die Verluste der Palästinenser in Jerusalem, als ein paar israelische religiöse Eiferer mit Waffen in der Hand auf das ehemalige Gelände des Suks der Goldschmiede vordrangen und sich weigerten, wieder abzurücken – eine neue Wende in unserer Familiensaga.

Jedes Mehr an Siedlungen bedeutete, dass mehr Steine geworfen wurden, bedeutete mehr Verhaftungen, mehr Gummigeschosse, mehr Misshandlungen. Amnesty International berichtete, dass Gefangene gezwungen würden, mehrere Tage über viele Stunden hinweg mit Kapuzen über dem Kopf und Handschellen nackt und regungslos dazustehen.[3]

1986 drangen fünfzig mit Maschinengewehren bewaffnete Soldaten in das Haus des amtierenden Direktors der Universität von Birseit, Dr. Gabi Baramki, ein, zerrten ihn hinaus und legten ihm Handschellen an. So fuhren sie mit ihm zum Campus, durchstöberten die Verwaltungsbüros und konfiszierten Lehrbücher, Zeitschriften und Zeitungen. Dann zogen sie weiter zu den Schlafsälen der Studenten und verhafteten Dutzende von Aktivisten.

Im Dezember 1986 tauchten Soldaten auf dem Campus auf, um Jagd auf eine Reihe von Studenten zu machen. Als Hanan Ashrawi das Haupttor schloss, um zu verhindern, dass sie den Campus stürmten, brachte sich ein Scharfschütze in Stellung und verfehlte sie nur um ein Haar. Die Kugel prallte direkt vor ihr vom Pflaster ab, und sie sprang gerade noch rechtzeitig beiseite, um der nächsten Kugel zu entgehen. Wutentbrannt ob ihrer schnellen Reaktion brüllte der Scharfschütze die Absolventin der Thomas Jefferson University an: »Ihr Araber seid alle Bestien!«[4]

Mit der zunehmenden Gewalt griffen beide Seiten auch mehr und mehr zum Mittel der Demagogie. In den Flüchtlingslagern und in Städten wie Hebron kursierte aus Ägypten eingeschmuggelte antisemitische Literatur. Laut einer Meinungsumfrage des Van Leer Instituts befürworteten zweiundvierzig Prozent der jungen Juden im Alter von fünfzehn bis achtzehn Jahren Meir Kahanes Aufruf, sämtliche Araber zu vertreiben.[5]

Die von den Politikern zur Entschärfung dieser tickenden Zeitbombe vorgeschlagenen Lösungen waren eine einzigartige Mischung aus Wunschdenken und Selbstlüge im Sinne Sartres. Präsident Reagan, ein gutes Beispiel für Letztere, griff auf eine zu diesem Zeitpunkt vollkommen abwegige Idee zurück, die dann von Schimon Peres, dem Mann mit den tausend Masken, und seiner Clique in der Arbeitspartei weiter verbreitet wurde: Mit der »Jordanischen Option« sollte das Schicksal der Palästinenser in die Hände Jordaniens gelegt und ein Teil des Westjordanlands annektiert werden. Doch es war ein typischer Fall von zu wenig, zu spät. Zu diesem Zeitpunkt war der nationalistische Geist bereits der Flasche entwichen, und für die meisten trug er die Züge Jassir Arafats.

Davon abgesehen war die Arbeitspartei nicht an der Macht, und der Likud tat sein Möglichstes, um jede neue Teilung des Heiligen Landes zu verhindern. Viele Ideologen der israelischen Rechten forderten offen die Annexion der besetzten Gebiete, die sie zärtlich Judäa und Samaria nannten. Die Regierung scheute sich zwar, offen von Annexion zu sprechen, doch von unserem Balkon in Abu Dis aus starrte uns die neue Megasiedlung Ma'aleh Adumim an und erinnerte uns tagtäglich an die unilateralen Pläne Israels.

Während die beiden Völker ungebremst auf eine massive Auseinandersetzung zusteuerten, waren sich auf beiden Seiten eine Handvoll Politiker und Persönlichkeiten des öffentlichen Lebens einig, dass sich ein Krieg nur durch eine direkt zwischen der PLO und der israelischen Regierung ausgehandelte Zwei-Staaten-Lösung vermeiden ließ. Ein Rätsel war mir allerdings, wie man diese Erkenntnis außerhalb der in sich abgeschlossenen Welt der Friedensaktivisten, die sich im American Colony Hotel trafen, vermitteln sollte. Wie bringt man gewöhnlichen Menschen bei, dass ihre Führer sie ins Verderben führen?

Im Sommer 1986 veranstaltete ich – vorwiegend im Anwaltsbüro meines Vaters – ein Seminar, bei dem versucht werden sollte, eine Bombe zu basteln.

Vaters Schilddrüsenkrebs verschlimmerte sich, und ich verfolgte
Monat für Monat das Fortschreiten der Krankheit mit Sorge. Da
ich wegen meiner früheren Unbedachtheit nicht mehr nach Jordanien einreisen durfte, konnte ich nicht miterleben, wie König
Hussein und Königin Noor nach der Operation im Royal Hospital in Amman an seinem Bett knieten.

Die Operation rettete ihm zwar das Leben, doch die Krankheit
hatte sich in ihn verbissen wie ein Bluthund und ließ nicht locker.
Und so saß meine Mutter während seiner immer wieder notwendigen Jodbehandlungen im israelischen Hadassah-Krankenhaus
in Ein Kerem allein mit ihren Erinnerungen zu Hause. Als im
Sommer 1986 seine Heilungschancen schwanden, begann sie, mir
von ihrer Kindheit und dem klugen, vitalen jungen Anwalt zu erzählen, der ihr den Hof gemacht hatte. Damals, fünfzig Jahre zuvor, war die Welt noch heil und ganz gewesen, erfüllt vom süßen
Duft der Orangenblüten. Dann hatten die Probleme begonnen.
»Seitdem habe ich keine ruhige Minute mehr gehabt, es kam eine
Katastrophe nach der anderen.« Der Krebs war das letzte Glied einer langen Kette des Unglücks, das ihr Erwachsenenleben über-
schattet hatte.

So viel Zeit mit den Erinnerungen meiner Mutter zuzubringen
und gleichzeitig zu sehen, wie sich Vater weigerte, in einer Welt
der Fantasien oder Halluzinationen zu leben, machte es mir leichter, der »Bombe« Kontur zu verleihen, die platzen zu lassen mir
jetzt wichtiger war denn je. Ich hatte die Nase voll von Politikern,
die in der Öffentlichkeit das eine sagten und insgeheim das Gegenteil taten. Ein Dienst am Volke, wie ihn mein Vater geleistet
hatte, ließ für dergleichen Verlogenheit keinen Raum, und ich
sagte ihr den Kampf an. Meine »Bombe« würde mein Tribut an
die titanische Integrität meines Vaters sein, der auch dann bei der

Wahrheit geblieben war, wenn er damit anderen auf die Füße trat.

Der endgültige Auslöser war ein Erlebnis in der Altstadt. Nach einem Besuch bei meiner Mutter wanderte ich durch die Straßen meiner Kindheit und kam dabei auch in den ehemaligen Suk der Goldschmiede. Dort begann ich ein Gespräch mit einem der jüdischen Studenten, die sich das Gelände, unter der Patronage Ariel Scharons, Meter für Meter aneigneten. Aus seinem näselnden Englisch, wie es die Brooklyner sprechen, schloss ich, dass er Amerikaner war.

Ich erklärte ihm, dass der Suk meiner Familie gehörte. »Glauben Sie vielleicht, wir sind gerne hier?«, fragte er mich mit einer ausgreifenden Handbewegung. Zunächst fühlte ich mich durch diese Frage ermutigt und hoffte schon ein wenig, es könnte zu einem offenen, existenzielle Dinge berührenden Gespräch zwischen zwei Menschen kommen, die beide in einer unhaltbaren und nicht selbst gewählten Situation gefangen waren.

Ich irrte mich.

»Wir sind dazu ausersehen, hier zu sein.« Es war, als wollte er mir sagen, Gott – dieselbe Kraft, die einst dem Menschen das Gebot erteilte »Du sollst nicht stehlen« – zwinge ihn, uns aus dem Land unserer Vorfahren zu vertreiben. Als wäre es seine Pflicht und Lebensaufgabe, ob er es wollte oder nicht.

Meine Bombe erdachte ich mir an einem heißen Sommertag. Lucy und ich wollten mit den Kindern zum Schwimmen gehen, konnten uns aber nicht entscheiden, wohin. Im zerstörten und heruntergekommenen Ostjerusalem fehlte es an entsprechenden öffentlichen Einrichtungen, es blieb nur das YMCA. »Wie wär's mit Ma'aleh Adumim?«, schlug ich schließlich vor. Lucy blickte zunächst überrascht drein, lachte dann aber, als sie zu ahnen begann, dass ich etwas im Schilde führte.

Ich war schon immer neugierig gewesen, wie das Leben auf der anderen Seite des Stacheldrahts und innerhalb der verschlos-

senen Tore dieser auf Beduinenland erbauten Verbotenen Stadt
wohl aussehen mochte. Wie ich gehört hatte, war dort als eine
der ersten Einrichtungen ein großes Schwimmbad entstanden,
das die Attraktivität für neue Siedler steigern sollte. Nach israelischem Gesetz durften Araber nicht in jüdischen Siedlungen
wohnen, aber es war nicht verboten, dort schwimmen zu gehen.

Also brachen wir auf zu unserem Abenteuer, ausgerüstet mit
Handtüchern, Sunblockern und jeder Menge Neugier. An der
Kasse des Schwimmbads erstanden wir die billigen, von der Regierung subventionierten Eintrittskarten. Die Kinder stürzten sich
ins Wasser, während ich am Rand sitzen blieb und es genoss,
meine Füße vom kühlen Nass umspülen zu lassen. Dann dachte
ich weiter über meine Bombe nach. »Wie wunderbar teuflisch!«

Ich lächelte in mich hinein und plantschte mit den Füßen im
Wasser. Unterdessen trat ein Bademeister auf mich zu und fragte
mich fast übertrieben freundlich, ob ich den Schwimmbadbesuch
genieße.

»Aber gewiss«, antwortete ich in meinem eingerosteten Hebräisch.

Sein Gesicht verzog sich zu einem bezaubernden, breiten
Lächeln, und er wollte wissen, wo ich herkam.

Ich rechnete damit, dass ihm meine Antwort – Abu Dis – einen Schock versetzen würde, und tatsächlich gefror das Lächeln
auf seinem Gesicht. Ohne ein weiteres Wort hastete er davon.

Ich wandte mich wieder meinem Plan zu. Da war ich also in
der Siedlung beim Baden, und dank meines Jerusalemer Personalausweises konnte nicht einmal Scharon persönlich das Geringste
dagegen tun. Sie konnten mich ignorieren, sich von mir abwen-
den wie der Bademeister, mich sogar verachten, wie es bigotte
Menschen mit niederen Artgenossen zu tun pflegen, aber sie
konnten mich nicht hinauswerfen. Was würde wohl geschehen,
fragte ich mich, wenn die Palästinenser eines schönen Tages einfach ihre politischen Ziele ins Gegenteil verkehren würden? Warum nicht, statt in einem neuen Staat ihre Unabhängigkeit zu ver-

wirklichen, die Gleichberechtigung *innerhalb* Israels ansteuern? Schließlich bestimmte Israel über unser Land, unsere Ressourcen und unser Leben. Dieser Swimmingpool war auch mit unseren Steuergeldern gebaut worden. Sollten wir nicht einfach verlangen, annektiert zu werden? *Verlangen, Israelis zu sein?* Würde das dem jüdischen Staat nicht den Boden unter den Füßen wegziehen? Eines jedenfalls war sicher: Eine solche Forderung würde die selbstgefälligen Israelis wieder zur Vernunft bringen. In null Komma nichts wären alle Siedlungsprojekte vergessen, ebenso wie die Scheinpläne zur begrenzten Autonomie Palästinas, all das dumme Geschwätz über Judäa und Samaria. Sie würden sich in vollem Galopp Jassir Arafat als dem Retter in die Arme werfen und eine Zwei-Staaten-Lösung als Geschenk des Himmels preisen. Vor meinem geistigen Auge sah ich die Siedler im Suk der Goldschmiede Hals über Kopf wieder nach Brooklyn abdampfen.

Während ich so planschend und grinsend dasaß, kam Lucy und brachte mir ein Sodawasser von dem Kiosk mit den ermäßigten Preisen. Als ich sie in meine Überlegungen einweihte, prophezeite sie mir, meine Mitstreiter würden meinen Kopf fordern. Schließlich hätten wir massenweise Erklärungen verfasst, in denen wir die Israelis des Versuchs beschuldigten, unser Land zu annektieren. Illegal hätten wir das genannt, unmoralisch, abscheulich, grausam und vieles mehr. Und jetzt wolle ich mich hinstellen und die Annexion fordern! So etwas Verrücktes! All das sagte sie mit einem Augenzwinkern, das mir versicherte, dass ich noch nie so eine gute Idee gehabt hatte.

In dem Artikel, den ich in der darauffolgenden Woche für eine Lokalzeitung schrieb, führte ich ein Gedankenexperiment durch. Welches Szenario, so fragte ich, ist bei objektiver Betrachtung des essenziellen Bedürfnisses der Palästinenser nach Freiheit vorzuziehen: »Autonomie« oder Annexion und volle Gleichberechtigung in Israel? Es liegt nahe, dass wir als Bürger Israels weit mehr Einfluss auf die Gestaltung unseres Schicksals ausüben würden. So würde zum Beispiel ein in die Knesset gewählter Abgeordneter aus meinem Dorf Abu Dis nicht nur über Gesetze abstimmen können, die seinen Heimatort oder jene Teile der besetzten Gebiete betreffen, in denen Siedlungen entstehen, sondern er hätte auch bei der Gesetzgebung für Haifa und Tel Aviv mitzureden. Die Wahlurne würde uns geben, was eine bewaffnete Guerilla niemals könnte: die Kontrolle sowohl über unser eigenes Leben als auch über ihres.

Schon wenige Tage später katapultierte mich der Artikel auf die Titelseiten der israelischen Zeitungen. Dann wurde ich zu einer in Israel beliebten politischen Talkshow eingeladen. »Wären Sie bereit, mit einem Anführer der Siedlerbewegung in der Talkshow aufzutreten?«, fragte der Produzent.

»Wollen Sie mich auf den Arm nehmen?«, gab ich zurück. Die Wirkung meiner Bombe verblüffte mich.

Ich betrat das Studio mit wilder Mähne, in Sandalen und meinem Lieblings-T-Shirt – es war alt, ein wenig abgerissen, aber das bequemste, das ich hatte. Zum Verdruss des Produzenten, der gern die Fetzen hätte fliegen sehen (Polizei und Sanitäter standen für den Fall des Falles parat), plauderte ich ganz gelassen und freundlich mit dem Siedler. Doch bei jeder meiner Antworten hörte ich förmlich, wie sich sein eingerostetes Hirn knirschend Herausforderungen öffnete, die es nie für möglich gehalten hätte.

»Wollen Sie damit sagen, dass Sie tatsächlich für die Knesset kandidieren und Abgeordneter würden werden wollen?«, fragte der Ursiedler mit dem akkurat gestutzten Bart, den manikürten Nägeln und der gewählten Sprache, die so gar nicht dem unter Palästinensern verbreiteten karikaturhaften Bild entsprach.

»Sicher, warum nicht?«, antwortete ich schwungvoll.

»Heißt das, dass Sie die nationalen Symbole der Knesset, die Fahne, die Nationalhymne, akzeptieren würden?«

»Müsste ich ja. Aber vergessen Sie nicht, Israel ist eine Demokratie, nicht wahr?«

Er wirkte nervös und fragte, worauf ich hinauswolle.

»Nun, wenn wir Araber die Mehrheit in der Knesset hätten, dann könnten wir diese Symbole ja austauschen, nicht wahr?«

Ich hörte, wie die Zuschauer unruhig auf ihren Stühlen hin und her rutschten, und dann ein paar unverständliche Zwischenrufe.

»Würden Sie auch akzeptieren, der israelischen Armee anzugehören?«, trumpfte mein Gegenüber mit schriller Stimme auf.

Das war eine der Fragen, auf die ich vorbereitet war. »Sie meinen, ob ich bereit bin, mit einer Uzi über der Schulter herumlaufen zu dürfen wie die Soldaten, die ich tagtäglich sehe? Jederzeit!«

Es funktionierte wie ein Zaubermittel. Die *Newsweek* brachte ein ganzseitiges Interview mit mir zum Thema Annexion. Israelische Zeitungen gaben sich bei mir die Klinke in die Hand. »Sari Nusseibeh«, schrieb der israelische Wirtschafts- und Planungsminister in der *Jerusalem Post,* »ist nicht gemäßigter als seine Gesprächspartner, die Befürworter von Groß-Israel. Er ist bloß schlauer. Er weiß, dass Annexion letzten Endes zur Errichtung eines Palästinenserstaates auf dem Territorium des von Gott verheißenen Landes Israel führen würde.«[6] Ein anderer Kommentator meinte, meine Ideen seien gefährlicher »als der Terror der PLO und das Gespenst eines arabischen Militärschlags«. Ein Journalist der israelischen Tageszeitung *Ma'ariv* zitierte den israelischen UNO-Vertreter: »Wenn die Palästinenser anfangen, so zu denken, dann müssen wir uns wirklich Sorgen machen.« Ein Anrufer drohte mir sogar ganz offen: »Wenn Sie so weitermachen, sind Sie ein toter Mann.« Das war die erste von vielen Todesdrohungen, die noch folgen sollten.

Wie sehr es viele arabische Zuschauer schockierte zu sehen, wie ich mich mit einem berüchtigten Anführer der Siedlerbewegung kabbelte, ist nicht leicht zu beschreiben. Die projordanische palästinensische Tageszeitung *Al-Nahar* erschien mit der Schlagzeile »Araber will zum Judentum konvertieren«. Eine andere Zeitung titelte: »Sari Nusseibeh will in die israelische Armee«.

Die vorherrschende Meinung auf dem Campus von Birseit war, dass der Philosoph nicht mehr alle Tassen im Schrank hatte. Die Hauptaktivisten unter meinen Studenten allerdings, die bei den Verhören Lügen von Wahrheit zu unterscheiden gelernt hatten, scharten sich um mich. Marwan, Samir Schehadeh und Samir Sbeihat begriffen sofort, dass meine List ein taktischer Schachzug war, der die Israelis wachrütteln sollte: Entweder wir bekommen unseren Staat, oder wir werden uns mit ihnen einen Kampf um Gleichberechtigung liefern.

Und nicht nur meine Studenten durchschauten mein Vorhaben. Ich ging nach wie vor jeden Morgen zum Frühstück bei meinen Eltern vorbei, und meinem Vater musste ich überhaupt nichts erklären. »Alles nicht wörtlich gemeint«, versicherte er erstaunten Verwandten und Freunden.


Vater starb im November 1986, genau am Geburtstag meiner Mutter. »Typisch dein Vater«, spottete Mutter später liebevoll, »mir nicht einen Moment Ruhe zu lassen.«

Bevor wir ihn zum Sterben nach Hause holten, war er ein letztes Mal im Hadassah-Krankenhaus. Selbst in seinem geschwächten Zustand behielt Vater seinen souveränen Sinn für Humor und seine Kultiviertheit. Als der Arzt vorbeikam, fragte mein Vater ihn, ob er »ihn schon gefunden« habe.

»Wen denn?«, antwortete der Arzt und schaute ihn fragend an.

»Na, den kleinen Kerl.« Vater hob den Arm und legte Daumen und Zeigefinger aneinander. »Den Kerl, der mir all diese Probleme eingebracht hat.«

»Ach so«, lachte der Arzt, als er begriff, dass mein Vater den Todesengel meinte. »Nein, tut mir leid, wir konnten ihn immer noch nicht finden.«

Zu Hause angekommen, setzte er sich ein paar Minuten in Pyjama und Bademantel auf die sonnige Veranda. Wir alle wussten, dass sein Tod unausweichlich war, aber ich wollte ihm trotzdem Gelegenheit geben, sich vierzig Jahre jünger zu fühlen. »Ach, was für ein schöner Tag«, fing ich an. »Wie wär's mit einem kalten Bier?«

»Ja, warum nicht?«

Ich holte eine Flasche Bier von einer westjordanischen Dorfbrauerei aus dem Kühlschrank, öffnete sie und schenkte uns ein. Vater nippte bloß ein, zwei Mal, ehe er sich in sein Schlafzimmer zurückzog. Später sagte mir meine Mutter, er wolle etwas mit mir besprechen.

Illusionslos wie immer wollte er mit mir über seinen Tod reden. »Ich möchte dir sagen, was auf meinem Grabstein stehen soll.« Für mich war die Situation schmerzhaft und unangenehm, und ich versuchte das Thema zu wechseln, doch er fuhr fort: »Schreibt einfach drauf: Anwar Saki Nusseibeh al-Chasradsch. Geboren 1913 in Jerusalem. Gestorben in Jerusalem.« Das Erbe, das er uns hinterließ, war die zweifache Quelle seines Menschseins: das antike Medina, wo seine Familie im 7. Jahrhundert begründet worden war, und Jerusalem.

Er starb noch am selben Nachmittag, und wir begruben ihn innerhalb der Grenzen des Haram, wo gleich hinter dem Löwentor der Felsendom steht und sich einst Salomons Tempel befand.

Hunderte von Menschen versammelten sich am Morgen der Beerdigung vor unserem Haus. Faisal wollte die Gelegenheit nutzen und aus der Beisetzung ein politisches Ereignis machen. Er zog mich beiseite und fragte: »Ich überlege, ob wir den Leichenzug an einer neuen Siedlung vorbei in die Altstadt führen sollen. Was hältst du davon?«

Ich fand die Idee großartig, und meinem Vater hätte sie sicher auch gefallen.

Angeführt von Faisal, meiner Mutter, Lucy, unseren drei Jungen und mir, zog die riesige Menschenmenge durch die Salaheddin-Straße. Immer mehr Leute schlossen sich uns an, und am Ende bildeten wir den größten politischen Demonstrationszug, den es in Jerusalem seit Beginn der Okkupation gegeben hatte. Durch das Damaskustor betraten wir das Labyrinth der Altstadt, und die Menge ergoss sich wie Wasser aus einem Feuerwehr-schlauch in das Gewirr der Gassen.

Auf unserem Weg zum Haram zogen Tausende Trauernde an Ariel Scharons neuem Haus und einer benachbarten jüdischen Religionsschule vorbei, beide provokativ im muslimischen Viertel angesiedelt. (Und beide finanziert von einer obskuren Organisation namens »Ateret Kohanim«, die Scharon 1982 mit dem Ziel ins Leben gerufen hatte, Liegenschaften in der Altstadt »zurück-zukaufen«. Die Organisation hatte auch bei der Kolonisierung des Suks der Goldschmiede ihre Hände im Spiel gehabt.) Hier, in Hörweite der Siedler, stimmten wir, die bisher schweigend mar-schiert waren, nationalistische Lieder an. Als wir schließlich den Haram erreichten, skandierten Tausende PLO-freundliche und nationalistische Sprüche. Die ganze Zeit über gingen meine Kin-der an meiner Seite, weinend wie ich selbst. Ein Freund, der mich beobachtet hatte, flüsterte mir ins Ohr: »Beherrsch dich doch! Weinen ist unmännlich.«

»Unmännlich wäre es, wenn ich aufhören würde«, gab ich zu-rück.

Als Vater in seinem Grab zur Ruhe gebettet war (Muslime werden nicht in Särgen bestattet), kletterte ich hinunter in das Loch und gab ihm einen Abschiedskuss.

## KAPITEL 17

# STOCK UND STEIN

VATERS TOD RISS EINE LÜCKE IN MEIN LEBEN, die ich spüren werde, bis meine eigenen Kinder von mir Abschied nehmen. Aber wie bereits die Bestattung bestärkte mich die Trauer nur noch in meinem Wunsch, Rätsel zu lösen und Bomben zu basteln. Vater hatte zeitlebens das Ziel verfolgt, seinem Volk zu einem Dasein in Würde und Freiheit zu verhelfen – Freiheit von äußerer Unterdrückung, aber auch von Illusionen und von dem, was Kant »selbst verschuldete Unmündigkeit« nannte. Je länger sich Israelis und Palästinenser weigerten, die existenziellen Fakten unserer Situation anzuerkennen, desto blutiger und tragischer würde der Konflikt werden. Ein knappes Jahr später kam es dann schließlich zur Explosion. Und die Intifada, wie sie später genannt wurde, brachte all die Symptome ans Licht, die ich jetzt zu diagnostizieren begann.

Als ich meine Lehrtätigkeit wieder aufnahm, ging ich bereits davon aus, dass ein Gewaltausbruch unvermeidlich war. Die israelische Siedlungspolitik schuf eine Situation, in die sich niemand – und zuallerletzt die Israelis – freiwillig begeben hätte. Sie wollten zwar unser Land, aber bestimmt nicht eine Million rebellierender Araber. Auf palästinensischer Seite wollte niemand die Besatzung, und doch waren die meisten schon allzu sehr darin verstrickt, während sie gleichzeitig von einer Befreiung wie durch Zauberhand träumten.

Bei einem politischen Forum, das im National Hotel in Ostjerusalem stattfand, versuchte ich, diese seltsame Situation zu entwirren. Schon seit einiger Zeit argumentierte der israelische Intellektuelle und Politiker Meron Benvinisti, Kolleks Stellvertreter als Bürgermeister von Jerusalem, durch Israels Siedlungspolitik werde eine Realität geschaffen, die nicht mehr rückgängig zu machen sei. In meinem Vortrag bei dem Forum griff ich dieses Thema auf. Es lässt sich nicht leugnen, dass im Westjordanland zwei Realitäten nebeneinander existieren: die der Palästinenser auf der einen Seite und auf der anderen eine gigantische Infrastruktur, die geschaffen wurde, um die Siedlungen am Leben zu erhalten.

Ein System, das uns einst völlig fremd war, wurde schnell zum Bestandteil unseres Lebens. Palästinenser arbeiteten auf dem Bau, als Gärtner, Chauffeure und Lieferwagenfahrer. Die Schekel in ihren Taschen banden sie untrennbar an das israelische Konsumsystem. Fünfundneunzig Prozent der Waren, die wir erwarben, kamen aus Israel. (Mitte der 1980er-Jahre waren wir der zweitgrößte Abnehmer israelischer Güter.) Hebräische Wörter wie »Machson« (Straßensperre) und »Tadut« (Personalausweis) gingen in die arabische Alltagssprache ein. Und da wir einen gewissen schwarzen Humor besitzen, war sogar der viel gebrauchte hebräische Ausdruck »mavet l'aravim« (Tod den Arabern) in aller Munde. Der Egged-Bus, einst ein exotisches, Furcht einflößendes Gefährt, war inzwischen ein billiges und beliebtes Transportmittel. Viele der Busfahrer waren Palästinenser. Wir hatten das Monstrum geentert und die Kontrolle übernommen.

Für die meisten Palästinenser war Israel inzwischen mehr als der Vernehmungsbeamte vom Schin Beit und der Siedler mit der umgehängten Uzi und seinem verächtlichen Slogan »mavet l'aravim«. Israel, das waren auch die Strände von Natanja, an denen man den Freitag verbringen konnte, die Hosen, die im Suk Khan el-Zeit in der Jerusalemer Altstadt verkauft wurden, und der Sonderbus, der im Morgengrauen die in israelischen Textilfabriken arbeitenden Frauen vom Flüchtlingslager Tulkarem abholte. Israel, das war Schamir mit seinem Leguangesicht, aber auch Schulamit Aloni und Amos Oz, die uns im National Palace Hotel ihres Mitgefühls versicherten. Israel, das war die Farbe, mit der wir unsere Befreiungsparolen an die Wände schrieben.

Und doch schien dieses hohe Maß an Integration unseren Nationalismus noch zu schüren. Am Ende meines Vortrags hob ich noch einmal hervor, was ich als nationale Schizophrenie empfand: Durch unser physisches Verhalten wurden wir mehr und mehr Teil des israelischen Systems, was jedoch auf der psychischen Ebene unser nationales Identitätsgefühl nur verstärkte.

Ich benutzte das Bild von Körper und Kopf, die, so erklärte ich, nicht mehr lange in diesem offenen Zwiespalt verharren konnten. Eine Seite würde klein beigeben müssen. Entweder würde der Berg zu Mohammed kommen, oder Mohammed würde zum Berg gehen müssen – kurz, wir mussten uns entweder körperlich dem israelischen System entziehen oder mit Nachdruck auf eine vollständige Einverleibung hinarbeiten.

Die Sache mit der Annexion hatte Schimon Peres' Aufmerksamkeit erregt, und so wurde ich bald nach meinem Fernsehauftritt zusammen mit einer Handvoll weiterer Aktivisten zu einem Treffen mit ihm ins Außenministerium eingeladen. Als Außenminister in der Likud-Regierung seines Rivalen Schamir hatte Peres vor, hinter dem Rücken seines Chefs die Initiative zu ergreifen.

Ein Treffen mit Peres im Außenministerium war noch umstrittener als die Gespräche mit meinen alten Freunden aus der israelischen Linken im American Colony Hotel. Als wichtigster Verfechter der »jordanischen Option« und Schirmherr der ersten Siedlungen im Westjordanland (die Kolonie von Fanatikern in Hebron ist unter anderem sein Werk) war Peres alles andere als ein Verfechter von Zwei-Staaten-Lösung und Verhandlungen mit der PLO. Nachdem man mich schon fast gelyncht hatte, weil ich den Erzlinken Jossi Sarid und Schulamit Aloni die Hand geschüttelt hatte, welche Folgen würde ein Treffen mit Peres da erst nach sich ziehen? Ich fragte Faisal Husseini, was ich tun sollte, und er bestärkte mich darin, die Einladung anzunehmen.

Peres empfing uns mit wohlwollenden, ausladenden Gesten, jovial wie ein König, der Würdenträger auf der Durchreise willkommen heißt, und bat uns, in seinen prächtigen Ledersesseln Platz zu nehmen. Ich nahm mir von den Pistazien, die auf dem Tisch standen. Die Gespräche drehten sich um den Verhandlungspartner für Israel. Gemäß der offiziellen PLO-Linie bestanden meine Begleiter darauf, dass jede politische Initiative bei der PLO beginnen müsse. Peres wiederum war nicht willens, von der Position der Regierung abzurücken, die die PLO als terroristische Organisation betrachtete, und wies dieses Ansinnen höflich von sich. Meine Kollegen blieben unnachgiebig: Die PLO habe sich geändert, beharrten sie, und die Organisation sei inzwischen bereit, die Existenzberechtigung Israels anzuerkennen. Peres antwortete lachend, ein Tiger bleibe ein Tiger, solange er ein geflecktes Fell habe. (»Gestreift, meinen Sie«, hätte ich am liebsten dazwischengeworfen, doch ich hielt meine Zunge im Zaum.) »Und wenn die PLO es ernst meint, muss sie diese Flecken abwerfen, und dann würde aus dem Tiger eine Katze, und eine Katze ist bestimmt kein Tiger.« Ein wunderbar talmudisches Argument!

So schlimm ist der Kerl ja gar nicht, dachte ich und zerbiss eine Pistazie.

»Und Sie?« Peres wechselte das Thema, als habe er meine Gedanken gelesen. »Warum übernehmen nicht Sie die Führung und verhandeln mit uns?«

Bis zu diesem Moment hatte ich kaum etwas gesagt. Ich hatte zugehört, nachgedacht und all die Ehrenurkunden bewundert, die Peres' Wände zierten. Eine halbe Stunde war das so gegangen, aber jetzt hatte ich das Gefühl, ich sollte etwas sagen. Und die Worte, die aus meinem Mund kamen, schockierten mich selbst genauso wie meine Freunde von der PLO.

»Ich werde mit Ihnen verhandeln.« Lange Gesichter. »Warum nicht? Vorausgesetzt, Sie erklären sich bereit, sich hinter die Grenzen von '67 zurückzuziehen, und wir können einen unabhängigen Staat gründen.« Peres betrachtete mich misstrauisch aus den Augenwinkeln, als wäre ich kaum jener »fleckenlose« Tiger, den er im Kopf hatte.

»Allerdings«, fügte ich hinzu und steckte mir eine weitere Pistazie in den Mund, »könnten Sie, wenn Sie diese Absicht erklären, genauso gut einfach zum Damaskustor gehen – da würden Sie Tausende von Leuten finden, die bereit sind zu verhandeln.« Sollten er und seine Regierung, so gab ich unmissverständlich zu verstehen, sich weigern, eine klare und eindeutige Verpflichtung zu einem solchen Rückzug einzugehen, würden sie eines Tages keine andere Wahl mehr haben, als mit ihrem Erzfeind PLO zu verhandeln.

»Ach, und noch etwas. Sie müssten sich zum Abzug aus Ostjerusalem bereit erklären.« Ich wollte damit deutlich machen, dass er vorab Bedingungen für eine Lösung akzeptieren musste, wenn er Gesprächspartner aus dem Westjordanland wünschte. Tat er das nicht, würde er sich an die PLO wenden müssen.

Peres schwieg, aber sein Lächeln wich rasch einem finsteren Stirnrunzeln.

Es war eine seltsame Zeit. Kurz nach dem Treffen mit Peres ließ Verteidigungsminister Jizchak Rabin Faisal verhaften (von da an bis zu den Madrider Gesprächen im November 1991 sollte er mehr Zeit in Gefängnissen verbringen als in Freiheit). Als sich das Treffen herumsprach, schloss mich mein ehemaliger Verband in Birseit aus mit der Begründung, mein Verhalten habe seinen Ruf geschädigt. Auch die Jugendbewegung der Fatah wurde zunehmend nervös.

Doch dann tauchte ein Hoffnungsschimmer auf, und zwar aus einer völlig unerwarteten Richtung. Eines schönen Abends fand sich ein Außenseiter der israelischen Friedensbewegung, wie er sich selbst bezeichnete, bei mir ein. Der Mann trug ein dickrandiges Brillengestell und Koteletten bis zum Kinn. Er stellte sich als »David Isch Schalom« (hebräisch: »David, Mann des Friedens«) vor, gestand jedoch, dies sei ein Deckname. Dann erklärte er mir, er habe mir eine Nachricht von nahezu unfassbarer Tragweite zu überbringen. Sie unterliege strikter Geheimhaltung – daher der Deckname –, und ich sei als Adressat auserwählt worden. Es klang wie aus einem Spionageroman, der im Kalten Krieg spielte, und ich hörte sehr genau zu. »Es ist so geheim«, sagte der geheimnisvolle Unbekannte, »dass ich es anfangs selbst nicht glauben konnte.« Er versicherte mir, er habe seine Quellen eingehendst überprüft, um sicherzugehen, »nicht übers Ohr gehauen zu werden«.

Kurz gefasst lautete die Botschaft, innerhalb der Likud-Partei seien Schamir und eine kleine Gruppe führender Politiker zu der Einschätzung gelangt, es müsse unbedingt Frieden geschaffen werden, Verhandlungen seien jedoch nur »zwischen den zwei Parteien, die zählen« möglich, nämlich dem Likud und der Fatah. Einzig die zwei nationalistischen Bewegungen könnten den Weg zur Versöhnung zwischen den beiden Völkern ebnen. Wenn ich wolle, so versprach mein seltsamer Gast, werde er ein Treffen mit »einem hohen Tier des Likud« arrangieren.

Das war wohl die verblüffendste Nachricht, die mir je zu Ohren gekommen war. Zum Ersten überraschte mich, dass es im Likud Leute gab, die mich in die Schublade »PLO-Mann« steckten. Seit meiner Verbandszeit beschränkte sich mein Kontakt zur PLO meist darauf, Kritik abzuwehren. Meine heimlichen Reisen nach Jordanien zur Zeit der Militärverordnung 854 hatten bei mir einen bitteren Nachgeschmack hinterlassen, was PLO-Funktionäre betraf. Nur Abu Dschihad hatte meinen Glauben aufrechterhalten, dass die palästinensische Befreiungsorganisation bei der Beendigung der israelischen Besatzung eine Rolle spielen könnte. Dieses vage Fünkchen Hoffnung machte mich jedoch kaum zu dem Fatah-Aktivisten, für den mein nächtlicher Besucher mich zu halten schien.

Aber mir schoss alles Mögliche durch den Kopf, vor allem der Gedanke, mich schützen zu müssen. Wenn mich bereits ein nachmittägliches Plauderstündchen mit Peres auf Kollisionskurs zu den nationalistischen Hitzköpfen gebracht hatte, was würde erst geschehen, wenn ich mit Likud-Leuten verhandelte? Andererseits würde es sich sehr wohl lohnen, das Risiko einzugehen, wenn ich damit den drohenden Krieg zwischen unseren Völkern verhindern helfen konnte. Ohne langes Hin und Her, ja sogar ohne Lucy zu konsultieren, zwang ich den Boten, Farbe zu bekennen. »Nun, Herr Isch Schalom, ich werde mir gerne anhören, was Ihr Mann zu sagen hat.«

Im Juli 1987 brachte mich »David Isch Schalom« mit Mosche Amiraw vom Likud-Block zusammen. Amiraw, einst einer der führenden Köpfe in Jabotinskys rechter Jugendorganisation Beitar, gehörte jetzt dem Zentralkomitee des Likud an und war einer von Schamirs engsten Verbündeten.

Bei dieser ersten Begegnung wiederholte Amiraw noch einmal, was schon sein Bote gesagt hatte. Eine Gruppe hochrangiger Likud-Führer, die eng mit Schamir zusammenarbeiteten, zögen ernsthaft die Möglichkeit eines historischen Pakts mit der PLO in Betracht. Fatah und Likud seien einer des anderen Spiegelbild. Beide stünden für die nationalistischen Gefühle des jeweiligen Volkes, und beide würden, wenn sie könnten, mir nichts, dir nichts das gesamte Land vom Jordan bis zum Mittelmeer an sich reißen. Da dies jedoch ausgeschlossen sei, müssten beide Parteien ihre Träume begraben und das Land gerecht unter sich aufteilen. Schamir, so fügte Amiraw noch hinzu, agiere – im Gegensatz zu Peres mit seiner Vorliebe für Auftritte vor internationalen Foren – lieber hinter den Kulissen.

Wirklich erstaunliche Neuigkeiten. Vielleicht war das Eis nun tatsächlich gebrochen, sinnierte ich. Vielleicht besaß Schamir die notwendigen Voraussetzungen für einen Friedensschluss. Von Peres jedenfalls, der immer noch seiner »jordanischen Option« nachhing, hatte ich niemals dergleichen gehört.

Ich versuchte, so gut es ging, meine Aufregung zu verbergen. »Und welchen Handel schlagen Sie vor?«, fragte ich ungerührt. Amiraw erklärte, er arbeite noch an dem Entwurf. Grob umrissen seien zwei Etappen vorgesehen. In den ersten fünf Jahren würden wir in allen 1967 besetzten Gebieten volle Autonomie erhalten. Danach sollte ein Palästinenserstaat geschaffen werden.

In der fälschlichen Annahme, ich sei in der PLO eine wichtige Figur, glaubte er, ich könnte als Vermittler fungieren. Da jeder Kontakt zwischen Israelis und der PLO verboten war (laut einem Gesetz, das der Likud selbst erlassen hatte), fragte ich ihn, ob er Schamirs Segen für diese Initiative habe, was er ausdrücklich bejahte. Darüber hinaus habe er nicht den geringsten Zweifel daran, dass Schamir davon träume, ein zweiter Menachem Begin zu werden und als der Mann in die Geschichte einzugehen, der Frieden mit den Palästinensern geschlossen habe.

Wir waren uns beide der Risiken bewusst, die Gespräche mit sich bringen würden. Sollte auch nur das Geringste davon durchsickern, wäre es aus mit uns. Amiraw konnte, verunglimpft als Verräter, im Gefängnis landen und ich selbst im Straßengraben. Wir mussten unsere Spuren verwischen.

Über den einen geheimen Kommunikationskanal, den wir nach meinem Besuch in Amman vereinbart hatten, nahm ich Kontakt zu Abu Dschihad auf. Ich solle weitermachen, hieß es daraufhin. Arafat habe der Initiative begeistert zugestimmt.

Der Kontakt zu Amiraw wurde behutsam enger. Um zu zeigen, wie ernst es dem Likud war, gab er nach und nach die Namen derer preis, die den inneren Kreis der Partei bildeten. Ich traute meinen Ohren kaum, doch gleichzeitig fand ich bloß die Doppelzüngigkeit der Politiker bestätigt, die Mutter so oft beklagt hatte. Die sogenannten »Kronprinzen« im Likud, Ehud Olmert, der heutige israelische Premierminister, und Dan Meridor, gehörten ebenso dazu wie der rechte Jugendführer Zahi Hanegbi (er und seine Bande kettenschwingender Hooligans hatten Anfang der 1980er-Jahre mehrmals linke und arabische Studenten der Hebräischen Universität zusammengeschlagen). Zum Beweis, dass er ihrer Unterstützung gewiss war, arrangierte Amiraw in seinem Haus in Ein Kerem ein Treffen zwischen Ehud Olmert und mir. Bei einer anderen Gelegenheit ließ er mich am Telefon mit Dan Meridor sprechen.

Als Faisal aus dem Gefängnis entlassen wurde, hatte ich bereits ein relativ klares Bild von Amiraws Vorstellungen. Zunächst sollte ein Abkommen ausgearbeitet und in Jerusalem von beiden Seiten unterzeichnet werden. Im September würden wir damit nach Genf fahren, wo eine UNO-Konferenz stattfand, an der Arafat teilnehmen wollte. Bei dieser Gelegenheit würde er uns öffentlich empfangen und das Ganze absegnen. Da die erste Klausel des Entwurfs direkte Verhandlungen zwischen Likud und PLO zur Voraussetzung machte, würde der Ball damit ins Rollen kommen.

»Ist der Typ glaubwürdig?«, wollte Faisal wissen. »Spricht er tatsächlich für die Regierung?« Das war meiner Meinung nach der Fall.

Das erste Treffen zwischen Amiraw, Faisal und mir fand im August bei mir zu Hause statt. Amiraw umriss zunächst die von ihm so genannte Grundposition des Likud: Ohne den Likud und die PLO sei kein Frieden möglich. Jede Lösung, die das Existenzrecht Israels oder das Recht des palästinensischen Volkes auf einen eigenen Staat nicht anerkenne oder aber die PLO nicht einbezöge, sei zum Scheitern verurteilt.

Wir alle wussten, dass die Konsequenz daraus nur eine Zwei-Staaten-Lösung sein konnte. Also begannen wir an diesem Abend eine Diskussion darüber, wie diese im Einzelnen aussehen könnte. Zwischen Juli und Anfang September fanden noch zehn weitere Treffen statt, mal im Hause meiner Mutter, mal im Garten von Faisals Arab Studies Society. Inzwischen arbeiteten wir an dem Entwurf, wobei unser Hauptaugenmerk den einzelnen Stufen galt, die zur schrittweisen Schaffung eines Palästinenserstaates nötig sein würden. Wir tauschten das Konzept mehrmals unter uns aus, und Amiraw bestand jedes Mal darauf, es auch seinen Vorgesetzten vorzulegen.

Alles in allem gelangten wir zu meiner Überraschung relativ

reibungslos zu einem endgültigen Entwurf. Nun mussten Faisal und ich ihn bloß noch in Genf formell und feierlich Arafat übergeben.

Israelische Koalitionsregierungen sind wahrhaft seltsame Gebilde! Erst hatte Peres uns für seine verrückte »jordanische Option« gewinnen wollen. Dann hatten Schamir und seine Getreuen angeboten, mit der PLO zu verhandeln. Und jetzt trat Verteidigungsminister Rabin auf den Plan, um den Handel zunichte zu machen. Am Vorabend unserer geplanten Abreise nach Genf kam Faisal auf Befehl Rabins wieder hinter Gitter.

Ich war sprachlos. Trotz meiner jahrelangen Übung im Rätsellösen war ich auf die verrückte Dynamik der Likud-Arbeitspartei-Regierung mit ihrem Rotationssystems nicht vorbereitet. Wir hatten es nicht mit einer Führung zu tun, auch nicht mit zwei. Vielmehr gab es mehrere Machtzentren, die um die Führungsposition rangelten. War ich in eine Falle getappt, war die ganze Sache von Anfang an darauf angelegt gewesen, unsere Kommunikationskanäle mit der PLO aufzudecken? Oder darauf, Arafat die Basis zu entziehen, indem man ihn als weitere Marionette der Israelis hinstellte? Ich begab mich in das Büro der Arab Society und faxte den Vertragsentwurf direkt an Arafats Büro in Tunis. Auf den oberen Rand kritzelte ich die Nachricht, dass Faisal verhaftet worden und die Initiative ein Trick gewesen sei. Mein Vorschlag sei, in Genf abzusagen.

Aber die sich ständig weiter drehende Spirale des Staunens hatte ihren Endpunkt noch nicht erreicht: Ich erhielt einen Anruf von Arafats Büro. »Der Vorsitzende will, dass Sie weitermachen«, wurde mir gesagt. »Das mit Faisal ist ärgerlich, aber wir müssen dranbleiben.«

Als ich Amiraw anrief, merkte ich bereits an seiner Stimme, dass Rabins Aktion ihn genauso in Panik gestürzt hatte wie mich. Seine größte Sorge sei, bekundete er, dass ich ihn persönlich verantwortlich machen könnte. Und so war er erleichtert und zu-

gleich bestürzt, als ich ihm mitteilte, das Treffen in Genf stehe immer noch auf der Tagesordnung. »Arafat will uns trotz Faisals Verhaftung empfangen.«

Amiraw und ich verabredeten uns für den Nachmittag im
Haus meiner Mutter. Dort trat mir ein niedergeschlagener Mann,
ein Besiegter gegenüber. »Tut mir leid«, begann er mit zitternder
Stimme. »Das mit Genf geht nicht. Schamir hat das Abkommen
gekippt.«

Rabin und Schamir hatten die monatelange harte Arbeit zunichte
gemacht. Als ich Amiraw zur Tür begleitete, dachte ich bei mir,
dass wenigstens ich in Sicherheit war. Da auf palästinensischer
Seite niemand von der Initiative erfahren hatte, brauchte ich nicht
zu befürchten, des Verrats an der Sache bezichtigt und von einem
der immer zahlreicher werdenden wütenden Chauvinisten überfallen zu werden.

Arafat ließ mich wissen, dass er mich trotzdem in Genf sehen
wolle. Der Alte Mann kannte mich inzwischen schon seit einer
ganzen Weile, einerseits durch Abu Dschihad und andererseits
aufgrund meiner »Annektiert uns«-Show. Er kannte auch meine
Eltern, und während des Angriffs der jordanischen Armee auf ihn
und seine Fatah-Truppen in den letzten Tagen des Schwarzen September 1970 hatte er sich im Haus meiner Tante in Amman versteckt gehalten. (Als die jordanische Armee herausfand, dass er
hier Zuflucht genommen hatte, brannte sie das Haus bis auf die
Grundmauern nieder.)

Die Begegnung in Genf war freundlich, aber formell, und die
Reise verlief ohne Zwischenfälle. Bei meiner Rückkehr nach Birseit herrschte eine bemerkenswert ruhige Stimmung. Es war eine
jener Situationen, in denen man sich einlullen lässt und zufrieden
zurücklehnt, dabei aber in eine Falle tappt.

Faisals Anwalt Jawad Boulos – über den ich an anderer Stelle
noch ausführlich berichten werde – bat mich, bei Gericht als Faisals Zeuge auszusagen. Der Termin war anberaumt worden, weil

die Regierung den administrativen Arrest verlängern wollte, dazu aber die Zustimmung eines Richters benötigte. Die Regierung, so erklärte Boulos, habe gar nicht erst einen Fall konstruiert, sondern bloß auf die abgedroschenen Klischees zurückgegriffen, die in der Vergangenheit so gute Dienste geleistet hatten: dass nämlich Faisal ein Terrorist sei und entschlossen, Israel zu zerstören. »Wenn das Gericht deine Aussage hört, wird den Leuten klar sein, dass diese Anschuldigungen an den Haaren herbeigezogen sind.« Boulos hatte keine Ahnung, was ich sagen würde – von unseren Treffen mit Amiraw hatten wir ihn nicht unterrichtet –, doch Faisal hatte ihm versichert, ich hätte Wichtiges zur Sache vorzubringen. Das brachte mich in eine Zwickmühle: Sollte ich vor Gericht das Geheimnis lüften, das ich eigentlich unter allen Umständen für mich behalten musste? Faisal war offenbar der Ansicht, ich sollte es tun.

Ich betrat also den Gerichtssaal, in dem die Anhörung stattfand, und machte vor Richtern und Anwälten meine Aussage, natürlich in der Hoffnung, dass nichts davon an die Öffentlichkeit dringen würde. »Faisal kann gar nicht auf die Zerstörung Israels aus sein«, erklärte ich ihnen. »Er hat sich nämlich unter großem persönlichem Risiko und in Zusammenarbeit mit keinem Geringeren als dem Likud an einer Initiative beteiligt, die, wäre sie erfolgreich gewesen, die Existenz Israels in der arabischen Welt legitimiert hätte.«

Bereits am Nachmittag verbreitete der israelische Rundfunk die Geschichte von der »Geheiminitiative«. Am Abend war sie Hauptthema in den Fernsehnachrichten, und am nächsten Tag berichteten die Morgenzeitungen ausführlich darüber.

Der Sturm brach los. Schamirs politische Gegner gingen mit gewetzten Messern an die Arbeit, woraufhin er jegliche Beteiligung leugnete und Rabin ein palästinensisches Flüchtlingslager im Westjordanland bombardieren ließ. »Die Herren Husseini und Nusseibeh«, erklärte Schamir der Presse, »die bekanntermaßen der PLO angehören, haben Amiraws Naivität ausgenutzt. Der Likud, der sich einig ist in der Ablehnung der PLO, hat damit nicht das Geringste zu tun.«

Als Amiraw vom israelischen Fernsehen interviewt wurde, versuchte er seine Haut mit der Behauptung zu retten, die von ihm eingeleiteten Verhandlungen sollten gar nicht mit der PLO geführt werden. Er habe, so Amiraw, lediglich versucht, mit »freundlich gesinnten«, nicht der PLO zugehörigen Personen wie Sari Nusseibeh ins Gespräch zu kommen. Doch nicht einmal das nützte ihm: Viele sahen ihn als Verräter an der Sache, und man schloss ihn aus der Partei aus.

Je mehr Amiraw bemüht war, sich hinter meinem Ruf des »freundlich gesinnten, nicht der PLO angehörenden« Menschen zu verstecken, desto schlimmer wurde die Sache für mich. Wie bereits früher führte die palästinensische projordanische Zeitung *Al-Nahar* die Medienkampagne gegen mich an und behauptete, meine Gespräche mit dem Likud hätten zum Ziel gehabt, den alten Likud-Plan einer begrenzten Autonomie umzusetzen.

Gleich am nächsten Tag, einem Samstag, stand ich in Birseit vor einem leeren Seminarraum. Zerstreut wie ich nun einmal war, vermutete ich, dass auf dem Campus irgendein Großereignis stattfand, von dem ich nichts mitbekommen hatte. Schulterzuckend fuhr ich zurück nach Jerusalem, ohne einen weiteren Gedanken daran zu verschwenden. Den Rest des Tages verbrachte ich großteils zu Hause mit der Vorbereitung der Montagmorgen-Vorlesung über den englischen Philosophen John Locke, Liberalismus und Toleranz. Zu dieser Vorlesung erschienen üblicherweise um die dreihundert Studenten.

Am Montagmorgen betrat ich den Saal, nahm auf dem Podium Platz und stürzte mich in meine Reflexionen über Locke und die Glorreiche Revolution von 1688. Sobald ich in Schwung war, lösten sich meine durch die Hetzkampagne in den Medien ausgelösten Ängste in Luft auf.

Nach Vorlesungsende verließen die meisten Studenten den

Saal, nur einige wenige blieben noch, um mir Fragen zu stellen. Als ich mich mit einer kleinen Schar Studenten auf die Tür zu bewegte, eilte eine Kollegin auf mich zu und sagte mir mit unüberhörbar zitternder Stimme, draußen suche eine Horde mit Knüppeln bewaffneter Maskierter einen »Verräter«. Erst als ich den Eingang erreicht hatte, wurde mir klar, dass die Rede von mir war.

Ein fünfköpfiger Schlägertrupp, ausstaffiert mit Kaffijahs, kam mit Knüppeln, einer zerbrochenen Flasche und Taschenmessern auf mich zu. Mein Instinkt riet mir natürlich zur Flucht. Also nahm ich die Beine in die Hand und stürzte in einen offen stehenden Lift – keine glückliche Entscheidung, denn als ich verzweifelt auf alle möglichen Knöpfe drückte, merkte ich, dass der Lift defekt war. So musste ich mich mit dem Rücken zur Wand des kaputten Aufzugs mit Händen und Füßen verteidigen, so gut es ging, doch es war, als schwömme ich gegen einen starken Strom. Irgendwann würde ich so erschöpft sein, dass die Schläger mich fertigmachen konnten. Doch aus irgendeinem Grund kam mir plötzlich die amerikanische Redensart »sticks and stones may break my bones« (»Stock und Stein brechen mein Gebein«) in den Sinn.

Adrenalin schoss durch meine Adern, und ich warf mich mit meinem ganzen Körper den Angreifern entgegen, schlug eine Bresche wie bei einem Rugby-Match und rannte Hals über Kopf den Flur entlang und die Treppe hinunter, die Maskierten immer auf den Fersen. Erst als ich das Erdgeschoss erreicht hatte, wo sich viele Studenten aufhielten, flüchteten sie. Inzwischen rann Blut von meiner Stirn und meinen Handgelenken, über dem Auge klaffte eine Wunde, und mein Herz schlug so laut, dass ich fast befürchtete, mein Trommelfell könnte platzen.

Kollegen und Studenten stürzten auf mich zu, unter ihnen auch der Ehemann der Kollegin, die mich gewarnt hatte. Er bot an, mich gleich ins Krankenhaus zu fahren. Ein Freund aus der Zeit des Café Troubadour legte meinen gesunden Arm – der andere war gebrochen – über seine Schulter und half mir hinaus zum Parkplatz. Er rief auch Lucy an, um ihr Bescheid zu geben. Ich stellte fest, dass eines meiner wertvollsten Besitztümer, die Armbanduhr, die ich meinem Vater abgenommen hatte, als wir ihn zum Grab geleiteten, verschwunden war. Jemand hatte sie sich geschnappt, als sie bei dem Handgemenge heruntergefallen war.

Die Öffentlichkeit reagierte, milde ausgedrückt, mit Schweigen. Ein paar Leute riefen im Krankenhaus an oder kamen vorbei, darunter auch meine treuen Mitstreiter Samir und Hamzeh. Die Universitätsverwaltung gab ein halbherziges und äußerst allgemein gehaltenes Statement zum Thema politische Gewalt auf dem Campus ab. Der Verband hüllte sich in Schweigen; lediglich die von einem anderen treuen Freund, Samir Schehadeh, angeführte Fatah-Fraktion kritisierte den Angriff. Die Studentenorganisation der Fatah wusste nicht recht, wie sie reagieren sollte, und brachte darum gleich zwei Verlautbarungen heraus – in einer wurde ich in Schutz genommen, in der anderen wurde mir noch eine weitere Tracht Prügel in Aussicht gestellt.

Den stärksten institutionellen Rückhalt bekam ich von Abu Dschihad, der außer sich war vor Wut. Gleich am nächsten Tag gab er eine eindringliche Erklärung heraus, in der er den Überfall auf mich verurteilte und ankündigte, er werde »jedem die Hand abhacken«, der es wagen sollte, mir auch nur ein Haar zu krümmen. (Einer der Angreifer, das möchte ich ergänzen, heiratete später seine Tochter.)

Eine Woche nach der Abreibung luden mich ein paar Freunde von Peace Now ein, bei einer Kundgebung in Tel Aviv zu sprechen. Also stellte ich mich mit Gips und Verbänden auf die Bühne und las Tausenden von israelischen Friedensaktivisten eine in Hebräisch verfasste Erklärung vor. (Mein Cousin Saki hatte mir beim Schreiben geholfen.) In dem Statement erklärte ich mich weiterhin bereit, mich für Verhandlungen und eine friedliche Lösung des Konflikts einzusetzen. »Das können sie nicht aus mir herausprügeln«, sagte ich und erntete Beifallsstürme.

## KAPITEL 18

# DER EXORZISMUS

MICH VERBLÜFFT DER GEDANKE, dass die besten Verfasser von Spionage- und Kriminalromanen ein friedliches Leben in ruhigen, hell erleuchteten Städten führen und der Krach von Bombeneinschlägen oder knatternden Maschinengewehren nur in ihrer Vorstellung existiert, wohingegen sich die Menschen, für die Verbrechen und Morde bittere Realität sind, nur selten den Luxus erlauben können, darüber zu schreiben. Anfangs betrachtete ich meine Niederlage als geeigneten Stoff für einen spannenden Kriminalroman, den zu verfassen ich allerdings nicht die Zeit fand. Nach Ablauf eines Jahres jedoch erschien mir die Episode harmlos und bestenfalls eine längere Fußnote wert. Das eigentliche Drama, der als Intifada bekannte dreijährige Aufstand gegen die israelische Herrschaft, begann erst, als mein Arm geheilt war.

Im Lauf des Jahres 1987 hatten sich die Spannungen im Westjordanland und im Gazastreifen verschärft – was auch nicht weiter verwunderlich war. Die Palästinenser, unfreiwillig eingegliedert in ein System, das für die Enteignung ihres Landes, Gesetzlosigkeit und überall aus dem Boden schießende Siedlungen verantwortlich war, hatten mehr und mehr das Gefühl, langsam zu ersticken. Der Widerspruch, der darin lag, Parolen gegen die Besatzung an die Wände zu malen, dafür aber israelische Farbe zu verwenden, wurde so unerträglich, dass eine Explosion unvermeidlich war. Der Körper folgte sozusagen endlich dem Kopf.

In Birseit waren Zusammenstöße wieder an der Tagesordnung. Am 4. Dezember stürmten Soldaten den Campus, um einen gewaltlosen Sitzstreik zu beenden, und setzten Tränengas gegen die Protestierenden ein. Zwei Studenten wurden erschossen, viele weitere verletzt. Später drangen Truppen in das Krankenhaus ein und zerrten die verwundeten Studenten ins Freie.

Am nächsten Tag rügte die UN-Vollversammlung Israel für seine »schweren Verstöße« gegen die Genfer Konvention von 1949 über den Schutz von Zivilpersonen in Kriegszeiten. Die Operationen an der Universität seien »Kriegsverbrechen und ein Angriff auf die Menschlichkeit«. Benjamin »Bibi« Netanjahu, der israelische Botschafter bei den Vereinten Nationen, verkündete der Welt, die Militärverwaltung Israels sei die mildeste, die es je gegeben habe, und für den Vorfall an der Universität seien randalierende Studenten verantwortlich, die israelische Soldaten mit Steinen und Metallstangen angegriffen hätten. Kein Land der Erde halte die akademische Freiheit höher als Israel.

Am 7. Dezember geschah dann etwas Merkwürdiges. Das Epizentrum des Protests verlagerte sich vom Campus in die Flüchtlingslager. Es begann mit einem Akt der Gewalt, bei dem Tagelöhner aus einem Lager im Gazastreifen einen israelischen Arbeitsvermittler niederstachen. Die Tat war ein Zeichen für die Irrationalität, zu der die extremen Spannungen in den besetzten Gebieten geführt hatten, denn schließlich hatte der Ermordete den Tagelöhnern Arbeit verschafft. Aber er stand eben auch für die Militärmacht, die ihre Rechte mit Füßen trat.

Zwei Tage später raste im Gazastreifen ein israelischer Tanklaster in einen Minivan, wobei vier palästinensische Arbeiter ums Leben kamen, die sich auf dem Heimweg von ihrer Arbeitsstätte in Israel befanden. Gerüchten zufolge war der LKW-Fahrer ein Verwandter des getöteten Unternehmers, der Rache üben wollte.

Wie Lava, die jahrelang brodelt, blubbert und raucht, ehe sie aus dem Vulkan herausgeschleudert wird, brachen überall in den besetzten Gebieten quasi über Nacht Proteste aus. In der Stadt Gaza strömten die Massen auf die breiten Boulevards, die Ariel

Scharons Bulldozer schon 1972 mitten durch das dortige Flüchtlingslager gezogen hatten. Vom 9. Dezember an erfassten die Aufstände nach und nach alle Dörfer und Städte.

Die Intifada kam für alle überraschend. Die PLO-Führung im
In- und Ausland war genauso verblüfft wie der allwissende Schin
Beit. Vorsichtshalber gaben die im Ausland lebenden PLO-Führer
ein paar Stellungnahmen zur Unterstützung der »Helden und
Märtyrer« in ihrem Kampf gegen das »zionistische Gebilde« ab. In
einem nachträglichen Kommentar einen Monat später bog Arafat
die Wahrheit zurecht: »Schon am ersten Tag des Aufstands beschlossen wir, dass unsere demonstrierenden Genossen keine
Schusswaffen einsetzen sollten.«[1]

Zu Beginn der Unruhen hielt sich Verteidigungsminister Rabin
in den Vereinigten Staaten auf. Als er nach Tel Aviv zurückkehrte
und aus dem Flugzeug stieg, riefen ihm Dutzende Reporter ihre
Fragen zu. Gerüchten zufolge schwankte der Verteidigungsminister aufgrund starken Alkoholgenusses möglicherweise die Erklärung für seine ungewöhnlich freimütige Antwort: »Wir brechen
ihnen die Beine, sodass sie nicht mehr gehen können, und wir
brechen ihnen die Hände, sodass sie keine Steine mehr werfen
werden.«[2]

Später wurden Soldaten auf Film gebannt, die ihn beim Wort
genommen und sechzehn Jahre alten Steinewerfern die Knochen
zerschmettert hatten. Dies führte zu weiteren Demonstrationen,
Streiks und Aufständen, die von den Israelis mit weiteren Kno-
chenbrüchen, Tausenden Kanistern Tränengas, Häuserabrissen
und Schüssen beantwortet wurden. In den ersten Wochen töteten Soldaten Dutzende Demonstranten, Hunderte wurden verwundet oder festgenommen.

Doch es war zwecklos. Während Israel Anfang Dezember
1988 das Westjordanland mit siebenhundert Soldaten in den Griff
bekommen hatte, reichten im Gazastreifen Rabins achttausend
Mann nicht annähernd aus, um Ruhe und Ordnung herzustellen.

Auch ich war perplex. Ich hatte in meinem Leben schon viel über »Volksaufstände« gelesen – Fanons Werk ist voll davon –, doch erst jetzt, als ich die von Kaufleuten, Schreinern und Schulkindern errichteten Barrikaden vor dem Haus meiner Mutter sah, wurde ich selbst Zeuge eines solchen Aufruhrs. Und ich war überwältigt: In Städten, Dörfern und Flüchtlingslagern agierten die Menschen aus eigenem Antrieb und für sich selbst, als Volk mit einem Willen, als Subjekt der Geschichte und nicht nur als Objekt des Mitleids, der Verachtung oder der Fürsorge, als ein Fall für das UNRWA (Hilfswerk der Vereinten Nationen für Palästina-Flüchtlinge im Nahen Osten) oder unter der Kontrolle der israelischen Militärregierung, die stets mit der einen Hand gab und zehnfach mit der anderen nahm.

Die Stimmung fesselte mich derart, dass ich unklugerweise einem Journalisten des *International Herald Tribune* erklärte: »Einen Stein zu werfen ist eine Art Teufelsaustreibung.« Es wäre wohl besser gewesen zu sagen, dass die Steine, die auf Panzer geworfen wurden, dazu beitrügen, unsere eigenen Dämonen auszutreiben: die Demütigung, das Minderwertigkeitsgefühl, die Selbstverachtung.

Von einem Tag auf den anderen änderte sich das Leben. Universitäten und Schulen wurden geschlossen, Straßen durch Sperren und Panzer blockiert, Läden verbarrikadiert. Wohin man auch blickte, kam es zu gewaltsamen Auseinandersetzungen. Instinktiv machten die Israelis sofort Birseit als Epizentrum der Unruhen aus. All die schlimmen Dinge seien in den Seminaren ausgeheckt worden, meinten sie.

An der Universität waren wir auf das Schlimmste gefasst: Während die Soldaten mit Gewehren und Kampfausrüstung anrückten, riefen wir Krankenwagen, rissen die Erstehilfekästen herunter und bereiteten Presseerklärungen vor. Die Armee verkündete, der Campus sei ab jetzt militärisches Sperrgebiet, und umstellte ihn. Der militärische Befehlshaber ließ Hanan Ashrawi eine Liste mit den Namen von Studenten zukommen, die einer

israelfeindlichen Einstellung verdächtigt wurden und die sie aus-
liefern sollte. Als sie sich weigerte, drohte er, den Campus von
Soldaten stürmen zu lassen. Daraufhin warnte sie ihn, dass es in
dem Fall zu einem Massaker kommen werde. »Dieser Campus
macht uns immer eine Menge Schwierigkeiten«, meinte der Kommandeur. »[Die Studenten] fordern Schwierigkeiten heraus. Sie
gehen auf die Straße, demonstrieren und stören den Frieden. Sie
zwingen uns ja, auf sie zu schießen.«[3] Wieder versuchte er sie einzuschüchtern, aber sie blieb bei ihrer Haltung. Erst kurz vor Mitternacht konnte der Konflikt friedlich beigelegt werden. Sämtliche
Studenten wurden in Busse gesteckt und nach Hause gefahren.
Am nächsten Tag umstellte das Militär den Campus erneut und
erklärte, die Universität werde bis auf Weiteres geschlossen. Sie
sollte erst nach vier Jahren wieder ihren Betrieb aufnehmen. Scha-
bibi wurde geächtet und Marwan kurz darauf des Landes verwiesen.

Im ersten Wochen des Aufstands gab es keine zentrale Führung und keine umfassende Strategie. Die Demonstrationen und
das Steinewerfen kamen spontan zustande, und wenn es überhaupt Anführer gab, dann aus dem Augenblick heraus. Meist tat
jeder Demonstrant das, was er gerade für das Beste hielt, und die
alten Anführer mussten sich beeilen, mit den Protestierenden
Schritt zu halten.

Im Gazastreifen gab die Islamische Bruderschaft (die später zusammen mit einer anderen islamistischen Gruppe die Hamas bilden sollte) das erste Flugblatt der Intifada heraus, das jedoch fast
nur aus emotionalem rhetorischen Beifall für das bestand, was
sich ohnehin schon auf den Straßen abspielte.

Ein Flugblatt zweier Aktivisten der Fatah-Führung, deren Kern
inzwischen in Jerusalem seinen Sitz hatte, war nicht minder phra-
senhaft. Und die Schlagkraft der israelischen Militäraktionen und
die willkürlichen Verhaftungen Hunderter bereiteten der Karriere
der Autoren ohnehin ein schnelles Ende. Als ihre Flugblätter un-
ters Volk kamen, saßen sie bereits im Gefängnis.

Faisal befand sich immer noch in Haft, weil er Frieden mit dem Likud hatte schließen wollen, während die informelle Gruppe, die sich immer im Orient-Haus getroffen hatte, um über politische Themen zu diskutieren, weiterhin aktiv war. Unmittelbar nach Beginn des Aufstands kamen wir zusammen. Um keinen Verdacht zu erregen und der Verhaftung zu entgehen, hielten wir unsere unregelmäßig stattfindenden Sitzungen kurz. Zu den Mitgliedern dieses »Think Tank«, wie er später hieß, zählten die Fatah-Aktivisten Siad Abu Sajad und Hanna Siniora.

Das Risiko, das diese Zusammenkünfte bedeuteten, gingen wir nur deshalb ein, weil die Intifada, die so anarchisch und blutig begonnen hatte, dringend einer klaren politischen Orientierung bedurfte. Da ich allgemein als derjenige galt, der Faisal am nächsten stand und viel Erfahrung im Verfassen politischer Erklärungen hatte, übertrug man mir die Aufgabe, die Ergebnisse unserer Debatten zusammenzufassen und in eine stringente schriftliche Form zu bringen. Und da einige talentierte strategische Denker bei unseren Gesprächen im Orient-Haus fehlten, nahm ich auch Vorschläge von Freunden aus Ramallah wie Izzat Ghazzawi und Samir Sbeihat mit auf.

Das endgültige Papier verfasste ich zusammen mit Siad. Rein zufällig bestand es wie Woodrow Wilsons berühmte Erklärung über den »gerechten und dauerhaften Frieden« aus vierzehn Punkten. Sie umfassten das gesamte Spektrum der Themen, die für die unter der Besatzung lebenden Palästinenser von Bedeutung waren. Dahinter stand der Gedanke, unsere Forderungen und Beschwerden bei einer Pressekonferenz im National Hotel in Ostjerusalem vorzutragen. Auf diese Weise würden die Vierzehn Punkte nachträglich den Charakter politischer Ziele eines an sich spontanen Ausbruchs erhalten.

Die Pressekonferenz fand am 14. Januar statt, also fast fünf Wochen nach Beginn der Intifada. Unser Papier war alles andere als ein terroristisches Manifest – es rief weder dazu auf, zu den Waffen zu greifen, noch stellte es das »zionistische Gebilde« an

den Pranger. Vielmehr setzte es den Glauben an einen letztend-
lichen Frieden mit Israel und eine demokratisch gewählte palästinensische Führung voraus. Frieden und Demokratie waren die
Kernpunkte unserer Erklärung, die das konstatierte, was auf der
Hand lag: dass nur ein Ende der Besatzung auch ein Ende der Gewalt bringen konnte.

Angesichts der in die Tausende gehenden Todesopfer, die der
Konflikt in den folgenden Jahren fordern sollte, hätte Israel gut
daran getan, unsere Forderungen ernst zu nehmen. Stattdessen
versuchten die verantwortlichen israelischen Politiker, die Pressekonferenz durch die Drohung zu verhindern, alle Anwesenden zu
verhaften. Wir ließen sie trotzdem stattfinden.

Abu Dschihad, der den Fortgang der Ereignisse von Amman aus
verfolgte, erkannte wie wir, dass der Intifada eine Strategie fehlte,
und hielt unsere Vierzehn Punkte für einen guten Anfang. Er beauftragte meinen Freund Samir Schehade, der in Amman Verwandte besuchte, bei seiner Rückkehr ins Westjordanland zusammen mit Vertretern anderer Gruppen einen Führungskader zu
bilden, der später als »Vereinigte Nationale Führung des Aufstands« oder UNC (Unified National Command) bezeichnet
wurde.

Zunächst gab Samir ein Flugblatt heraus, das erste, das von
Abu Dschihad und der Fatah-Führung offiziell abgesegnet worden war. Zwei Gruppen erklärten sich bereit, es zu unterzeichnen,
und sämtliche Flugblätter der folgenden beiden Jahre hatten dieselbe Aufmachung wie dieses.

Später wandte sich Samir an enge Freunde aus Birseit – sowohl
im Verband als auch in der Studentenbewegung – um Unterstützung beim Verfassen der Flugblätter. Einer von ihnen war Abd el-
Rahman Hamad, der ihn über die Geschehnisse im Gazastreifen
auf dem Laufenden hielt und sich gleichzeitig um die Verbreitung
der Flugblätter kümmerte. Fathijah Nasru, eine weitere Bekannte
Samirs und eine meiner Kolleginnen in Birseit, war sein Kontakt

im Westjordanland. Und über Izzat Ghazzawi stand Samir mit mir in Jerusalem in Verbindung.

Kurz nach Samirs Rückkehr aus Amman nahm ich Gespräche mit Izzat auf. Da der israelische Sicherheitsdienst Aktivisten zu Hunderten festnahm, mussten wir unbedingt bestimmte Vorsichtsmaßnahmen einhalten, wenn wir uns trafen, um politische Ideen auszutauschen oder Strategien zu entwerfen. Bald verstanden wir uns hervorragend auf die in Polizeistaaten unentbehrliche Kunst der Andeutung.

Fast erinnerten unsere geheimen Treffen an Verschwörungsszenarien in den Spionageromanen Graham Greenes. Sie fanden im Wohnzimmer meiner Mutter statt, scheinbar nichts als Plaudereien zweier vergeistigter Intellektueller. Hätte uns jemand über eine elektronische Wanze belauscht, hätte er zwar Interessantes zu hören bekommen, aber angesichts der Tatsache, dass damals alle über Politik redeten, nichts, was ihn hätte aufhorchen lassen. Wir unterhielten uns nur allgemein und vermieden Schlagworte und bestimmte Begriffe, die Verdacht hätten erregen können. Izzat gab mir nicht offen zu verstehen, dass ich Vorgaben für das nächste Flugblatt machen müsse, und ich diktierte ihm den Text nicht Wort für Wort. Aber Izzat und ich kannten uns mittlerweile gut genug, um unsere Gespräche mühelos verschlüsseln zu können.

Unsere ersten Flugblätter fanden weite Verbreitung, und schon kurz darauf wurden ihre Auswirkungen auf die bislang planlosen Aktionen der Straße spürbar. Für die Menschen an der Basis war die jeweils neueste Ausgabe – die stets mit der Präzision eines Uhrwerks am Neunten des Monats herauskam – eine unverzichtbare Orientierungshilfe bei der Frage, wie sie weiter vorgehen sollten. Wenn die dreißig Tage nach Erscheinen der letzten Nummer abgelaufen waren, warteten die Aktivisten auf der Straße ebenso wie die normalen Leute, die von dem Aufstand mitgerissen wurden, schon auf die neueste Ausgabe mit Anweisungen des geheimnisvollen Wesens namens UNC. Und da die Flugblätter ausnahmslos die Belange der Palästinenser auch im entlegensten Dorf ansprachen, glaubten die Menschen mit der Zeit, dieses Wesen befinde sich mitten unter ihnen. Die UNC, anonym, im Geheimen wirkend, auf der Flucht und doch offenbar allwissend, erschien ihnen als eine neue palästinensische Kraft, wie es sie noch nie gegeben hatte. Kein Wunder, dass der Schin Beit in ihr den Feind Nummer eins sah.

Die UNC bot sich zur Legendenbildung geradezu an. Es gab Spekulationen zuhauf, wer der geheimnisvollen Organisation angehörte, die allmonatlich diese Sendschreiben herausgab. Wohl an die hundert Mal fragten mich Journalisten danach. Auf mein vorgebliches Nichtwissen hin – »Wenn Sie es herausfinden, sagen Sie mir Bescheid« – bot Daud Kuttab, der schärfste Spürhund unter den Journalisten in Palästina, die auf »zuverlässigen Quellen« basierende Theorie an, die UNC sei eine kürzlich ins Land eingeschleuste Sondereinheit der PLO, die seither von einer verborgenen Höhle im Westjordanland aus operiere – eine Variante des alten Mythos von Scheich Kassam. Oder aber, so spekulierte er weiter, die Gruppe im Hintergrund setze sich aus Hebräisch sprechenden ehemaligen Gefangenen zusammen, die sich als Juden getarnt in den Cafés des angesagten Tel Aviver Bezirks Schenkin trafen.

Israelische Experten aus den Medien, Fachleute und Professoren, sie alle beteiligten sich an dem Ratespiel. Die verschiedenen Theorien erinnerten an das kleine Männchen aus dem *Zauberer von Oz*, das hinter dem Vorhang sitzt und die Leute ängstigt, weil es mit seiner dröhnenden Stimme den Eindruck erweckt, es sei ein mächtiger Halbgott, der die Fäden zieht. Wir kamen damit wohl nur deshalb so lange durch, weil die Wahrheit – dass wir nur eine schnatternde Schar von Professoren und Intellektuellen waren – so absurd war.

Als Samir gerade mit der Fertigstellung eines Flugblatts beschäftigt war, gelang es dem Schin Beit, ihn aufzuspüren. Nach seiner Verhaftung schnappten die Israelis einen Boten mit fünfunddreißigtausend Flugblättern und stöberten etliche Mitglieder der UNC auf.

Einhundertvierundzwanzig Tage lang wandten die Geheimdienstleute, die Samir verhörten, ihre effektivsten Methoden an: Sie stülpten ihm eine schwarze Haube über, übergossen ihn mit brühend heißem und eiskaltem Wasser, steckten ihn in einen engen Käfig und zwangen ihn, tagelang in einer schmerzhaften Stellung zu verharren. Aber sie bekamen kein Wort aus ihm heraus.

Nach seiner Gefangennahme und der einiger Anführer anderer Gruppen in der UNC ließen die Offiziere des Schin Beit wahrscheinlich die Korken knallen. Die Spitze der Intifada saß hinter Gittern – so dachten sie jedenfalls. Die Schlagzeilen der israelischen Zeitungen feierten den Riesenerfolg des Schin Beit.

Doch Abu Dschihad fand rasch Ersatz für Samir und ernannte in Absprache mit den anderen Gruppen neue Mitglieder für die UNC. Zum Ärger des Schin Beit erschien am Neunten des Monats ein neues Flugblatt.

Solche Niederlagen musste der israelische Geheimdienst wieder und wieder einstecken. Der israelische Sicherheitsapparat zog seine Schlinge immer enger, es gab Verhaftungen, die israelischen Medien überboten einander mit Vermutungen über die endgültige Lösung des Rätsels UNC und seiner verhassten Rundschreiben. Dann warteten alle mit angehaltenem Atem, ob das nächste Flugblatt erschien, was unweigerlich geschah. Mit wachsender Verzweiflung versuchten die erfolgsverwöhnten Experten des Schin Beit, den Vordenkern und Strippenziehern des Aufstands auf die Spur zu kommen.

Ich war der festen Überzeugung, dass wir als Führungsriege unbedingt ein Abrutschen der Intifada in rohe Gewalt verhindern mussten, da dies ihr Ende bedeuten würde. Dass diese Gefahr durchaus bestand, lässt sich an den beiden grundlegend unterschiedlichen Strategien ablesen, die in den sich ständig zankenden Fraktionen innerhalb der PLO Gegenstand von Auseinandersetzungen waren. Die UNC, in der ja Repräsentanten der verschiedenen Flügel mehrerer Gruppen vertreten waren, hatte natürlich keine einheitliche Ideologie. Einige hofften auf eine »bewaffnete Volksrevolution« wie in Algerien. Mit Abu Dschihad als Schirmherrn konnte sich unser »Think Tank« zunächst mit der Ansicht durchsetzen, es müsse bei einem gewaltlosen zivilen Aufstand bleiben. Von Beginn an waren Abu Dschihad, etliche andere meiner Kollegen in der Fatah und ich uns einig, dass die Intifada in friedliche Verhandlungen mit dem jüdischen Staat münden solle.

Unser »Think Tank« brachte nach mehreren Sitzungen das sogenannte »Jerusalemer Dokument» heraus, das die Strategie der Fatah für den zivilen Ungehorsam umriss. Es legte die einzelnen Aktionsschritte dar, die dazu führen sollten, das umfassende Netz zu zerschneiden, mit dem die palästinensische Bevölkerung an die Besatzer gebunden wurde. Wir wollten vor allem die Stellen treffen, an denen die beiden Gesellschaften miteinander verknüpft waren – angefangen bei den Arbeitsplätzen, Konsumgütern, Steuerzahlungen und von Israel ausgestellten Personalausweisen bis hin zum zwangsläufig unterwürfigen Betteln um Passierscheine und Lizenzen. Logischer Schlusspunkt sollte die einseitig erklärte Unabhängigkeit sein.

Sobald das Papier fertig war, steckten wir es in eine Kapsel, die unser Bote verschluckte, bevor er sich auf den Weg zu Abu Dschihad in Amman machte. Dieser übergab das Dokument dann Arafat persönlich. Der Zeitpunkt war ausgesprochen günstig, da Arafat just in diesen Tagen mit Genossen aus der PLO-Spitze Gespräche darüber führte, wie man die Intifada am Laufen halten konnte.

»Es gibt bereits einen Plan«, verkündete Abu Dschihad, als er den Raum betrat und mit dem Dokument in der Hand schnurstracks auf Arafat zuging. Die begeisterte Runde gab Abu Dschihad sofort grünes Licht, uns ihr Einverständnis mitzuteilen, und wir verbreiteten das Dokument mittels Kapseln im gesamten Fatah-Netz der besetzten Gebiete.

Als ich wieder in Jerusalem war, eröffnete ich mit Hamzeh Smadi als Partner in der ehemaligen Anwaltskanzlei meines Vaters in der Salaheddin-Straße ein Informationsbüro, das ich *Holy Land Press Service* (Pressedienst des Heiligen Landes) nannte. Nach außen hin lieferte das Büro Israelis, Auslandskorrespondenten und Diplomaten Neuigkeiten über die Intifada. Lucy half mir bei der Zusammenstellung des *Monday Report,* eines englischsprachigen Wochenblatts, das sich vor allem an Diplomaten richtete, Nachrichten über die Ereignisse in den Kommunen brachte und Übersetzungen der Flugblätter anbot.

Unterdessen knüpfte Hamzeh vertrauenswürdige Kontakte im Westjordanland und im Gazastreifen und machte aus Vaters alter Kanzlei eine zentrale Schaltstelle für alle die Intifada betreffenden Informationen. Selbst der Schin Beit mit seinem Netz von Kollaborateuren wusste wohl kaum so genau über die Geschehnisse vor Ort Bescheid.

Der *Holy Land Press Service* war der ideale Deckmantel, denn ich sammelte und verteilte lediglich Material, ohne selbst welches zu verfassen. Von außen betrachtet handelte es sich um das ziemlich harmlose Treiben eines Professors, dessen Universität geschlossen war.

Mir war klar, dass die Flugblätter nur dann kontinuierlich Leser fanden, wenn sie auf die ständig wechselnden Herausforderungen und Belange der Aktivisten überall in den besetzten Gebieten eingingen. Was spielte sich in den Köpfen der normalen Menschen ab? Was erwarteten sie von ihrer Führung?

Ich versuchte, so viel wie möglich von den Taxifahrern an meinen Lieblingsplätzen in der Altstadt in Erfahrung zu bringen. Um tiefer gehende Informationen zu bekommen, führte ich Gespräche mit Aktivisten, allerdings scheinbar absichtslos, damit sie nicht merkten, dass ich Material für das nächste Flugblatt sammelte. Ein Mann namens Abed al-Haleem wurde eine meiner besten Quellen. Der große, spindeldürre Mann mit dem schmalen, freundlichen Gesicht war als Fatah-Aktivist für Abu Dis und die umliegenden Dörfer verantwortlich und schaute oft spätabends bei mir vorbei, um sich bei einer Tasse Kaffee mit mir zu unterhalten. Wir konnten uns nur heimlich im Schutz der Dunkelheit treffen, weil ihm die Behörden auf den Fersen waren. Tagsüber verließ er sein Haus nicht.

Abed hatte keine Ahnung, welche Rolle ich bei der Herstellung der Flugblätter spielte. Für ihn war ich ein verschrobener Professor, der stets zu einem Schwätzchen im Halbdunkel bereit war. Ich fragte ihn indirekt nach den Ansichten der Leute, und vieles von dem, was er mir erzählte, fand Eingang in die Texte, die wir verbreiteten. Wenige Tage, nachdem er mir auf diese Weise unwissentlich beim Verfassen geholfen hatte, ließ ihm sein unmittelbarer Kontakt in Jerusalem zur verabredeten Zeit ein Exemplar zukommen, und dann sorgte Abed für die Verteilung in seinem Gebiet. Er fertigte zehntausend Kopien an und übergab sie bündelweise anderen Genossen, die sie anschließend zu Fuß, mit dem Auto, dem Fahrrad oder einem Maulesel in die jeweiligen Dörfer und Stadtviertel brachten.

Nach Abu Dschihads überschwänglichem Ausruf »Es gibt bereits einen Plan« machten wir uns an die Arbeit. Mit Hilfe der Flugblätter stellten wir diesen Plan den Massen vor. Angestellte im Dienst der Militärregierung – Steuerbeamte, Polizisten, Beamte der Baubehörde, Lehrer und von den Israelis eingesetzte Verwaltungsbeamte in den Dörfern und Städten – gaben ihre Stellen auf. Ein umfassender Wirtschaftsboykott sorgte dafür, dass israelische Waren, die wir selbst produzieren konnten, aus den Regalen verschwanden. Diese Maßnahme machte die regionalen Produzenten zu unseren begeistertsten Anhängern. Besonders großen Anklang fand aus naheliegenden Gründen der Aufruf zum Steuerboykott.

Als die Zahl der Kündigungen stieg, bildeten wir Komitees, um die entstandenen Lücken zu füllen. So hatten die Palästinenser bald ihre eigene Polizei, ihre eigenen Richter und Lehrer.

Ein wichtiges Thema in der Intifada-Führung war die Unterstützung der Genossen im Untergrund, der Angehörigen von Gefangenen sowie derjenigen, die ihre Stellen bei den Besatzungsbehörden gekündigt hatten. Wenn wir wirklich wollten, dass die Menschen ihre Verbindungen zu Israel kappten, mussten riesige Geldsummen in die besetzten Gebiete geschleust und verteilt werden.

So wurden meine illegalen Aktivitäten bald um eine weitere ergänzt: den Geldschmuggel. An meiner ersten Transaktion, organisiert von Abu Tarik, der auf Abu Dschihads Anweisung in Paris lebte, war ein Europäer beteiligt. Er hatte sich bereit erklärt, bei seinem Geschäftsflug nach Tel Aviv Geld ins Land zu schmuggeln. Wir trafen uns in der Lobby eines israelischen Hotels und führten wie in einem James-Bond-Film identische Samsonite-Koffer mit. Er setzte sich neben mich in einen Klubsessel, um Zeitung zu lesen, und stellte dabei seinen Koffer neben meinen. Nachdem wir den Tausch vorgenommen hatten, kehrte ich mit meinen ersten Geldbündeln zurück.

Häufig übernahm ich die Verteilung selbst und transportierte in meinem Opel etliche Geldsäcke. Am Ende gingen einhundertfünfzigtausend Dollar im Monat durch meine Hände. Es amüsierte mich, in Zeiten, da ich meine Mutter anpumpen musste, um zum Frisör gehen zu können, Millionen Dollar unter die Leute zu bringen. Einmal entdeckte Lucy, wie einer unserer Söhne im Badezimmer mit Bündeln von Hundert-Dollar-Noten spielte.

KAPITEL 19

# Eine Unabhängigkeitserklärung

In jenen Tagen gab ich mir alle Mühe, mir den Anschein eines braven Soldaten Schwejk zu geben – naiv und nicht ganz von dieser Welt. Mein Job als Kaffeehausphilosoph war Pose und Realität zugleich, ein praktischer Deckmantel, der aber auch ganz meiner Natur entsprach. Bei all dem Überschwang und der Begeisterung wollte ich die Aufmerksamkeit auf die Menschlichkeit richten, ohne die unser Aufstand nur in eine weitere palästinensische Katastrophe münden und zur Farce werden würde.

1987 wurde ich von der italienischen Universität Pavia zu einem Vortrag eingeladen. Vor dem Eingang des Gebäudes hingen an Bäumen und Mauern Plakate, auf denen für unsere Sache geworben wurde. Bei ihrem Anblick musste ich an 1967 denken, als wir überall auf der Welt als Parias galten und der einzige begeisterte Unterstützer, dem mein Bruder begegnete, ein englischer Nazi war. Jetzt wurden wir durch die Intifada in den Augen der europäischen Linken zum Underdog des Tages.

In meinem Vortrag widmete ich mich der Lage der palästinensischen Gefangenen. Als Einstieg wählte ich den Gedanken der Freiheit und des freien Willens, der untrennbar mit der individuellen und nationalen Identität verbunden ist. Dann schilderte ich meine Erfahrungen mit Studenten, die lange Stunden in der Verhörzelle zugebracht hatten und sie dank ihrer Weigerung, ein Geständnis abzulegen, am Ende mit einem neuen Selbstwertgefühl verließen und häufig zum ersten Mal in ihrem Leben wirklich spürten, was Freiheit bedeutete. Freiheit, sagte ich, ist keine angeborene Eigenschaft, die uns auf die Stirn gebrannt ist wie der

Strichcode einer Ware; sie ist auch nichts Äußerliches wie ein Pass oder das nötige Geld auf dem Sparkonto. Freiheit ist ein Ausdruck des Willens, und das Ausmaß, in dem man über sie verfügt, hängt unmittelbar davon ab, inwieweit man in der Lage ist, Angst und Egoismus zu überwinden. Durch die Ausübung des Willens können der Einzelne wie die Nation den Schlagstock des Folterers unwirksam machen und auf diese Weise eine eigene Identität entwickeln. In dem, was ich hier vortrug, steckte viel von meinem Vater.

Über Fragen der Identität zu referieren und gleichzeitig eine Figur in einem Spionageroman zu sein, entsprach mir mehr, als in der Rolle des nationalistischen Aktivisten die Massen zu mobilisieren. Doch bald blieb mir keine andere Wahl mehr, als öffentlich klarer Position zu beziehen.

Von Anfang an erwies sich die Arbeitsteilung zwischen Faisal und mir als geradezu ideal. Er agierte mehr nach außen, denn zweifellos beherrschte er diese Rolle weitaus besser als ich. Mit dem königlichen Blut der Husseini in den Adern war er genau der Richtige, um die Botschaft zu vermitteln, dass die Palästinenser keine zwielichtigen Revolutionäre, sondern zivilisierte Menschen waren, die unterdrückt wurden und nach Freiheit strebten. Er war das für die Öffentlichkeit erkennbare Gesicht dessen, was wir unsere »weiße, gewaltlose Revolution« nannten. Seine Arab Studies Society im Orient-Haus wurde zu einem diplomatischen Zentrum, in dem Pressekonferenzen, Vorträge und Zusammenkünfte stattfanden. Ich hingegen fühlte mich wohler, wenn ich in der Politik nur die zweite Geige spielte, jedenfalls solange ich den Eindruck hatte, dass alles in die richtige Richtung lief.

Doch wie gesagt, geriet Faisal gerade durch seine Kultiviertheit ständig in Konflikt mit den Israelis, die ihn unbedingt zum Terroristen abstempeln wollten. (Einmal bezeichnete ihn ein Regierungsmitarbeiter als »Produktionsleiter der PLO«.) Im Verlauf der Intifada wurde er immer wieder ins Gefängnis gesteckt: einen

Monat drin, sechs Monate draußen, drei Monate drin, zwei Monate draußen, und so fort.

Die Umstände, unter denen Faisal jeweils verhaftet wurde, sagen einiges über seine Rolle wie auch darüber, was die Israelis daran so verwerflich fanden. Einmal baten ihn Mitglieder von Peace Now, in einem öffentlichen Kulturzentrum in Westjerusalem mit Israelis zu diskutieren. Nachdem er sich dazu bereit erklärt hatte, führte Peace Now eine große PR-Kampagne durch, um für die Veranstaltung zu werben. Hunderte Israelis kamen und hörten, wie Faisal lauthals verkündete, beide Seiten müssten das Recht der jeweils anderen auf nationale Selbstbestimmung anerkennen.

Zwei Tage später steckte ihn die Polizei wieder einmal für sechs Monate ins Gefängnis. Man gewann den Eindruck, dass die Israelis Faisal gerade deshalb inhaftierten, weil er für Gewaltlosigkeit eintrat. (Scheich Jassin, der Anführer der Hamas, blieb unbehelligt, obwohl die von ihm verfasste Charta der Organisation aus dem Jahr 1988 klingt, als wäre sie aus dem *Stürmer* abgeschrieben. In Artikel 22 heißt es über die Juden: »Mit ihrem Geld bildeten sie geheime Organisationen, z.B. die Freimaurer, die Rotary Clubs und die Lions Clubs, welche über die ganze Welt verbreitet sind, um Gesellschaftssysteme zu zerstören und zionistische Interessen wahrzunehmen.«[1])

Wenn Faisal im Gefängnis saß, musste ich die Verantwortung für die diplomatische und die Medienkampagne übernehmen. Dabei war die Arab Studies Society im Orient-Haus unser Organisationszentrum für die Vorbereitung der Besuche ausländischer und diplomatischer Delegationen. Auch die Gespräche mit Václav Havel und Dennis Ross, dem US-Sondergesandten für den Nahen Osten, fanden hier statt.

Während ich also den Diplomaten spielte, kam es bei meiner Arbeit im Untergrund zu etlichen brenzligen Situationen. Einmal fuhr ich mit einem Segeltuchsack, in dem sich hunderttausend Dollar befanden, durch das Westjordanland, wo damals kaum Privatfahrzeuge auf den Straßen verkehrten. Als ich merkte, dass mich ein Wagen verfolgte, wurde ich nervös, bog bei der nächsten Abzweigung nach Ramallah ab und lenkte den Wagen in die Seitenstraßen. Mit einigen raschen Manövern gelang es mir dann, meinen Verfolger abzuhängen. Um ganz sicherzugehen, fuhr ich noch ein paar Mal im Kreis, ehe ich vor dem Haus eines Kollegen anhielt. Dann rannte ich mit dem schweren Segeltuchsack zur Eingangstür. Der erstaunte Englischprofessor ließ mich den Sack unter einem Tisch verstauen, wo er blieb, bis ich ihn gefahrlos wieder abholen konnte.

Ein anderes Mal war es spät geworden, und ich verließ gerade die Stadt Kabatyah, als plötzlich Soldaten einer israelischen Sondereinheit hinter Bäumen hervorsprangen, meinen Wagen umstellten und mir befahlen, die Scheinwerfer auszuschalten. Sie hatten ihre Gesichter geschwärzt und bedeuteten mir, die Maschinengewehre im Anschlag, auszusteigen. Ich bemühte mich, möglichst harmlos dreinzublicken, und gehorchte mit erhobenen Händen. Einer der Soldaten griff in meine Tasche und zog meinen Ausweis heraus. »Sind Sie Sari Nusseibeh?«, bellte er mich an – eine dämliche Frage, denn schließlich hielt er meinen Ausweis mit dem Foto in der Hand. Mein erster Gedanke war, dass sie mich nun doch geschnappt hatten. Unter dem Fahrersitz befanden sich Kapseln mit sensiblen Intifada-Informationen, die einen ganzen Magen hätten füllen können. Die Soldaten brauchten nur nachzusehen. Doch ich hatte Glück, die Falle galt einem anderen, und die Soldaten hatten es eilig, wieder in ihr Versteck zurückzukehren. »Verschwinden Sie!«, sagte der Soldat, reichte mir meinen Ausweis und gab mir mit einer Geste zu verstehen, ich solle weiterfahren.

»Jakob«, den Schin-Beit-Agenten, der auf mich angesetzt war, sah ich zum ersten Mal, als ich mit Hamzeh und Samir einen Dichter besuchte, der soeben aus dem Gefängnis entlassen worden war. Kaum hatten wir Platz genommen, klopfte jemand an die Tür. Als unser Freund aufstand, um zu öffnen, stürmten etliche Soldaten in die Wohnung und sahen sich um. »Haben Sie ein paar Kinder gesehen? Sie müssen bei Ihnen vorbeigelaufen sein«, fragte der erste. Irritiert schüttelte unser Freund den Kopf.

»Kinder haben unsere Patrouillenfahrzeuge mit Steinen beworfen, und wir glauben gesehen zu haben, wie sie hier die Treppe hochgerannt sind.« Die Wohnung befand sich im ersten Stock.

Der Soldat entschuldigte sich, dann verschwanden er und seine Kameraden wieder. Unser Gastgeber lächelte amüsiert, gestikulierte mit den Armen wie ein Kind, das einen Stein warf, und wollte sich gerade wieder zu uns setzen, als die Tür plötzlich erneut aufflog. Herein kam mein Schin-Beit-Mann in Zivilkleidung, gefolgt von Soldaten mit dem Gewehr im Anschlag sowie Kriminalbeamten.

Man befahl uns, auf unseren Plätzen zu bleiben, während die Soldaten die Wohnung durchsuchten. Anschließend wurden wir aufgefordert, einer nach dem anderen in eins der Zimmer zu gehen. Dort mussten wir uns nackt ausziehen und wurden gründlich durchsucht – und zwar *wirklich* gründlich. Unterdessen wurde das Haus umstellt, für den Fall, dass einer von uns sich durchs Fenster davonzumachen versuchte.

Die Durchsuchung dauerte weit über eine Stunde, blieb aber ergebnislos. Meinem Schin-Beit-Agenten – der sich mit dem Namen »Jakob« vorstellte – erzählten wir alle dasselbe: Wir seien Freunde, die nach einer harten Arbeitswoche zur Entspannung zusammensaßen. Wir schmiedeten keine Pläne, und subversive Flugblätter verfassten wir erst recht nicht.

Während »Jakob« und seine Freunde uns filzten, wurden nur ein paar Häuser weiter hunderttausend Exemplare des neuesten Flugblatts gedruckt. Hamzeh, Samir und ich hatten es erst am Nachmittag fertiggestellt.

Keine acht Monate nach Beginn der Intifada spürten die Israelis jenen Mann auf, der mehr als jeder andere dafür gesorgt hatte, dass der Aufstand nicht in gewaltsame Ausschreitungen ausartete.

Meine Bewunderung für Abu Dschihad war im Lauf der Jahre stetig gewachsen. Für ihn sprach, dass ihm keinerlei Makel von Korruption und Brutalität anhaftete wie vielen anderen PLO-Funktionären. Außerdem war er offen für neue Einsichten. Der Mann, der einst als Che Guevara der Bewegung gegolten hatte – er war für die Kommandoeinheiten zuständig gewesen –, hatte nach der Vertreibung der PLO aus dem Libanon erkannt, dass die Befreiung nicht durch einen militärischen Sieg im Ausland organisierter Truppen, sondern nur durch eine gewaltlose Massenbewegung möglich war.

Mit anderen Worten, die Entscheidung der israelischen Regierung, Abu Dschihad zu eliminieren, hatte nichts mit Terrorismus zu tun. Im Gegenteil, was die Militärstrategen wohl geradezu verrückt machte, war die Tatsache, dass die stärksten Waffen des Feindes nicht Bomben oder hasserfüllte Rhetorik waren, denen man mühelos hätte entgegentreten können, sondern ziviler Ungehorsam und eine gut organisierte »weiße, gewaltlose Revolution«. Und da es den Israelis nicht gelungen war, des Problems in den besetzten Gebieten Herr zu werden, beschlossen sie, den »führenden Kopf« zu beseitigen.

Der Mord fand in einem ruhigen Vorort von Tunis statt, wo der ehemalige Guerillaführer seine Freizeit meist im Garten verbrachte. Abu Dschihad und seine Frau Umm unterhielten sich gerade in ihrer Wohnung über die neueste Sensationsmeldung: Anthony Quinn würde in einem Film möglicherweise die Rolle des Jassir Arafat übernehmen. Es war bereits spät. Glücklich, dass unsere Sache nun auch in Hollywood zur Kenntnis genommen wurde, legten sich die beiden schlafen.

Inzwischen kreiste Ehud Barak in einer Boeing 707 über dem Ort und gab per Funk seine Anweisungen für die zwanzig Einheiten am Boden. Als Umm ein Geräusch hörte, ging sie nachsehen, was los war. Ihr Mann war bereits auf und schlich mit einer

*Bögen in der Via Dolorosa, Altjerusalem (Aufnahme Benedictus Stolz, © Anthony David)*

Vater im Matrosen-
anzug im Alter
von fünf Jahren
mit Cousins

Vater und Mutter,
frisch verheiratet,
vor Mutters Land-
haus

*Vater (rechts) als jordanischer Botschafter mit Prinzessin Margaret und Lord Snowdon, am Hof von St. James, ca. 1965*

*Vater begrüßt König Hussein am Jerusalemer Flughafen, ca. 1964*

*Mosche Dajan (links) bei einer Debatte mit Vater an der Hebräischen Universität, 1968 in Jerusalem*

*Ich als Vierjähriger, Hand
in Hand mit meinem
Bruder Saki, schmollend*

*Mit Freunden von der High-
school St. George, in der einen
Hand das Zeugnis, in der anderen den Literaturpreis*

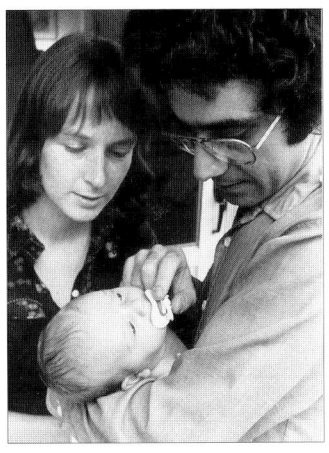

Mit Lucy an einem roten MGA lehnend, irgendwo in Europa, Anfang der 1970er-Jahre

Lucy und ich mit unserem Erstgeborenen Dschamal, Cambridge, Massachusetts, 1977

Anfang der 1980er-Jahre, mit Dschamal auf dem Arm bei einem Ausflug mit Studenten der Universität Birseit

*Mit unseren drei
Söhnen bei einer
Wanderung im
Westjordanland, 1985*

*Nach einem Angriff von
Studenten im Garten meiner
Eltern, 1986*

*Ich als PLO-Repräsentant (vorn links) in Jerusalem auf dem Weg zur Aksa-Moschee*

*Ich (vorn links) bei einem Sitzstreik am Damaskustor während der Besetzung von Arafats Mukata, 2003*

*Mit meiner Familie bei Jassir Arafat*

*Gedanken an die Zukunft. Aussichtsplattform mit Blick auf das
Jordantal und das Tote Meer, Ende der 1990er-Jahre*

Pistole in der Hand auf Zehenspitzen zur Zimmertür. Sie wollte ihm folgen, doch er winkte ab. In diesem Augenblick sah sie ihn: einen Mann Anfang zwanzig, mit blondem Haar und einer OP-Maske vor dem Mund – wie ein junger Chirurg, der im Begriff war, einem Patienten die Mandeln herauszunehmen. Abu Dschihad wollte gerade schießen, da feuerte der junge Mann auch schon gelassen und ohne ein Wort die gesamte Ladung seines Maschinengewehrs auf ihn ab. Zwei weitere Männer des Kommandotrupps schossen ebenfalls ihre Magazine leer, dann verschwanden alle wieder. Es fiel nicht ein Wort. Eine dralle Soldatin hatte die Hinrichtung mit einer Videokamera aufgenommen.

Zum Zeitpunkt des Mordes hielt ich mich zufällig in Mailand auf, um den nächsten Geldschmuggel zu organisieren. Ich war nicht nur entsetzt, sondern begriff auch einfach nicht, wie man so dumm sein konnte, einen Mann umzubringen, der sich für Gewaltlosigkeit entschieden hatte. Hinzu kam, dass seine moralische Integrität bei den Aktivisten im Westjordanland außer Zweifel stand und er daher noch eher als Arafat in der Lage gewesen wäre, die Palästinenser zu einem Kompromiss mit Israel zu bewegen. Und jetzt hatten sie ihn erschossen wie einen Hund. Wieder sah ich eine Parallele zu Scheich Jassin, Israels Feuer speiender Strohpuppe, und war entsetzt. Aber mir ging auch ein Licht auf.

Als ich wieder in Jerusalem war, wich meine anfängliche Trauer der Angst. Der Zorn über den Mord löste eine massive Protestwelle aus, und die Gewalt, die Abu Dschihad nach Kräften einzudämmen versucht hatte, drohte jetzt jedem Araber auf der Straße aus allen Poren zu quellen.

Mir fiel Vaters Beerdigung ein, bei der Faisal den Trauerzug in einen Protestmarsch verwandelt hatte, der an Ariel Scharons Haus vorbeiführte. Es musste eine Möglichkeit geben, auch diese Niederlage in einen Triumph zu verwandeln, sagte ich mir, diesen leidenschaftlichen Zorn zugunsten einer Strategie zu nutzen, die in Abu Dschihads Sinne gewesen wäre.

Ich setzte mich ins Wohnzimmer meiner Mutter und brachte

ein paar Ideen für das letzte Stadium unserer Kampagne des zivilen Ungehorsams zu Papier. Damals war es mir noch nicht bewusst, aber die Erfahrung von Monticello etliche Jahre zuvor hatte einen dauerhaften Eindruck bei mir hinterlassen. Ich verfasste eine Unabhängigkeitserklärung.

Das Ergebnis dieses Abends, den ich allein mit meiner Mutter verbrachte, wurde als Husseini-Papier bekannt. Faisal nämlich wurde Wochen später aus dem Gefängnis entlassen, und ich, neugierig auf seine Meinung, gab ihm eine Kopie meines Entwurfs, die er las und dann in eine Schublade seines Schreibtischs steckte, wo er sie vor Zugriffen sicher glaubte. Kurz darauf landete er erneut im Gefängnis, die Soldaten fanden bei der Durchsuchung seines Büros das Dokument und nahmen an, es stamme von ihm. Daher der Name. Zu diesem Zeitpunkt hatte das Husseini-Papier bereits das Plazet der Anführer in den besetzten Gebieten wie auch derer, die im Gefängnis saßen, und lag auf Arafats Schreibtisch.

Den Kern des Papiers bildete eine einseitige Unabhängigkeitserklärung sowie die Ankündigung, eine provisorische Regierung zu bilden, deren Mitglieder sowohl von Vertretern aus den besetzten Gebieten als auch von der PLO-Führung im Exil ernannt werden sollten. Sobald diese provisorische Regierung stand, würde sie Israel Verhandlungen über eine Zwei-Staaten-Lösung anbieten.

Nach der oben erwähnten Bürorazzia ließen israelische Sicherheitsleute an die Presse durchsickern, es kursiere ein Dokument, aus dem »umstürzlerische Absichten« hervorgingen. Wie vorauszusehen folgten auf der Stelle ausführliche Kommentare. Auf palästinensischer Seite gab es die üblichen Nörgler und Kritiker. Einige derjenigen, die wussten, dass ich das Papier verfasst hatte, sahen darin nur ein weiteres meiner »nutzlosen« Hirngespinste.

Die Intifada Ende der 1980er-Jahre war etwas völlig anderes als das blutige Fiasko von 2000. Das Ziel der ersten Intifada waren friedliche Verhandlungen, die zu einer gütlichen Teilung des historischen Palästina führen sollten. Der eigentliche Nutzen der Steine, die von Kindern und Jugendlichen geworfen wurden, bestand darin, dass mit Mythen und Lügen aufgeräumt wurde, die beide Völker ein halbes Jahrhundert lang beherrscht hatten. Die Unruhen mussten in praktische politische Ziele überführt werden, was nur möglich war, indem man unmittelbar an das Eigeninteresse Israels als Nation appellierte. Die Politik der israelischen Regierung führte beide Völker in den Abgrund.

Aus diesem Grund gaben wir den Menschen in Israel zu verstehen, dass wir nicht ihren Staat zerstören, sondern nur unseren eigenen in Koexistenz mit ihrem errichten wollten. Die Flugblätter waren in dieser Hinsicht eindeutig: Die Vereinigte Führung erkannte die UN-Resolution 242 und damit das moralische und politische Recht Israels auf einen Staat innerhalb der Grenzen von 1967 an.

So hieß es in einem Flugblatt:

> Die Intifada als jüngste Form des palästinensischen Kampfes bringt den Ruf der Palästinenser nach Frieden zum Ausdruck … Unser Kampf zielt nicht darauf ab, anderen Leid zuzufügen, sondern uns selbst vom Leid zu befreien. Wir wollen keinesfalls einen anderen Staat zerstören, sondern unseren eigenen schaffen. Wir möchten nicht den Tod anderer, sondern Leben und Hoffnung für uns und unsere Kinder.

Genährt wurde mein Optimismus hinsichtlich der israelischen Öffentlichkeit durch meine Zusammenarbeit mit israelischen Friedensaktivisten, insbesondere mit Peace Now. Nachdem sich die PLO unserer Anerkennung des Existenzrechts Israels in den Flugblättern angeschlossen hatte, organisierte Peace Now im Dezember 1988 eine Massendemonstration in Tel Aviv, um die Regierung zu direkten Gesprächen mit der PLO zu drängen. Für mich waren die zigtausend Juden, die unsere Unabhängigkeitsbestrebungen unterstützten, eine Art Gegengift gegen die an Wahnsinn grenzende harte Linie ihrer Regierung. In einem Artikel formulierte ich es so:

> Ich sehe das Gesicht des *Zaddik* vor mir – des heiligen Mannes der Juden. Ich sehe, wie er oder sie sich weigert, seinen oder ihren Dienst im besetzten palästinensischen Staat zu verrichten. Ich sehe, dass sie jeden Samstag in Schwarz gekleidet Wache halten und der Verachtung ihrer Landsleute entgegentreten. Ich sehe, dass sie in der Knesset Rabins Politik diskutieren, auf den Prüfstand stellen und entlarven, und zwar noch leidenschaftlicher und akribischer als die Palästinenser selbst. Ich sehe, wie sie das Wunder vollbringen, politische Grenzen zu überwinden, indem sie den Dörfern und Lagern in unserem besetzten palästinensischen Staat Besuche abstatten, den Dörfern und Lagern, in denen Kinder umgebracht, Häuser zerstört und Bäume aus der Erde gerissen wurden, wo man Mütter so bedrängt hat, dass sie Fehlgeburten erlitten, wo tage-, ja wochenlange Ausgangssperren verhängt und über lange Zeit Strom und Wasser abgeschaltet wurden – kurz, wo der eigentliche Terror herrscht.

Diesen *Zaddik* hatte ich auch dann noch vor Augen, als unsere Arbeit noch gefährlicher wurde.

## KAPITEL 20

# Agent Jakob

Als ich in Mailand über die Metaphysik des Verhörs referierte, war mir noch nicht klar, wie viel Blut tatsächlich für eine kaum definierbare Freiheit vergossen werden würde. Zwar war ich mir sicher, dass wir durch zivilen Ungehorsam, nicht mit der Waffe in der Hand, letztendlich unsere Freiheit und die Befreiung unseres Landes erreichen würden, doch wann, wusste ich weder damals, noch weiß ich es heute. Und natürlich ahnte ich zum Zeitpunkt des Vortrags auch nicht, dass ich schon bald in einer Verhörzelle vor der Wahl stehen würde, entweder gegen die Okkupation zu kämpfen oder meine Familie zu retten.

Zu Beginn der Intifada marschierten alle, vom Schulkind bis zur Großmutter, freiwillig in Tränengaswolken hinein – der Widerstandsgeist mobilisierte auf wundersame Weise Millionen Menschen. Wie die meisten Palästinenser überlegte auch ich nicht lange, ob ich meine Familie einbeziehen sollte. Die Wahlpalästinenserin Lucy engagierte sich genauso wie jeder Einheimische, vielleicht sogar mehr, ja, man könnte sogar sagen, dass sie sich bewusst dafür entschieden hatte, das tragische Schicksal eines anderen Volkes zu ihrem eigenen zu machen. Selbst mein Sohn Dschamal, der noch nicht einmal im Teenageralter war, schlich sich in der Dämmerung aus der Hintertür, um Sprüche auf Wände zu malen. Aus einiger Entfernung beobachtete ich stolz, wie er und die bunt gemischte Bande der Fatah-»Bengel« aus dem Ort palästinensische Fahnen hissten und Parolen gegen die Besatzung an Mauern schrieben.

1990, zwei Jahre nach Beginn des Aufstands, war ich immer

noch zutiefst von der Notwendigkeit und der Bedeutsamkeit unseres Freiheitskampfes überzeugt, so sehr, dass ich mich wie in einem Rausch befand und meine Brüder mich an meine väterlichen Pflichten erinnern mussten. »Was zum Teufel denkst du dir dabei?«, schimpfte mein jüngerer Bruder Hatem bei einem Familientreffen in London, wobei er für die anderen mit sprach. »Dein eigenes Leben kannst du mit deiner wunderbaren Revolution ja ruhig ruinieren, aber du hast nicht das Recht, deine Kinder darunter leiden zu lassen.« Zunächst wusste ich gar nicht, wovon er sprach. »Was willst du damit sagen?«, fragte ich schließlich.

»Bildung! Unser Vater hat uns die beste Bildung angedeihen lassen, und deine Kinder haben das Gleiche verdient.«

Damals besuchten alle meine Kinder eine in der Altstadt in unmittelbarer Nähe des Neuen Tores gelegene Jesuitenschule. Dschamal begann gerade mit der Highschool. Die Schule war gut, wie die meisten Jesuitenschulen. Außerdem, gab ich zurück, würden meine Söhne Erfahrungen machen, die keine der berühmten Privatschulen der Welt ihnen bieten könne. Hatem reagierte mit blankem Spott. »Du hältst deine Revolution vielleicht für bedeutend, aber vergiss dabei nicht, dass *du* sehr wohl die besten Schulen besucht hast. Du hast die Pflicht, das auch deinen Kindern zu ermöglichen. Hinterher können sie dann selbst entscheiden, was sie mit ihrer Bildung anfangen, genau wie du.« Saki, der immer gern Nägel mit Köpfen machte, bot an, meinen drei Söhnen nach Beendigung der höheren Schule in Jerusalem zum Abschluss noch ein Jahr in Eton zu finanzieren.

»Gut, einverstanden«, sagte ich. »Ein Jahr Eton also.«

Der Grund für mein Nachgeben war weniger Sakis Großzügigkeit als vielmehr die Entwicklung der Ereignisse. Langsam bekam ich ein wenig Angst, dass mir oder ihnen etwas zustoßen könnte. Die Ermordung Abu Dschihads war mir noch lebhaft in Erinnerung. Überall um mich her wurden Aktivisten, viele davon enge Freunde, inhaftiert oder abgeschoben. Im Jahr 1990 eröffneten während des Ramadan Soldaten das Feuer auf Demonstran-

ten und töteten drei Menschen. Hunderte wurden verletzt, dreißig davon lebensgefährlich. Etwa zur gleichen Zeit plante eine
Gruppe messianischer Juden, die sich »Tempelberg-Gläubige«
nannten, auf den Tempelberg zu marschieren und den Grundstein
für den Tempel der Endzeit zu legen. Kaum hatte sich ihre Absicht
herumgesprochen, wurden bei Unruhen am Tempelberg achtzehn Palästinenser getötet und einhundertfünfzig durch Polizei-
kugeln verletzt. Faisals Beschreibung ist es wert, zitiert zu werden:
»Überall um mich herum waren Schreie zu hören; dazwischen
stiegen Flüche in den Himmel über dem heiligen Ort. Der Geruch
von Blut mischte sich mit dem von Gas und Schießpulver, der einem in Nase und Augen stieg. In dieser beängstigenden, von Tod
und Katastrophen überschatteten Atmosphäre begann ich meine
Bitte und mein Gebet: ›... Oh Gott, der Geist ist voller Ängste ...
bitte verwandle sie nicht in Hass.‹«

Ich hielt mich gerade in Ramallah auf, als ich von den Kampfhandlungen erfuhr. Bei den ersten Anzeichen einer möglichen
Auseinandersetzung schickten die Lehrer in Dschamals Jesuitenschule die Kinder nach Hause. Dschamal begab sich schnurstracks zum Tempelberg und geriet mitten in den Aufruhr und die
Schüsse. Ein Freund, der ihn begleitete, wurde ins Bein getroffen,
und Dschamal sah, wie die auf Hausdächern stationierten Soldaten in die Menge zielten. Gleichzeitig wurden die Protestierenden
von einem Hubschrauber aus mit Maschinengewehrfeuer überzogen.

Meine Mutter, Lucy und ich versuchten zwei Stunden lang
verzweifelt, den Jungen zu finden. Als er schließlich auftauchte,
zum Glück unversehrt, hatte er so viel Schreckliches zu berichten,
dass er vom amerikanischen Fernsehen zu einem Interview für *60
Minutes* gebeten wurde. Mike Wallis moderierte die Sendung, in
der auch das Video eines Touristen aus dem Intercontinental zu
sehen war. Es zeigte, dass die Soldaten einfach das Feuer eröffnet
hatten, ohne provoziert worden zu sein. Auch Dschamal entlarvte
die offizielle israelische Version, derzufolge Araber jüdische Gläu-

bige mit Steinen beworfen hätten, woraufhin die Israelis einge-
schritten seien. Dschamals unschuldige und klare, in perfektem
Englisch formulierte Worte waren beschämend für den israelischen Botschafter bei der UNO, Bibi Netanjahu. Der erfahrene
Geschäftsmann, der einst Luxusmöbel verkauft hatte, wurde
bloßgestellt von einem ehrlichen Jungen, der ganz sachlich berichtete, was wirklich geschehen war.

Die Schlinge zog sich weiter zu, als der Schin Beit der Arbeitsweise der geheimnisvollen UNC immer mehr auf die Spur kam.
So sehr ich mich in Gesprächen bemühte, von dem Verdacht gegen mich abzulenken und möglichst professoral zu wirken (besonders gern sprach ich über Befreiungsstrategien im Rahmen
einer Interpretation Kants), und meine direkten Kontakte zu Fatah-Aktivisten reduzierte, so wurde mein Handlungsspielraum
durch die ständigen Verhaftungen und Verhöre von Aktivisten
doch erheblich eingeschränkt. Die Zeit wurde knapp.

Irgendwann ordnete Jakob die Schließung des *Monday Report*
an. Etwas später wurde mein Freund Samir Sbeihat des Landes
verwiesen, ein weiterer Kollege aus dem Büro verhaftet. Dann gelang es den Israelis, Erkenntnisse über meine Kontakte zu Gruppen in Ramallah zu gewinnen. Naser Al-Afandi, mein Kontakt-
mann in Abu Dis, ging den Fahndern ebenfalls ins Netz – er hatte
bereits fünf Jahre hinter Gittern verbracht, wo er sich eine Zelle
mit Dschibril Radschub geteilt hatte. Dieses Mal (Jahre vor den
Folterungen von Abu Ghraib) zogen ihm die Israelis eine spitze
schwarze Kapuze über den Kopf und zwangen ihn, einen Monat
lang in einer kauernden Haltung zu verharren. Um Informationen
aus ihm herauszuholen, hängten sie ihn unter anderem an der
Decke auf wie ein geschlachtetes Lamm.

Je länger die Intifada andauerte und je mehr ihrer Anführer im
Gulag verschwanden, jenseits der Grenze landeten oder umgebracht wurden, desto weniger war die UNC in der Lage, die Disziplin aufrechtzuerhalten.

Es kam zu einer regelrechten Flut von Morden an »Kollabo-rateuren«. Die Berichte aus den einzelnen Regionen waren alar-mierend. Zu Beginn der Intifada hatten wir an der Führung Be-teiligten eine Amnestie für alle palästinensischen Strohmänner verkündet. Um diese zu erlangen, brauchten sie lediglich öffent-lich, das heißt, auf dem Hauptplatz ihrer Stadt oder ihres Dorfes, ein Geständnis abzulegen und ihre palästinensischen Mitbürger um Verzeihung zu bitten.

Jetzt änderte sich offenbar das Muster. In einer Region nach der anderen traten wieder Provokateure mit der Waffe in der Hand auf. Obgleich sich die Hamas bereits gegen die Besetzung gewandt hatte, kam es zu Kämpfen mit lokalen Aktivisten. Ange-sichts der engen familiären Beziehungen unter den Palästinensern kann aus einer Auseinandersetzung zwischen zwei Menschen leicht eine Fehde entstehen, die das ganze Dorf spaltet. Und so kam es auch hier zu einem internen Streit zwischen verschiede-nen Splittergruppen. Und nach den Berichten, die ich erhielt, ent-puppten sich die Störenfriede häufig als Arabisch sprechende Schin-Beit-Agenten.

Ähnliche Informationen kamen aus den Gefängnissen, wo sich Fatah und Hamas blutige Kämpfe lieferten. Auch hier lief der Brudermord nach einem bestimmten Muster ab, und gewöhnlich war ein Agent der Auslöser. Die Gewalt radikalisierte die Basis, und es kostete zunehmend Mühe, die Aktivisten unserer »weißen Revolution« bei der Stange zu halten. Immer öfter wurde die For-derung laut, die Intifada in einen bewaffneten Kampf zu über-führen.

Es bedurfte keines großartigen strategischen Gespürs, um zu erkennen, dass eine neue israelische Offensive bevorstand. Der Is-lam war und ist das Mittel erster Wahl, wenn es darum geht, die palästinensische Gesellschaft in einander bekämpfende Gruppen zu spalten – ein Schuss, der vorerst nach hinten losging, als 1989 die Hamas gegen israelische Bürger Amok lief. Schließlich verbot die israelische Regierung die Organisation und verhaftete Scheich

Jassin, nachdem er seine Lakaien mit der Entführung und Ermordung zweier israelischer Soldaten beauftragt hatte.

Ich tat mein Bestes, um zu verhindern, dass die Intifada in eine Schlacht mit den Israelis ausartete, doch alle Maßnahmen waren nur Notlösungen. Selbst ein defensives Patt mit den Besatzern – bei dem wir Steine warfen und sie Knochen brachen oder uns ins Gefängnis sperrten – war genau genommen eine Niederlage. Israel hatte weit bessere logistische Möglichkeiten, mehr Kämpfer und mehr Waffen. Entweder blieben wir in der Offensive, oder wir hatten schon verloren. In meinen Augen war die beste Angriffswaffe in unserem Arsenal unsere Unabhängigkeitserklärung, die Schaffung einer Übergangsregierung und die Aufforderung an Israel, mit uns auf der Basis gegenseitiger Anerkennung zu verhandeln.

Durch meine Kontakte in Paris wusste ich, wie verlockend das Husseini-Papier für die PLO war. Jetzt, wo Abu Dschihad nicht mehr war, gefiel den Leuten in Tunis besonders die Unabhängigkeitserklärung selbst; von der anderen Komponente, der Schaffung einer Übergangsregierung für das Westjordanland und den Gazastreifen, waren sie leider nicht so begeistert.

Die Übergangsregierung kam nicht zustande, unter anderem deshalb, weil Arafat im November 1989 ankündigte, in Algerien – und nicht, wie im Husseini-Papier vorgesehen, auf dem Tempelberg in Jerusalem – eine Unabhängigkeitserklärung abzugeben, und zwar ohne den Teil, in dem die Errichtung einer eigenen palästinensischen Regierung verkündet wurde. Die ergreifende und geschliffen formulierte Erklärung entstammte der Feder des großartigen palästinensischen Dichters Mahmud Darwisch. Meiner Meinung nach strotzte sie zwar vor hehren Gefühlen, aber es fehlten praktische Vorschläge zur Beendigung der Okkupation.

Doch auch ohne die Einsetzung einer Regierung stellte die Erklärung einen wichtigen Meilenstein dar, und ich freute mich mit allen anderen auf die Stunde, in der sie verlesen würde. Zusammen mit ein paar Freunden zog ich durch die Moscheen und Kirchen der Altstadt und bat die Geistlichen, zur vereinbarten Stunde ihre Glocken zu läuten beziehungsweise ihren Ruf erschallen zu lassen. Mein Plan war, Zehntausende auf dem Tempelberg zusammenzutrommeln und ihnen den Text vorzutragen. Ich wollte, dass sich unser unter Besatzung stehendes Volk, das Volk der Intifada, im Mittelpunkt unseres Universums versammelte, um unsere Unabhängigkeit zu feiern.

Am dem besagten Tag verhängte Israel jedoch eine absolute Ausgangssperre über die besetzten Gebiete und Ostjerusalem. Es war die drakonischste Ausgangssperre seit Menschengedenken, und für uns kam das Leben vollkommen zum Erliegen: keine Autos, keine Menschen auf den Straßen; selbst die Vögel schienen verschwunden zu sein.

Ausgangssperre hin oder her, ich war jedenfalls entschlossen, zum Tempelberg zu gehen. Also wagte ich mich, den Behörden zum Trotz, in die unheimliche Stille der Straßen hinaus, ging durch zwei Täler, stieg den Ölberg hinab und betrat schließlich Jerusalem durch das Löwentor, wo mein Vater begraben lag. Die meisten der wenigen Leute, die es bis hierher geschafft hatten, waren Geistliche der Moschee, die in der Nähe wohnten.

Zusammen betraten wir die Al-Aksa-Moschee. Als zur festgesetzten Stunde die Glocken der Grabeskirche läuteten und von den Minaretten der Ruf der Muezzine zu hören war, verlasen wir feierlich unsere Unabhängigkeitserklärung: »Seit Generationen führt das palästinensische Volk einen heroischen Kampf um die Befreiung seiner Heimat. In der ungebrochenen Kette der Aufstände unseres Volkes verkörpert sich sein heldenhaftes Streben nach nationaler Unabhängigkeit.«

In den darauffolgenden Wochen rief ich, wo immer ich konnte, zu Verhandlungen auf. In einem Artikel, den ich unter dem Titel »Die PLO vertritt das Volk, nicht sich selbst« in einer Lokalzeitung veröffentlichte, appellierte ich offen an die PLO, Führungsqualitäten zu zeigen und eine Friedensstrategie vorzulegen.

Auch der israelischen Öffentlichkeit versuchte ich mein Anliegen begreiflich zu machen, indem ich einmal mehr betonte, die Zwei-Staaten-Lösung sei im Interesse beider Völker, aber auch darauf hinwies, dass diese Option möglicherweise nicht für immer offenstünde. »Die Bereitschaft unseres Volkes zu einer Zwei-Staaten-Lösung ist nicht etwa fest in der palästinensischen Psyche angelegt. Im Moment sind die Menschen voll und ganz davon überzeugt, doch wenn dieses Sich-Öffnen keine Erwiderung erfährt, kann diese Bereitschaft schnell wieder schwinden. Sie gleicht einem Stern oder Kometen, der sich nähert und dann wieder entfernt. Man muss zugreifen, wenn sich die Gelegenheit bietet.[1] Mit anderen Worten, wenn die Israelis nicht aufpassten, würden sie es irgendwann nicht mehr mit einer friedlichen Unabhängigkeitsbewegung zu tun haben, sondern mit einer Anti-Apartheid-Kampagne.

Die einzige offizielle Reaktion Israels auf meine öffentliche Stellungnahme war, dass Jakob, mein persönlicher Schin-Beit-Agent, nun noch gewissenhafter arbeitete. Obwohl keine eindeutigen Beweise für meine Rolle in der Intifada vorlagen, begann man mich indirekt anzugreifen. Die Strategie war dabei von Anfang an darauf ausgerichtet, mir Angst zu machen. Wahrscheinlich hatte man ein psychologisches Profil erstellt und war zu dem Schluss gelangt, dass ich am ehesten einzuschüchtern sei, indem man mir mit dem drohte, was ich am meisten fürchtete – und das war nicht, dass meinem Ruf, meiner Karriere oder meinem eigenen Leben Schaden zugefügt werden könnte, sondern meiner Mutter, meiner Frau und meinen Kindern.

Eines Abends, als ich mit meiner Familie zu Hause saß und gerade den Fernseher einschalten wollte, hörte ich draußen hastige Schritte. Jemand lief im Hinterhof herum, wo unser Auto stand. Ich knipste sofort die Außenbeleuchtung an und trat vors Haus. Drei übergewichtige, maskierte Männer standen um meinen ramponierten Opel herum. Einer von ihnen hielt einen Benzinkanister und einen Lumpen in der Hand, offenbar in der Absicht, das Auto anzuzünden. Ich brüllte los und rannte hin, obwohl das ziemlich unklug war, denn ich trug Hausschuhe und hatte statt einer Waffe die Fernbedienung für den Fernseher in der Hand. Aber es gelang mir, die Männer zu verjagen. Wahrscheinlich verzogen sie sich, weil sie mich für einen Bodyguard hielten.

Ein paar Nachbarn, die meine Schreie gehört hatten, eilten zu Hilfe. Als wir eine Runde um das Haus drehten, um zu sehen, ob alles in Ordnung war, wies mich einer meiner Nachbarn auf den noch frischen Schriftzug an einer Wand hin. DER PROPHET VON BIRSEIT … lautete die unvollendete Botschaft. Für mich sah das alles nach dem Werk von Kollaborateuren aus – vor allem, weil die Männer mittleren Alters und dickbäuchig gewesen waren und im Aussehen so gar nicht den jungen, agilen Aktivisten glichen, die gewöhnlich von der Hamas rekrutiert wurden. Sie hatten vorgehabt, mein Auto abzufackeln und mit dem Wandspruch den Eindruck zu vermitteln, muslimische Gruppen hätten es wegen meiner ketzerischen Ansichten auf mich abgesehen.

Später bestätigte sich meine intuitive Vermutung. Mein Freund Abd el-Halim hatte ein paar Nachforschungen angestellt und von dem Tankstellenbetreiber, der den Männern das Benzin verkauft hatte, erfahren, dass sie in der Gegend als Kollaborateure bekannt waren.

Ein anderes Mal wandte der Schin Beit den »Flugblatttrick« an. Die israelischen Sicherheitskräfte verteilten bisweilen selbst Flugblätter, die sie mit dem erfundenen Namen irgendeiner »Splittergruppe« unterzeichneten, von der niemand je gehört hatte. Diese Flugblätter dienten verschiedenen Zwecken, unter anderem dem, in der Bevölkerung Verwirrung zu stiften oder, noch besser, interne Streitigkeiten auszulösen. Der Flugblatttrick war Teil der Offensive, mit der Israel den Willen zum Aufstand von innen zu brechen versuchte.

In einem dieser Flugblätter – das offenbar in fast jedem Briefkasten in den besetzten Gebieten landete – wurde ich als »Salonfürst« diffamiert. Die Autoren hatten dabei nicht etwa Machiavelli im Sinn; ein »Fürst« war ich wegen meines privilegierten familiären Hintergrunds und meiner »sauberen Hände«, von denen nicht wie von den Händen wahrer Intifada-Aktivisten Blut tropfte. Ich war ein Typ, der in den Schweizer Alpen Urlaub machte, anstatt tapfer den Kugeln zu trotzen wie die anderen Palästinenser. Ein Mann ohne Blut an den Händen hatte in der Politik nichts zu suchen, und von Frieden zu sprechen, stand ihm erst recht nicht zu.

Als ein israelischer Journalist mich fragte, was ich von den verleumderischen Pamphleten hielte, rechnete er offenbar damit, dass ich meinem Ärger darüber Ausdruck gab, denn er schüttelte ungläubig den Kopf, als ich erwiderte: »Ich bin froh, dass meine Hände sauber sind! Wer braucht schon Blut an den Händen? Je sauberer, desto besser!«

1989 hatten der Schin Beit und Agent Jakob bei der neuesten Verhaftungswelle Glück: Sie schnappten den ranghöchsten Fatah-Vertreter in den besetzten Gebieten, einen Mann, mit dem ich beim Geldschmuggel zusammengearbeitet hatte. Gleich zu Beginn der Intifada war er ganz oben auf die israelische Liste der meistgesuchten Personen gesetzt worden und in den Untergrund gegangen. Während der zwei Jahre des Aufstands hatte er sich möglichst unauffällig verhalten.

Seine Verhaftung versetzte mir einen Stich – ich verspürte Mitgefühl, aber auch Angst. Bei den Verhören würden sie alle Register ziehen, um ihn zum Reden zu bringen.

Mehrere Wochen später erhielt ich einen Anruf, ich solle in das Gefängnis auf dem russischen Gelände kommen. Dort führten mich israelische Militärs im Eilschritt vom Empfangszimmer an rostenden Stacheldrahtrollen vorbei in das Gefängnis, wo ich direkt in eine Verhörzelle gebracht wurde. Da es keine offizielle Anklage gegen mich gab, wusste ich, dass mein Besuch nicht lange dauern würde – es sei denn, ich machte einen Fehler und verplapperte mich.

Die für das Verhör zuständigen Beamten sagten mir ohne großes Drumherum – keine Begrüßung, kein Smalltalk, keine höfli-
chen Floskeln –, dass es ihnen gelungen sei, einem anderen Gefangenen schwerwiegende Informationen über mich abzupressen.
Sie hätten jetzt Beweise dafür, dass ich nicht nur mit dem Chef der
Fatah in den besetzten Gebieten Kontakt gehabt, sondern ihm
auch große Geldsummen hätte zukommen lassen.

Doch darauf fiel ich nicht herein. Anstatt etwas zu entgegnen,
inspizierte ich meine Fingernägel. Mein Herz raste. Wenn ihnen
tatsächlich ein Geständnis vorlag, dachte ich mir, dann würden sie
Anklage gegen mich erheben, anstatt mit ihren Ermittlungserfol-
gen zu prahlen. Offenbar hegten sie die Vermutung, der Gefangene
und ich hätten zusammengearbeitet, konnten es aber nicht beweisen. Sie hofften, mir ein Geständnis zu entlocken und damit gegen
uns beide etwas in der Hand zu haben. Aber ich biss nicht an.

»Ja«, sagte ich frech, »ich glaube, den Typ hab ich mal kennengelernt.« Aber, so fügte ich hinzu, ich hätte keine Ahnung, wer er
sei oder ob er in irgendeiner Verbindung zur Intifada oder zur Fatah stehe. Soweit ich mich erinnere, habe er sich an mich gewandt, weil ich eine Person des öffentlichen Lebens sei. Das sei
alles. »Mit mir wollen viele Leute reden. Auch Israelis. Wissen Sie,
ich bin Professor. Ich bin ein höflicher Mensch und kann schlecht
Nein sagen. Meine Arbeit für *Holy Land Press* erfordert es, dass
ich mich mit politischen Aktivisten jeglicher Couleur unterhalte.«

Es folgte ein mehrstündiges Hin und Her: Sie behaupteten
weiterhin, über schlagende Beweise zu verfügen, und ich gab zu,
dem Gefangenen bereits begegnet zu sein, stritt jedoch alles andere beharrlich ab. Schließlich merkten sie, dass ihr Trick nicht
funktionierte, und ließen mich gehen.

Es gab weitere Verhaftungen. Bei einer Razzia schnappten die
Israelis nicht nur eine Reihe von UNC-Mitgliedern, sondern auch
Izzat Ghazzawi und Hamzeh Smadi, meinen Partner bei *Holy
Land Press*, mit dessen Hilfe ich die monatlichen Flugblätter he-
rausbrachte.

Sie alle wurden in ein Sondergefängnis in Petah Tikwa gebracht. Wochenlang konnte ich nichts über sie in Erfahrung bringen. Gewöhnlich war es Anwälten zumindest möglich herauszubekommen, wo ein Inhaftierter festgehalten wurde, was ihm vorgeworfen und wie er behandelt wurde. Diesmal jedoch – nichts.

Erst als Hamzeh zwei Jahre später aus dem Gefängnis kam, erfuhr ich von den alptraumhaften Verhören. In einem der Verhörräume hing eine Tafel an der Wand, auf die verschiedene Namen geschrieben standen, die untereinander mit Strichen verbunden waren. Ganz oben in der Grafik stand der Name meines Kontaktmannes in Paris, Abu Tarik, direkt darunter Sari. Unter meinem Namen befanden sich verschiedene andere, auch die von Hamzeh und seinen Mitgefangenen. Einige waren mit durchgehenden Linien verbunden, andere durch Fragezeichen. Die Verhörten wurden aufgefordert, die Lücken zu ergänzen und das Gerüst inhaltlich zu füllen. Wie hingen all diese Namen zusammen? Und insbesondere, gab es irgendwo ein Glied in der Kette, das belegte, dass der Fatah-Vertreter in der UNC seine Anweisungen von mir erhielt? Oder war es ganz einfach so – wie ich ja den Israelis erklärt hatte –, dass ich viel Besuch bekam und nur zufällig auch einmal ein Mitglied der UNC dabei war?

Die Experten vom Schin Beit hatten es satt, zum Narren gehalten zu werden. Immer wieder hatten sie UNC-Mitglieder verhaftet – stets in dem Glauben, endlich den Kopf der Organisation erwischt zu haben –, nur um am Neunten des Folgemonats feststellen zu müssen, dass das unsichtbare Netzwerk weiterhin im Verborgenen operierte und die ganze Sache am Laufen hielt. Nach und nach rissen sie diesen Phantomen den Schleier fort. Und jetzt, da sie so wichtige Gefangene in ihrer Gewalt hatten, bereiteten sie die Folterbank vor.

Die Vernehmungsmethoden waren derart brutal, dass vier erfahrene Gefangene, die bereits Hunderte von Verhörstunden durchgestanden hatten, zusammenbrachen. So auch mein Freund

Fahed Abu al-Hadsch, der fünfundzwanzig Tage lang in einem hermetisch abgedichteten Raum gehalten wurde. Man kettete ihn stehend an eine Toilettentür, sodass er nicht schlafen konnte. Nur einmal am Tag nahm man ihm die Fesseln ab und ließ ihn essen und sich waschen. Einmal versetzte ihm ein Verhörbeamter einen so harten Schlag, dass er vorübergehend erblindete.

Am Ende hielten sie ein von ihm unterschriebenes und zum zusätzlichen Beweis der Echtheit mit einem Fingerabdruck versehenes Geständnis in der Hand. Er hatte zugegeben, als Mittelsmann anderen Aktivisten Briefe und mehrere Hunderttausend Dollar von mir überbracht zu haben.

Das Geständnis eines zweiten Gefangenen war noch erdrückender und bestätigte meine Rolle als Geldquelle und Autor der Flugblätter. Ein drittes Geständnis schließlich, natürlich ebenso der Wirklichkeit entsprechend wie die anderen, war der sprichwörtliche letzte Nagel zu meinem Sarg.

Ich schwöre bei Gott: Abu Tarik von der Fatah-Organisation in Frankreich beauftragte mich, Vorschläge für die Flugblätter Nummer 33–35 aufzunehmen. Abu Tarik beauftragte mich, für die Ergänzung der Flugblätter zu sorgen. Diesen Auftrag betreffend rief er Sari Nusseibeh an und informierte ihn über meinen bevorstehenden Besuch. Zwischen Abu Tarik, Sari und mir bestand ständig telefonischer Kontakt.

Ich traf mich mit Sari Nusseibeh und machte Vorschläge für die Flugblätter, die er wiederum an Hassan Abed Rabbo weitergeben sollte ... Das letzte Wort bei den vorgeschlagenen Passagen der Flugblätter 33–35 hatte Sari, da er der Kopf der Fatah in den besetzten Gebieten ist. Diese Erklärung habe ich freiwillig und von eigener Hand verfasst.

Beim israelisch-palästinensischen Konflikt lässt sich natürlich nicht in quasi manichäischer Sicht der einen Seite alles Licht, der anderen alles Dunkel zuschreiben. Grund dafür ist unter anderem, dass oft gerade in jenen Momenten, in denen man von der absoluten Richtigkeit der eigenen Position überzeugt ist, die eigene Seite etwas tut, was ihr selbst schadet, während der Feind ausgerechnet dann etwas richtig macht.

Anfang 1990 gewann Israel unübersehbar die Oberhand. Es waren erste Anzeichen dafür erkennbar, dass der Versuch, die UNC auffliegen zu lassen und die tatsächlichen Führer zu entlarven, von Erfolg gekrönt sein würde. Im Alltag des zermürbenden, sich immer mehr verfestigenden Patts begann das enorme Ungleichgewicht der Kräfte deutlich zu werden. Die euphorische Einigkeit, die die Palästinenser empfunden hatten, als die ersten Steine geflogen waren, brach zusammen, und zwar aus vollkommen nachvollziehbaren Gründen. Wegen der Betriebsschließungen und Streiks waren die wirtschaftlichen Bedingungen so miserabel, dass die Arbeiter ihre Tätigkeiten in Israel nach und nach wieder aufnahmen, einfach nur, um Essen auf den Tisch bringen zu können. Der im Jerusalemer Dokument enthaltene Boykott, der einen integralen Bestandteil der Kampagne zivilen Ungehorsams ausmachte, war angesichts der harten Wirklichkeit des täglichen Überlebenskampfes nicht durchzuhalten.

Es kam zu grotesken Szenen. Aktivisten versuchten Arbeiter mit Gewalt davon abzuhalten, in Israel ihr täglich Brot zu verdienen. Die unvermeidlichen Auseinandersetzungen, die dies zur Folge hatte, rissen weitere Löcher in das soziale Gewebe. Erschöpfung machte sich breit.

Von Beginn an waren wir in der Offensive gewesen, angefangen von den ersten Widerstandsaktionen über die vierzehn Punkte, das Jerusalemer Dokument bis hin zur Unabhängigkeitserklärung. Nun aber schien von der kreativen Energie unserer Volksrevolution nur Abscheu geblieben zu sein, Abscheu gegenüber der Besatzung und zunehmend auch vor uns selbst, weil wir nun wieder die Hand aufhalten mussten, um uns ernähren zu können.

Die Rollen waren vertauscht, jetzt war Israel am Zug. Verteidigungsminister Rabin glaubte inzwischen nicht mehr, dass er uns besiegen konnte, indem er uns die Knochen brach; dem Aufstand musste mit einer diplomatischen Offensive Israels begegnet werden.

Rabin, ein pragmatischer Mensch, stand Ideologien grundsätzlich skeptisch gegenüber und war stets mehr als bereit, den Kurs zu ändern, wenn die Umstände es erforderten. Bei seinen Bemühungen um eine diplomatische Öffnung griff er auch auf die Sachkenntnis von Jaakow Peri, dem Chef des Schin Beit, zurück. Mit Hilfe seines Apparats sollte Peri mit lokalen Palästinenserführern in Kontakt treten und ihnen Vorschläge unterbreiten, die später im »Schamir-Plan« wieder auftauchten.

Jaakow Peri suchte Faisal im Gefängnis auf und sprach mit ihm vor allem über mögliche Wahlen in den besetzten Gebieten. Ferner kontaktierte er Hamas-Führer, um deren Meinung dazu zu hören. (Scheich Jassin wurde bald darauf aus dem Gefängnis entlassen.)

Währenddessen veränderte sich die Lage der vier UNC-Gefangenen im Gefängnis von Petah Tikwa plötzlich grundlegend. Das Essen wurde besser, die Ketten verschwanden, und die Wachleute geleiteten sie mit an Unterwürfigkeit grenzender Höflichkeit in einen anderen Trakt des Gefängnisses, wo anstelle einer Folterbank ein Verhandlungstisch stand. Auf einmal wollten die Vernehmungsbeamten mit ihnen über Politik sprechen und sie über die wahren Ziele der Anführer der Intifada ausfragen. Wollten sie wirklich einen Frieden aushandeln, wie in den Flugblättern behauptet wurde?

Es folgten erste offizielle Gespräche. Einige Themen, die dabei debattiert wurden, schienen direkt den vierzehn Punkten entnommen (beispielsweise der Abzug der Armee aus Bevölkerungszentren), während andere in unseren Gesprächen mit Amiraw angeschnitten worden waren. Während der Gespräche machten sich die Isrealis Notizen. Nach fünf Tagen schließlich legten die Schin-Beit-Leute ein eineinhalbseitiges Papier vor, in dem ein möglicher

Ansatz für eine Verhandlungslösung skizziert war. Eine zentrale Komponente des Entwurfs waren Wahlen. Nur ein Punkt blieb bei diesem außergewöhnlichen Konsens zwischen Besatzern und Besetzten ungelöst: Die Gefangenen betonten nachdrücklich – und der halb blinde Fahed besonders kategorisch –, dass ihre Zustimmung ohne Billigung der PLO-Führung in Tunis keinen Pfifferling wert sei.

»Das wissen wir«, gaben die israelischen Funktionäre zurück. »Aber wie soll denn die PLO-Führung Ihrer Ansicht nach einbezogen werden?«

»Bevor wir weiter verhandeln, müssen wir uns mit unserer Führung beraten«, lautete die Antwort. Auf die Frage, von welcher Führung die Rede sei, nannten die Gefangenen Faisal und mich. »Kein Problem!«, sagten die Vernehmungsbeamten. »Wenn Sie wollen, können wir sie sogar hierher zu Ihnen bringen, und Sie können direkt mit ihnen sprechen. Oder Sie schicken ihnen eine Nachricht und sehen dann, was sie sagen.« Die Gefangenen, die verständlicherweise befürchteten, uns in eine Falle zu locken, verlangten Faisals Anwalt Jawad Boulos zu sprechen.

Jawad, israelischer Araber und Top-Anwalt der wichtigsten palästinensischen politischen Gefangenen, war für die israelischen Sicherheitskräfte kein Unbekannter. Sie mochten und bewunderten ihn sogar, denn er war ein geselliger Mensch, stets makellos gekleidet und sogar der hebräischen Sprache mächtig. Also kontaktierten sie ihn und luden ihn zu einem Treffen mit den vier Gefangenen ein. Bei den Gesprächen, die sie führten, erfuhr er sowohl von ihren Geständnissen als auch von den daraufhin begonnenen Verhandlungen.

Nach seinem Gefangenenbesuch fuhr Boulos nach Jerusalem zurück und kam dann sofort zu mir nach Abu Dis. »Sari, ich habe gerade mit vier Jungs gesprochen, die verraten haben, dass du die Flugblätter schreibst. Sie haben in ihren Geständnissen ausgesagt, dass du und Faisal die Anführer der Intifada seid.« Mir stockte der Atem, als er mir das eineinhalbseitige Dokument vorlegte und erklärte, die Israelis wollten, dass ich es nach Tunis weiterleite, doch die palästinensischen Gefangenen hätten darum gebeten, dass ich es erst prüfe.

Von meiner Wohnung aus fuhr Jawad direkt weiter zu Faisal, um auch ihn über die Geschehnisse zu unterrichten. Faisal reagierte zunächst ungläubig. »Diese Idioten müssen aufhören zu verhandeln!«

Ich für meinen Teil faxte das Dokument sofort über Abu Tarik in Paris an Arafat. Jetzt hatte ich nichts mehr zu verbergen. Das Spiel war aus; die Israelis wussten über meine Rolle Bescheid, und ich konnte aufhören, ihnen etwas vorzumachen.

Von Arafat kam keine Antwort.

Premierminister Schamir nahm das Arbeitspapier aus Petah Tikwa völlig auseinander und ersetzte es durch seinen eigenen Plan, der in diametralem Gegensatz zu einem ausgehandelten Frieden stand. Die darin erwähnten Wahlen waren nichts als ein kluger Schachzug, mit dem die Intifada entschärft werden sollte. Was nach diesen Wahlen geschehen sollte, blieb diffus. So war der Plan kaum mehr als eine Neuauflage des alten israelischen Traums, die besten Teile unseres Landes an sich zu reißen und es uns zu überlassen, unsere Straßen zu kehren und unsere Abwassergräben zu buddeln. Keinerlei Hinweis auf einen Abzug der Israelis, die Rückgabe unserer Wasser- und anderen Ressourcen oder den Abriss von Siedlungen oder Militärbasen. Und was kam bei alledem heraus? Voraussetzung für Wahlen war eine Rückkehr zur Normalität – keine Proteste, keine Steinwürfe, keine Unruhen, keine Intifada. Verblüffend an diesem »Plan« war einzig und allein, dass Schamir und seine Partei-Apparatschiks glaubten, wir würden darauf hereinfallen.

Seltsamerweise gab Scheich Jassin nach Bekanntmachung des Plans eine Erklärung ab, in der Wahlen in den besetzten Gebieten als »willkommener Schritt« bezeichnet wurden. Obwohl er bereits zu terroristischen Angriffen auf Israelis übergegangen war, spielte der Scheich immer noch den Dorfliga-Politiker – zweifellos in der Absicht, seine Organisation auf Kosten gemäßigter Kräfte, die tatsächlich zu Kompromissen mit Israel bereit waren, zu stärken.

Ich war sprachlos, aber gleichzeitig verärgert. Wieder wurde durch die engstirnigen Machenschaften eines Politikers eine historische Chance vertan, mittels echter Verhandlungsbemühungen zu einem wirklichen Frieden zu gelangen, und nach all dem bereits vergossenen Blut war ich nicht bereit, untätig herumzusitzen und dabei zuzusehen. Ich arbeitete intensiv in meinem Büro bei der *Holy Land Press* und setzte alles daran, Schamirs Plan als Betrug zu entlarven. Meine Stellungnahmen machten die internationale Gemeinschaft und die israelische Öffentlichkeit auf die wahren Absichten aufmerksam, die hinter dem Plan standen. (Nachdem Schamir 1992 nicht wiedergewählt worden war, verriet er selbst, welche Ziele er verfolgt hatte: »Ich hätte zehn Jahre lang Autonomiegespräche geführt, und in dieser Zeit wäre die Bevölkerung in Judäa und Samaria schon auf eine halbe Million Menschen angewachsen.«[2])

An einem heißen Sommermorgen im Juni 1990 tauchten mein Schin-Beit-Mann Jakob und sein Team in Begleitung von Soldaten bei der *Holy Land Press* auf. Es war sehr früh, und ich befand mich noch nicht im Büro. Nachdem sie zunächst die Frauen und Männer in verschiedene Gruppen eingeteilt hatten, begannen sie meine Aktenordner und Disketten in Spezialkartons zu verpacken. »Wenn wir irgendetwas finden«, drohten sie meiner Sekretärin, »werden wir Sie in ein Loch sperren und den Schlüssel wegwerfen.«

Sie hatte mich sofort angerufen, als sie Jakobs Gesicht in der Eingangstür gesehen hatte, und ich hatte mich unverzüglich auf den Weg gemacht. Auf der Straße vor dem Gebäude wimmelte es von Grenzpolizei, der schießwütigsten Abteilung in der Armee. Ich rannte an ihnen vorbei nach oben. »Was zum Teufel haben Sie hier zu suchen?«, verlangte ich zu wissen, sobald ich das Büro betreten hatte. »Das hier ist ein Arbeitsplatz. Hier verdienen wir uns unsere Brötchen.«

»Dann sollten sie lieber Kuchen verdienen gehen«, schnauzte einer der Beamten frei nach Marie Antoinette zurück.

Sie befahlen uns, das Büro zu verlassen. Dann versiegelten sie die Metalltüren und klebten einen Militärbefehl an die Fassade. Das Büro war auf Anordnung der Regierung für zwei Jahre geschlossen.

Schon bald darauf erschienen in der hebräischen Presse immer wieder Geschichten über die vielen mich belastenden Geständnisse, die den israelischen Sicherheitsdiensten vorlagen. In einer Schlagzeile wurde ich als »Zahlmeister der Intifada« bezeichnet, vergleichbar mit dem gewitzten Buchhalter, der dafür sorgt, dass die Mafiabosse im Geschäft bleiben. Ariel Scharon, Minister für Industrie und Handel, benutzte die Geständnisse als Futter für seine Lobbyingkampagne mit dem Ziel, Faisal und mich außer Landes zu schaffen, wie es die Chefideologen von Gusch Emunim bereits seit Jahren forderten. Erst wenn wir im Exil wären, so insistierte Scharon gegenüber seinen Kabinettskollegen, könnte die Intifada niedergeschlagen werden. Er führte sogar die amerikanische Invasion in Panama als gutes Beispiel an. In Reagans Amerika »hat eine Demokratie beschlossen, sich zu verteidigen, weil sie ihre Bürger bedroht sieht. Für Israel wird es höchste Zeit, mit jenen, die das Leben von Juden gefährden, ebenso zu verfahren.«

Scharons Lösung hatte einige Zugkraft. Bei einer Fahrt durch eine Straße in Westjerusalem sah ich eine Gruppe Israelis mit Transparenten vor dem Haus des Ministers stehen. Es waren sogar Kinder darunter, und ein kleines Mädchen hielt ein großes Schild mit der Aufschrift »Weist Sari Nusseibeh aus!«. Zahi Hanegbi, der ehemals Ketten schwingende studentische Aktivist, der Araber verprügelte und auch zum Kreis Amiraws gehört hatte, forderte öffentlich, dass mir der Prozess gemacht würde.

Die Gefangenen in Petah Tikwa kamen zurück in ihre Zellen. In den vom Staatsanwalt gegen sie erhobenen Anklagen stimmte einiges, anderes nicht. Dass ich einer der Kanäle war, durch die Gelder zur Finanzierung der Intifada flossen, sowie verantwortlich für »die Erstellung von Berichten und Flugblättern für die Intifada«, war natürlich richtig. Der Anklagepunkt hingegen, nach dem ich Aufrufe unterstützt hätte, »Brandbomben zu werfen« und »mit dem Messer zu kämpfen«[3], war frei erfunden.

Nach der Schließung des Büros reduzierte ich meine illegalen Aktivitäten auf ein Minimum. Zunächst verlegte ich meinen Arbeitsplatz in das Haus meiner Mutter. Ohnehin hatte ich jetzt weniger zu tun, da Faisal inzwischen frei war und die Führungsrolle, die in seiner Abwesenheit mir zugefallen war, wieder selbst wahrnehmen konnte.

Ich war erleichtert, nicht mehr im Rampenlicht stehen zu müssen. Aus meiner Sicht war der Aufstand im Sande verlaufen. Ich nahm zwar noch an einigen palästinensisch-israelischen Gesprächsgruppen und diplomatischen Treffen teil und schrieb ein, zwei Mal ein Flugblatt, doch der Geist der Intifada war für mich tot. Jetzt kam nichts mehr dabei heraus als sinnloses Leid und Schmerz.

Bis November hatten meine Häscher reichlich Zeit gehabt, meine Akten und Disketten zu sichten, und so bestellten sie mich erneut zum Verhör auf das russische Gelände. Dieses Mal hatte Jakob drei Beamte in Zivil bei sich, die alle ein passables Arabisch sprachen. Meist redete derjenige, der es am flüssigsten beherrschte. Er deutete auf einen Stapel Papiere, die er »staatsgefährdende Materialien und Schriften« nannte, und bat mich, sie zu identifizieren. »Ich sage nichts ohne meinen Anwalt«, antwortete ich. Mit einem vorgetäuschten Gähnen fügte ich jedoch hinzu, dass der Stapel »wohl größtenteils« aus meinem Büro zu stammen scheine. Es handle sich um »Feldforschungsdokumente«, die ich für meine Arbeit benötige. Dann bat ich höflich darum, mir die Unterlagen so bald wie möglich zurückzugeben. »Schließlich muss man seinen Lebensunterhalt verdienen.«

Vier Stunden lang nahmen sie mich in die Mangel, nicht ohne

mich immer wieder darauf hinzuweisen, dass ich in den Augen der Regierung meinen Zenith längst überschritten hätte. Ohne es wirklich auszusprechen, vermittelten sie mir, dass ich mich in der »Gefahrenzone« bewegte. Und sie ließen durchblicken, dass sie unmittelbar davorstanden, einen Ausweisungsbefehl für meinen Freund Samir Sbeihat auszustellen, wie bei Marwan, Dschibril Radschub, Mohammad Dahlan und Akram Hanije bereits geschehen. Auch in meinem Fall würden sie über genügend Informationen verfügen, um mich auszuweisen oder für Jahre hinter Gitter zu bringen.

Ich blieb bei meiner Standardversion: Ich sei eben jemand, mit dem die Leute gerne redeten. »Nein, nein, nein. Sie täuschen sich vollkommen«, versicherte ich ihnen mit all der Unehrlichkeit, die sie verdienten. »Ich bin kein Organisator. Ich kenne einfach nur viele Leute. Woher hätte ich denn wissen sollen, dass diese Burschen mit der Intifada zu tun haben?« Ich wusste, dass sie mir nicht glaubten.

Stundenlang nannten sie mir Dinge, die getan zu haben ich im Verdacht stand oder die sie den Geständnissen verschiedener Gefangener entnommen hatten. Ich heuchelte weiterhin Ungläubigkeit, während ich, so gut es ging, das Zittern meiner Hände zu unterdrücken versuchte.

Nach ein paar Stunden änderten sie die Taktik. Sie begannen zu grinsen, zu scherzen und einander Witze zu erzählen, um den Eindruck zu erwecken, das Verhör sei beendet.

Nach ein paar besonders deftigen Späßen wandten sie sich, als hätten sie das zuvor geführte Gespräch vergessen, lachend wieder an mich und rückten mit ein paar hinterhältigen Fragen heraus. Ihr Tonfall war nun vulgär, als würden sich Ganoven unterhalten.

»Ihre Frau ist Engländerin, oder?« (Das Wort »Engländerin« wiederholten sie beide mehrmals und wieherten dabei immer wieder los.) »Wie heißt sie? Lucy, oder? Luuuucy.« (Wieder Gekicher.) »Sie fährt in einem roten Peugeot rum, oder?«, krähte einer. »Ja, mit gelben Nummernschildern«, fiel der andere ein. »Sagen

Sie mal«, Jakob sprach mich in ernsterem Tonfall an, »machen Sie sich keine Sorgen, dass manche Leute sie für eine Israeli halten könnten? Besonders, wenn sie zu Ihrem Haus in Abu Dis fährt, durch diese Straße mit den Haarnadelkurven. Da kann doch einiges passieren. Ihre Intifada-Freunde könnten sie durchaus mit dem Feind verwechseln.« (»Ha-ha-ha!«) »Sie könnte in ihrem Auto verbrennen dank dieser Molotowcocktails, von denen in Ihren Flugblätter ständig die Rede ist.« Einer der Beamten schüttelte an dieser Stelle in gespieltem Mitleid den Kopf. »Arme Luuucy.« Es folgte ein Moment des Schweigens.

Jetzt zogen sie andere Saiten auf. »Sie haben drei Kinder. Der älteste heißt ... Dschamal, ja, genau. Blond ist er, nicht wahr? Dschamal, heißt das auf Arabisch nicht ›Schönheit‹?« Gelächter. »Und die anderen beiden ... gehen beide in dieselbe Schule, nicht wahr? Gleich hinter dem Neuen Tor. Stimmt's? Schwierig, da mit dem Auto zu wenden.«

Der Beamte, der am besten Arabisch sprach, beschrieb mit geradezu fotografischer Genauigkeit, wie Lucy täglich die Kinder durch das Jaffa-Tor zur Schule fuhr und am Nachmittag wieder abholte. Er kannte sogar die exakte Uhrzeit, zu der sie dort ankam. Dann fügte er finster hinzu: »Wissen Sie, wie gefährlich diese schmale Straße ist? Da stehen immer Leute rum, und manchmal schießen die Soldaten. Stellen Sie sich vor, da gibt es plötzlich eine Demonstration. Lucy ist gerade reingefahren. Umdrehen kann sie nicht. Die Kinder sind mittendrin und können nicht raus. Beängstigender Gedanke, finden Sie nicht auch?«

»Und überhaupt, was ist eigentlich mit Ihrer alten Mutter?« Sie heuchelten Besorgnis über ihr Wohlergehen. »Wohnt da ganz allein in so einem großen Haus, nicht wahr? Haben Sie bei all dem Intifada-Wahnsinn nicht Angst, dass ihr etwas passieren könnte? Schließlich drehen die Menschen manchmal durch.«

Nach fünf Stunden in dieser Art schickten sie mich nach Hause. Es war schon spät in der Nacht, als sich mir allmählich die Logik der beiden Verhörsitzungen erschloss. Die Botschaft war klar: »Wir wissen, wie wir dich klein kriegen. Wenn du deine Familie liebst, pack deine Sachen und verlass das Land.«

Einige Tage später traf ich meinen israelischen Anwalt Arnold Spaer, den deutschen Juden aus Danzig, der Anfang der 1940er-Jahre zusammen mit meinem Vater studiert hatte. Er hatte mit dem zuständigen Staatsanwalt gesprochen. Der, so sagte er mir, habe ihm erklärt, dass die Regierung genügend Beweise gegen mich in der Hand halte, um mich für fünfzehn Jahre einzusperren. Ich hätte die Wahl: Entweder sie stellten mich vor Gericht, oder ich ginge für drei Jahre freiwillig ins Exil, und sie würden die Sache ad acta legen.

Sie zwangen mich also, meine eigene Medizin zu schlucken. Wie hätte ich mich Drohungen beugen können, nachdem ich jahrelang das Hohelied der Rebellen gesungen hatte, die in den Verhören widerstanden hatten, und zwar um einen wesentlich höheren Preis als Gefängnis oder Exil? Ich hatte keine andere Wahl, als meine Ängste beiseitezuschieben und weiterzumachen.

So erklärte ich meinem Herrn Spaer, dass ich einen Prozess *wolle*. Ich würde ihn als Plattform zur Verteidigung unseres Rechts auf gewaltlose Rebellion zu nutzen versuchen. Spaer überbrachte den Behörden meine Antwort, die im Kern lautete: »In keiner meiner Meinungsäußerungen habe ich zu Gewalt aufgerufen oder mich Aufrufen zur Auslöschung Israels angeschlossen. Im Gegenteil, ich habe stets den Standpunkt vertreten, wir sollten eine gewaltlose Strategie verfolgen und bis zu dem Punkt kommen, an dem wir über eine Zwei-Staaten-Lösung mit Israel verhandeln können.«

Die Israelis entschieden sich, gar nichts zu tun. Wie sich herausstellte, warteten sie auf einen günstigeren Zeitpunkt. Die Golfkrise gab ihnen schließlich den Vorwand, den sie brauchten.

## KAPITEL 21

# Das Gefängnis in Ramle

*Ich bin von dort. Und ich hab Erinnerungen.*
*Ich bin geboren, wie die Leute so geboren werden.*
*Ich habe eine Mutter*
*Und ein Haus mit vielen Fenstern.*
*Ich habe Brüder. Freunde.*
*Und einen Kerker mit einer kalten Fensterluke.*
Mahmoud Darwisch, Ich bin von dort[1]

Im August 1990 verlagerte sich im Nahen Osten das Interesse von den Steinwürfen und Tränengaseinsätzen im Heiligen Land auf den fruchtbaren Halbmond Mesopotamiens, das Land Gilgameschs, Sindbads und jetzt des psychopathischen Mörders Saddam Hussein.

Unter Berufung auf alte Grenzstreitigkeiten mit Kuwait, den gierigen Blick jedoch in Wirklichkeit auf dessen Ölreichtum gerichtet, begann Saddam Hussein mit den Säbeln zu rasseln. In der arabischen Welt erhitzten sich die Gemüter. Dann schlug der Diktator eines Tages zu. Über Nacht fielen irakische Truppen in Kuwait ein.

Als ich in der Morgenzeitung von dem Überfall las, saß ich gerade mit meiner Mutter in ihrem Haus. »Wie konnte so etwas bloß passieren?«, fragte ich sie ungläubig und hörte ihre Antwort schon im Geiste voraus: »Politiker!« Und mein Bruder Saki mit seiner unnachahmlichen Art, Dinge ohne Scheuklappen und Illusionen zu sehen, wie sie sind, meinte: »Der Countdown hat begonnen. Noch ehe wir davon erfahren, werden amerikanische Truppen im Nahen Osten sein.«

Ich fand es erschreckend, dass ein großer, mächtiger arabischer Staat wie der Irak seinen kleinen Nachbarn überfiel. Jahr um Jahr hatten wir versucht, all die Übel der Besatzung aufzudecken, indem wir auf das natürliche Recht eines jeden Volkes verwiesen, über sich selbst zu bestimmen, und da überwältigt ganz plötzlich der Tyrann Saddam einen Nachbarstaat mit seinen Panzern und Truppen.

Ich überlegte fieberhaft, wie unsere nationale Führung ihre Entrüstung über diese neue Besetzung zum Ausdruck bringen könnte, als plötzlich Faisal unangemeldet zur Eingangstür herein-kam. (Er fühlte sich als Familienmitglied, und danach zu urteilen, wie meine Mutter ihn stets behandelte, war er das tatsächlich.) Wie immer, wenn etwas wirklich Wichtiges passierte, waren zwischen uns nicht viele Worte nötig. Wir verstanden einander in-tuitiv.

»Hast du es gehört?«, fragte er.

»Ja.«

»Wir müssen entschieden dagegen Position beziehen.«

»Bin schon dabei«, beruhigte ich ihn.

Innerhalb weniger Stunden brachten wir eine Presseerklärung heraus, in der wir unmissverständlich klarmachten, dass die Menschen in den besetzten Gebieten die neue Besetzung verurteilten und forderten, die Rechte des kuwaitischen Volkes zu respektieren.

Unglücklicherweise sprangen die PLO-Führer im Ausland nicht auf unser Stichwort an. Arafat glaubte sich die Invasion zunutze machen zu können, um Punkte für die palästinensische Sache zu sammeln, und tat sich auf Gedeih und Verderb mit Saddam zusammen.

Für mich war die Intifada zu Ende. Mein Büro war geschlossen worden, ich war aufgeflogen, und die Intifada war von der Gewaltlosigkeit abgerückt. Kein Vorhang fiel, niemand ging mit einem Hut herum, um für all die Opfer zu sammeln. Die Sache starb den Erschöpfungstod – und zwar eher ruhmlos als »mit einem

Paukenschlag«. Oder, noch besser, mit einer Reihe von unrühmlichen Ereignissen, die in Arafats fataler Umarmung Saddams gipfelten. Bilder, auf denen Arafat Saddam auf den Mund küsste, waren peinlich für uns und Wasser auf die PR-Mühlen der Israelis. Eine einzige Geste machte all unsere Erfolge zunichte.

Einer der Gründe für Rabins Entscheidung, mit den Gefangenen von Petah Tikwa zu verhandeln, war seine Einschätzung gewesen, Israel und die Palästinenser müssten schon allein wegen der demografischen Entwicklung irgendeine Art von Einigung erzielen. Doch die ersten, zögernden Schritte führten ins Leere. Ganz dem Hin und Her entsprechend, das ich von der Politik in unserem Teil der Welt zu erwarten gelernt habe, schusterte Schamir nun eine neue israelische Regierung unter Ausschluss der Arbeitspartei – und damit auch Rabins – zusammen. Als Übergangslösung für das Problem der Demografie, das, wie diese Regierung besser als die Palästinenser wusste, den Kern des Konflikts darstellte, setzte man nun nicht mehr auf Gebietstausch, sondern auf Massenimmigration aus der Sowjetunion.

Durch die Golfkrise ermutigt, gab Schamir zu verstehen, dass eine nicht näher definierte »Autonomie« das Äußerste war, was sich die palästinensischen Schädlinge jemals erhoffen konnten. Dieses Mal hatte er die Sympathien der Welt weitgehend auf seiner Seite.

Der schmachvolle Tod der Intifada brachte es mit sich, dass ich mehr Zeit für mich hatte, die ich auch dringend benötigte. In den vergangenen Jahren hatten die Umstände von mir die Anpassungsfähigkeit eines Chamäleons verlangt: als Metaphysiker, Professor, Verbandsfunktionär, Rebell, Presseagent und Heuchler. Jetzt war ich in der Lage, zurückzukehren zu dem, was meinem wahren Selbst näher war. Ich verbrachte mehr Zeit mit meiner Familie, meinem inzwischen stark geschrumpften Kreis studentischer Aktivisten und meinen Taxifahrer-Freunden. Und ich hatte mehr Zeit zum Nachdenken und Schreiben.

In dieser Situation erfuhr ich von dem Vorhaben Merle Thorpes, des Präsidenten des Middle East Peace Institute in Washington, einen Israeli und einen Palästinenser zusammenzubringen, um Ideen zu entwickeln, wie eine Zwei-Staaten-Lösung aussehen konnte. Das gefiel mir. Ein derartiges gemeinsames Gedankenexperiment war bisher nicht versucht worden. Auf palästinensischer Seite war man nie über den abstrakten Gedanken einer Zwei-Staaten-Lösung hinausgekommen – als wäre von einer futuristischen Kolonie auf dem Mars die Rede.

Merle Thorpe entschied sich für den israelischen Kanadier Mark Heller und mich, und wir machten uns an die Arbeit. Der Titel, den Mark vorschlug – *No Trumpets, No Drums* (Keine Trompeten, keine Trommeln) –, entsprach meiner Abneigung gegen jeglichen nationalistischen Bombast.

Eine Zeit lang sah es aus, als handelte es sich bei der Golfkrise um ein Tauziehen zwischen westlichen und arabischen Mächten – während die USA Drohungen aussprachen, hielt sich Saddam an die Waffen. Dieses Spiel mit dem Feuer lenkte die arabische Welt von Saddams Operationen in Kuwait ab. Stattdessen starrten alle darauf, wie er die Muskeln spielen ließ und die USA dreist herausforderte. Wissend, dass er die arabischen Massen auf diese Weise hinter sich brachte, ging Saddam noch einen Schritt weiter: Als er die offene Rechnung mit Israel, Amerikas wichtigstem Verbündetem in der Region, zu begleichen versprach, erntete er wahre Beifallsstürme. Er werde nicht nur die Eindringlinge aus dem Westen vertreiben, sondern seine berühmt-berüchtigten Scud-Raketen auch gegen Tel Aviv richten. Im Westen reagierten viele mit Spott. Wenn Israel im Jahre 1967 innerhalb von sechs Tagen kurzen Prozess mit den Armeen der gesamten arabischen Welt gemacht hatte, würde die von den USA angeführte Koalition keine sechs Stunden brauchen, um Saddam und seinen Mythos von der arabischen Macht zu erledigen.

Am 17. Januar 1991 weckte mich das Telefon mitten aus einem

Traum. Es war mein Freund Dschibril Radschub, der in Tunis im Exil lebte. »Es geht los«, erklärte er mir. Die internationalen Streitkräfte unter Führung der USA hatten mit dem Angriff gegen den Irak begonnen. Auf CNN war in dieser Nacht zu hören, wie die westlichen Medien euphorisch einen vernichtenden Sieg innerhalb weniger Stunden ankündigten. Saddam hatte sein Schicksal provoziert, daran bestand für mich kein Zweifel.

Die nächste großartige PR-Gelegenheit für die Israelis kam, als Saddam seine Scuds auf israelische Städte lenkte. Für allzu viele Menschen in den besetzten Gebieten war der Anblick der mit Ziel Tel Aviv über den Nachthimmel kreischenden Raketen eine willkommene Abwechslung zu den Fernsehbildern von Cruise-Missiles oder anderen »intelligenten« Waffen, die Bagdad trafen, oder von den israelischen Phantom-Jets, die in Richtung Libanon rasten. Unter Journalisten waren Bilder von Palästinensern populär, die beim Anblick der Scuds unter Freudengeheul auf Dächern tanzten. Um den Schaden möglichst in Grenzen zu halten, erklärte ich dem *Guardian* diese Reaktion folgendermaßen: »Wenn die Palästinenser sich darüber freuen, eine Rakete von Ost nach West fliegen zu sehen, liegt das, bildlich gesprochen, daran, dass sie seit vierzig Jahren Raketen von West nach Ost fliegen sehen.« Ich hätte stattdessen auch W. H. Auden zitieren können: »Ich und die Öffentlichkeit/ wir wissen, was jedes Schulkind lernt:/ Denen Böses getan wird, die tun wieder Böses.«

Schamir nutzte die Situation, indem er die rechtsextreme Moledet-Partei zur Regierungsbeteiligung einlud, eine Gruppe, deren zentrale Plattform die Vertreibung aller Araber aus »Judäa und Samaria«, dem angeblich angestammten Land Israels, forderte. Das war ungefähr so, als würden in den Vereinigten Staaten die Republikaner dem Großmeister des Ku-Klux-Klan einen Kabinettsposten anbieten!

Gemäßigte Palästinenser gerieten einmal mehr unter Druck – dieses Mal, weil der israelische Außenminister in einer öffentlichen Note seine Regierung warnend darauf hinwies, Arafats Fehltritt habe als Nebeneffekt die palästinensische Führung im Lande selbst gestärkt. Sie werde sich jetzt »weniger von der PLO-Führung im Ausland sagen lassen und daher auch am diplomatischen Prozess teilnehmen«. Um der Welt zu zeigen, dass es »niemanden gibt, mit dem man Gespräche führen kann«, malte Schamir die Gemäßigten prompt in den gleichen düsteren Farben wie Arafat. Hunderte wurden verhaftet. Mein Freund Abd al-Halim aus Abu Dis, der Mann mit dem freundlichen Gesicht, bekam siebenundzwanzig Monate.

Als Konsequenz der irakischen Invasion in Kuwait verhängten die Israelis eine fünfundvierzigtägige Ausgangssperre über alle palästinensischen Gebiete, Abu Dis eingeschlossen. Ich wohnte nicht allzu weit von den jüdischen Bezirken entfernt, und da bekannt war, dass die Scud-Raketen keineswegs treffsicher und zudem bisweilen mit Giftgas bestückt waren, fühlten wir uns von den Angriffen genauso bedroht wie die Israelis in Westjerusalem. Wir folgten den Direktiven der israelischen Regierung, alle Fenster und Türen zu verrammeln, und hielten für den Fall, dass irgendwann die Sirenen ertönten, nervös die Gasmasken bereit. Wir legten Vorräte an Videofilmen und Lebensmitteln an, rückten eng zusammen und hofften auf das Beste.

Da die Ausgangssperre nur hin und wieder kurz aufgehoben wurde, damit man Lebensmittel besorgen konnte, fanden menschliche Kontakte eigentlich nur noch innerhalb der Familie statt und hin und wieder mit den gelangweilten Soldaten, die vor unserem Haus auf und ab patrouillierten. »Sari! Hallo, Sari!«, riefen Soldaten aus einem Jeep zu mir hoch. »Komm doch runter, hier gibt's ein paar Wandschmierereien, die du wegputzen kannst!«

Unsere einzige weitere Verbindung zur Welt waren Radio, Fernsehen und vor allem das Telefon. Wenn nachts die Sirenen nach einem Raketenbeschuss wieder verstummt waren, wollte jeder im Land wissen, wo sie gelandet war und welchen Schaden sie angerichtet hatte. Noch bevor das israelische Fernsehen entsprechende Bilder zeigen konnte, vergewisserten sich die Leute telefonisch bei ihren Freunden und Verwandten, ob alles in Ordnung war. Ich rief immer als Erstes meine Mutter an und anschließend Verwandte, Freunde und Bekannte, in dieser Reihenfolge.

Eines Nachts, nachdem eine Rakete über uns hinweggeflogen war, hörte ich es an meiner Tür klopfen. Es war mein Vermieter, ein einfacher Mann aus Abu Dis, der im Dorf von Tür zu Tür ging und Geflügel verkaufte. »Haben Sie es gesehen?«, fragte er beim Eintreten.

»Was denn?« Ich war gespannt, was ihn so in Aufregung versetzt hatte.

»Die Scud-Rakete, die gerade über uns weg ist?«

»Gesehen? Sie machen wohl Witze! Ich habe mich mit meiner Familie unter dem Tisch versteckt«, gestand ich.

Seine Augen weiteten sich wie die eines Kindes, das im Zirkus sitzt. Und sicher habe ich auch so geschaut, als mein Vater mir die Geschichte von der nächtlichen Reise erzählte. »Sie ist ganz plötzlich am nachtschwarzen Himmel aufgetaucht und kam mit Lichtgeschwindigkeit näher. Dann, gerade als sie über Jerusalem war, stoppte sie plötzlich.«

»Wie bitte? Sie stoppte? Mitten am Himmel?«, unterbrach ich.

»Ja, und zwar genau über der Al-Aksa-Moschee. Die Rakete verharrte wie angewurzelt, salutierte, machte eine Verbeugung und richtete sich dann wieder auf ihr Ziel weiter im Westen. Ich habe es mit eigenen Augen gesehen.«

Bei einer anderen Gelegenheit bestand mein Geflügelmann darauf, dass ich mit ihm auf den Balkon ging. Er wollte mir etwas zeigen.

Mit vor Ehrfurcht versagender Stimme erklärte er mir, der Vollmond trage die Züge von Saddam Hussein. »Kommen Sie mit raus und überzeugen Sie sich selbst«, flehte er.

»Nein, ich glaube Ihnen«, gab ich zurück, weil ich einen Film im Fernsehen weiterverfolgen wollte.

Tagsüber stand das Telefon nicht still. Ständig wollten Journalisten, die zum Thema Israel-Palästina berichteten, Neuigkeiten und Analysen hören. Ich verbrachte Stunden mit ihnen, erklärte, warum die Palästinenser welche Gefühle empfanden. Außerdem stand ich mit Dschibril Radschub in ständigem Kontakt. Dschibril, mit dem mich später eine enge Freundschaft verband, wollte über die Geschehnisse und über die Stimmung in der Bevölkerung auf dem Laufenden gehalten werden.

Auch mit israelischen Friedensaktivisten pflegte ich einen intensiven Austausch. Besorgt über das zunehmend negative Bild, das die israelische Presse von den Palästinensern zeichnete, wollten sie, dass wir in einer gemeinsamen Erklärung Saddams Scud-Angriffe und seinen Überfall auf Kuwait verurteilten. Wir kamen überein, uns bei der nächsten Aufhebung der Ausgangssperre zusammenzusetzen und die endgültige Fassung zu schreiben.

Zur vereinbarten Zeit traf Janet Aviad – eine Friedenskämpferin par excellence – mit einer Gruppe von Peace-Now-Anführern im Auto ein. Vor dem Krieg hatte Janet, eine amerikanische Israelin, die fast so viel rauchte wie ich, einen aufschlussreichen Vortrag gehalten, in dem sie der »israelischen Machomentalität« die Hauptschuld daran zuschrieb, dass zwischen unseren Völkern kein Frieden zustande kam. Wir einigten uns rasch auf einen Text. Vernünftige Menschen finden immer leicht einen Kompromiss, wenn ihnen die wichtigsten Anliegen der anderen Seite bewusst sind. Gemeinsam verurteilten wir den Einsatz von Gewalt und betonten das Recht der Völker auf Freiheit als universelles Prinzip. Die irakische Besetzung Kuwaits müsse ein Ende haben, Saddam müsse sich aus dem kuwaitischen Territorium zurückziehen und die Israelis aus unserem.

Wenige Tage später wurde ich verhaftet. Lucy, die weit besser als ich zwei und zwei zusammenzählen kann, glaubt, dass meine gemeinsame Erklärung mit Peace Now der Grund dafür war, dass der Schin Beit aktiv wurde (wohl vor allem deshalb, weil unsere Erklärung dem Bild der bei Raketenangriffen auf den Dächern tanzenden Menschen widersprach). Die Darstellung der Palästinenser als dämonische, irrationale Wesen durfte auf keinen Fall konterkariert werden, insbesondere weil Jakob und seine Freunde im Schin Beit auf diese Weise ein paar alte Rechnungen begleichen konnten.

Ich hatte es mir wohl schon tausend Mal vorgestellt. Du sitzt gerade über ein geheimes Manuskript gebeugt, da stürmen zwei mit Helm und schwarzer, schusssicherer Weste ausgerüstete Polizisten ins Haus, zerren dich durch die Hintertür hinaus und führen dich wortlos ab. (Wie es Harry Tuttle in dem Film *Brasil* widerfuhr, den wir uns während der Ausgangssperre immer wieder ansahen.)

Bei meiner Verhaftung ging es sehr viel banaler zu. In der Nacht des 29. Januar 1991 sahen Lucy, die Kinder und ich gerade *Ein Fisch namens Wanda* im Fernsehen, als wir draußen ein polterndes Geräusch hörten. Ich streckte meinen Kopf aus dem Fenster und sah Jeeps und ein großes Kontingent Soldaten in alle Richtungen ausschwärmen. Ihrer Bewaffnung nach zu schließen hätte man glauben können, sie hätten mindestens Saddam höchstpersönlich in der Falle. Vielleicht, so dachte ich, ehe ich vor den Fernseher zurückkehrte, waren sie auf der Suche nach einer Militärzelle.

Dann klopfte es an der Tür. Lucy öffnete, und die Soldaten klärten sie höflich darüber auf, dass ich festgenommen sei. »Weswegen?«, rief ich, während ich die Popcornschüssel beiseitestellte und mich vom Sofa erhob. Der befehlshabende Offizier erwiderte lakonisch, jedoch in respektvollem Ton, er habe eben seine Befehle. Er reichte mir ein von Verteidigungsminister Mosche Arens unterschriebenes Papier, in dem es hieß, ich stehe für sechs Monate unter »administrativem Arrest«. Mit anderen Worten, ich konnte sechs Monate oder länger ohne Anklage oder Gerichtsverfahren eingesperrt werden.

Es gab keine Helme, keine schwarzen, kugelsicheren Westen, keine Schreie, keine Zwangsmaßnahmen, kein *Brasil*; im Gegenteil, der Offizier stand ganz ruhig und mit beinahe entschuldigendem Gesichtsausdruck da, während ich meine Sachen zusammenpackte. Lucy sorgte dafür, dass ich auch einen warmen Schlafanzug und meine Toilettensachen mitnahm. Absal und Burak schlichen unruhig herum, unsicher, wie sie sich verhalten sollten. In ihren Augen glitzerten Tränen. Dschamal rannte in sein Zimmer und kam mit einem Exemplar von *Per Anhalter durch die Galaxis*, Band eins, zurück. Als ich mit auf dem Rücken gefesselten Armen abgeführt wurde, drehte ich mich zu meinen Söhnen um und bat sie, das Ganze einfach als eine weitere meiner Auslandsreisen zu betrachten.

Die Fahrt zum russischen Gelände dauerte zwanzig Minuten. Bei unserer Ankunft ließen sie mich aus dem Jeep steigen und führten mich durch das Vordertor, dann wurde ich registriert und in den Trakt für gewöhnliche Kriminelle gebracht, wo sie mich in eine Zelle steckten. Allerdings ließen sie die Tür unverschlossen. Die übrigen Gefangenen, allesamt Juden, liefen frei in der Abteilung herum.

Plötzlich schoss mir ein Gedanke durch den Kopf: Hatten die Wächter meine Tür etwa nicht abgeschlossen, damit die anderen Gefängnisinsassen mich fertigmachen konnten? Ihrem Aussehen nach wollte ich das nicht ausschließen. In diesem Moment wirkten sie auf mich wie Mörder und Drogenabhängige, die ein böser Geist hergebracht hatte, um mir Angst einzujagen. Der tätowierte Hals des einen, die Narbe im Gesicht eines anderen reichten, um meine Fantasien in diese Richtung zu lenken.

Doch einmal mehr erwies sich, dass meine prophetischen Fähigkeiten sehr zu wünschen übrig ließen. Bald darauf – ich saß auf meinem Bett und grübelte, was das alles bedeuten könnte – hörte ich aus dem Flur brüllendes Gelächter. »Sari«, sagte der tätowierte Mann auf Hebräisch, »hörst du eigentlich Radio? Bibi [Netanjahu] hat gerade vor der UNO gesagt, dass du der Kopf eines Spionagerings bist und für Saddam Hussein arbeitest.« Wie oft mich die Hamas bereits als Spion diffamiert hatte, weiß ich nicht mehr, aber es war das erste Mal, dass die israelische Regierung mich als solchen bezeichnete, und das vor der Vollversammlung der Vereinten Nationen!

Wieder Gelächter von draußen. Mit Verachtung in der Stimme witzelte der tätowierte Mann: »Hör dir bloß mal an, was diese verrückten Hurensöhne über dich sagen!«

Für den Rest des Abends war ich ihr Gast. »Was können wir für dich tun?«, fragten sie immer wieder und brachten mir Tee, Seife und Kekse. Die Szene rief mir die Charaktere aus Fanons *Die Verdammten dieser Erde* ins Gedächtnis, die mit dem Establishment nichts zu tun haben wollen, weil es sie nur betrogen hat. Meine Gefühle schlugen wie üblich Purzelbäume. Mit so viel Anstand in einem israelischen Gefängnis hatte ich nicht gerechnet.

Als der Morgen graute, dachte ich immer noch über meine missliche Lage nach. Es war mir einfach unverständlich, warum man mich verhaftet hatte. Schließlich gab es für mich nur eine Erklärung: Schamir und seine Spießgesellen bei den Sicherheitsbehörden glaubten, dass sie jemanden, der immer noch an den Frieden glaubte, hinter Gitter bringen mussten. Scheich Jassin war frei wie ein Vogel. Wollten sie vielleicht meine Moral brechen? Mir jegliche Hoffnung nehmen?

Am nächsten Tag wurde ich in ein Gefängnis in Ramle, nicht weit von Großvaters Grab, verlegt. Erst dort erfuhr ich im Detail, was mir zur Last gelegt wurde. Ich war, so hieß es in der Presseerklärung der Regierung, wegen »subversiver Aktivitäten zur Gewinnung sicherheitsrelevanter Informationen für den irakischen Geheimdienst« festgenommen worden. Regierungssprecher verkündeten, dass mehrere Mitglieder eines irakischen Spionagerings geschnappt worden seien, einige davon in Jerusalem ansässig. Das hieß also, dass man mich im Rahmen einer groß angelegten Aktion verhaftet hatte.

Der offizielle Bescheid sah eine Haft von zunächst sechs Monaten vor, beginnend mit dem 31. Januar 1991. Ich wurde als

»Feind« bezeichnet, als Gefahr für »die Sicherheit des Staates und das körperliche und geistige Wohlergehen seiner Bürger«. Besonders verwirrend fand ich in diesem Zusammenhang das Wort »geistig«.

Die Rechten begannen meine sofortige Ausweisung zu verlangen, und sogar vereinzelte Gemäßigte legten die zweifelhaften Umstände zugunsten der Regierung aus. Polizeiminister Roni Milo, sonst ein eher vernünftiger Mann, erklärte gegenüber *Ha'a-retz*, ich hätte mich »auf schwerwiegende Weise des Verrats und der Kollaboration mit dem Feind schuldig« gemacht.[2] Mein ehemaliger israelischer Waffenbruder Jossi Sarid, dessentwegen ich in Birseit meinen Verbandsposten aufgegeben hatte und der jetzt dem israelischen Außen- und Verteidigungsausschuss angehörte, sah stichhaltige Beweise dafür, dass ich Geheimagent sei. Selbst mein Koautor Mark Heller, mit dem ich *No Trumpets, No Drums* verfasst hatte, betrachtete die Quellen der israelischen Sicherheitskräfte als unfehlbar und fiel auf die Spionagegeschichte herein. Offenbar war mein Freund, der Geflügelhändler, nicht der Einzige, der durch den Krieg den Verstand verloren hatte.

Gewöhnliche Kriminelle, Philosophen, die intimen Kenner der Nahostpolitik und Schriftsteller durchschauten die Lügen der Regierung viel eher als linke Politiker, zumindest in Israel. Bei Menschen, die sich ihren gesunden Menschenverstand bewahrt hatten, lösten die Anschuldigungen gegen mich nichts als Hohn und Spott aus. Lucy bemühte sich nach Kräften, Hilfe zu finden. Über meinen deutsch-jüdischen Anwalt, Herrn Spaer – wir kommunizierten per Telefon miteinander –, ließ ich dem Büro des israelischen Staatsanwalts mitteilen, ich hätte keinen Zweifel daran, dass ich wegen meiner Haltung zum Frieden mit Israel inhaftiert sei, als dessen Voraussetzung ich die Anerkennung der Rechte der palästinensischen Nation betrachtete. Meine Möglichkeiten, mit der Welt zu kommunizieren, waren zwar begrenzt, doch draußen sagten etliche Leute unverblümt ihre Meinung.

So gab etwa Saeb Erekat eine Stellungnahme zu meinen Gunsten ab. »Diese [Verhaftung] ist eine Botschaft an uns gemäßigte Palästinenser«, sagte er. »Israels Botschaft lautet: ›Verhandlungen nach dem Krieg könnt ihr vergessen, wir werden nämlich dafür sorgen, dass es niemanden mehr gibt, mit dem wir Gespräche führen könnten.‹«

In der *New York Times* erschien ein offener Brief, der unter anderem von Allen Ginsberg, Arthur Miller, Edward Said und Susan Sontag unterzeichnet war und sich gegen die israelische Regierung richtete: »Wir sind beunruhigt darüber, dass die israelische Regierung diese schwierige Zeit des Krieges gegen den Irak dazu missbraucht, gerade jene Persönlichkeiten auszuschalten, deren gemäßigte Haltung und Ablehnung von Gewalt für einen gerechten und sicheren Friedensschluss zwischen Israelis und Palästinensern nach diesem Krieg von entscheidender Bedeutung ist.«[3] In einem Brief an die Londoner *Times* äußerte sich der verehrungswürdige Isaiah Berlin im selben Sinne, Amnesty International bezeichnete mich als »politischen Häftling«, und das US-Außenministerium erklärte, ich sei jemand, »mit dem Israel Gespräche führen sollte, anstatt ihn zu verhaften«. Besonders gut gefielen mir die Zeilen eines Mitarbeiters der in Tel Aviv erscheinenden Tageszeitung *Ha'aretz*: »Für mich war es ein furchtbarer Schock, dass dieser wuschelköpfige Professor aus Birseit der Spionage angeklagt wurde. Wenn es nicht so tragisch wäre, müsste man darüber lachen!«

Nach drei Tagen in Ramle wurde ich wieder nach Jerusalem gebracht, wo der Haftbefehl bestätigt werden sollte. Am Hintereingang zum Gerichtsgebäude wartete eine Gruppe von Unterstützern, unter denen ich nicht nur Lucy und meine Kinder entdeckte, sondern auch meine Freunde aus Harvard, Guy und Sarah Stroumsa.

Im Gerichtsgebäude durfte ich zum ersten Mal Herrn Spaer sehen. Er wirkte zutiefst beunruhigt. Der Spionage für Saddam bezichtigt zu werden, war etwas ganz anderes als der Vorwurf, Flugblätter verfasst zu haben. Ich spürte, dass ich ihn trösten musste. »Die haben nichts gegen mich in der Hand«, sagte ich und versicherte ihm, dass unsere Chancen nicht schlecht standen. »Ich weiß genau, was sie uns auftischen werden, und ich kann Ihnen auch sagen, was wirklich passiert ist.«

So informierte ich Herrn Spaer in aller Kürze über eins meiner nächtlichen Telefonate mit Dschibril Radschub in Tunis. Nach dem Austausch von ein paar Höflichkeitsfloskeln, so erklärte ich ihm, habe Dschibril das Telefon an einen Bekannten weitergegeben, der mich begrüßen wollte: der irakische Botschafter in Tunis. Wir hätten uns über ziemlich belanglose Dinge unterhalten. Dies sei mein einziger Kontakt mit einem Iraker während des Krieges gewesen. Ich hätte mit ihm gesprochen wie mit einem x-beliebigen Zeitungsmenschen. Jedenfalls hätte ich keine Raketen abgefeuert oder auf ein Ziel gelenkt, sondern stattdessen, eine Gasmaske vor dem Gesicht, mit Lucy und den Kindern zusammengekauert unter dem Küchentisch gesessen, ohne auch nur den Mut zu haben, sie mir anzusehen. »Die Israelis mögen einfach meine politische Einstellung nicht und haben einen irakischen Spion aus mir gemacht, um mir den Mund zu stopfen. Ich denke, wir sollten sie vor Gericht angreifen«, erklärte ich weiter. »Ihre Anklagen entbehren jeglicher Grundlage.«

Herr Spaer ließ mich ein paar Minuten allein, um sich mit dem Staatsanwalt zu besprechen. Er war sehr bald zurück. »Wenn wir die Anklage anfechten«, sagte er sachlich, »wird der Staatsanwalt die alten Akten hervorholen und andere Anklagepunkte vorbringen, die mit Ihren Intifada-Aktivitäten zu tun haben. Angesichts der Geständnisse zu Ihren Ungunsten wird er fünfzehn Jahre beantragen. Wenn wir hingegen die Sache auf sich beruhen lassen, wird er die sechs Monate Haft auf drei reduzieren. Was machen wir?«

Das war eine schwierige Wahl, und ich begann zu schwanken. Die zur Ikone gewordenen Aufnahmen von Mandela, der mit gefesselten Händen trotzig der jubelnden Menge zuwinkt, schossen

mir durch den Kopf. Doch Herr Spaer, ein sehr praktisch veran-
lagter Mann, brachte mich zur Vernunft. »Die Stimmung im israelischen Volk steht unter dem Eindruck der Irakkrise und der Scud-
Angriffe. Niemand wird Ihre Äußerungen über Gewaltlosigkeit
und Freiheit der Palästinenser hören wollen. Sari, entscheiden Sie
sich für die drei Monate!« Es war ein vernünftiger Rat, und so
wurde die administrative Haft an sich bestätigt, die Dauer jedoch
halbiert.

Wenn ich ehrlich bin, habe ich die Zeit hinter Gittern ziemlich genossen. Von dem Augenblick an, in dem ich mich entschloss, in
Birseit die Leitung des Verbandes zu übernehmen, war ich politisch so stark engagiert gewesen, dass mir kaum Zeit für mich geblieben war. Die Haft bedeutete eine dreimonatige Pause von der
verfluchten Politik.

In dem Gefängnis gab es zwei Abteilungen: eine für Insassen
aus dem Westjordanland und eine zweite für die aus Ostjerusalem. Auch ein alter Freund von mir saß dort ein, der im Gefängnis vom Marxismus zum Sufi-Mystizismus übergetreten war. Außerdem gab es noch zwei Dutzend Palästinenser aus dem Libanon
und Jordanien, die ihre Strafe fast abgesessen hatten und auf die
Abschiebung in ihre Heimatländer warteten.

Zunächst war ich in Einzelhaft, ein wunderbarer Zustand. In
den langen Stunden des Alleinseins konnte ich mich ganz meinen
Gedanken überlassen. In der ersten Nacht lauschte ich dem Pfeifen eines fernen Zuges, der auf dem Weg nach Jerusalem durch
Ramle fuhr. Wie paradox, sinnierte ich, dass Großvater in Ramle
starb, seine Tochter nach Jerusalem zog, ein Krieg Palästina spal-
tete, sodass Ramle einer Seite zufiel, bis ein anderer Krieg die Teile
wieder zusammenfügte – und jetzt ein Enkel, den er nie kennengelernt hat, ganz in der Nähe seines Grabes im Gefängnis sitzt,
weil er versucht hat, aus Palästina wieder zwei Staaten zu machen.

Schon bald verlegte mich die Gefängnisverwaltung in eine andere Zelle, in der noch ein zweiter Gefangener einsaß. Der Zufall

wollte es, dass mein Zimmergenosse ein Hamas-Mann war, der eine langjährige Haftstrafe abbüßte.

Die Abläufe im Gefängnis waren erträglich. An dem einen Ende der winzigen, etwas über drei Meter langen und knapp zwei Meter breiten Zelle befand sich direkt über einer Stehtoilette – die nur aus einem Loch im Boden bestand – eine Dusche. Eine einzige Wand trennte die Toilette von dem schmalen Gang, der an der verriegelten Metalltür mit dem kleinen vergitterten Fenster endete. Wenn ich mir die Beine vertreten wollte, begann ich bei der Schlafkoje, machte zwei Schritte, trat mit dem dritten zur Seite und machte einen letzten Schritt zur Tür. Dann ging ich die vier Schritte wieder zurück. Das machte ich so lange, bis ich in Schweiß gebadet war. Wahrscheinlich habe ich den Anblick eines Irren geboten, oder den einer Fliege, die immer und immer wieder gegen ein geschlossenes Fenster fliegt.

Alle vierundzwanzig Stunden hatten wir sechzig Minuten Bewegungsprogramm. In den ersten zehn Minuten gingen wir in schnellem Schritt zu zweit oder zu dritt im Kreis herum. Darauf folgte unvermeidlich ein Fußballspiel, gewöhnlich Palästinenser gegen Libanesen. Dreiundzwanzig Stunden am Tag in eine Zelle gesperrt, erwartete ich diese täglichen fünfundvierzig Minuten Fußball sehnsüchtig. Nach meiner Flucht aus Rugby hatte es fünfundzwanzig Jahre gedauert, bis ich endlich begriff, wie gut Denken und einen Ball Treten zusammenpassen.

Die drei Monate im Gefängnis von Ramle ermöglichten mir einen allgemeinen Überblick über das komplizierte kulturelle und politische Leben von Gefangenen – ein Thema, das mich bereits seit Jahren beschäftigte. Ich hatte das unheimliche Gefühl, hier zu Hause zu sein. Meine Mitgefangenen wussten alles über meinen Fall – ihr hervorragendes Kommunikationssystem war umfassender und genauer als jede Zeitung. Dass sie mich in ihren Club aufnahmen, empfand ich als eine Auszeichnung, die mir viel mehr wert war als mein geprägtes Harvard-Diplom, das in irgendeiner Kiste vergraben war. Fast jeden Tag hörte ich durch die mit Drahtgeflecht bespannten Fenster Rufe, ohne die dazugehörigen Gesichter sehen zu können. Wenn mich von draußen Gefangene erkannten, riefen sie mir Grußworte zu. Ich sah nur ihre Fingerspitzen, die sie durch das Drahtgeflecht steckten, aber einige riefen auch ihre Namen und fügten hinzu: »Erinnerst du dich? Ich war in deinem Seminar über Al-Farabi«.

Als ich zum ersten Mal im Hof herumwanderte und die Sonne genoss, trat ein libanesischer Gefangener auf mich zu und drückte mir kräftig und mit Wärme die Hand. Er, ein Guerillakämpfer der Fatah, war auf dem Weg nach Israel, wo er einen Anschlag verüben wollte, in Küstennähe von der israelischen Marine aufgegriffen worden. Wie alle anderen hatte auch er von meinem Fall erfahren. Er war dafür zuständig, neue Häftlinge zu befragen. Unter anderem sollte er herausfinden, ob die Neuen bei Verhören Geständnisse gemacht hatten und wenn ja, ob draußen jemand deswegen gefährdet war. Auch das Aufspüren eingeschleuster Schin-Beit-Leute – im Gefängnisjargon »Vögel« – war seine Aufgabe. Er hatte fast zehn Jahre im Gefängnis verbracht und wartete darauf, vom Roten Kreuz in den Libanon zurückgebracht zu werden. Da es jeden Tag so weit sein konnte, wollte er mir vorher noch möglichst viele Insiderinformationen über meine Mitgefangenen geben.

Bei unserer Runde auf dem Hof erwähnte er beiläufig, dass es sich bei einem der Insassen, die er hier im Laufe der vergangenen Jahre kennengelernt hatte, um den Araber handelte, den die Israelis wegen der Ermordung des deutschen Rucksacktouristen vor dem Lemon Tree Café festgenommen hatten. Dieser Araber hatte jedoch im Gefängnis Fatah-Leuten gestanden, er sei vom israelischen Sicherheitsdienst als Spitzel eingeschleust worden und habe den Deutschen gar nicht umgebracht. Die ganze Geschichte diene nur als Deckmantel, um sich unter die Gefangenen zu mischen und den Israelis Informationen weiterzugeben. »Der Mann hat es nicht getan«, sagte der Fatah-Kämpfer. »Es waren die Israelis.« Meine Gedanken gingen blitzschnell zurück zu der Arabisch sprechenden Freundin des Deutschen. Sie musste für den Schin Beit gearbeitet haben.

Wenn ich nicht gerade auf den Fußball eintrat, unterhielt ich mich gern mit den Schiiten, die zur Hisbollah gegangen waren – allesamt strenggläubige Muslime, die unter dem Einfluss der iranischen Mullahs standen und eine kleine Bibliothek mit deren religiösen Schriften angelegt hatten. Wenn ich der wiederholten Lektüre von *Per Anhalter durch die Galaxis* müde war, vertiefte ich mich in eines ihrer heiligen Bücher und verwickelte meine frommen Kollegen in theologische Diskussionen. Von all den verschiedenen muslimischen Sekten haben die Schiiten traditionell den stärksten Hang zur Philosophie. Sie respektierten meine freidenkerische Geisteshaltung und machten mir sogar ein Geschenk. Als sie erfuhren, dass Lucys Geburtstag nahte – sie wussten, dass sie Engländerin war –, schnitzten zwei von ihnen ihren Namen in lateinischen Buchstaben in einen weißen Dominostein, malten ihn mit verschiedenen Farben aus und machten dann einen Anhänger daraus, indem sie in den oberen Teil ein Loch bohrten. Sie baten mich, Lucy den Schmuck als ihr Geschenk an sie zu überreichen.

Die Zelle, die ich mir mit dem Hamas-Mann teilte, lag im obersten Stock – das heißt, wir lebten in relativem Luxus, denn die Ratten hielten sich gewöhnlich unten in der Nähe der Küchen auf. Dennoch fanden sie gelegentlich ihren Weg zu uns herauf. Einmal gelang es einer Ratte, durch ein Loch in unsere Zelle einzudringen, wo sie meinen frommen Zellengenossen in die Nase biss. Wir stopften das Loch auf der Stelle. Der Kampf gegen die zahlreichen Flöhe und Kakerlaken war schon schwieriger.

Das Gefängnisleben selbst war erstaunlich vielschichtig und überraschte mich immer wieder. Einer der Wärter, ein russischer Jude, freundete sich mit einem Gefangenen an, der in Moskau studiert hatte und daher Russisch sprach. Jetzt saß er eine Strafe von siebenundzwanzig Jahren ab. Von Heimweh geplagt, war der Wärter noch einsamer als er, und die beiden unterhielten sich stundenlang durch die Gitterstäbe der Nachbarzelle.

Mein Kopf steckte voller Ideen, und da ich so viel Zeit für mich hatte – keine Telefonanrufe oder sonstige Unterbrechungen, dazu die tröstliche Gewissheit, dass man mich nicht ins Gefängnis werfen konnte, weil ich schon dort war –, las und schrieb ich mehr als in den zehn Jahren davor. Außer den Büchern, die ich bei meiner Verhaftung mitgenommen hatte, und den von den Hisbollah-Insassen geborgten religiösen Schriften umfasste meine Lektüreliste auch *Krieg und Frieden*. Dschamal hatte mir das Buch empfohlen. Ich hatte Tolstois tiefschürfende Überlegungen zu den Themen Freiheit und Wille immer bewundert, und jetzt, da mir meine äußere Freiheit genommen war, las ich die entsprechenden Passagen mit besonderem Genuss wieder. Dschamal brachte mir bei einem seiner Besuche auch den zweiten Band von *Per Anhalter durch die Galaxis* mit. Und Mutter schickte mir, vielleicht in scherzhafter Anspielung auf meine ersten Lebenstage in Damaskus, ihr altes, zerlesenes Exemplar von Dostojewskis *Schuld und Sühne*.

Als die Druckfahnen für *No Trumpets, No Drums* fertig waren, las ich sie auf meiner Pritsche sitzend durch, sehr zur Erheiterung meines Zellenmitbewohners von der Hamas. »Sie stecken dich in den Knast, und du willst immer noch Frieden mit ihnen?« Ein anderer, eher akademischer Zeitvertreib war meine Arbeit an der Besprechung eines Buches über Al-Farabi, das mein deutscher Freund Fritz Zimmermann vom Warburg Institute für die Zeitschrift *History and Philosophy of Logic* verfasst hatte. Als ich die Rezension abschickte, gab ich als Absenderadresse »Gefängnis von Ramle« an.

Auch der Religion und dem Islam wandten sich meine Gedanken zu, nicht etwa, weil ich eine Erleuchtung hatte, sondern wegen meines Mitbewohners, der wie viele wahre Gläubige auf der ganzen Welt so felsenfest überzeugt war, aus seinen heiligen Büchern auch noch den täglichen Wetterbericht herauslesen zu können, dass er unaufhörlich darin vertieft war.

Meinen Glauben an den grundlegenden Humanismus des Islam und seine innere Übereinstimmung mit dem rationalen Denken habe ich nie verloren. Dank meiner Mutter hatten Gott und ich bereits eine lange, von Jahren relativer Indifferenz und Skepsis – Er mir gegenüber, ich Ihm gegenüber – unterbrochene Beziehung hinter uns. Jetzt aber waren wir wieder näher zusammengerückt und saßen gemeinsam in einer Zelle.

Ein israelisches Gefängnis erscheint auf Anhieb vielleicht nicht als geeigneter Platz zum Nachdenken über das Göttliche, doch im Laufe der drei Monate las ich den Koran meines Zellenkumpels immer und immer wieder, und zwar nicht nur kursorisch und sprunghaft, sondern in einem Stück von der ersten bis zur letzten Seite. Jedes Mal, wenn ich ans Ende kam, blieb mir der Eindruck eines extrem rationalen Textes, in dem man durch ein ausgefeiltes und sehr intelligentes Denksystem geleitet wird. Die ganze Sache mit den göttlichen Belohnungen und Strafen, die auf den ersten Blick als grauenhafte Mischung aus Zuckerbrot und Peitsche erscheinen mag, ist in Wirklichkeit so etwas wie eine psychologische Kur, die angewandt wird, um Menschen vom Fehlverhalten abzubringen und sie zu ermutigen, Gutes zu tun.

Aufgefallen ist mir außerdem etwas, worüber islamische Gelehrte gern hinweggehen – und das aus gutem Grund, wenn man die radikalen Implikationen bedenkt. Die Botschaft des Islam lautet, dass der Mensch auf sich allein gestellt ist: Er kann nicht mehr mit Wundern, göttlichen Offenbarungen oder einem Deus ex Machina rechnen. Mohammed markierte das Ende der langen Phase in der Kindheit des Menschengeschlechts, in der Engel uns etwas einflüsterten wie Eltern ihren Kindern. Nach Äonen der Boten, Orakel und Propheten brach mit ihm die Epoche der verstandesmäßigen Pubertät des Menschen an. Die Zeit war gekommen, die Stützräder fortzuwerfen und sich auf die Suche nach der Vernunft als Mittel der zukünftigen Erlösung zu begeben.

Eine weitere Botschaft, die ich meiner Lektüre entnahm, betraf die menschliche Würde. Wenn ein des Lesens und Schreibens unkundiger Kameltreiber namens Mohammed das letzte Kapitel der Offenbarung abschließen konnte, dann war dem Islam zufolge kein Mensch von sich aus besser als der andere. Alle waren gleichermaßen in der Lage, wahres Wissen zu erlangen und ein gutes Leben zu führen.

Einmal in der Woche kamen Lucy und die Kinder zu Besuch und versorgten mich mit Büchern und den Neuigkeiten aus der Welt draußen. Die Besuche zu organisieren war ein bürokratischer Hindernislauf sondergleichen. Als Erstes musste sich Lucy eine Genehmigung besorgen, um während der Ausgangssperre fahren zu dürfen, und dann eine weitere für den Besuch im Gefängnis. Dort angekommen, wurden sie und die Kinder eingehend gefilzt, identifiziert und überprüft und mussten endlose Verzögerungen hinnehmen, bis wir schließlich fünfzehn Minuten reden und die Finger des anderen durch Löcher in einem Drahtgitter berühren konnten. Da sie den Trick mit den Kapseln im Mund inzwischen kannten, erlaubten die Gefängniswärter keine richtigen Küsse.

Für mich endete mit diesen fünfzehn Minuten die Woche, und es begann eine neue. Meine Familie kam, und wenn sie wieder ging, wurde ich in meinen Käfig zurückgeführt, wo ich mir angesichts von Ausgangssperre und politischem Chaos und weil sie allein in dem Haus in Abu Dis war, Sorgen um sie machte. Jakobs dunkle Andeutungen entfachten bei mir mehr denn je die düstersten Fantasien. Doch wenn ich Lucy inständig bat, vorsichtig zu sein, beruhigte sie mich. Seit meiner Verhaftung, sagte sie, fühle sie sich plötzlich sicherer denn je. Unsere Nachbarschaft war zu einer großen Familie geworden und passte mit auf sie auf.

Eines Tages gab mir der Kommunist mit der siebenundzwanzigjährigen Haftstrafe ein Buch, das ihm sein Bruder Mahmud, der in einem anderen Gefängnis einsaß, für mich geschickt hatte. »Für Sari, den humanistischen Nationalisten«, lautete die Widmung, »für den unerschütterlichen Olivenbaum, mit herzlichsten guten Wünschen.«

Es war ein Tagebuch, fünfzig leere, in dicke Pappe gebundene Seiten. Den Einband hatte Mahmud mit einer Collage versehen: eine arabische Bauersfrau, die, so sieht es aus, durch einen Wald von Stacheldraht geht. Über das Bild hatte er das aus einem englischen Magazin ausgeschnittene Wort FREE in roten Buchstaben geklebt. Auf der Rückseite war der Satz KINDER SIND DIE HAUPTOPFER zu lesen.

Ich füllte das Buch schließlich mit einem Brief an meine drei Söhne – über meine Haft und das Leben im Gefängnis; darüber, was ich ihnen im Leben wünschte und was ich für unser Volk ersehnte. Das Buch beginnt mit dem Satz: »Gefängnis von Ramle, 29. Januar 1991. Ich mache diesen Brief meinen Kindern zum Geschenk, die in Zukunft auch meine Freunde sein werden.«

Das Gefängnis, so beruhigte ich sie, sei kein so schrecklicher Ort. Dann beschrieb ich das Leben und die Schicksale meiner Mitgefangenen, zum Beispiel das eines palästinensischen Flüchtlings aus dem Libanon, der seine Strafe abgesessen hatte und jetzt vergeblich darauf wartete, dass ein Land ihn aufnahm. »Er will nach Algier, aber es gelingt ihm nicht, das zu arrangieren. ›Bringt mich irgendwohin‹, hat er den Vertretern des Roten Kreuzes gesagt, ›nach Kuba oder Tansania, fliegt mich aus oder lasst mich zu Fuß gehen, oder gebt mir einen hinkenden Esel, bringt mich in die Hölle, aber bringt mich bloß weg von hier.‹ ›Leider gibt es in der Hölle keine staatliche Einwanderungsbehörde, die Ihren Antrag bearbeiten könnte‹, hat der Rotkreuzmitarbeiter erwidert.«

Ich schrieb über den knallharten Kampf zwischen einem Fatah-Mann und einer aggressiven Ratte, in dem Ersterer nach langem, äußerst riskantem Ringen schließlich einen Tagessieg errang. Und dann über die Kakerlaken. »Heute starten wir eine Kampagne gegen die Kakerlaken. Genosse Mohammed hat versprochen, die Krümel von seinem Tisch zu wischen …«

»Ihr seht also«, schließe ich nach weiteren Geschichten dieser Art, »es ist gar nicht so schlimm hier. Betrachtet es als einen Ort der Ruhe und Erholung. Hier kann ich stundenlang herumliegen, es gibt keine Telefonanrufe, keine Treffen, das Essen wird ins Zimmer geliefert wie im Hotel.«

Ich versicherte ihnen, dass ich auch Zugang zu Zeitungen, Radio und Fernsehen habe, ein Luxus, der einer ganzen Generation von Gefangenen und ihrem politischen Kampf gegen das herrschende Gefängnissystem zu verdanken ist. »Vielleicht denkt ihr, der Kampf sei zu Ende, wenn jemand erst einmal hier gelandet ist. In Wahrheit aber kämpft er weiter, nur eben jetzt für ein Stück Seife, für ein Buch, einen Besuch, eine Zigarette oder anständiges Essen. Viele Menschen sind bei Auseinandersetzungen mit den Gefängnisautoritäten zu Tode gekommen … Es scheint das Schicksal von uns Palästinensern zu sein, dass wir von einem Kampf in den nächsten geraten …«

»Das Gefängnis taugt nicht für uns«, begann eine weitere Seite mit Reflexionen, in denen ich Mitgefangene zitiere. »Es taugt für Diebe und Mörder, Drogenabhängige und Schmuggler, aber nicht für den ehrlichen Studenten und für den Geschäftsmann, den Vater und die Mutter, deren einziges Verbrechen der Kampf für ihre Freiheit ist.«

»Warum wurde ich verhaftet?«, fragte ich, aber das war natürlich nur rhetorisch. Und ich schrieb:

Tausende, Zehntausende Palästinenser teilen mein Schicksal; über eine halbe Million seit 1967. Mir konnten sie vorher nichts anhängen, darum benutzten sie den Golfkrieg als Vorwand … Sie sind inzwischen so verrückt geworden, dass jemand vom Verteidigungsministerium gesagt hat, ich sei der Kopf eines Spionagerings; Bibi Netanjahu macht der Welt immer noch weis, dass seine Regierung gegen andere Mitglieder desselben Rings ermittelt. Die Wahrheit ist, dass die Israelis meine Stimme der Mäßigung nicht mögen. Ich will einen echten, gerechten Frieden, der nicht Kapitulation bedeutet, sondern unsere Würde wahrt und den Interessen beider Seiten dient, nicht nur einer auf Kosten der anderen. Dafür habe ich geschrieben, gesprochen und gelebt.

Die Wahrheit setzt sich durch … bald wird der Sieg unser sein, wir werden frei sein, und unser Volk wird seine Unabhängigkeit erlangen. Wenn wir heute den Preis dafür zahlen, dann damit Ihr und Eure Söhne nicht das gleiche Leid erfahren müsst, und damit Ihr Freiheit atmen und mit Eurer Kreativität den Fortschritt der Menschheit befördern könnt.

## KAPITEL 22

# MADRID

IN DEM BRIEF AN MEINE KINDER erwähnte ich auch die Ironie, die ich in *Krieg und Frieden* zu entdecken glaubte. Wie ist es möglich, fragte ich sie, dass Tolstoi dauerhafteren Einfluss auf die Kultur ausübte als der große Napoleon, der auf jede Schlachtszene in dem Buch seinen Schatten wirft? Wohl an die hundert Mal sinnierte ich im Gefängnis darüber nach, ob ich nicht die Politik aufgeben und mich wieder der Philosophie und der Lehre widmen oder gar einen Abstecher in die Welt der Literatur machen sollte. Unter anderem dachte ich an die Fertigstellung meines Märchens. Auch ein Krimi im Stil Graham Greenes schwebte mir vor, in dessen Mittelpunkt der Rucksacktourist stehen sollte, der auf der Via Dolorosa vor meinem Haus erschossen worden war. Außerdem schwor ich mir, mehr Zeit mit meinen Kindern zu verbringen und möglicherweise sogar Lucy dazu zu überreden, noch ein Kind zu bekommen, das dann hoffentlich ein Mädchen sein würde.

Die Angewohnheit, vor der Politik davonzulaufen, war seit meiner Kindheit tief in mir verwurzelt, und hätte mich nicht das launische Nahostklima mit Gewalt davon abgehalten, wäre ich wohl auch weiterhin bei dem in der Jugend getroffenen weisen Entschluss geblieben.

Der Golfkrieg endete im Februar 1991, während ich noch im Gefängnis saß, und bereits kurz darauf wandte die US-Regierung ihre Aufmerksamkeit dem israelisch-palästinensischen Konflikt zu. Die Amerikaner hatten bei den Ägyptern, den Saudis und in der gesamten arabischen Welt eine Schuld zu begleichen, weil sie den Krieg unterstützt hatten, und so starteten sie eine Friedensinitiative im Nahen Osten. Wie aus heiterem Himmel gab George Bush Senior eine fantastische Erklärung ab: »Ein umfassender Friede muss auf den ... Resolutionen 242 und 338 und dem Prinzip Land gegen Frieden gründen.« Er ging sogar so weit, die Sicherheit Israels mit den politischen Rechten der Palästinenser zu verknüpfen. Und als wäre das noch nicht genug für Premierminister Schamir, wurde James Baker vor dem Senatsausschuss für auswärtige Beziehungen noch deutlicher: »Ich glaube nicht, dass es ein größeres Hindernis für den Frieden gibt als den Siedlungsbau.« Als ich das hörte, machte ich in meinem kleinen Käfig einen Luftsprung.

Äußerlich war Schamir ausgesprochen verunsichert. Nach einem Krieg, von dem er sich so viel versprochen hatte – die Vernichtung der riesigen irakischen Armee und, was noch wichtiger war, die Entmachtung Arafats, die in Wirklichkeit unsere Entmachtung war –, kamen jetzt Präsident Bush und sein Außenminister James Baker mit »Junktims«, einer »internationalen Nahostkonferenz« und der UNO-Resolution 242 daher. In der Öffentlichkeit gab sich Schamir verbittert. Einige arabische und palästinensische Politiker unterstützten die neue amerikanische Politik, wenn auch nur, weil sie dem israelischen Premierminister Probleme machte.

Dank meiner Erfahrungen mit Amiraw und den Insassen des Gefängnisses von Petah Tikwa durchschaute ich das Märchen vom Kampf auf Leben und Tod gegen die »PLO-Gangster«, das der Likud verbreitete. In Wirklichkeit stand hinter der israelischen Politik ein objektives demografisches Interesse an der Erhaltung eines jüdischen Staats. Meine Intuition sagte mir, dass Schamir die Unausweichlichkeit von Verhandlungen sehr wohl erkannt hatte und sich nur zum Schein mit allen Mitteln dagegen wehrte. Wie jeder Schacherer wollte er das Bestmögliche aus der Sache herausholen, und wenn wir ihn ließen, würde er am Ende, ein strah-

lendes Lächeln im Gesicht, mit dem ganzen Laden im Gepäck ab-
marschieren. Wenn wir hingegen klug waren, konnten wir ein
gutes Geschäft machen.

Vor diesem Hintergrund warnte ich Faisal davor, sich allzu eifrig in Verhandlungen zu stürzen. Ich befürchtete nämlich, dass
Arafat, der seine katastrophale Liebelei mit Saddam auf dem diplomatischen Parkett verzweifelt wiedergutzumachen versuchte,
zu viel hergeben würde.

Um dies zu verdeutlichen, bat ich Lucy, einige Gedanken, die
ich niedergeschrieben hatte, an die Londoner Tageszeitung *The
Independent* zu schicken:

> Palästinenser und Israelis stehen gegenwärtig an der Schwelle
> zu einer möglicherweise sehr vielversprechenden Zukunft.
> Aber Israel kann nicht alles haben. Zu erwarten, dass Israel ein
> echter und konstruktiver Partner der Nahoststaaten wird,
> ohne zugleich oder bereits im Vorfeld die Lösung des Palästi-
> nenserproblems anzugehen, hieße, auf ein Wunder zu hoffen.
> Das Palästinenserproblem wiederum kann nur durch die An-
> erkennung des souveränen Rechts des palästinensischen
> Volkes auf ein Leben in Freiheit gelöst werden.

Ich hatte meine dreimonatige Haft noch nicht hinter mir, als US-
Außenminister James Baker im amerikanischen Konsulat in Westjerusalem das erste Gespräch mit Palästinensern führte. Das palästinensische Team, zu dem auch Hanan Ashrawi und Saeb Erekat
gehörten, wurde von Faisal angeführt. Saeb war ein Universitäts-
kollege von mir und hatte sich als Redakteur bei der Zeitung *Al-
Quds* einen Namen gemacht. Wir hatten eine Menge gemeinsam.
Sein Onkel war sowohl in der Zeit des britischen Mandats als
auch später unter der jordanischen Verwaltung Militärattaché
und Minister gewesen. Sein Vater, einst Eigentümer einer großen
Busgesellschaft, hatte 1967 sein Unternehmen verloren. Wie ich
hatte auch Saeb in Großbritannien und den Vereinigten Staaten

studiert, und wir waren etwa um dieselbe Zeit zurückgekehrt, um uns der Lehre zu widmen.

Das Treffen im amerikanischen Konsulat verlief stürmisch. Baker hatte kein Wundermittel parat, mit dem er der Okkupation ebenso raffiniert und schnell ein Ende hätte setzen können, wie die amerikanischen Truppen die Iraker aus Kuwait vertrieben hatten. Vielmehr sprach er bei seinem Auftritt von einer »schrittweisen« Annäherung. Die UN-Resolution 242 sei der generelle Maßstab für eine endgültige Friedensvereinbarung, sagte er zu Faisal, vorerst aber müssten sich die Palästinenser mit der »Autonomie« zufriedengeben.

Nach Jahren israelischer Machenschaften und den verschiedenen Wandlungen des Begriffs (die Dorfliga, um eine davon zu nennen) war »Autonomie« im palästinensischen Sprachschatz zu einem Unwort geworden. So überrascht es kaum, dass Faisal und seine Verhandlergruppe das Konsulat murrend verließen.

Die nächste Sitzung zwei Tage später hingegen stellte alle zufrieden. Baker hatte Zeit gehabt, über den unbefriedigenden Ausgang des ersten Treffens nachzudenken, und seine Berater hatten ihm wahrscheinlich einen Nachhilfekurs über palästinensische Empfindlichkeiten gegeben. Aus welchem Grund auch immer, hatten beide Seiten nun den Eindruck, dass es voranging.

Da ich dreiundzwanzig Stunden am Tag auf meiner Pritsche saß oder lag, war es für mich schwierig einzuschätzen, was draußen wirklich vor sich ging. Um es direkt zu sagen: Hatten die Amerikaner tatsächlich etwas wesentlich Neues anzubieten? Nach Lucys letztem Besuch vermutete ich eher, dass die Antwort negativ ausfallen würde. Sie hatte mir erzählt, Faisal habe sie nach seiner zweiten Begegnung mit Baker angerufen und sie um sprachliche Unterstützung gebeten: »Was ist der Unterschied zwischen *Selbstverwaltung* und *Autonomie*?«, hatte er sie gefragt. Als Altphilologin mit gründlichen Kenntnissen in Griechisch und Latein erklärte sie ihm, der einzige Unterschied sei der sprachliche Ursprung: *Autonomie* sei ein aus dem Griechischen, *Selbstver-*

*waltung* ein aus dem Lateinischen abgeleitetes Wort. Die Bedeutung sei dieselbe: Selbstbestimmung. Die Amerikaner spielten mit der Semantik.

Anfang April wurde ich entlassen, doch noch ehe ich zu Hause meine Taschen auspacken konnte, zitierten mich die israelischen Sicherheitsleute erneut zum russischen Gelände. »Glauben Sie bloß nicht, dass Sie aus dem Schneider sind«, drohten sie mir, wobei Jakob mit dem Zeigefinger auf mich deutete. »Sie stehen immer noch vor der Alternative Gefängnis oder Exil.« Inzwischen hatte eine extrem rechtsgerichtete Splittergruppe in der israelischen Koalition, die die Siedler vertrat, mit einem Boykott der Regierung gedroht, falls man mir nicht den Prozess machte. Geula Cohen, die Vorsitzende der Gruppe, warf der Regierung vor, bei mir und Faisal ein Auge zuzudrücken. Indem die Regierung darauf verzichte, uns Übeltäter vor Gericht zu stellen, so ihr zwingender Schluss, verhandle sie praktisch bereits mit der PLO. (Geula Cohen ist ehemaliges Mitglied der Stern-Bande und die Mutter Zahi Hanegbis, jenes Schlägers, der einst an der Hebräischen Universität Studenten mit Ketten attackierte. Vater besaß Cohens Autobiografie: *Woman of Violence. Memoirs of a Young Terrorist, 1943–1948*.)

Aber Faisal und ich hatten nichts zu befürchten, zumindest nicht von den Israelis, denn die gesamte politische Landschaft war in Veränderung begriffen. Kaum hatte man mich entlassen, stürzte ich mich Hals über Kopf wieder in die Politik.

Mir war immer schon bewusst gewesen, dass es gefährlich ist, wenn sich jemand hinter Worten versteckt, und Lucys abendliches Gespräch mit Faisal hatte bei mir alle Alarmglocken läuten lassen. Und dieses Läuten wurde umso schriller, als Mitglieder von Faisals Delegation zu einem Gespräch bei uns vorbeischauten. Nach den üblichen Glückwünschen – jeder aus dem Gefängnis entlassene Palästinenser wird gefeiert – kamen wir zur Sache. Einer meiner Gäste berichtete aufgeregt, sie hätten Baker tatsächlich dazu gebracht, seinen ursprünglichen Vorschlag zu korrigieren und statt »Autonomie« »Selbstverwaltung« zu versprechen. Genau wie ich befürchtet hatte, wurden wir durch einen sprachlichen Trick überlistet. Diese Neigung, einer Illusion zu erliegen, oder besser, sich der Selbsttäuschung hinzugeben, sollte unsere diplomatischen Bemühungen für lange Zeit beeinträchtigen. Sie tut es noch.

Der Verdacht, dass man uns über den Tisch zog, erhärtete sich zunehmend. Wenige Tage später besuchte ich Faisal. Als ich sein Haus betrat, ging er im Zimmer auf und ab. Seine Frau stand abseits im Hintergrund, und Hanan Ashrawi saß mit übereinandergeschlagenen Beinen auf dem Sofa, in der Hand einen Entwurf, der als Bakers »Zusicherungserklärung« bezeichnet wurde. Faisal bat Hanan, mir die Erklärung zu geben. Nachdem ich sie überflogen hatte, konstatierte ich ziemlich schroff: »Ah, ich verstehe. Sie bieten uns Autonomie an.« Hanan schlug die Beine auseinander und verschränkte sie wieder. Sie war sichtlich verärgert.

»Warum sagst du ›Autonomie‹?«. Sie nahm einen langen Zug von ihrer Zigarette.

»Weil diese Erklärung genau darauf hinausläuft«, erwiderte ich und gab sie ihr zurück. »Seht mal, ich sage ja nicht, dass wir uns nicht darauf einlassen sollten. Aber zumindest müssen wir die Dinge von vornherein klarstellen: Es handelt sich um Autonomie.«

Hinter der bevorstehenden Madrider Konferenz stand der Gedanke, dass alle am Konflikt Beteiligten – Israel, Syrien, der Libanon, Jordanien und wir – von Angesicht zu Angesicht über ihre Differenzen diskutieren sollten, und zwar unter Federführung der Vereinigten Staaten und der Sowjetunion, die allerdings schwer angeschlagen war. Praktisch hatten daher die Amerikaner die ganze Sache in der Hand.

Im Vorfeld der Konferenz führten Baker und die palästinensischen Unterhändler noch etliche weitere Gespräche. Faisal, Hanan und Saeb, die wichtigsten Vertreter auf palästinensischer

Seite, standen in ständigem Kontakt mit Arafat. Ich selbst stieß ja erst später hinzu. Bei den zwei Treffen in Jerusalem und einem dritten in Washington, an denen ich beteiligt war, entdeckte ich die magische Kraft der Selbsttäuschung. Gerade in den entscheidenden Fragen kamen die Israelis mit weitaus dürftigeren Angeboten durch als bei unseren Gesprächen mit Amiraw.

In Jerusalem erreichte Schamir eine Reihe von Zugeständnissen, indem er den Eindruck vermittelte, er habe den Friedensgesprächen lediglich unter extremem Druck zugestimmt. Eine Grenze, die er keinesfalls überschreiten könne, so erklärte er den Amerikanern mit seinem geradezu legendären schauspielerischen Talent, seien Gespräche mit Vertretern der PLO. Schamir, der Mann, der 1946 ein Komplott geschmiedet hatte, um das King David Hotel in die Luft zu jagen, taktierte natürlich clever, indem er das Phantom des »Terrorismus« beschwor. Er bestand auf einer aus Palästinensern und Jordaniern zusammengesetzten Delegation als Verhandlungspartner.

Schamir setzte sich durch – wieder einmal trotz der Tatsache, dass er sich 1987 überaus bereit gezeigt hatte, mit der PLO Gespräche zu führen –, weil Amerikaner wie Palästinenser glaubten, er meine es dieses Mal ernst. Und so fügten sich Arafat und seine Leute in Tunis, weil sie von den Amerikanern unbedingt die Legitimation der Palästinenser erreichen wollten, selbst um den Preis des Ausschlusses der PLO von den Gesprächen.

Als ich zum ersten Mal an einem Treffen mit Außenminister Baker und seinen beiden altgedienten Beratern Dennis Ross und Daniel Kurtzer teilnahm, war eine aus Jordaniern und Palästinensern zusammengesetzte Delegation bereits beschlossene Sache, und es blieb nur noch die Frage, wer ihr angehören sollte. So erwartete Baker, Faisal werde ihm gleich eine Liste mit Vorschlägen überreichen. Doch zunächst waren noch ein paar Dinge zu regeln.

In Bakers Zusicherungserklärung befanden sich derart große Schlupflöcher, dass die Israelis mit Zementlastwagen hindurchfahren konnten. Buchstäblich: Die Erklärung enthielt keine klaren Aussagen zum Stopp der Siedlungsaktivitäten. Das Schlimmste aber war, dass Ostjerusalem kein Bestandteil des Autonomieplans war.

Zweifellos wollten die Israelis die Siedlungen und Ostjerusalem bewusst ausklammern. Letzteres beunruhigte mich am meisten. Der Kampf um Jerusalem war von existenzieller Bedeutung, nicht nur wegen der magischen Aura der Stadt, sondern weil sie das Zentrum unserer Kultur, unserer nationalen Identität und unserer Erinnerung war und immer noch ist – Dinge, die die Israelis auslöschen mussten, wenn sie in dem Land, das sie Judäa und Samaria nannten, freie Bahn haben wollten. Ich war fest davon überzeugt, dass wir ihnen, solange wir an Jerusalem festhielten, auch an allen anderen Fronten standhalten konnten.

Mir war stets bewusst gewesen, dass die Israelis Ostjerusalem zerstören wollten, indem sie die Menschen und Institutionen daraus entfernten, die eintausenddreihundert Jahre lang die Stadt geprägt hatten. Die Zahl der Siedler war von hunderttausend im Jahr 1989 auf nunmehr hundertsiebenunddreißigtausend gestiegen. Mancherorts – zum Beispiel im Falle des Suks der Goldschmiede – war es den Siedlern sogar gelungen, bis ins Innere der Altstadt vorzudringen. Scharon, inzwischen Israels Minister für Wohnungs- und Bauwesen, hatte eine Sonderkommission eingerichtet, die strategisch wichtige Grundstücke in der Altstadt kaufen oder auf anderem Wege erwerben und dann an Siedler übergeben sollte. Während des griechisch-orthodoxen Osterfestes 1990 zogen hundertfünfzig Siedler in das St. John's-Hospiz im christlichen Viertel und behaupteten, es habe einst einem jüdischen Kaufmann gehört, der bei den Aufständen des Jahres 1929 vertrieben worden sei. Wenn die Siedlungsaktivitäten schon in einer Zeit des Konflikts solche Ausmaße annahmen, wie würde es erst aussehen, wenn wir einen Waffenstillstand schlossen, bei dem sich Israel nicht zur Beendigung des Siedlungsbaus verpflichtete?

Bakers Äußerungen bei den Gesprächen machten mich nahezu sprachlos. Die US-Regierung werde eine weitere Expansion nicht befürworten, erklärte er uns. Präsident Bush sei sogar bereit, ein politisches Risiko einzugehen und den Kongress aufzufordern, eine anstehende Kreditgarantie von zehn Milliarden Dollar nur zu billigen, wenn Israel zusage, das Geld nicht für den Siedlungsbau zu verwenden, auch nicht durch Verschiebungen im Staatshaushalt. In der langen Geschichte amerikanischer Tatenlosigkeit, was das größte Friedenshindernis betraf, war dies eine Premiere.

Hinsichtlich seiner Forderung, in der palästinensischen Verhandlungsdelegation dürfe kein Vertreter aus Ostjerusalem sitzen, konnte Schamir vor Beginn der Friedensgespräche einen Sieg verbuchen. Die PLO-Führung fügte sich zwar, heckte jedoch diesmal in Tunis einen schlauen Coup aus, um Schamir auszutricksen. Die Leitung der Delegation sollte Dr. Haidar Abdul Schafi übernehmen, ein unaufdringlicher, angesehener und sehr integrer Mann aus Gaza, der den Roten Halbmond – das arabische Pendant zum Roten Kreuz – gegründet hatte und ihm vorstand. Doch darüber hinaus bildete man eine zweite Gruppe, das sogenannte »Team«, das hinter den Kulissen arbeitete. Der Trick bestand darin, dass dieses »Team« den eigentlichen Kopf der Delegation darstellte. Ihm sollte ebenfalls Dr. Schafi angehören, außerdem jedoch auch Vertreter verschiedener Gruppen aus den besetzten Gebieten sowie Faisal als Leiter, Hanan Ashrawi und ich.

Der Beginn der Friedenskonferenz in Madrid war für den 30. Oktober 1991 anberaumt. An jenem Tag fuhren zwei blaue Pullman-Busse vor dem National Hotel auf, um die Delegierten nach Amman zu bringen, von wo aus sie nach Madrid fliegen würden. Sie wurden feierlich verabschiedet. In der Eingangshalle gingen die wartenden Journalisten auf und ab, während draußen bullige Fatah-Aktivisten für die Sicherheit der Delegation sorgten.

Als der Bus Richtung Wüste losbrauste, winkte ich zum Abschied. Faisal und Hanan waren mit an Bord, und ich blieb als einziges »Team«-Mitglied in Jerusalem zurück. Als ich nach Hause gehen wollte, traten die Fatah-Leute, die den Bus bewacht hatten, auf mich zu und teilten mir mit, dass ich jetzt ihren »Schutz« benötige.

»Wovor?«, fragte ich.

»Du bist der Einzige, der hierbleibt«, erwiderten sie. »Damit bist du ein Hauptangriffsziel für die Verhandlungsgegner, die der Kommission vielleicht schaden wollen.« Anscheinend war ich so etwas wie eine Voodoo-Puppe, der die Hamas Nadelstiche versetzen könnte, um die Friedensstifter in Madrid zu quälen. Die Hamas hatte erst kürzlich die Isaddin-al-Kassam-Brigade aus der Taufe gehoben, ihren militärischen Flügel, den sie nach dem in den 1930er-Jahren wirkenden Geistlichen Scheich Isedin Kassam benannt hatte.

Ich versuchte nach Kräften, meine Beschützer abzuschütteln, aber vergebens. Und so machte ich mich mit zehn muskulösen, auf meinen Schutz eingeschworenen Aktivisten im Schlepptau auf den Weg nach Hause, wo Lucy sie sofort verscheuchte.

Die von Bush und Gorbatschow einberufene Madrider Konferenz wurde von den Medien bereits im Vorfeld als historischer Durchbruch bezeichnet – was sie auch war. Angesichts der Tatsache, dass wir uns vierzig Jahre lang im Krieg befunden hatten, stellte es schon eine Leistung dar, uns einander Auge in Auge gegenüberzusetzen, selbst wenn mehr nicht erreicht wurde.

Doch der Beginn der Gespräche hatte einen bitteren Beigeschmack. Zu Hause in Israel setzte Schamir sein Werk fort und versicherte seinen Wählern, in Madrid spiele er nur Theater. Der Mann, den er zum Leiter der israelischen Delegation ernannt hatte, ein cleverer Anwalt namens Eliakim Rubinstein, sagte in seiner Einführungsrede Dinge, die diesen Eindruck verstärkten. Gleich zu Beginn verkündete er seinen palästinensischen Gesprächspartnern mit hoher, krächzender Stimme: »Palästina ist seit dem Römischen Reich besetztes Gebiet … Wir betrachten die

Palästinenser als Flüchtlinge, die in unserem Land geblieben sind ... Wir sind bereit, ihnen menschliche Rechte zuzugestehen, jedoch nicht politische.«[1]

Ich weiß noch, wie die Aktivisten, mit denen ich vor dem Fernseher saß, gespannt zusammenrückten, als Dr. Schafi das Wort ergriff. Wie würde er auf Rubinsteins Humbug antworten? Seit Jahrzehnten von den Israelis als blutrünstige Mörderbande diffamiert, stand die palästinensische Führung plötzlich im Licht der Weltöffentlichkeit. Würde Dr. Schafi ausfällig werden? Nein. Der sanftmütige Arzt aus Gaza sprach die Welt, die Israelis und uns mit einer von Selbstachtung getragenen Haltung an, die Rubinstein beschämte und jeden Palästinenser berührte: »Meine Damen und Herren«, hob er an und erinnerte an die glorreiche Zeit des maurischen Spanien, in der Muslime, Christen und Juden »einst eine Neugeburt der Zivilisation« bewirkt hatten.

Wieder stehen Christen, Muslime und Juden vor der Herausforderung, eine neue Ära einzuleiten, die den weltweiten Werten von Demokratie, Menschenrechten, Freiheit, Gerechtigkeit und Sicherheit verpflichtet ist. In Madrid beginnen wir die Suche nach Frieden, den Versuch, die Unantastbarkeit menschlichen Lebens ins Zentrum unserer Welt zu stellen, unsere Energien und Ressourcen von gegenseitiger Zerstörung auf gemeinsamen Wohlstand, Fortschritt und Glück umzulenken.

Wir brauchten den ganzen menschlichen Anstand, den wir aufbieten konnten. Der Tag, an dem die Konferenz eröffnet wurde, brachte neue Probleme mit der Hamas. Sie rief zu einem dreitägigen Generalstreik überall in den besetzten Gebieten auf, der zeigen sollte, dass die palästinensische Öffentlichkeit gegen Verhandlungen mit den Israelis war.

Mir war klar, dass die Fatah etwas unternehmen musste, und so schlug ich eine spontane Kundgebung in Ramallah vor, die zeigen sollte, dass der Durchschnittspalästinenser Frieden wollte und daher unsere Delegation in Madrid unterstützte. Wir mieteten eine Halle, und ich konnte Ahmad Hazzaa, einen besonders beliebten Fatah-Aktivisten, der gerade eine achtzehnjährige Gefängnisstrafe verbüßt hatte, dafür gewinnen, das Wort an das Publikum zu richten. Ich selbst äußerte mich ebenfalls positiv zu den Verhandlungen in Madrid.

Die Halle wurde brechend voll, sodass die Besucher schließlich sogar auf den Hof davor ausweichen mussten. Wo auch immer sich ein Platz anbot, hängten die Aktivisten die palästinensische Flagge auf. Man sang Lieder, und die Stimmung war euphorisch – so euphorisch, dass Ahmad und ich aus dem Augenblick heraus beschlossen, die lärmende Menge in einem friedlichen Zug zum Zentrum von Ramallah zu führen. Hunderte trugen die palästinensische Flagge und Olivenzweige als Ausdruck unseres Friedenswunsches.

Als wir uns dem Hauptplatz näherten, preschten israelische Soldaten, die glaubten, wir hätten nichts Gutes im Sinn, in ihren Jeeps herbei, um uns aufzuhalten. Die Olivenzweige in unseren Händen – mich erinnerten sie an die Schlussszene von *Macbeth* – machten sie offenbar erst recht nervös. Ich befand mich an der Spitze der Demonstration, und und je näher wir den Jeeps kamen, desto wahrscheinlicher wurde ein gewaltsamer Zusammenstoß. Plötzlich drängte mich ein Mitdemonstrant ab und bugsierte mich in eine Seitenstraße. Es war Hussein al-Scheik, ein Veteran der israelischen Gefangenenlager, der elf Jahre hinter Gittern verbracht hatte. An diesem Tag begegneten wir uns zum ersten Mal. Als wir später aus unserer Friedenskundgebung eine landesweite Kampagne entwickelten, war er einer meiner Partner.

Ich verließ Ramallah ohne einen Kratzer und kehrte mit hundert Bildern und Ideen im Kopf nach Hause zurück. Die gewichtigen Worte Dr. Schafis in Madrid begleiteten mich: »Wir trachten weder nach einem Schuldeingeständnis nach begangener Tat noch nach Rache für vergangene Ungerechtigkeiten, sondern nach einem Willensakt, der einen gerechten Frieden Wirklichkeit werden lässt.« Ich dachte an den von der Hamas ausgerufenen Streik; an die riesige Menschenmenge, die sich versammelt hatte, um die Madrider Gespräche zu unterstützen; an die ehemaligen Gefangenen, die jetzt für den Frieden kämpften; und vor allem an die stets gegenwärtige Gefahr einer gewaltsamen Auseinandersetzung. Auf dem Weg nach Jerusalem sah ich überall Olivenzweige an den Türen der Häuser.

Ich hatte stets eine Abneigung dagegen, im Rampenlicht zu stehen, insbesondere vor großen Menschenansammlungen, und doch war jetzt genau dies eingetreten. Darüber hinaus begann an jenem Abend meine Zusammenarbeit mit Menschen, die man als die »unbesungenen Helden« der Verhandlungen bezeichnen könnte: die ungebildeten Exgefangenen und Fatah-Aktivisten, die die Israelis gern als »Terroristen« bezeichneten. Ohne diese Aktivisten der Straße wäre der Friedensprozess eine Todgeburt gewesen.

Für mich wie für andere lag auf der Hand, dass unsere Unterhändler mehr als nur eine Massenveranstaltung zu ihrer Unterstützung benötigten. Um für Gespräche mit dem Feind zu werben und – ebenso notwendig – die Hamas und andere radikale Gruppierungen, für die Gespräche mit Israel Gesprächen mit dem Teufel gleichkamen, zu marginalisieren, bedurfte es einer längerfristigen Kampagne. Hierbei war Dschibril Radschub mein wichtigster Partner. Vor uns lag eine große Aufgabe.

Dschibril hatte insgesamt siebzehn Jahre in israelischen Gefängnissen verbracht und dort so gut Hebräisch gelernt, dass er Menachem Begins Buch über seine Untergrundaktivitäten gegen die Briten (*The Revolt*) ins Arabische übersetzen konnte. Dschibril, der nie offiziell eines Verbrechens angeklagt worden war (angeblich hatte er eine Granate auf einen Militärkonvoi geworfen), war im Zuge desselben Gefangenenaustauschs freigekommen wie mein Cousin Salim, der nach dem Krieg von 1967 eine

Bombe gelegt hatte. Kaum hatte die Intifada begonnen, verhafteten ihn die Israelis erneut, fuhren ihn zur Grenze und befahlen ihm mit vorgehaltener Waffe, nie mehr zurückzukehren. Während der Madrider Gespräche lebte er noch in Tunis.

Kurz nach Eröffnung der Konferenz nahm Dschibril Kontakt zu mir auf. Ich flog nach London und traf ihn dort im Hilton – eine Szene, die kaum skurriler hätte sein können. Dschibril wirkte in seinem Anzug genauso unbeholfen wie ich und in einem Fünf-Sterne-Hotel völlig fehl am Platz. Vielleicht mochten wir uns gerade deshalb auf Anhieb. Bis heute machen sich die Leute darüber lustig, dass ein Muskelprotz mit einem ziemlich ordinären Umgangston – Dschibril flucht nämlich gern – und ein Professor im Tweedjackett so gut miteinander auskommen. Aber er zählt zu den wenigen Menschen, bei denen eine raue Sprache auf geheimnisvolle Weise mit einem scharfen strategischen Verstand einhergeht. In politischen Fragen sind wir uns fast immer völlig einig.

Als ich so mit Dschibril in London saß, fiel mir wieder ein, wie meine Studenten und ich in Birseit bei Hummus und billigen Omar-Zigaretten Pläne ausgeheckt hatten. Dschibril und ich unterhielten uns bis tief in die Nacht, auch am nächsten und übernächsten Abend.

Im Rückblick wundere ich mich über die Unbekümmertheit – andere sollten darin bald einen gemeinsamen »Willen zur Macht« sehen –, mit der wir beide in einer piekfeinen Hotelhalle eine Strategie zur Revolutionierung der PLO-»Revolution« zu Papier brachten. Dieses Papier war auch ein wichtiger Schlüssel, um der nichtssagenden Autonomie, die uns Israel und die Amerikaner anboten, mehr den Charakter einer souveränen Staatlichkeit zu verleihen.

Unser Grundgedanke war der Aufbau eines landesweiten Netzes politischer Komitees zur Unterstützung des Friedensprozesses. In Wahrheit handelte es sich um nichts Geringeres als eine Schattenregierung, die sich als Dorn im Fleische Israels wie der PLO erweisen sollte. Diese Komitees sollten nämlich versuchen, die Fatah, ihre Machtstruktur, ja ihren eigentlichen Charakter so zu verändern, dass aus der Guerillabewegung eine demokratische politische Partei wurde, die die Interessen der unter der Besatzung lebenden Menschen vertrat. Nach der Befreiung sollte aus dem Hochkomitee der Fatah, wie wir unser Gebilde nannten, eine Parteiführung werden, die in der Lage war, einen unabhängigen Staat zu regieren. Kurz gesagt, unser Plan bestand darin, die Führung der lokalen Fatah-Gruppen nicht mehr Leuten wie dem ungeschlachten Kerl mit den maßgefertigten Schuhen zu überlassen, mit dem ich Anfang der 1980er-Jahre in Amman zu tun gehabt hatte, sondern sie wieder in die Hände der Basis zu legen.

Ausschlaggebend für unseren Plan war die Tatsache, dass die alte Untergrundguerilla dringend einer Umgestaltung bedurfte. Nach dem alten System übten Anführer, die im Ausland lebten, die Kontrolle über die Fatah-Bewegung in den besetzten Gebieten aus. Diese Anführer, die die Mercedes-Händler in ihrem jeweiligen Exilort meist besser kannten als die Bedürfnisse und Sorgen der unter der Besatzung lebenden Menschen, bestimmten über die lokalen Militärzellen, die sogenannte »Tansim«. Dschibril und ich waren uns einig, dass wir zur Gründung unseres eigenen Staates Führungspersönlichkeiten brauchten, die nicht nur unter der Besatzung geboren und aufgewachsen, sondern auch tief im Land verwurzelt waren. Nur solche Leute würden diese in eine politische Triebkraft der nationalen Unabhängigkeit verwandeln können.

Dschibril kehrte nach Tunis zurück, um bei Arafat für unsere Idee zu werben. Trotz der Widerstände vieler Leute in seinem Umkreis befürwortete dieser den Plan. Etliche sprachen sich vehement gegen die Entmachtung der Tansim, dieser Zentren enormer militärischer Macht, und gegen ihre Umwandlung in »Friedensligen« aus, wie sie sich abfällig ausdrückten.

Sobald ich nach Jerusalem zurückgekehrt war, machte ich

mich an die Arbeit und suchte im Westjordanland und im Gaza-streifen die jeweilige Tansim-Gruppe auf – eine Aufgabe, die durch meine frühere Verhaftung durch Jakob und den Schin Beit wesentlich erleichtert wurde. In den Augen des Durchschnitts-palästinensers war ein Aufenthalt in einem israelischen Gefängnis eine Grundvoraussetzung, respektiert zu werden. (»Unglückliches Land, das Helden nötig hat«, heißt es bei Brecht in *Das Leben des Galilei*.[2])

## KAPITEL 23

# EINE SCHATTENREGIERUNG

❖

NACH ABSCHLUSS DER ERSTEN GESPRÄCHSRUNDE in Madrid reiste die palästinensische Delegation zu einem Treffen mit Arafat und der PLO-Führung nach Tunis. Dort blieb sie so lange, bis aller Welt klar war, dass sie ihre Stichworte von der PLO bekam. Anschließend flog sie nach Amman, um nach einem kurzen Aufenthalt mit dem Bus weiter nach Jerusalem zu fahren.

Ich wollte ihnen den roten Teppich ausrollen und den Triumph des gesunden Menschenverstandes über eine Epoche der Ideologie feiern. Und die beste Art und Weise, dies zu tun, so dachte ich in meiner Naivität, bestand darin, alle Komitees zusammenzutrommeln, die wir zu ihrer Unterstützung gebildet hatten! Es sollte eine Art Überraschungsparty werden, denn in den Bussen ahnte niemand, was wir vorhatten.

Aber die ausgelassene Stimmung, die wir erwartet hatten, kam nicht zustande. Als die Busse vor dem Nationaltheater in Jerusalem vorfuhren, konnte ich durch die getönten Scheiben bereits den besorgten Ausdruck auf den Gesichtern sehen. Unsere Unterhändler wussten nicht, woher all die feiernden Leute kamen, und als sie in der lärmenden Menge führende Aktivisten der Basis erkannten, die sich große Verdienste erworben hatten, fürchteten sie, bei unserer Empfangsfeier handle es sich um einen Putsch.

Der Verdacht richtete sich gegen mich. Ich war in Jerusalem geblieben, und jetzt, da sie nach wenigen Tagen zurückkehrten, hatte ich einen Trupp Exgefangener um mich geschart. Faisal war besonders beunruhigt: Verfolgte sein Stellvertreter plötzlich eigene Ambitionen? Forderte ein Nusseibeh einen Husseini heraus? Von diesem Tag an verlor unsere Beziehung etwas von ihrer intimen Vertrautheit, die sich nie wieder zur Gänze einstellen sollte.

Während der Madrider Gespräche hatte ich noch eine weitere Rolle gespielt, die nun ebenfalls das Misstrauen schürte. Bei der Zusammenstellung des »Teams« um Schafi war die Wahl der PLO-Führung auf drei Leute aus Jerusalem gefallen: Faisal, Hanan Ashrawi und mich. Faisal übernahm die Leitung, Hanan fungierte als Sprecherin der Delegation. Der Gerechtigkeit halber, so hatten sie überlegt, mussten sie für mich auch etwas finden. Und so schlug jemand vor, mir die Verantwortung für die Arbeitsausschüsse zu übertragen. Das klang gut, und alle stimmten zu. Dass es solche Arbeitsausschüsse gar nicht gab, schien dabei niemanden zu stören.

Dies stellte ich jedoch erst fest, als mich ein Exkollege aus meiner Verbandszeit, der dem Treffen beigewohnt hatte, anrief und mir den Unterschied zwischen der offiziellen »Delegation« und dem »Team« erklärte. »Du gehörst dem Team an«, verkündete er mir. »Außerdem hast du die Aufgabe, Arbeitsausschüsse zu bilden.«

»Sehr schön«, erwiderte ich. »Aber was genau soll ich machen?«

»Ich glaube, das weiß niemand so recht«, sagte mein Freund mit einem Glucksen. »Mach einfach, was du immer machst. Du schaffst doch immer alles irgendwie.«

Als jemand, der gern immer wieder bei null anfängt, ließ ich meine Gedanken eine Weile schweifen, bis sie wieder zum Kern des Problems zurückkehrten, das ich bereits zu Beginn des ganzen Madrid-Prozesses erkannt hatte: dass Israelis und Amerikaner uns mit einer Pseudoautonomie über den Tisch ziehen wollten. Mit der Wandlung der Fatah zu einer richtigen politischen Partei konnte man vielleicht erreichen, dass die »Autonomie« mehr sein würde als bloß eine andere Bezeichnung für die Vorherrschaft der Israelis, der diesmal auch die PLO zugestimmt hätte. Eigneten sich hierfür nicht auch solche Arbeitsausschüsse? Konnten sie womöglich vor den Augen der israelischen Besatzer – und der PLO-Funktionäre in Tunis – als Keimzellen zukünftiger Ministerien eines unabhängigen Staates fungieren, der sein geografisches Zentrum in Ostjerusalem hatte?

Ich stand allein auf dem Balkon. Es war ein warmer Abend, und das Flutlicht verlieh dem Felsendom in der Ferne etwas Überirdisches, sodass er wie ein schimmerndes Traumbild in der Luft zu schweben schien. Wie so oft, wenn ich versuchte, ein Rätsel zu lösen, rauchte ich eine Zigarette nach der anderen, bis die ganze Camel-Packung – meine neue Marke – leer war und sich endlich ein paar provisorische Lösungen herauskristallisierten. Die Unterhändler brauchten auf jeden Fall Informationen. Wie sollten sie zum Beispiel über Wasser reden, wenn sie nicht wussten, wo sich die unterirdischen Reservoirs befanden? Die Arbeitsausschüsse könnten das Gehirn des entstehenden Staates werden, indem sie sich eingehend mit allen anstehenden Themen befassten und unsere Unterhändler mit sachlichen politischen Gutachten und Ratschlägen versorgten, mit Daten, Positionspapieren und Verhandlungsszenarien.

Doch die Ausschüsse könnten noch viel mehr leisten. Sie könnten die Schattenregierung bilden, auf die ich bereits gedrängt hatte, als ich die Unabhängigkeitserklärung verfasste. Nach einigem Hin und Her war mir klar, dass mit den Ausschüssen der Friedensprozess stand und fiel. Damit hatte ich die Lösung für ein Problem gefunden, das mich quälte, seit ich im Gefängnis erstmals von den Madrider Gesprächen gehört hatte.

Wie ich bereits die ganze Zeit gepredigt hatte, waren die Symbole der Souveränität – die Flagge, Händeschütteln, eine Nationalhymne oder der Kopf eines arabischen Generals auf einer Münze – ohne die Unabhängigkeit, um die es eigentlich ging, bedeutungslos. Wenn unsere Nation ein Phantomgebilde ohne eigene Institutionen blieb, war die Anerkennung durch Israel ebenso substanzlos. Ja, eigentlich gab es dann gar nichts anzuerkennen, und die vorgeschlagene »Autonomie« würde ihre Vorherrschaft nur weiter zementieren. Erst wenn die Infrastruktur für eine zukünftige palästinensische Verwaltung geschaffen war, konnten die politischen Verhandlungen über Grenzen, Flüchtlinge und so weiter zu einer tragfähigen Vereinbarung führen.

Mit der nationalen Freiheit verhielt es sich ähnlich wie mit der Identität: Der Verhörende bietet die Freiheit von Schmerz zum Preis innerer Knechtschaft an. Aber der Gefangene empfängt die echte innere Freiheit nicht aus der Hand seines Herrn: Er ergreift sie, ohne um Erlaubnis zu bitten. Die Palästinenser mussten sich die Souveränität selbst aneignen.

Ich hatte zwar noch nie aus dem Nichts eine Schattenregierung gebildet, aber meine Arbeit an *No Trumpets, No Drums* hatte in dieser Frage meinen Verstand geschärft. Als Erstes suchte ich mir Leute, die unterstützend tätig werden konnten. Ich rief Kollegen von der Universität, Akademiker, Wirtschaftswissenschaftler, Anwälte und Politikwissenschaftler an und bat sie zu einem Gedankenaustausch ins Haus meiner Mutter.

Hier erklärte ich ihnen die Aufgabe der Ausschüsse, ihre politische Bedeutung und die Rolle, die sie meiner Ansicht nach bei einer Zwei-Staaten-Lösung spielen sollten. Um unser Vorhaben in die Tat umzusetzen, mussten wir Akademiker und Fachleute aller Richtungen einbeziehen.

Während unseres Gesprächs fragten mich meine Kollegen, ob die Finanzierung gesichert sei.

»Nein, keineswegs.«

»Und was ist mit der PLO?«

Um keine falschen Hoffnungen zu wecken, sagte ich offen: »Darauf möchte ich mich lieber nicht verlassen.«

Was ich an meinen Freunden stets bewundert hatte – und im Lauf der Jahre immer wieder feststellte –, war ihre Bereitschaft, sich auch für Dinge zu engagieren, die jeder normale Mensch als Luftschlösser betrachtet hätte. Sie vertrauten auf unsere Fähigkeit als Gruppe, sich über die Gesetze der Schwerkraft hinwegzusetzen. »Tja«, sagte einer meiner Kollegen nach einem Augenblick verlegenen Schweigens, »dann müssen wir uns eben nach Mitteln umschauen, oder?«

In den folgenden Tagen und Wochen arbeiteten meine Freunde und ich intensiv daran, ein Gerüst für das Gebäude zusammenzuzimmern, das wir als Grundlage für unsere Arbeit brauchten. Nachdem wir die verschiedenen Bereiche festgelegt hatten, die jeweils durch einen Ausschuss beziehungsweise ein Ministerium abgedeckt werden mussten, machten wir uns auf die Suche nach den geeigneten Personen, die die Koordination übernehmen sollten. Die Bereiche umfassten das gesamte Spektrum, von Sicherheit über Stromversorgung, Tourismus, Bildung, Wirtschaft bis hin zur Infrastruktur. Auf dem Papier nahm das Gerüst rasch die Gestalt einer Schattenregierung an.

Mit dem wenigen Geld, das mir meine Mutter leihen konnte, mietete ich einen Raum in dem Gebäude gegenüber unseres Hauses. Mein Büro kam bald im Orient-Haus unter. Doch anstatt dort den Saal mit den Kerzenleuchtern in Beschlag zu nehmen – er hatte für unsere Bedürfnisse einen zu öffentlichen Charakter –, richtete ich mein Büro in zwei umgebauten Toiletten ein, verglichen mit denen meine Gefängniszelle in Ramle geradezu weiträumig gewesen war. An diesem unmöglichen Ort (das zugestopfte Abflussrohr zum Klo verlief unter meinem Schreibtisch) machten meine Freunde und ich uns daran, unseren Staat aufzubauen.

Zum ersten Koordinationstreffen erschienen fünfundzwanzig Leute im Haus meiner Mutter. Am Ende sollten Hunderte Akademiker und Fachkräfte in den verschiedenen Ausschüssen unentgeltlich ihre Zeit opfern und einen Aktenordner nach dem anderen mit Material füllen. Der Hauptgrund, warum die Leute so unermüdlich arbeiteten und ich zwei Jahre lang ohne Bezahlung in einer umgebauten Toilette hockte, lag in unserer Überzeugung, den Staat aus seinen Institutionen heraus aufzubauen, und nicht umgekehrt.

Mit *Euphorie* ist die Stimmung, in der ich jedes Mal das Orient-Haus betrat, nur unzureichend beschrieben. Eine derart angeregte Betriebsamkeit zukünftiger Staatsgründer hatte es wahrscheinlich zuletzt in Jeffersons Amerika gegeben. Bislang hatten sich unsere Funktionäre nie treffen können, ohne dass israelische Soldaten aufgetaucht wären. Als Faisal in der Arab Studies Society eine wissenschaftliche Untersuchung über Fragen der Bevölkerungsstatistik hatte anfertigen wollen, hatten hemdsärmelige Militärbeamte seiner Arbeit rasch ein Ende gesetzt. Nun aber herrschte ein anderes Klima, und einer der Ausschüsse konnte in Ruhe empirische Daten über Demografie und Einkommensverhältnisse zusammenstellen. Kenntnisse über unsere entstehende Nation zu erwerben, kam für uns der Auslöschung jahrzehntelanger Machtlosigkeit gleich: Wir konnten uns selbst klarmachen, wer wir waren und dass wir wie jedes andere Volk die Fähigkeit besaßen, uns selbst zu regieren. Wir arbeiteten in der Gewissheit, durch unsere Studien, Positionspapiere und Seminare mit der Zeit beweisen zu können, dass wir keine »Holzhauer und Wasserträger« waren. Allmählich würde diese Botschaft in die Psyche der israelischen und palästinensischen Bevölkerung und damit auch ihrer Anführer vordringen.

Ein Musterbeispiel für unsere Übung in der Kunst der Staatsgründung war die Tätigkeit des Bildungsausschusses, dessen Leitung Fathija Nasru übernommen hatte, eine Professorin aus Birseit und zu Beginn der Intifada eine der ersten Kontaktpersonen Samirs. In monatelanger Arbeit verfassten sie und ihre einhundertsechsunddreißig Mitarbeiter vierzehn Bände zu allen Bereichen der Bildung. In einer zusätzlichen Broschüre formulierten sie die wichtigsten Strategien für die Umgestaltung der Grund- und höheren Schulen. (Die Tatsache, dass in Fathijas Broschüre Noah

Websters Überlegungen zu einer Revolution des amerikanischen Erziehungssystems zitiert werden, zeigt, in welche Richtung unsere Pläne für den Umbau des Schulsystems gingen.) Das Hauptziel bestand darin, das alte System des passiven, rein mechanischen Lernens abzustreifen, das eher abstumpft, als dass es die Kreativität fördert.

Angesichts einer Gesellschaft, in der Tradition und Religion das kreative Potenzial oftmals hemmen, anstatt es zu fördern, entwarf der Ausschuss eine pädagogische Philosophie, die besonderen Wert darauf legte, dass die Tradition im Dienst von Gegenwart und Zukunft stehen muss und nicht umgekehrt. »Indem die Lernende unter den Bedingungen der Gegenwart handelt, macht sie kreativen Gebrauch vom Erbe früherer Generationen und bettet es in ihre Vision der Zukunft ein. Vergangenheit, Gegenwart und Zukunft werden nicht als etwas linear Aufeinanderfolgendes betrachtet … Der Mensch – die Lernende – legt die Tradition so aus, wie es ihren Bedürfnissen und Notwendigkeiten entspricht.«

Darüber hinaus enthielt das Heft eine subtile Warnung, die an unsere zukünftigen Politiker gerichtet war – und die man fast als prophetisch bezeichnen möchte: »Selbst wenn es eine autoritäre Regierung geben sollte, würde das palästinensische Volk sie nicht als nationale Regierung anerkennen.«

Niemand konnte sich besser vorstellen, was ich vorhatte, als Jassir Arafat. Er war ohnehin schon ausgesprochen misstrauisch und stets auf der Hut, und jetzt war ihm nicht ganz wohl dabei, dass ich handelte, ohne ihn um Erlaubnis zu fragen. Als in ihm schließlich der Verdacht aufkeimte, ich würde hinter seinem Rücken eine Privatarmee bilden, spitzte sich die Lage zu.

Neben all der anderen Arbeit in den Ausschüssen hatten wir auch ein Sicherheitskomitee gegründet, aus dem einmal die Polizei hervorgehen sollte. Die ehemaligen Guerilleros und Gefangenen, die diesem Komitee angehörten, benötigten aber eine professionelle Ausbildung, weshalb ich Spenden sammelte, um sie auf die Polizeiakademien in Kairo und Amman schicken zu können. Bald drangen aus verschiedenen Quellen Gerüchte zu Arafat vor, ich verfolge damit einen heimlichen Plan. Und wie ich später erfuhr, geriet meine Position, während ich hoch über der jordanischen Wüste in einem Flugzeug saß, ins Wanken. Mehr noch, es wurde für mich gefährlich.

Ich befand mich auf dem Weg zu einem von Arafat geleiteten Spitzentreffen in Tunis. Im Flugzeug neben mir saß der Vorsitzende der Kommunistischen Partei, Suleiman Najjab, ein kontaktfreudiger Mensch mit einem beißenden Humor, was erstaunlich war, da er bereits mehrmals nur knapp dem Tod entronnen war.

Nachdem er mir einen Witz erzählt hatte, wurde er plötzlich ernst, beugte sich zu mir herüber, als wollte er mir etwas Vertrauliches mitteilen, und flüsterte mir ins Ohr: »Arafat ist sehr besorgt über das, was Sie machen, und die Leute reden ihm allen möglichen Unsinn ein. Offenbar haben Sie eigenmächtig entschieden, Leute zur militärischen Ausbildung nach Ägypten und Jordanien zu schicken. Er weiß darüber Bescheid. Und er hat gehört, dass Sie was Eigenes neben der PLO aufziehen wollen. Wenn Sie nicht möchten, dass Ihnen alles um Ohren fliegt, müssen Sie ihn davon überzeugen, dass Sie ihn nicht stürzen wollen.«

Jetzt ging es um Leben und Tod.

In Tunis wartete ich, bis die Tagesordnung abgearbeitet war, bevor ich auf den großen Alten Mann zutrat. Ich ging in sein Büro, wo er gerade etwas auf die zahllosen Papiere kritzelte, die sich ständig auf seinem Schreibtisch stapelten. Ich hätte gehört, begann ich, er verdächtige mich heimlicher Aktivitäten. »Ich möchte sagen, wenn du mir nicht vertraust, schmeiße ich alles hin. Mein Job ist auch so schon schwer genug. Ich mache das alles, weil ich glaube, dass es in unserem nationalen Interesse liegt. Ich werde nur weitermachen, wenn du mir vertraust. Wenn nicht, sag es mir jetzt.« Ich meinte es vollkommen ernst.

So sehr Arafat Speichellecker verabscheute, so sehr respektierte er auch jeden, der sagte, was er dachte. Meine Ehrlichkeit und Direktheit veranlassten ihn, das Misstrauen abzulegen, das andere ihm eingeredet hatten. »Nein, nein, keine Sorge«, murmelte er kurz angebunden. »Keine Sorge. Ich vertraue dir. Du machst eine gute Arbeit, nur weiter so.« Dann wandte er sich wieder seinem Papierstapel zu.

Doch richtig beruhigt war ich erst, als er mich am folgenden Morgen anrief. »Ich möchte, dass du zum Flughafen kommst. Du sollst mich bei meinem Staatsbesuch in Wien begleiten. Und besorg dir einen anständigen Anzug.«

In dem reich verzierten Barockpalast, in dem das Treffen stattfand, ließ mich Arafat neben sich am Gesprächstisch sitzen. Und er stellte mich seinen Gastgebern mit den Worten vor: »Das ist Sari Nusseibeh, der Vorsitzende unserer Arbeits- und Beratungsausschüsse für die Verhandlungen. Diese Ausschüsse sind für unsere Friedensbemühungen von essenzieller Bedeutung.«

Die Arbeitsausschüsse entwickelten unzählige Ideen, verfassten Bücher und ebneten Dutzenden den Weg für eine zukünftige Karriere im öffentlichen Dienst. Zudem bestand zwischen unserer Schattenregierung im Orient-Haus und einem Friedensvertrag mit Israel ein verborgener Zusammenhang. Sei es durch Zufall oder durch die Macht des Schicksals, jedenfalls war es nicht zuletzt ein beiläufiges Gespräch während einer Konferenz über die Wasserversorgung im Nahen Osten, das zum Oslo-Abkommen führte.

Die Gespräche in Washington machten überhaupt keine Fortschritte, und angesichts der Umstände war das auch nicht verwunderlich. Indem Schamir die Illusion aufrechterhielt, Israel werde sich nie mit PLO-»Terroristen« zu Gesprächen an einen Tisch setzen, verkomplizierte er die Verhandlungen zusätzlich. Jeder wusste, dass Arafat der Einzige war, der ein Abkommen schließen konnte. Auch Schamirs Nachfolger Rabin und seinem

Außenminister Schimon Peres war völlig klar, dass Faisal ohne die Zustimmung Arafats keinen Finger rühren würde.

Eines Tages, als ich in dem ehemaligen Anwaltsbüro meines Vaters saß – die Metalltüren waren jetzt nicht mehr verplombt – , kam ein Mitglied des Arbeitsausschusses, das sich mit dem Thema Wasser befasste, vorbei, um mir von einer »fantastischen Gelegenheit« zu berichten. Die Schweizer organisierten eine internationale Wasserkonferenz, und er war dazu eingeladen worden. Ohne zu zögern, plädierte ich dafür, gemeinsam hinzufahren.

Dass wir zusammen mit den Israelis an der Konferenz teilnehmen würden, weckte, wie vorhersehbar, Boykottinstinkte. Mehrere Spitzenleute der PLO stießen Drohungen aus, erklärten am Ende aber dann doch ihre Zustimmung, und einige der heftigsten Kritiker tauchten sogar selbst bei der Konferenz auf.

In der Schweiz geschah dann etwas Wunderbares. Yair Hirschfeld, ein israelischer Professor für Geschichte des Nahen Ostens, zog mich beiseite und sagte, er wolle mit mir sprechen. Ich kannte den aus Wien gebürtigen Mann bereits von zahllosen Treffen, an denen er während der Intifada teilgenommen hatte. Er besaß einen messerscharfen Verstand, gab sich keinen Illusionen hin, erfasste Probleme rasch und stellte die richtigen Fragen. Und wenn ihn die Argumente seines Gegenübers überzeugten, handelte er ohne zu zögern.

Nun wollte Hirschfeld meine Meinung zu den Verhandlungen in Washington hören, die nur im Schneckentempo vorankamen. Die Gespräche, erwiderte ich, müssten zwangsläufig schleppend verlaufen und würden auch zu nichts führen. Eingedenk der Verhandlungen in Petah Tikwa erklärte ich ihm, ein Durchbruch sei nur möglich, wenn die Entscheidungsträger selbst an den Gesprächen teilnähmen.

»Und wer sind Ihrer Meinung nach die entscheidenden Leute auf palästinensischer Seite, die man hinzuziehen müsste?«, fragte er mich. Ich nannte ihm drei Namen: Arafat, Abu Masen und Faisal. Natürlich war mir klar, dass Arafat sich in Sachen Dialog mit den Israelis auf Abu Masen verließ, denn dieser hatte unseren Konflikt mit Israel stets klar auf den Punkt gebracht. Und Faisal brachte ich ins Spiel, weil ich wollte, dass auch jemand dabei war, der mit unseren Problemen von innen her vertraut war.

Damals wusste ich noch nicht, dass Hirschfeld von Zürich gleich nach London fliegen würde, um sich mit Abu Ala zu treffen, womit der sogenannte Oslo-Prozess begann.

## KAPITEL 24

# OSLO

IM FRÜHJAHR 1992 wurde unsere Tochter geboren, und wie bei Absal und Burak half wieder der alte Freund unserer Familie, sie ans Licht der Welt zu bringen. Ich sah sie auf der Kinderstation in der Wiege liegen, mit ihren großen, neugierigen Augen die seltsame Welt um sie her betrachten, und dachte, das Schicksal habe sie wohl mit einem unersättlichen Wissenshunger ausgestattet. Wir nannten unser kleines Mädchen Nuzha – nach meiner Mutter. Im klassischen Arabisch klingt in dem Namen die Reinheit der Wüste an.

Inzwischen besuchten unsere Jungen alle bereits die von Quäkern geführte American Friends School in Ramallah. Die breiten Straßen, die zu dieser Schule führten, schienen uns sicherer als die von Menschen und Autos wimmelnden Gassen in der Nähe des Neuen Tors, vor denen Jakob und seine Freunde vom Schin Beit mich gewarnt hatten. Dschamal sollte im Jahr darauf bereits nach Eton aufbrechen, wo ihm ohnehin keine Gefahr mehr drohte.

Was die verwirrende Rechtslage bezüglich des Suks der Goldschmiede betraf, gab es ein paar neue Entwicklungen. Meinem Cousin Saki war es gelungen, die Angelegenheit vor Gericht zu bringen. Aber wie in Kafkas *Prozess* ging es dort nicht um Gerechtigkeit. Der Richter gehörte einer Siedlerfamilie an und stellte das Verfahren wegen eines Formfehlers ein. Anschließend trieben die Yeshiva-Schüler die Übernahme noch stärker voran.

Wir brauchten alle eine Pause von Palästina. Während meines Gefängnisaufenthalts hatte ich davon geträumt, mit meiner Familie irgendwohin zu fahren, ein oder zwei Bücher zu schreiben oder einfach nur die Vögel zu beobachten, wie ich es als Junge bei meinen Tauben getan hatte. Doch dann war Madrid gekommen, und ich hatte monatelang daran gearbeitet, eine Grundlage für eine spätere palästinensische Demokratie zu schaffen. Nun hatte ich das Gefühl, meine Pflicht gegenüber meinem Volk, meinem Gewissen und dem Andenken meines Vaters erfüllt zu haben. Es war an der Zeit, ins Privatleben zurückzukehren.

»Aus den Augen, aus dem Sinn«, lautete einer von Vaters Lieblingssprüchen, den ich mir jetzt wie ein Mantra vorzusagen begann. Wenn ich doch bloß hätte von der Bildfläche verschwinden können, so wie ich mich als Kind aus dem Salon meiner Eltern davongestohlen hatte! Wenn ich in Jerusalem blieb, nachdem die PLO eine Regierung eingesetzt hatte, würde ich wohl oder übel in die Maschinerie einbezogen werden. Wenn ich jedoch aus ihrem Blickfeld verschwand, würden sie sich einen anderen suchen, und ich könnte vielleicht schon nach einem Jahr heimkehren und unbemerkt in die Anonymität zurückschlüpfen.

Also begann ich mich nach Möglichkeiten für einen Auslandsaufenthalt umzusehen. Das Woodrow Wilson Institute in Washington, bot mir ab Herbst ein Stipendium an. Dschamal würde zu diesem Zeitpunkt ohnehin nach Eton gehen, und der Gedanke, mit Lucy und meinen anderen Kindern durch einen leuchtend bunten Herbstwald zu spazieren, setzte sich in meinem Kopf so fest, dass ich die Gelegenheit beim Schopf packte, ohne lange zu überlegen.

Als ich meinen Fatah-Freunden von meinen Plänen erzählte, waren sie fassungslos. »Was, jetzt?«, riefen sie alle wie aus einem Munde. »Wie kannst du nur?« Ich erinnerte sie daran, dass ich von Anfang an immer gesagt hatte, ich würde der Politik den Rücken kehren, sobald der Konflikt vorüber war. Offenbar hatten sie das für einen Scherz gehalten. Die meisten Menschen nehmen eben an, all meinen Protesten zum Trotz läge mir die Politik im Blut. Die Leute in den Arbeitsausschüssen reagierten ebenso überrascht.

Dann kam in den israelischen Medien die Sensationsmeldung. Es gebe Pläne, mich an der Abreise zu hindern – und zwar nicht seitens des Schin Beit, sondern in der Fatah. Ich solle demnächst von Aktivisten entführt und irgendwie zu Arafat gebracht werden, der gegen meinen Rückzug sei. Vielleicht hatten sich die Journalisten diese Geschichte nur ausgedacht, doch wie so oft war ein Körnchen Wahrheit daran. Arafat tat sein Bestes, um mich zum Bleiben zu überreden. Er schickte eine Gruppe Fatah-Kollegen und Freunde zu mir nach Abu Dis, die mich baten, das Land nicht zu verlassen. Erst als ich Arafat erklärte, Lucy müsse sich in Amerika operieren lassen, ließ er mich in Ruhe. Das war zwar nicht ganz gelogen, aber auch nicht die Wahrheit.

Eine Pause brauchte ich auch deswegen dringend, weil ich in der letzten Zeit öfter denn je nach meinen blauen Sorgenperlen hatte greifen müssen. Trotz der in Washington laufenden Verhandlungen zwischen Israelis und Palästinensern wurde ich langsam nervös. »Leute, die behaupten, sie hätten keine Angst, denken wahrscheinlich einfach nicht nach«, erklärte ich einem amerikanischen Reporter. »Denken und Angst haben sind zwei Seiten derselben Medaille. Es kommt nicht darauf an, keine Angst mehr zu haben, sondern darauf, damit leben zu lernen.« Mit einem Anflug stoischer Resignation fügte ich noch hinzu: »Wenn zufällig irgendwann einer auf dich zukommt und dich erschießt, dann war es das eben.«

In einer Zeit, in der der Frieden zu blühen begann, mag das nach überreizter Panik klingen, doch objektiv gesehen war die Lage düsterer denn je. Zum ersten Mal in der Geschichte saßen sich Juden und palästinensische Araber am Verhandlungstisch gegenüber, und dabei traten alle Dämonen der Vergangenheit wieder auf den Plan. Die Verhandlungen mit den Israelis zogen sich endlos hin und förderten ein halbes Jahrhundert alte, schmerzliche Erinnerungen zutage, insbesondere an die Vertreibung von Palästinensern aus Israel. Es kann gefährlich sein, die Erwartungen der Menschen, für dieses Unrecht endlich Genugtuung zu bekommen, zu enttäuschen. In der palästinensischen Gesellschaft hatten zudem Gewalt und Kriminalität tiefe Wurzeln geschlagen, und der Widerstand dagegen war zusammengebrochen. Hinzu kamen die Überfälle durch schießwütige Siedler, deren Zahl von Tag zu Tag wuchs.

Die Fatah-Leute machten sich um meine Sicherheit mehr Sorgen als ich selbst; ihrer Einschätzung nach hatte sich das Risiko seit der Verabschiedung unserer Delegierten für Madrid eklatant vergrößert – zumindest befürchteten sie das. Ich war Mitbegründer des Hochkomitees der Fatah, und in meinem Büro in den ehemaligen Toiletten gaben sich Israelis die Klinke in die Hand. Ich organisierte Zusammenkünfte von Friedensaktivisten im Gazastreifen und im Westjordanland und traf mich häufig mit anderen zu Diskussionen über den Friedensprozess. Das heißt, ich war inzwischen bekannt genug, um als Zielscheibe zu dienen, und die Fatah schickte vorsichtshalber ein paar Leute, die aus der Ferne auf mich aufpassten.

Ich selbst erfuhr davon erst zwei Wochen später, als sich ein Freund, der ebenfalls dem Hochkomitee der Fatah angehörte, verzweifelt an mich wandte. »Was ist bloß los mit dir? Wir haben ein paar Leute beauftragt, dir zu folgen, aber das ist ganz und gar unmöglich. Ständig steigst du in Taxis und Busse, dann steigst du wieder aus, gehst in Läden und durch Straßen, in denen es von Menschen wimmelt. Die armen Jungs schaffen es nicht, dir auf den Fersen zu bleiben.« Wie in einem Slapstickfilm hatte ich mit meinem gut entwickelten Selbsterhaltungstrieb genau die Leute abgeschüttelt, die mich vor Unheil zu bewahren versuchten.

Aber ein tödliches Rätsel gab es, das wirklich jeden, mich eingeschlossen, beschäftigte. Anfang 1992 geschahen in der Nähe meiner Wohnstätte drei mysteriöse Morde. Das erste Opfer, ein Rechtsanwalt aus Gaza, spielte in den politischen Komitees eine Schlüsselrolle. Tausende von entsetzten und wutentbrannten Leuten kamen zu seiner Beerdigung. Wir gingen den ganzen Weg von seinem Haus in Gaza bis zu dem außerhalb gelegenen Friedhof zu Fuß. Niemand wusste, wer die Tat begangen oder angeordnet hatte. Ein enger Freund des Ermordeten und angesehener Fatah-Veteran hielt die Grabrede, an die ich mich noch gut erinnere. »Ich werde nicht ruhen«, versprach er den Trauernden, sich selbst und wahrscheinlich Gott, »bis die Mörder, die für dieses abscheuliche Verbrechen verantwortlich sind, gefunden sind und vor Gericht gestellt werden.«

Nicht nur, dass der Redner die beiden Mörder nicht aufzuspüren vermochte, nein, die mysteriösen Verbrecher schlugen zwei Wochen später erneut zu, und diesmal war das Opfer kein anderer als der Fatah-Veteran selbst. Seine Ermordung grenzte zumindest das Feld der möglichen Täter ein. Die Hamas jedenfalls hatte sicher nicht die Hand im Spiel, denn der Sohn des zweiten Opfers war ein angesehener junger Hamas-Führer. Wer also steckte hinter den Morden?

Dann schossen im Westjordanland unbekannte Mörder den Archäologieprofessor Glock von der Universität Birseit nieder. Glocks Familie war wie die meisten Palästinenser überzeugt, dass die Israelis hinter dem Mord steckten. Er hatte an einem Buch über die Säuberungsaktion der Israelis in vierhundert Dörfern im Jahre 1948 gearbeitet, die nach der Vertreibung der Einwohner alle dem Erdboden gleichgemacht wurden. Indem Glock das palästinensische Flüchtlingsproblem bis zu seinen Ursprüngen zurückverfolgt habe, so meinte seine Familie, habe er Beweise zutage gefördert, die bei Gesprächen über die Flüchtlinge und deren Eigentum die Position der Palästinenser hätten stärken können. Und genau das wollten die Israelis nicht zulassen.

Die Israelis behaupteten, hinter dem Mord stünden arabische Auftragskiller.

Zwei Jahre später besuchte mich ein von der Familie Glock beauftragter Ermittler in meinem Büro. Er habe, so erzählte er mir, herausgefunden, dass Polizeibeamte am Ben-Gurion-Flughafen auf einen Hinweis hin einen amerikanischen Palästinenser verhaftet hatten, der der Hamas zugeordnet wurde. Beim Verhör stellte sich heraus, dass der Mann mit einer Terrorzelle in Verbindung stand, die von dem notorischen Bombenleger Adel Awadallah, für Israel Staatsfeind Nummer eins, angeführt wurde.

In dem beim Verhör abgepressten Geständnis gab der Mann an, Adel Awadallah sei persönlich für den Mord an Professor Glock verantwortlich. Aber das war noch nicht alles: Der Grund für den Besuch des privaten Ermittlers in meinem Büro waren unangenehme Neuigkeiten. Der am Flughafen verhaftete Mann hatte der Polizei erklärt, Awadallah habe den Auftrag, noch einen weiteren Mord zu begehen – diesmal am Feind Nummer eins des palästinensischen Volkes. Mein Todesurteil, das aus irgendeinem Grund noch nicht vollstreckt worden war, sollte die Strafe dafür sein, dass ich die Öffentlichkeit für den Frieden mobilisiert hatte.

Die Gespräche in Washington wurden zu einem mühsamen Geschäft. Auf die sechste Runde folgte eine siebte, auf die siebte eine achte. Die neunte Runde begann Ende April. Nach fünfzehn Monaten waren die meisten Fragen immer noch offen. Dabei wurden durchaus gute Ideen geäußert, und es war zweifellos besser, sich an einen Tisch zu setzen, als Steine zu werfen oder zu schießen. Die zentrale Figur auf amerikanischer Seite war Dennis Ross, ein hochgewachsener, breitschultriger Mann mit jungenhaftem Auftreten und riesigen Brillengläsern. Obwohl er kein Hehl aus seiner Unterstützung für Israel machte, war er voll guten Willens gegenüber den Palästinensern. Manchmal erweckte er den Eindruck eines Pfadfinderführers, der keinerlei Erfahrung mit den Schlangenbeschwörern und Messerwerfern des Nahost-Suks hat.

Trotz aller Bemühungen der Amerikaner entwickelte sich zwischen den gegnerischen Parteien ein Muster, das bestenfalls kleine Fortschritte zuließ. Meist ging es einen Schritt vorwärts und zwei zurück. Die palästinensische Seite rückte nicht von ihrem Wunsch ab, sofort alle Insignien der Unabhängigkeit übertragen zu bekommen, und verlangte als Grundlage der Endstatusverhandlungen – die sich auf die Grenzen, Jerusalem, die Siedlungen und das Flüchtlingsproblem konzentrieren sollten – klar definierte Garantien für einen vollständigen Abzug der Israelis aus den 1967 besetzten Gebieten.

Die israelische Seite versuchte genau das Gegenteil durchzusetzen. Ihre Verhandlungsführer taten ihr Bestes, um die Macht der palästinensischen Autonomiebehörde so weit wie möglich zurechtzustutzen, bis nur noch eine Dorfliga in neuer Verpackung übrig blieb, und die Endstatuserklärung so vage wie möglich zu halten.

Tag für Tag bewegten sich die Gespräche am Abgrund entlang: Eine Seite stieß eine Drohung aus, woraufhin die andere mit den Amerikanern kuschelte, um eine Lösung zu finden, die allerdings nie mehr war als ein Provisorium bis zur nächsten Krise, die sich mit der Präzision eines Uhrwerks einstellte.

Doch gerade als in Washington die neunte Runde startete, gingen in Oslo geheime Gespräche in die vierte Etappe.

Wie alle, die nicht direkt in den Oslo-Prozess involviert waren, hatte auch ich keine Ahnung, was dort vor sich ging. So wusste ich nicht, dass Hirschfeld im Anschluss an die Wasserkonferenz in der Schweiz sowohl Abu Ala als auch Abu Masen kontaktiert hatte. Danach hatte sich Abu Ala für ein verlängertes Wochenende in Oslo mit Ron Pundak, einem Geschichtsforscher, getroffen. Organisiert hatte das Ganze Terje Larsen, der Gründer des norwegischen Instituts für angewandte Wissenschaft. Schließlich brachten die beiden Seiten eine sechsseitige Prinzipienerklärung heraus.

Doch auch ohne über Insiderinformationen zu verfügen, hatte ich die untrügliche Vorahnung, dass eine Friedensvereinbarung unmittelbar bevorstand. Als Mitglied des »Teams« und Leiter der Arbeitsausschüsse sowie dank meiner engen Zusammenarbeit mit Abu Ala bei den multilateralen Gesprächen befand ich mich in einer günstigen Position, um die Entwicklung des Friedensprozesses zu analysieren. Außerdem war ich in Jerusalem in alle möglichen inoffiziellen Kontakte zwischen Leuten eingeweiht, die auf unterschiedlichen Ebenen an dem Prozess beteiligt waren. Obwohl alle Anzeichen auf das Gegenteil hindeuteten – der Siedlungsbau ging in atemberaubender Geschwindigkeit weiter –, interpretierte ich die politische Landkarte dahingehend, dass sich bald etwas tun würde. Nur hatte ich keinerlei Vorstellung, worum es sich handelte.

Im Sommer 1993 kam dann schließlich die Nachricht aus Oslo, ein paar Wochen vor meiner Abreise nach Amerika. Als ich davon hörte, befand ich mit gerade bei einer Konferenz in Gaza. Meine Freude war so groß, dass ich meine Kollegen im Orient-Haus anrief und sie bat, eine Siegesfeier vorzubereiten.

Am nächsten Tag reiste ich überstürzt aus Gaza ab und fuhr in halsbrecherischer Geschwindigkeit gen Jerusalem, um rechtzeitig zur Feier dort einzutreffen. Doch gerade als ich mich den letzten Hügel hocharbeitete, versagte mir meine alte Kiste den Dienst – daran hatte ich mich inzwischen gewöhnt und war stets darauf gefasst. Ich schaffte es noch zum Orient-Haus, allerdings mit Verspätung und ganz verschwitzt, weil ich lange am Straßenrand gestanden hatte, um ein Taxi zu bekommen.

Im Hof vor dem Haus drängten sich die Feiernden. Überall wehten Fahnen, Lautsprecher plärrten, und viele Gesichter strahlten vor Freude. Kaum trat ich ein, liefen ein paar junge Aktivisten auf mich zu und hievten mich auf ihre Schultern. In den nächsten Stunden blickte ich von meiner erhöhten Warte hinunter in das Gewimmel der Leute, die nationalistische Lieder sangen. Ich konnte kaum glauben, dass wir es wirklich geschafft hatten. Frieden. Freiheit. Keine Politik mehr! Amerika! Monticello!

Über den Inhalt der Übereinkunft war noch keiner von uns im Bilde, und Einzelheiten kannten wir erst recht nicht. Aber in diesem Moment zählte nur eins: Es war eine Vereinbarung zwischen der israelischen Regierung und der PLO getroffen worden. Es war so gekommen, wie ich es immer vorhergesagt hatte: Die Vernunft hatte sich durchgesetzt. Und damit kam eigentlich nur ein unabhängiger Palästinenserstaat mit Ostjerusalem als Hauptstadt in Frage. Was sonst? Niemand unter den an diesem Abend im Orient-Haus versammelten Menschen hegte den geringsten Zweifel, dass unsere Bemühungen Früchte getragen hatten. Wir hatten endlich unser Ziel erreicht – den Frieden.

Der bittere Groll, der später aufkommen sollte, muss im Licht dieser unschuldigen Freude gesehen werden. Die Selbstmordattentäter, die israelische Städte heimsuchen, und Scharons sechs Meter hohe Mauer mit den Wachtürmen, die unser palästinensisches Land durchschneidet, waren noch ein Jahrzehnt entfernt.

Gute Krimis liest fast jeder gern, und die Vereinbarung von Oslo besaß alle Zutaten für einen großartigen Plot. Da waren die Geheimtreffen in einer eisigen, mondbeschienenen, entlegenen europäischen Stadt, wo ein paar weltfremde Professoren hinter dem Rücken der Berufspolitiker letztendlich mehr erreichten, als in den anderthalb Jahren offizieller Verhandlungen zustande gekommen war – trotz des Drucks und der Überredungskünste der Amerikaner und trotz der pfadfinderischen Fähigkeiten von Dennis Ross. Präsident Clinton sicherte dem Abkommen volle Unterstützung zu, und die offizielle Unterzeichnung sollte am 13. September auf dem Rasen des Weißen Hauses stattfinden.

Wir nannten das Abkommen die Declaration of Principles (Prinzipienerklärung), kurz DOP. Als sich dann Enttäuschung breitmachte, eröffnete sich Witzbolden ein ganzes Spektrum von Verballhornungsmöglichkeiten: DOPED (betäubt), DUPED (übertölpelt) und so weiter. Am Vorabend der Unterzeichnung wurde zwischen den beiden Seiten ein Brief ausgetauscht, der als Präambel dienen sollte. Die PLO willigte explizit ein, Israels Existenzrecht anzuerkennen, und Israel wiederum erkannte endlich die PLO als legitime politische Vertretung der Palästinenser an. Dies implizierte, dass die Palästinenser in Palästina ihre eigene, PLO-geführte Regierung haben würden.

Alles andere basierte auf dieser Grundlage. Die beiden Seiten einigten sich auf einen Zeitplan für die Schaffung einer palästinensischen Behörde, zunächst im Kleinen für Gaza und Jericho, später für das gesamte Westjordanland. Gleichzeitig sollten die israelischen Truppen aus den größeren Städten abgezogen und Wahlen abgehalten werden. Die strittigsten Themen – Jerusalem, die Siedlungen, die Flüchtlinge und die Grenzen – sollten später geregelt werden, wenn bereits etwas Vertrauen geschaffen war. Diese sogenannten »Dauerstatus-Verhandlungen« sollten nach zwei Jahren beginnen, fünf Jahre waren angesetzt, um alles unter Dach und Fach zu bringen.

In einem Brief, den er Arafat nach dem Vertragsschluss von Oslo übergab, versprach Peres, dass palästinensische Institutionen in Jerusalem während der Übergangsphase nicht nur unbehelligt bleiben würden, sondern sich sogar entwickeln und ausgebaut werden könnten.

Im Nachhinein ist es leicht, all die Fehler von Oslo auf schlecht formulierte Klauseln oder schwammige Einzelheiten in der DOP zurückzuführen. Als der Text für das Abkommen aufgesetzt wurde, hatten die Palästinenser keine mit internationalen Verträgen vertrauten Juristen zur Seite gehabt – wie sich herausstellte, ein fataler Fehler im Umgang mit Israelis.

Als am schädlichsten aus palästinensischer Sicht erwies sich die Tatsache, dass die wichtigsten Themen – nämlich die Frage der Grenzen, Jerusalems und der Siedlungen – zunächst ausgeklammert wurden und erst in den folgenden fünf Jahren behandelt werden sollten. Indem sie den amorphen Parametern der DOP zustimmten, verabschiedeten sich die Palästinenser von der sehr konkreten Hoffnung, die 1948 eingebüßten Landstriche je zurückzubekommen. Zur Debatte standen nur die siebenundzwanzig Prozent des historischen Palästina, die Israel 1967 erobert hatte, und auch hier war nicht einmal sicher, dass Israel einwilligen würde, dieses Land ganz zurückzugeben. Wir mussten uns mit der »Autonomie« über ein paar Scheibchen Land begnügen und konnten nur hoffen, dass uns nach den »Endstatus-Verhandlungen« auch der Rest übergeben würde. Bis dahin schob die DOP dem Siedlungsbau oder der Errichtung neuer jüdischer Viertel in Jerusalem keinen Riegel vor. Mit anderen Worten, die Israelis sicherten sich endgültig ihre Eroberungen von 1948, während unser Teil unter die Kategorie »umstrittener« Territorien fiel, die zwischen den beiden Seiten aufgeteilt werden sollten, wobei die eine der anderen militärisch wie diplomatisch haushoch überlegen war. Es war, als würde bei der Aushandlung eines Ehevertrags der Punkt eheliche Untreue bewusst ausgeklammert. Mit anderen Worten, DOP war die perfekte Formel für eine Katastrophe.

Im August 1993 jedoch konnte noch niemand vorhersagen, was dabei herauskommen würde, und es herrschte eine verständliche Euphorie. Arafat hätte nicht zufriedener sein können. Noch zwei Jahre zuvor war er in den Augen der Welt gleich hinter Saddam der Paria Nummer zwei gewesen. Seine Geldquellen waren damals versiegt, und das rote Telefon in seinem Büro hatte kaum mehr geläutet. Er war einer der letzten noch lebenden alten Revolutionäre der Welt gewesen und gleichzeitig der einsamste. Und jetzt sonnte er sich plötzlich wieder im Scheinwerferlicht.

Die meisten Palästinenser waren an diesem Abend ebenso glücklich wie die Feiernden im Orient-Haus, denn die lange Besatzung, so schien es, war zu Ende. Arafat, ein Führer, der ihre Hoffnungen verkörperte, wurde wie ein Staatsoberhaupt behandelt, der Staat konnte also nicht mehr allzu weit entfernt sein. Keine Schikanen durch Soldaten mehr, keine Straßensperren, keine willkürlichen Verhaftungen, keine Landenteignungen, keine Siedlungen und keine Siedler mehr, die sich mit ihren Uzis wie Feudalherren aufführten. Es würde Arbeit geben und allen offenstehende Schulen und Hoffnung für die Kinder, so zu leben wie israelische Kinder: in einer freien Welt voller Möglichkeiten, von der Welt geachtet und als gleichberechtigt anerkannt, anstatt wie Almosenempfänger und räudige Hunde behandelt zu werden.

Die lautstärksten Gegner von Oslo, wie die Hamas und ein paar linke Splittergruppen, verurteilten das Abkommen mit vorhersehbarem Pathos; sie waren gegen jede Einigung mit Israel. In Birseit gerieten radikale Studenten der Linken und der islamischen Rechten mit ihren Fatah-Kommilitonen aneinander. »Wie konnte der Vorsitzende Arafat Rabin die Hand schütteln, einem Mann, der auf uns geschossen und uns ins Gefängnis geworfen hat!« Die erbitterten Auseinandersetzungen mündeten in Handgreiflichkeiten.

In Israel führten Benjamin »Bibi« Netanjahu und Ariel Scharon den Chor der Gegner an, und das Land wurde von massiven Demonstrationen erschüttert. »Wir hatten Arafat schon am Wickel«, hieß es. »Er war bankrott, diskreditiert, mit seinem Latein am Ende. Und anstatt ihn endgültig zu erledigen, haben Sie, Rabin, ihn gerettet!« Nach dem berühmten Händedruck auf dem Rasen vor dem Weißen Haus nahm die Dämonisierung Arafats geradezu endzeitliche Dimensionen an. Er war jetzt Ameloch, der Erzfeind Israels. Ich erinnere mich gut an die Autoaufkleber und die an Bäume und Büsche gebundenen oder von Felsen hängenden Schilder mit der Aufschrift ISRAEL BASACANAH! – ISRAEL IST IN GEFAHR!

Die letzten Wochen in Jerusalem verbrachte ich mit der Vorbereitung meines bevorstehenden Sabbatjahrs. Währenddessen traf Dschibril, mein Partner im Führungskomitee der Fatah, Vorkehrungen für seine Rückkehr aus dem Exil. Bereits in Tunis hatte er Pläne für den Aufbau einer Sicherheitstruppe in den befreiten palästinensischen Gebieten ausgearbeitet. Er wollte die Verantwortung für den Bereich Sicherheit übernehmen, weil ihm klar geworden war, dass es hier wirklich um Macht ging.

Arafat entwarf unterdessen eigene, hochfliegende Pläne für sich und das Land, an dessen Spitze er, wie er meinte, bald stehen würde. Er genoss es, kein Paria mehr zu sein, ständig fotografiert zu werden und in einer schwarzen Limousine vom Gästehaus des

US-Präsidenten zum Weißen Haus chauffiert zu werden. Vor allem aber freute er sich auf die ausländischen Hilfsgelder, die in Strömen fließen würden. Die internationale Gemeinschaft versprach aus Freude über die unmittelbar bevorstehende Lösung des einst hartnäckigen Konflikts Milliarden zur Finanzierung von Arafats künftiger palästinensischer Autonomiebehörde (Palestinian Authority, kurz: PA).

Die Sache hatte nur einen Haken. Die Geldgeber waren zwar mehr als bereit, bei der Schaffung einer tragfähigen palästinensischen Regierung mitzuhelfen – nicht aber dazu, das Geld direkt Arafat oder seinen PLO-Mitstreitern zu übergeben. Sie drängten auf die Einrichtung einer unabhängigen und effizienten Entwicklungsorganisation nach dem Vorbild des Wiederaufbaufonds für den Libanon nach dem Bürgerkrieg. Die Weltbank berücksichtigte diesen Wunsch der Geldgeber, arbeitete Statuten für einen Palästinensischen Ökonomierat für Entwicklung und Wiederaufbau (Palestinian Economic Council for Development and Reconstruction, PECDAR) aus und bat den ehrwürdigen palästinensischen Ökonomen Jusef el-Sajegh, die Leitung zu übernehmen.

Arafat war über diese Entwicklung alles andere als glücklich. Misstrauisch wie immer und geneigt, alles nach reinem Machtkalkül zu interpretieren, hegte er den Verdacht, der PECDAR sei eigentlich ein heimtückisches Komplott gegen ihn. Ein tieferer Grund für seine instinktive Ablehnung war seine Günstlingswirtschaft. Floss das Geld nicht direkt in seine Taschen, würde er nicht mehr in der Lage sein, mögliche Herausforderer zu bestechen. Er würde seinen bewährten »Führungsstil« nicht fortsetzen können.

Ich selbst hatte zur Zeit der Madrider Friedenskonferenz einen Vorgeschmack von Arafats Regierungsstil bekommen. In Tunis war ich häufig bei Treffen der PLO-Führung zugegen gewesen; sie glichen Boxkämpfen, die von den Fans auf den Tribünenplätzen mit Grölen begleitet wurden. Mitglieder der einen oder anderen extremistischen Splittergruppe brüllten Fatah-Vertreter an, schimpften mächtig über den Friedensprozess und stießen Drohungen aus.

Nach dem Treffen warteten dann stets eine Reihe von Leuten darauf, Arafat die Hand zu schütteln, ehe sie in ihre jeweiligen Länder zurückkehrten. Überraschend für mich war damals, dass sich unter den vor seinem Büro versammelten Menschen auch jene polternden Extremisten befanden, die eben noch erklärt hatten, zu allem entschlossen zu sein, um jeden Quadratzentimeter Groß-Palästinas, von Tel Aviv bis Petah Tikwa, zurückzuerlangen, und lauthals geschimpft hatten, eine Zwei-Staaten-Lösung auch nur zu erwägen bedeute, seine Seele dem Teufel zu verkaufen. Und jetzt harrten genau dieselben Leute geduldig vor der Tür des Vorsitzenden aus.

Als ich Dschibril fragte, was diese Leute von Arafat wollten, nahm er kein Blatt vor den Mund (das tut er nie). »Du willst wissen, was dieser Abschaum der Menschheit will?«, sagte er voller Verachtung. »Die Hand aufhalten, das ist es, was diese Mistkerle im Sinn haben.« Arafat jonglierte mit den gegen ihn gerichteten Kräften, indem er sie schmierte. Wenn nicht er ihnen Geld gab, so seine Befürchtung, dann würden andere es tun. Allerdings hatte Arafat nur tiefe Verachtung für sie übrig, und das ließ er sie auch spüren. In diesem Punkt war sich Dschibril mit ihm einig: »Der Schuh eines Gefangenen aus den besetzten Gebieten«, so pflegte er zu sagen, »ist mehr wert als diese ganze Heuchlerbande zusammen.«

Wie also sollte Arafat jetzt, da es den PECDAR gab und die internationalen Gelder über andere Kanäle flossen, seine Feinde in Schach halten? Und würde derjenige, der nun den Geldfluss kontrollierte, dann vielleicht auch die Politik bestimmen? Vielleicht würde ein neuer Jongleur auftauchen.

Nach längerem Hin und Her mit der Weltbank gelang es Arafat schließlich, den PECDAR im Umkreis seines Einflussbereichs zu halten. Als Jusef el-Sajegh bei einer Sitzung klar wurde, dass der PECDAR von Arafats Einfluss nicht gänzlich unabhängig sein würde, verließ er den Raum und kehrte nicht mehr zurück.

Nachdem El-Sajegh von der Bildfläche verschwunden war, brauchte Arafat jemanden, dem er die Leitung des PECDAR anvertrauen konnte und der zugleich von der Weltbank akzeptiert wurde. Seiner Ansicht nach war ich der richtige Mann, und er bat mich, nach Tunis zu fliegen, um eine Angelegenheit von »größter Wichtigkeit für die Nation« zu besprechen.

Während wir beide in seinem Büro hin und her tigerten, klärte mich Arafat über die ganze Geschichte des PECDAR auf und weihte mich in seine Befürchtungen ein. »Diese Ökonomen sagen, dass die Wirtschaft von der Politik unabhängig sein muss. Aber wie soll das gehen? Die Politiker bestimmen doch über die Wirtschaft. Und wenn Fachleute aus der Wirtschaft die finanziellen Strippen ziehen, so sind sie nichts weiter als verkleidete Politiker.« Wir gingen weiter auf und ab, und ich ließ ihn reden. »Aber was genau haben sie zu verbergen, diese Wirtschaftsleute?«, murmelte er wie zu sich selbst. »Wer steckt hinter ihnen? Wer zieht die Fäden?«

Schließlich setzte sich Arafat an seinen Schreibtisch und sagte, er wolle offen mit mir reden. »Ich vertraue dir, Sari.« Er brauche jemanden, der die versprochenen Milliarden verwaltete, und das solle ich sein. Er habe sonst niemanden, dem er in dieser Position absolut vertrauen könne.

Ich hatte nicht vor, mich in Arafats Regierung hineinziehen zu lassen – ausgerechnet jetzt, wo mein »freies« Jahr in Amerika bevorstand. Also bat ich höflich um Entschuldigung und sagte, es sei mir eine Ehre, doch ich könne nicht annehmen. Lucys bevorstehende Operation nehme meine Aufmerksamkeit ganz und gar in Anspruch. Am Ende kamen wir überein, dass ich mit Lucy in die Staaten gehen, jedoch bis zu meiner Rückkehr an den Vorstandssitzungen des PECDAR in Washington teilnehmen würde.

In Washington zu sein, hob meine Stimmung ungemein. Ein Jahrzehnt lang hatte ich stets verstohlen über die Schulter geblickt, war in und aus Taxis gestiegen, um Jakob und seinen Leuten zu entkommen, hatte um meine Familie gebangt und mir Sorgen wegen der palästinensischen Extremisten gemacht. In Amerika steckte ich meine Perlenschnur weg und genoss es zu wissen, dass mir niemand im Dunkeln auflauerte. Es war befreiend, ein anonymer Niemand zu sein. Ein Gesicht unter vielen. Ein Kollege an einem Institut. Ein Gast im Restaurant, der zum ersten Mal seit Jahren ein wenig Geld auf dem Konto hatte.

Statt im ehemaligen Anwaltsbüro meines Vaters in dem von Menschen wimmelnden, abgasgeschwängerten Ostjerusalem saß ich nun in meinem Büro im Smithsonion Institute mit Blick auf den Garten. In den Mittagspausen sah ich mir uralte Dinosaurier an und starrte empor zum Flugzeug der Gebrüder Wright.

Monticello war nur einen Tagesausflug entfernt. Als Lucy und ich mit den Kindern hinfuhren, um Wegen zu folgen, die wir vor zwanzig Jahren gegangen waren, wurde uns die Geschichte der amerikanischen Demokratie wieder in Erinnerung gerufen. Clinton war an der Macht, und Amerika schien noch stärker, noch lebendiger und noch toleranter als Anfang der Siebzigerjahre.

Ich glaubte, den PECDAR ad acta gelegt zu haben, doch Arafat ließ nicht locker. Wenige Tage nachdem ich mich in meinem neuen Leben in Amerika eingerichtet hatte, rief er mich an. Nach ein paar Einleitungsfloskeln erklärte er mir, ich müsse unbedingt das Vorstandstreffen des PECDAR in Tunis besuchen.

Ich kaufte mir ein Rückflugticket und flog hin. Sobald ich in Tunis war, wurde mir jedoch klar, worauf Arafat spekuliert hatte. Als ich nach Abschluss des Treffens nach Hause fliegen wollte, bestand er darauf, dass ich ihn und seine Delegation zu einer wichtigen Versammlung in Oslo begleitete.

Arafat gegenüber tat ich immer, was ich wollte, ohne ihm das Gefühl zu vermitteln, ich würde mich gegen ihn stellen. (Wie der islamische Weise Al-Farabi lehrte, ist es manchmal besser, einen Führer über seine wahren Absichten im Dunkeln zu lassen.) In diesem Fall schien mir, es wäre nicht gut, mich dem Treffen in Oslo zu entziehen. Also stieg ich mit ihm in sein Privatflugzeug, und es ging los. Erst als wir uns bereits in der Luft befanden, erfuhr ich, dass wir im Königspalast wohnen würden und dass es sich bei dem Treffen um ein Staatsbankett handelte, zu dem König Harald V. geladen hatte.

An diesem Abend an der königlichen Tafel zeigte ich mich von meiner besten Seite. Ich trug Anzug und Krawatte, und während des Essens gelang es mir, alle Erbsen auf der Gabel zu behalten und gleichzeitig über Arafats Strategie nachzudenken. Offenbar nahm er an, dass der königliche Glanz in dem Märchenschloss mich so in Bann ziehen würde, dass ich den PECDAR übernehmen würde, und sei es nur, um gelegentlich in den Genuss derartiger Vergünstigungen zu kommen.

Beim Dessert beschloss ich, die Stadt zu verlassen, und nachdem ich mich in mein goldverziertes Zimmer zurückgezogen hatte, griff ich zum Telefon und arbeitete eine Route zurück nach Washington via Stockholm aus. Dann bestellte ich ein Taxi, das mich um fünf Uhr morgens vor dem Palast abholen sollte. Und während Arafat noch schlief, suchte ich das Weite.

Ich war noch keine vierundzwanzig Stunden wieder in Washington, als der unvermeidliche Anruf kam. »Du bist abgehauen«, sagte der Vorsitzende. Und dann führte er etwas ins Feld, an das er mich nicht erst hätte erinnern müssen: »Du bist nicht wie dein Vater. Der hätte so etwas nie getan. Nie!«

Das Datum für Arafats Rückkehr nach Gaza wurde festgesetzt, und er betrat das »befreite« Palästina als Held und Befreier. Ich verfolgte die Kofettiparade und die Salutschüsse von meiner Wohnung in einem Vorort in Maryland aus.

Wie geplant reduzierte ich meine politischen Aktivitäten nun auf das absolute Minimum. Ich nahm zwar teil, wenn sich die

PECDAR-Delegierten gelegentlich in Washington trafen, doch im Übrigen genoss ich es, keine Verantwortung für öffentliche Belange zu tragen. Ich schob den Kinderwagen mit der großäugigen Nuzha in dem Park herum, der gleich am Ende unserer Straße begann. Bei Schnee gingen Absal und Burak abwechselnd mit Nuzha zum Schlittenfahren. Wenn ich in Washington durch den Independence Park zum Smithsonian ging, blieb ich oft unvermittelt stehen und staunte über das Wunder des Lebens. Was konnte ich mir mehr wünschen?

Um mich über die Neuigkeiten daheim auf dem Laufenden zu halten, las ich die *Washington Post* – allerdings so selten wie möglich. Die wichtigste Nachricht war eine Mischung aus altgriechischer Tragödie und modernem Action-Film. Ein griechischer Dramatiker hätte sich keinen besseren Schauplatz aussuchen können: altehrwürdiger, heiliger Boden voller mystischer Anklänge. Und auch ein Hollywood-Regisseur hätte schwerlich eine bessere Kombination ersinnen können: eine Uzi in den Händen eines in Brooklyn geborenen Kinderarztes.

Im Februar 1994 leerte der in der Siedlung Kirjat Arba bei Hebron ansässige Baruch Goldstein das Magazin seiner von der Regierung gestellten Schnellfeuerwaffe mitten hinein in eine Menge Gläubiger und traf dabei neunundzwanzig Muslime während des Freitagsgebets in der Höhle der Patriarchen, einer sowohl für Muslime als auch für Juden heiligen Stätte in Hebron. Bei den dadurch ausgelösten Unruhen kamen weitere neunzehn Personen zu Tode, Hunderte wurden verletzt. Es war der blutigste Tag seit Beginn der Besatzung 1967.

Der führende Geistliche der Hebroner Moschee wetterte gegen das Oslo-Abkommen. »Unsere Brüder werden massakriert, und unsere Führer schlafen entweder, oder sie verhandeln mit den Israelis!«[1] Überall im Westjordanland wurden Fotos von Arafat verbrannt. Die Bewohner Hebrons begrüßten Faisal mit Steinwürfen, als er zum Schauplatz des Geschehens vorzudringen versuchte. Und Rabin, der persönlich die Siedler verabscheute, bestrafte deren Opfer – ein böses Omen für die Zukunft. Er belegte die gesamte Stadt Hebron mit einer Ausgangssperre, zweifellos aus untadeligen Motiven, nämlich, um Vergeltungsschlägen vorzubeugen. Doch indem er statt der Palästinenser die Siedler schützte, ermutigte er die eingeschworenen Gegner des Osloer Prozesses und seiner eigenen Regierung.

Noch schlimmer wurde das Ganze dadurch, dass Rabin den Siedlern unter die Arme griff, indem er Milliarden Schekel in den Schutz und die Infrastruktur der Siedlungen pumpte. Ein grundlegender Fehler im Abkommen von Oslo begann deutlich zu werden. Da die DOP einen Stopp der Siedlungsaktivitäten nicht vorschrieb, hatte Rabin keine zwingenden Gründe, seinen Fanatikern entgegenzutreten; es war einfacher, palästinensisches Land zu beschlagnahmen, um eine Entlastungsstraße für sie zu bauen.

Der uralte Nahost-Moloch erwachte langsam aus seinem Schlummer. Als Folge des Goldstein-Massakers fuhr ein islamischer Student in der israelischen Stadt Afula ein mit dreihundert Pfund TNT beladenes Auto in einen Bus; acht Menschen starben, mehr als fünfzig wurden verwundet.

Ich war bereits seit einem halben Jahr in Amerika und arbeitete an einem Buch über den Freiheitsbegriff in arabischer Sprache, als eine Delegation der Jerusalemer Al-Quds-Universität in Washington einen Zwischenaufenthalt einlegte. Ein Mitglied der Delegation war Imad, der an der Universität die Angestelltenvereinigung der Fatah vertrat. Imad stammte aus einer Familie, die vor 1948 zu den größten Landbesitzern in Palästina gezählt hatte. Sein Großvater war ein Prinz gewesen, der über zweitausend Hektar Obstplantagen nördlich des heutigen Tel Aviv sein Eigen nannte. 1948 hatten die Israelis diesen Großvater und seine Familie vertrieben, die Ländereien zu militärischem Sperrgebiet erklärt und aus dem Vierzig-Zimmer-Landhaus eine Munitionsfabrik gemacht. Zur Zeit der Intifada war Imad des Öfteren mit seinen Kollegen zu mir gekommen, um sich Rat zu holen, und ich war von seiner Intelligenz und seinem politischen Instinkt beeindruckt gewesen. Er hatte den Kontakt mit mir auch noch gehalten, als ich bereits im Orient-Haus mit der Bildung der Arbeitsausschüsse beschäftigt war.

Die Delegation versuchte nun, für die unter Geldnot leidende »Universität« Spenden aufzutreiben. Ich schreibe »Universität« in Anführungszeichen, weil die Bildungseinrichtung im Grunde ein unzusammenhängender Bund von vier einzelnen Colleges war – untergebracht in verschiedensten Gebäuden und mit einer Studentenschaft, in der es von Hamas-Unterstützern wimmelte. Was die »Verwaltung« betraf, so gab es einen Koordinationsrat, der sich aus den Vorständen der vier Colleges zusammensetzte. Ursprünglich hatte der Mufti von Jerusalem – der Freund meines Vaters, der Lucy und mich getraut hatte – das Gremium geleitet. Nach seinem Tod hatte der jüngste Bruder meines Vaters, ein Geschäftsmann, ihn abgelöst. Der erste Präsident der Schule war eben erst gewählt worden. Es war Faisals Cousin Hatem, der bis vor Kurzem in den USA im Exil gelebt hatte.

Das war mein Wissensstand über die Al-Quds, als Imad und seine Freunde mich aufsuchten. Nachdem wir ein halbes Stündchen geplaudert hatten, erzählte mir Imad von der schlechten Stimmung daheim, dass er jedoch hoffe, es könne noch etwas dagegen unternommen werden, insbesondere an der Universität. Auf meine Erkundigung, was genau er meine, sah er fragend seine Kollegen an, die ihm alle zunickten. Daraufhin erzählte Imad mir etwas ausweichend, dass sich an der Universität gravierende Veränderungen ankündigten. Bei Hatem sei Krebs diagnostiziert worden, und er würde seine Funktion nur noch ein paar Monate lang ausüben können. Einige Wochen zuvor war ich in Monticello gewesen, und jetzt fiel mir plötzlich Jeffersons Akademie wieder ein. Ich musste über mich selbst lachen angesichts dieser weit hergeholten Verbindungslinie.

## KAPITEL 25

# DAS VERSCHWINDEN

ICH KEHRTE IM SOMMER 1994 aus Washington zurück, nicht lange nachdem Arafat und Rabin in Kairo das Gaza-Jericho-Abkommen unterzeichnet hatten. Inzwischen hatten sich Arafat und andere Exilierte bereits in den besetzten Gebieten niedergelassen.

Auf der Heimreise legten Lucy, die Kinder und ich einen mehrtägigen Zwischenstopp in Zypern ein. Ich muss wohl vorausgeahnt haben, was mich erwartete, denn während ich in einem Mietwagen vor einer Apotheke auf Lucy wartete, dachte ich mir die Handlung für einen Spionageroman aus. Das Genre hatte es mir immer schon angetan: das Aufblitzen eines Dolches im Mondlicht, Lippenstiftspuren an einer Tasse, das Beseitigen von Fingerabdrücken. Sich ein Komplott auszudenken – anstatt dessen Opfer zu werden – hilft besser, die Angst zu vertreiben, als Sorgenperlen.

Mir kam ein Gedanke. Was würde geschehen, wenn ich plötzlich verschwände? Ich stellte mir vor, wie sich Entführer von hinten an das Auto heranschlichen, ihre Waffenläufe durch das offene Fenster stießen und mich verschleppten. Wenn Lucy aus der Apotheke kam, würde sie nur noch eine brennende Zigarette im Aschenbecher vorfinden.

Später, im Hotelzimmer, skizzierte ich die Geschichte in Grundzügen und gab ihr den Arbeitstitel *Das Verschwinden*. Es ging darin um die Entführung eines Hochschullehrers halb palästinensischer, halb jüdischer Abstammung, der eine ruchlose Verschwörung radikaler Palästinenser und finsterer Elemente innerhalb des israelischen Sicherheitsapparats zu vereiteln versucht.

Die Schurken wollen durch eine Reihe von Selbstmordanschlägen auf israelische Zivilisten den Friedensprozess zum Scheitern bringen. Mein Held wird geschnappt, während er auf der Insel Zypern in einem Mietwagen vor einer Apotheke wartet.

Der nie geschriebene Roman fällt mir deswegen ein, weil »Verschwinden« auch die treffende Beschreibung für meine Haltung zum öffentlichen Leben in den Jahren 1994 bis 2000 darstellt. Ich wurde zwar nicht entführt, obgleich das einigen meiner alten Aktivisten-Freunde zufolge leicht hätte geschehen können. Der Rückzug aus der aktiven politischen Auseinandersetzung war für mich das Gleiche wie mein Davonschleichen aus dem Salon meiner Eltern, wenn dort heftig debattiert wurde. Als Kind ging ich dann in mein Zimmer, um mit Holzklötzchen zu spielen, und jetzt, mit Mitte vierzig, tat ich das, wovon ich seit meiner ersten Reise ins Shenandoa-Tal geträumt hatte: Ich baute eine Universität auf.

Kurz nach meiner Rückkehr nach Jerusalem besuchte mich Imad erneut. Hatem, der Präsident der Al-Quds-Universität, war inzwischen verstorben, sodass die Lehrstätte momentan ohne Führung dastand. Imad wiederholte alle Argumente, die er bereits in Washington vorgebracht hatte, um mich für die Übernahme des Postens zu gewinnen.

Gemeinsam war es einigen meiner Freunde aus früheren Tagen gelungen, den Vorstand der Universität davon zu überzeugen, mich für die Stelle vorzuschlagen. Mein Onkel war jetzt Vorstandsvorsitzender, und als er abstimmen ließ, waren nur zwei Vorstandsmitglieder, die beide der Hamas nahestanden, gegen mich. Man bot mir den Posten an, und ich akzeptierte.

Ich wusste, dass es herkulische Anstrengungen und zudem eine Menge Glück erfordern würde, dort etwas zu verändern, nicht zuletzt weil die Hamas-Studenten, die neunzig Prozent der Studentenschaft ausmachten, hartnäckig Widerstand leisten würden. Es mag abergläubisch klingen, doch das amerikanische Fünfcentstück mit dem Bild Monticellos war für mich über die Jahre zum Talisman geworden, der mich ständig begleitete: Mal lag die Münze in meiner Schreibtischschublade, mal trug ich sie in der Hosentasche. Jetzt rieb ich sie öfter denn je zwischen den Fingern.

Bei einem Gespräch mit Faisals Anwalt Jawad Boulos – wir saßen im Anwaltsbüro meines Vaters und tranken türkischen Kaffee – spielte ich auf das Erbe des amerikanischen Universitätsgründers an und erzählte ihm, dass ich die Stelle des Leiters von Al-Quds angenommen hatte. Jawad fiel vor Schreck fast in Ohnmacht. »Wie konntest du nur?«, rief er aus. »Du könntest doch alles Mögliche machen. Du kannst Minister in der Regierung werden oder als Gelehrter nach Birseit zurückkehren. Warum, um alles in der Welt, willst du an einer so bedeutungslosen Institution arbeiten, wenn dir eine Karriere als Politiker oder als richtiger Hochschullehrer offensteht?« Er war erschüttert darüber, dass ich meine Zeit mit solchen Nichtigkeiten vergeuden wollte. Das gesamte Personal – vom Professor bis zur Putzfrau – umfasste nicht einmal einhundertzwanzig Mitarbeiter. »Und erst die Studenten! Vergiss nicht, mit welcher Art von Leuten du es dort zu tun haben wirst!«

Mit meiner Reaktion brachte ich ihn zum Lachen. Ich hätte nur allzu gern die Münze aus meiner Tasche gezogen, wagte es aber nicht, weil Jawad damit endgültig zu der Überzeugung gelangt wäre, ich hätte den Verstand verloren. »Du irrst, Jawad«, sagte ich also bloß. »Warte es einfach ab. Ich kann sowohl Gelehrter als auch Politiker sein.« Ich schenkte ihm Kaffee nach. »Noch irgendwelche Einwände?«

Ich meinte es ernst, denn ich hatte den Posten erst angenommen, nachdem ich die Vor- und Nachteile sorgfältig abgewogen hatte. Angesichts der stümperhaften Palästinensischen Autonomiebehörde, der Studentenschaft und des aggressiven Expansionskurses, den Israel fuhr, war ich zu dem Schluss gekommen, dass es sehr viel nützlicher sein würde, eine sterbende Institution wiederzubeleben, als innerhalb der Palästinensischen Autonomiebehörde eine verlorene bürokratische Schlacht zu schlagen.

Hinzu kam der noch unformulierte Plan, auf den ich mit meiner Äußerung gegenüber Jawad angespielt hatte und der in engem Zusammenhang mit meiner ehemaligen Strategie, der Bildung einer Schattenregierung, stand. Al-Quds stellte in erstaunlich hohem Maße einen Mikrokosmos der vielen Missstände dar, die die palästinensische Gesellschaft befallen hatten. Die Universität war arm, schlecht geführt und eine Brutstätte des religiösen Fanatismus. Wenn eine effektive, moderne Verwaltung an der Al-Quds etwas verändern konnte, dann ließ sich das Leben der palästinensischen Massen auch auf nationaler Ebene durch eine ebenso moderne Verwaltung drastisch verbessern und schließlich sogar politische Freiheit erreichen. Die Al-Quds war das Versuchslabor, in dem ich meine Thesen zu Identität, Freiheit und Willen auf den Prüfstand stellen wollte. Um Identität ausbilden und Freiheit erlangen zu können, mussten jene Kräfte bekämpft werden, die sich gegen den Willen verbündet hatten. Ich war fest entschlossen zu verhindern, dass die arabische Zivilisation, die zu lieben man mich von klein auf gelehrt hatte, durch Maßnahmen Israels aus meiner Heimatstadt verdrängt wurde. Und um das zu erreichen, gab es wohl keinen besseren Weg als den Aufbau einer guten Universität auf einem Hügel über Jerusalem.

Im Januar 1995 trat ich meine Stelle an der Al-Quds an. »Viel Spaß!«, wünschte mir meine Mutter mit einem gequälten Lächeln. Wenigstens würden Jakob und der Schin Beit mich dort in Frieden lassen – so hoffte sie zumindest.

Anfangs war die Al-Quds eher ein rechtlich-formales Gebilde und weniger das Produkt einer Bildungsinitiative. Ende der Siebzigerjahre hatten sich vier Einzelcolleges langsam von Ostjerusalem bis nach Ramallah ausgebreitet, jedes davon mit eigenem Verwaltungsapparat, eigener akademischer Führung, eigenem Budget und eigenen Zielen. Eines der Colleges war ein chaotisches islamisch-theologisches Institut; das zweite, ein Mädchencollege, residierte in einem Gebäude gleich beim Orient-Haus, das 1948 ursprünglich als Unterkunft für die Waisen von Deir Jassin gedient hatte. In Ramallah war eine Schwesternschule gegründet worden. Das größte der vier Colleges – und die Saat, aus der ich meine Institution wachsen lassen wollte – war die Schule für Wissenschaft und Technik, die mit Unterstützung der Kuwaitis in Abu Dis, auf einem der Hügel nahe dem historischen Zentrum von Jerusalem, errichtet worden war. Von unserer Wohnung lag sie nur einen etwa fünfzehnminütigen Spaziergang entfernt.

Die vier Colleges hatten sich Anfang der Achtzigerjahre formal zusammengeschlossen, doch dieser Zusammenschluss bestand nur auf dem Papier. In den zehn Jahren danach wurde aus Vertretern der vier Colleges ein Koordinationsausschuss unter Vorsitz des Mufti von Jerusalem gebildet, der daraus eine integrierte Hochschule machen sollte.

Die Bemühungen um einen echten Zusammenschluss verliefen, wie für den Nahen Osten typisch, im Sande der Trägheit. Der Koordinationsausschuss, in dem die verschiedenen, an den jeweiligen Colleges vorherrschenden Kräfte vertreten waren und dem später mein Onkel vorstehen sollte, bestimmte den gesamten Prozess.

An meinem ersten Arbeitstag schlenderte ich über den Campus von Abu Dis und fragte mich, ob ich mir wirklich gut überlegt hatte, worauf ich mich hier einließ. Dieser Flecken Erde hatte nichts mit dem waldreichen Virginia gemein. In Jerusalem wirkt sich die Geografie geradezu verheerend auf die Wetterverhältnisse aus. Wenn die winterlichen Wolken den Campus erreichen, haben sie den Großteil ihrer Feuchtigkeit bereits eingebüßt – daher die Dürre. Vom Hügelkamm blickte ich auf die wuchernde Siedlung Ma'aleh Adumim. Direkt im Osten führten die ausgetrockneten Schluchten, einst Zufluchtsorte der alten Propheten, zum Toten Meer hinunter. Vor mir lagen die Rückseite des Ölbergs und der Felsendom.

Ich drehte eine Runde durch ein paar heruntergekommene Gebäude in der lieblosen Betonbauweise der Sechziger- und Siebzigerjahre. Das einzige Dekor, das ich entdecken konnte, waren die Hamas-Plakate an den wenigen Bäumen, die auf dem nackten, steinigen Hügel überlebt hatten.

Mein erster Einblick in das Innenleben der Institution war nicht weniger entmutigend. Die größte Hürde, die ich vor mir sah, betraf das Geld. Die Kassen der Al-Quds waren leer. Die Studiengebühren deckten nicht einmal dreißig Prozent der laufenden Kosten, das Defizit musste durch von außen kommende Unterstützungsgelder ausgeglichen werden. Zwei der Colleges waren hoch verschuldet.

Ein weiteres ernst zu nehmendes Hindernis stellte die instinktive Ablehnung dar, die mir viele entgegenbrachten, auf deren Zusammenarbeit ich angewiesen war. Wie bereits erwähnt, sympathisierten zwei Ausschussmitglieder mit der Hamas; andere unterstützten mich auf eine Weise, die man nur als äußerst ambivalent bezeichnen konnte. Angesichts all der Kontroversen in meiner Vergangenheit waren sie bereit, praktisch ohne Vorwarnung den Stecker herauszuziehen.

Das Universitätspersonal hingegen stand sehr viel geschlossener hinter mir. Die meisten vertraten die Linie der Fatah. Und ein paar alte Freunde von der Fakultät, die mit dem Verband zu tun gehabt hatten, waren auch noch da.

Die Studentenschaft war wieder ein anderes Kapitel – um es mit Kant zu sagen, ein krummes Holz, das ich jetzt begradigen sollte. Diese Studenten verkörperten den radikalen ideologischen Bruch mit meiner Generation. Die bärtigen Fanatiker, durchdrungen vom Geist der Hamas, ließen keine intellektuelle Freiheit zu, und diejenigen, die diese Freiheit einzuführen versuchten, wurden permanent schikaniert. Die Leute hatten schreckliche Angst davor, unverblümt ihre Meinung zu sagen. Es war eine beklemmende Aussicht, eine Institution zu reformieren, die von einer geistfeindlichen politisch-religiösen Bewegung beherrscht wurde.

Die ersten drei Monate brachte ich damit zu, die Institution zu studieren und einen Plan zu ihrer Entwicklung zu entwerfen. Verwaltungstechnische Veränderungen, ein neuer Lehrplan sowie Finanzstrategien waren notwendig, um aus der Universität etwas zu machen. Unterdessen verfolgte ich von meinem Posten auf dem staubigen Hügel aus die politischen Entwicklungen. Zwischen 1995 und 2000 nahm ich die Rolle des engagierten – manchmal amüsierten, meist jedoch Qualen leidenden – Beobachters ein. Mit der einen Hand rieb ich mein amerikanisches Fünfcentstück, mit der anderen meine Sorgenperlen.

Es war ziemlich verblüffend, dass Dinge, die früher mit Gefängnis bestraft worden waren – etwa das Hissen einer Flagge oder das Tragen einer Waffe, wie Dschibril und seine Leute es taten –, mittlerweile zum Alltag gehörten. Fahnen wehten in rauen Mengen, und plötzlich gab es haufenweise Gewehre. Zu den PLO-Mitgliedern, die aus dem Exil heimkehrten, gehörten zwar auch junge Leute aus der Elite (die sogenannten »Insider«) wie Marwan und Dschibril, die ein paar Jahre zuvor aus dem Land geworfen worden waren, die meisten jedoch waren alternde Revolutionäre, die das Westjordanland seit 1967, manche gar seit 1948, nicht mehr betreten hatten. Diese »Outsider« waren meist echte Idealisten und Revolutionäre, ein paar von ihnen aber auch üble Typen, die nicht Gutes im Sinn hatten.

Das Regime, das sie errichteten, bestätigte all die Befürchtungen, die mich vor meiner Abreise aus Washington gequält hatten. Politisch verlagerte sich der Schwerpunkt plötzlich von den »Insidern« auf die heimkehrenden PLO-Funktionäre, und geografisch von Ostjerusalem nach Gaza und ins Westjordanland, wo die »Outsider« jetzt lebten. Es versteht sich von selbst, dass die Mehrzahl der Minister »Outsider« waren, während ihre Staatssekretäre zum größten Teil kompetente ortsansässige Leute waren, die häufig in den Arbeitsausschüssen engagiert gewesen waren und somit zwei Jahre vorbereitender Tätigkeiten hinter sich hatten. Mit ihren detaillierten Studien und ausgefeilten Arbeitspapieren waren sie bestens gerüstet, innerhalb kurzer Zeit kompetente Ministerien aufzubauen.

Unglücklicherweise sah die Realität jedoch so aus, dass sie mit den zurückkehrenden Apparatschiks zusammenarbeiten mussten. Die neuen Minister waren, geblendet von den Insignien der Macht – den Autos, der Lobhudelei –, kaum geneigt, Berichte genau zu lesen oder ihren ortsansässigen Mitarbeitern Gehör zu schenken. Unter Nichtbeachtung der vielen bereits auf ihren Tischen liegenden Aktenordner zogen unsere Potentaten es vor, neue Berichte in Auftrag zu geben, wie es schließlich alle Minister tun. Eine Lieblingsbeschäftigung vieler Minister war es, sich in Gaza um Arafats Tisch zu versammeln, ihm bei der Arbeit über die Schulter zu blicken und sich von dem großen Alten Mann persönlich Anweisungen geben zu lassen. Manche Minister, die sich den ihnen unterstehenden Genossen gegenüber wie Halbgötter benahmen, reisten eigens zu Arafat, um sich die Erlaubnis zu holen, eine Sekretärin anzustellen.

Zwischen Dschibril und mir herrschte weiterhin vollkommene Übereinstimmung. (»Niemand hat das Recht«, sagte er, als es um die Hamas und Bildung ging, »unseren Kindern seine verrückte Sichtweise aufzuzwingen.«) Zurück in Palästina, ernannte sich Dschibril selbst zum Oberhaupt der Sicherheitskräfte im Westjordanland. Niemand hatte ihm diesen Posten angeboten: weder Arafat noch die Amerikaner oder die Israelis. Er dachte sich das einfach aus und setzte es in die Tat um. Dschibril rekrutierte nur ortsansässige Fatah-Leute, meist ehemalige Mitgefangene. Nach und nach baute er eine fünftausend Mann starke bewaffnete Truppe auf. Dahlan schuf parallel dazu in Gaza eine Streitmacht.

Arafat machte weiter, doch als Mensch, der – insbesondere wenn es um physische Macht ging – niemals alles auf eine Karte setzte, holte er sich amerikanische Unterstützung, um vornehmlich aus zurückkehrenden »Outsidern« einen eigenen Sicherheitsapparat zusammenzustellen.

Faisal gehörte nicht der Regierung an, weil Jerusalem bis zu den Endstatus-Verhandlungen ausgeklammert blieb. Er konzentrierte sich auf unsere Stadt. Das Orient-Haus, einst Hauptquartier der lokalen nationalen Führung, fungierte als inoffizielles Gemeindeamt Ostjerusalems. Im Übrigen hatte Faisal alle Hände voll damit zu tun, den Abriss von Häusern und die Enteignung von Land zu verhindern sowie Widerstand gegen die schändliche Praxis zu leisten, Menschen ihre Aufenthaltsgenehmigungen zu entziehen.

Die auffälligste Entwicklung, die ich von meinem Logenplatz auf dem Hügel aus beobachtete, war die Erdrosselung Jerusalems. Aufgrund des Missmanagements unserer unerfahrenen Verwaltungsbeamten war unsere Regierung mehr oder weniger unfähig, die entschlossenen, kaltblütigen Pläne der israelischen Regierung zu durchschauen und ihnen etwas entgegenzusetzen. Chomsky hatte recht behalten: Das Oslo-Abkommen bremste die Israelis keineswegs; im Gegenteil, eher verlieh es ihnen neuen Schwung. Was dabei ganz unverblümt hervortrat, war die Gewalt. Extremisten auf beiden Seiten, die einen mit Bomben, die anderen mit Caterpillars, machten bald jede Hoffnung zunichte, die der Händedruck zwischen Clinton, Arafat und Rabin auf dem Rasen vor dem Weißen Haus geweckt hatte.

Die Siedlungen, die im Abkommen von Oslo ausgeklammert geblieben waren, wuchsen schneller denn je. Die zuvor langsam fortschreitende Übernahme des Suks der Goldschmiede, um ein Beispiel aus meiner unmittelbaren Umgebung zu nennen, ging jetzt äußerst rasch vonstatten. Währenddessen blätterte mein Cousin Saki vierhundert Jahre alte, bereits halb in Auflösung begriffene osmanische Aufzeichnungen durch, um das Eigentumsrecht unserer Familie zu belegen. Er stieß dabei auf so viele Dokumente zur Geschichte der Juden in Jerusalem, dass er beschloss, darüber ein Buch zu verfassen. Eine seiner Entdeckungen war für ihn wie eine Offenbarung. Einigen der in der Schriftenkammer einer alten Kairoer Synagoge ausgegrabenen Aufzeichnungen zufolge hatten die Juden den Einzug des Kalifen Omar nach Jerusalem begrüßt, weil er das für Juden seit Jahrhunderten geltende byzantinische Verbot, die Stadt zu betreten, aufgehoben hatte.

Es entbehrt nicht einer gewissen Ironie, dass Cousin Saki jahrhundertealten Staub einatmete, um die überraschend harmonische Beziehung zwischen Muslimen und Juden in Jerusalem zu rekonstruieren, während der Kampf um die Stadt gerade erst begonnen hatte. Wie wir schon im Laufe der Madrider Verhandlungen befürchtet hatten, versuchten die Israelis so rasch wie möglich vollendete Tatsachen zu schaffen und veränderten die geografischen und demografischen Verhältnisse dahingehend, dass sie dem Motto von Jerusalem als ihrer »ewigen und ungeteilten Hauptstadt« entsprachen.

Eine erste Ahnung davon bekam ich kurz nach meinem Arbeitsbeginn an der Universität. Ein Freund aus Troubadour-Tagen erzählte mir von einem Erlebnis, das ihn an Kafkas *Verwandlung* erinnerte. In der Erzählung stellt Gregor Samsa eines Morgens fest, dass er sich über Nacht in einen Käfer verwandelt hat. Mein Freund wiederum, der General Eitans aufschlussreicher Bildersprache zufolge ja bereits ein Käfer – eine Kakerlake – war, stellte beim Erwachen fest, dass er sich in einen Ausländer verwandelt hatte. Er, der wie ich aus einer alten Jerusalemer Familie stammte, hatte das Recht verloren, in seiner Heimatstadt zu leben.

Es war bereits das zweite Mal, dass sich der rechtliche Status meines Freundes ohne sein Einverständnis geändert hatte: Als Israel 1967 Ostjerusalem annektierte, hatte die Verwaltung ihm – ebenso wie allen anderen Bewohnern Ostjerusalems, meinen Vater, meine Mutter und mich eingeschlossen – großzügigerweise eine israelische Aufenthaltsgenehmigung erteilt, so als wäre er neu zugezogen. Dabei hatte er seinen Wohnsitz natürlich keineswegs geändert, vielmehr hatte Israel sein angestammtes Stadtviertel annektiert. Ungeachtet der Vielzahl seiner Angehörigen, die vor den Mauern Suleimans des Prächtigen begraben lagen, wurde sein Status in Jerusalem auf diese Weise mit einem einzigen bürokratischen Federstrich von einem in der Tradition verankerten und allgemein anerkannten Geburtsrecht in ein einem Fremden verliehenes und damit widerrufbares Privileg verwandelt.

Mit der Schaffung von Arafats Palästinensischer Autonomiebehörde und der damit verbundenen territorialen »Selbstverwaltung« verloren nach und nach viele Araber, die zwar in Ostjerusalem, jedoch außerhalb der von den Israelis definierten Stadtgrenze lebten, ihr Aufenthaltsrecht. Im Falle meines Freundes bedeutete dies, dass er beim Zubettgehen noch Einwohner seiner Heimatstadt gewesen war, beim Erwachen jedoch nichts weiter als ein Tourist, der jederzeit des Ortes verwiesen werden konnte.

Sein Schicksal und die Geschichten, die wir von anderen zu hören bekamen, machten Lucy und mich nachdenklich. Um sein Aufenthaltsrecht zu verlieren, genügte es jetzt, auch nur ein wenig außerhalb der von den Israelis definierten Stadtgrenzen zu wohnen. Von unserem Haus in Abu Dis lag nur eine einzige Mauer innerhalb dieser Stadtgrenzen, die drei anderen waren bereits dem Westjordanland zuzuordnen. Wir schliefen also im Westjordanland und frühstückten in Jerusalem. Angesichts dieser Zwitterstellung konnten die Israelis durchaus behaupten, dass wir eigentlich gar nicht in Jerusalem wohnten. Das war eine weitere meiner paranoiden »Prophezeiungen«, die sich einige Jahre später leider als weitblickend erweisen sollten.

Lucy und ich trafen die schwere Entscheidung, von unserem Hügel mit Blick auf den Felsendom in das Vorstadtviertel Beit Hanina zu ziehen. Zwar fehlte hier die spektakuläre Aussicht, doch dafür fühlten wir uns sicher. Nun befanden wir uns eindeutig innerhalb der Jerusalemer Stadtgrenze, und niemand konnte uns unserer Bürgerrechte berauben.

Die Ausbreitung der Siedlungen war gleichzeitig Auslöser und Folge des palästinensischen Terrorismus. Die Geschichte begann dieses tödliche dialektische Spiel, noch bevor Rabin, Peres und

Arafat im Dezember 1994 ihren Friedensnobelpreis entgegennahmen. Peres predigte im Oktober gerade seinen Plan eines »neuen Nahen Ostens«, als die Hamas in Tel Aviv einen Bus in die Luft jagte. Zweiundzwanzig Zivilisten kamen ums Leben. Rabins Reaktion – Straßen- und Ausgangssperren – schnürte der Wirtschaft in Gaza die Luft ab. Der Lebensstandard sank um fünfundzwanzig, die Arbeitslosenquote stieg auf fast sechzig Prozent. Und mit dem rasanten Niedergang der Wirtschaft nahm auch die Unterstützung für Oslo ab. Die Hamas, deren Terror einer der Hauptauslöser der wirtschaftlichen Abwärtsspirale gewesen war, profitierte davon, weil sie ein Netzwerk sozialer Dienstleistungen betrieb. Die erbärmlich ineffektive Regierung der Palästinensischen Autonomiebehörde war ohne Beispiel.

Im Januar 1995, einen Monat nach der Nobelpreisverleihung, versprach Rabin Arafat, keine neuen Siedlungen mehr zuzulassen und arabisches Land künftig nur noch für den Straßenbau zu konfiszieren. Drei Tage später folgte der nächste Terroranschlag, und Israel setzte die Verhandlungen aus. Wiederum drei Tage später – kaum eine Woche nach Rabins Versprechen – stimmte das israelische Kabinett dem Bau weiterer zweitausendzweihundert Wohneinheiten im Westjordanland zu.

Und so ging es weiter. In jenem Sommer sprengte die Hamas zwei weitere israelische Busse in die Luft, während die Regierung Peres/Rabin den Gesamtplan »Groß-Israel« billigte. Unter anderem waren darin weitere Bauvorhaben entlang eines äußeren Rings israelischer Siedlungen vorgesehen, der sich bis weit ins Westjordanland hinein erstrecken sollte.[1]

Ich beobachtete all das von Beit Hanina, unserem neuen Wohnviertel, aus. Hier hatten die Jerusalemer Kommunalbehörden in den Jahren nach dem Sechstagekrieg einen großen Teil des Ackerlands beschlagnahmt, indem sie es mit den üblichen bürokratischen Winkelzügen zur »Freifläche« erklärten und damit eine Bebauung oder anderweitige Nutzung verhinderten. Jetzt hatten die Israelis das Land für »aufgegeben und/oder verlassen« erklärt und auf der Grundlage eines Gesetzes aus osmanischer Zeit, demzufolge solches Land dem Staat als Eigentum zufällt, konfisziert. Eines Morgens sah ich auf dem Weg zur Arbeit die ersten Bagger: Die jüdische Siedlung Pisgat Ze'ev sollte erweitert werden.

Die palästinensischen Proteste verhallten in Israel ungehört, denn der Terror der Hamas schuf eine Atmosphäre hektischen Wahnsinns. Die Stimmung war, so meinten viele, mit der während des Bürgerkriegs vergleichbar. Zehntausende von Oslo-Gegnern demonstrierten auf den Plätzen in Jerusalem. Weder sein Ruf als »Knochenbrecher« noch die schwindelerregend hohen Summen, die Rabin für die »Sicherheit« und Erweiterung der Siedlungen ausgab, verringerten den Abscheu vor ihm und seinem Friedensplan. Der palästinensische Terror und die feindliche Haltung vieler Israelis zu Oslo gingen Hand in Hand. Mit der Verschwörung, die das Herzstück meines Spionagethrillers bildete, hatte ich wohl leider ins Schwarze getroffen. Bei einer von Scharon angeführten Demonstration am Zion-Platz im Zentrum Westjerusalems trugen Demonstranten Plakate, auf denen Rabin im Gewande eines SS-Offiziers zu sehen war. Scharon diffamierte das Osloer Abkommen als Verrat.

Im Oktober wurde Rabin von einem seiner jüdischen Gegner ermordet. Der Rahmen war genauso geschickt gewählt wie beim Massaker von Hebron: Das Attentat wurde vor den Augen von über hunderttausend Teilnehmern einer Friedensdemonstration in Tel Aviv verübt. Ich kann mich noch gut an die Fernsehbilder erinnern. Rabin befand sich auf der Bühne, und die Menge sang gerade ein hebräisches Friedenslied von ergreifender Schönheit. Die Filmaufnahmen zeigten, wie Rabin zunächst verlegen und leise mitsummte, dann immer energischer und schließlich mit großer Inbrunst sang. Jigal Amir wartete, bis er die Bühne verließ, und schoss ihn dann mit seiner von der Regierung gestellten Pistole nieder.

Nachdem Schimon Peres den ermordeten Rabin als Premierminister abgelöst hatte, kam es erneut zu Selbstmordanschlägen. Peres' Bemühungen, an der Macht zu bleiben, erlahmten mit jedem Anschlag mehr. Der berühmte »Brief«, den er Arafat bei der Vertragsunterzeichnung von Oslo überreicht hatte und in dem versprochen worden war, die palästinensischen Institutionen würden sich entwickeln und ausweiten können, war jetzt nicht einmal mehr die Tinte wert, mit der er geschrieben war. Peres beschleunigte den Siedlungsbau weiter.

All das spielte sich ab, während gleichzeitig von Polizeistationen und Kontrollpunkten die israelischen Fahnen entfernt wurden. Im Dezember 1995 hatte die Palästinensische Autonomiebehörde die Kontrolle über die wichtigsten Städte des Westjordanlandes übernommen. Allerdings hatte die Hamas bis zum Anlaufen der israelischen Wahlen im Mai 1996 genügend israelische Zivilisten ermordet, um den ultrarechten Benjamin »Bibi« Netanjahu an die Macht zu katapultieren. Er und seine Regierung fanden einen spitzfindigen Weg, Oslo und die unvermeidliche Logik eines Palästinenserstaats zu akzeptieren, indem sie neu definierten, wie dieser Staat auszusehen habe: Er sollte über wenig Territorium verfügen, seine Grenzen nicht selbst kontrollieren, keine Hauptstadt haben – jedenfalls nicht in Jerusalem – und wirtschaftlich nicht lebensfähig sein. Ein Likud-Politiker formulierte es so: »Ach, diese Leute wollen es Staat nennen? Sehr hübsch. Meinetwegen können sie es auch Brathähnchen nennen.« Scharon, der neue Minister für die Nationale Infrastruktur, erklärte den Siedlern im Westjordanland: »Jeder, der da lebt, soll sich in Bewegung setzen, er soll losrennen, sich noch mehr Hügel schnappen, das Territorium erweitern. Alles, was wir uns aneignen, wird in unserer Hand sein, alles, was wir uns nicht aneignen, wird ihnen gehören.«[2]

Während Siedler ins Westjordanland strömten, wurde mittels etlicher fester Straßensperren die Schlinge um Jerusalem immer enger gezurrt. Palästinensern aus dem Westjordanland war der Zugang zur Stadt verwehrt, es sei denn, sie waren im Besitz einer der schwer zu erlangenden Sondererlaubnisse. Es versteht sich von selbst, dass die Siedler die Kontrollpunkte problemlos passieren konnten. Palästinenser, die in Jerusalem gearbeitet hatten, waren plötzlich arbeitslos, und Schüler, Patienten und Gläubige konnten Schulen, Krankenhäuser und Kirchen nicht mehr erreichen. Unter der Oberfläche brodelte es, der Druck wurde immer stärker, und nach den Gesprächen in den Cafés und auf der Straße zu schließen, schien es immer wahrscheinlicher, dass sich dieser Druck in einer Explosion entladen würde. Ami Ajalon, der neue Direktor des Schin Beit und mein künftiger Partner im Frieden, spürte das und warnte die israelischen Politiker vor einem Gewaltausbruch katastrophalen Ausmaßes, sollte der Siedlungsbau nicht gestoppt werden.

## KAPITEL 26

# STACHELSCHWEINE UND EITLE GOCKEL

IN DIESEN JAHREN HATTE ICH nur wenig mit der Autonomiebehörde zu tun. Arafat sah ich nur ab und zu, wir verstanden uns jedes Mal recht gut. Das heißt jedoch nicht, dass er vergessen hatte, wie ich ihm in Oslo entwischt war, aber es gelang uns, einen stillschweigenden Kompromiss zu schließen: Ich weigerte mich, einen offiziellen Posten in seiner Regierung zu übernehmen, während er mich informell zu einem Bestandteil derselben machte.

Einmal bat er mich, die Leitung einer Delegation in die USA zu übernehmen. Wir sollten bei amerikanischen Juden um Unterstützung werben und erreichen, dass sie Druck auf die amerikanische Regierung ausübten, Gelder für die PLO freizugeben. Während unserer Reise trafen wir uns mit jüdischen Persönlichkeiten und Mitgliedern des Council on Foreign Relations.

Mein einziger weiterer Ausflug in die Politik der Palästinensischen Autonomiebehörde kam aus einem Grund zustande, der unter anderem auch die mageren Erfolge unserer Delegationsreise erklärte: die Korruption. Arafat und seine Behörde waren kaum noch handlungsfähig, während Ramallah, wo die PLO fest im Sattel saß, einen wahren Bauboom erlebte. Die Stadt konnte sich zahlloser Bars und einer Mercedes-Niederlassung rühmen. Das deutlichste Zeichen der wirtschaftlichen Normalisierung des palästinensisch-israelischen Verhältnisses war ein neues Spielcasino vor den Toren Jerichos, der ältesten Stadt der Erde. Bis es während der sogenannten Al-Aksa-Intifada unter Panzerbeschuss geriet, war der Parkplatz an einem normalen Sabbat stets voller israelischer Autos. Aber die einfachen Leute tranken weder Martini, noch gaben sie sich dem Glücksspiel hin. Für sie sank der Lebensstandard immer weiter ab, und die Behörden, die dem Papier nach das Los der Menschen verbessern sollten, machten alles nur noch schlimmer.

Für den Durchschnittspalästinenser war die Palästinensische Autonomiebehörde bald nur noch eine weitere Variante der schäbigen arabischen Kleptokratie. Mit geradezu deprimierender Regelmäßigkeit wurden Korruptionsvorwürfe laut. Nachdem jahrzehntelang zum Boykott der Israelis aufgerufen worden war, hatten viele Mitarbeiter der PA nun nichts Eiligeres zu tun, als mit den Israelis Geschäfte zu machen und sich zu bereichern, während diejenigen, die sich immer aus Prinzipientreue gegenüber unserer Sache geweigert hatten, mit Israel zu kooperieren, leer ausgingen.

Die Debatte über die Korruption explodierte förmlich, als der Rechnungsprüfer, ein Cousin Arafats, den ersten Finanzbericht über die Tätigkeit der Autonomiebehörde veröffentlichte. Irgendwer in der PA schaffte offenbar Geld beiseite. Der Rechnungsprüfer stellte fest, dass dreihundertsechsundzwanzig Millionen Dollar, immerhin dreiundvierzig Prozent des gesamten Haushalts der Autonomiebehörde, in dunklen Kanälen und durch Missmanagement versickert waren. Ein weiterer erschreckender Tatbestand war, dass nur ein Zehntel des Budgets in Bildung, Gesundheit und Soziales floss. Schon allein Arafats Präsidialamt erhielt mehr, und der Sicherheitsapparat verschlang über ein Drittel des Haushalts.

Weitaus besorgniserregender als die öffentliche Meinung war für den Vorsitzenden Arafat der weltweite Aufschrei der Entrüstung. Schließlich wurde seine PA weitgehend durch finanzielle Mittel von außen getragen, und er fürchtete, dass die sprudelnden Geldquellen versiegen könnten. US-Senator Phil Gramm befragte den US-Botschafter in Israel, Martin Indyk, vor dem Senatsausschuss für auswärtige Beziehungen zu dem Bericht, und David Hirst, der Korrespondent des *Guardian*, der für seine scharfe Feder bekannt war, attackierte Arafat mit den Worten, er habe »ein windiges, nepotistisches System aus Alleinherrschaft, organisierter Kriminalität und Erpressung errichtet, das bloß der eigenen Bereicherung dient und die Gesellschaft im Ganzen verarmen lässt«.[1]

Der Bericht des Rechnungsprüfers löste im palästinensischen Legislativrat eine heftige Debatte aus. Arafat, der ständig Verrat witterte, sah sich als Opfer einer Intrige zwischen den USA und Kräften in der Autonomiebehörde, die ihn verdrängen wollten. In seinem klischeehaften Freund-Feind-Denken, in dem eine neutrale Stimme wie die öffentliche Meinung einfach nicht vorkam, konnte die Empörung über die Korruption nur von dunklen Kräften geschürt worden sein.

Die Aufgabe, über diesen ersten Streit innerhalb eines demokratischen Gremiums der PA im Rundfunk und sogar in einer Live-Sendung im Fernsehen zu berichten, übernahm Daud Kuttab, der Direktor des gerade erst eingerichteten Fernsehsenders der Al-Quds-Universität. Der Journalist Kuttab, der in der Zeit der Intifada die These verbreitet hatte, die Mitglieder der Vereinigten Führung lebten in Höhlen, war eines Tages zu mir gekommen und hatte mir seine Vision eines unabhängigen Senders unterbreitet, der weder ein Propagandainstrument der Regierung sein noch Zahnpastawerbung und synchronisierte amerikanische Serien ausstrahlen sollte. Er stellte sich vielmehr einen nationalen Bildungssender vor. Ich willigte in den Aufbau eines solchen Senders ein, allerdings unter der Bedingung, dass das Angebot um Kindersendungen, Frauenthemen und offene Debatten über Freiheit und individuelle Rechte erweitert wurde.

Ich hatte Kuttab versprochen, alle möglichen Universitätsgelder für seinen Sender lockerzumachen. Außerdem konnten wir die Open Society Foundation von George Soros und die Ford Foundation dafür gewinnen, einen Vierzig-Watt-Sender zu finanzieren. Selbstverständlich baten wir weder die israelischen noch die palästinensischen Behörden um eine Lizenz, noch luden wir Prominente zu einer feierlichen Eröffnung ein. Wir betätigten lediglich einen Schalter. Die erste Testsendung 1997 zeigte einen Goldfisch im Glas, dazu erklang Beethovens *Eroica*, die der Komponist Napoleon gewidmet hatte, bevor sich der Kaiser zum Despoten mauserte – eine versteckte Botschaft an unsere Regierenden.

In der PA schenkte niemand dem Sender Aufmerksamkeit, bis Kuttab die Kühnheit aufbrachte, dem palästinensischen Volk live Einlick in die desolaten Verhältnisse innerhalb der Regierungsführung der PA zu gewähren. Sofort beauftragte Arafat einen seiner Sicherheitsdienste, die Sendung abzubrechen. Wie so viele despotische Regierungen behinderten seine Leute die Ausstrahlung durch Störsignale, und anstatt den heftigen Auseinandersetzungen zwischen unseren Parlamentariern folgen zu können, sahen die Zuschauer nur noch einen schwarzen Bildschirm. Kuttabs trotzige Antwort darauf war, Videokassetten an andere Sender zu schicken, damit sie die Übertragung der Debatten übernahmen.

Nachdem die Störsignale nichts gefruchtet hatten, ließ Arafat Kuttab verhaften. Mit Dschibrils Hilfe gelang es mir, Arafat davon zu überzeugen, dass Kuttab kein Verschwörer war, sondern wichtige Arbeit für eine demokratische, offene Gesellschaft leistete. Nach einer Woche war er wieder frei.

Im Anschluss an die Ausstrahlung seiner letzten Debatte beschloss der Legislativrat, eine Kommission einzurichten, die den Ergebnissen des Rechnungsprüfers nachgehen und Empfehlungen aussprechen sollte. Menschenrechtsorganisationen stellten ebenfalls Ermittlungen an. Um nicht zurückzustehen, stellte Arafat eine eigene Untersuchungskommission zusammen, die ihre Ergebnisse nur ihm vorlegen sollte.

Wie verschlungen Arafats Denken war, zeigt die Tatsache, dass er Tajjib Abd al-Rahim, den Generalsekretär seines Kabinetts, beauftragte, fünf zuverlässige Leute zu suchen, die die erdrückenden Ergebnisse des Finanzberichts prüfen sollten. Dies waren ein palästinensischer Richter, der in Dubai tätig war, ein Mitglied des Exekutivkomitees der PLO und drei Wissenschaftler, darunter auch ich. Bei unserer Vereidigung versicherte uns Arafat der Hilfe sämtlicher Mitarbeiter der Autonomiebehörde: Wir könnten jeden befragen, angefangen bei den Ministern bis hin zu den Botenjungen. Dann schränkte Tajjib unser Mandat jedoch ein, indem er die Sicherheitsdienste ausschloss. Schon der erste Bericht hatte diesen Bereich nicht erfasst, und nun sollten wir ihn ebenfalls ausklammern.

Wir machten uns sofort an die Arbeit. Drei Monate lang führten wir viele hundert Stunden Befragungen durch und hielten Besprechungen ab, zum größten Teil in Arafats Büros in Gaza. Eine Sekretärin aus Tajjibs Büro führte Protokoll. Aber ich machte meine eigenen Aufzeichnungen. Was wir zutage förderten, war so heikel und erschreckend, dass ich unbedingt meine Sicht festhalten wollte, und sei es nur als Material für einen Spionageroman oder Krimi – oder, zusammen mit einer Kopie des Abschlussberichts, für meinen Nachruf.

Die Spuren von Missmanagement und Korruption führten schließlich zu jenem Bereich, der uns verschlossen bleiben sollte, den Sicherheitskräften. Keine meiner bisherigen Erfahrungen mit der PA, ja sogar mit der israelischen Regierung, reichte an das Ausmaß von Zynismus heran, das uns hier entgegenschlug. Wir stießen auf durch und durch korrupte Beamte, die keinerlei Verantwortungsgefühl für ihre Landsleute besaßen und nur auf ihren eigenen Vorteil bedacht waren – bereit, alles zu tun und jeden zu betrügen, um sich persönlich zu bereichern.

Der Alte Mann selbst hatte allerdings eine weiße Weste. Arafat führte ein mönchisches Leben und hatte kaum materielle Bedürfnisse. Er wirtschaftete nie in die eigene Tasche und war weitaus weniger korrupt als die meisten anderen Autokraten, ja sogar weniger als die meisten Manager.

Sein Fehler war allerdings seine alte Gewohnheit, mit Menschen und Geld zu jonglieren, hier jemanden zu bestechen und dort bei einem Vergehen ein Auge zuzudrücken. Sein Führungsstil, wenn man überhaupt von einem solchen sprechen kann, hatte dazu geführt, dass es überhaupt keine Regeln für die Rechnungslegung über die Finanzoperationen seiner Regierung gab. Hohe Beamte in den Ministerien machten alle möglichen Geschäfte, wobei der Großteil des Geldes unweigerlich in »persönliche Provisionen« floss.

Die zwielichtigen Geschäfte waren so zahlreich, dass es eines eigenen Buchs bedürfte, sie alle zu schildern. Ein besonders erschreckendes Beispiel hing mit dem Monopol der PA über Rohstoffe und Grunderzeugnisse zusammen. Wie sich herausstellte, hatten einige der engsten Mitarbeiter Arafats Hand in Hand mit ehemaligen israelischen Sicherheitsbeamten beispielsweise Treibstoff über die Grenzen der palästinensischen Gebiete geschmuggelt und so auf beiden Seiten die Steuern umgangen. Einer der israelischen Partner war 1984 an der Ermordung zweier palästinensischer Entführer im Stil der Todesschwadronen beteiligt gewesen – ein Beispiel dafür, welch perverse Wendungen der Prozess der Normalisierung zwischen unseren beiden Völkern nahm, wenn man denn überhaupt behaupten will, dass es je einen solchen gegeben hat.[2] Sicherheitsbeamte, die auf diese Weise Schekel nur so gescheffelt hatten, bauten sich in unmittelbarer Nachbarschaft zu armseligen Flüchtlingslagern protzige Villen. Unterdessen flossen ganze Vermögen auf geheime, von Arafat kontrollierte Konten.

Während wir so Stück für Stück Informationen sammelten, gelangten wir zu dem Schluss – der im Übrigen pflichtschuldigst von Tajjib bestätigt wurde –, dass Arafat über jeden einzelnen Fall von Korruption Bescheid wusste. Er las sämtliche Berichte und Beschwerden, die auf seinem Schreibtisch landeten. Warum, fragten wir uns, hatte er dem allen keinen Riegel vorgeschoben?

Arafat hatte erstaunlich viel Sinn für Einzelheiten und ein hervorragendes Gedächtnis. Er brauchte nur einmal auf ein auseinandergenommenes Puzzle zu blicken, um sich zu merken, wo jedes einzelne Stück lag. Hingegen fehlte ihm die Gabe, die Details zu einem Bild zusammenzufügen und das Ganze zu sehen. Was die Korruption betraf, war er nicht in der Lage, eine Verbindung zwischen seinem Missmanagement und der Verzweiflung zu sehen, die sich in seinem Volk breitmachte – Verzweiflung über die leeren Versprechungen von Freiheit und einem besseren, würdigeren Leben.

In unserem dreihundertseitigen Abschlussbericht betonten wir vor allem, dass die einzelnen Ministerien transparente Organisationsstrukturen und Pläne benötigten, und wir führten zahlreiche Beispiele dafür an, wie das Fehlen derselben zu Verschwendung, Missmanagement und Veruntreuung von Geldern geführt hatte. Und als Lektion für andere empfahlen wir, zwanzig hochrangige Beamte wegen Unterschlagung vor Gericht zu stellen.

Als sich unsere Arbeit dem Ende näherte und wir unsere Ergebnisse festhielten, wurde Druck auf Mitglieder des Untersuchungsausschusses ausgeübt. Zwei erhielten mitten in der Nacht Drohanrufe. An dem Tag, als wir den Bericht überreichten, trafen drei Ausschussmitglieder, unter ihnen auch al-Tajjib, klugerweise Vorkehrungen für einen langen Auslandsurlaub.

Der bekanntermaßen unzuverlässige Arafat gebärdete sich plötzlich wie ein preußischer Beamter: Er erwartete unseren Bericht an einem bestimmten Tag um zwölf Uhr und keine Minute später. Als wir rechtzeitig auftauchten, nahm ein strahlender Arafat unser Werk entgegen. Der Alte Mann bedankte sich, wünschte einen guten Tag – und ließ es in der Schublade verschwinden. Niemand wurde vor Gericht gestellt, das Plündern ging weiter wie bisher.

An der Universität machten wir indessen Fortschritte. Damals dachte ich noch nicht viel darüber nach – wenn man achtzehn Stunden am Tag arbeitet, hat man den Kopf nicht mehr für andere Dinge frei –, aber die Universität entwickelte sich allmählich zu einem Modell für den Wandel einer rückständigen Gesellschaft.

Wir richteten unser Verwaltungsbüro in einem Gebäude ein, das nur einen Block vom Haus meiner Mutter entfernt gleich neben dem Rockefeller-Museum für Archäologie lag und während des britischen Mandats im gefälligen Stil dieser Zeit erbaut worden war. Vom obersten Stockwerk hatten wir freien Blick auf den Ölberg und die Mauern der Altstadt. Im Gegensatz zu den ehemaligen Toilettenräumen im Orient-Haus war hier mein Büro so geräumig, dass man einen Konferenztisch aufstellen konnte.

Die Veränderungen des Lehrplans trugen allmählich Früchte. 1997, zwei Jahre nach meinem Amtsantritt, spürte ich beim Gang über den Campus eine Atmosphäre intellektueller Betriebsamkeit unter Studenten und Dozenten und auch die ersten Anzeichen einer Kultur der Gedankenfreiheit.

Egal, ob es sich um angehende Ingenieure, Krankenschwestern oder bärtige Theologen handelte, alle Studenten mussten Seminare belegen, deren Ziel es war, den Geist zu öffnen und religiöse und politische Vorurteile aufzubrechen – etwa in einem Seminar über die menschliche Zivilisation oder einem Pflichtkurs, der den schlichten Titel »Über das Denken« trug.

Mit der Zeit entstanden auch neue Fakultäten. Aus der Schule für Krankenschwestern wurde eine medizinische Fakultät, wie man sie an etablierten Universitäten, zum Beispiel in Birseit, schon seit Jahren einzurichten versucht hatte. Es war ein ziemlich kostspieliges Unterfangen, aber dank der Hilfe Arafats erhielten wir hierfür Gelder aus Saudi-Arabien und Japan. Bald konnten wir auch eine Wirtschafts- und eine juristische Falkultät in Betrieb nehmen. 1998 eröffneten wir das Zentrum zur Förderung von Frieden und Demokratie, das nach Issam Sartawi benannt wurde. Sartawi war 1983 von militanten Palästinensern in einer Hotellobby in Lissabon ermordet worden, weil er sich für einen Dialog mit den Israelis eingesetzt hatte. Dass wir dieses Zentrum einweihen konnten, ohne dass die Hamas-Anhänger unter den Studenten das Gebäude in Brand steckten, betrachteten wir als Zeichen dafür, dass wir auf dem richtigen Weg waren.

Von dem Tag an, als ich die Universität übernahm, war ich entschlossen, auch eine geisteswissenschaftliche Fakultät zu gründen. Die ersten Seminare hielten wir noch in den beengten Räumen der ingenieurwissenschaftlichen Fakultät ab, bis wir schließlich eine neue Unterkunft fanden. Als ich einmal in meinem Viertel Beit Hanina an einem großen, verlassenen Gebäude vorbeikam, stieg ich aus dem Wagen und schaute durch ein zerbrochenes Fenster hinein. Die einstige islamische Schule, die nach internen Streitigkeiten aufgegeben worden war – das endgültige Aus war gekommen, als die Schüler den Direktor verprügelten –, schien mir ideal für unser Vorhaben.

Wir nahmen das Haus in Besitz, ohne jemanden zu fragen, renovierten es mit ein wenig Geld vom PECDAR, hängten ein Schild auf und öffneten es für den Unterricht. All das geschah so schnell, dass niemand uns aufhielt. Weitere Projekte folgten. Kuttabs Fernsehsender, der sich zum Al-Quds-Institut für moderne Medien entwickelte, erhielt Mittel für die Produktion einer palästinensisch-israelischen Variante der *Sesamstraße*. Die Serie sollte Kinder auf beiden Seiten zu gegenseitigem Respekt und Toleranz anregen. Unser Bibo war Karim, ein stolzer, aber liebenswerter Gockel, sein Gegenpart auf israelischer Seite Kipi, ein Stachelschwein. Die Themen unseres Gockel-Stachelschwein-Teams reichten von sexuellem und Gewaltmissbrauch von Kindern über Umwelt, Frauenrechte, öffentliche Gesundheit bis hin zu Familienplanung.

Als Nächstes widmete ich mich der Altstadt. Teils angeregt durch schmerzliche Erinnerungen an das Lemon Tree Café, teils wegen der israelischen Versuche, unser kulturelles Leben innerhalb der Stadtmauern zu zerstören, dem wir unbedingt entgegentreten mussten, begab ich mich auf die Suche nach einem geeigneten Gebäude für eine Einrichtung, die wir am Ende Institute for Jerusalem Studies nannten. Meiner Vorstellung nach sollte dieses Institut die engstirnigen Vorurteile aufbrechen helfen, die sich durch »den selbstsüchtigen Streit zweier ethnozentristischer Stämme« gebildet hatten,[3] wie ich in einem Artikel schrieb, und das Erbe kultureller Toleranz im arabischen Jerusalem entstellten.

Ich wünschte mir einen Ort, an dem sich Wissenschaftler,

Schriftsteller, Filmemacher, Archäologen und Historiker aus der ganzen Welt mit den Kulturen beschäftigen könnten, die Schicht für Schicht unter ihren Füßen lagen. Ausländische Forscher, auch Israelis, würden dazu beitragen, dass die Palästinenser die vielfältige Geschichte ihres Landes und seiner Zivilisationen, seiner Völker und Archäologie erzählen konnten und ein besseres Verständnis der abrahamitischen Religion als Quelle von Judentum, Christentum und Islam gewannen.

Den idealen Ort hierfür entdeckte ich in derselben Straße, in der sich einst das Lemon Tree Café befunden hatte. Es war ein weiteres verfallenes Gelände am Eingang zum Suk el-Kattanin (Baumwollbasar), den Sultan Saif ed-Din Tankas nach seinem Besuch im Jahre 1327 bauen ließ. Einen symbolträchtigeren Ort für das Studium des vielschichtigen Jerusalemer Erbes als diesen hätte man kaum finden können, lag er doch zwischen dem Tempelberg, der Klagemauer und der Via Dolorosa.

Als ich die Universität übernahm, hatte mir meine Mutter jede Menge Schwierigkeiten prophezeit, und so kam es auch. In jenen ersten Jahren ging die Universität nur deshalb nicht unter, weil eine Handvoll treuer Kollegen den Glauben an ihre Vision nicht aufgaben, eine Strategie verfolgten und bereit waren, etliche Stunden dafür zu opfern.

1998 hatte die Universität bereits fünftausend Studenten, und der Anteil der Hamas-Anhänger unter ihnen war von neunzig auf fünfzig Prozent gesunken. Wir schwammen nicht gerade in Geld, aber zumindest wurden die Gehälter rechtzeitig ausgezahlt, und der Personalstand wuchs. Doch mit ihm auch die Opposition. Der Kämpfe an verschiedenen Fronten müde, hatten sich meine Mitarbeiter und ich eines Tages in mein Büro zurückgezogen. Ihren Gesichtern war die Erschöpfung anzusehen, und so sagte ich, sie sollten ausgehen und sich den Film *Matrix* ansehen. Das Leben sei schließlich nur ein Spiel, räsonnierte ich, und es hänge von unserer Vorstellungskraft ab, wo wir die Grenzen zwischen Fantasie und Wirklichkeit zögen. Was die Menschen über uns und wir über sie denken, können wir selbst bestimmen. Egal, wie viele mächtige Feinde uns gegenüberstehen, sie können unseren Willen nicht brechen.

Einige Probleme waren absolut verständlich. Ein enger Freund von mir, der das Programm für Israel-Studien leitete, klagte unablässig über seine Studenten. »Sie können keinen ordentlichen Satz schreiben, vom Recherchieren ganz zu schweigen.« Ich versuchte, ihn mit einem arabischen Sprichwort aufzumuntern, das etwa so viel bedeutet wie »Rom wurde auch nicht an einem Tag erbaut«.

Ein weitaus größeres Problem stellte die Hamas dar. Da mit der Zahl ihrer Mitglieder auch ihr Einfluss abnahm, bliesen sie zum Kampf. Einmal warf ich den Anführer einer Studentengruppe der Hamas wegen eines Vorfalls auf dem Campus, bei dem Steine geflogen waren, raus. Eine Schlägerei zwischen Hamas- und Fatah-Studenten bot Gelegenheit, ein paar weitere Rädelsführer loszuwerden. Der Streit hatte nach einem von Fatah-Studenten organisierten Volkstanzfest begonnen, an dem auch Frauen beteiligt waren. Für die Hamas-Studenten bedeuteten gemischte Tanzgruppen einen so unfassbaren Verstoß gegen das islamische Gesetz, dass sie Plakate aufhängten, auf denen die Frauen als Huren bezeichnet wurden. Das war für die Fatah-Aktivisten einfach zu viel, sie rissen die Plakate herunter. Daraufhin griffen die Hamas-Leute die Fatah-Anhänger an, die wiederum zurückschlugen.

Einmal erhielt ich in meinem Büro einen dringenden Anruf. Zwischen Fatah- und Hamas-Studenten war ein echter Kampf ausgebrochen. Dies war eine ernste Sache, konnte man doch nicht wissen, wie eine Fehde zwischen den einzelnen Gruppen enden würde – mit einer Schießerei, der mutwilligen Zerstörung von Gebäuden, Verletzten. Ein gewaltsamer Zusammenstoß auf dem Campus hätte israelische Soldaten auf den Plan rufen können, woraufhin unausweichlich Steine geflogen wären. Die ganze Kette von Ereignissen – Gewalt, Soldaten, Steine, Gummigeschosse – war so vorhersehbar, dass ich sofort einschritt, um eine Eskalation zu verhindern. Auf keinen Fall wollte ich den Behörden einen Vorwand liefern, die Universität zu schließen.

Ich forderte die beteiligten Studenten auf, in mein Büro zu kommen. Kaum hatten sie sich gesetzt, begannen die gegenseitigen Beschuldigungen. Die nächsten zehn Stunden musste ich mir sinnlose Streitereien anhören, keine Seite war bereit, sich zu entschuldigen oder nachzugeben. Die Hamas-Studenten bestanden weiterhin auf ihrem Recht, die moralischen Grundsätze des Ajatollah Khomeini durchzusetzen, und ihre Gegner von der Fatah beharrten wiederum darauf, sie daran zu hindern und zurückzuschlagen, wenn sie angegriffen wurden.

Schließlich reichte es mir. Ich drohte den Studenten mit Verweis von der Universität, wenn sie ihren Streit nicht bis zum nächsten Morgen beilegten und sich entschuldigten. Der Morgen kam, und sie waren so unnachgiebig wie zuvor. Ich warf alle Hamas-Leute raus. Der Hauptträdelsführer der Fatah, der die Frauen auf dem Campus verteidigt hatte, kam mit einer Verwarnung davon. Später bot ich ihm an, bei mir zu arbeiten.

Solange die Al-Quds-Universität kaum mehr zu sein schien als ein Tintenklecks auf dem Papier, ließen die Israelis uns in Ruhe. Doch sobald sie feststellen, dass die Universität von den wenigen arabischen Institutionen, die noch in ihrer »Ewigen Hauptstadt« verblieben waren, am schnellsten wuchs, nahmen unsere rechtlichen Probleme um ein Vielfaches zu.

Im Jahre 1998 kam es zu zwei kleineren Auseinandersetzungen. Bei der Renovierung des Komplexes am Suk el-Kattanin stießen die Bauarbeiter in einem der Räume auf einen verborgenen Durchgang zu einem alten Tunnel unter der Altstadt. Wenige Tage später tauchte ein Trupp israelischer Soldaten auf und drohte, das Gebäude zu konfiszieren, falls wir diesen Eingang nicht versiegelten.

Ein anderes Mal gerieten wir bei der Abschlussfeier in einem Gebäude in der Nähe des Orient-Hauses mit unseren Besatzern aneinander. Studenten, die außerhalb der Jerusalemer Gemeinde-grenzen wohnten, benötigten zur Teilnahme eine Sondergeneh-migung der Militärbehörde, die zu bekommen jedoch so un-wahrscheinlich war, dass niemand auch nur den Versuch dazu unternahm. Im Gegensatz zu heute wurde die Einhaltung solcher absurden Vorschriften aber kaum überprüft, und so machte sich niemand Gedanken.

Als die Feier vorüber war, war das Gebäude von Polizisten um-stellt, und alle, die herauskamen, mussten ihren Ausweis vor-zeigen. Das hörte erst auf, als ich auf den Chef der Einheit zutrat. »Hallo, Dr. Sari«, begrüßte er mich, als wären wir die engsten Freunde. Während er mir die Hand entgegenstreckte, fragte er, ob ich mich noch an ihn erinnere.

»Ich bin schon so vielen Polizeibeamten begegnet«, murmelte ich verlegen und wusste nicht, was ich noch sagen sollte.

Er aber strahlte immer noch. »Sie müssen sich erinnern. Ich bin der Polizist, der Sie während des Golfkriegs in Abu Dis verhaftet hat.« Offenbar war er derjenige mit dem etwas verlegenen Ge-sichtsausdruck gewesen. Nachdem wir eine Weile freundlich mit-einander gescherzt hatten, zog er sich mit seiner Einheit zurück. »Wirklich nett, Sie getroffen zu haben, Sari!«, waren seine letzten Worte, und er winkte uns aus dem davonfahrenden Jeep zu.

Schwerwiegender war dagegen, dass uns einmal eine rechte Vereinigung namens »Bezedek« (»in Gerechtigkeit«) verklagte. (Der Name der Organisation ist aus Psalm 5,9 abgeleitet: »Leite mich, Herr, in deiner Gerechtigkeit, meinen Feinden zum Trotz; ebne deinen Weg vor mir!«) Bezedek rief den Obersten Gerichts-hof an und verlangte die Schließung der Universität aus zwei Gründen: Erstens, weil es sich um eine Institution handle, die zur Palästinensischen Autonomiebehörde gehöre, was gegen das Oslo-Abkommen verstoße (die PA durfte in Ostjerusalem nicht tätig werden), und zweitens, weil die Universität in Israel betrie-ben werde, jedoch nicht über die Zulassung der entsprechenden israelischen Behörde verfüge.

Damit begann ein langer Kampf ums Überleben. Der erste Anklagepunkt war leicht zu widerlegen. Die Al-Quds unterhielt keinerlei offizielle Verbindungen zur PA und verstieß somit auch nicht gegen das Oslo-Abkommen.

Was die israelische Zulassung betraf, hatten die Bezdek-Leute natürlich recht. Wir arbeiteten ohne Lizenz oder Zulassung, und in jedem normalen Land wäre es absolut gerechtfertigt gewesen, die Universität zu schließen. Aber in Ostjerusalem war nichts normal. Anfänglich hatten wir gehofft, der Oslo-Prozess werde zu einem »Endstatus-Abkommen« führen, unseren Teil der Stadt von der Besatzung befreien und damit jegliche israelische Erlaubnis oder Zulassung überflüssig machen. Da jedoch der Oslo-Prozess zu nichts geführt hatte, mussten wir uns dieser rechtlichen Herausforderung stellen.

Es begann ein quälendes juristisches Verfahren, das bis heute nicht abgeschlossen ist. Ich glaube, dies zeigt, wie sehr es manchen Beamten in der israelischen Bürokratie widerstrebt, eine arabische Universität in der Stadt zu dulden, und sie stattdessen mit allen Kräften und allen juristischen Winkelzügen versuchen, Jerusalem von jedem arabischen Einfluss zu säubern.

## KAPITEL 27

# DAS ALLERHEILIGSTE

❖

EINE BELIEBTE ARABISCHE KINDERGESCHICHTE, die uns in der Grundschule erzählt wurde, handelt von einem Jäger, der an einem bitterkalten, regnerischen Tag einem Vogel die Kehle durchschneidet. Ein Kind, das den über das tote Tier gebeugten Jäger sieht, hält die Regentropfen auf seinem Gesicht für Tränen und sagt zu seiner Mutter: »Sieh mal, der arme Mann weint über den Vogel.« »Achte nicht auf seine Tränen«, antwortet die Mutter. »Schau, was er mit seinen Händen macht.«

Bestimmt dachten viele Palästinenser an diese alte Geschichte, als sie sahen, wie die israelischen Unterhändler in Hotellobbys ein und aus gingen und an einem Dutzend verschiedener internationaler Schauplätze unablässig über Frieden redeten, während sich die israelischen Siedlungen in zunehmender Geschwindigkeit ausbreiteten. Insbesondere in Ostjerusalem sandten die hektischen Siedlungserweiterungen ein eindeutiges Signal aus: Israel wird uns nie unsere Stadt zurückgeben. Wenn ich morgens an dem immer weiter wachsenden Stadtteil Pisgat Ze'ev vorbeifuhr, hatte ich das Gefühl, die politischen Vorhaben der israelischen Regierung offen vor mir ausgebreitet zu sehen. Viele Jahre zuvor konzipierte Pläne nahmen jetzt in Form von Straßen, Wasser- und Abwasserrohren, Telefonleitungen, Tennisplätzen und Villen mit roten Ziegeldächern Gestalt an. Für mich gab es keinen größeren Kontrast als den zwischen der ungebremsten israelischen Expansion und der erbärmlichen Stümperhaftigkeit der PA. Schon 1999 hatten viele, auch ich, all ihre Hoffnungen auf Oslo begraben.

Wir Palästinenser fühlten uns betrogen. Im Gegensatz zu der

Euphorie, die die Intifada hervorgerufen hatte, erlebten die Menschen die zahllosen Rückschläge in den Oslo-Jahren als demütigend. Arafats Popularität sank ins Bodenlose.

Die Schwäche der PA lässt sich auf all die hausgemachten Probleme von Korruption, Missmanagement und so fort zurückführen, die hinlänglich bekannt sind. Bei den Palästinensern setzte sich mehrheitlich der Eindruck durch, dass sich unsere Führung, vom Präsidenten bis zu den Kabinettsmitgliedern und dem Legislativrat, bloß an den Symbolen der Macht berauschte, und sie hegten den Verdacht, viele ihrer »Befreier« seien mehr daran interessiert, sich zu bereichern, als die drängenden Probleme der Nation zu lösen.

Nach wie vor stellte aber die Besatzung das Hauptproblem dar. Seit es die Palästinensische Autonomiebehörde gab, hatten die Israelis unser Land und unser Leben noch fester im Griff als zuvor. Die einfachen Leute hatten das Vertrauen in eine Regierung verloren, die den Israelis als Deckmantel für die Kolonisierung unseres Landes diente. Wie in der Geschichte von dem Vogel wurden die tränenreichen Friedenserklärungen israelischer Politiker durch ihre Bulldozer Lügen gestraft. Ich sah nur, dass auf unserem Land immer mehr Fakten geschaffen wurden, daneben erschien alles andere nur als Augenwischerei. Wir waren die Betrogenen.

Zu den Siedlungsaktivitäten möchte ich an dieser Stelle noch etwas hinzufügen. Wenn man nur einzelne Vorkommnisse betrachtet – einen Hausabriss hier, eine neue Umgehungsstraße dort, tausend neue Wohneinheiten auf einem Hügel –, übersieht man leicht den systematischen Charakter der Expansion. In den Jahren, die der Vertrauensbildung zwischen den beiden gegnerischen Parteien dienen sollten, verdoppelte sich die in den Siedlungen lebende Bevölkerung von einhunderttausend auf zweihunderttausend. Das war wohl kaum das, was wir uns vorgestellt hatten, als wir nach Oslo auf den Straßen tanzten. Dass Siedler bei Mord und Verwüstung ungeschoren davonkamen, machte alles noch schlimmer.

Eine weitere Quelle der Unzufriedenheit, um es milde auszudrücken, waren die zahllosen Straßensperren und Kontrollstellen, die den Verkehr der Menschen zwischen den der PA unterstellten Gebieten massiv behinderten. Die »befreiten« Gebiete wurden für die Palästinenser praktisch zu Gefängnissen.

Als Ehud Barak und die Arbeitspartei 1999 die Wahlen in Israel gewannen, jubelten alle, die den Frieden wollten. Barak galt weithin als ein Mann, der komplexe Vorgänge sofort erfasste. Er hatte Mathematik studiert, war eine der Hauptfiguren bei der riskanten Rettungsaktion am ugandischen Flughafen Entebbe und ein brillanter Stabschef gewesen – und zu alledem spielte er auch noch Klavier und hatte ein Faible für mechanische Uhren, die er auch gern zerlegte und wieder zusammenbaute. Zweifellos erinnerten sich die Araber auch an seine anderen Taten, zum Beispiel an seine Rolle bei der Ermordung Abu Dschihads oder an die sogenannte Operation »Springtime of Youth«, bei der er, als Frau verkleidet, Mitglieder einer PLO-Zelle in Beirut erschossen hatte. Aber niemand zweifelte daran, dass er im Vergleich zu »Bibi« Netanjahu eine Verbesserung darstellte, und sein Wahlsieg verhieß die Rückkehr der Gemäßigten in die Regierung.

Doch schon unmittelbar nach der Wahl machte sich unter den Palästinensern Enttäuschung breit. Zunächst deshalb, weil zu der Koalition, die Barak bildete, auch orthodox-religiöse Parteien und der ehemalige Anhänger der »Refusenik«-Bewegung in der Sowjetunion, Natan Scharanski, gehörten. Beide erwiesen sich, milde gesagt, in der Frage des Friedens mit den Palästinensern als unzuverlässige Kandidaten. Kaum hatte Barak im Juli 1999 sein Amt als Premierminister angetreten, wandte er sich vom Palästinenserproblem ab und versuchte, sich mit Syrien zu einigen. Wenn er überhaupt mit uns über den Friedensprozess sprach, gab er uns – zunächst mit Andeutungen, später mit offenen Drohungen – deutlich zu verstehen, dass er kein Anhänger der dem Oslo-Prozess zugrunde liegenden Theorie sei, dass zunächst kleine, vertrauensbildende Maßnahmen notwendig seien, bevor sich beide Seiten den umstritteneren Themen zuwandten.

Arafat wiederum versuchte, Baraks Aufmerksamkeit mit leeren Drohungen zu gewinnen. Ich erinnere mich noch an eine Sitzung, an der ich selbst teilnahm. Zu diesem Zeitpunkt ging Arafat stets davon aus, dass die Israelis jedes Wort abhörten. So wandte er sich an den unsichtbaren Ermittler am andere Ende des Mikrofons, das, wie er glaubte, in einer Topfpflanze oder einem Möbelstück installiert war, und erklärte in möglichst dramatischem Ton, dass die Situation unerträglich geworden sei und »explodieren« könne, falls die Verhandlungen keinen Durchbruch brächten. Dann nahm er den Telefonhörer ab, rief den Chef des nicht existenten Ministeriums für Nahrungsversorgung an und wies ihn an, wegen der »bevorstehenden« politischen Krise die Mehlspeicher aufzufüllen. Mit solchen Nebelkerzen meinte er die Israelis zu erschrecken und damit die Verhandlungen zu beschleunigen.

Aber auch Barak drohte, allerdings klangen seine Erklärungen zumindest in den Ohren der Amerikaner weitaus überzeugender. Es werde, so verkündete er ihnen und den Palästinensern, keine Teilschritte oder vertrauensbildende Maßnahmen mehr geben. Und er kündigte sogar Vereinbarungen der früheren Likud-Regierung auf. Er wollte gleich zum Endspiel übergehen, einer endgültigen und umfassenden Regelung. Als dann seine Strategie mit den Syrern scheiterte, wandte er sich wieder dem Palästinenserproblem zu und brachte die Idee eines großen Gipfels mit Clinton auf. Ohne einen solchen Gipfel, so warnte er, werde seine Regierung nicht überleben. Es war ein hoch riskantes Spiel nach dem Motto »Alles oder nichts«: entweder ein vollständiges Abkommen oder der Untergang. Eigentlich hätte man meinen sollen, ein Uhrmacher sei es gewohnt, lange und geduldig an einer Lösung zu basteln. Für den Friedensprozess brachte er jedoch keine Geduld auf – entweder die Uhr lief auf die Sekunde genau, oder sie landete im Müll.

Clinton erklärte sich einverstanden und schlug Camp David

als Tagungsort vor. Arafats Antwort lautete, dass beide Seiten noch nicht so weit seien. Die inoffiziellen Kontakte mit den Israelis deuteten nicht darauf hin, dass der Gipfel Erfolg haben könnte. Immer auf der Hut, stets eine Falle befürchtend – er war Hunderten entronnen –, versuchte er, sich aus der Sache herauszulavieren. Aber Clinton trieb ihn in die Enge, und am Ende hatte Arafat keine andere Wahl mehr, als wider besseres Wissen an dem Gipfel teilzunehmen.

Diesmal stimmte ich Arafat zu. Die Erklärungen, die beide Seiten abgaben, waren überhaupt nicht miteinander vereinbar. Angesichts dieser Situation sah ich nicht, wie eine Einigung erzielt werden sollte.

Es gelang mir immer noch, mich aus der Politik herauszuhalten. Aber ich bekam natürlich die allgemeine Stimmung mit. Auf dem Campus murrten die Studenten über den »Friedensprozess«, und überall hörte man von einer neuen Intifada.

Je mehr ich die Ohren spitzte, desto pessimistischer wurde ich. Die Fortführung der Politik des rechten Likud durch die linksorientierte Arbeitspartei bestätigte nur meinen Eindruck, dass am Verhandlungstisch nichts Wesentliches erreicht würde. Wie viele andere war auch ich der Meinung, dass sich unsere Führungsmannschaft schlicht und einfach selbst betrog – und uns nicht minder, indem sie so tat, als würde der ganze Prozess zum Ende der Besatzung führen. Der Casino-König Irvin Moskowitz plante inzwischen den Bau einer jüdischen Siedlung mit zweihundert Wohneinheiten in Abu Dis, und als wollte sie Salz in unsere Wunden streuen, verwendete die Regierung Barak jetzt die neuesten technischen Mittel, um die in Jerusalem unerwünschten Araber loszuwerden: Auf den Straßen, die von Osten her in die Stadt führten, mussten wir an den neun Kontrollstellen, die hier während des Golfkriegs errichtet worden waren, einen von der Regierung ausgestellten und mit einem Magnetstreifen versehenen Personalausweis vorzeigen – eine Maßnahme, um Araber, die

nicht über die erforderlichen Dokumente verfügten, an der Rückkehr in die Stadt ihrer Vorfahren zu hindern.

Als im Juli 2000 der Gipfel in Camp David begann, teilten die
meisten meiner Freunde und Kollegen, die in meinem Büro vorbeischauten, meinen Pessimismus nicht. Faisal, Marwan und
Dschibril waren voll und ganz davon überzeugt, dass wir ein Abkommen der einen oder anderen Art bereits in der Tasche hatten.

Das symbolträchtige Fernsehbild von Barak, der Arafat in
Camp David durch eine Tür drängt, spricht Bände. Um es mit den
Worten Deborah Sontags in der *New York Times* zu sagen: Der
Präsident hatte das Gefühl, »auf die grünen Hügel Marylands ge-
zerrt zu werden«.[1]

Während der zweiwöchigen Gespräche in Camp David fuhr
ich häufig in die ruhige Wüstenstadt Jericho, machte dort lange
Wanderungen oder ging schwimmen. Meine wichtigste Nach-
richtenquelle über den Gipfel war Dschibril, der sich ebenfalls in
Jericho aufhielt und zuversichtlich war, dass Arafat zu einem vernünftigen Kompromiss überredet werden könnte. Abends unternahmen wir ausgedehnte Spaziergänge in die ländliche Umgebung, und dann kam es vor, dass er auf seinem Handy einen
Anruf von einem der Unterhändler erhielt, der ihm unmittelbar
Bericht erstattete.

Die meiste Zeit hatten Arafat und Barak erstaunlich wenig zu
tun. Erst gegen Ende kam Barak zur Sache und bot überra-
schende Zugeständnisse in den Fragen Landaufteilung und Jerusalem an – im Gegenzug zu einem rechtlich bindenden Abkommen über das »Ende des Konflikts«, wonach es keine umfassende
Rückführung von Flüchtlingen nach Israel geben sollte. Israel
würde seine Beute von 1948 behalten, und die Palästinenser würden ihren Staat bekommen.

Beide Seiten streiten bis heute darüber, wie viel Land die Israelis in Camp David anboten, da nichts schriftlich festgehalten
wurde und alle Gespräche als inoffiziell galten.

Barak – im Hebräischen bedeutet der Name »Blitz«, doch für arabische Ohren klingt darin der Name von Mohammeds magischem Ross an – brachte schließlich das »Allerheiligste« ins Spiel, indem er die partielle Souveränität über das »Edle Heiligtum« oder den Tempelberg verlangte. Einmal sagte er, Juden sollten auf der muslimischen Seite beten dürfen. Saeb zufolge brachte dieses Thema Arafat mehr als alles andere in Rage. »Er begann buchstäblich zu zittern«, sagte Saed.

Clinton versuchte stundenlang, eine Formel zu finden, mit der beide Seiten leben konnten, und schlug schließlich eine Aufteilung der Souveränität vor: die Araber im oberen Teil, wo sich die Moscheen befinden, die Juden unten, wo nach ihrem Glauben das Allerheiligste vergraben liegt.

Mosche Amiraw, mein Verhandlungspartner vom Likud im Jahre 1987 – der Barak schalt, weil er unnötigerweise diese komplizierte Frage angesprochen hatte –, schreibt, dass Arafat richtig zornig wurde. »Er geriet völlig außer sich, schrie Clinton an und fragte ihn, ob er jemals zustimmen würde, dass jemand die Souveränität über den Bereich unter den Straßen Washingtons bekomme.«[2] Am ganzen Körper bebend bestritt Arafat jegliche historische Verbindung der Israelis zum Tempelberg.

Die Unterhändler packten ihre Koffer und kehrten nach Hause zurück. Zuvor jedoch tat Clinton genau das, was nicht zu tun er versprochen hatte: Er gab allein dem Präsidenten die Schuld.

Als die Araber erfuhren, welche Position die Israelis bei den Gesprächen vertreten und welche Haltung sie an den Tag gelegt hatten, verloren sie jeglichen Glauben an den Verhandlungsprozess. Und Arafat schürte dies noch, indem er üble Geschichten verbreitete. Unter Berufung auf einen Koran-Vers vertrat er die abstruse Theorie, Salomons Tempel habe sich eigentlich im Jemen befunden. Irgendwann im Laufe der vierzig Jahre in der Wüste habe sich das israelische Volk verirrt und sei weit von Jerusalem entfernt gelandet. »Kennen Sie die Geschichte von der Königin von Saba? Sie schickte Salomon einen Vogel, der noch am selben

Tag bei ihm eintraf. Warum konnte ein Vogel so schnell fliegen? Weil sich der Tempel im nahe gelegenen Jemen befand!« Als ich das hörte, fürchtete ich, der Präsident habe jeglichen Sinn für die Realität verloren.

Die Israelis wiederum verloren jeden Glauben an die Palästinenser, als sie hörten, Barak habe Bereitschaft gezeigt, Zugeständnisse in der Jerusalem-Frage zu machen, Arafat aber habe die israelischen Angebote zurückgewiesen. Nur wenige zweifelten an Baraks Aussage, Arafat habe sein »wahres Gesicht« gezeigt und sei kein Friedenspartner.

Eben noch knapp vor einer historischen Einigung, befanden sich beide Seiten plötzlich in der Krise. Selbst Leute, die leidenschaftlich an Oslo geglaubt hatten, hörte ich nun sagen: »Das bedeutet Krieg.«

KAPITEL 28

# DIE DÄMONEN

*Dieser nächste Tag [...] war ein Tag der Überraschungen, an dem Altes seine Lösung fand und Neues sich knüpfte, ein Tag greller Aufklärungen und noch schlimmerer Verwirrung.*

Dostojewski, *Die Dämonen* [1]

DOSTOJEWSKI, FÜR EIN PAAR KURZE Schneetage in Damaskus mein Namensvetter, wandte sich in seinem Roman *Die Dämonen* gegen die sogenannten »Nihilisten«, jene also, die die alte Sozialordnung mit Stumpf und Stiel ausrotten wollten. »Wir predigen zunächst Zerstörung«, ruft einer der Charaktere aus, »... warum, warum nur ist dieses Ideechen so bezaubernd!«[2] Der Gedanke an den Roman drängte sich häufig auf, nachdem Ariel Scharons Ausflug auf den Tempelberg im September 2000 eine Tötungswelle ausgelöst hatte, die beide Völker ihres grundlegenden Sinnes für Anstand beraubte. Es war, als hätten alle den Verstand verloren: Palästinenser, Israelis, die internationale Presse, einfach alle.

Bisher hatten ungeschriebene Regeln den palästinensisch-israelischen Konflikt in bestimmte Bahnen gelenkt und das Abgleiten in ein zügelloses Abschlachten verhindert. Religiöse Stätten wurden nur selten angegriffen, Attentate waren die Ausnahme, und Zivilisten blieben weitgehend verschont. Nun war niemand mehr sicher. Auf dem Campus erlebte ich es aus nächster Nähe – die wutentbrannten Studenten, die, bewaffnet mit Wasserpistolen und AK-47 aus Pappe, von den Begräbnissen ihrer kaltblütig niedergeschossenen Freunde kamen, forderten ein »Auge um Auge, Zahn um Zahn«. Die Islamisten feierten Selbstmordattentäter als

Helden, und als schließlich die Zahl der palästinensischen Opfer in die Dutzende, dann in die Hunderte ging, schlossen sich sogar Fatah-Leute diesem Jubel an. Es war, als hätte, gleichsam wie eine verdrängte Erinnerung, das jeweilige Erbe der Stern-Bande und des verrückten Scheich Kassam nun doch den Sieg davongetragen. Zumindest für die Palästinenser war die »Zweite Intifada« eine katastrophale, wild ausufernde Schlacht ohne jede Führung, hinter der weder eine Strategie noch bestimmte Ideen standen; sie war ein verheerender, blutiger Anfall von Wahnsinn.

In dunklen Zeiten ist es sicher am klügsten, sich um die eigenen Angelegenheiten zu kümmern. Doch diesen Luxus konnte ich mir nicht leisten, und meine fünfjährige Auszeit von der Politik ging genau in dem Augenblick zu Ende, in dem jeder vernünftige Mensch sich ein für alle Mal zurückgezogen hätte. Nicht aus Edelmut stürzte ich mich wieder ins Kampfgetümmel, auch nicht aus Lust an der Aktion oder gar aus einem noblen Verantwortungsgefühl heraus. Nein, ich hatte einfach keine andere Wahl. Der Zyklus des Blutvergießens, der an den alten Moloch-Opferkult erinnerte, zwang mich auf die Bühne der Öffentlichkeit zurück, denn ein sogenannter »Intellektueller«, der sich weigert, einer irrigen öffentlichen Meinung entgegenzutreten – ob nun aus Furcht um sein Leben oder in der Hoffnung auf persönlichen Gewinn oder Popularität –, hat seine Rolle innerhalb der Gesellschaft ausgespielt, und die Gesellschaft wird ebenso verloren sein wie er selbst. Wie ich beobachten konnte, richteten die Intellektuellen, die vor den Kameras von Al-Dschasira den Massen nach dem Munde redeten, mehr Schaden an als die unterwürfigen Hofphilosophen, die einst niederknieten, um den Ring eines Königs zu küssen.

Sobald ich die Bühne betreten und begonnen hatte, meine Ansichten offen auszusprechen – dass Palästinenser und Israelis ein gemeinsames Interesse an einer Zwei-Staaten-Lösung hätten und von daher eher Verbündete als Feinde seien –, erhielt ich, wie nicht anders zu erwarten, erneut Todesdrohungen, Variationen alter Melodien. Jetzt war mir nicht mehr Jakob auf den Fersen, sondern sein Nachfolger, mein persönlicher Inspektor Javert. Aber ich greife vor.

Da der Friedensprozess in der Krise steckte und der allgemeine Pessimismus zunahm, tat ich das wenige, was in meiner Macht lag, um die Menschen wieder zur Vernunft zu bringen. Als mich eine deutsche Zeitschrift zum Anspruch der Juden auf den Tempelberg befragte, erteilte ich Arafats »Jemen-Theorie« eine eindeutige Absage, indem ich unmissverständlich klarstellte, dass die jüdischen Wurzeln in Jerusalem existenziell und lebenswichtig seien – wie bereits die wichtigste aller islamischen Legenden, die Nachtreise, zeige. Kaum hatte der Mufti von Jerusalem von dem Interview erfahren, spuckte er in der Lokalpresse Gift und Galle. Langsam, aber sicher verwandelte sich seine Abneigung gegen mich in tiefen Abscheu.

In anderen Interviews widersprach ich der Lesart, der Gipfel hätte in eine Katastrophe gemündet. Da ich ohnehin nicht allzu viel davon erwartet hatte, bedeutete sein Abbruch für mich auch nicht den Weltuntergang. Eigentlich fand ich es sogar erstaunlich, wie nahe sich die beiden Seiten in den direkten Gesprächen gekommen waren. Es gebe keinen Grund, erklärte ich allen, die meine Meinung hören wollten, mit Nachdruck, warum die beiden Parteien nicht an den Verhandlungstisch zurückkehren sollten.

Und tatsächlich gab es zunächst keine Schüsse, und das Leben im Nahen Osten kam nicht zum Erliegen. Weiterhin arbeiteten Dschibrils Kräfte und die Israelis in Sicherheitsfragen zusammen. Die Geschäfte gingen gut, der Parkplatz des Spielcasinos war immer voll, Touristen strömten weiterhin ins Land, und korrupte Beamte aus beiden Sicherheitsbehörden machten in kürzester Zeit jede Menge Geld. Arafat war sogar guter Stimmung, da er der arabischen Welt und seinem eigenen Volk bewiesen hatte, dass er keinen Kotau vor Amerikanern und Israelis machte. Seine Popularität wuchs rasch.

Tatsächlich schien es, als würde es Nachfolgeverhandlungen zu Camp David geben, da sich beide Seiten erneut gruppierten. Einige meiner verzagten Freunde, Marwan und Dschibril zum Beispiel, begannen Morgenluft zu wittern.

Dann trat Scharon auf den Plan. »Blinder Eifer schadet nur«, hätte mein Vater wohl dazu gesagt, denn mit Scharons Besuch auf dem Tempelberg am 28. September 2001 begann ein vierjähriges Gemetzel, das zu viel Blutvergießen führte – und zu einem enormen Verbrauch an Tinte und Videobändern. Der Besuch löste das aus, was Massen und Journalisten euphorisch »Zweite Intifada« nannten – ein zweifelhafter Begriff, der nur insofern die Sache traf, als Nachahmungen oft nur ein schwacher Abglanz des Originals sind.

Barak war in politischen Schwierigkeiten, denn er verlor die Mehrheit im Parlament, da seine Gegner ihm vorwarfen, Zugeständnisse ins Auge zu fassen. Natan Scharanski, ehemals Mitglied der Refusenik-Bewegung und inzwischen Hardliner in Sachen Expansion, verließ Hals über Kopf die Koalition. Wahlen standen bevor, und Baraks neuer Gegner war der gefährliche Scharon, der außer Landes um Unterstützung geworben hatte und nun seinen Besuch auf dem Tempelberg ankündigte. Barak hatte Camp David zum Scheitern gebracht, indem er das Allerheiligste thematisierte – und deshalb wählte seine Nemesis gerade diesen Ort für einen Auftritt.

An einem Donnerstagmorgen versammelte Scharon eintausendfünfhundert schwer bewaffnete und kriegslustige Grenzsoldaten um sich, marschierte geradewegs hinauf zur Al-Aksa-Moschee und erklärte ausgerechnet hier, am Schauplatz der wundersamen Himmelfahrt Mohammeds, die israelische Oberherrschaft über den Tempelberg. »Ich komme mit einer Friedensbotschaft«, sagte er, umgeben von seiner kleinen Armee. »Ich bin überzeugt, dass wir mit den Palästinensern zusammenleben können«[3] – natürlich nur zu den von ihm gestellten Bedingungen.

Aber auch Faisal und eine etwa zwanzigköpfige Gruppe muslimischer Würdenträger waren gekommen und brachten ihre Einwände vor. Es wäre wahrscheinlich bei Scharons symbolischer Rede und Faisals symbolischer Gegenrede geblieben, wenn nicht etwas geschehen wäre, was niemand vorhersehen konnte.

Ganz oben auf der Treppe zum Haram kam es zu einem Geplänkel zwischen der Polizei und den Würdenträgern. Die Fernsehbilder, die via Satellit in Millionen arabische Haushalte auf der ganzen Welt übertragen wurden, zeigten, wie Faisal schikaniert wurde – nichts Neues eigentlich. Doch dieses Mal wurde auch der ranghöchste Scheich der Al-Aksa herumgestoßen. Der Zufall wollte es, dass ihm der Turban, Symbol seines hohen geistlichen Status, vom Kopf geschlagen wurde und in den Staub fiel, sodass nun die Zuschauer den höchsten muslimischen Geistlichen vor einem der symbolträchtigsten muslimischen Heiligtümer barhäuptig dastehen sahen. Wäre er nackt gewesen, es hätte kaum schlimmer sein können. Scham und Wut liegen im Nahen Osten oft eng beieinander.

Den ganzen Tag lang bauschten Nachrichtensprecher und Reporter auf arabischen Satellitensendern diesen Affront gegen den Islam hemmungslos auf. Arabische Einwohner Jerusalems kochten vor Wut – vermutlich in erster Linie, weil sie sich vorwarfen, nicht dabei gewesen zu sein, um die Würde der heiligen Stätte zu verteidigen. Jetzt würden sie sich das Freitagsgebet auf dem Tempelberg keinesfalls entgehen lassen – und dann würden sie den israelischen Soldaten entschlossen entgegentreten. Alles deutete auf eine entscheidende Kraftprobe hin.

An diesem Freitagmorgen herrschte in der Jerusalemer Altstadt eine aufgeladene Atmosphäre. Hunderte bewaffneter, gereizter Grenzsoldaten marschierten durch die Straßen, während aus benachbarten Stadtvierteln und Dörfern Tausende Muslime durch die Tore hereinströmten. Die Tansim-Milizen, die ihre Rolle als »Friedensligen« abgestreift hatten, sammelten sich auf dem Marktplatz.

Sobald das Freitagsgebet vorüber war, rannten Banden von Jugendlichen aus der Al-Aksa-Moschee in Richtung Klagemauer und bewarfen die Soldaten von oben mit Steinen. Als daraufhin Grenztruppen das Gelände von allen Seiten stürmten, löste dieser zangenförmige Angriff unter den Gläubigen, die aus der Moschee strömten, Panik aus. Die Soldaten zielten auf die Jugendlichen und schossen mit scharfer Munition. Innerhalb von Minuten wurden acht Demonstranten erschossen, Dutzende weitere fielen verwundet zu Boden. Die »Al-Aksa-Intifada« hatte begonnen.

Die Ereignisse überschlugen sich, die besetzten Gebiete versanken in Gewalt. Das israelische Militär reagierte mit Brutalität. Neunhunderttausend Kugeln wurden allein in den ersten Kampftagen verschossen, und die überwiegende Mehrzahl der Opfer waren Palästinenser. Die Unruhen weiteten sich sogar auf Israel selbst aus. Im Zuge der besonders heftigen Aufstände israelischer Araber wurden dreizehn unbewaffnete Zivilisten erschossen.

Es begann ein makabrer Kreislauf. Jedes Begräbnis führte zu neuen Konflikten mit Soldaten, die wiederum weitere Tote, weitere Begräbnisse, weitere Konflikte, weitere Schüsse zur Folge hatten – und so weiter. Anführer verschiedenster Gruppen marschierten mit wütenden Demonstranten zu den militärischen Straßensperren, zu Kontrollstellen, Truppenstützpunkten und Siedlungen. Zwangsläufig bekamen die Kinder, die vor der Menge herliefen und Steine warfen, die ersten Kugeln ab. In drei Wochen starben auf diese Weise über fünfzig Kinder. Eltern, politische Führer und der Mann auf der Straße entwickelten eine zunehmend feindselige Haltung zur PA und ihren bewaffneten Sicherheitskräften, weil sie ihre Kinder nicht mit der Waffe schützten.

Wenn die Israelis beabsichtigt hatten, die palästinensischen Sicherheitskräfte in den Kampf hineinzuziehen, hätten sie es nicht geschickter anstellen können. Unfähig, dem wachsenden Druck standzuhalten, schossen die Mitglieder der PA-Sicherheitskräfte einer nach dem anderen zurück. Selbst Dschibril, der sich beharrlich um ein Ende der Intifada bemühte, war nicht in der Lage, sie aufzuhalten. Bald wurden Soldaten, Siedler und alles »Jüdische«, was sich bewegte, zum Angriffsziel bewaffneter palästinensischer Aktivisten.

Und bei jeder blutigen Auseinandersetzung, bei jeder Hetzrede waren sofort arabische Satellitensender zur Stelle. Mit wachsendem Abscheu sah ich zu, wie Nachrichtensprecher und Journalisten mit Aktivisten und Straßenkämpfern, Opfern und gewalttätigen Verbrechern einen Todesreigen tanzten. Angestachelt durch die Bilder, die sie täglich im Fernsehen sahen, gingen Tausende Demonstranten in verschiedenen arabischen Hauptstädten auf die Straße.

Schon bald hatten Palästinenser wie Israelis ihre Ikonen, die das barbarische Bild vom Gegner bestätigten. Für uns wurde diese Symbolfigur Mohammed al-Durrah, dessen Tod ein französischer Kameramann festhielt. Nachdem er von israelischen Schüssen getroffen worden war, sank der Junge, der sich Schutz suchend hinter seinen Vater gekauert hatte, innerhalb weniger Minuten tot in sich zusammen. Die Zuschauer sahen mit an, wie sich der hilflose Vater in tiefer Verzweiflung über den Leichnam seines Sohnes beugte, während die Soldaten weiterschossen, als wäre ein toter Palästinenserjunge noch nicht genug. Die abstumpfenden Bilder flimmerten Tag für Tag über die Mattscheiben, und die Palästinenser nannten den Jungen einen Schahid, einen »Märtyrer«.

Kurze Zeit später – am 12. Oktober – war es dann an den Palästinensern zu beweisen, wie grausam sie sein konnten. Als zwei Israelis auf dem Weg zu einem Armeestützpunkt in Ramallah eine falsche Abzweigung nahmen, wurden sie aus ihren Autos gezerrt, auf eine nahe gelegene Polizeiwache gebracht und von einem wütenden Mob gelyncht, der seine Hände ins Blut der Opfer tauchte wie bei einem wilden heidnischen Ritual. Dieses Mal waren es die Italiener, die die abscheuliche Szene auf die Fernsehbildschirme der Welt brachten.

»Der Weg der neueren Menschheit geht«, schreibt der Wiener Dramatiker Franz Grillparzer, »von der Humanität durch die Nationalität zur Bestialität.« Ich musste etwas tun.

Zwanzig Jahre zuvor war ich ins öffentliche Leben getreten, nachdem mich in Birseit eine Delegation von Kollegen in meinem Büro aufgesucht hatte. Es versteht sich wohl von selbst, dass diesmal keine Abordnungen von Intellektuellen auf der Suche nach neuen Mitstreitern für die eine oder andere Fraktion von Tür zu Tür gingen. In meinem Bemühen, politisch Boden unter die Füße zu bekommen, fühlte ich mich wie ein Beckett'scher Held, der nach etwas sucht, was nicht existiert. Es gab keine Führung. Die »Straße« hatte das Kommando übernommen.

In dieser Zeit wagte ich mich nicht weit aus Jerusalem hinaus, ja, ich blieb meist in der Nähe meines Büros. Zwanzig Jahre Besatzung hatten die politische Landschaft im Westjordanland und in Ostjerusalem bis zur völligen Verödung verändert. Kontrollpunkte und Straßensperren machten das Reisen so gut wie unmöglich. Es kam weit häufiger zu Gewaltausbrüchen als 1980, und auch die Chancen, von einer verirrten – oder wohl gezielten – Kugel getroffen zu werden, waren weit größer.

Ich leitete die Universität nach wie vor, so gut ich konnte, und brütete nebenbei über einem neuen Rätsel: Wie ließ sich ein solcher Ausbruch von Wahnsinn gerade zu einem Zeitpunkt erklären, als der Frieden zum Greifen nah war? Was hatte diese Raserei ausgelöst? Nur Scharons Besuch allein? Oder militante islamische Gruppen, die so lange Öl in die Flammen der Wut gossen, bis es zu einem neuen Libanon kam? Oder war die jahrelang aufgestaute Enttäuschung über Arafat und die PA schuld? Hatte Robert Fisk vom *Independent* recht mit seiner Einschätzung, eine ganze Gesellschaft sei »bis zum Explosionspunkt unter Druck gesetzt« worden?[4] Lag es daran, dass der Siedlungsbau unter Barak immer schneller vonstatten ging? (Die regierende Arbeitspartei hatte im Haushalt 2001 hundert Millionen Dollar dafür vorgesehen.)

Ich hatte einfach keine Ahnung. Klar erschien mir lediglich, dass niemand wirklich Interesse an der sich hochschraubenden Gewaltspirale haben konnte. Natürlich glaubten die Anhänger brutaler Gewalt auf beiden Seiten, sie machten in dem entsetzlichen Blutbad Fortschritte. Doch die Frage, die mich nicht losließ, war: Was wird geschehen, wenn die terroristischen Bombenanschläge und Morde ein Ende haben?

Auf der Suche nach Antworten sah ich ziemlich viel fern, unter anderem auch den Sender unserer Universität. Er war ein unverzichtbares Fenster hinaus in den Wahnsinn, der sich wie ein billiger Tarantino-Abklatsch entwickelte.

Um mir ein Bild von der Einstellung des Mannes auf der Straße zu machen, suchte ich wieder meine Lieblingsplätze in der Altstadt auf und belauschte die alltäglichen Gespräche der Leute. Der Tenor war, dass wir mit Recht zurückschlugen, auch wenn sehr wahrscheinlich nichts Gutes dabei herauskam. Die Menschen spendeten der Gewalt Beifall, obwohl sie wussten, dass die Israelis es uns mit zehnfacher Münze heimzahlen würden. Wieder musste ich an Dostojewskis *Dämonen* denken.

Dschibril hielt fast täglich Reden. Wie immer waren wir vollkommen einer Meinung. Ihm war klar, dass diese Gewalt verheerende Folgen haben würde, und er tat sein Möglichstes, um den Unruhen ein Ende zu setzen – bis das israelische Militär begann, Phantom-Jets und Apache-Hubschrauber einzusetzen. Bei Bombenangriffen auf Ramallah und Gaza wurden unerklärlicherweise Gebäude der Sicherheitskräfte ins Visier genommen, die Dschibril unterstanden. Damit aber wurden seine Möglichkeiten, die Gewalt auf palästinensischer Seite einzudämmen, noch mehr eingeschränkt. Absichtlich?

Am merkwürdigsten fand ich die Tatsache, dass es in unserer Führung keinen gab, mit dem man reden konnte. Dies sprach der israelischen Vermutung Hohn, hinter der Gewalt stecke eine kleine Verschwörergruppe. Ich versuchte, einige Leute aus der Führungsspitze zu kontaktieren, doch sie blieben unauffindbar.

Nicht, dass sie sich versteckt hätten, wie Revolutionäre es oft tun. Höchstwahrscheinlich lagen sie mit einer Packung Antidepressiva im Bett.

Tatsächlich bestand die einzige Ähnlichkeit, die ich zwischen der Intifada der späten Achtzigerjahre und ihrer scheinbaren Neuauflage erkennen konnte, darin, dass sie für Arafat und seine Leute aus der Spitze überraschend kamen. Der Alte Mann – für die Israelis der gefährliche Kopf, der für das Unheil verantwortlich war – geriet in Panik. Anfangs glaubten er und seine Berater, die Kämpfe richteten sich vor allem gegen sie selbst und weniger gegen die Israelis. So groß war ihre Angst, dass sie sich zwei Monate lang nicht in der Öffentlichkeit blicken ließen. Die korrupten Beamten, die in die Casinos und Autohäuser in Jericho viel Geld investiert hatten, fürchteten nun um ihre Millionen. Auch sie gingen schnellstens in Deckung.

Das Verschwinden war doppelt spürbar, weil die Gesichter unserer Führungsleute nicht einmal mehr im Fernsehen zu sehen waren. Statt Arafat, Abu Masen und Saeb Erekat, zuvor die einzigen, die sich der Kamera stellten, erschienen nun bislang unbekannte Gesichter, und meist auch nur für kurze Zeit. Militante der jüngeren Generation, die aus Flüchtlingslagern stammten, tauchten aus dem Nichts auf und erklärten der Nation, der bewaffnete Kampf müsse notwendigerweise den Friedensprozess im Stil von Oslo ablösen. Zu ihren »Strategien« gehörte es, eine Million israelischer Araber gegen ihre jüdischen Landsleute aufzuhetzen. Sie kämpften nicht für einen demokratischen Staat neben Israel, sondern, das Beispiel der Hisbollah im Sinn, für den Islam. Die pazifistischen islamischen Studenten, die ich Anfang der Achtzigerjahre unterrichtet hatte, verblassten neben ihnen zu einer fernen Erinnerung. Unsere jungen Demagogen machten den Palästinensern weis, sie hätten Israel in einen letzten, existenziellen Kampf gezwungen. Ihr Islam war genauso schwer bewaffnet wie die israelische Grenzpolizei – und noch schießwütiger.

Eine Gruppe von Militanten verschiedener Fraktionen schloss

sich – in dem verheerenden Glauben, Rhetorik und Flugblätter allein könnten den Glanz der vergangenen Intifada wieder heraufbeschwören – zu einer »vereinten Führung« beziehungsweise zur Führung der Al-Aksa-Intifada zusammen. Je extremistischer ihre Parolen, desto populärer wurden sie, und dieser wachsenden Popularität wegen widmete ihnen Al-Dschasira eine Live-Sendung, die eine neue Reihe von »Märtyrern« und »Helden« produzierte.

Je länger ich zuhörte, desto mehr stiegen in mir Erinnerungen an die manipulative Rhetorik auf, die ich unmittelbar vor dem Sechstagekrieg im Troubadour vernommen hatte. Mir war speiübel, und ich spürte Marwan auf, um der Hysterie auf den Grund zu gehen. Er war ein Mensch, den ich stets bewundert hatte, ein rauflustiger Kämpfer mit scharfem Verstand. Doch in diesen Tagen tat er etwas, was kurzsichtiger und moralisch fragwürdiger war als alles, was er je unternommen hatte: Er griff zur Waffe. Er, der Wochen zuvor noch überzeugt gewesen war, dass ein endgültiger Frieden zum Greifen nah war, wurde mit einem Schlag zum Guerillaführer, der im Untergrund Anschläge plante. Er befürwortete öffentlich einen militärischen Kreuzzug gegen die »Besatzungskräfte«, mit denen er Soldaten und Siedler meinte.[5]

Wir trafen uns zum Mittagessen in einem Restaurant in Ramallah. »Was zum Teufel ist bloß los?«, fragte ich ihn, kaum dass wir Platz genommen hatten. »Was glaubst du, wohin uns dieser ganze Wahnsinn am Ende bringt?«

Marwan setzte mir auseinander, was er dachte. Als Erstes versicherte er mir, er habe seine politische Position nicht aufgegeben. Seine Vision sei immer noch eine friedliche Zwei-Staaten-Lösung, »heute mehr denn je«. Was dann kam, klang ähnlich wie das alte israelische Mantra: »Palästinenser verstehen nur die Sprache der Gewalt.« (In Hegels Dialektik übernehmen die Sklaven schließlich die Denkweise ihres Herrn.) Seiner Einschätzung der politischen Landkarte nach, so erörterte er, sei Israel noch nicht bereit, die für eine Zwei-Staaten-Lösung erforderlichen Kompromisse einzugehen. Nur durch Leid könne die politische Elite

Israels aus ihrer politischen Selbstgefälligkeit gerissen werden. Ihr Blut müsse fließen.

»Aber bei dieser ›Intifada‹, die ihr da veranstaltet, kommt nichts anderes heraus als ein Blutrausch.« Ich sah ihm in die Augen.

»Wenn der rechte Zeitpunkt gekommen ist, werden wir an den Verhandlungstisch zurückkehren. Aber so weit ist es noch nicht. Es wird gut ausgehen, du wirst sehen«, versicherte er mir.[6] Ich sah ihn nur an, ohne zu antworten. Dann verlangte ich die Rechnung, zog ein paar Schekel aus der Tasche und zahlte. Marwan verbüßt jetzt eine lebenslange Haftstrafe in einem israelischen Gefängnis.

Anfang 2001 glaubte ich, die einzig sinnvolle Rolle, die ich spielen konnte, bestehe darin, genau das Gegenteil dessen zu tun, was ich während der ersten Intifada gemacht hatte. Statt im Untergrund zu arbeiten, trat ich ins Rampenlicht. Ich schrieb Artikel, hielt Vorträge und predigte, so gut ich konnte, Vernunft. Es gibt noch einen Hoffnungsschimmer, dachte ich. Clinton war noch im Amt, und Baraks Regierung war zwar zerbrochen, aber auch er war bis zu den Wahlen im Mai noch an der Macht.

Ende Januar 2001 machten Barak und Arafat den letzten, verzweifelten Versuch eines Friedensschlusses. Israelische und palästinensische Delegationen trafen sich in Taba, um ein Abkommen auszuarbeiten. Als Individuen brachten die israelischen und palästinensischen Unterhändler eine Menge Energie, guten Willen und kreative Ideen mit. Sie schlossen wichtige Lücken, und dieses Mal funkten weder Jahwe noch Allah dazwischen.

Das Problem war die veränderte politische Landschaft in der Heimat. Taba kam zu spät. Arafats Haltung war ambivalent, denn taktisch schien es ihm wenig sinnvoll, ein Abkommen mit einer israelischen Regierung zu schließen, die auf ihre Abwahl zusteuerte. Barak wiederum zauderte, weil er sich nicht sicher war, ob ihm ein Abkommen zu einem Sieg bei den bevorstehenden Wahlen verhelfen würde. Angesichts des gerechten Zorns auf Israels Straßen war dies tatsächlich wenig wahrscheinlich. Nachdem in

Tulkarem gerade erst zwei Eigentümer einer Sushi-Bar in Tel Aviv von Bewaffneten gekidnappt, auf ein Feld geführt und mit Kopfschüssen von hinten getötet worden waren, konnten sich die Israelis nur schwer ein Friedensabkommen vorstellen. Die beiden Restaurantbesitzer waren ins Westjordanland gefahren, um Blumentöpfe für ihr Restaurant zu kaufen.

Mit dem Grinsen eines Satyrs bereitete sich Scharon auf Wahlen vor, deren Ergebnis jeder schon vorher kannte. »Der Gedanke, mit den Palästinensern Frieden zu schließen, ist absurd«[7], ließ er während des Wahlkampfs verlauten. Die israelische Öffentlichkeit unterstützte ihn im gleichen Maße, wie sie Arafat als den gefährlichen Kopf hinter dem Aufstand verteufelte.

Die Palästinenser strickten sich ihre eigenen Mythen, nachdem der geschickte Scharon Barak im Februar eine verheerende Niederlage beigebracht hatte. Unser Sprecher setzte eine tapfere Miene auf und tat, als glaubte er, dass ein unverhohlen kriegerischer Falke als Gegenpart besser sei als ein ebenso kriegerischer ehemaliger Kommandeur, der sich als Taube gab. Einmal mehr waren die Palästinenser dabei, in die alte Falle zu tappen, die Vater so gut gekannt hatte: Irgendwie glaubten sie, die »Welt« würde wie ein Deus ex Machina eingreifen und alles in Ordnung bringen. Und eine Regierung unter Scharon würde diesen Prozess nur beschleunigen: Wenn noch mehr Unheil geschah, noch mehr Blut vergossen wurde, musste die Völkergemeinschaft doch einfach einschreiten und Gerechtigkeit herstellen. Allein, das ist nie geschehen, und es wird auch nie dazu kommen.

Den letzten Ausschlag für meine Rückkehr in die Politik gab das immer größer werdende Vakuum, das durch die Zerstörung selbst der spärlichen Überreste einer vernünftigen palästinensischen Führung entstanden war. Ende Mai versuchten die Israelis, Dschibril zu ermorden. Der *Christian Science Monitor* berichtete dazu treffend:

Manche Israelis setzen ihre Hoffnung auf einen künftigen Frieden in einen stämmigen palästinensischen Polizeikommandanten namens Dschibril Radschub. Lange hat er sich in Friedensgesprächen engagiert, und seit Jahren bemüht er sich, Palästinenser von Angriffen gegen Israel abzuhalten. Am späten Sonntagnachmittag feuerten israelische Streitkräfte von einem Panzer und einem Hubschrauber aus Granaten auf sein Haus ab ... Entweder greift also das technisch bestausgestattete Militär des Nahen Ostens versehentlich genau jene Palästinenserführer an, die jede Gewalt meiden und immer noch bereit sind, mit Israel zu verhandeln – oder aber es liegt keineswegs ein Versehen vor.[8]

Klug wie er war, hielt sich Dschibril von da an bedeckt.

Zehn Tage später, am 31. Mai, verloren die Gemäßigten ihren Führer. Ich saß gerade in meinem Universitätsbüro, als Abdel Kader el-Husseini, Faisals Sohn, mich anrief, um mir die Nachricht vom Tod seines Vaters in Kuwait zu übermitteln.

In den Monaten davor war Faisal allgegenwärtig gewesen: Tapfer hatte er seine Stadt, sein Erbe, verteidigt, war dabei jedoch nie von der Gewaltlosigkeit abgerückt. Er war ein meisterhafter Seiltänzer, der genau wusste, wie er auf einen Unterdrücker zeigen konnte, ohne dabei den Finger am Abzug zu haben.

Faisal war auf einer der Reisen gewesen, die er regelmäßig unternahm, um Unterstützungsgelder für die verzweifelte Bevölkerung Ostjerusalems zu sammeln. An diesem Abend hatte er sich früh in sein Hotelzimmer zurückgezogen. Zwei Stunden später hatte sein Bodyguard nach dem Rechten gesehen und ihn tot aufgefunden. Bei seiner Abreise aus Jerusalem hatte Faisal völlig gesund gewirkt. In der palästinensischen Gerüchteküche wurde gemunkelt, Israel hätte jemanden beauftragt, ihm etwas in den Kaffee zu schütten. Andere sagten, Arafat hätte den Auftrag erteilt.

Die Nachricht von Faisals Tod traf mich genauso wie der Tod meines eigenen Vaters. Ein paar Minuten saß ich in erschüttertem

Schweigen in meinem Büro und kämpfte gegen die Tränen an. »Faisal ist tot«, wiederholte ich ein ums andere Mal, und meine Eingeweide krampften sich zusammen.

Im Orient-Haus versammelten sich bereits die Würdenträger. Die obersten Scheichs und der Mufti kamen ebenso wie die Elite der Geschäftswelt und die christlichen Bischöfe, um ihm ihren Respekt zu erweisen, aber auch, um ihre Stellung in der gesellschaftlichen Hackordnung zu demonstrieren. Als ich eintraf, entdeckten mich die Leute vom Orient-Haus in der Menge und winkten mich heran. Ich schüttelte den Kopf und trat noch weiter zurück, dahin, wo sich die Taxifahrer versammelt hatten. Hier setzte ich mich auf einen Baumstumpf, verbarg das Gesicht in den Händen und weinte. Als unser Volk den hoffnungsvollsten Augenblick seiner jüngeren Geschichte erlebte, die erste Intifada, hatten wir zwei zusammengestanden; und jetzt, wo all unsere Bemühungen gescheitert waren, war Faisal tot. Hatte sich Vater wohl auch so gefühlt, als Faisals Vater Abdel Kader ermordet wurde? Trauer, aber auch Furcht quälten mich. Was zum Teufel sollten wir jetzt bloß tun?

Am folgenden Tag schloss ich mich den Massen an, die an der Mukata in Ramallah auf den Spezialhubschrauber mit seinem Leichnam warteten. Ich entdeckte Marwan, der auf mich zukam und mich bat, im Namen der Fatah die Trauerrede für Faisal zu halten.

Man hatte dafür gesorgt, dass er neben seinem Vater bei der Al-Aksa-Moschee beigesetzt werden konnte. Die israelischen Behörden zeigten ausnahmsweise einmal Mitgefühl und versprachen, den Trauerzug nach Jerusalem nicht zu behindern. Jeder, der an der Prozession von Ramallah aus teilnehmen wollte, konnte zur Al-Aksa gelangen.

Als sich der Zug langsam in Bewegung setzte, mischte ich mich unter die Menge. Dabei fiel mir ein, was Vater mir vom Beerdigungszug für Abdel Kader am Tag nach der Schlacht bei Al-Qastal erzählt hatte. Unterwegs schlossen sich uns immer mehr

Menschen an. Auf den Treppenstufen vor ihren Häusern sitzende Frauen weinten laut, als der Leichnam vorbeigetragen wurde. Überall wurden palästinensische Fahnen gehisst. Auf einer Straße ohne Militärsperren in Ostjerusalem einzuziehen, war, als hätte Faisals Tod die Stadt befreit. In gewisser Weise, so überlegte ich traurig, hatte Faisal sterben müssen, damit sein Traum wahr wurde – wenn auch nur für einen kurzen Moment am Tag seiner Bestattung.

## KAPITEL 29

# VERBÜNDETE

❖

OHNE ZEIT ZU VERLIEREN, streckte Arafat seine Fühler aus, um zu sehen, ob er mich dafür gewinnen konnte, Faisals Aufgabe als PLO-Mann in Jerusalem und Leiter des Orient-Hauses zu übernehmen, das faktisch das palästinensische Regierungszentrum in Ostjerusalem war. Vielleicht glaubte Arafat, jemanden aus einer Jerusalemer Dynastie dafür zu brauchen, Würdenträger zu empfangen und von Zeit zu Zeit den Israelis ein bisschen zu drohen. Was danach kam, war eine komplette Neuauflage der PECDAR-Geschichte. Dieses Mal jedoch wurde ich überlistet.

Die unermüdliche Energie, mit der die Faisal den israelischen Plänen für Ostjerusalem entgegengetreten war, hatte mich stets mit Ehrfurcht erfüllt. Gleichzeitig graute mir angesichts der undankbaren Aufgabe, die Flammen in einer Ecke auszutreten, wo doch das ganze Feld lichterloh brannte. Was konnte ein Einzelner schon tun, um einer Stadt zu helfen, die von einem mächtigen Besatzer belagert wurde, der Milliarden auszugeben bereit war, um sie an sich zu reißen, während die Palästinenser – theoretisch unterstützt von der gesamten arabischen und muslimischen Welt – nur Pennybeträge erübrigen konnten, um die arabische Identität der Stadt zu erhalten? Was die Anzahl der gekauften Waffen betraf, hatte sich die PA über das Osloer Abkommen hinweggesetzt, wo es jedoch um Jerusalem ging, hatte sie sich an die Vereinbarungen gehalten. Einzelne Dörfer im Westjordanland waren mit mehr Geld und Interesse bedacht worden als Ostjerusalem, das Herz und die Seele der palästinensischen Identität.

Was mich abschreckte, war nicht allein die Gewissheit, dass

ich als Arafats Mann in Jerusalem auf verlorenem Posten stehen würde. Auch meine Überzeugung, die einzige Hoffnung für die Stadt liege in einem politischen Abkommen mit den Israelis, war nicht allein ausschlaggebend für meine Ablehnung, ebenso wenig wie die Tatsache, dass das Blutbad eine ohnehin schon schlimme Situation noch dramatisch verschlechterte. Ich war an dem Posten auch deshalb nicht interessiert, weil ich mir nicht vorstellen konnte, in Anzug und Krawatte Diplomaten zu empfangen und im Orient-Haus die Rolle des Jerusalemer Aristokraten zu spielen. Das war meines Vaters und Faisals Sache gewesen. Ich selbst fühlte mich immer noch wohler unter meinen Freunden, den Taxifahrern, als in Gesellschaft von Bischöfen und Scheichs.

Ich wandte alle Tricks an, um mich aus der Affäre zu ziehen, beispielsweise indem ich etwas tat, was ich sowieso ständig praktizierte: Ich sprach mich offen gegen die Illusionen einer ganzen Gesellschaft aus. Das ist ohnehin kein leichtes Unterfangen, und in unserer Gesellschaft bisweilen sogar tödlich. Ich wollte den Mann auf der Straße erreichen, den arabischen wie den jüdischen. Angesichts all der Verheerungen und Verwüstungen waren die manichäischen Gegensätze – »wir« gegen »sie«, arabisch gegen jüdisch, palästinensisch gegen israelisch – sinnlos geworden. Beide Gesellschaften gingen zusammen unter. Entweder, wir verbündeten uns, um den verrückten Tanz zu beenden, oder wir würden alle verlieren. So einfach war das.

Mein Artikel »Was kommt als Nächstes?«[1] erschien im September 2001 gleichzeitig in arabischen und hebräischen Zeitungen. Die Botschaft war eindeutig: Sobald wir unsere Waffen in die Halfter zurücksteckten, würden wir uns wieder hinsetzen und reden müssen, und dann würden die Tabus, die wir bisher umgangen hatten – Jerusalem, die Siedlungen und die Flüchtlinge –, auf den Tisch kommen. Doch ehe diese scheinbar unüberwindlichen Hindernisse in Angriff genommen werden konnten, war es zwingend notwendig, die Menschen an die grundlegenden Interessen zu erinnern, die beide Seiten teilten. Der Durchschnittsisraeli wollte Sicherheit und einen jüdischen Staat, und der Durchschnittspalästinenser wollte die Beendigung der Okkupation. Und es gab eine erstaunlich einfache Formel, die die Grundbedürfnisse beider Seiten befriedigen würde: zwei Staaten, voneinander getrennt mehr oder weniger durch die Grenzen von 1967.

Die Israelis mussten sich darüber klar werden, dass die Voraussetzung für ein Fortbestehen ihres jüdischen Staates ein freier Palästinenserstaat in den Grenzen von 1967 und mit der Hauptstadt Ostjerusalem war. Die Palästinenser mussten sich darüber klar werden, dass sie ihren Staat nur bekommen würden, wenn sie das moralische Recht Israels, als jüdischer Staat zu existieren, anerkannten. Und für die Flüchtlinge würde es kein pauschales Rückkehrrecht nach Israel geben.

Wenn dieser Erkenntnisprozess nicht auf beiden Seiten stattfand – ob nun aus Eigennutz oder aus Schwäche –, würden wir uns eines Tages in einem Hybridstaat wiederfinden, der weder dem israelischen Bedürfnis nach einem jüdischen noch dem palästinensisch-nationalistischen Bedürfnis nach einem arabischen Staat gerecht wurde.

»Was kommt als Nächstes?« richtete sich gegen nationalistische Verblendung. Zunächst schien es, als würde der Lärm des Kriegsgeschreis meinen Artikel übertönen. Diejenigen, die mit mir übereinstimmten, taten besser daran, es nicht zu laut zu sagen. Meine Kritiker bombardierten die Öffentlichkeit mit Artikeln, in denen sie ganz zu Recht behaupteten, ich sei abgeschnitten von der allgemeinen Stimmung. Eine Fortsetzung der Gewalt – in ihren Augen der wahre Pfad zur Erlösung – betrachtete ich als kollektiven Selbstmord.

Lucy gegenüber spöttelte ich damals, dass ich mich fühle wie jemand, der einen Bus voller Touristen auf einen Abgrund zufahren sieht. Er steht neben der Straße und winkt dem beschleunigenden Bus verzweifelt zu, um ihn zu stoppen, aber die Urlauber befinden sich in so fröhlicher Reisestimmung – sie singen, essen, beobach-

ten durchs Fenster die vorbeiziehende Landschaft und die verrückten Gesten der Fußgänger draußen –, dass sie ihn ignorieren.

Der einzige Mensch, dessen Meinung zu »Was kommt als
Nächstes?« ich noch nicht kannte, war Arafat. Als ich schließlich
erfuhr, was er davon hielt, klopfte mir der schlaue Vorsitzende auf
die Schulter und schüchterte mich gleichzeitig so ein, dass ich
schließlich Faisals Posten übernahm.

Fünf Monate lang hatte ich den Alten Mann und sein Hauptquartier sorgfältig gemieden. Kurz nach Erscheinen von »Was
kommt als Nächstes?« besuchte ich ihn schließlich, um eine Bei-
hilfe zur Bezahlung der Gehälter an der Universität zu erwirken.
Ich glaubte, ihm gefahrlos persönlich gegenübertreten zu können,
da so viel Zeit vergangen war und meine ketzerischen Ansichten
mich als »Arafats Mann« in Jerusalem ohnehin disqualifizierten.

Als ich Arafats Büro betrat, fand ich ihn in der gewohnten Haltung: am Schreibtisch über Papiere gebeugt. Ohne ein Wort kritzelte einer von Arafats Beratern ein paar Stichpunkte auf einen
Zettel und reichte ihn dann Arafat, der ihn las und dann den Blick
hob und mich ansah. Immer noch schweigend, reichte er mir den
Zettel weiter. Darauf stand, dass Faisals Stelle immer noch frei war.
Offenbar hatten sie das Prozedere vor meiner Ankunft einstudiert.

»Also?«, fragte Arafat schließlich und lehnte sich in seinem
Stuhl zurück. Dann nahm er seine riesige Brille ab und sah mir
direkt in die Augen. »Also?«

Ich hatte nicht damit gerechnet, dass das Thema zur Sprache
kommen würde, und stotterte eine Antwort. »Nun, weißt du …«
Ich zählte ihm die Gründe auf, deretwegen meines Erachtens
keine Einzelperson in Faisals Fußstapfen treten könne. »Es ist
nämlich so …« Aber Arafat hörte gar nicht zu. »So wie ich das
sehe …« Er wirkte ungeduldig. Ich räusperte mich.

»Irgendjemand muss den Vorsitzenden gegenüber den diplomatischen Gesandtschaften in Jerusalem vertreten«, warf der Berater dazwischen. Ich saß da und rieb meine blauen Perlen.

»Hast du das gehört?«, fragte Arafat und starrte mich aus großen, wässrigen Augen an. »Sari, du kannst mein Verbindungs-mann sein. Das ist mir sehr wichtig.« Da wusste ich, dass er »Was kommt als Nächstes?« guthieß.

Meine Ausflüchte besiegelten nur mein Schicksal. »Jeder weiß bereits, dass ich dich vertrete. Diplomaten und andere Leute se-hen mich ohnehin in dieser Rolle.«

»Wenn das so ist, warum sollen wir es dann nicht offiziell ma-chen?«, beharrte Arafat sanft und bezog stillschweigend mit ein, dass ich noch andere Gründe haben musste.

Ich besaß keine Rückzugsstrategie. Über die Jahre hatte ich stets den heiklen Balanceakt versucht, von Arafats Bürokratie Ab-stand zu halten, ohne sein Misstrauen zu erregen – eine ganz schlechte Idee. Dieses freundschaftliche Gleichgewicht zu halten, war mir nur gelungen, weil ich ihm nie ein klares Nein ins Gesicht gesagt hatte. Ich hatte stets eine Möglichkeit gefunden, mich da-vonzustehlen, wie zum Beispiel aus dem Königspalast in Oslo.

»Nun«, begann ich mit einem Verliererlächeln, »wenn du es so willst …«

»Dann betrachten wir das als abgemacht«, brachte Arafats Be-rater meinen Satz zu Ende.

»Wunderbar«, stimmte Arafat ein und sagte sofort zu, Nothilfe zu leisten, um die Gehälter meiner Universitätsangestellten aus-zuzahlen.

Am folgenden Morgen verkündeten die Schlagzeilen der arabi-schen und hebräischen Zeitungen unsere Abmachung. Die israe-lische Linke bauschte die Tatsache, dass ein Oxford-Absolvent den Posten bekam, begierig auf, um einer Äußerung des israe-lischen Präsidenten Mosche Katzaw entgegenzutreten: Wir Pa-lästinenser, so hatte er unlängst vor einer Gruppe von Jungen an-lässlich ihrer Bar-Mitzwa gesagt, gehörten »weder auf unseren Kontinent noch in unsere Welt, sondern in eine andere Galaxie«. Ich war ein Musterbeispiel dafür, dass dies nicht unbedingt der Wahrheit entsprach.

Als ich den PLO-Posten in Jerusalem übernahm, stiegen alte Erinnerungen an die Gouverneurszeit meines Vaters in mir auf, aber auch an mein Büro in den ehemaligen Toiletten. Doch inzwischen war nicht mehr Rabin Premierminister, sondern Scharon, und wir befanden uns nicht in einem Friedensprozess, sondern im Krieg. Zum Zeitpunkt meiner Amtsübernahme war der Zutritt zum Orient-Haus verboten. Im August 2001 hatten die Israelis mit einem Schlag viele palästinensische nationale Institutionen geschlossen, darunter auch das Orient-Haus, dessen Tor sie mit einem Vorhängeschloss verriegelten. Ich richtete mein Büro im zweiten Stock des Imperial Hotel direkt beim Jaffa-Tor ein. Das Hotel, das mit seinem verblichenen Charme stark an die osmanische Zeit erinnerte, war billig und deshalb bei Rucksacktouristen beliebt.

Am 15. Oktober – ich hatte erst drei Tage zuvor meinen neuen Posten angetreten – willigte ich ein, an einer Diskussionsrunde mit dem palästinensischen Politikwissenschaftler und Meinungsforscher Khalil Schikaki an der Hebräischen Universität teilzunehmen. Ich hätte die Gelegenheit nutzen können, um gegen den Abriss von einem Dutzend Häusern oder gegen die immer rascher fortschreitende Ausdehnung der Siedlungen zu protestieren. Ich hätte mit dem Finger auf Präsident Bush zeigen können, der nach dem 11. September Wichtigeres im Kopf hatte als uns, während seine Verbündeten, die amerikanischen christlichen Fundamentalisten, mit der Bibel in der Hand zu Tausenden durch die Siedlungen tourten, um ihre Unterstützung für Israels Landraub zu bekunden. Aber ich wusste, dass es insbesondere nach den Terrorangriffen in New York und Washington einer anderen Methode bedurfte, um der israelischen Strategie in ihrem Kern zu begegnen. Für die palästinensische Führung bestand der einzige Weg zurück an den Verhandlungstisch darin, unmissverständlich jede Gewalt abzulehnen und den Wunsch zu äußern, friedlich Seite an Seite mit dem jüdischen Staat zu leben.

Auf dem Weg zu der Veranstaltung in der Universität begegnete ich zufällig dem Berater des Jerusalemer Bürgermeisters in arabischen Angelegenheiten, Schalom Goldstein. Als wir uns dem Vortragssaal näherten, sah ich zu meiner Überraschung eine riesige Menschentraube vor der Tür. Zunächst dachte ich, in einem Nebenraum spiele eine lokale Rockband, oder es werde ein Film gezeigt. »Vielleicht sollten wir uns hinten anstellen, um zu sehen, was da geboten wird«, sagte ich und stupste Schalom an.

»Sari, ich glaube, die sind wegen dir hier«, entgegnete er glucksend.

»Vielleicht wollen sie ja wissen, wie jemand aus einer anderen Galaxie aussieht«, vermutete ich und legte den Arm um Schaloms Schulter.

Jedenfalls war der Saal gerammelt voll. Khalil trat als Erster auf. Mit Hilfe von Daten, die er seit einem Jahrzehnt gesammelt hatte, zeigte er, dass das Ausmaß öffentlicher Unterstützung für die Hamas und das Niveau der Gewalt umgekehrt proportional zu den Fortschritten im Friedensprozess war. Die Meinungsumfragen und Diagramme sprachen für sich. Je mehr Hoffnung es gab, desto seltener kam es zu Gewalt. Palästinenser wurden weder als Wahnsinnige noch als Selbstmörder geboren. Ihre zunehmend extremistische Haltung entsprang der Verzweiflung.

Dann war ich an der Reihe. Ich hatte weder Diagramme noch Zahlen und auch keine empirischen Fallstudien zur Hand, um irgendetwas zu beweisen. Als Erstes konstatierte ich eine Tatsache, an die niemand im Publikum erinnert werden musste: dass der palästinensische Aufstand hoffnungslos mit Blut besudelt war. Dann sprach ich das aus, was meines Erachtens der gesunde Menschenverstand nahelegte. Dass aber gerade dies vom Publikum als höchst verblüffende Offenbarung empfunden wurde, weil dergleichen in unserer Ära der Selbstmordattentate vollkommen undenkbar geworden war, zeigt wohl am besten die in diesem Sommer herrschende Stimmung: »Israelis und Palästinenser«, erklärte ich, »sind gar keine Feinde.« Unter den Zuhörern breitete sich ungläubige Stille aus. »Im Gegenteil, wir sind strategische Verbündete.«

Ich hörte nur hier und da ein Hüsteln oder Schniefen. Die Israelis, fuhr ich fort, mochten glauben, ihr wahrer Verbündeter sei Amerika, und die Palästinenser mochten Araber oder Muslime als die Ihren betrachten; in Wahrheit jedoch seien die Einzigen, die durch eine Nabelschnur miteinander verbunden seien, Israelis und Palästinenser, denn unsere Zukunft könne, ob wir es wollten oder nicht, nur eine gemeinsame sein. Unser beiderseitiges Interesse an einer besseren Zukunft mache uns objektiv zu Verbündeten.

Im Folgenden legte ich dar, dass Gewalt und Zwang genau das Gegenteil bewirkten. »Israel kann den Willen der Palästinenser, in Freiheit zu leben, nicht gewaltsam brechen, und ebenso wenig können die Palästinenser Israel mit Gewalt hinter die Grenze von 1967 zurückdrängen. Gewaltanwendung ist nicht nur unmenschlich, sondern auch politisch sinnlos. Richtschnur bei Verhandlungen kann nur die Vernunft sein. Nur sie kann die Bedingungen eines Abkommens diktieren, das den Interessen beider Völker dient. Eine gemeinsame Zukunft setzt voraus, dass Israel eine Sicherheitsgarantie für seine Existenz als jüdischer Staat erhält, aber ebenso müssen die Palästinenser eine Sicherheitsgarantie für ihre Freiheit und Unabhängigkeit in einem eigenen Staat bekommen.«

Die Grundlage meines Vortrags war der Artikel »Was kommt als Nächstes?«. Verhandlungen, so führte ich aus, könnten zu Enttäuschung und Extremismus führen, wenn darin nicht die Ursache unserer jeweiligen nationalen Krankheiten herausgearbeitet und angesprochen würde. Die Palästinenser müssten den Traum von der Rückkehr aufgeben, die Israelis den Gedanken einer Besiedelung Groß-Israels, und beide Seiten die Aussicht auf unilaterale Oberherrschaft über ganz Jerusalem.

Meine Behauptung, wir seien Verbündete, löste Reaktionen aus. Viele Israelis wiesen mein Argument als Privatmeinung und Donquichotterie eines mondsüchtigen Träumers zurück. Und bald sollte ich erfahren, dass es beim Schin Beit und in der Regierung

Leute gab, die meine Friedensworte als heimtückisch verschlüsselte Botschaft interpretierten, die eine Anstiftung zum Mord beinhalte. Ihrer verdrehten Logik zufolge waren solche Reden ein ausgesprochen raffinierter Weg, den jüdischen Staat zu unterminieren – ein infamer Trick der PLO, um die gutgläubigen Israelis zu der Annahme zu verleiten, wir Außerirdischen seien eben doch menschliche Wesen.

Zumindest die Palästinenser wussten, dass ich meine wahre Meinung sagte, und wie ich vorausgeahnt hatte, riefen meine Worte Entsetzen und Ungläubigkeit hervor. »Was ist das bloß für eine Sophisterei? Wie können unsere Feinde unsere Verbündeten sein? Wie können wir mit Scharfschützen, die morgens Kinder totschießen und abends in den Bars von Tel Aviv herumhängen, gemeinsame Interessen haben?«

Kaum waren meine Worte in der Presse zu lesen, forderten erzürnte Palästinenser meine Entlassung von meinem neuen Posten. Es war nicht das erste Mal, dass ich öffentlich eine unpopuläre Meinung geäußert hatte, doch da ich jetzt Faisals Nachfolger war, hatten meine Worte mehr Gewicht. Es hagelte Drohungen und Warnungen von allen Seiten. »Pass bloß auf«, ermahnten mich die einen. »Greif nicht in die Sphäre des Vorsitzenden ein. Denk daran, was mit Faisal passiert ist!« Andere warnten mich vor »der palästinensischen Straße« – mit anderen Worten, vor der Ermordung. Mutter mahnte mich mit weiser, aber auch müder Stimme, ich verschwende nur meine Zeit. »Gib es doch auf. Die Israelis werden niemals irgendwas zustimmen.« Außerdem fürchtete sie, ich könnte zur Zielscheibe von Fanatikern werden.

Meine Antwort an all meine Freunde und Verwandten lautete, dass ich für niemanden eine Bedrohung darstelle, da ich keine persönlichen politischen Ambitionen hege. »Ich bin kein politischer Führer«, erklärte ich in einem Interview für eine israelische Zeitung. »*Sie glauben, ich lege Wert auf diesen Job!* Nein, ich bin nur hier, weil ich muss.«

Am produktivsten in meiner Zeit auf diesem Posten gestaltete sich nicht die Zusammenarbeit mit der PLO, sondern mit Peace Now. Die Gruppe war inzwischen in der israelischen Gesellschaft fast genauso marginalisiert wie das Lager der Friedenswilligen in meiner eigenen. Wir waren lauter versprengte Einzelpersonen, die sich gegen den Wind stellten.

Ich traf mich mehrfach und an unterschiedlichen Orten mit Spitzenvertretern von Peace Now – in meinem Büro, in Restaurants, Hotellobbies und so weiter –, um eine kurze Erklärung auszuarbeiten, der wir den Titel »Time for Peace« (Zeit für Frieden) gaben und in der wir unsere gemeinsame Vision umrissen. Die Gewalt musste natürlich ein Ende haben, und es mussten wieder Gespräche stattfinden, und zwar auf der Grundlage von drei Prinzipien: zwei Staaten entlang der Grenzen von 1967, Jerusalem als gemeinsame Hauptstadt sowie eine ebenso gerechte wie praktikable Lösung des Flüchtlingsproblems.

Unser Plan war, öffentliche Unterstützung für eine Beendigung des Konflikts zu mobilisieren. Wir wollten die Kampagne mit einer feierlichen Unterzeichnung des Dokuments durch Personen des öffentlichen Lebens einleiten. Im Anschluss an die Unterzeichnung wollten wir eine Reihe gemeinsamer friedlicher Demonstrationen organisieren, um der Bevölkerung auf beiden Seiten zu signalisieren, dass es immer noch Hoffnung, immer noch eine Lösung, immer noch die Möglichkeit eines Wunders gab.

Die feierliche Unterzeichnung fand am 28. Dezember 2001 im Imperial Hotel statt. Im Hotel herrschte reges Treiben. In einer von Peace Now und Women in Black (Frauen in Schwarz), dem israelischen Zweig des mutigen, international agierenden Friedensnetzwerks »Frauen für den Frieden«, organisierten friedlichen Demonstration kam eine große Gruppe Israelis mit Palästinensern und ausländischen Unterstützern zusammen. Der Zug schlängelte sich durch Jerusalem und endete am Eingang des Hotels beim Jaffa-Tor. An der Zeremonie selbst nahmen linke Knesset-Mitglieder ebenso wie Peace-Now-Mitglieder und Hunderte palästinensischer Aktivisten und Führungspersönlichkeiten teil. Fast dreitausend Menschen unterschrieben in einem dem Time-for-Peace-Dokument angehefteten Buch.

In den darauffolgenden Tagen begannen wir mit einer öffentlichen Kampagne. Als Hauptquartier wählten wir das Imperial Hotel, und mit Unterstützung der Europäischen Union begannen wir eine Reihe größerer Veranstaltungen zu planen, darunter eine Menschenkette. Wir hatten vor, im Juni des nächsten Jahres Hunderttausende von Israelis und Palästinensern eine Kette bilden zu lassen, die vom nördlichsten Zipfel des Westjordanlandes bis zur Südspitze des Gazastreifens reichen sollte. So sollte unsere künftige Grenze physisch dargestellt werden.

Von diesem Zeitpunkt an überwachte mein Inspektor Javert jeden meiner Schritte.

## KAPITEL 30

# SCHACHMATT

DIE FOLGEN MEINES VORTRAGS an der Hebräischen Universität zeigten wieder einmal, wie doppelzüngig die Politik im Nahen Osten sein kann. Nie sind die Dinge so, wie sie scheinen. Wie soll man verstehen, dass Barak, ein eingefleischter Säkularist, die Gespräche in Camp David wegen des Allerheiligsten torpedierte? Dass Marwan nach dem Scheitern des Gipfels in Tränen ausbrach, Monate später aber Überfälle aus dem Hinterhalt plante? Dass Scharon und seinesgleichen der Welt verkündeten, sie stünden Präsident Bush in seinem Krieg gegen den Terror zur Seite, während sie gleichzeitig gemäßigte Palästinenser angriffen, die Regierungsfähigkeit der Palästinensischen Autonomiebehörde zerstörten und damit ein Vakuum schufen, das sich die Hamas zunutze machte? Just in dem Augenblick, da ich mich weiter denn je aus dem Fenster lehnte, nannten mich Inspektor Javert und die israelische Rechte das lächelnde Gesicht des palästinensischen Terrors, ja, sogar den »gefährlichsten Palästinenser weltweit«.

Die Israelis kehrten zu ihrer alten Strategie zurück, auf die Gemäßigten einzuprügeln und die Fanatiker in Ruhe zu lassen, und zwar nicht, weil unsere sich befehdenden Stämme so weit vom Frieden entfernt gewesen wären, sondern im Gegenteil, weil der Frieden so nah war, eine reife Pflaume, nach der man nur noch die Hand ausstrecken musste. Meinungsumfragen auf beiden Seiten zeigten, dass die Sehnsucht nach Frieden weitaus stärker war als der Wunsch nach Rache. Dies aber versetzte Scharon ebenso in Angst wie Scheich Jassin. Das israelische und palästinensische

Volk einte die Sehnsucht nach Frieden, manche Führer jedoch das Interesse, den Konflikt zu schüren.

Meinen ersten Versuch, mich von dem Posten als Arafats Mann in Jerusalem zurückzuziehen, unternahm ich bereits nach ein paar Monaten. Ich hielt die PLO-Präsenz in der Stadt lediglich für ein Feigenblatt, das die systematische Kolonisierung durch Israel kaschieren sollte, welche aufzuhalten wir nicht die Macht besaßen. (Dies wurde mir tagtäglich durch eine neue, sinnigerweise nach Menachim Begin benannte Schnellstraße vor Augen geführt, die meinen Stadtteil Beit Hania durchschnitt und die rasch aufstrebenden Siedlungen Neve Jaakov, Ramot und Pisgat Ze'ev mit Westjerusalem verband.) Da für mich auch die tausenddreihundertjährige Geschichte meiner eigenen Familie auf dem Spiel stand, brachte ich bei jeder Gelegenheit den Gedanken an Gespräche im Stil von Camp David vor, die man schleunigst wieder aufnehmen müsse. Nur in ernsthaften Endstatus-Verhandlungen konnten wir den völligen Verlust Jerusalems verhindern.

Als die Rufe nach meiner Absetzung immer lauter wurden, schrieb ich schließlich einen Rücktrittsbrief und suchte Arafat auf. In dem Brief stand, dass es zwar eine Ehre für mich sei, der Sache der PLO zu dienen, ich jedoch die Freiheit vorziehe, offen meine Meinung zu äußern. Wenn dem Präsidenten mein Vorgehen nicht gefalle, würde ich ihm gern meine Absetzung ersparen und meinen Posten freiwillig räumen. Ich überreichte ihm mein Rücktrittsgesuch.

»Was soll das denn?«, fragte er, als er das Schreiben überflogen hatte, und gab es mir zurück.

»Wie du siehst, hat der Brief kein Datum.« Ich legte ihm das Blatt auf den Schreibtisch und zeigte auf die obere Ecke des Blattes. »Du kannst das Datum einsetzen, das du möchtest. Wann immer du es für nötig hältst, datier einfach den Brief, unterschreib ihn und fax ihn mir ins Büro.«

Arafat nahm, wie es seine Gewohnheit war, seine Brille ab und rieb sich die Augen, die von zu wenig Schlaf und zu vielen Sorgen gerötet waren. »Aber warum machst du das? Übt irgendjemand Druck auf dich aus?«

»Nein. Ich dachte eher, dass du wegen mir unter Druck stehst.«

»Blödsinn«, antwortete er barsch. Wieder gab er mir das Papier zurück. »Glaubst du wirklich, ich würde dem Druck nachgeben und dich daran hindern, deine Meinung zu sagen?«

Dies war ein weiteres Beispiel für Arafats Seiltänzerkunst. Er balancierte vorsichtig zwischen Gemäßigten und Militanten, nicht bereit und vielleicht auch unfähig, sich unzweideutig für die eine oder andere Seite zu entscheiden.

An dem Tag im Januar 2002, als wir im Imperial Hotel mit großem Tamtam die Kampagne People's Peace (Frieden für das Volk) starteten, fingen die Israelis vor der arabischen Halbinsel einen Viertausend-Tonnen-Tanker ab, der mit Katjuscha-Raketen, Granatwerfern, Minen und modernem Sprengstoff aus iranischer Herstellung beladen war und sich auf dem Weg nach Gaza befand – ein idealer Anlass für die israelische Rechte, ihre Propagandamaschine anzuwerfen: Während der PLO-Mann in Jerusalem den Israelis die Hand reichte, waren seine Genossen im Begriff, sich bis an die Zähne zu bewaffnen.

Eine Großkundgebung am Ort der Ermordung Rabins in Tel Aviv, die wir mit Peace Now geplant hatten, scheiterte am Terror. Die dreißigtausend erwarteten Teilnehmer blieben aus, weil es eine Stunde vor der Demonstration wieder einen Bombenanschlag gegeben hatte. Verständlicherweise zogen es die Israelis vor, zu Hause zu bleiben und sich die düsteren Nachrichten im Fernsehen anzusehen.

Auch die Menschenkette entlang der Grünen Linie, die wir zusammen mit Peace Now monatelang in mühevoller Arbeit vorbereitet hatten, kam nicht zustande. Die Israelis würgten unsere Initiative einfach ab, indem sie einige Gebiete abriegelten, in anderen Ausgangssperren verhängten und Unterstützer aus dem Ausland am Flughafen Ben Gurion abwiesen.

Auf den palästinensischen Straßen eskalierte unterdessen die Gewalt. Aus welchem Grund auch immer – vielleicht waren es auch mehrere Gründe –, das Blutvergießen offenbarte einen elementaren Unterschied zwischen den beiden sich befehdenden Völkern. Im Allgemeinen war die Reaktion der Palästinenser auf das harte Vorgehen der Israelis planlos, emotional und von blinder Wut getragen. Der sogenannte »Aufstand« setzte sich fort, wie er begonnen hatte: mit einer langen Reihe undurchdachter Aktionen, die sich verheerend auswirkten. Zur Geisel eines infantilen Militantismus geworden, war die palästinensische Bevölkerung den drakonischen israelischen Gegenmaßnahmen praktisch schutzlos ausgeliefert. Die Offensive der Israelis war entschlossen und kaltblütig und geschickt so angelegt, dass die PA keine Möglichkeit mehr hatte, die Menschen zu besänftigen.

Als Arafat schließlich ein Ende der Gewalt forderte (wozu er mehrfach gedrängt werden musste), hatte es den Anschein, als wären wir über den Berg. Doch nun betrat erneut Scharon die Bühne. Kaum war von Waffenstillstand die Rede, ließ der israelische Rambo am helllichten Tag einen ausgesprochen beliebten militanten Aktivisten in Tulkarem ermorden. Natürlich flammte daraufhin die Gewalt aufseiten der Palästinenser erneut auf. So war es immer: Sobald sich eine Beruhigung der Lage abzeichnete, schürte Scharon das Feuer unter dem politischen Hexenkessel.

Eine erschreckend große Zahl von Palästinensern hielt sich an die Devise »Die Israelis haben ihre Phantom-Bomber, wir haben unsere menschlichen Bomben«. Anfangs gingen die Selbstmordattentate fast ausschließlich auf das Konto der Hamas oder des Islamischen Dschihad, deren Popularität sprunghaft zunahm. »Es gibt hunderttausend Palästinenser, die bereit sind, Kamikazekämpfer zu werden«, verkündete Abu Ala der internationalen Presse mit Blick auf die Stimmung in der Öffentlichkeit. Um nicht im Schatten der Hamas zu stehen, glaubten manche Leute in der

Fatah, ihre Methoden übernehmen zu müssen. Die Verbitterung der Palästinenser garantierte einen stetigen Nachschub an willigen Selbstmordattentätern.

Einmal rannte Lucy zur Schule, um Nuzha abzuholen. Ein Selbstmordattentäter, der auf dem Weg zu seinem Ziel gerade an der Schule vorbeigekommen war, hatte geglaubt, ein Polizist sei ihm auf den Fersen, und seinen Sprengstoffgürtel gezündet. Sein Kopf wurde auf den Schulhof geschleudert, mitten unter die spielenden Kinder.

Im Jahre 1996, als die Menschen noch Hoffnungen in den Friedensprozess setzten, hatten Selbstmordattentate fast ausnahmslos weltweit Verurteilungen und Abscheu ausgelöst. Jetzt, fünf Jahre später, waren solche Anschläge an der Tagesordnung und zogen kaum Proteste nach sich. Als ich die Selbstmordattentäter für wahnsinnig erklärte und verurteilte, wagten nur wenige, sich mir anzuschließen.

Dschibril verabscheute die Anschläge genauso wie ich. »Ich habe wegen meines Kampfs gegen die Besatzung siebzehn Jahre in israelischen Gefängnissen gesessen«, erklärte er einem Journalisten, »aber ich habe nie mit Vorsatz Zivilisten angegriffen ... Der Widerstand gegen die Besatzung ist das eine, etwas völlig anderes ist es, Menschen umzubringen, nur weil sie Menschen sind.«

Befragungen erfolgloser Selbstmordattentäter, die Dschibrils zusammengeschmolzener Sicherheitsapparat durchführte, ergaben, dass achtzig Prozent keine religiösen Motive hatten, sondern von Wut, Niedergeschlagenheit und Rachedurst dazu getrieben worden waren. Darunter war auch eine fünfunddreißigjährige Frau, Mutter von fünf Kindern. Sie war von einem der Männer Dschibrils festgenommen worden, als sie jemanden bat, ihr eine Bombe zu geben. Beim Verhör gab sie Scham als Motiv an. An einer Kontrollstelle hatten Soldaten sie nackt ausgezogen und sie herumgewirbelt wie eine aufblasbare Sexpuppe, und das vor einer langen Autoschlange mit Bussen voller arabischer Landsleute. Sie wollte lieber sterben, als ihren Landsleuten ins Gesicht zu sehen, umso mehr, wenn sie dabei noch ein paar Israelis mit in den Tod reißen konnte.

Meinungsumfragen und das, was man in den Cafés und auf der Straße so hörte, ließen den Schluss zu, dass die Menschen Anfang 2002 von einer seltsamen Schizophrenie befallen waren. Auf der einen Seite gab es den Wunsch nach Frieden, auf der anderen die erschreckenden Bilder von Menschenmengen, die wie in einem primitiven Ritual die Gewaltausbrüche feierten. Meinem Glauben an das Gute in den Völkern Israels und Palästinas tat dies jedoch keinen Abbruch. Sie waren von Ideologen und Fanatikern verführt worden, und ich zweifelte nicht im Geringsten daran, dass es nur einiger Zeit und vernünftiger Argumente bedurfte, um sie wieder zur Besinnung zu bringen.

»Das Töten von Zivilisten, in welcher Form auch immer«, betonte ich gegenüber einem israelischen Journalisten, »ist Ausdruck einer schweren psychischen Störung, die Aufmerksamkeit verlangt und behandelt werden muss.« Mit Hilfe eines Bildes, das jeder Muslim verstand, erklärte ich meinen Zuhörern, im Islam sei die beste Art des Dschihad die Selbstkontrolle, die Beherrschung der eigenen Leidenschaften und des Zorns. Und in einem Interview für den *New Yorker* erklärte ich einem verblüfften David Remnick: »Die Palästinenser müssen den Geist Christi wiederbeleben, um das Leid und die Verletzungen zu bewältigen und unter Kontrolle zu bringen. Sie dürfen nicht zulassen, dass diese Gefühle ihr Handeln gegenüber Israel bestimmen, und müssen erkennen, dass Gewalt ihren Interessen nicht dienlich ist.«

Das Bild von Christus war gar nicht so weit hergeholt, wie Mutter beweisen sollte. Als ich eines Tages ein Buch über zwei außergewöhnliche Philosophen jüdisch-wienerischer Herkunft las, stieß ich auf Passagen über die antisemitische Hetze in den Dreißigerjahren. Dabei konnte ich sehr gut das lähmende Gefühl von Bedrohung und Terror nachvollziehen, das die beiden Männer angesichts all der Probleme mit den Behörden, mit Aufenthaltsgenehmigungen, Reisedokumenten, kleinkarierten Beamten, Enteignungen und anderen Demütigungen bedrückte. Es erinnerte mich an meine eigene Herkunft und das Schicksal meiner Familie nach 1947.

Ich war mir stets der harten Tatsachen des europäischen Antisemitismus bewusst gewesen, der zur Barbarei und Judenvernichtung geführt hatte. Aber was bislang für mich nur Fakten gewesen waren, verknüpfte sich nun mit Emotionen. Durch die Erzählung der beiden Wiener Philosophen hatte ich Einblick in ihr Schicksal bekommen, der mein Mitgefühl weckte.

Als ich an jenem Abend meine Mutter besuchte, stellte ich ihr eine Frage. Nimm einmal an, sagte ich, in den Dreißigerjahren sei ein älterer gebildeter Jude aus Europa zu deinem Vater gekommen, um mit ihm über eine dringliche Angelegenheit zu sprechen. Und stell dir weiter vor, dieser Mann habe Großvater erzählt, den Juden Europas stünde eine menschliche Katastrophe unvorstellbaren Ausmaßes bevor. Und er habe hinzugefügt, als abrahamitischer Verwandter mit historischen Verbindungen zu Palästina wolle er den drohenden Völkermord verhindern, indem er darum bitte, dass seinem Volk die Zuflucht in ihr gemeinsames Heimatland gestattet werde. Was glaubst du, hätte Großvater darauf gesagt?

Ich war auf ein langes Gespräch mit vielen Wenns und Abers, Vorbehalten und Einwänden gefasst gewesen, doch stattdessen antwortete sie geradeheraus mit einer ausholenden Handbewegung: »Wie kannst du so etwas fragen? Wer hätte sich dem verweigern können?« So leicht konnte das Mitgefühl fünfzig Jahre Leid besiegen.

Als Arafats Mann in Jerusalem hatte ich immerhin die Möglichkeit, ein wenig Unruhe zu stiften. Meine Haltung zum Rückkehrrecht löste heftige Auseinandersetzungen aus, aber zumindest redeten die Menschen jetzt wieder miteinander – ein gewaltiger Fortschritt in diesen Zeiten der Kugeln und Bomben. Doch auch wenn es heilsam war, die Menschen dazu zu bringen, seit einem halben Jahrhundert skandierte Parolen zu überdenken, war es doch nicht immer ungefährlich. Nach einem erbitterten Streit mit dem Mufti von Jerusalem erklärte ich mich schließlich bereit, mir zwei Leibwächter zuzulegen. Sie begleiten mich bis heute.

Eine Kostprobe dessen, was die Öffentlichkeit von meiner Sicht der Dinge hielt, bekam ich bei einem Treffen in einem der schlimmsten, staubigsten und waffenstarrendsten Flüchtlingslager überhaupt: dem Lager Deheischeh südlich von Bethlehem. Auf der Fahrt dorthin riet mir die Vernunft zur Umkehr. Das Herz pochte mir in der Brust, ich hatte Angst, womöglich nicht heil und unversehrt heimzukehren. Ich hatte mich zu dieser Reise entschlossen, weil dort Flugblätter kursierten, in denen mir vorgeworfen wurde, Verrat am Anspruch der Flüchtlinge auf ihr Land zu üben. Ein Fatah-Führer schrieb, ich besitze nicht das Recht, jemandem, der es nicht verdiene, etwas zu geben, was mir nicht gehöre. So verwegen es auch sein mochte, ich fand, dass meine Haltung zum Rückkehrrecht diese Menschen weitaus mehr betraf als sonst jemanden und sie Anspruch darauf hatten, mich selbst dazu zu hören und darauf antworten zu können.

Obwohl es am Versammlungsort nur so von Militanten wimmelte, überlebte ich den Abend nicht nur völlig unbeschadet, sondern gestärkt durch einen neuen Glauben an die Integrität meines Volkes. Die hitzige Debatte, die ohne diplomatische Etikette und Höflichkeitsfloskeln geführt wurde, dauerte drei Stunden. Die Teilnehmer sagten unverblümt, was sie dachten, und doch ging es überraschend zivilisiert zu. Am Ende kamen etliche zu mir und sagten, ihnen gefiele zwar nicht, was sie an diesem Abend gehört hätten – ja, sie müssten mir rundheraus widersprechen –, aber zumindest rede ich offen über existenzielle Angelegenheiten, die die anderen PLO-Führer zwar hinter verschlossenen Türen debattierten, aber nicht in der Öffentlichkeit – und vor allem nicht in einem Lager, wo sie der Gefahr ausgesetzt waren, von empörten Flüchtlingen aufgeknüpft zu werden. »Wir respektieren Sie wegen

Ihres Muts und Ihrer Aufrichtigkeit«, sagten sie. Wir hatten alle Tränen in den Augen.

Es war eine seltsam chaotische Zeit. Überall gab ich Stellungnahmen ab, die als Verrat gedeutet wurden – es waren schon Leute aus weitaus geringeren Anlässen ermordet worden. In waffenstarrenden Flüchtlingslagern sagte ich den Leuten, sie müssten ihren Traum von historischer Gerechtigkeit begraben – was nicht leicht war, wenn man vor Menschen stand, die noch die Schlüssel zu den Eingangstüren ihrer vor einem halben Jahrhundert gesprengten Häuser besaßen. Der Rückhalt durch Arafat war bestenfalls zweideutig. Bei schwierigen Themen wie der Flüchtlingsfrage scherzten wir oft über seine »La'am«-Politik – sein ewiges »Jein«. Er war äußerst begabt in der Kunst der Vieldeutigkeit, und so hatte ich keinerlei Garantie, dass er sich nicht eines Tages ohne Vorwarnung gegen mich wenden würde.

Zu all den Schwierigkeiten mit meinen eigenen Leuten kam hinzu, dass mir nun auch noch die israelische Regierung den Kampf ansagte, aus welchem Kalkül auch immer. Damals wusste ich es noch nicht, aber ein Sicherheitsexperte, der für die Polizei arbeitete, beobachtete mich auf Schritt und Tritt. Die Akte, die er über mich führte, wurde von Tag zu Tag dicker.

Die Schikanen der Israelis hatten bereits Ende 2001 begonnen, als mich der Minister für Öffentliche Sicherheit, Uzi Landau, als das »lächelnde Gesicht des Terrorismus« bezeichnete. Meine Stellungnahmen gegen die Selbstmordattentäter, erklärte er nachdrücklich, seien nichts anderes als ein hinterhältiger »Trick«, um die Israelis in Sicherheit zu wiegen.[1]

Im Dezember beließ es die israelische Regierung nicht mehr bei verbalen Attacken. Landau, der Minister mit dem vielsagenden Vornamen Uzi, nahm mich ins Visier.

Ich war einer Einladung der »Tauben« innerhalb der Arbeitspartei zu einer Diskussionsrunde nach Tel Aviv gefolgt. Der Empfang erinnerte mich an meinen Auftritt in der Hebräischen Universität: Mich erwartete eine Menge von Befürwortern, die mich unbedingt hören wollten. Die in- und ausländischen Medien, schrieb ein Journalist, hätten sich auf mich gestürzt, als wäre ich von Arafat geschickt worden, um nichts Geringeres zu tun, als ein palästinensisch-israelisches Friedensabkommen zu unterzeichnen.[2]

Wenige Tage später startete Minister Landau den ersten Angriff. Ich hatte einen Empfang für ausländische Diplomaten im Imperial Hotel anlässlich des Eid al-Fitr am Ende des Ramadan geplant. Es sollte Orangensaft und Plätzchen geben.

Landaus Verbot der Veranstaltung kam eine Stunde vor dem angesetzten Beginn. Ich rasierte mich gerade, als mich mein Anwalt Jawad Boulos anrief. »Hör zu, Sari. Vor dem Hotel wartet die israelische Polizei auf dich. Sie haben den Empfang für illegal erklärt, wegen Sicherheitsbedenken.« Ich beendete meine Rasur, packte meinen Schlafanzug und eine Zahnbürste ein für den Fall, dass ich die Nacht im Gefängnis verbringen musste, und fuhr mit dem Auto zum Jaffa-Tor.

Doch anstatt einen Zettel an die Hoteltür zu kleben, wartete ich, bis die Gäste eingetroffen waren, und erzählte ihnen von dem israelischen Verbot. Landau sah darin eine dreiste Missachtung seiner Anordnung und zitierte mich und fünf meiner Mitarbeiter zum russischen Gelände. In der Zelle kamen mir geradezu nostalgische Erinnerungen an meine Inhaftierung während des Golfkriegs und meine Mitgefangenen, die sich über die absurden Radiomeldungen über meine angebliche Tätigkeit als Agent für den Irak lustig gemacht hatten. Dieses Mal begegnete mir keine derartige Solidarität vonseiten der Gefangenen, aber immerhin gaben uns die Polizisten, die nicht wussten, was sie mit uns anstellen sollten, Zigaretten, während sie im Radio ein Fußballspiel verfolgten. Zwei Stunden später waren wir wieder frei.

Landau erklärte sein Vorgehen als notwendige Maßnahme, um das Herz des jüdischen Staats zu schützen. Ein solcher Empfang hätte »die Souveränität in Jerusalem geschmälert, und da sei Gott davor«. Scharon stellte sich hinter seinen Minister: »Diese

Regierung hat eine klare Entscheidung getroffen, dass die Palästinensische Autonomiebehörde nicht in Jerusalem, der Hauptstadt Israels, tätig werden darf«, sagte er vor der Likud-Fraktion der Knesset.

Was die Regierung beabsichtigte, lag auf der Hand. Sie wollte antiisraelische Aktionen provozieren – und am liebsten wäre es ihr gewesen, wenn ich eine antisemitische Hetzschrift verfasst hätte. Daher ließ ich mein Büro eine Presseerklärung herausgeben: »Schade, dass die Regierung, anstatt Vertreter mit Feiertagswünschen und Plätzchen zu schicken, nur ihre eiserne Faust gezeigt hat.« Jossi Sarid veröffentlichte in *Ha'aretz* einen Kommentar, in dem er Scharon vorwarf, er habe schreckliche Angst vor mir, weil ich »für ein vernünftiges, gewaltloses Vorgehen« stehe.

Das Jahr 2002 begann mit neuen Angriffen gegen mich. Ich war bereits daran gewöhnt, als jemand vorgeführt zu werden, der schlimmer sei als Scheich Jassin. Ein Mitglied der Hebräischen Universität veröffentlichte einen Artikel mit dem Titel »Sari Nusseibeh – Arafats Mund, Saddams Augen und Ohren«.[3] Als ich vor palästinensischen Landsleuten sagte: »Wir befinden uns an einem Scheideweg, und meiner Ansicht nach müssen wir nehmen, was wir bekommen können«, bezeichnete mich ein israelisches Kabinettsmitglied als »Trojanisches Pferd«, das sich mit geschliffenen Reden in die Köpfe der leichtgläubigen, manipulierbaren israelischen Linken einschleiche. Meine gemäßigte Haltung sei darauf angelegt, »ins Herz der israelischen Hauptstadt einzudringen«.[4] Die *Jerusalem Post* brachte es sogar fertig, in einem Rundschreiben, in dem ich zum Ende der Selbstmordattentate aufrief, Verschlagenheit zu sehen und es als Beweis zu nehmen, »dass [die Israelis] Opfer eines Feldzugs sind, der einem Genozid gleichkommt und uns mit Gewalt auslöschen soll«.[5] Das Lieblingsbeispiel meiner Tochter Nuzha für den Rufmord an mir befand sich auf der Website militantislammonitor.org. Dort hieß es, ich sehe aus wie »Harry Potter als Großvater«, wäh-

447

rend mein Tun mit dem Lord Voldemorts verglichen wurde, der es darauf abgesehen hat, mit Hilfe der Schwarzen Künste Macht über die Magische Welt zu bekommen. Mit meinem Zauberstab hätte ich die Al-Quds-Universität in ein »bekanntes Zentrum für Terroraktivitäten« verwandelt.

Eines Tages bekam ich in meinem Büro ungewöhnlichen Besuch: Es war Ami Ajalon, ehemals Oberbefehlshaber der isaelischen Marine und bis vor kurzem Direktor des gefürchteten Schin Beit. Ich kannte ihn vor allem aus seinen öffentlichen Stellungnahmen als Geheimdienstchef. In ihnen hatte er vor einer Explosion gewarnt und, als diese dann tatsächlich eingetreten war, betont, dass die Palästinenser nach wie vor Frieden wollten, sich aber nicht der Militärmacht beugen würden. In *Le Monde Diplomatique* vom Dezember 2001 entlarvte er die Legende, dass »die Israelis [in Camp David] äußerst entgegenkommend gewesen seien, [die Palästinenser] aber jedes Angebot zurückgewiesen hätten«, und ebenso das Märchen, die sogenannte zweite Intifada sei geplant gewesen.[6] Er wusste, dass es sich um eine spontane Revolte handelte, die ihren Ursprung in der Hoffnungslosigkeit hatte. »Wir [Israelis] sagen, die Palästinenser verhielten sich wie Verrückte, aber das ist keine Verrücktheit, sondern abgrundtiefe Verzweiflung.« Ich bewunderte seine Direktheit und seinen intellektuellen Scharfsinn.

Monate zuvor waren wir uns einmal in London begegnet, wo er mit einem bekannten Likud-Politiker bei einer Veranstaltung der London School of Economics aufgetaucht war. Damals hatte er mich gefragt, ob die Palästinenser positiv auf eine neue Initiative reagieren würden.

»Sicher. Warum nicht?«

An jenem Tag in meinem Büro erweckte Ami den Eindruck, dass er mit schwierigen Problem beschäftigt war. Unter dem glatt rasierten Schädel schien sein Gehirn fieberhaft zu arbeiten. Ich bat ihn, Platz zu nehmen. »Was kann ich für Sie tun?« Was sonst hätte ich zu dem ehemaligen Herrn über den Schin Beit sagen sollen?

Ohne Umschweife erklärte er mir, er habe nach unserem Gespräch in London ein Papier verfasst und auch bereits mit anderen Palästinensern darüber gesprochen, aber alle hätten ihm gesagt, für weitere Schritte müsse er Kontakt zu mir aufnehmen.

Zu meinem Erstaunen hatte er, wie er mir später erklärte, in seiner Zeit bei der Marine nicht den leisesten Schimmer gehabt, was hinter dem arabisch-israelischen Konflikt stand – und das trotz etlicher Sitzungen mit dem Generalstab. »Nicht, dass ich schwer von Begriff wäre«, sagte er in einem Interview, »anderen höheren Offizieren geht es genauso. Beim Militär sieht man alles ausschließlich aus dem militärischen Blickwinkel.«

Erst als er Chef des Schin Beit wurde, änderte sich dies allmählich. Ami gelangte wegen seines scharfen Verstandes und seiner großen Lernbereitschaft, die es ihm ermöglichte, sich auch von lieb gewordenen Legenden zu trennen, an die Spitze des israelischen Geheimdienstes. Er tat, was jeder gute Leiter einer Institution tut: Er hörte sich um, bildete sich weiter, las die Vernehmungsprotokolle des Geheimdienstes. Aber er machte sich auch mit unserer Geschichte, unserer Kultur und Literatur vertraut und las Dichter wie Mahmud Darwisch, der unsere Unabhängigkeitserklärung verfasst hatte. Mit der Zeit entstand in seinem Kopf ein Bild, das mir beinahe wie ein Kommentar zu der Botschaft vorkam, die ich meinen Studenten an der Hebräischen Universität stets hatte vermitteln wollen: Palästinenser und Israelis sind wie Spiegelbilder. In ihrer großen Mehrheit wollen beide Völker eine friedliche Lösung und sind dafür zu großen Kompromissen bereit.

Darüber hinaus war Ami zu dem Schluss gekommen, dass Scharons Taktik, Plantagen und Häuser niederzuwalzen, Land zu annektieren und die Palästinenser in Quasi-Reservate nach dem Vorbild der südafrikanischen Bantustans – unverbundene, von festungsartig ausgebauten israelischen Städten und militärischen Sperrzonen umzingelte Gebiete – einzuschließen, eiternde Wunden hinterließen, die nur zu mehr Fanatismus führen würden. Es musste etwas geschehen.

Ami legte mir seinen Plan vor, war jedoch unsicher, ob sich prominente Palästinenser finden ließen, die ihn öffentlich unterstützten. Er hatte die Erfahrung gemacht, dass Araber zwar mit einem Israeli redeten, ihm beipflichteten, eine Wasserpfeife mit ihm rauchten, ihn ihren Freund nannten und ihn zum Abendessen einluden, aber niemals ihren Namen unter ein gemeinsames israelisch-palästinensisches Schriftstück setzen würden. Sie waren einfach nicht bereit, in der Öffentlichkeit zu wiederholen, was sie im privaten Kreis nur allzu bereitwillig sagten.

Ami erzählte mir, nach unserem Gespräch in London sei er an verschiedene politische Persönlichkeiten auf palästinensischer Seite herangetreten. Ihnen allen habe sein Vorhaben gefallen, und sie hätten ihm versichert, es später auch zu unterstützen. Aber niemand wollte der Erste sein. Wenn er weiterkommen wolle, so hatten sie ihm geraten, solle er mit Sari reden. »Sie meinten, Sie wären vielleicht verrückt genug, es zu tun.«

»Was zu tun?«, fragte ich.

Ami legte ein einziges Blatt auf meinen Schreibtisch und bat mich, es zu lesen. Dabei fiel mir auf, dass ihm ein halber Finger fehlte, die Folge eines Unfalls in der Kindheit.

»Ich möchte es nicht lesen. Ich möchte es von Ihnen hören.« Für mich war es wichtig, ihn zu beobachten, wenn er mir seine Ideen darlegte. Sollte ich den Eindruck gewinnen, dass er nur ein weiterer Propagandist war, der ein politisches Spiel spielte, hätte ich selbst zu Tricks und Kniffen gegriffen, womit das Gespräch rasch beendet gewesen wäre. Doch im Gegensatz zu den meisten Politikern auf beiden Seiten wirkte er auf mich authentisch und ehrlich.

Höchst konzentriert und äußerst knapp erklärte er mir die Grundprinzipien seines Papiers. Sein Gedanke war der folgende: Ein schrittweises Vorgehen werde den Konflikt niemals lösen. Vielmehr müssten wir so schnell wie möglich die umstrittensten

Themen zur Sprache bringen und auf die Einzelheiten später zurückkommen. Amis Vorstellungen standen in diametralem Gegensatz zu Oslo.

Seine Positionen glichen weitgehend denen, die die beiden Seiten in Taba erreicht hatten: zwei Staaten in den Grenzen von 1967, keine Massenrückkehr von Flüchtlingen, ein entmilitarisierter palästinensischer Staat und Jerusalem als Hauptstadt beider Nationen. Was ich jedoch noch faszinierender fand – die oben genannten Positionen waren so weit nicht neu –, war ein beinahe subversiver Aspekt. »Der einzige Weg, die Politiker endlich zur Unterzeichnung eines Abkommens zu bewegen«, sagte er und blickte von seinem Blatt auf, »ist der, zunächst beide Völker dafür zu gewinnen.« Er wollte bei der Basis ansetzen, sozusagen von unten nach oben vorgehen. Die Leute sollten ihrer Führung sagen, was sie zu tun habe. Gut wären eine Million Stimmen, meinte Ami. »Ja, ich denke, mit einer Million Unterschriften könnte es klappen.«

Das gefiel mir. Eine Million Menschen, die die Politiker zwingen, Dinge einzuräumen, die sie aus Angst oder Unehrlichkeit in der Öffentlichkeit verschwiegen – das hatte einen gewissen Charme. Es war, als würde man einem Betrüger sagen, er sei entlarvt und es habe daher keinen Sinn mehr, die Scharade fortzusetzen. Ami schien mir außerdem der ideale Partner. Sein scharfer mathematisch-strategischer Verstand war frei von jeglicher Sentimentalität, und ich bewunderte seine angespannte Aufmerksamkeit, seine ungeheure Energie, Durchsetzungsfähigkeit und Entschlossenheit. Kurz, er war weit entfernt von jenen allumfassenden Zweifeln, mit denen ich seit meiner Kindheit gerungen hatte. Aufgrund seiner Erfahrungen bei der Marine und im Schin Beit durchschaute er die Propaganda der Rechten auf der einen und die Illusionen der Linken auf der anderen Seite und konnte sich so den eigentlichen Bedürfnissen beider Völker zuwenden. Mit seinen Referenzen als Sicherheitsexperte gab es vielleicht eine Chance, die breite israelische Öffentlichkeit zu gewinnen, ja, vielleicht sogar Unterstützer im Likud zu finden.

»Gut, einverstanden.« Wir schüttelten uns die Hände.

»Möchten Sie nicht erst einmal das Papier lesen?«

»Alles zu seiner Zeit.«

Meinem Inspektor Javert war ich erstmals ein paar Jahre zuvor – zufällig, wie ich damals dachte – bei einer Demonstration in der Altstadt gegen den Landraub jüdischer Extremisten begegnet. Sämtliche hohen Tiere der PLO hatten sich daran beteiligt. Wie üblich ging ich ganz am Ende des Zuges, rauchte eine Zigarette nach der anderen und sann über unlösbare Rätsel nach. Irgendwann bat ich einen bärtigen Mann neben mir, den ich für einen Demonstranten hielt, um Feuer, und wir kamen ins Gespräch. Sein Arabisch war mit hebräischen Wendungen durchsetzt. Schließlich stellte er sich mir mit dem Namen Rubin Barkow vor und gab mir seine Visitenkarte. Wir schüttelten uns die Hände.

Den Namen hatte ich schon einmal gehört: Er arbeitete als Sicherheitsberater und Spezialist für arabische Angelegenheiten für die Polizei. »Ich kenne Faisal sehr gut«, verriet er mir. »Wir sind gute Freunde.« Faisals Bild, so sagte er, hinge in seinem Büro an der Wand. All das erzählte er mir in einem überschwänglich freundlichen Ton. »Wenn Sie ein Problem haben, ich kann Ihnen helfen. Ich habe Beziehungen.«

Ich steckte die Visitenkarte ein und vergaß das Ganze. Nun, im März 2002, teilte mir Jawad Boulos mit, Barkow habe ihn gebeten, ein Treffen zu arrangieren. Er wolle mich näher kennenlernen.

Ich empfing Barkow mit größtmöglicher Höflichkeit, die jedoch gerade mal so lange anhielt, bis er sich gesetzt hatte und den Mund aufmachte. Als Erstes drohte er mir wegen der Universität. Sie sei absolut illegal und müsse geschlossen werden. Sein Ton war arrogant und nicht der eines Gastes, sondern der eines Besatzers, und er grinste triumphierend.

»Sie sind der gefährlichste Palästinenser, den wir haben«, sagte er, als wäre er Zoodirektor und redete über seine Tiere. »Sie sind

ein Wolf im Schafspelz.« Ich solle mich in Acht nehmen, andern-
falls könnten meine politischen Aktivitäten im Imperial Hotel und
an der Universität »unerwünschte Folgen« haben.

Ich hätte seine Unverschämtheiten noch verstanden, wenn das
Ganze in einem Verhörzimmer auf dem russischen Gelände stattgefunden hätte, nicht jedoch in meinem Büro. »Ich werde von
meinen eigenen Leuten angegriffen«, zischte ich, »und Sie sagen,
ich sei schlimmer als jemand, der einen Bus in die Luft jagt und
Kinder umbringt.« Er könne, sagte ich, machen, was er wolle, von
mir aus auch den Tempelberg abtragen, aber ich sei nicht bereit,
seine Angriffe hier in meinen eigenen Räumen zu dulden. »Verschwinden Sie!« Ich deutete auf die Tür. Sichtlich erschüttert be-
eilte er sich, mein Büro zu verlassen.

Mein Anwalt Jawad Boulos, der das Gespräch mitverfolgt
hatte, lief ihm nach. »Sind Sie verrückt?«, sagte er auf der Treppe
zu ihm. »Wie können Sie sagen, Dr. Nusseibeh sei ein Wolf?«

»Sie wissen, wie sehr ich Sari persönlich mag«, erwiderte Rubin erregt, »aber ich weiß Bescheid. Sari ist unser gefährlichster
palästinensischer Gegner.«

Etwa um diese Zeit veröffentlichte *Jane's Foreign Report* Einzelheiten über die Pläne des Militärs, das Westjordanland einzunehmen und die Palästinensische Autonomiebehörde zu zerschlagen.
Der israelische Angriff sollte unmittelbar nach einem größeren
Selbstmordattentat erfolgen. »Der Aspekt der ›Rache‹ spielt eine
entscheidende Rolle. Er würde die israelischen Soldaten motivie-
ren, die Palästinenser zu vernichten … Und die israelischen Botschafter und andere Regierungsvertreter könnten in Gesprächen
mit Ausländern behaupten, die Militäraktion sei ein gerechtfer-
tigter Vergeltungsschlag gewesen.«[7]

Die verbalen Attacken und das Vorgehen der Polizei gegen
mich, insbesondere Inspektor Javerts Auftritt, veranlassten mich,
über Scharons Strategie nachzudenken. Er wusste, wie er am besten eine Reaktion unsererseits provozieren konnte, die wie-

derum seinen letzten Schachzug rechtfertigen würde. Jeder Terroranschlag gab den Israelis Gelegenheit, ihre Kontrolle über die besetzten Gebiete durch den Bau neuer Siedlungen auszuweiten. Nach einem Anschlag ließ Bauminister Natan Scharanski Aufträge für siebenhundert Wohneinheiten im Westjordanland ausschreiben. Scharanski war ein außerordentlich widersprüchlicher Mensch, der in seinem Bestseller über die Demokratie schreibt: »Die Rechte werden durch Meinungspluralismus und die freie Mitwirkung der Regierten gesichert.«[8]

Meiner Einschätzung nach lief Scharons Plan darauf hinaus, ein zweites Camp David durch die Zerschlagung der PA unmöglich zu machen und dann den Palästinensern weit verstreute Gebietsteile im Westjordanland und im Gazastreifen unter strengster Überwachung durch Israel anzubieten. Was Jerusalem betraf, würde Israel aufgrund seiner ungeheuren militärischen Überlegenheit seine Herrschaft über Hunderttausende widerwilliger Zivilisten zementieren. Scharon brauchte nur noch ein paar palästinensische Selbstmordattentäter mehr, um uns für sein Vorgehen verantwortlich zu machen. Einen bissigen Hund muss man an die Kette legen.

Ich begab mich zur Mukata, dem Regierungssitz Arafats in Ramallah, um ihn vor der bevorstehenden Katastrophe zu warnen. Die Selbstmordattentate gingen zwar genauso wenig auf sein Konto, wie er selbst Bestechungsgelder annahm, aber er tat auch nicht alles, was in seinen Kräften stand, um das Problem zu beseitigen – einfach deshalb nicht, weil er nicht erkannte, welche katastrophalen Folgen die Bombenattentate nach sich zogen. Ein Muster nicht zu erkennen, das einem schadet, weil man sich damit immer wieder ins eigene Fleisch schneidet, grenzt an Wahnsinn.

An diesem Tag erschien mir die Mukata wie ein Truggebilde. Es herrschte normaler Betrieb, und niemand schien sich klar darüber zu sein, dass wir vor dem Abgrund standen. In den Büros rangelten Arafats Topberater immer noch um Posten und neue

Autos, und während die Israelis die letzten Vorbereitungen für die Rückeroberung des Westjordanlands trafen, gaben sich Arafat und seine Berater weiter der Illusion hin, Herren über ihr Schicksal zu sein.

Es gelang mir, eine Audienz bei dem Alten Mann zu bekommen. Er war unkonzentriert, seine Lippen bebten, und er schien verwirrt. Das letzte Mal, als Scharon auf Arafat losgegangen war, bei der Belagerung Beiruts, hatte er jung und selbstbewusst gewirkt, wie ein richtiger Anführer. Jetzt hingegen war er sich seiner selbst nicht sicher. Zum ersten Mal in meinem Leben tat er mir leid.

Ich versuchte, ihm meinen Standpunkt durch ein Bild klarzumachen. »Spielst du Schach?«, fragte ich ihn. Er sah mich spöttisch an, sagte aber nichts. »Also«, fuhr ich hastig fort, »ich glaube, dass es bei dem Spiel, das Scharon spielt, ähnlich ist wie beim Schach.«

»Wieso?« Arafats große, bebende Lippen waren weiß und blutleer.

»Beim Schach« sagte ich und konstatierte, was eigentlich eine Binsenwaherheit war, »bringt einen ein schlauer Gegner dazu zu glauben, ein bestimmter Zug könne zum Sieg führen, dabei handelt es sich in Wirklichkeit um eine Falle. Du siehst nicht, dass dein Gegner mehrere Schritte vorausdenkt und ein viel größeres Ziel im Auge hat.« Er schwieg weiter und durchbohrte mich mit seinem Blick. »Präsident Arafat«, fuhr ich fort, »die Israelis wollen ein Schachmatt.«

»Was heißt das?«, wollte er wissen. »Was meinst du damit? Wer wird schachmatt gesetzt?«

»Du natürlich!«, erwiderte ich. »Du!«

Seine Unterlippe schob sich vor wie bei einem schmollenden Kind. Er schwieg wieder. Arafat war außerstande, die althergebrachte Logik antikolonialer Kriege abzuschütteln: er, die Verkörperung der palästinensischen Sache schlechthin, gegen den Unterdrücker. Es ging ihm gegen den Strich, aus strategischen

Gründen unmissverständlich und öffentlich den Gewaltverzicht zu erklären.

Zwei Wochen später griff die israelische Armee Arafats Hauptquartier an und schnitt ihn von der Außenwelt ab.

## KAPITEL 31

# DIE EISERNE FAUST

*In der Bibel heißt es: »Seht, den Weg des Lebens und den
Weg des Todes stelle ich euch zur Wahl.« In diesem Konflikt
ist für alle die Zeit gekommen, Frieden, Hoffnung und das
Leben zu wählen.*

Präsident George W. Bush, 24. Juni 2002

ICH HATTE DAS GRAB SCHON seit ein paar Jahren nicht mehr
besucht, und so machte ich eines Tages einen Spaziergang zu dem
alten muslimischen Friedhof, der eingezwängt zwischem dem
Wolfson-Park und dem ältesten Kneipenviertel Jerusalems liegt.
Begleitet vom Lärmen junger Leute suchte ich den Weg zu einem
Mausoleum, in dem einer meiner Vorfahren aus dem 14. Jahrhundert seine letzte Ruhe gefunden hatte. Das Grab mit den
dicken Wänden war mit einem Schloss versehen, aber eine ganze
Generation von Kneipenbesuchern hatte durch die kleinen vergitterten Fenster Bierflaschen, angebissene Schokoriegel, Kon-
domhüllen und Zigarettenkippen geworfen. Kein Name stand auf
dem Grab, nirgends ein Zeichen des langen Erbes meiner Familie
in Jerusalem. Zwei Jahre zuvor hatte ich versucht, ein kleines
Schild mit dem Namen des Bestatteten am Mausoleum anzubrin-
gen, aber die Stadtverwaltung hatte es schon am nächsten Tag
wieder entfernen lassen. Ich hatte nicht um eine Genehmigung
nachgesucht. Der melancholische Anblick dieses in Vergessenheit
geratenen Grabes flößte mir Gedanken an drei Generationen von
Nusseibehs ein: die dieses Vorfahren aus dem 14. Jahrhundert, die
meines Vaters und meine eigene. Wie seltsam ist doch der Wan-

del der Zeiten. Da stand ich hier vor einem Familiendenkmal, während über mir die Apache-Hubschrauber und F16-Kampfjets knatternd und heulend in Richtung westjordanischer Städte flogen. Es war die erste groß angelegte Invasion der Palästinensergebiete seit dem Sechstagekrieg.

Laut *Jane's Foreign Report* war der Auslöser der Operation das sogenannte Passah-Massaker im Park Hotel, ein Selbstmordattentat während des Passah-Festes im März 2002, das auf das Konto der Hamas ging und bei dem dreißig Hotelgäste umkamen und einhundertvierzig verletzt wurden. Es war ein grässliches Verbrechen, über das keine Regierung hätte hinweggehen können. Zweifellos musste Scharon etwas unternehmen. Aber er und seine Berater hatten kein Interesse daran, die Schuldigen zu bestrafen, ja, ihr massiver Vergeltungsschlag richtete sich nicht einmal gegen die Hamas im Gazastreifen. Der blinde Scheich Jassin drehte weiter täglich seine Runden, ohne dass sich irgendjemand auf der Welt darum scherte. Scharons Invasion entsprach den Plänen, über die *Jane's Report* berichtet hatte, und war ein wohlüberlegter und gut durchdachter Vernichtungsschlag gegen die letzten Reste der Palästinensischen Autonomiebehörde im Westjordanland.

Die Operation mit dem Namen Eiserne Faust begann mit der Bombardierung von Arafats Mukata-Gelände und ließ Arafat und seine Berater ohne Lebensmittel, Strom und Wasser. Im abu-dhabischen Fernsehen zeigte sich der zitternde alte, unter Parkinson leidende Revolutionär Arafat trotzig. »Gott ist groß«, murmelte er. »Wissen Sie es denn noch nicht? Ich bin auf dem Weg zum Märtyrer.« Dann sagte er drei Mal: »Möge Allah mich zum Märtyrer erwählen!« Der einstige Guerillaführer sah dabei aus wie ein Clown.

In sämtlichen Städten des Westjordanlands beherrschten Panzer und gepanzerte Fahrzeuge das Straßenbild, während Scharfschützen auf den Dächern Position bezogen. Die hohe Zahl der zivilen Opfer stieg durch Anschläge auf Rettungswagen und Ärzte, die zu den Verwundeten vordringen wollten, noch weiter. Zu den neunzig Schulen, die mit Granaten beschossen wurden, gehörte auch die pazifistische Highschool der Quäker, in die meine Söhne gingen.

Dass die Palästinenser mit ihrer Weisheit am Ende waren, zeigte sich meines Erachtens am deutlichsten daran, dass die Invasion den Kult um die Selbstmordattentäter verstärkte. Die allgemeine Stimmung kippte um in eine hysterische Vergötzung der Gewalt, als wäre sie ein heiliger Daseinsgrund. Ein Milizführer in Bethlehem sprach von »Widerstand in den Städten Israels und Chaos von Galiläa bis Kairo«.[1] Unter den Jugendlichen war es noch schlimmer, denn für sie wurde der *Schahid batal*, der »Märtyrerheld«, zu einer Art Popstar. So sagte der Anführer der PFLP zu einem amerikanischen Journalisten: »Tausende junger Männer und Frauen sind bereit, sich in die Luft zu jagen. Das ist ein neues Phänomen. Sie können sich nicht vorstellen, welche Ausmaße es angenommen hat.«[2] Überall brachte man den Kindern den Umgang mit einem Gewehr bei und ließ sie durch Feuerreifen springen. Wer in Verdacht geriet, ein Kollaborateur zu sein, wurde vom Mob gelyncht.

Mit dem Einmarsch verlor die Palästinensische Autonomiebehörde die letzten Reste ihrer Regierungsfähigkeit. Der israelische Politikwissenschaftler Baruch Kimmerling prägte den Begriff des Politizids für die Absichten seiner Regierung. In der *New Left Review* definierte er den Politizid als einen »Prozess, dessen Endziel darin besteht, alle Aussichten eines bestimmten Volkes auf legitime Selbstbestimmung und Souveränität über sein Land, das es als seine Heimat betrachtet, zu zerstören – ja, sogar seinen Willen dazu zu brechen«.[3]

Was von Dschibrils Sicherheitsapparat noch übrig war, hätte den Kampf nicht aufnehmen können – der Befehl dazu wäre sinnlos gewesen. Doch dies hielt Arafat nicht davon ab, Dschibril – der ihn seit der zweiten Intifada vor dem Terrorismus gewarnt hatte –

als Versager hinzustellen. Nach einem Gespräch unter vier Augen entließ ihn ein aufgebrachter Arafat mit vorgehaltener Pistole.

Im *Guardian* hieß es: »Israels Geheimdienstagenten jagen Mitglieder der Behörde Arafats, darunter auch Sari Nusseibeh.« Eine Schleppnetzfahndung brachte Hunderte Aktivisten in israelische Gefängnisse. Marwan war in Ramallah eingekesselt. Er konnte von Glück sagen, dass er den israelischen Mordkommandos, die die besetzten Gebiete durchkämmten, entronnen war. »Ich bin kein Terrorist«, sagte er nach seiner Festnahme mit gefesselten Händen, »aber ich bin auch kein Pazifist. Ich bin einfach ein Mann von der Straße, der vertritt, was jeder Unterdrückte vertritt – das Recht, mir selbst zu helfen, wenn von nirgendwo Hilfe kommt.«[4]

Der letzte Schachzug hatte die beabsichtigten Folgen – das Westjordanland wurde zur Beute von Warlords. In vielen Städten übernahmen Bürgerwehren und bewaffnete Gruppen das Regime; halbe Kinder, die kaum Flaum auf der Lippe hatten, schleppten Maschinengewehre mit sich herum. Die israelischen Propagandisten hatten leichtes Spiel. Welches demokratische, freiheitsliebende Land konnte mit solchen Bestien Friedensgespräche führen?

Auf der Fahrt von meinem Büro in Jerusalem nach Beit Hanina sah ich über Ramallah oft Rauch aufsteigen – wie von einem riesigen Scheiterhaufen. Meine beiden nervösen Leibwächter suchten stets den Himmel nach israelischen Apache-Hubschraubern ab, die mit Killerkommandos an Bord im Tiefflug unterwegs waren. Bei Dunkelheit würde man vor dem Einschlag kaum noch den Lichtblitz wahrnehmen.

Ich saß mit dem italienischen Botschafter im Ambassador Hotel und sah im Fernsehen, wie die Bulldozer riesige Teile der Mukata niederrissen, als ich einen Anruf aus Arafats Büro erhielt. Wir besprachen, wie wir internationale Hilfe für die auf dem Gelände Eingeschlossenen organisieren könnten. Schließlich reichte mein

Gesprächspartner Arafat den Hörer. Ich versprach ihm, mein Möglichstes zu tun.

»Werden sie Arafat töten?«, fragte mich einer meiner Universitätsmitarbeiter, der mich begleitete. Ich wusste, dass sie es nicht tun würden. Scharon brauchte Arafat noch für seine alter Leier: »Es gibt niemanden, mit dem wir Gespräche führen können.«

Das am meisten von der Invasion betroffene Institut der Al-Quds-Universität war Kuttabs Zentrum für Moderne Medien in Ramallah. Da die Kontrolle über Presse und Rundfunk eins der Hauptziele des Angriffs darstellte, nahmen sich die Soldaten beim Einmarsch in Ramallah als Erstes den Radio- und Fernsehsender vor. Einige hatten ihre schmutzigen Videos mitgebracht, und nach der Besetzung nahmen sie das Personal fest und sendeten Pornos.

Der Bildungssender der Al-Quds hatte noch ein paar Tage Atempause, weil sich das Gebäude am Stadtrand befand. Während dieser Zeit ergänzten wir unser normales Programm durch einen in Zusammenarbeit mit UNICEF produzierten Dokumentarfilm, der Eltern und Kindern helfen sollte, mit dem Trauma der Gewalt fertig zu werden. Außerdem sendeten wir Informationen über medizinische Hilfe, Adressen und Telefonnummern von Krankenhäusern und Sanitätsdiensten sowie Filme über Erste Hilfe.

Mitten in der *Sesamstraße* rollten dann schließlich die Panzer heran. Die Soldaten stürmten die Büros und führten das Personal mit vorgehaltenem Gewehr in den Keller, wo es stundenlang festgehalten wurde. Unterdessen wurde das gesamte Gebäude besetzt. Das Medienzentrum wurde in ein improvisiertes Gefängnis verwandelt.

Als Erstes schoben die Soldaten statt des Videos mit dem eitlen Gockel und dem Stachelschwein ihre Pornofilme ein, aber die Offiziere bereiteten dem rasch ein Ende und befahlen, sämtliche Sendegeräte, Fernsehkameras und das gesamte Videoarchiv im vierten Stock aus dem Fenster zu werfen. So kam es, dass ein Bombenattentat der Hamas am Ende eine Einrichtung zerstörte, die eine israelisch-palästinensische Gemeinschaftsproduktion gesendet hatte.

Schon seit jeher funktioniere ich am besten, wenn alle um mich herum vor Angst und Schrecken gelähmt sind und das Leben im Chaos zu versinken droht. Vielleicht habe ich dies von meinem Vater geerbt, der immer bereit war, nach vorn zu schauen und zu handeln. Er gab nie auf, nicht einmal, als er den Großteil seines Heimatlandes verloren hatte. Seine Willensstärke befähigte ihn, eine Sache als das zu sehen, was sie war, und dann das Beste daraus zu machen. Auch schreckte er nicht vor qualvollen Selbstprüfungen zurück – die Grundbedingung für die Entwicklung der eigenen Person. Das war sein Rezept dafür, auch dort noch Stärken zu entdecken, wo andere nur Demütigung und Niederlage sahen.

Zugegebenermaßen war es nicht gerade eine Zeit, in der man darauf hoffen konnte, Stroh zu Gold zu spinnen. Das Westjordanland stand unter der Knute Israels, meine Leibwächter schauten immer noch nervös zum Himmel, und das Medienzentrum meiner Universität – meines Erachtens die stärkste Stimme für eine friedliche Koexistenz und Partnerschaft mit Israel in der gesamten arabischen Welt – war demoliert, die *Sesamstraße* von Schmutzfilmen abgelöst worden. Und doch diskutierten Ami und ich mitten in der Zeit der Invasion über Möglichkeiten, unser Friedensprojekt in die Wege zu leiten.

Ich begab mich zu seinem Haus in der Genossenschaftssiedlung Kerem Maharal nahe des Berges Karmel an der Bucht von Haifa, um mit ihm verschiedene Pläne zu besprechen. Amis Haus erschien mir wie ein Symbol unseres ungewöhnlichen – und für mich gefährlichen – Vorhabens. Bis 1948 befand sich hier nur eine kleine Ortschaft namens Ijzim, deren gesamte dreitausendköpfige Bevölkerung vertrieben wurde und in Flüchtlingslagern bei

Dschenin unterkam. Ein Teil von Amis Haus war einst von jenen vertriebenen Arabern erbaut worden.

Ich ließ nur selten zu, dass meine politischen Verbindungen zu Israelis durch persönliche Freundschaften verkompliziert wurden. Bei Ami bestand da allerdings überhaupt keine Gefahr. Er verhielt sich geschäftsmäßig wie ein Schweizer Brückenbauingenieur, und das Fehlen jeglicher vorgetäuschter Nähe erleichterte uns die Arbeit. Wir hatten es mit Interessen der Allgemeinheit zu tun, nicht mit Gefühlen. »Von Beginn an war ich nicht auf der Suche nach neuen Freunden. Außerdem brauche ich lange, bis ich mich jemandem anschließe«, erklärte Ami einmal einem Interviewer. Und auf seine versehrte Hand deutend fügte er hinzu: »Ich kann meine Freunde an viereinhalb Fingern abzählen.«

Seit unserem ersten Gespräch in meinem Büro waren Monate vergangen. Inzwischen hatte ich seinen Entwurf durchgesehen und nach Gesprächen mit Freunden ein paar Veränderungen vorgenommen. Lucy, die um die emotionale Komponente des Flüchtlingsproblems wusste, schlug in diesem Punkt ebenfalls Korrekturen vor. Als ich Ami am Telefon davon berichtete, erklärte er sich sofort damit einverstanden.

Schließlich war der Zeitpunkt gekommen, das gemeinsame Dokument zu unterzeichnen. Der offizielle Beginn unserer Aktion sollte in Athen in Anwesenheit Clintons stattfinden. Zunächst aber trafen wir uns im Christmas Hotel in Ostjerusalem, um unser Projekt zu starten.

Wir nannten unser Papier »Destination Map« in Anlehnung an die amerikanische »Roadmap«, ein Begriff, der aus einer Grundsatzrede Präsident Bushs im Juni 2002 im Rosengarten des Weißen Hauses übernommen wurde, bei der ihm Condoleeza Rice, Colin Powell und Donald Rumsfeld zur Seite standen. Unsere Überlegung war, dass eine Roadmap nichts nützt, wenn man das Ziel nicht kennt. Dieses Ziel aber sollte unser Papier aufzeigen. Kein Zuckerguss, keine juristischen Haarspaltereien, keine Wortklaubereien, sondern etwas Geradliniges, Klares, so wie ein guter

Chirurg ein Krebsgeschwür entfernt – das in unserem Fall ein Gebäude aus alten Lügen und Halbwahrheiten war. In einem Konflikt, der unzählige Studien mit Millionen Seiten, »Papiere« und »Gesprächsthemen« hervorgebracht hatte, dampften wir unseren Lösungskatalog auf eine einzige Seite ein: Es sollte zwei Staaten für zwei Nationen in den Grenzen geben, wie sie vor dem 4. Juni 1967 bestanden hatten. Arabische Flüchtlinge sollten nur in palästinensisches Gebiet, Juden nur in israelisches Gebiet zurückkehren können. Die Frage der Souveränität über den Tempelberg umgingen wir, indem wir hervorhoben, dass seine Bedeutung religiöser Art und nicht mit nationalistischem oder bürgerlichem »Besitzdenken« vereinbar sei. Palästina sollte »Wächter« über den Tempelberg, Israel »Wächter« über die Klagemauer sein.

Die persönlichen Angriffe gegen mich, die während der Invasion ein wenig nachgelassen hatten, flammten nach der feierlichen Unterzeichnung erneut auf. Beständig erinnerte mich die Gegenwart meiner Leibwächter daran, wie unpopulär meine Meinung war. Meine Mutter glaubte, ich hätte endgültig den Verstand verloren. »Die Israelis werden sich nicht von unserem Land wegbewegen«, sagte sie, »warum also das Risiko eingehen, von Extremisten aufgeschlitzt zu werden?«

Viele attackierten mich, weil ich mit dem Mann auftrat, der »uns angegriffen und gefoltert und unsere Anführer ermordet« hat, womit sie natürlich Ami meinten.

»Mit Pazifisten braucht man keinen Frieden zu schließen«, erwiderte ich.

»Aber er symbolisiert das System unseres Feindes.«

»Vielleicht. Aber einen besseren Gegner werden wir nicht bekommen, weil er weiß, was für Israel das Beste ist, und das liegt zufällig in unserem eigenen Interesse.«

Die israelische Rechte brachte Schimären aufs Tapet, die mir sattsam bekannt waren. Am harmlosesten war noch der Vorwurf, ich lebe in einem Elfenbeinturm. Der Radiosender der israelischen

Armee zitierte Umweltminister Zahi Hanegbi, der mich während der Intifada vor Gericht hatte bringen wollen und mich nun als »Esoteriker« ohne jegliche Anhängerschaft unter den Arabern bezeichnete. Meist wurde ich als gemeiner Schurke im Gewande eines seriösen Professors dargestellt. In der auflagenstärksten Tageszeitung des Landes erschien ein Artikel mit der Überschrift »Dr. Sari Nusseibeh, eine falsche Schlange?«.[5]

Im Juni fuhren Ami und ich nach Griechenland, um offiziell unsere Friedensinitiative zu starten. Mit Expräsident Clinton standen wir im Schatten der Akropolis. Unterdessen lag zu Hause Barkows Dossier auf Uzi Landaus Schreibtisch, seiner Meinung nach ein Beleg dafür, dass ich die Universität als »langen Arm der Palästinensischen Autonomiebehörde« benutzte. Landau, ein hagerer Mann, der eher wie ein pensionierter Lehrer aussah und nicht wie ein Demagoge, erklärte der Presse: »Hier, im Herzen Jerusalems, gibt es eine zivile Nebenstelle der Palästinensischen Autonomiebehörde, die unsere Souveränität in Jerusalem unterminieren soll. Niemand sollte sich durch die Freundlichkeit Nusseibehs täuschen lassen.«

Minister Landau schickte den Schin Beit und sechzig Leute von der bekanntermaßen aggressiven Grenzpolizei zu meinem Verwaltungsgebäude an der Al-Quds. Der Chef der Schin-Beit-Aktion ging zu meinem Büroleiter Dimitri und hielt ihm eine entsicherte Uzi an den Kopf. »Dimitri, ich denke, Sie sollten sich ausweisen«, sagte er. Er selbst stellte sich als Captain James vor, nicht gerade ein typisch israelischer Name. Dimitri schilderte Captain James als klein, dünn und schlecht gekleidet; er trug eine grüne Jeans und ein kariertes Hemd. Auch bei ihm stand die äußere Erscheinung im Kontrast zu seiner Rolle. Er sah aus wie ein Computerfreak, nicht wie ein Geheimagent.

»Wenn Sie meinen Namen schon kennen, warum brauchen Sie dann meinen Ausweis?«, fragte Dimitri mit einem sarkastischen Unterton.

»Her mit dem Scheißausweis, Dimitri!«, bellte der Captain in makellosem amerikanischen Englisch.

»Noch eine Frage«, fuhr Dimitri fort und überreichte ihm seinen Ausweis. »Wer sucht Ihre Kleidung aus?«

Captain James schien irritiert.

»Eine grüne Jeans und dazu ein kariertes Hemd! Eine unmögliche Kombination, finden Sie nicht auch?«

»Klugscheißer«, murmelte der Captain leise.

Russisch sprechende Männer bauten die Festplatten aus den Computern aus und packten meine sämtlichen Papiere – ganze Aktenschränke mit persönlichen Aufzeichnungen, wissenschaftlichen Unterlagen und Seminararbeiten – in Kisten, versiegelten die Büros, tauschten die Schlösser aus und brachten schwere Stahlrollläden an. Das Gebäude wurde zur militärischen Zone erklärt, die niemand betreten durfte. Fünf meiner Angestellten wurden zum Verhör mitgenommen, alle anderen mit vorgehaltenem Gewehr hinausgeführt.

Zweifellos waren die Schließung meiner Verwaltung und die Konfiszierung sämtlicher Daten, Akten und der Korrespondenz ein Ärgernis. Aber in gewisser Hinsicht hätte der Zeitpunkt besser nicht sein können. Es lag in der Logik meiner Arbeit mit Ami, dass Vernunft und Gewaltlosigkeit weiter führen als Waffen. Jetzt hatte ich die Chance, es zu beweisen.

Auch ohne Büros hatte mein Team jahrelang Kontakte zu Israelis, Amerikanern und Europäern unterhalten. Jetzt machten sich meine Mitarbeiter daran, Journalisten, Botschaftsangestellte, Persönlichkeiten des öffentlichen Lebens, Anwälte und Politiker anzurufen. Israelis und Politiker aus der ganzen Welt, auch aus dem Weißen Haus, wurden um öffentliche Unterstützung gebeten.

Schon am nächsten Tag hielten ein paar Dutzend israelische Friedensaktivisten vor unseren Büros eine Mahnwache. Die Kritik im eigenen Land konnte die Regierung leicht in den Wind schlagen, nicht jedoch die aus den Vereinigten Staaten. Der *Boston Globe* verwies auf die Schließung meiner Büros als letzten »Beweis, dass Israels Premierminister Ariel Scharon es in Wahrheit nicht nur auf die Unterdrückung des Terrorismus abgesehen hat, sondern auch darauf, alle nationalen Bestrebungen der Palästinenser zunichte zu machen«.[6]

Sobald ich von der Polizeirazzia erfuhr, eilte ich nach Jerusalem. Als mich dort Journalisten fragten, ob diese Aktion das Abkommen, das Ami und ich in Athen unterzeichnet hatten, diskreditieren solle, erwiderte ich offen: »In diesem Teil der Welt ist alles möglich.«

Über Jawad Boulos erhob ich Einspruch gegen die Schließung, die ich für illegal hielt. Es dauerte ein paar Tage, ehe ich herausbekam, dass Landaus wichtigstes Argument lautete, mein Büro gehöre zur Palästinensischen Autonomiebehörde. Ich versicherte ihm schriftlich, die Universität habe nichts mit der PA zu tun. Zehn Tage nach der Schließung blieb Landau nichts anderes mehr übrig, als die Universität wieder zu öffnen. So einfach war das. Um gute Miene zum bösen Spiel zu machen, sagte er hinterher, er sei »entzückt«, dass eine bekannte palästinensische Persönlichkeit die israelische Souveränität über Ostjerusalem anerkannt habe, was natürlich gar nicht der Fall war.

Auch nach Wochen hatten die israelischen Behörden die Unterlagen aus meinem Büro noch nicht zurückgegeben. Sie benötigten Zeit, sagten sie, um jede Seite zu sichten. Offenbar suchten sie nach Plänen für die Al-Aksa-Intifada. Schließlich erhielt ich einen Anruf von Rubin Barkow, meinem Inspektor Javert, ob wir uns auf eine Tasse Kaffee treffen könnten.

Nachdem wir eine Weile Belanglosigkeiten ausgetauscht hatten, fing er an, sich über israelische Linke lustig zu machen. Er nannte sie »Schlappschwänze« und »Klosterbrüder«, hebräische Slangausdrücke für naive Trottel. »Sie verstehen euch Araber eigentlich gar nicht, ich meine, sie haben keine Ahnung von der arabischen Mentalität.«

Ich ließ ihn eine Stunde reden. Die Themen seines Monologs erstreckten sich von den linken »Schlappschwänzen« bis zu seinen Gesprächen mit Scheich Jassin. Er prahlte mit seinem Wissen über den Islam, die früharabische Dichtung und natürlich den »arabischen Geist«. (Ich bin mir sicher, dass er den Großteil davon von Raphael Patai geklaut hatte.) So ging es weiter, bis ich es schließlich für an der Zeit hielt, das Thema zu wechseln. Ich fragte ihn nach den Unterlagen und Festplatten aus meinem Büro. »Sind Ihre Leute nicht endlich mal fertig? Ich brauche die Sachen unbedingt wieder.«

Sofort veränderte sich Barkows Gesichtsausdruck, dann wiederholte er in ernstem Ton, was er mir schon einmal in einem früheren Gespräch gesagt hatte: Ich sei der »gefährlichste palästinensische Feind«, der frei herumlaufe. Er lehnte sich in seinen Stuhl zurück und sah mich sinnierend an, als hätte er mich in der Falle. »Ich weiß über Sie Bescheid«, erklärte er mit geblähten Nasenflügeln und trommelte leise mit dem Zeigefinger auf den Tisch. Mit der Selbstgewissheit des Spielers, der sämtliche Trümpfe in der Hand hält, zog er plötzlich ein paar Blätter aus seiner Tasche. »Wir haben das hier in Ihrem Computer gefunden.«

Wie jemand, der in der Heiligen Schrift einen bestimmten Vers sucht, um seine Argumentation zu untermauern, hatten er und seine Leute meine Dokumente durchstöbert, bis sie den ihrer Meinung nach unwiderlegbaren Beweis für meine Gefährlichkeit gefunden hatten.

Aus Hunderttausenden Seiten hatten sie einen Brief herausgefischt, in dem Saddam Hussein um einen Beitrag für die Universität gebeten wurde. Vermutlich weil er mich für einen ehemaligen irakischen Agenten hielt, der Scud-Angriffe dirigiert hatte, galt ihm dies als Corpus Delicti. Außerdem hatten sie auf einer Festplatte einen dreißig Sekunden langen Animationsfilm entdeckt, in dem ein Mädchen von einem Soldaten niedergeschossen wird und eine andere Figur ein Molotowcocktail wirft. Ein weiterer Film zeigte eine Karte der Region, die von einer Kette einander an den Händen haltender Araber und Juden geteilt wird, während in der Ferne eine Handgranate explodiert.

Es handelte sich um den Vorschlag einer Werbeagentur in Ramallah für die Menschenkette mit Peace Now, den ich mir auf meinem Computer angesehen, aber verworfen hatte.

»Na und?« Ich wusste wirklich nicht, warum er mir die Filme vorführte.

»Na und? Diese Bilder zeigen ein Kind, das aus einer Blutlache aufsteht, Steine und eine Art Molotowcocktail auf israelische Soldaten wirft. Jetzt weiß ich, dass Ihr ziviler Ungehorsam nur der Deckmantel für eine gewaltsame Rebellion ist.« Er dachte wohl, ich hätte beabsichtigt, die Menschenkette in einen Aufstand zu überführen. (Das Wort »Kette« glaubte er in seinem eingebildeten Scharfsinn als Codewort für die bewaffnete Revolte entlarvt zu haben.) Rubin lächelte selbstbewusst. Dein Spiel ist aus, hieß das.

Allmählich wurde ich wütend. »Habe ich das jemals verwendet?«, fragte ich mit scharfer Stimme. »Haben wir die Filme im Fernsehen gezeigt? Nein!«

Der Meister machte eine wegwerfende Handbewegung, als wollte er sagen, das spiele keine Rolle.

»Sie haben es eben selbst gesagt, Rubin! Die Animationsfilme stammten von einer Werbeagentur. Ich habe sie mir angesehen und beschlossen, sie nicht zu verwenden, und zwar aus genau dem Grund, den Sie gerade genannt haben. Es widersprach meiner Philosophie.«

Meine Antwort gefiel ihm nicht. Im Wesentlichen wollte er mir klarmachen, dass ich vielleicht leichtgläubige »Schlappschwänze« und »Klosterbrüder« zum Narren halten könne, er aber meine geheimen Pläne durchschaut habe. Als erfahrener Profi habe er erkannt, dass ich etwas Schlimmes im Schilde führe und es seine berufliche und patriotische Pflicht sei, mein Vorhaben im Keim zu ersticken. Ich mochte schlauer sein als die Linken, die ich mit meinem Friedensgeschwätz verführt habe, aber klüger als er sei ich nicht. Wirklich nicht. Es sei seine Aufgabe, die Israelis vor meiner Verschlagenheit zu schützen.

Ich lauschte seinen Darlegungen mit wachsendem Staunen. Plötzlich glich er eher einem Inspektor Clouseau als meinem Inspektor Javert. Ich fragte ihn, wie er PR-Material, das ich verworfen hatte, in einen Beweis gegen mich verwandeln wolle. »Ich weiß, dass Sie das hier nicht veröffentlicht haben«, sagte er mit einem schiefen Grinsen, »aber Sie haben all Ihre Freunde in Ihrem Büro zusammengebracht und ihnen die Filme gezeigt, um sie für Ihre Pläne zu gewinnen.«

An diesem Punkt empfand ich ein seltsames Mitgefühl. Ich hatte offenbar einen Mann vor mir, der nicht mehr alle Tassen im Schrank hatte. Im Rückblick betrachtet hätte ich ihn wahrscheinlich bemitleiden müssen, weil all seine gewaltigen Anstrengungen zu nichts geführt hatten. Er war nicht weniger von meinen finsteren Absichten überzeugt als sein Boss Uzi Landau, aber die Durchsuchung meiner Materialien hatte nur ungenutzte Animationsfilme aus der überhitzten Fantasie eines zwanzigjährigen Grafikdesigners in Ramallah zutage gefördert.

»Sari, Sie können mich nicht zum Narren halten.« Diesmal klang seine Stimme aggressiv, drohend. »Ich bin Ihnen auf der Spur.«

Das reichte.

»Mein Freund«, sagte ich leise, stand auf und wandte mich zum Gehen. »Ich glaube, Sie haben zu viel gearbeitet. Vielleicht brauchen Sie vor allem Urlaub. Offensichtlich stehen Sie zu sehr unter Stress.«

Als ich zur Tür ging, hörte ich ihn donnern: »Sari, ich weiß über Sie Bescheid.«

## KAPITEL 32

# DIE »TIGER«

*Wir müssen uns der Herausforderung stellen, ohne schnelle*
*Lösungen zu suchen, und uns an den Gedanken gewöhnen,*
*einen Spaten zu gebrauchen.*

Vater

UNMITTELBAR VOR DEN ISRAELISCHEN allgemeinen Wahlen
im Januar 2003 hatte ich schließlich das Gefühl, als Mann der
PLO in Jerusalem nur meine Zeit zu vergeuden. Scharons Regierung der Nationalen Einheit brach damals auseinander, da sich die
Arbeitspartei mehr und mehr aus den Regierungsgeschäften zurückzog und sich stattdessen auf Neuwahlen vorbereitete. Efraim
Sneh, einer der Bosse in der Arbeitspartei, den ich seit Jahren
kannte, bat mich um ein Treffen im American Colony Hotel. Er
brachte einen Antragsentwurf für die »Friedensplattform« der Arbeitspartei mit, wie er es nannte, zusammengekürzt auf ein paar
entscheidende Punkte. Der Vorsitzende der Arbeitspartei, Ben-
Elieser, werde den Entwurf in ein paar Tagen den Ägyptern unterbreiten. Aber man wolle den Plan bereits im Vorfeld von Ägypten und, noch wichtiger, von Arafat absegnen lassen. Nach dem
Rückzug aus Scharons Regierung, so legte er dar, sollte diese
Plattform, gebilligt von Ägypten und der PLO, seine Partei wieder an die Macht bringen.

Die Plattform schien mir nichts anderes zu sein als eine weitere
der vagen Friedensformeln, die uns noch nie weitergebracht hatten. Doch Sneh meinte es ehrlich, und ich sagte zu, die Sache mit
Arafat zu besprechen.

Ich machte mich also auf den Weg zur Mukata in Ramallah,
vorbei an Schutthaufen und Panzern, die mich an Bilder von Berlin im Zweiten Weltkrieg erinnerten, und ging in Arafats Büro

hoch. Die Gerüchte über einen Rückzug der Arbeitspartei, erklärte ich Arafat, entsprächen der Wahrheit. Es liege in unserem nationalen Interesse, der Partei bei den nächsten Wahlen zum Sieg zu verhelfen. Arafat sah sich das Papier mit zweifelndem Gesichtsausdruck an und bat dann einen seiner Mitarbeiter, es seinem Minister für internationale Zusammenarbeit zu übergeben. Weder Sneh noch sonst jemand in der Arbeitspartei hörten je etwas von ihm.

Wenige Wochen später besuchte Sneh mich erneut. Dieses Mal wollte er mich darüber informieren, dass sich seine Partei innerhalb der folgenden zwei Wochen aus der Koalition verabschieden werde. Da er zum Thema »Friedensplattform« weder von palästinensischer noch von ägyptischer Seite irgendeine positive Rückmeldung erhalten hatte, fragte er mich, ob ich glaube, mein zusammen mit Ami erarbeitetes Papier könne Arafat zu einer Reaktion bewegen. Er zog eine Kopie aus seiner Aktentasche und sagte im Flüsterton: »Wir sind bereit, uns für Ihr Programm einzusetzen. Aber um die israelischen Wähler zu gewinnen, brauchen wir Ihre Hilfe.« Er wollte von Arafat explizite Unterstützung für die Destination Map und war der Meinung, die Arbeitspartei könne auf diese Weise der israelischen Öffentlichkeit zeigen, dass es auf der anderen Seite einen Partner gab und nur die Arbeitspartei einen endgültigen Friedensschluss herbeizuführen in der Lage sei.

Wieder begab ich mich in die Mukata. Dieses Mal wirkte Arafat noch misstrauischer. »Warum tun sie das alles?«, fragte er verbittert, als ich ihm von meinem Treffen mit Sneh berichtete. Er glaubte, es handle sich um einen Trick und die Israelis wären darauf aus, ihn zu umgehen, indem sie statt seiner mich als Gesprächspartner wählten. »Die Arbeitspartei braucht uns«, versuchte ich zu erklären.

»Uns? Was meinen sie mit diesem ›uns‹? Wer ist ›uns‹? Wie viele ›uns‹ gibt es überhaupt? *Ich bin ›uns‹!*« Und wieder hörten Sneh und seine Parteifreunde nichts von Arafat.

Meinen letzten offiziellen Besuch stattete ich der Mukata anlässlich einer Kabinettssitzung ab. Inzwischen hatte sich die Arbeitspartei aus der Koalition zurückgezogen, und die israelischen Wahlen standen kurz bevor. Nachdem Arafat die Tagesordnung verlesen hatte, bat ich darum, die israelischen Wahlen als zusätzlichen Punkt in die Agenda aufzunehmen. Arafat gab murmelnd sein Einverständnis.

Die Diskussion über die israelischen Wahlen leitete Saeb Erekat mit einer emphatischen Warnung an unsere Führung ein, nichts zu tun, was extremistischen Gruppen in Israel Auftrieb verschaffe. Dann war ich an der Reihe, und aller Augen im Saal waren auf mich gerichtet. Ich wiederholte all die Gründe für das Scheitern der sogenannten Intifada und erklärte, dass ein möglicher palästinensischer Staat immer unwahrscheinlicher wurde, je länger sie dauerte. »Nicht die Zukunft der Arbeitspartei steht auf dem Spiel, sondern unsere eigene.« Mein Argument, das ich ein halbes Dutzend Mal wiederholte, war, dass wir die israelischen Wahlen eigentlich als unsere eigenen betrachten müssten. Da die israelische Regierung unser wichtigster Verhandlungspartner auf dem Weg zu einem Palästinenserstaat sein würde, liege es in unserem Interesse, dass die Israelis eine Regierung wählten, die an eine Zwei-Staaten-Lösung glaube. Das aber würden sie nur tun, wenn sie das Gefühl hätten, einen verlässlichen palästinensischen Verhandlungspartner zu haben, und als solcher müssten wir klar zum Ausdruck bringen, dass wir einen echten, endgültigen Frieden anstrebten. Kurz, es sei in unserem nationalen Interesse, einen klaren, unzweideutigen Rahmen für eine politische Lösung auf Grundlage der Destination Map zu schaffen.

Es herrschte Totenstille im Raum. Ich spürte, dass die meisten Leute meine Ansicht teilten, doch niemand äußerte Zustimmung. Wenn es um große Politik ging, verließen sie sich alle sklavisch auf den Alten Mann, und da er zur Unterstützung der Arbeitspartei keinen Finger zu rühren geneigt war, waren auch sie nicht dazu bereit.

Eine Woche später wiederholte ich all meine Argumente in einem Artikel für die Titelseite von *Al-Quds* noch einmal. Aber ich kämpfte auf verlorenem Posten. Der Kandidat der Arbeitspartei war Avram Mitzna, ein moderater ehemaliger General und jetzt Bürgermeister von Haifa. Mitzna und seine Partei taten ihr Bestes, um die israelische Öffentlichkeit für ihre friedliche Haltung zu gewinnen; sie warben sogar mit dem Wahlslogan »Avram Mitzna engagiert sich für die von Ami Ajalon vorgeschlagene Lösung«. Doch die Öffentlichkeit ließ sich nicht überzeugen. Scharon besiegte die Arbeitspartei haushoch, und nicht lange danach quittierte ich meinen Posten als »Mann in Jerusalem«.

Mein Verhältnis zu Arafat litt in keinster Weise unter meinem Rücktritt von dem Posten. Er war dafür bekannt, dass er oft tobte und fluchte und mit Gegenständen nach Ministern warf. Einmal hatte er jemandem bei einer Sitzung eine Ohrfeige verpasst. Auf Dschibril hatte er sogar einmal eine Pistole gerichtet. Ich selbst habe dergleichen nie erlebt, und er hat mich bis zu seinem Tod mit dem gleichen Respekt behandelt wie ich ihn.

Mangel an Respekt war also nicht das Problem. Er hörte mir nur einfach nicht zu – niemandem eigentlich, soweit ich das beurteilen konnte. Gefangen in seinen Ruinen, fürchtete er sich zunehmend vor möglichen Herausforderern. Irgendwann mag bei ihm der – selbstverständlich vollkommen falsche – Eindruck entstanden sein, ich hätte größere politische Ambitionen. Vielleicht war durchgesickert, dass in der *Jerusalem Post* bereits Spekulationen über die »Ära nach Arafat« angestellt wurden. »Wer würde sich nicht wünschen, dass ein in Harvard und Oxford ausgebildeter Mann Präsident der PA wird?« Doch dann stellte der Autor unter Verwendung einer Metapher aus der Tierwelt infrage, ob ein Professor denn je Führer des palästinensischen »Rudels«[1] werden könne.

Für die meisten meiner Freunde war das gemeinsame Projekt mit Ami ein schlagender Beweis dafür, dass ich von politischen Ambitionen vollkommen frei war. Ami nannte seine Organisation

»Des Volkes Stimme«. Meine eigene hieß HASHD, ein arabisches Akronym für »Volkskampagne für Frieden und Demokratie«. Unser beider Ziel war die »Macht des Volkes« – vielleicht ein abgedroschener Slogan, doch der Gedanke, der hinter unseren Aktionen stand, war damit treffend zusammengefasst. Unsere Politiker wussten sehr wohl, wie eine Lösung in Umrissen aussehen könnte. Sie handelten bloß nicht danach, weil niemand sie dazu zwang. Solange die jeweilige Bevölkerung dem Trompetensignal des bewaffneten Konflikts folgte, brauchten sie nicht die sehr viel schwierigere Aufgabe in Angriff zu nehmen, Einzelheiten für einen verhandelten Frieden auszuarbeiten. Darum beschlossen Ami und ich, direkt an die Basis zu appellieren. Bei einer Pressekonferenz in Tel Aviv erläuterten wir unser Vorhaben, die Entscheidungsträger vor vollendete Tatsachen zu stellen, indem wir ihnen eine Million Unterschriften schickten – gewissermaßen als ein zwischen den beiden Nationen direkt geschlossenes Abkommen. Mein alter Freund Danny Rubinstein von der *Ha'aretz* gab unserem Plan die Überschrift »Unter Umgehung des politischen Establishments zum Frieden«.

Amis Organisation, in deren Vorstand Vertreter der finanziellen und gesellschaftlichen Elite Israels saßen, kam viel schneller in die Gänge als meine. Ein Milliardär aus dem Technologiesektor versprach, einen Teil seines Geldes und den Großteil seiner Zeit für die Initiative zu Verfügung zu stellen, und machte Ami mit anderen potenziellen Sponsoren bekannt. Zu Amis engstem Kreis gehörten außerdem ein früherer Polizeichef und ein leitender Offizier des Mossad. Ami und sein Team stellten schon bald eine Website ins Netz und starteten eine große Werbekampagne. Das Hauptquartier hatte »Des Volkes Stimme« in einem nahe der Börse gelegenen Reichenviertel von Tel Aviv.

Im besetzten, zerbombten und gesetzlosen Palästina war alles weniger einfach. »Verglichen mit den Finanziers, Managern und Werbeexperten, die für Ami Ajalon arbeiten«, schrieb ein israelischer Journalist, vermittelten wir den Eindruck, wir säßen »in ei-

nem zerbeulten alten Auto und versuchten, auf einer abgesperr-
ten Schotterstraße in den besetzten Gebieten herumzufahren.«[2]

So war es tatsächlich. Das Geld war knapp – wir verfügten
nicht annähernd über solche Summen wie fünfzehn Jahre zuvor,
als ich ganze Reisetaschen voller Scheine ins Land geschmuggelt
hatte. Ein jüdischer Philanthrop und Freund meines Bruders in
England gab mir ein wenig Startkapital. Ich streckte meine Fühler
nach europäischen und amerikanischen Geldquellen aus und
konnte Interesse für unsere Sache wecken, bekam aber kein Geld.

Aufgrund der dürftigen Finanzlage konnte ich mir keine Werbeagentur leisten. Darum erledigte mein Personal an der Al-Quds-
Universität, unterstützt von Freiwilligen aus Frauenorganisatio-
nen, den Großteil der Arbeit.

Zunächst hatten wir vor, die Kampagne in Ramallah mit
großem Brimborium zu starten. Wir verschickten Einladungen,
und selbst Arafat versprach, einen Vertreter zu schicken. Doch
spät am Vorabend der geplanten Auftaktveranstaltung kamen mir
Gerüchte zu Ohren, dass bewaffnete Banden unter dem Kommando von Mitgliedern des Zentralkomitees der Fatah in den
Straßen herumschlichen und darauf warteten, unsere Versammlung zu sprengen. Ich verschob die Angelegenheit, weil es zu
peinlich gewesen wäre, eine Friedenskampagne mit Unruhen beginnen zu lassen.

So starteten wir erst Anfang Juni mit ganzseitigen Anzeigen in
mehreren Zeitungen, in denen die Namen von zweihundert Unterstützern von der Basis publiziert wurden. Erwartungsgemäß
konnte man förmlich hören, wie die Messer gewetzt wurden, und
ein paar Dutzend Unterzeichner baten, ihre Namen von der Liste
zu streichen. Doch wir schalteten die Anzeige weiter, drei Tage
hintereinander, und bis Ende des dritten Tages hatten wir zweitausend Namen hinzugewonnen. Von da an warben wir nur noch
einmal die Woche und verkündeten jedes Mal in fetten Lettern die
schnell wachsende Zahl von Unterschriften.

Die Kampagne gewann auf beiden Seiten an Schubkraft. Je

mehr Palästinenser ihre Unterschrift unter unsere Friedensinitiative setzten, desto einfacher wurde es für Ami, Unterstützer hinzuzugewinnen. Plötzlich schien das Ziel – eine Million – gar nicht mehr so utopisch.

Im friedlichen Ostjerusalem Leute an Bord zu holen, war vergleichsweise unproblematisch und im Großen und Ganzen eher von symbolischer Bedeutung. Erfolg oder Misserfolg hingen davon ab, auch dort Fuß zu fassen, wo die meisten Palästinenser lebten – in Jenin, Nablus, Hebron, Gaza und den Lagern. Telefon und Internet schieden hier als Kommunikationsmittel aus. Man musste von Tür zu Tür gehen und die Menschen bitten, etwas für sie ganz und gar Ungewohntes zu tun. Die Palästinenser waren es gewohnt, die Mächtigen in Washington oder Kairo Verträge unterzeichnen zu sehen. Ihnen selbst hatte nie jemand einen Stift in die Hand gedrückt. Und zu allem Überfluss baten wir die Leute auch noch um etwas, was der herrschenden Stimmung vollkommen zuwiderlief. Es ist schon schwierig, ein einziges Tabu zu brechen, wir aber hatten uns gleich mehrere vorgenommen: den Gewaltkult, den Märtyrermythos und den Irrglauben, die Israelis »bestrafen« zu können. Um das Maß vollzumachen, verlangte die Klausel über das Rückkehrrecht von den Menschen, ihre liebste Illusion aufzugeben, und zwar in einer Situation, in der Illusionen besonders viele Blüten treiben: im Krieg.

Neben diesen eher psychologischen Hürden stellte sich ein ganz praktisches Problem: Wie hinkommen zu den Menschen, die wir ansprechen wollten? Die Kontrollpunkte der Armee hatten die besetzten Gebiete in ein undurchschaubares Labyrinth verwandelt. Man fuhr einfach so lange, bis ein Panzer oder Bulldozer einen zwang, einen anderen Weg zu nehmen. Um von A nach B zu gelangen, musste man sich durch einen Wirrwarr von Umwegen und Sackgassen kämpfen – wenn man sein Ziel denn überhaupt erreichte.

In der Anfangsphase konnten sich selbst Besitzer eines Jerusalemer Personalausweises nur dann in den besetzten Gebieten bewegen, wenn sie über einen der schwer zu bekommenden, vom Militär ausgestellten Passierscheine verfügten. Manchmal musste ich auf behelfsmäßigen Feldwegen herumfahren. Wenn ich dann auf eine in einer Blitzaktion errichtete Straßensperre stieß und spürte, wie mein Ärger hochkochte, musste ich mich stets daran erinnern, wie viel schlimmer die Menschen dran waren, die illegal zu Fuß oder auf dem Esel unterwegs waren und stets Gefahr liefen, einem Scharfschützen als Zielscheibe zu dienen.

Ich wusste von Anfang an, dass landesweite Unterstützung nicht zu gewinnen war, indem man Akademiker oder Angestellte aus der Stadt losschickte. Nein, diejenigen, die die Überzeugungsarbeit leisten sollten, mussten selbst Aktivisten sein. Deshalb suchte ich einige meiner langjährigsten Kontaktleute im Westjordanland auf, um mit ihnen zu überlegen, wie sich am besten eine Basis für die HASHD schaffen ließ. Einer meiner wichtigsten Mitstreiter war Issa Abu Iram, ein bekannter Aktivist aus der Hebroner Gegend, den ich seit Jahren kannte. Während der ersten Intifada hatte er Abu Dschihad nahegestanden und dann dem Führungskomitee der Fatah angehört, bis er verhaftet wurde, weil er bei einem Schusswechsel einen Siedler verwundet hatte. Nach neun Jahren im Gefängnis wurde er 1992, während der Osloer Gespräche, entlassen und arbeitete anschließend für Dschibrils Sicherheitsapparat. (Die meisten Gespräche mit gescheiterten Selbstmordattentätern führte er.) Er stimmte mit Dschibril darin überein, dass die gegenwärtigen gewaltsamen Auseinandersetzungen eine von Scharon gestellte Falle waren, um die Palästinenser noch tiefer in die Gewalt zu treiben.

»Wir machen das zusammen«, verkündete er ohne Zögern, nachdem ich ihm Einzelheiten der Destination Map dargelegt hatte. Seine Zusage war wie ein Geschenk des Himmels. Sein guter Ruf bei den Straßenkämpfern, so meine Überlegung, würde mir Zugang zu Militanten verschaffen.

»Damit wir beide nicht erschossen werden«, fuhr er fort, müssten wir die Anführer der Kampagne aus den Reihen der »Tiger«

rekrutieren – die saloppe Bezeichnung für jene, die eine Haftstrafe in einem israelischen Gefängnis abgebüßt hatten oder so lange gejagt worden waren, bis sie sich gezwungen sahen, in den Untergrund zu gehen. Dass sie hinter Gittern gesessen hatten oder ständig vor ihren Häschern hatten fliehen müssen, würde ihnen auch in der aggressiven Atmosphäre bestimmter Stadtviertel und Lager Glaubwürdigkeit verleihen, sodass sie ihre nationalistische Position ungehindert vertreten konnten. Man würde sie wohl kaum des Verrats, der Kollaboration oder der Spionage bezichtigen und sie in Flugblättern entsprechend einzuschüchtern versuchen. Fast alle, die wir schließlich für unser Anliegen gewinnen konnten, waren »Tiger«, und die meisten von ihnen hatten jahrelang in israelischen Gefängnissen gesessen.

Mein Freund Fahed, Leiter des zur Universität gehörenden Abu-Jihad Center for Political Prisoners' Affairs (Abu-Dschihad-Zentrum für Angelegenheiten Politischer Gefangener), übernahm den Bezirk Ramallah. Für das Büro in Tulkarem fiel meine Wahl auf einen Aktivisten, der elf Jahre in Haft gewesen war, weil er einen Kollaborateur getötet hatte. Unser Mann in Hebron, ein Fatah-Führer aus einem Flüchtlingslager, hatte ein Jahrzehnt in Gefangenschaft verbracht, ehe er für Dschibril arbeitete. Der Leiter in Nablus war ehemals Abu Dschihads Assistent gewesen. Ein anderer – zufällig einer meiner Leibwächter – war während der ersten Intifada wiederholt verhaftet worden, weil er Erfahrung im Basteln von Molotowcocktails hatte.

Von allen Orten im Westjordanland ging es in Dschenin, der Brutstätte des Radikalismus während der Al-Aksa-Intifada, am turbulentesten zu. Nirgends waren die Kämpfe erbitterter gewesen – und nirgends vergeblicher. Der »Tiger«, den wir schließlich für Dschenin auswählten, hieß Mohammed und war an der dortigen Universität Leiter der Rechtsberatung. Während der ersten Intifada, im Alter von sechzehn Jahren, war er bei einer Demonstration in den Oberschenkel getroffen worden. Er hatte versucht zu fliehen, doch mit seinem kaputten Bein war er nicht weit gekommen. Die Israelis hatten ihn eingesperrt. Zu Beginn der zweiten Intifada schloss er gerade sein Jurastudium ab und beteiligte sich nicht an den Kampfhandlungen. Nichtsdestotrotz wurde er verhaftet, da der Schin Beit in ihm einen der Rädelsführer vermutete. Beim Verhör wurde mit den gewohnten Mitteln gearbeitet: Ketten, spitze Kapuze, Schlafentzug und ein Sperrfeuer von Fragen.

Mit solchen Talenten an Bord mauserte sich die HASHD schnell zu einer der organisiertesten Gruppen in den besetzten Gebieten, vielleicht gleich nach der Hamas – was angesichts der sich völlig auflösenden Zivilgesellschaft zugegebenermaßen nicht viel besagt. Wir verfügten über ein Netz von Büros, hielten regelmäßige Treffen ab und hatten sogar ein wenig Geld.

Einen Höhepunkt stellte für mich das Ausbildungslager für Aktivisten in Ramallah dar. Jemand, der durch den dicken Zigarettenqualm im Raum gesehen hätte, wie ich in meinem fadenscheinigen Blazer aus englischem Tweed mit meinen »Tigern« (Mohammed und Dutzende anderer waren aus Dschenin angereist) Strategiediskussionen führte, hätte mich wohl für Mackie Messer beim Aufbau einer Privatarmee gehalten. Tatsächlich brachte ich ehemaligen Straßenkämpfern die Gewaltlosigkeit nahe.

Wie früher meinen Studenten bläute ich ihnen immer und immer wieder ein, dass sie ihre Menschlichkeit nicht aufgeben dürften. Ich kleidete dieses Anliegen in für sie annehmbare Worte, aber die Quintessenz musste ich ihnen in aller Deutlichkeit vor Augen führen: Widerstand gegen die Besatzung sei nur insoweit gerechtfertigt, als er das Prinzip nicht unterminiere oder entstelle, das ihm überhaupt erst seine Berechtigung verliehen habe: die Wahrung der Menschenwürde. Das war Immanuel Kant in Reinform, aber auch die Lehre meines Vaters.

Die Moraltheorie auf die Praxis anzuwenden ist nie ein leichtes, in einem Kriegsgebiet jedoch ein wirklich gewagtes Unterfangen. In Dschenin begannen die Schwierigkeiten in dem Moment, in dem Mohammed sein Büro eröffnete. Mohammed sah aus wie der Inbegriff eines Straßenkämpfers, und er hinkte ein wenig. Dass er sich mit Haut und Haaren für die Freiheit Palästinas einsetzte, konnte niemand bezweifeln – so zumindest dachten wir, bis er überfallen wurde. Der Anführer einer Bande, ein junger Mann aus einem Lager, betrat sein Büro und richtete seine Waffe abwechselnd auf unsere verschiedenen Mitarbeiter. »Wo ist Mohammed?«, fragte er barsch. Als Mohammed auf ihn zutrat und fragte, was er wolle, hielt er ihm die Waffe vor die Brust und verlangte von ihm, das Büro zu schließen. »Du hast nicht die Erlaubnis, hier tätig zu sein.« Mohammed rief sofort den Anführer der Al-Aksa-Märtyrerbrigade im Westjordanland an – nicht gerade ein Anhänger der HASHD – und erzählte ihm, was hier vor sich ging. Dann gab er den Telefonhörer dem jugendlichen Revolverhelden, der ganz blass wurde, als er merkte, wer am anderen Ende sprach. Der Anführer der Märtyrerbrigade wies den Revolverhelden an, nie wieder einen Fuß in unser Büro zu setzen, sonst …

Auch von israelischer Seite wurden uns Hindernisse in den Weg gelegt, obschon sie wie stets ziemlich instinktlos dabei vorging. Ein Jahr zuvor hatten die Behörden die Universitätsbüros geschlossen, kurz nachdem ich öffentlich zu einer Beendigung der Selbstmordattentate aufgerufen hatte – ein Appell, der mir Drohbriefe, -flugblätter und -anrufe von Arabern einbrachte, die darin lieber »heroische Taten« frommer Märtyrer sahen. Nun, ein Jahr später, als die HASHD gerade aus den Startlöchern kam, nahm die Militärpolizei an einem Kontrollpunkt einen unserer zum Friedensaktivisten gewandelten ehemaligen Militanten fest, der gerade auf dem Weg zu einer Friedenskonferenz in Ramallah war. Ein anderes Mal holten Agenten des Schin Beit Mitarbeiter der HASHD in Dschenin zum Verhör ab und versuchten dann, sie als Kollaborateure zu gewinnen. »Seht mal«, argumentierten sie, »ihr kooperiert doch bereits. Ihr arbeitet für Nusseibeh, oder? Nun, der wiederum arbeitet mit Ami zusammen, und Ami war früher Leiter des Schin Beit. Verstanden? Euer Chef arbeitet bereits für uns.«

Israel Radio verbreitete die offiziellen Erkenntnisse eines Sonderausschusses, den Zahi Hanegbi, Uzis Nachfolger im Amt des Ministers für öffentliche Sicherheit, aus Experten zusammengestellt hatte und der mich als gefährlichen Heuchler einstufte, der an der Zerstörung Israels arbeite. Ein israelischer Journalist kommentierte, es sei »kein Problem«, im Sicherheitssektor erfahrene Leute zu finden, die glaubten, »solche wie Nusseibeh gehörten zu den gefährlichsten Typen überhaupt« und stellten eine Bedrohung der Sicherheit Israels dar, die schlimmer sei als die durch die Hamas. Rubin Barkow sah mich weiterhin als den Wolf im Schafspelz.

Um Rubin, Uzi Landau und jetzt Minister Zahi Hanegbi Fairness angedeihen zu lassen: Hinter meiner philosophischen Pose steckte tatsächlich eine politische Option, die ihre Version vom Judenstaat zutiefst bedrohte, denn wenn sich die bewaffnete Intifada in eine gewaltlose Kampagne zivilen Ungehorsams verwandelte, würden sie einen Kampf führen müssen, den sie nicht gewinnen konnten.

Dabei löste vor allem ein Weg, den Ami und ich einschlugen, bei Rubin Barkow und seinen Kollegen verständliche Nervosität aus. Am besten ließen sich die Massen für eine gleichberechtigte Zwei-Staaten-Lösung gewinnen, indem man aufzeigte, dass der Status quo ihre wichtigsten Interessen gefährdete. Am deutlichsten ließ sich dies anhand der demografischen Fakten demonstrieren.

Meine Botschaft lautete folgendermaßen: Wenn nicht bald Verhandlungen stattfanden, würde das palästinensische nationale Projekt in eine neue Phase des Kampfes eintreten müssen – dieses Mal, um im historischen Palästina einen binationalen Staat zu schaffen, in dem Juden und Palästinenser gleiche Rechte und Pflichten hätten und der das Ende des zionistischen Traums bedeuten würde, in Palästina eine nationale Heimstatt für das jüdische Volk zu errichten.

Aus israelischer Sicht wurde es für Israel zunehmend gefährlich, wenn keine Lösung zustande käme. Früher oder später würde das Land sich in einen rassistischen Staat verwandeln, der seinen Bürgern weder Sicherheit noch Frieden geben konnte, vergleichbar mit dem einstigen Apartheidregime in Südafrika. So warnte Ami in einem Interview, in den nächsten zehn Jahren würden die Israelis »auf eine Situation zusteuern, in der Israel keine Demokratie und keine Heimat mehr für das jüdische Volk sein wird«, weil die Palästinenser den israelischen Juden im Gebiet zwischen Mittelmeer und Jordan zahlenmäßig überlegen sein würden. Dem pflichtete ich bei. »Möglicherweise ist dies die letzte Gelegenheit, zu einer Übereinkunft zu kommen. Bald werden territoriale Lösungen wie ein Palästinenserstaat nicht mehr auf der Tagesordnung stehen. Dann ist die einzige Alternative eine demografische, und es wird ein Kampf um gleiche Rechte für Araber und Juden in einem einzigen Staat entbrennen.«[3]

KAPITEL 33

# DAS PERFEKTE VERBRECHEN

*Haben wir nicht alle denselben Vater? Hat nicht der eine*
*Gott uns alle erschaffen? Warum handeln wir dann treulos,*
*einer gegen den andern, und entweihen den Bund unserer*
*Väter?*

Maleachi 2, 10–11; Graffito an einer Mauer in Abu Dis

IN EINEM GUTEN KRIMI ist der perfekte Mord einer, bei dem der
Schurke ungeschoren davonkommt. Oder wenn er, besser noch,
der Gerechtigkeit spottet, indem er dafür sorgt, dass der Tote
selbst für seine Ermordung verantwortlich gemacht wird. Das Opfer war entweder suizidgefährdet oder hatte es nicht anders verdient. Das schreibe ich deshalb, weil ich von 2004 an Zeuge des
perfekten politischen Verbrechens wurde, das einer altehrwürdi-
gen Zivilisation das letzte bisschen Luft zum Atmen nahm.

Im Dezember 2003 blickten wir auf ein Jahr harter Arbeit für
die HASHD zurück, und wir hatten viel erreicht. Trotz der vielen
Bomben, die um uns herum explodierten, unterzeichneten Hunderttausende palästinensischer und israelischer Bürger einen historischen Kompromiss, weil sie begriffen hatten, dass sich ihre Interessen deckten. Wie entsetzlich die Gewalt auch sein mochte,
der unbezähmbare Wunsch nach Normalität schmiedete zwischen unseren Völkern eine breite Koalition. Wenn sie mit etwas
Abstand auf die demografischen Fakten blickten, erkannten gewöhnliche Menschen, dass unsere beiden Völker entweder auf
eine Ein-Staat-Lösung zusteuerten oder aber auf zwei unabhängige Staaten entlang der Grenzen von 1967 mit Jerusalem, unter

gemeinsamer Souveränität. Meinungsumfragen zeigten, dass eine große Mehrheit auf beiden Seiten Letzterem den Vorzug gab. Eine dieser Studien ergab, dass – die Bereitschaft der palästinensischen Führung zur Annahme einer solchen Lösung vorausgesetzt – der überwiegende Teil der Israelis (siebzig Prozent zu sechzehn Prozent) ernsthafte Verhandlungen über ein Abkommen befürwortete.[1]

Scharon aber, der besser als die meisten diesen Trend erkannte, beschloss, zwischen unseren Völkern eine Mauer zu errichten. Seine Antwort auf den natürlichen Instinkt der überwiegenden Zahl der Menschen, das Kriegsbeil zu begraben und unseren Konflikt mittels Dialog und Kompromiss zu lösen, waren Eisen, Beton und Waffen.

Scharons gut sechs Meter hohe Konstruktion war das perfekte Verbrechen – nicht nur, weil sie das Westjordanland zerschnitt und Ostjerusalem hermetisch von den Dörfern und Städten abriegelte, die seit Jahrtausenden sein natürliches Hinterland gewesen waren. Was Scharons steinernes Bauwerk unwiderruflich in dieses literarische Genre platzierte, war die Tatsache, dass kaum jemand die wahren Motive des Premierministers ahnte, die nicht in der Beendigung des Terrorismus lagen. Kassam-Raketen können leicht eine sechs Meter hohe Barriere überfliegen. Nein, sein wahrer Todfeind waren der menschliche Dialog und das Bedürfnis nach Normalität.

Die Mauer ist das perfekte Verbrechen, weil sie die Gewalt heraufbeschwört, die zu verhindern sie angeblich errichtet wurde. Es ist so, wie wenn man jemanden in einen Käfig steckt und seine verständlichen Proteste als Beweis seiner Gewalttätigkeit hinstellt.

Die öffentliche Meinung ist sehr unbeständig. Als Ami und ich mit unserem Projekt begannen, konnten wir ganze dreißig Leute in der Halle des Imperial Hotel versammeln, und die Zahl von einer Million erschien völlig utopisch. Ein nicht unberechtigter wiederholter Einwand vieler Israelis war, dass unser Abkommen keinerlei Bedeutung habe. »Ja, ja, Sari ist ein ganz netter Typ. Wenn es da drüben doch bloß eine Million Leute wie ihn gäbe! Aber leider haben wir es mit dem palästinensischen Pöbel zu tun. Und mit dem müssen wir Frieden schließen, nicht mit ihm.« Ami und seinem Team gelang es, insgesamt zweihundertfünfzigtausend Unterschriften zu sammeln. Likud-Wähler unterzeichneten genauso bereitwillig wie Anhänger der Arbeitspartei. Auch auf palästinensischer Seite hatte die HASHD entgegen allen Voraussagen Erfolg. Anfangs hörte ich immer wieder, meine Unterschrift werde die einzige bleiben. Inzwischen hatten mehr als hundertsechzigtausend Menschen unterzeichnet, oft mit dem Risiko, in der Familie oder im Freundeskreis zu Außenseitern zu werden.

Selbst Arafat machte schließlich mit. Von Anfang an hatte ich den Eindruck gehabt, er werde sich mit der Destination Map abfinden, sofern er die symbolische Rückkehr einer gewissen Zahl von Flüchtlingen durchsetzen konnte. Meine Ahnung bewahrheitete sich: Während Scharon uns verächtlich abblitzen ließ – das Innenministerium weigerte sich hartnäckig, unseren ausländischen ehrenamtlichen Mitarbeitern Visa auszustellen –, willigte Arafat ein, uns finanziell mit zehntausend Dollar im Monat zu unterstützen, für seine bankrotte Behörde eine ansehnliche Summe.

Das Projekt stieß auch im Ausland auf Interesse. Ende 2003 gingen Ami und ich damit auf Tournee. Wir begannen mit einem Besuch bei Paul Wolfowitz, dem stellvertretenden Verteidigungsminister der USA. Wolfowitz, ein Intellektueller, der an der University of Chicago bei Leo Strauss studiert hatte, war, was den Nahen Osten betraf, als Falke berüchtigt. Linke Intellektuelle nannten ihn gern den Dunklen Prinzen eines kriegstreiberischen Präsidenten.

Ich hatte Wolfowitz einige Jahre zuvor über einen gemeinsamen Freund kennengelernt, der nun auch unser Treffen im Pentagon arrangiert hatte. Trotz allem, was ich über den Mann gehört hatte, betrat ich sein Büro voller Hoffnung. Vielleicht war es Wunschdenken, jedenfalls glaubte ich, ein Schüler von Leo

Strauss, diesem großen Kommentatoren Al-Farabis, könne nicht so schlimm sein wie der Ruf, der ihm vorauseilte. Und tatsächlich erwies sich der Neokonservative als geistig äußerst flexibel, und er war gespannt darauf, etwas über unser Projekt zu erfahren.

Wochen später hielt Wolfowitz einen Vortrag an der Georgetown University School of Foreign Service, in dem er für Präsident Bushs Vision zweier Staaten die Trommel rührte. Tausende Israelis und Palästinenser unterstützten das Konzept des Präsidenten, argumentierte er. »Woher ich das weiß?«, fragte er seine Zuhörer rhetorisch. »Nun, gerade jetzt gibt es eine wichtige Basisbewegung ... deren Ziele der Favorisierung einer Zwei-Staaten-Lösung sehr nahekommen.« Dann erwähnte er unser Treffen und fasste unsere Strategie mit den Worten zusammen: »... Auf beiden Seiten Mobilisierung von Mehrheiten, die sich nach Frieden sehnen, sodass die Extremisten, die [gegen den Frieden] opponieren, isoliert werden können.«

Andere Politiker, die wir aufsuchten, reagierten ähnlich. Colin Powell ließ von seinem Sprecher eine Stellungnahme verlesen: »Der Minister betonte erneut, dass er die Bemühungen begrüßt, die von Menschen [wie uns] unternommen werden, um Mut für eine Friedensvision zu wecken.« Warren Christopher, Robert McNamara und fünf ehemalige Kabinettsmitglieder schrieben einen öffentlichen Brief, in dem sie die Destination Map befürworteten und unterstützten:

Wir glauben, dass man am besten vorankommt, wenn man bereits zu Anfang, nicht erst am Ende eines schrittweisen Prozesses, all die für eine faire und dauerhafte Lösung notwendigen Grundsätze festlegt. Stellt man das Endergebnis hintan, so wird jeder Fortschritt zum Unterpfand für Extremisten beider Seiten.

In Israel gewann die Destination Map gleichsam einen Schönheitswettbewerb. Wir wurden eingeladen, den Plan bei der Herzliya-Konferenz 2004 vorzustellen. Die Konferenz, ein jährlich stattfindendes Treffen der wirtschaftlichen, politischen und akademischen Elite der israelischen und jüdischen Welt, vertritt im Allgemeinen konservative Positionen, hat sich jedoch zu einem Forum für neue Denkansätze zu für Israel strategisch wichtigen Themen entwickelt. Traditionellerweise verliest dabei auch der Premierminister seine Jahresbotschaft an die Nation.

Unser Auftritt fand im Rahmen einer Podiumsdiskussion über verschiedene Strategien zur Beendigung des Konflikts statt. Jossi Beilin und Yasser Abed Rabbo stellten das sogenannte Genfer Abkommen zur Diskussion, und Avigdor Lieberman, ehemals Rausschmeißer in einem russischen Nachtclub und Gründer der rechtsgerichteten israelischen Israel-Beiteinu-Partei, trug ebenfalls seine Vorschläge vor.

Das Genfer Abkommen ähnelte in weiten Teilen der Destination Map, nur dass es nicht wie wir das politische Establishment umging und auch nicht direkt an die Basis appellierte. Liebermans Konzept ging in eine ganz andere Richtung, was von einem Mann, der als Transportminister in Scharons erster Regierung dazu geraten hatte, alle palästinensischen Gefangenen im Toten Meer zu ertränken, kaum anders zu erwarten war. Nun schlug er vor, Israel solle alle unbesiedelten Teile des Westjordanlands annektieren und gleichzeitig Außenbezirke Ostjerusalems mit überwiegend arabischer Bevölkerung sowie das Gebiet von Wadi Ara mit seinen dreihunderttausend arabischen Bewohnern entlang der Grünen Linie abtrennen. In Israel verbleibende Araber, die sich weigerten, einen Loyalitätseid auf das »jüdisch-zionistische Land« zu schwören, würden ausgewiesen. Rausschmeißer bevorzugen eben einfache Lösungen.

Am Ende der Konferenz ließen die Organisatoren über die drei Vorschläge abstimmen. Unserer erhielt die meisten Stimmen: fünfundsechzig Prozent gegenüber fünfundzwanzig Prozent für Beilins und zehn Prozent für Liebermans Projekt.

Ich hätte niemals zu hoffen gewagt, meine These, Palästinenser und Israelis seien Verbündete, so eindeutig bestätigt zu bekommen. In einer Zeit des Schreckens, der Bomben, Demagogen und Gift und Galle spuckenden Geistlichen entschied selbst dieses konservative Publikum zugunsten der Vernunft anstatt der Rhetorik.

Allerdings konnten wir unseren Sieg kaum auskosten, denn wir waren nur die Vorgruppe für Scharon gewesen, der später am Nachmittag über seinen »Abzugsplan« für den Gazastreifen sprach. Über sein Konzept ließen die Organisatoren der Konferenz leider nicht abstimmen. Es war genauso ein Endspielplan wie unserer und hätte dieses Publikum zweifellos überzeugt. Vielleicht hatte die israelische Elite für Jossi Beilin, Yasser Abed Rabbo, Ami und mich nur deshalb den roten Teppich ausgerollt, weil es in Wirklichkeit um Scharons Plan ging und nicht um unseren.

Der Meistertaktierer Scharon nahm seinen Gegnern den Wind aus den Segeln, indem er sich auf wundersame Weise in einen Anführer der realistisch-gemäßigten Kräfte verwandelte. Strategisch gesehen war sein Schachzug seinem Gegenangriff während des Krieges von 1973 ebenbürtig, als er den Suezkanal überquert und die ägyptische Dritte Armee in die Falle gelockt hatte.

Als der Premierminister die Bühne betrat, war er bereits zu dem Schluss gekommen, dass seine alten Autonomiekonzepte nicht mehr zu gebrauchen waren. Versuche, den palästinensischen Nationalismus auszumerzen oder einen palästinensischen Staat zu verhindern, indem man überall in den besetzten Gebieten jüdische Siedlungen aus dem Boden stampfte, waren zum Scheitern verurteilt, wie die Jahre unaufhörlicher Konflikte gezeigt hatten. Hinzu kam die künftige demografische Bedrohung, die Millionen verärgerter Palästinenser darstellten.

Also warf er seinen Traum von einem Groß-Israel kurzerhand in den Müll, ohne ihm eine Träne nachzuweinen. Stattdessen würde er die Zahl der Siedler im Gazastreifen reduzieren und eine Politik des Alleingangs fahren, deren Ziel es war, innerhalb Israels eine starke jüdische Mehrheit zu bewahren und gleichzeitig strategisch wichtige Aktivposten im Westjordanland und in Ostjerusalem – Siedlungen, massenhaft leer stehende Grundstücke und Wasserressourcen – hinter einer Mauer verschwinden zu lassen. Was den meisten Zuhörern wie ein Blitz aus heiterem Himmel erscheinen musste, war im Grunde eine modifizierte Version jener Pläne, über die Scharon schon seit mindestens zehn Jahren nachdachte. Man könnte sagen, die Betonmischer für den Bau der Mauer sollten anrollen, um den Riesenappetit des Premierministers zu stillen.

Es war ein schlauer Trick, der eine direkte, ja, gezielte Bedrohung der Destination Map darstellte. In einem Gespräch mit Ami gab Scharon sogar offen zu, unsere Basisbewegung sei eine der Hauptursachen für den »Abzug«. Scharons »Evakuierung von Siedlungen«, kommentierte Ami gegenüber der *Jerusalem Post*, sei darauf zugeschnitten, »Koexistenzkampagnen zu *verhindern*«.[2] (Scharons Chefberater Dov Weisglass formulierte es so: Der Abzug »setzt die nötige Menge Formaldehyd frei, um einen politischen Prozess mit den Palästinensern erst gar nicht in Gang kommen zu lassen«.)

Hinsichtlich der nationalen Interessen, auf die wir uns in der Destination Map beriefen, verfolgte Scharon völlig konträre Ziele: Während wir versuchten, zwischen den beiden Nationen einen Dialog in Gang zu bringen, zementierte Scharons Alleingang Misstrauen und Zweifel und garantierte auf diese Weise eine Fortsetzung der Gewalt auf einem Niveau, das ausreichte, um Verhandlungen auszuschließen. Während er die internationale Aufmerksamkeit auf die Räumung des Gazastreifens lenkte, würde er das Westjordanland in aller Ruhe in Stücke schneiden.

Der »palästinensische Staat«, der nach seinen chirurgischen Eingriffen übrig bliebe, würde so wenig funktionsfähig und so von Gewalt durchdrungen sein, dass die Notwendigkeit einer Sicherheitsmauer außer Frage stünde und sich, noch wichtiger, Verhandlungen mehr oder weniger für immer erübrigten. Die vorhersehbaren Zusammenstöße zwischen Hamas und Fatah, ganz zu schweigen von vereinzelten über die Mauer gefeuerten Kassam-Raketen, würden der Welt beweisen, mit was für gefährlichen Extremisten sich die demokratischen Israelis arrangieren mussten. In der Zwischenzeit sollte weiteres palästinensisches Territorium im Westjordanland massiv mit Israelis besiedelt werden. Der Kern dieses Plans war natürlich, Dialog, Vertrauen und Verhandlungen zwischen den beiden Seiten im Keim zu ersticken – kurz gesagt, eine einflussreiche Basisbewegung für eine Koexistenz zu verhindern.

Selbstverständlich ging nichts von alledem explizit aus Scharons Vortrag hervor. Als ich anschließend in Gedanken versunken in der Lobby herumschlenderte und versuchte, den Sinn der Rede des Premierministers zu entschlüsseln, stieß ich auf Materialien über die beiden vorangegangenen Herzliya-Konferenzen. Ich nahm den Lesestoff mit nach Hause, und je mehr ich mich darin vertiefte, desto klarer wurde das Bild. Das Gute an Scharon war, dass er immerhin sehr systematisch, entschlossen und geradlinig vorging. Er verkündete, was er wollte, und tat es dann.

Bereits auf der Herzliya-Konferenz 2002 hatte er seine Strategie modifiziert. Damals war eine der wichtigsten Sitzungen den demografischen Unwägbarkeiten gewidmet gewesen, mit denen sich Israel konfrontiert sah – ein Thema, das immer schon Teil des arabisch-israelischen Konflikts gewesen war. Seit der Frühzeit der zionistischen Kolonisierung war ihren führenden Köpfen sehr wohl bewusst gewesen, dass sie eine kleine Minderheit in einem »großen arabischen Meer« darstellten, wie sie es gern ausdrückten. (Ich sollte hier anfügen, dass der Mauer-Gedanke auf den spirituellen Gründer der Likud-Partei, den bereits erwähnten Ze'ev Jabotinsky, zurückgeht. Jabotinsky brachte das Thema bereits 1923 in seinem Artikel »The Iron Wall: We and the Arabs« [Die eiserne Mauer: Wir und die Araber][3] auf.) Star der Konferenz war Professor Arnon Sofer gewesen, ein bescheidener Geograf von der Universität Haifa, der sich einen Ruf als Prophet der arabischen demografischen Zeitbombe erworben hatte. In seiner Rede beschwor er das Schreckgespenst der Bevölkerungszahlen und der Landfrage herauf. Wie, fragte er die versammelte israelische Elite, konnte der israelische Staat einen Großteil der Gebiete im Westjordanland behalten, den dort lebenden Menschen alle Rechte verweigern und sich trotzdem weiterhin eine Demokratie nennen?

Israel, so die These des Professors, müsse sofort neue Grenzen ziehen, da es sonst von Arabern überschwemmt werde. Auf der idealen Landkarte wäre das Westjordanland in drei isolierte, von Arabern dicht besiedelte Kantone aufgeteilt: Einer würde von Dschenin bis Ramallah, der zweite von Bethlehem bis Hebron reichen und der dritte die Gegend um Jericho umfassen. Professor Sofer schlug vor, alle drei Gebiete mit einem Elektrozaun zu umgeben, um zu verhindern, dass unerwünschte Araber in israelisches Territorium strömten, das über die Hälfte des Westjordanlands ausmachte.

Scharon war nach dem Vortrag zu dem Professor gegangen und hatte ihm die Hand geschüttelt – der Auftakt zu einer später sehr erfolgreichen Partnerschaft.

Ein Jahr später, bei der Herzliya-Konferenz 2003, umriss Scharon in groben Zügen, wie er sich den Abzug vorstellte. Zu diesem Zeitpunkt war die These vom gottgegebenen historischen Anrecht auf »Judäa und Samaria« bereits derart zum Argument der messianischen Sektierer verkommen, dass Scharon darauf verzichtete, sie erneut ins Feld zu führen. Ebenso wenig erwähnte er die demografische Frage, und auch der Wunsch, für Israel besonders günstige Grenzen zu ziehen, tauchte nicht auf. Als einzige Rechtfertigung führte er Sicherheitsgründe an. (Ähnlich, wie die ostdeutschen Kommunisten die Berliner Mauer einst als »antifaschistischen Schutzwall« bezeichnet hatten.) Je länger der bewaffnete Konflikt andauerte, desto mehr palästinensisches Gebiet würde er an sich reißen können.

Scharon konnte sich getrost darauf verlassen, dass Arafat den notwendigen Vorwand für den größten Landraub seit 1948 liefern würde. Der alte Revolutionär, unschädlich gemacht, indem man ihn in einem halb zerbombten Areal eingesperrt hatte, wo er nur noch Selbstgespräche führen konnte, war der ideale Sündenbock. Von den Regierungen Israels und der USA als Urquell des Terrors angeprangert, wurde ihm alle Schuld am Leid der Palästinenser zugeschoben. Seinetwegen waren die Israelis gezwungen, ihren Sicherheitswall zu bauen.

Die Mauer um Jerusalem nannte man »Sicherheitszone«, und die Regierungsabteilung, die mit ihrem Bau betraut wurde, war die sogenannte »Zonengrenzgebietsverwaltung«.

Die Mauer wurde quasi in Lichtgeschwindigkeit errichtet und ragt jetzt in Abu Dis einen halben Meter entfernt von unserem ehemaligen Haus drohend in die Höhe. Vom Balkon blickt man nicht mehr auf den prächtigen Felsendom, sondern auf eine Betonfläche. Es war genau so, wie wir nach unserer Rückkehr aus Washington im Jahre 1995 befürchtet hatten: Wären wir dort wohnen geblieben, hätten wir höchstwahrscheinlich unser Aufenthaltsrecht für Jerusalem verloren, und ein Besuch bei meiner Mutter wäre nur mit einer waghalsigen Mauerkletterei möglich gewesen oder mit einer Sondergenehmigung von einer Behörde, die dem generell abgeneigt war.

Schon bald bekam ich die Folgen der Zwei-Staaten-Lösung à la Scharon zu spüren. An der Universität verstellte die Mauer nicht nur den Blick. Der Hauptcampus der Universität sitzt genau auf der imaginären Linie, die die Stadt Jerusalem verwaltungstechnisch vom Westjordanland trennt. Eines Morgens tauchten Leute von der Zonengrenzgebietsverwaltung mit Planrollen unter dem Arm und Baumaschinen der israelischen Armee im Schlepptau auf. Laut Plan sollte sich die Mauer mitten durch die Universität ziehen, sodass ein Drittel des Campus der israelischen Seite zufiel, während alle Gebäude von Jerusalem abgetrennt würden.

Die Planer der Zonengrenzgebietsverwaltung hatten wohl Proteste erwartet, wie sie sie überall im Westjordanland ausgelöst hatten. Meist warfen Araber Steine, um ihre Felder gegen die Enteignung zu verteidigen, sobald die Israelis einen neuen Mauerabschnitt in Angriff nahmen. Die Steinewerfer waren nicht nur eine ideale Zielscheibe für Gummigeschosse – ihre Gewalttätigkeit bestätigte, wie bereits erwähnt, die Daseinsberechtigung der Mauer.

Wir aber überraschten sie. Oder vielleicht wäre es fairer zu sagen, dass die Planer einen groben Fehler begingen, den wir uns zunutze machten. Ursprünglich sollte die Mauer nicht über einen Parkplatz oder Brachland – also Areale ohne emotionalen Wert – verlaufen, sondern über das Fußballfeld der Universität, die Basketballplätze sowie über Flächen, die für ein neues Sportzentrum und einen botanischen Garten vorgesehen waren. Sehr werbewirksam.

Ich suchte mit Beratern der Universität und der HASHD – es waren letztlich dieselben Leute – nach Möglichkeiten, die Mauer zu verhindern. Der Plan, den wir schließlich entwickelten, schien geradezu wie geschaffen, um den Dialog in Gang zu setzen, dem Scharon unbedingt ausweichen wollte. Sein Vorhaben, das, wie er glaubte, den Gesprächen zwischen Israelis und Palästinensern ein Ende bereiten würde, führte letztendlich zu einem intensiven Austausch, wie man ihn nicht mehr erlebt hatte, seit sich Scharon zum Tempelberg aufgemacht hatte. Wir verwandelten das Fußballfeld in ein Laboratorium des gewaltlosen Protests, in dem Studenten lernten, wie man die Israelis mit Ideen und Überzeugungskraft statt mit Steinen oder Molotowcocktails besiegen konnte. Die Proteste dauerten vierunddreißig Tage, und am Ende standen wir als Sieger da.

Die Voraussetzung für den Erfolg war Klarheit. Wir hatten eindeutig definierte Ziele und enthielten uns jeglicher allgemeinen Kritik an der Mauer an sich. Die von der Regierung ins Feld geführte Notwendigkeit, ihre Bürger gegen Selbstmordattentäter zu schützen, leugneten wir nicht, ganz im Gegenteil. »Gut, wenn ihr

Trennung wollt, bis es Frieden gibt, sehr gern. Macht eure Mauer ein paar Hundert Meter hoch, wenn ihr wollt«, war unsere Devise. »Aber baut sie entlang der Grenzen von 1967, nicht mitten durch Jerusalem und nicht quer über unser Fußballfeld.«

Die sechs Meter hohe Sperranlage hatte etwas so Groteskes, dass es eine Herkulesaufgabe war, Gewaltausbrüche zu verhindern. Doch nur wenn das gelang, konnten wir etwas gegen die Mauer unternehmen. Die Lage war so angespannt, dass ich befürchtete, jede Form organisierten Protests – so sorgfältig er auch geplant sein mochte – würde zwangsläufig in Chaos ausarten. Schlimmer noch, viele Studenten sahen die Mauer als Beweis dafür, dass ein Dialog mit den Israelis nicht möglich war. »Du erzählst uns was von Brücken, die zwischen uns errichtet werden sollen, und sie antworten mit Mauern«, riefen die Kritiker und hielten ihre Wasserpistolen aus Plastik in die Höhe, um anzudeuten, was sie für die beste Lösung hielten.

Die Studenten zu beruhigen gelang mir nur, indem ich ihnen erklärte, dass Scharon von der Gewalt profitieren werde. Wenn Steine flögen, würden auch Studenten sterben. Dann könnten wir zwar unserer immer länger werdenden Liste ein paar weitere Märtyrer hinzufügen, aber die Universität würde wahrscheinlich geschlossen werden, und dann wäre niemand mehr da, um die Bulldozer aufzuhalten.

Unterstützt wurden meine Argumente durch die handfeste »Überzeugungsarbeit« von Naser al-Afandi, dem Leiter des Sicherheits- und Wartungsdienstes auf dem Campus. Der Fatah-Führer, ehemalige Gefangene und HASHD-Aktivist hatte bis zur Invasion für Dschibril gearbeitet, als die Israelis ihm verboten, Abu Dis zu verlassen. Angesichts der israelischen Mordkommandos war er klug genug, sich daran zu halten. Naser sorgte dafür, dass die Proteste friedlich blieben, indem er dreihundert Fatah-Leute, allesamt HASHD-»Tiger«, hinzuholte. Jeden Tag von sieben Uhr Morgens bis Mitternacht sangen sie auf dem Protestgelände ihre Lieder und tanzten traditionelle Tänze.

Um die Situation etwas zu entspannen, ließen wir außerdem jeden Tag die Fußballer in voller Montur auf dem Feld zum Training antreten. Schon beim ersten Mal verwandelten sich die am Rande stehenden Soldaten von nervösen Rekruten mit dem Finger am Abzug in leidenschaftliche Fans der einen oder anderen Mannschaft. Die Anspannung verflog, und die Soldaten zogen lächelnd ab. Mehr als einen Monat lang lieferten die Fußballer ein Spiel nach dem anderen. Jeden Abend ließen wir eine Party steigen, und junge Leute aus Abu Dis und nahe gelegenen Dörfern kamen zum geselligen Beisammensein auf das Gelände. In mir ließen die Konzerte, das gemeinsame Essen, die Lagerfeuer und die Partystimmung den Geist von 1968 wieder lebendig werden.

Die Journalisten, die in Scharen nach Abu Dis kamen, berichteten überwältigend positiv über unseren Protest. In einem Artikel des *Guardian* kam ein Fußballspieler namens Samir zu Wort: »Es gibt in diesem Teil unseres Landes keine Fußballplätze mehr, nirgendwo kann man mehr trainieren‹, sagt Samir, fünfundzwanzig, der an der Al-Quds Sportwissenschaft studiert. ›Außerdem ist das hier auch für die Leute ein Treffpunkt. Darum hoffen wir jeden Tag, dass das Spiel nicht unser letztes auf diesem Platz ist.‹«[4]

Ich gab eine Presseerklärung mit dem Titel »Muss die Mauer unbedingt auch unseren Campus zerschneiden?« auf Arabisch, Hebräisch und Englisch heraus. Noch am selben Tag – dem 3. September – luden wir Generalkonsuln und Diplomaten in unser Protestlager ein. Unter anderem kam der amerikanische Konsul in Begleitung von Vertretern des Botschafters John Wolf, der auch Koordinator für die Umsetzung von Bushs Road Map war. Der italienische Generalkonsul Gianni Ghisi, dessen Land gerade den EU-Vorsitz innehatte, sprach stellvertretend für die anwesenden Diplomaten. »Die Al-Quds-Universität ist für uns ein Partner; für uns ist jeder Schaden, der ihr zugefügt wird, auch ein Akt gegen uns.« Der Generalkonsul rief israelische Universitäten dazu auf, uns zu unterstützen, und fügte hinzu: »Die Al-Quds-Universität ist nicht nur eine Geistesschmiede, sondern auch eine Schmiede der Gewaltlosigkeit und des passiven Widerstands.«

Vierunddreißig Tage dauerte unser Protest, bis mir schließlich vom Büro des israelischen Generalstabschefs mitgeteilt wurde, dass die Mauer nicht auf unserem Gelände gebaut werde. Hintergrund dieser Planänderung war, dass die damalige Nationale Sicherheitsberaterin der USA, Condoleezza Rice, von unseren Protesten erfahren und mit israelischen Regierungsvertretern in Washington darüber gesprochen hatte.

Die Rettung des Fußballplatzes war für die Al-Quds-Universität von großer Bedeutung, konnte aber keineswegs den unbarmherzig fortschreitenden Mauerbau aufhalten. Scharons Betonlasso schloss nicht nur die größten Siedlungen ein, sondern ebenso die wichtigsten Wasserquellen und einen Großteil der besten Anbauflächen unseres Landes. Im Westjordanland wurden insgesamt Zehntausende Hektar Boden enteignet, Dorfbewohner von den Feldern abgeschnitten, die ihre Existenzgrundlage waren, Hunderte von Gebäuden und Zehntausende von Obst- und Olivenbäumen mussten der im Zickzack verlaufenden Sperranlage weichen. Mancherorts reichte die Mauer bis tief ins Westjordanland hinein, schnitt Dörfer voneinander ab, schuf isolierte Enklaven und zerstörte jede Hoffnung auf einen zusammenhängenden Palästinenserstaat.

Lässt man einen Dieb eine Nacht lang in einem Kaufhaus allein, so wird er sich die hochwertigsten Waren unter den Nagel reißen. Scharon erzielte mit seiner Mauer den Höchstgewinn: In Ostjerusalem kamen riesige Areale unter israelische Kontrolle. Ein einziger Schlag mit der Axt veränderte eine tausendjährige heilige Geografie. Die Mauer trennte El-Azarjeh, den nahe Abu Dis gelegenen Ort, wo Lazarus begraben liegt, von den anderen christlichen Stätten in Jerusalem. Um von der Grabeskirche zur Geburtskirche in Bethlehem zu gelangen, mussten Pilger plötzlich lange Wartezeiten vor einem Szenarium in Kauf nehmen, das an die Berliner Mauer erinnerte – hier wie dort Beton, Stacheldrahtrollen, Wachtürme und gereizte Soldaten mit der Waffe im Anschlag. Zwei Millionen muslimischer Gläubiger im Westjordanland war es nicht möglich, zum Gebet den Felsendom, eine Quelle unserer kollektiven Identität als Volk, aufzusuchen.

Jetzt, wo wir einen Sieg zu verzeichnen hatten, war es an der Zeit, die Aktivitäten der HASHD über das Sammeln von Unterschriften hinaus zu erweitern. Wenn sich Scharon und seine Mauer überhaupt stoppen ließen, so nur durch eine Wiederbelebung des politischen Prozesses. Zunächst mussten die Israelis davon überzeugt werden, dass es in ihrem Sinne war, an den Verhandlungstisch zurückzukehren, denn Scharons Taktik, die Palästinenser in Enklaven zu sperren, würde am Ende zu einer Situation führen wie in Südafrika (einmal nannte Scharon selbst die Enklaven gedankenlos »Bantustans«).

Der Kardinalfehler des zugegebenermaßen schlauen Plans ist, dass die Palästinenser nie aufhören werden, dagegen zu kämpfen – mit lauteren wie mit unlauteren Mitteln. Eines Tages könnten die Israelis feststellen, dass der Grund für die nie enden wollenden Unruhen, die ihren Alltag massiv stören, nichts mit Opposition gegen den jüdischen Staat zu tun hat, sondern in der viel profaneren Tatsache wurzelt, dass Menschen nicht dafür geschaffen sind, Ungerechtigkeit zu akzeptieren. Doch dann wird es aufgrund der geografischen Fakten womöglich zu spät sein für eine Zwei-Staaten-Lösung. So ist durchaus denkbar, dass aus den Ruinen der Groß-Israel-Ideologie radikale Lösungen wie Liebermans »ethnische Säuberung« hervorgehen. Die aber würde den Konflikt noch verschärfen und eine friedliche Lösung in den Bereich des Utopischen rücken. Unterdessen werden es die israelischen und palästinensischen Normalbürger sein, die mit fortgesetztem Leid und Schmerz dafür bezahlen müssen.

Unsere neue Option war, entweder durch Dialog zu einer Zwei-Staaten-Lösung zu gelangen oder in einer gewaltfreien Kampagne volle Bürgerrechte in Israel zu verlangen. Wenn Israel die Besatzung nicht beendete, würden wir mit einer Kampagne im Stil der Antiapartheidbewegung reagieren und einen vereinigten arabisch-israelischen Staat nach dem demokratischen Gleichheitsgrundsatz »one man, one vote« verlangen. Bei der HASHD nannten wir den Sicherheitszaun inzwischen die »Apartheidmauer«.

Ami gab eine Erklärung ab, die ebenfalls in diese Richtung ging: »Leider werden durch den Zaun, den Israel baut, viele Menschen den Glauben an den Frieden verlieren. Wenn Israel eine Situation wie in Südafrika zur Zeit der Apartheid schafft, wird es weder einen palästinensischen Staat noch eine sichere Heimat für das jüdische Volk geben. Natürlich hat Israel das Recht, sich zu verteidigen, aber diese Mauer wird die Aussichten auf eine gute Zukunft nur erheblich schmälern.«

Die HASHD wehrte sich in unterschiedlichster Weise gegen die Mauer. Wir entsandten Vertreter zum Internationalen Gerichtshof in Den Haag, wo eine Anhörung zu den »rechtlichen Konsequenzen des Baus einer Mauer in den besetzten palästinensischen Gebieten« stattfand. Der vielleicht bedeutendste Schritt der HASHD war unsere Entscheidung im Juli 2004, eine Kundgebung im Distrikt Qalqilia zu organisieren, wo die Mauer besonders schlimme Auswirkungen für die Bewohner hatte. Im Dorf Dschajus zum Beispiel waren fast siebzig Prozent der landwirtschaftlichen Fläche und sechs unterirdische Wasserspeicher nicht mehr zugänglich, viertausend Bäume wurden gefällt. Die Mauer hatte die Lebensgrundlage von mehr als der Hälfte der Dorfbewohner zerstört.

Das Militär bemühte sich nach Kräften, sich uns in den Weg zu stellen. Qalqilia wurde zur Militärzone erklärt, und an den Zufahrtsstraßen wurden acht Kontrollstellen errichtet. Mindestens fünfzehn Busse und eine große Zahl von Privatfahrzeugen mit Demonstranten wurden zurückgeschickt. Trotzdem gelang es Hunderten von palästinensischen Bus- und Taxifahrern, die sich immer zu helfen wissen, durchzukommen. So wurde unser Protestmarsch mit tausendfünfhundert arabischen Teilnehmern die größte Demonstration, die es in Qalqilia seit dem Scheitern des Friedensprozesses gegeben hatte. Arbeiter, Bauern, Ladenbesitzer, Ingenieure, Studenten, Büroangestellte und ein Kontingent rauflustiger junger Fatah-Anhänger aus Jerusalem beteiligten sich. »Das sind nicht die gewöhnlichen Akademiker und die Typen, mit denen mich die israelische Presse gern in Verbindung bringt«, erklärte ich einem Journalisten des *Jerusalem Report*.

Die Demonstranten trugen T-Shirts mit der Aufschrift KLÜGER OHNE GEWALT, und auf den Transparenten standen ihre Forderungen: ein Friedensabkommen auf der Basis der Zwei-Staaten-Lösung, wie sie die Destination Map vorsah, ein Ende der Gewalt auf beiden Seiten sowie Friedensbrücken anstelle von Trennungsmauern und Expansion. An die Wände wurden – über dicke Farbschichten, die von der Hamas und der Märtyrerbrigade stammten – Parolen gesprüht, die für Dialog statt Konfrontation warben. Als Symbol der Zusammenarbeit ließen einige Jugendliche Drachen steigen, die tief in den israelischen Luftraum vordrangen.

Auf einer ehemaligen Müllhalde jenseits der Mauer hatte Ami, der Bürgermeister der nahe gelegenen israelischen Stadt Kfar Saba, vierhundert Unterstützer um sich geschart. Wir verständigten uns mit Megafonen und Telefonen, und Ami ließ einen riesigen Heliumballon mit der Aufschrift ES GIBT JEMANDEN, MIT DEM MAN REDEN KANN steigen.

Die Ballone stoppten die Mauer ebenso wenig wie unsere Fußballspiele an der Al-Quds. Unerbittlich wie im Roman *Der Krieg der Welten* von H. G. Wells veränderte eine Armee von Bulldozern, Zementlastern und Kränen die Geografie des Heiligen Landes innerhalb von zwei Jahren mehr, als es all den gierigen und gewalttätigen Eroberern in der ganzen Zeit gelungen war, seit meine Familie vor tausenddreihundert Jahren in Jerusalem ansässig wurde. Aus palästinensischer Sicht lassen sich Scharons Maßnahmen in Jerusalem am ehesten mit der von Robespierre verfügten Enthauptung Ludwigs XVI. vergleichen, oder mit der Erschießung der Romanows auf Befehl Lenins. Wir Palästinenser haben nie einen König oder eine Königsfamilie gehabt, um die herum wir eine nationale Identität hätten aufbauen können; kultureller, religiöser und geografischer Mittelpunkt unserer Identität ist stets Jerusalem gewesen. Heute müssten die meisten im Westjordanland oder im Gazastreifen ansässigen Palästinenser schon ein magisches Ross wie das Mohammeds haben, um Jerusalem besuchen zu können. Jede andere Methode, etwa das Überklettern der Mauer, würde einen Kugelhagel auslösen.

EPILOG

# EINE NACHTREISE

*May I, … beleaguered by … negation and despair,*
*show an affirming flame.*

W. H. Auden[1]

IN HARVARD FÜHRTE ICH mit meiner Tochter Nuzha lange Debatten über die Protagonisten in meinem Märchen. Louise und
der fliegende Esel gefielen ihr im Großen und Ganzen. Ihre Lieb-
lingsfigur aber war der edle Ritter, der schlafend, aber aufrecht
stehend vor der Grabeskirche Wache hielt. Weniger überzeugend,
meinte sie in ihrer altklugen Art, sei Mr. Seems. »Was hat er da zu
suchen?«, fragte sie. »Wer ist er überhaupt?« Gerade die Unmög-
lichkeit, erwiderte ich, diese Frage klar zu beantworten, mache
seinen Charakter aus. »Ich könnte dir nur dann genau sagen, wer
er ist, wenn er der wäre, der er zu sein scheint, aber das ist er
nicht, und er kann auch gar nicht anders.« Aber sie ließ sich nicht
überzeugen.

Obwohl ich größten Respekt vor Nuzhas kritischem literari-
schen Geschmack habe und voll darauf vertraue, blieb ich standhaft: Mr. Seems muss wirklich drinbleiben, erklärte ich ihr. Ich
konnte ihn nicht streichen, so wenig wie das, was im Nahost-
konflikt oft schwer greifbar ist, einfach unter den Teppich gekehrt
werden kann. In einer Stadt, die so alt und heilig ist wie Jerusalem,
sind die Dinge oft nicht so, wie sie auf den ersten Blick erscheinen. Meist gehen Zeitungsüberschriften und Geschichtsbücher
am Wesentlichen vorbei, denn im Kern liegt unserem Konflikt etwas zugrunde, das sich nur schwer beschreiben lässt. Aus Erfah-

rung weiß ich, dass das, was viele als Durchbruch von großer Tragweite betrachten – Geheimgespräche oder kühne diplomatische Initiativen –, häufig nur in eine weitere Sackgasse führt.

Seit meiner Rückkehr von meinem einjährigen Aufenthalt am Radcliffe Institute im Juli 2005 nach Jerusalem haben etliche politische Erdbeben das Heilige Land erschüttert. Manches ist natürlich wie immer: das Wetter, die rücksichtslose Ausdehnung der Siedlungen im Westjordanland und die Achtzehnjährigen russischer Herkunft, die an den Kontrollstellen alte Frauen anbellen. Aber Premierminister Scharons Entscheidung, israelische Siedlungen im Gazastreifen mit ein paar Tausend Bewohnern räumen zu lassen, die als welthistorisches Ereignis gepriesen wurde, vergleichbar mit General de Gaulles Abzug aus Algerien, war in Hinblick auf die israelische Politik sicher eine Revolution. Noch nie hatte ein israelischer Politiker es gewagt, auch nur eine einzige Siedlung anzutasten, nicht einmal die Friedensstifter Rabin und Peres, und jetzt ließ Scharon, der Vater der Siedlungsbewegung, den ganzen Gazastreifen räumen.

Doch trotz dieses nie da gewesenen Schritts hat Scharons einseitiges Vorgehen alles nur noch verschlimmert. Der im Koma liegende Premierminister erlebte es selbst nicht mehr, aber der überwältigende Sieg der Hamas bei den palästinensischen Parlamentswahlen war, beabsichtigt oder nicht, eine Folge seines Vorgehens. Sein Unilateralismus löste eine politische Bewegung aus, die wie in einer Art Zerrspiegel jeder Bemühung um einen Dialog Hohn sprach. Als mein alter Freund Dschibril Radschub, der nie auch nur einen Zentimeter von seinem Ziel einer Zwei-Staaten-Lösung abgerückt war, für das neue Parlament kandidierte, unterlag er gegen einen bärtigen Hamas-Vertreter, der glaubt, Juden hätten Hörner.

Ein derartig kolossaler Sieg einer Organisation, die Israel jede moralische Legitimität abspricht, zur völligen Zerstörung des jüdischen Staats aufruft und sich weigert, auf Gewalt als Mittel zur Erreichung dieses Ziels zu verzichten, war für die HASHD und andere Organisationen, die sich die Koexistenz auf die Fahne geschrieben hatten, eine Katastrophe. Die Hamas und der Scharonismus sind die zwei Seiten ein und derselben Medaille. Beide schlagen die Tür zum Dialog zu.

Der Wahlsieg der religiösen Zeloten gab vielen Menschen Rätsel auf. Die israelischen Rechten reagierten allerdings euphorisch: Dies war der endgültige Beweise dafür, dass das palästinensische Volk friedensunfähig war. Nur Beton, Kontrollstellen, unbemannte Aufklärungsflugzeuge und ein gelegentlicher »gezielter Todesschuss« konnten uns im Zaum halten.

Ich selbst musste mir Fragen stellen. War die symbolische Formel, die ich mir ausgedacht hatte, als ich nach Arafats Beerdigung im Flugzeug *Eine Geschichte von Liebe und Finsternis* von Amos Oz las – Louise, Abdul und Amos, eine Christin, ein Muslim und ein Jude, pflanzen gemeinsam einen Frieden bringenden Geißblattstrauch –, nur Wunschdenken geschuldet? Haben Hass und Rache am Ende den Sieg davongetragen? Waren all die Ideen, die ich über die Jahre meinen Studenten eingeschärft hatte – gebrauche deinen Verstand statt der Faust, Freiheit ist wichtiger als stumpfsinniges Machtgehabe –, nur kindische Fantasien? Was war falsch gelaufen?

Wieder einmal stand ich vor einem Rätsel, aber es zu lösen ähnelte ein wenig dem Versuch, mit Hilfe der Kieselsteine, die Hänsel und Gretel ausgelegt haben, aus dem Wald herauszufinden. Man muss sich davor hüten, falschen Fährten zu folgen – indem man zum Beispiel den Islam für alles verantwortlich macht. Die Wahrheit liegt tatsächlich nicht dort, wo sie auf den ersten Blick zu liegen scheint. Denn der Hamas zum Trotz könnte der Islam dazu beitragen, unserem geschändeten Land Heilung zu bringen. Die Fanatiker halten gern den Koran hoch, aber genauso gern überlesen sie, was darin über die Juden und Jerusalem steht. In gleicher Weise wären die Israelis gut beraten, einmal nachzusehen, was ihre eigenen Propheten über Unterdrückung zu sagen haben.

Um einen klaren Kopf zu bekommen, unternahm ich eines Tages zusammen mit Naser, dem Chef des Sicherheitsdienstes an der Al-Quds-Universität, einen Spaziergang zu jenem Teil des Campus, der mit seiner Mithilfe vor Scharons Bulldozern hatte bewahrt werden können. Nachdem die israelische Armee entgegen den ursprünglichen Plänen die Mauer am Rand des Campus errichtet hatte, hatte Naser das steinige Stückchen Land, das einmal Jerusalem vom Westjordanland trennen sollte, in einen blühenden Garten mit einem Brunnen in der Mitte verwandelt. Hier können die Menschen aus dem Dorf, durch die Mauer von Jerusalem abgeschnitten, sitzen, hinüber zum Ölberg blicken und im Geiste durch die Stadt ihrer Vorfahren schlendern.

Als ich mich nun hier niederließ, versank ich augenblicklich in Gedanken und ließ vor meinem geistigen Auge die letzten zwanzig Jahre vorbeiziehen. Zu meiner Zeit im Universitätsverband hätte niemand geahnt, dass Scheich Jassins obskure Wohltätigkeitsorganisation, von Scharon kräftig gesponsert, eines Tages das Schicksal unseres Volkes bestimmen könnte. Jetzt, in meiner Niedergeschlagenheit nach den Wahlen, stellte ich mir vor, wie die Schulbücher des neuen Bildungsministeriums jungen Gehirnen das Märchen eintrichterten, Juden seien Kreuzzügler und müssten durch einen neuen Saladin hinweggefegt werden. Ein ganzes Heer islamischer Gestalten huschte durch meinen Kopf. Und ich sah vor mir, wie die Hamas Mohammed ein Schwert in die Hand drückte. Auch Omar würde zweifellos eins tragen.

Beim sprudelnden Geräusch des Brunnens überschlugen sich meine Gedanken. Der Sieg der Hamas, für viele der endgültige Beleg eines epochalen Zusammenstoßes der Zivilisationen, des Islam mit dem Westen, war nicht das, was er zu sein schien. Ja, je mehr ich darüber nachdachte, desto klarer wurde mir, dass der beste Beweis gegen ihre Perversion des Islam eben die Tradition war, die sie zu verteidigen behaupteten und als Rechtfertigung für ihre Ablehnung Israels benutzte. Unsere religiösen Militanten haben viel mehr von dem revolutionären Nihilismus Europas aufgesogen, als ihnen selbst bewusst ist. Wie sehr sie auch die Ideologie in ein Mäntelchen aus Traditionen kleiden mögen, sie bleibt das Produkt einer äußerst modernen europäischen Obsession: der Reinheit. Die kosmopolitische Kultiviertheit und Toleranz des Islam und die Fähigkeit der Muslime, sich mit ehemaligen Feinden friedlich zu einigen, werden am Ende den Sieg davontragen, weil sie auf alten Traditionen und alten Schriften beruhen. Sie haben tiefere Wurzeln als die Parolen der zeitgenössischen Extremisten.

Immer wenn ich darüber nachdenke, wie der Islam durch Fundamentalisten entstellt wurde, schweifen meine Gedanken zurück zu den Geschichten meiner Kindheit. Das Jerusalem, das zu lieben ich erzogen wurde, war nicht einfach ein geografischer Punkt auf der Landkarte und zweifellos keine rein muslimische Stadt. Trotz des Niemandslands war es das irdische Tor zum Reich Gottes, wo sich jüdische, christliche und muslimische Propheten – visionäre Männer und Verfechter der Menschlichkeit – begegneten, wenn auch nur im Geiste. Es lohnt, dies zu erwähnen, weil die politischen Risse und Grenzen, die sich wie Narben durch das Heilige Land ziehen, in der religiösen Vorstellung ihren Anfang nehmen, und dort müssen sie auch bekämpft und überwunden werden.

Die Erzählung, die mir immer wieder einfällt und die mir mit der Zeit immer bedeutungsvoller erschienen ist, ist Mohammeds Nachtreise. Sie hat über all die Jahre meine Identität als muslimischer Bürger Jerusalems mit geprägt.

Die meisten Muslime werden Ihnen wohl erzählen, dass Jerusalem deshalb eine heilige Stadt ist, weil Mohammed bei seinem nächtlichen Flug vom Heiligen Felsen aufgestiegen ist – zu Gott, der ihm Anweisungen gab, wie die Muslime beten und Gott dienen sollten. Nach seiner Rückkehr führte er alle Propheten beim Gebet an. Aber eine Frage, die noch nicht gestellt wurde, lautet: Warum verlief Mohammeds Reise durch Jerusalem? Warum wurde der Felsen zu dem Ort erwählt, von dem Mohammed zu

Gott aufstieg? Bestätigte dies nicht, dass der Islam damals die bereits von den Juden (und Christen) bekundete Heiligkeit des Felsens anerkannte?

In Reiseberichten, die vor über hundert Jahren in Syrien gedruckt wurden, ist ohne Bedenken vom Jüdischen Tempelberg die Rede, so wie der Islam, mit dem ich aufwuchs, keinerlei Zweifel bei mir ließ, dass Jesus, der Sohn Marias, ein Prophet Gottes war.

Schon seit meiner Kindheit ist die Nachtreise untrennbar mit der Geschichte Omars, des zweiten Kalifen des Islam, verbunden. Bereits bei Antritt seiner Reise aus dem Norden hatte sich Omar auf den Einzug in die Göttliche Stadt vorbereitet. Er kam nicht wie ein römischer Kaiser im goldenen Streitwagen und mit einem Heer von Soldaten oder wie ein Pharao auf den Schultern von Sklaven.

Als er vor der Goldenen Stadt stand, steckte er sein Schwert in die Scheide zurück. Jerusalem war nicht Bagdad oder Kairo: Man durfte es nicht mit bloßer Gewalt erobern oder durch Blutvergießen und Plünderung schänden. Omar empfing die Schlüssel zur Stadt und zur Grabeskirche von dem Patriarchen Sophronius und betrat die Stadt friedlich und zu Fuß. Als Erstes ging er zur Grabeskirche, dann zeigte ihm ein Jude den Weg zum Felsen, auf dem einst der Tempel stand. Außerdem erfahren wir, dass er den Felsen mit seinem eigenen Gewand säuberte, als wollte er sagen, es sei eine Ehre für jeden Menschen, dieser heiligen Stätte zu dienen, und er wolle sich keinesfalls als ihr Herr aufspielen.

Den Männern von der Hamas, die jetzt die Gesetzgeber in meinem Land sind, würden sich zweifellos die Haare sträuben bei dem Gedanken, dass der »Feind« am Ursprung unserer Identität als Muslime steht. Aber die religiösen Fundamentalisten können die Juden in Jerusalem nur ausrotten, indem sie zunächst dem Islam Gewalt antun. Auf einer tiefen metaphysischen Ebene sind Juden und Araber »Verbündete«, und jeder Versuch, sie zu trennen – zum Beispiel Scharons Mauer –, ist das Produkt des modernen europäischen Mythos von einer »reinen«, von Fremden gesäuberten Nation.

Eine der besten Repräsentantinnen des muslimischen Geistes, die ich mir in dieser düsteren Zeit des Fanatismus vorstellen kann, ist seltsamerweise Lucy, die in meinem Märchen Louise heißt und eine der drei Figuren ist, die symbolisch einem brutalisierten Land Frieden bringen. Lucy gehörte zu den wenigen Menschen im palästinensischen Friedenslager, die in der Lage waren, sich der düsteren Stimmung nach dem Triumph der Hamas zu widersetzen.

Nach den Wahlen bat sie ein Journalist der *Ha'aretz* um ein Interview, der offenbar ein Klagelied erwartete. Im American Colony Hotel gegenüber dem Haus meiner Mutter erwähnte Lucy ihre Eltern, die beide Philosophen waren, und ihre eigene Entscheidung, nach Jerusalem zu gehen. »Ich bin hierher gekommen, weil ich mich in Sari verliebt hatte.« Vor allem aber sprach sie über MEND (Middle East Nonviolence and Democracy, Gewaltfreiheit und Demokratie im Nahen Osten), eine Organisation, die sie gegründet hatte, und ihre Kampagne »Klüger ohne Gewalt«. Zur Sprache kam auch ein Film, bei dessen Produktion sie mitgewirkt hatte, um ihre Bildungs- und Medienarbeit zu illustrieren: *Death of a Dream* erzählt die Geschichte Fatma Mussas, die eine Fehlgeburt erlitt, während sie in einer Schlange an einem militärischen Kontrollpunkt wartete.

Lucy verkörpert den Islam unendlich besser als die religiösen Fanatiker, weil sie in diesem Interview ihrer Hoffnung und Offenheit gegenüber der Zukunft und ihrer Überzeugung Ausdruck gab, dass wir Menschen Wunder vollbringen können, wenn wir den festen Willen dazu haben und unseren Verstand benutzen – eine Haltung, die nach meinem Dafürhalten voll und ganz der Religion des Propheten entspricht. »Die Zukunft ist immer noch offen«, erklärte sie. Das palästinensische Volk habe nicht für die Hamas gestimmt, weil es eine religiöse Diktatur wolle oder einen dauerhaften Krieg mit Israel, sondern weil es der Fatah überdrüssig sei. »Die palästinensische Öffentlichkeit hat genug von der Gewalt. Sie sehnt sich vor allem nach einem normalen Leben.«

Um zu erklären, was sie damit meinte, erzählte sie von einem ihrer MEND-Aktivisten in Tulkarem. Er hatte einen Anruf von Hamas-Mitgliedern erhalten, die an einer Zusammenarbeit interessiert waren. »Sie sehen also«, sagte sie zu dem Journalisten, »es ist nicht alles schwarz.« Selbst die Hamas kann sich zu einem Glauben an Dialog und Frieden bekehren.

»Aber es ist auch nicht alles weiß«, erwiderte ihr israelischer Gesprächspartner.

»Kennen Sie etwas, das ganz weiß ist?«, entgegnete Lucy mit ihrem betörenden Lächeln.

Lucys weise Worte eignen sich gut, um die Chronik eines Lebens in einem zerrissenen und geschundenen Land zu beschließen. Die Dualität von Gut und Böse, Schwarz und Weiß, Richtig und Falsch, »uns« und »ihnen«, unseren »Rechten« und ihrem »Machtmissbrauch« haben das Heilige Land in Stücke gerissen. Wir können nur dann wieder Hoffnung gewinnen, wenn wir der Weisheit der Tradition lauschen und erkennen, dass Jerusalem nicht gewaltsam erobert oder gehalten werden kann. Es ist eine Stadt dreier Religionen, die der ganzen Welt offensteht. Selbst nach der Errichtung der Mauer durch Scharon und dem darauffolgenden Sieg der Hamas scheint mir das Ende meiner Geschichte immer noch richtig: Drei Gestalten, jeweils einer Schwesterreligion angehörend, pflanzen gemeinsam einen Geißblattstrauch. Unterdessen steht Mr. Seems abseits und erinnert daran, dass die Dinge nie so sind, wie sie zu sein scheinen. In den verwinkelten alten Gassen Jerusalems lauern hinter jeder Ecke Wunder und Überraschungen und rufen uns ins Gedächtnis, dass dies kein gewöhnlicher Ort ist, den man auf dem Reißbrett beliebig umplanen könnte. Dazu ist er zu heilig.

# ANMERKUNGEN

KAPITEL 2: DIE PANARABISCHE NATION

1. David Hirst, *The Gun and the Olive Branch* (Nation Books, New York 2003), S. 135.

KAPITEL 3: VERSPRECHUNGEN, NICHTS ALS VERSPRECHUNGEN

1. Hirst, *The Gun and the Olive Branch*, S. 209.
2. Ebd., S. 163.
3. Ebd., S. 177.
4. Vincent Sheehan, Lebensgeschichte, zitiert in: Hirst, *The Gun and the Olive Branch*, S. 189.
5. Peel-Bericht (Schoeken, Berlin 1938), S. 138.

KAPITEL 4: DAS HERODESTOR-KOMITEE

1. Walter Laqueur, *A History of Zionism* (Schocken Books, New York 1976), S. 266.
2. John Bagot Glubb, *A Soldier with the Arabs* (Harper, New York 1957), S. 294.
3. Izzat Tonnous, *The Palestinians* (IGT Company, New York 1988), S. 570.

KAPITEL 5: DER PFEFFERBAUM

1. Hirst, *The Gun and the Olive Branch*, S. 143.
2. Adonis, *Ausgewählte Gedichte 1958–1965: Arabisch und Deutsch.* Aus dem Arab. übers. und hrsg. von Stefan Weidner (Ammann, Zürich 1998), S. 32.

KAPITEL 6: DER WEINSTOCK

1. *Le Monde*, 29. Februar 1968, zitiert in: Hirst, S. 414.
2. Hirst, *The Gun and the Olive Branch*, S. 398.
3. Ebd., S. 400.

KAPITEL 7: BILDERSTÜRMEREI

1. Hirst, *The Gun and the Olive Branch*, S. 414.

KAPITEL 9: MONTICELLO

1. Seymour Hersh, »The Gray Zone«. *The New Yorker*, 24. Mai 2004.
2. Zitiert in: Hirst, *The Gun and the Olive Branch*, S. 481.
3. Leo Strauss, *Persecution and the Art of Writing* (Free Press, New York 1953), S. 17.

KAPITEL 10: DAS LEMON TREE CAFÉ

1. Zitiert in: Nizar Sakhnini, »Village Leagues«, www.al-bushra.org/palestine/nizar. htm, aufgerufen im Januar 2005.
2. Zitiert in: Hirst, *The Gun and the Olive Branch*, S. 493.

KAPITEL 11: DER SALON

1. *The Sunday Times*, 15. Juni 1969.
2. Siehe Sakhnini, a. a. O.

KAPITEL 12: MILITÄRVERORDNUNG 854

1. Albert Camus, *Der Mythos von Sisyphos*, deutsche Übersetzung: Hans Georg Brenner und Wolfdietrich Rasch (Rowohlt, Reinbek bei Hamburg 1974), S. 73 (Teil II: *Der absurde Mensch*).
2. Alexander Cockburn, »Return of the Terrorist: The Crimes of Ariel Sharon«, *Counterpunch*, 7. Februar 2001.

KAPITEL 13: DAS VERHÖRZIMMER

1. Zitiert in: Hirst, *The Gun and the Olive Branch*, S. 533.
2. Zitiert in: David Ignatius, »Arafat, Upheaval«, *Washington Post*, 29. Oktober 2004.

KAPITEL 14: MORD IN DER VIA DOLOROSA

1. Vgl. Sakhnini, a. a. O.
2. *The Jerusalem Post*, 24. Dezember 1986.
3. Daniel Kurtzer, später US-Botschafter in Israel, formulierte es so: »Nach israelischer Auffassung war es besser, wenn sich die Menschen gegen die Religion wendeten als gegen nationalistische Bestrebungen.« Zitiert in: *Ha'aretz*, 21. Dezember 2001.
4. Paul Joseph Watson, »Puppet on a String: Hamas Dances to Israel's Tune, in: www.prisonplanet.com/analysis_watson_012703_hamas.html

KAPITEL 16: ANNEKTIERT UNS!

1. David Shipler, *Arab and Jew: Wounded Spirits in the Promised Land* (Penguin Books, London 2002), S. 216.
2. Quellen: Israelisches Zentralbüro für Statistik, Statistische Übersicht Israel 1992, 1994, 1996, 1997, 1998, 1999, 2000; Yesha Council Online; Peace Now; *Ha'aretz*, 11. August 1993; *Ha'aretz*, 16. September 2001.
3. Amnesty International, Jahresbericht 1984.
4. Hanan Ashrawi, *Ich bin in Palästina geboren: Ein persönlicher Bericht*, aus dem Englischen übers. v. Matthias Steffen Laier (Siedler Verlag, Berlin 1995), S. 41.
5. Shipler, *Arab and Jew*, S. 464.
6. Lamia Lahoud, »Their Man in Jerusalem: Meet Sari Nusseibeh, Arafat's New Man in Jerusalem«, *Newsweek*, 7. Juli 2002.

## KAPITEL 18: DER EXORZISMUS

1. Aryeh Shalev, *The Intifada: Causes and Effects* (Jerusalem Post Press, Jerusalem 1991), S. 36.
2. *The Jerusalem Post*, 3. Februar 1989, zitiert in: Hirst, *The Gun and the Olive Branch*, S. 19.
3. Ashrawi, *Ich bin in Palästina geboren*, a. a. O., S. 41.

## KAPITEL 19: EINE UNABHÄNGIGKEITSERKLÄRUNG

1. www.hagalil.com/archi/2003/hamas.htm.

## KAPITEL 20: AGENT JAKOB

1. Aus einem 1989 von dem *Ha'aretz*-Korrespondenten Gideon Levy geführten Interview.
2. *Ma'ariv*, 26. Juni 1992.
3. Eine Zusammenfassung der Anklagepunkte erschien am 5. und am 21. Mai 1989 in der *New York Times*.

## KAPITEL 21: DAS GEFÄNGNIS IN RAMLE

1. Mahmud Darwisch, *Weniger Rosen*. Gedichte. Übersetzt von Khalid Al-Maaly und Heribert Becker (Verlag Hans Schiler, Berlin 2002), S. 15.
2. Zitiert in: Yoram Ettinger, »Dr. Sari Nusseibeh: Giftige Schlange im harmlosen Gewand?«, *Yediot Ahronot*, 20. August 2002.
3. *New York Times*, 22. Februar 1991.

## KAPITEL 22: MADRID

1. Zitiert in: Mohamed Haikal, *Secret Channels: The Inside Story of Arab-Israeli Peace Negotiations* (HarperCollins, London 1996), S. 413.
2. Bertolt Brecht, *Das Leben des Galilei*, in: Gesammelte Werke 3 (Suhrkamp Verlag, Frankfurt a. M. 1975), S. 1329.

## KAPITEL 24: OSLO

1. Heikal, *Secret Channels*, S. 496.

## KAPITEL 25: DAS VERSCHWINDEN

1. Zu diesen Siedlungen zählten zum Beispiel Har Adar, Givat Ze'ev, New Givon, Kirjat Sefer, Tel Zion und die Siedlungen in der Umgebung von Hebron.
2. Scharon in einer Ansprache am 15. November 1998 bei einem Treffen der rechtsgerichteten israelischen Zomet-Partei.

## KAPITEL 26: STACHELSCHWEINE UND EITLE GOCKEL

1. David Hirst, »Yasser Arafat«, *The Guardian*, 11. November 2004.
2. Ali Abunimah, »The Men Who Would Sell Palestine«, 27. April 2003, www.countercurrents.org.
3. Sari Nusseibeh, »Islam's Jerusalem«, *Jerusalem Religious Aspects* (Juni 2000), S. 75.

KAPITEL 27: DAS ALLERHEILIGSTE

1. Deborah Sontag, »And Yet so Far: a Special Report. Quest for Mideast Peace: How and Why It Failed«, *New York Times*, 26. Juli 2001.
2. Aryeh Dayan, »Barak Began Referring to the Holy of Holies«, *Ha'aretz*, 9. Dezember 2002.

KAPITEL 28: DIE DÄMONEN

1. F. M.Dostojewski, *Die Dämonen.* Übertragen von E. K. Rahsin (Wissenschaftliche Buchgesellschaft, Darmstadt 1964), S. 202.
2. Ebd., S. 587.
3. Neil MacDonald, »Three Days to the Brink«, *The Magazine*, 12. Oktober 2000.
4. Zitiert in: James M. Wall, »In the Pressure Cooker – Middle East Tensions and the Peace Process«, *The Christian Century*, 8. November 2000.
5. Marwan Barghouti, zitiert in: Arieh O'Sullivan, »Taba Talks Halted after 2 Israelis Murdered. Hamas Claims Responsibility«, *The Jerusalem Post*, 24. Januar 2001.
6. In einem Gastkommentar vom 16. Januar 2002 mit dem Titel »Want Security? End the Occupation«, *The Washington Post,* erklärte Marwan, er und seine Fatah-Kollegen seien zwar »strikt gegen gezielte Angriffe auf Zivilisten in Israel, unserem künftigen Nachbarstaat, doch nehme ich mir das Recht heraus, mich zu schützen, mich gegen die israelische Besetzung meines Landes zu wehren und für meine Freiheit zu kämpfen«.
7. Amnon Kapeliouk, »Constructing Catastrophe«, *Le Monde Diplomatique*, 1/2002.
8. Cameron W. Barr, »Israel Strikes at Peacemakers«, *The Christian Science Monitor*, 22. Mai 2001.

KAPITEL 29: VERBÜNDETE

1. Siehe hierzu auch den Artikel »Mit Chuzpe gegen Beton« von Gisela Dachs, *Die Zeit* 49/2001, nachzulesen unter www.zeit.de/2001/49/200149_sari_nusseibeh.xml.

KAPITEL 30: SCHACHMATT

1. Levy-Barzilai, »Noblesse Oblige«, *Ha'aretz*, 28. Dezember 2001.
2. Ebd.
3. Israel News: A collection of the week's news from Israel, 4. Januar 2002.
4. Gideon Saar, »Sari Nusseibeh: Das Trojanische Pferd«, *Yediot Ahronot*, 1. Januar 2002.
5. Caroline B. Glick, »No Tolerance for Genocide«, *The Jerusalem Post*, 2. August 2002.
6. Interview mit Alain Cypel, *Le Monde Diplomatique*, 22. Dezember 2001.
7. Zitiert in: John Pilger, »Tony Blair's Peacemaking Is Not What It Seems«, *The New Statesman*, 2. August 2002.
8. Natan Scharanski, zitiert in: Todd S. Purdum, »Bush's Broad Goal is to Spread Freedom, *International Herald Tribune*, 22. Januar 2005.

KAPITEL 31: DIE EISERNE FAUST

1. Graham Usher, »Palestine Militias Rising«, *The Nation*, 11. April 2002.
2. Rabah Mohanna von der PFLP gegenüber *Chicago Tribune*, zitiert in: James M. Wall, »Bombing a Peace Plan«, *The Christian Century*, 14. August 2002.
3. Baruch Kimmerling, »From Barak to the Road Map«, *New Left Review* 23 (September/Oktober 2003).
4. Marwan Barghouti, »Want Security? End the Occupation«, *The Washington Post*, 16. Januar 2002.
5. Der Artikel stammte von Joram Ettinger und erschien in *Jediot Ahronot*, 20. August 2002.
6. H. D. S. Greenway, »Sharon's War on Moderate Palestinians«, *The Boston Globe*, 19. Juli 2002.

KAPITEL 32: DIE »TIGER«

1. Spencer Ackerman, »Bracing for Impact: Fight or Flight in an Israel with ›Intifada Fatigue‹«, *New York Press*, 16. Januar 2002.
2. Aviv Lavie, »The Peoples' Choice«, *Ha'aretz*, 11. Juli 2003.
3. Christopher Thompson, *The New Statesman*, 15. Dezember 2003.

KAPITEL 33: DAS PERFEKTE VERBRECHEN

1. Israelische Meinungsumfrage vom 24. November 2004, durchgeführt von Hagal Hachadasch. Siehe www.geneva-accord.org/general.aspx?folderID=45&lang=en
2. Ami Ajalon, »The Wrong Way Out«, *The Jerusalem Post*, 2. August 2004.
3. Ze'ev Jabotinsky, »The Iron Wall: We and the Arabs«, 1923. Nachzulesen unter www.mideastweb.org/ironwall.htm
4. *The Guardian*, 30. September 2003.

EPILOG: EINE NACHTREISE

1. H. W. Auden, *Sept 1, 1939*, in: *Selected Poems* (Vintage Books, New York 1979), S. 88.

# DANK

Ich danke allen, die bei diesem Buch mitgewirkt haben. Hervorheben möchte ich besonders unsere Agentin und liebe Freundin Dorothy Harman; von ihr stammt die Idee zu diesen Memoiren, die sie in einem Gespräch mit meiner Frau entwickelte. Ohne ihre Energie wären sie nicht zustande gekommen. Jonathan Galassi, der Präsident und Verleger von Farrar, Straus und Giroux, war von dem Projekt überzeugt, bevor auch nur eine einzige Zeile geschrieben war. Paul Elie, unser ausgezeichneter Lektor, half bei der Umsetzung, und Cara Spitalewitz und Kevin Doughten, seine Assistenten, arbeiteten unermüdlich, um das Buch zu dem zu machen, was es jetzt ist. Danken möchte ich auch den Mitarbeitern des Stipendiatenprogramms am Radcliffe Institute, die mir den physischen und intellektuellen Raum boten, um dieses Buch zur Reife zu bringen. Dankbar bin ich auch Adel Ruisched. Er nahm Anthony unter seine Fittiche und fuhr mit ihm durch das Westjordanland, um mit etlichen meiner Kollegen zu sprechen.

# REGISTER

# Inhalt